西游丹旨

徐丹明　著

图书在版编目（CIP）数据

西游丹旨 / 徐丹明著 . —北京：华龄出版社，2023.5

ISBN 978-7-5169-2521-8

Ⅰ. ①西… Ⅱ. ①徐… Ⅲ. ①《西游记》研究②道教—研究 Ⅳ. ① I207.414 ② B958

中国国家版本馆 CIP 数据核字（2023）第 065393 号

策划编辑 董 蒙　　**责任印制** 李未圻
责任编辑 郑 雍　　**装帧设计** 何 朗

书　　名	西游丹旨	**作　者**	徐丹明
出　　版 发　　行	华龄出版社 HUALING PRESS		
社　　址	北京市东城区安定门外大街甲 57 号	**邮　编**	100011
发　　行	（010）58122255	**传　真**	（010）84049572
承　　印	运河（唐山）印务有限公司		
版　　次	2023 年 6 月第 1 版	**印　次**	2023 年 6 月第 1 次印刷
规　　格	710mm × 1000mm	**开　本**	1/16
印　　张	33.25	**字　数**	450 千字
书　　号	ISBN 978-7-5169-2521-8		
定　　价	168.00 元		

自　序

注西游　解丹道　论修行

我志心于丹道，三十余载，践行不辍，未曾懈怠。于天命之年，决心红尘转身从事写作，发愿：为众明理而著，为众解惑而宣，遂玄中得师开许，以注西游而契入。“注西游，解丹道，论修行”是我本愿。

《西游记》是丹道法本，是大迷盘，因得师许，灵性开启，才大开慧眼，窥得玄机。始知书中，字字珠玑，句句妙语，俱是仙音禅机，如入宝山。

写作持续三年。第一年，广泛阅览历代注解，唯刘一明真人所著《西游原旨》最契本意，我亦深受启发；第二年，只读原著，反复参读，正应古人所言：读书千遍，其意自现之句，理路逐渐清晰；第三年，专注文本，下笔注解，文思泉涌，如有神助。每日写作皆自性而为，常遇疑难，便以心问心，答案自然由心底流出，一气呵成，法喜油然。

我深知《西游记》博大精深，玄妙难知，再回首，真是不可思议，起初只是一愿而已。我虽专注用心，但不得师启，不能也！吾为道器，不过代师宣道耳！

《西游丹旨》重点阐述《西游记》的情节与丹道修持程序的对应关系，若要完整解读《西游记》，还需要《西游道论》和《西游法诀》两部书共同完成。《西游道论》重点阐述《西游记》中丹道修持的基本原理和原则。《西游法诀》重点阐述《西游记》中丹道修持的方法、策略和应对各种问题的解决方案。有此三部才能完整呈现《西游记》的全貌与真旨。《西游道论》与《西游法诀》，待日后逐步完成，若此生愿成，吾心足矣！

我能够完成《西游丹旨》与陈全林老师，有着玄妙的关系。陈老师是这本书的第一位读者，校定者，更是由于陈老师的联系与协调，此书才得以正式出版。这是陈老师的愿行使然，感恩陈老师的无私付出，使得《西游丹旨》，流布人间。

《西游丹旨》无法将所有内容、细节全部说明，只能将重点情节、场景、对话作出注解，所以行文会有跳跃感，在理解方面给不熟悉原著的读者带来难度，建议读者阅读时对照原文，细品详参则更能体会《西游记》的玄妙之处，读者必将受益。

徐丹明 · 北京

2022年8月15日

（注：作者微信公众号《丹明书社》二维码见封底）

他轻轻推开了玄门
——丹明《西游丹旨》序

丹明耗时三年反复参研《西游记》而写成的《西游丹旨》出版了。去年就答应给这本书写序，一直忙碌着，也思考着如何写，想了很多个“版本”，一直未动笔。2023年正月十六，四个青年学者阿闻（作家、记者、编辑、国学发扬者）、子宁（北大博士、清华博士后）、古灯（中国社会科学院博士）、安之（清华博士）来访，他们都热心国学的发扬、修行的实践，这在青年学者中是非常难得的。因为大家都是非常好的朋友，我向他们介绍了丹明的《西游丹旨》，这四人中古灯和子宁见过丹明，虽然不是很熟悉，但见过几面，我们都是“小伙伴群”里的群友，平时即便不见面，也会因为微信的存在而有文字、信息的交流。

那就以我向四位青年学者讲述、推荐丹明著作的内容作为序言的一部分内容吧，这是很契合序言的本质的：推荐、认知、综述与评价。综述的内容就不多写了，读者自己在阅读中去感知、总结。

那天，我们谈到了“玄关”，一个丹道中神秘而核心的概念，也是从老子《道德经》之“玄牝”一词演化而来的概念，“谷神不死，是谓玄牝。玄牝之门，是谓天地根，绵绵若存，用之不勤。”从老子而言，玄牝与天地、谷神有关，也与“绵绵若存”的吐纳或者天地之气的运化有关，更与大道之“用”有关，也与神秘的“玄妙之门”有关。玄牝在丹法里也叫“玄关一窍”。张伯端真人在《金丹四百字序》里是这样论述玄关也即玄牝的重要性的：

“惟恐不识药材出处，又恐不知火候法度。要须知夫身中一窍，名曰玄牝。此窍者，非心非肾，非口鼻也，非脾胃也，非谷道也，非膀胱也，非丹田也，非泥丸也。能知此一窍，则冬至在此矣，药物在此矣，火候亦在此矣，沐浴亦在此矣，结胎亦在此矣，脱胎亦在此矣。夫此一窍，亦无边傍，更无内外，乃神气之根，虚无之谷，则在身中求之，不可求于他也。此之一窍，不可以私意揣度，是必心口传授。苟或不尔，皆妄为矣。”

玄关一窍，关系到仙道修炼的药物、火候、沐浴、结胎、脱胎，可见，是贯穿修炼的全过程的，是整个丹道的核心，懂了玄关，也就懂了丹道。

我打个比喻，《西游记》之于丹道的重要性就像玄关之于丹道的重要性。可以说，《西游记》就是丹道修炼的玄关，懂了《西游记》则丹道的核心就把握住了，修炼中最关键的药物、火候、沐浴、结胎、脱胎也就能把握了。本来，丹家以药物、火候、炉鼎、玄关为最重要的概念、理法、窍诀，而玄关则能统摄前面的三者。

下面还要提到一个概念：玄门，跟“玄关”很像。玄门词语来自《道德经》之“玄之又玄，众妙之门”，一般指“玄妙之门”，通向大道的门径，也代指道门。从“玄妙”的意义上讲，玄关与玄门很接近，关与门在词语的意义上很接近。可以说，真正懂了《西游记》，懂了玄关，也就能进入玄门。不论还是哲学意义的玄门还是宗教意义的玄门，都能进入，而丹明的《西游丹旨》就是打开玄门的金钥匙，不仅能让好道者懂得玄关，也能进入玄门，一探玄道。所以，我在标题上说：“他轻轻推开了玄门。”这个“他”，当然是丹明。如果延伸一下，这个“他”可以是老子，也可以是魏伯阳、张伯端、丘处机、《西游记》的神秘作者。有专家认为《西游记》是丘处机真人演道之作，我也认为是丘处机之作，至少是得道成仙的宗师所作，绝不是不明玄道的普通文人所作。文人不修道、不得道就达不到那个境界。可以说，《西游记》本身不是文学作品，而是演道、弘道、传道、证道的奇书，文学只是其外衣、表象而已。文学是演道的工具，所谓“文以载道”，用在《西游记》上是非常恰当的。

再谈一下四大名著。这个话题我曾和丹明谈过，这次也和阿闻、子宁、古灯、安之谈过。

窃以为，四大名著中境界最高的是《西游记》，这是我和丹明的观点，子宁和古灯也认可。简要说，《三国演义》写的是国与忠，《水浒传》写的是江湖（社会）与义，《红楼梦》写的是家与情，而《西游记》写的是道与宗教。

人生在世，国、家、江湖、宗教是每一个人不能避免的。从文学的“文字般若”境界看，可能《西游记》没有《三国演义》的恢宏，没有《水浒传》的激荡，没有《红楼梦》的缠绵，但无论如何这三部著作写的还只是人间的那些事，而《西游记》超越了这些，探索的是形而上之道，是宇宙人生的大道。所以，在道的境界《西游记》是最高的，超越了前三本名著。如果说前三部著作写的是“人”的境界，则《西游记》写的是神（神仙、佛菩萨）的境界，但也含摄了人的境界。《西游记》内在的、“与道同在”的超越性是《三国演义》《水浒传》《红楼梦》无法企及的，不在一个层次上。但对《西游记》的这种超越性的认知，学术界和普通读者并不了解，所以，我们需要清代陈士斌的《西游真诠》、刘一明的《西游原旨》以诠释之，更需要丹明的《西游丹旨》在当代语境下诠释之，真正读懂了这三本书则《西游记》演道的超越性价值就会得到认识、肯定与赞美，而这三本书里最适合当代人普及性阅读的是丹明的《西游丹旨》，因为通俗，契合当代语境，不需要太多的修道的、丹道的、国学的、宗教的常识就能顺畅阅读。这才是丹明的过人之处，也是这部著作的过人之处。

我向阿闻、子宁、安之、古灯介绍丹明的书稿《西游丹旨》的主体内容、写作手法，认为这是部好书、奇书，我在 2022 年三月、四月用一个多月的时间通读并校订过。

丹明在写作上有自己的特色，要是我写，会从我的知识结构、见地出发阐述《西游记》每回所包含的丹道真义与经典真义，我会习惯地“以经解经”，引经据典地阐述《西游记》与丹道经典、传统儒释道经典的关系。丹明没有这样做，抛开传统经典的引述论证，直接从现代人的思维角度出发用白话讲解，简明而深刻，独到而直白。

大约是 2017 年秋，丹明想到“转身问题”，自己是再次入尘做事还是继续在家里做一件喜欢做的事情、项目？如研究《西游记》与丹道，做一件学术研究。他有些犹豫。我建议他研究《西游记》，出版专著。他告辞的时候正好某出版社的董先生来访，那时他在另一家出版社工作，未到华龄出版社。他们打了个照面，丹明就走了。我知道这是个好“缘起”，在占卜而言是“外应”信息。我和阿闻他们论道时谈到了“信息”问题。丹明考虑转身、著述，他离开时出版社的人来访，这是某种命理、缘分上的信息契合。

丹明的研究很顺畅，有了整体的构思，把《西游记》与丹道做系统的研究而写出《西游丹旨》《西游道论》《西游法诀》《西游辞典》，写完这四本书，算是对《西游记》的研究、对丹道的发扬尽心尽力了。我说，只要这四本书出版了，无论对丹道界、文学界、古典小说研究界都会是具有里程碑意义的著作。

《西游记》本身很伟大，友人盛克琦先生所编校的《西游探幽》收录了清代陈士斌的《西游真诠》、刘一明的《西游原旨》，都是解《西游记》金丹玄旨的经典名著。丹明的书也会成为经典。盛先生在书中引用了清末民初西派丹道大师汪东亭先生论《西游记》的金言，录之与大家分享：

（《西游记》）“真正是道家第一部奇书”，“金丹一切，熟读《西游》者，皆可自通也”；“熟读《西游记》，一切火候功夫，无不俱明，这部书无一字祖述，真道家奇书也。”

我二十五岁通读《西游真诠》；三十岁前已将《西游记》读过五遍；四十四岁前《西游原旨》读过五遍。我喜欢《西游记》，论道时常以《西游记》故事来阐述丹道之理法。

丹明曾梦见到了某仙山洞府，遇见前辈仙真要给他很多书，但他只选了仙真书案上的古本《西游记》，希望能带走这部书。仙真说这就是为他准备的。此后，丹明注解《西游记》，思路打开了，感觉得到了仙真的信息加持。

丹明曾对我说：“我理解的玄关跟别人理解的不一样，玄关不一定指的是身体上的某个位置或者某种能量通道之类。我觉得你就是我的玄关，跟你认识后我能通玄了，通玄后修道的境界不一样了。”

丹明把我看成自己的“玄关”。他把玄关的内涵扩充了，我赞同这样的观点，广义地理解玄关，而不是局限在身心作用。

我把丹明这个观点告诉阿闻他们，介绍丹明的著作，看好这本书，前几天董先生来访时说此书今年能出版，这是“小伙伴群”的喜事。

子宁认可丹明关于玄关的认识，说：玄关不必限定，只要是对你在修道上有重大影响的人和事都可以看成是玄关。

这样理解就拓展了玄关的内涵、外延。张伯端在成都天回寺遇见了刘海蟾真人得法而成真，刘真人就是他的玄关，对张伯端的整个修道都是关键，所以，修道者的老师可以看成是玄关，帮助自己进益的道友乃至普通人，只要在机缘巧合之下点化了自己，都是玄关。修道者的机缘是玄关，修道境界的玄妙也是玄关。通玄就是玄关，能通玄，就能与玄界仙真有信息交流，这对修道者非常重要。

对丹明而言，我是他的玄关，《西游记》和著述因缘是他的玄关，梦中点化他的前辈圣真是他的玄关，出版他著作的董先生也是他的玄关。每一个环节都与修道的进程、事功相关，都在推动着他向道、进道、得道。玄关事关修道者的药物、火候、沐浴、养神、脱胎等每一个重要环节，而我们在修道过程里的每一件事情都与药物、火候、沐浴、养神、脱胎息息相关。玄关内涵的广义化恰恰是玄关真相。如此说来，修炼功夫、天人合一，沟通了人与宇宙的能量是玄关，明心见性是玄关，积功累德是玄关，弘道济世也是玄关。这样可以整体揭示玄关本质。

丹明完成这部著作之后还请张玉仙老师"灵应"一下这部书的境界、价值，张玉仙那时候在甘肃，通过修道境界的"天人合一"的信息感应而给《西游丹旨》写了一首诗：

四圣入书是真理，法道德传神演化。

丹照人生各命缘，唐僧真人献释明。

这真是神奇的"感应"，因为第三句、第四句里有"丹明"二字，丹明本名徐晖，丹明是我给他取的道号，这事张玉仙老师并不知道，但在她的"天人感应"里自然有。这首诗总结了丹明著作的要旨。唐僧师徒四人取经成功，最终成圣，这就是修道的"证果""果位"，就好比《悟真篇》所言"节气既交，脱胎神化，名题仙籍，位号真人，此乃大丈夫名成功遂之时也。"《西游记》里传了法、讲了道、树了德，在文学上非常传神地演绎了大道、玄道、仙道、丹道，这真是《西游记》与《西游丹旨》的本心。

"神演化"，也可以说，是神明之演化，意味着《西游记》不是凡人之作，而是得道真人、仙人、至人、神人的演化即"演道"之作，丘处机就是这样的得道之人。

每一个人都有自己的人生使命，这就是"各有缘"之真义，丹明著《西游丹旨》以及围绕《西游记》而有的系列著作，是他演道的使命、弘道的缘分。

最后一句是说，《西游记》里的唐僧虽然是佛教徒，是释迦牟尼佛的弟子，但他西天取经的故事演绎的是修道成真的理法术诀和修炼过程，按照丹家的说法，唐僧之成就也就是“位号真人”之成就。

《西游记》本身是演绎丹道的，不论回目还是里面的诗词、情节都在演绎丹法的理法术诀、火候、主要过程以及每一个细节。这方面，《西游记》本身就有定论：“借卵化猴完大道，假他名姓配丹成。”菩提祖师传给孙悟空的那篇“显密圆通真妙诀”之口诀也是纯正的丹诀。所以，《西游记》的演道、炼丹的本质是不可置疑的，而丹明的著作能使我们更好地认识这一本质以及全书的演道、炼丹的真相。

从这个境界说，丹明这本《西游原旨》，为他推开了玄门，也为我们所有喜欢《西游记》的人、好道的人推开了玄门。也可以说，丹明和这本《西游丹旨》是诸君的玄关。

感而慨之，我用一首新诗表达我对丹明和此书的敬意。

谁在山顶为你招手？
谁在梦里为你翻书？
那一夜圣真对你微微一笑
你的人生从此拉开了新幕

道者，万物都可以通向永恒
你静听，天空有微妙的脚步
我们一起修行
未必会同时证悟

道者陶醉于光之旋律
聚光人的阳神与光子同舞
九天之上九泉之下一念穿越
从此，宇宙是你的星星之屋

那一条龙已经翻飞乾坤

跨龙的人尚在尘世安居

那就选个良辰吉日

笑看光年之外的海田陵谷

（注解：最后一节是从张伯端《悟真篇》丹诀化来。原诀是：

华池宴罢月澄辉，跨个金龙访紫微。

从此众仙相见后，海田陵谷任迁移。）

癸卯年正月十八兴南子于益生斋

目　录

《西游丹旨》概述

欲知造化会元功　须看西游释厄传

文以载道自古是中华文化传承的方式，《西游记》便承载着中华文化的精髓。几千年来无数的先辈探索实践，总结发展出修证之道，集大成者乃至最完善的唯金丹大道。《西游记》就是以艺术化的方式承载和传播金丹大道的伟大作品，是载道之书，其艺术成就与文化成就，堪称双绝！中华文化不断此书不绝，是中华文脉当中一颗璀璨的明珠。

《西游记》一书在中国无人不知，唐僧师徒取经的故事无人不晓，老少皆宜，敏钝普备，其实质是为每一位中国人播下的道种，这是作者的慈悯与大德，更是为华夏儿女培植深远的灵根。《西游记》本名为《西游释厄传》，故全书开篇诗道：“欲知造化会元功，须看西游释厄传。”这将全书的宗旨直接点明。“造化”就是由形而上的本体到形而下的个体；由无限入有限；由本质到现象；由开放到封闭；由圆满到散乱；由觉慧到昏昧；由周流无碍到凝滞封闭；由虚空法界到现实世界的运行和运化。由无入有的运化趋势称为顺行造化，是由生入死，为趋死之势，故谓之“厄”，而与之相反则是复生的趋势，由形而下的个体回归形而上的本体，即由有化无的运化趋势，即逆返还元。主动自觉顺应逆返还元趋势者为修持者。修持者明此理，见其机，以法逆返，会入本元，谓之“会元”。此扭转、化解、清除厄运的过程，称为返本还元，其效谓之“释”，所释者，造化之厄也！《西游释厄传》就是阐述此功程的法本，欲知其理法术诀，就必须要看《西游释厄传》。

《西游记》中孙悟空是无可争议的主角，贯穿始终。孙悟空这一生动的艺术形象体现着《西游记》最核心的价值，故第一回孙悟空出世时的第一首赞诗便直接点明其意义：“借卵化猴完大道，假他名姓配丹成”，从石猴出世到灵山成为“斗战胜佛”的过程就是调配金丹成就的过程。读者若脱离了这个主题则无法真正读懂《西游记》，便辜负了作者一片苦心，自家也不能真正受益。

金丹大道自古秘而隐传，世间虽有丹书无数，但大多是以隐语记述，无法广传，难窥真旨。《西游记》也是如此，但不同于世间丹经，它是以艺术化的文学形式广传人间，使其六百年间流传于世，被世人接受并喜爱。作者以文学艺术的形式将金丹大道全面系统、深入细致地展现出来，正如附录：“陈光蕊赴任逢灾，江流僧复仇报本”一回中，唐僧的生母殷温娇将刚出生的唐僧放逐在江中一段所写：“但恐难以识认，即咬破手指，写下血书一纸，将父母姓名，跟脚原由，备细开载。又将此子左脚上一个小指用口咬下，以为记验，取贴身汗衫一件，包裹此子，乘空抱出衙门”，此血书即记载金丹大道之书，就是这部《西游释厄传》。“父母姓名，跟脚原由”即修持的理法术诀。“备细开载”即完备而详细的阐述。“咬下小指”喻因后天的局限性导致先天至理无法完整展现与流传，故有些许缺憾。“贴身汗衫包裹此子”，喻借此人身而修持。“乘空”即证悟空性才能真正解脱，故殷温娇才能将江流儿“抱出衙门”，衙门喻后天之境对生命灵性的束缚与戕害。“小姐到江边大哭一场，正欲抛弃”，小姐殷温娇即作者在书中之象，现实中的作者已不可考，但这就是道家的宗风，将《西游记》流传世间，却不留己名，是不留一丝牵挂于世，这是何等的超然与洒脱，是真境界的体现。殷温娇所哭是为众生沉沦于洪流之中难以解脱而哭。“忽见江岸岸侧，飘起一片木板”，木板喻造化洪流当中浮现出的一丝生机，上天有好生之德，因而有此生机出现，江流儿乃至世人便有了复生之机缘，故“小姐即朝天拜祷”，是拜谢苍天救生之大恩，此乃天机。“将此子安在板上，用带缚住，血书系在胸前”，缚在胸前言金丹大道唯此修心之道。“推放江中，听其所之”，作者著书阐述，将金丹大道的理法术诀流布人间，已经是尽心，谁能识得？哪人得救？只能看各人因缘造化，故“此子在木板上顺水流去”。作者一哭世人之苦，二哭虽有解脱之法，但有缘得遇进而实践，获得解脱者不知几何，充满了无奈，故“小姐含泪回衙不提”。这一段将作者心迹表露无遗，我每读这段都被作者的慈悯所感动，因此发愿为《西游记》注释，为世人揭示《西游记》的丹旨，以全作者的慈悯之心、救助之心，因此“注西游，解丹道，论修行”是我真正下笔之愿。丹道修持以实修实证为本，而我只是个初学，且实证不足，故我注解《西游记》是后天意识的理论解释，为“理解”之论，但我确认所注主旨正确，合乎作者本意，因此注解《西游记》只是为读者提供解读思路，抛砖引玉，参悟真意。至于有几个人因读《西游丹旨》而受益那是由读者个人的根性所决定。《西游记》作者倾心而著，吾亦尽力而为矣。

《西游丹旨》着重阐述西游记的情节场景角色与丹道修持次第、火候的内在关联，以及情节演义与丹道修持功程的内在逻辑。《西游记》是座宝山，对其完整的解读还需要再通过《西游道论》与《西游法诀》二部，才能完整呈现，成书留在日后逐步完成，此生若能遂愿，吾心足矣！

在第九十八回“猿孰马驯方脱壳，功成行满见真如”中，三藏师徒取到真经后，如来佛祖叮嘱道：“盖此内有成仙了道之奥妙，有发明万化之奇方也”。此言不虚！三藏师徒所取真经，即这部《西游释厄传》。

望读者：宝之、重之、行之、证之！

吾有一语相赠：勿纵此生负灵台！

《西游丹旨》结构

情境	安天大会	水陆法会	人参果会	通关文牒	灵山盛会
回目	1–8（8）	9–11（3）	12–26（15）	27–98（72）	99–100（2）
丹程	七返还丹	贞下起元	五行攒簇	九转丹成	五圣成真
丹旨	元神觉醒	识神愿生	丹基凝筑	阳神煅炼	本心圆明

安天大会　七返还丹　元神觉醒

借卵化猴完大道　假他名姓配丹成

“欲体夫至道，莫若明夫本心。”中华丹道之学大致由秦汉时期的本源论，发展到隋唐时期的本体论，再到宋元时期的心性论这三个阶段。丹道由早期的外丹术向内丹术演化，最终融合了儒释道三家，产生了金丹大道。于是“本心”成为金丹大道修持和修证的最高范畴。它是形而上的、本体性的、本源性的、本质性的、先天的，“虚无空寂”是对其特性的勉强描述。一切形而下的存在都是由其生化而来，是由无限入有限、由无入有、由虚变实，由一化多，这样的趋势称为顺行，这样的过程谓之造化，顺行造化而生出万事万物万象。万象最终将泯灭回归本心，这是本心对万象所具有的根本性的牵引力使然。这根本性的“势”的存在，正是世间有修道之事存在的根本原因，所有修道者都是这回归本心的趋势在生命领域的体现和实践者。一切修证都是回归本心的自觉自主的实践活动。一切修持都是为了解决形而下与形而上这对根本性的矛盾。回归的过程是由多归一、由实化虚、由有入无，这样的趋势称为逆返，这样的过程谓之还元。因此逆返还元是回归本心即修持的根本法则。本心是先天的无限的，但修持者是后天的局限性的存在，先天本心被后天生命的局限性遮蔽而隐没，这就是修持者的起点和面临的困境。本心虽然隐没于后天生命当中，但其会以先天灵觉、先天生机的形态在后天生命当中时隐时现，并发挥着潜在的作用，特别是先天灵觉就是修持修证的星星之火，因此修持者首先要做的就是对此先天灵明觉性的发现和培养，就是对灵根的育孕。当这一点灵明觉性觉醒，同时再具备了对先天一炁运化的驾驭能力之后，即被称为元神。元神是本心在后天生命当中的觉醒之象，元神的觉醒对于修持极其重要，是核心作用。它是逆返还元，回归本心的主导者、实践者、成就者。

《西游记》1–8 回就是阐述了元神觉醒的功程。7 为一个循环周期之数，8 回即合契返还之数。孙悟空就是此先天灵明觉性元神的艺术形象，所以孙悟空是第一主角。《西游记》中一切仙佛妖魔、险山恶水、嬉笑怒骂都是逆返还元的过程，相对于顺行造化，两种运行趋势运化模式相互冲突所造成的现象，经过艺术化的处理所呈现出精彩的故事情节和艺术形象，成就了不朽的文学艺术。

《西游记》是文以载道之书，承载着金丹大道，却鲜为人知，我注《西游记》就是为了阐发原义，揭示丹旨，为读者参悟真意，尽一己微薄之力。“注西游，解丹道，论修行”是我下笔之愿。

孙悟空的本质是先天灵明觉性，正如佛祖所说，他是灵明石猴，这是先天之相。灵明即先天灵觉之性，石猴，石即辨识辨认，猴即候，喻火候，言现象转化之态，喻此灵觉对一切现象变化状态的辨识与驾驭乃至转化之能，因此能成为逆返还元的主导者。因其灵明之性具有辨识之能，即灵机，这是能够返本还元的根本，故为灵根。因能见万象，故要悟万象之空性，故名悟空。孙悟空手握金箍棒，喻灵机驾驭炁机，则丹凝胎成，呈现婴儿之象，故姓孙。精气神上药三品，神为上，药即妖，故孙悟空为妖猴、妖仙。因其为本心的精神属性，故孙悟空修成正果后成为斗战胜佛，这是先天灵明觉性的成就之相，美猴王是造化之相，齐天大圣是元神觉醒之相，孙行者是修持还元之相，“孙悟空”三个字所指示的就是性命双修的修持法则。“孙”喻命功修持以阳神成就为宗，是道体一炁的体现。“悟空”即性功修持以证悟空性为旨，是佛性觉慧的必然。先天灵觉只是觉察之性，其最根本的觉性体现在对本心物质属性即道体一炁及运化之机的觉察和驾驭，由此才具备的转化之能，这就是孙悟空手握金箍棒的丹道含义。金箍棒就是炁机之象，孙悟空与金箍棒合为一体，就是神炁一体之象，才能成为齐天大圣，才是元神。孙悟空有了金箍棒才能降妖除魔，就是灵机对炁机的驾驭之象，也是转化之能的体现。孙悟空是取经路上的主导者，喻元神主导返本还元的功程。一路西行，除魔通关，实修实证，即孙行者，喻返还之象。修持功程就是转化的过程，转化就要战胜各种问题，解决各种矛盾，才能圆满，才能本心圆明，故为斗战胜佛，喻此成就之象。

元神若不觉醒，修持之事无从谈起，故《西游记》首先写的是孙悟空的修持过程，就是对元神觉醒功程的展现，前八回所写孙悟空的修道过程不是金丹大道的全部功程，更非最终成果，因此孙悟空还要辅佐唐僧西天取经，历经千难万险到达灵山后方修成正果。由此明示了丹道修持的首功，也是最重要的功程就是元神觉醒。

孙悟空产于花果山顶的仙石，花果山即后天人身，喻脊柱为山。山顶仙石即头颅。一点灵觉源于脑府泥丸宫，只有后天神识被破除之后先天灵觉才会显现，故石破猴生。但因后天神识逐渐主导了后天生命，导致先天灵明觉性隐没于后天之境，故石猴便混迹于山林野兽之中。后天生命之枢机皆系于心脏，这也是先天灵觉在后天的藏身之处，故石猴进入水帘洞以此为家，喻涵养后天心神之功，这虽是后天之象，但也隐含着丹道修持的还元之意。于是猴王因忧虑生死寻仙访道来到方寸山三星洞见到了菩提祖师，喻先天灵觉对本心的回归，此喻明心的证境。祖师教授孙悟空七十二变，喻对火候的辨识之能的训练。传授筋斗云即五行攒簇和逆返还元之法，此为见性之功。修持者明心见性之后，便可扭转原有顺行造化的趋势和运化模式，故孙悟空回到花果山来到坎源山水脏洞，斩除了混世魔王，喻阻断了精气向后天转化，实质是阻断生命原来顺行造化的运行趋势，趋死之势一旦停止，先天一炁的生发之机自然显现，故猴王在龙宫获得了如意金箍棒，此为神炁一体之象，即元神复生。因此生机重现，修持者才有资格和能力将趋死之势扭转为复生之势，真正获得生机，故猴王轮着金箍棒才能闯地府消死籍。元神之运用为真意，但此刻元神初显，因此还需要后天意识的帮助，慢慢温养调伏驯化先天真意，故孙悟空上天宫，由代表后天识神的玉帝封猴王为弼马温，喻在后天识神引导辅助下，先天元神温养神意之功。神意圆融的成果即一阳来复之象，代表着回归本心的趋势不可阻挡，此证境与儒家所言成圣相当，世间罕见，故自封为“齐天大圣”，就是“七天大盛”，喻一阳来复之势盛大，丹法称为七返还丹。至此元神具有了自觉性和自主性。

先天元神成熟之后就要摆脱后天神识的束缚，故孙悟空打败代表后天之意和后天六根六识的托塔天王和哪吒，喻元神摆脱了后天之意之识的束缚，消除了执着，由此不再受其干扰，可以静守心神、涵养心神了，故玉帝又命孙大圣看守蟠桃园，喻守心之功。孙悟空偷吃蟠桃，喻以心养神之功。这边孙悟空将心神涵养圆满，但因顺行造化的趋势将再度向后天转化，因此那边众神便要开蟠桃盛会，喻分食圆满之心。孙悟空是心神之主，当然不会允许一体圆融之心再度分散，故大闹蟠桃会，反倒要饮御酒盗金丹，喻只有当心神达到圆融之境后，方可行玉液还丹之功。二郎神奉命擒拿大圣喻元精与元神相合，归入无极之境，故大圣被老君的金刚琢打中，又封在八卦炉中煅炼，此喻移炉换鼎至上丹田，为炼神之功。大圣冲出八卦炉喻元神离体之象，此为元神自立之相。许多修持者至此以为成就了，其离真正的成就还早着呢！孙悟空闹天宫夺帝位，喻元神仍执着后天神识之境，欲再度顺行造化向后天神识转化，此刻必须以佛性觉慧引导元神，故玉帝下旨，如来从灵山赶来降伏孙悟空。孙悟空跳不出如来手掌，喻元神的觉性要归于佛性觉慧之中。如来将手掌化作五行山将孙悟空压在山下，喻元神成就还只是心神觉醒之态，但还未摆脱五行运化，还不能扭转五行运化的趋势和模式，元神不可弃身而去，还是要回归后天人身，通过完成对后天人身的转化，即逆转五行造化，通过实践真正勘验修持之能与效果，这才是真正的功果，故佛祖欲传经东土，即传此真正转化之功。此为以先天真理实相转化后天之境的理法，是可以真正修成正果的理法。修持者首先要静观密察因果造化之机，故观音菩萨奉旨东土寻找取经人，一路上先后收伏了沙悟净、猪悟能、白龙马、孙悟空、唐三藏，此喻顺行造化之机。唐三藏先后收孙悟空、白龙马、猪悟能、沙悟净为徒，此喻逆返还元之机。五行山下的孙悟空知错了，愿保唐僧取经，喻元神的真正觉醒才能促使后天识神产生修持大愿，才能有唐僧是代替唐王李世民取经之事，实质是为世人寻求解脱之法。至此元神觉醒的丹道原理、策略、方法、功程、含义、价值、证境、成果也就清晰了。

水陆法会　贞下起元　识神愿生

坚心磨琢寻龙穴　着意修持上鹫峰

元神的觉醒是修持的根本保证，但修持者的起点是后天人身。后天生命的运行，即我们的人生，是由后天神识意识欲望所主导，因此当元神觉醒之后就要立刻开始扭转后天神识意识的认知、态度、内容、结构以及行为方式，只有当后天神识真正认知到修持的价值和意义之后，才能主动开始自我修证，其成效表现为对认知和行为的主动调整。《西游记》9–11 回唐王李世民游地府，还阳复生，开水陆法会的情节就展现了此段功程。

泾河龙王因私欲不遵玉帝圣旨私改降雨点数，被魏征梦斩龙头，喻在精微之处斩除后天私欲和妄意。妄意息灭才能见到生命的真相，故唐王李世民魂游地府，喻调整认知的过程。唐王见到了生命轮回的真相，明白了生命受到戕害的原因，此为见到造化之机，而后才可行逆返之功，故唐王还阳，喻此逆返之象。唐王复生后遣放宫女，赦放死囚，此喻积阴德，修人道之功，其实质是喻当后天意识对生命的认知发生改变之后，自然会带动后天行为模式转变与调整。于丹道而言，这段功程，称为人道修持。古真云:“欲修仙道，先修人道。”人道修持就是调整后天生命的认知与行为，丹法称为“贞下起元”，因此唐僧取经的故事由贞观年间讲起。李世民即世间之民，就是我们每一位读者。调整的结果就是李世民要建水陆法会超度亡魂，即以性命双修之法救度世人，喻世人产生了解脱的欲望，其象即陈玄奘，故由他主持法会。玄奘二字，玄即玄门，言道门，奘即壮盛之意。故玄奘喻指重视命功修持，虽然命炁壮盛周流，但因还缺少性功修持而看不破轮回真相，因此亡魂依然陷入轮回当中而不能解脱，故不能超度亡魂，故而观音菩萨点化玄奘要修持大乘佛法，以证悟空性为归宿，才能堪破轮回，才能真正解脱，全此性命同修之旨，故代表后天解脱欲望的陈玄奘升华为逆返还元之愿的唐三藏。唐王李世民将唐僧认作御弟，让他代为取经，御弟即玉帝，即后天识神，故玉帝全力支持唐僧西天取经大事。唐僧西行至灵山求取真经带回东土大唐，以期度化众生，此为人道修持之成果，即识神愿生。

先天元神与后天识神的相互配合对于修持修证极为重要，在修持的过程中元神为主导，后天识神为辅助，这是丹道修持的根本法则。因此一路西行中代表后天识神机能的玉皇大帝对孙悟空是有求必应。途中只要唐僧不听从孙悟空的建议和安排，自作主张，两者产生矛盾，则必生魔难。当唐僧彻底听从孙悟空的主导后，便到达了灵山，取到了真经。大愿的本质是生命运行与运化的返本还元的趋势，代表着理想和目标，因此唐三藏专笃西行，绝不退转。理想与目标可以凝聚各种因素，故三藏为师，带领三个徒弟直至灵山。江流儿、陈玄奘、唐僧、唐三藏、金蝉子本质都是心相，故可以成佛。唐三藏喻修持内容，江流儿是本心沉沦之相，陈玄奘是后天之相，唐僧是返还之相，金蝉子是先天之相，其成就之相就是旃檀功德佛。

人参果会　五行攒簇　凝筑丹基

灵根现出芽枝损　甘露滋生果叶全

元神觉醒，识神愿生之后，修持者就要下手收拾身心，即改变生命的散乱状态，使其重新凝聚为一体的状态。古人以五行之理描述后天生命的运行趋势和运化状态，而修持的内容就是将散乱重新凝聚，这是先决条件，有此基础才能进而消除昏昧，复显灵明，这是成效。对治散乱为下手之功，此段功程，称为五行攒簇。五行的本质为一，为本心，因落入后天之境分散为五行之态、之性。五行攒簇就是要将分散落入后天的五行重新凝聚合为一体，为真正开始转化奠定基础，是逆返还元的筑基过程。于修持而言，五行指：一愿力即本心运化的趋势；二元神即本心运化的精神属性；三元精即本心运化的物质属性；四、元气为本心运化的运动属性；五意力即本心运行的品质。在《西游记》中分别是唐三藏、孙悟空、猪悟能、沙悟净、白龙马，即一行五众，此为攒簇的内容。取经团队还包括暗中护法三十九位：六丁六甲、五方揭谛、四值功曹、一十八位护教伽蓝，分别代表着修持的时间、空间、状态的属性，此喻攒簇的火候。从第12—26回，共15回，正是合聚之数。

从泾河龙王犯天条开始至五庄观人参果会，就是对五行攒簇功程的展现。修持的过程就是祛假显真的过程，因此在小说的情节设计上都是先有妖怪出现，喻五行的后天魔相，再除魔收徒，喻逆返为还元之象，踏上返还之路，最终恢复五行的先天属性。合聚为一体，即师徒一行五众西行赶赴灵山求取真经。展现出了五行在返本还元的过程中的修持意义和价值。

修持之事最重要的就是要发愿，即修持大愿的生起。但真正的修持大愿不是修持者的口头誓言，此誓言的本质还是后天欲望，虽然其中隐含着真愿，但因其后天属性，故此愿力不足不坚，半途退转是必然的。真正修持大愿的生起，必须以元神的觉醒为前提，因此《西游记》是先写孙悟空，后写唐僧，喻以元神觉醒为基础的大愿，才是复返先天的真愿，才能勇往直前永不退缩，这就是唐三藏西天取经志坚行笃的根本原因。然而修持者的起点是后天人身和后天神识，这就需要一个转化后天认知的过程即明理，因此设计了老龙王被斩，唐王游地府，还阳之后建水陆大会超度冤魂的情节，是要修持者看清生命轮回真相，才能生出真切的解脱之愿，这是后天神识转化之象。修持之事绝非仅靠修持者自家努力就可达成，必须要有法界圣真的点化、接引、护佑、玉成，故观音奉佛旨来到长安点化唐僧修持大乘之法，故要去西天取经。元神的觉醒，后天神识的愿生，圣真的点化，此三者俱备后，所生之愿才是修持大愿，其愿宏，其愿坚，其愿恒。大愿的本质是本心灵明觉性在后天意识层面的觉醒，因此后天识神不再压制先天元神，故只有唐僧能够将孙悟空解救出来，使其为修持所用。天界的玉帝，佛界的菩萨佛祖都为其提供帮助和引领。先天灵明觉性复生，后天根识自退，故“心猿归正，六贼无踪”。大愿的生起喻示着返本还元趋势的确立，元神的本质是本心的精神属性，是先天灵明觉性，这是修持者必须时刻保持不能散失，因此三藏以紧箍收伏孙悟空，即确保先天灵觉为返本还元所用，成为返本还元的主导者与实践者，故称“孙行者”，故为大徒弟。有了方向目标和执行者，运行的品质决定着效果，元神的运化就是真意，因此唐三藏收伏了白龙马为坐骑，为西行的脚力，喻专注而持久的运行品质，因非独立要素，故不是徒弟。元精为本心的物质属性，其后天魔象即黑熊精。元精需要真理的引导，元精渴望对真理的皈依，故黑熊精盗走代表皈依佛理的僧衣袈裟，还要开佛衣会。观音收伏黑熊精，将禁箍戴在它头上，喻禁止元精的泄漏，故由它看守后山，即人身脊山，喻保精、养精、炼精。元精的魔象既除本相便显，其要在“悟能”，返还之法从戒行入手，故称“猪八戒”。因此唐三藏收猪悟能为二徒弟。元气为本心运化的运动属性，其落入后天之境的状态和模式为散乱昏昧之态，故代表元气运化后天魔象的黄风岭的黄毛貂鼠善吹黄风，而沙悟净也住在流沙河中，皆喻此散乱昏昧之魔象。除去魔象显现本相，其要在“悟净”，返还之法要以融合为上，故名“沙和尚”，故唐三藏收沙悟净为三徒弟。三藏为师，喻以大愿为核心才能汇集和凝聚修持要素完成修持。骑白龙马喻对真意的驾驭及专注持久的运行品质。会念紧箍咒制伏孙悟空，喻对心神的守护与驾驭。孙悟空负责引路化斋与除魔，喻元神在修持过程中负责觉察、调控、转化的作用。八戒挑担，协助孙悟空除魔降妖，喻元精提供运行所需的能量支持。沙僧牵马喻真意的运行状态和模式要以清净无染的状态引导持久而专注的运行品质，至此一行五众由散乱而凝聚，此为攒簇之功。完成功程还要验证其成效，故有“三藏不忘本，四圣试禅心”一回。攒簇的作用是筑基，故称草还丹，其成果是生命的灵根重生，故师徒在五庄观服食了人参果。于修持而言，这是根基牢固的成果，于世缘而言则指福报深厚，故观音与福禄寿三星都来参加人参果会，为之庆贺。至此五行攒簇之功的修持功程，检查验证，成果成效俱已展现。修持者依此而修，即可完成金丹大道的凝筑丹基功程。

通关文牒　九转丹成　阳神煅炼　次第与火候

洗尘涤垢全无染　返本还元不坏身

《西游记》从27–98回，共72回，正合火候变化之数，也是孙悟空七十二变的含义所在。这72回记录了师徒一路西行，即丹道修持的次第与火候，就是逆返还元的功程，这是循序渐进的过程，丹法称为：九转丹成，与孙悟空的修持过程相合构成完整的修持过程，称为“七返九还”。

九转功程共有九个关键阶段，故师徒历经了九国，即宝象国、乌鸡国、车迟国、西梁女国、祭赛国、朱紫国、狮驼国、比丘国、灭法国。此九国喻丹道修持由后天返先天的过程中，其转化还元的九个关键节点及处理策略，即次第与火候。师徒到达天竺国境内，喻后天中的先天境界的修持次第，故又有凤仙郡、玉华州、金平府三关。大唐国境喻后天现实之境，灵山喻先天虚空法界。

九国三关所对应的丹道修持次第分别是：宝象国喻还丹，乌鸡国喻结丹，车迟国喻通督，西梁女国喻交媾，祭赛国喻安胎，朱紫国喻养胎，狮驼国喻固胎，比丘国喻元婴，灭法国喻法空；凤仙郡喻积修阴德，玉华州喻八识归元，金平府喻心性平净。此段功程最为复杂而艰难，故《西游记》所用篇幅最长，讲述最为详细。对于丹道修持的基本程序和各种问题以及处理策略乃至方法，全都备细开载。作者慈悯之心包含其中，唯有信受奉行可报此恩！

一　宝象国——还丹

唐僧师徒在五庄观吃了人参果，喻示着修持所需要的元素已经由分散的状态，重新凝聚为一体，由顺行造化的魔象转变为逆返还元的修持之象。由此，西行之路才是狭义的转化与还元的功程，此灵根复生之象，其成果之象就是人参果，丹道称为“草还丹”。这样的修持成果对后天人身有健身延寿之效，可喜可贺，修持者要以此为基础进行抟炼和转化，但修持者若执着此境便生身执，白骨精即因身执所生魔象。丹法中除三尸，佛法中祛三毒，是从性命两方面除身执之法，故孙悟空要三打白骨精。身执的本质还是对后天之境的执着，自然有三尸与三毒之难，同时也表明顺行造化的运行模式依然在发挥作用，故而元神元精必然是分离不合的状态，因此八戒进谗言，孙行者被驱逐。修持失去了元神的主导，运化必然向后天转化，回到顺行造化的模式，由此意土必然妄动，其魔象即黄袍怪。白骨精与黄袍怪之难是明示修持者完成凝筑丹基后，修持的重点就是要对生命的运行运化趋势和模式加以调整，由顺行造化扭转为逆返还元，调整的结果是金丹至宝即将显现，修持者在境界状态中能够看到有一个金丹之象出现，故此关称为宝象国。丹道称此段功程为还丹，是言修持使生命开始趋向并返还于金丹之境。

二　乌鸡国——结丹

修持者将生命的运行模式和趋势由顺行造化扭转为逆返还元后，只要坚持，修证就会有成果，金丹至宝就会出现，故宝象国为还丹显像之意。生命运行运化的内在动因就是阴阳相推而成，此阴阳即本心的物质属性与精神属性相互作用，丹道称性命、精神、神炁，以返本还元的作用言之，称为元神与元精。二者之动若还是顺行造化的趋势则为魔象，故师徒在平顶山遇到金角与银角两个大魔王。阴阳相推而五行生化，故二魔有五件宝贝。孙悟空和猪悟能就是两者的修持还元之象，因此对孙悟空请太上老君收服二童子，喻阴阳化合归为道体一炁，明示将阴阳相推的动因扭转为返本还元的趋势和模式后，道体一炁之象即金丹，必然显现，故而师徒来到宝林寺，喻金丹至宝将要来临，故乌鸡国王拜谒唐僧，请求救助。乌鸡国王就是金丹所成的先天灵性，而抢夺王位的青狮，喻后天神识。文殊菩萨收服青狮，喻先天智慧对后天智力的驾驭和教化。孙悟空从老君处要来金丹使乌鸡国王复生，喻金丹凝结则先天灵性复生，故乌鸡国一关所言为结丹功程。

三　车迟国——通督

修持者将运化的动因扭转为逆返还元的模式后，阴阳不再相互作用生化五行而呈万象，而是阴阳化合复归道体一炁，因此金丹凝结，故乌鸡国之关为结丹功程。修持者结丹之后先天灵性复生，但因初显此先天灵性心神不稳，呈现出躁动之象，即火云洞红孩儿之魔象。因其先天属性故又称圣婴大王。因金丹所具备的巨大的先天灵能，故神通广大，其善用五个小车放出三昧真火，喻此先天灵性躁动落入后天五行运化之境所生出的心神狂燥之象，故孙悟空斗不过他。只有以静观密察之法方可以降伏此妄心，故要请来观音菩萨前来降伏。将金箍戴在圣婴大王头上，将其降伏。金箍即对此先天灵性的收束之功，不使其狂躁妄动，但这只是心性的调伏之法，真正使心神凝定的还是要靠先天灵能，丹法称："以铅制汞"，因此还要配合命功修持。命功修持先从洗髓通督开始，故孙悟空在黑水河擒妖，喻洗髓之功。之后在车迟国与三仙斗法，喻通督之功。丹道讲究"以水制火，以铅制汞"，就是要以先天灵能收摄先天灵性，这样心神才不会狂躁妄动，而先天灵能在后天人身的投射之处就是髓督，只有开通督脉，才能进一步开通后天人身中的先天中脉。中脉中所周流的才是先天灵能，才能真正克制先天灵能的狂躁妄动，故通督是后天返先天的重要关口，这是车迟国的丹道含义。

四　西梁女国——交媾

黑水河喻洗髓之功，车迟国喻通督之功，但这都是后天气脉境界，进一步的修持就是开通中脉，故师徒来到通天河，喻中脉开通之功。中脉是后天人身当中的先天境界，是先天灵性灵能交媾，乃至结胎养胎之处，故河中有灵感大王，喻金丹凝结，灵性复生之后产生的最初灵明之性，这是结胎之兆和胎灵之初态。此段功程修持者必须对境保持静观密察，收摄此灵感，不使其向后天转化，故观音菩萨用竹篮将金鱼捞出带回普陀山。通天河中的老鼋驮师徒过河，喻五行融合一体之象，由后天境界的修持逆返至先天境界的修持。中脉中运化的是先天一炁，此炁向后天转化所呈现出的魔象就是由老君处下凡的青牛精，它手中的金钢圈，即喻此一炁的运化之机，为无极之象，故能套所有物象。修持者必须将此炁机返本还元，一炁为道体之象，故孙悟空请老君降伏了青牛精。道体一炁的回归是结胎的物质基础，由此才能行交媾之功，完成结胎，故师徒来到西梁女国，即行交媾之功。唐僧八戒饮子母河河水怀了邪胎，是明示修持者交媾之前必须引真气入身，净化气脉，不然气脉不纯所结者为邪胎。女儿国国王招三藏成亲，喻以后天之欲之身行交媾之功。此段详细阐述了阴阳丹法之妙。女儿国招亲喻外阴阳的交媾之法，此法为完成结胎的过渡之法，其作用如同桥梁，故称西梁女国，喻借彼家修持结胎是西行的桥梁。离开女儿国，唐僧又被蝎子精摄走成亲，此难是喻内阴阳的交媾之法。修持者完成了内外阴阳的交媾之功，结胎即将完成，故大公鸡昴日星官降伏了蝎子精，预示着修持者将要见到先天的光明之境。修持着所结之胎为本心一体之象，但此象初成尚有分裂的趋势，仍然存在向后天转化的可能，故生出六耳猕猴。这是二心之魔象，而此二心只能以本心的佛性觉慧明鉴，故只有如来知六耳猕猴的根源。修持者就是要消除二心而归一体本心，故孙悟空将其打死。此一体之心初成，因其能量巨大导致心性猖狂，故师徒就来到火焰山，即喻此心火炽盛之象。修持者必须熄灭此心神炽火，故孙悟空三调芭蕉扇，但最终还是要以佛性觉慧降伏其性，故最后托塔天王与哪吒从灵山领佛旨前来与孙悟空共同降伏了牛魔王，才能要来代表先天真意运行的芭蕉扇，于虚空之境运用，引先天一炁进入中脉化作甘露，才能真正熄灭心神炽火。西梁女国前后经过了通天河、青牛精、子母河、蝎子精、六耳猕猴、火焰山六难。全面详细阐述了阴阳交媾之功的基础条件，具体方法，火候辨识，潜在危机，以及处理方案，极其珍贵，至此命功修持部分完成。丹法称之为：进阳火。

五　祭赛国——安胎

通过西梁女国完成了阴阳交媾之功，修持的成果就是结胎。此胎为本心之象，在后天人身的投射之境就是上丹田即泥丸宫，其本质是后天生命原始脑及其先天性机能的觉醒壮盛和灵格化。其物质基础是先天一炁，实现结胎必须依靠一炁对后天生命的充盈才能实现。完成之后就要安定涵养，因此师徒来到祭赛国金光寺扫塔，喻移炉换鼎要净心渐养。万圣老龙王下污血污染了宝塔，喻处在造化顺行的生命运行模式中，后天散乱之识对先天灵性的遮蔽和污染，于是塔顶的舍利子才能被九头虫盗走，喻若不知涵养此胎神，灵性还是顺行造化的运行模式，虽炼成金丹仍然会被后天欲根所消耗。孙悟空放走九头虫是明示对后天之欲只可遣散不可尽绝。孙悟空将舍利子放回塔顶，喻移炉换鼎完成，心神命胎重新回归本处，至此命功成果结胎安胎完成。龙婆塔顶守护舍利，喻温养静守之功。功程至此修持者自然心性通彻，智慧涌现，导致许多修持者自认为已经开悟，若执此境便生魔难，故有荆棘岭木仙庵唐僧月夜与四木之精怪谈玄论道之难。修持者此刻虽一己之灵如明月朗照，但本质依然是夜中之境，非大光明境，对治此境还是要靠精气神的煅炼，故四木精怪听闻唐僧叫徒弟，便不见了，喻除此对阴幽之境的执着还是要靠元精充盈而成，故由八戒将四木筑倒。修持者有了丹凝胎结的基础，又破除了对一己灵明之性的执着，自然心生禅意胜境，妙不可言，若执着便认为成佛不远，故唐僧便将见到的小雷音寺认作是灵山大雷音寺。寺中黄眉老怪即此执着之魔相。黄眉怪所用金铙、狼牙棒、白布搭包，喻禅修之法的参话头、斗机锋和执顽空三种禅病。弥勒佛收伏黄眉童子，喻禅法承担着阐述展现道体本心的职责，但尚未究竟，故为童子，所以要跟随弥勒佛修行，喻此刻刚刚开启成佛之路，是未来佛种，之后的路途依然很漫长。此时修持者若心生急躁而忙乱，必生魔难，故师徒在陀罗庄遇红鳞大蟒，蟒即忙，喻此因心忙所生魔相。八戒拱开稀屎衕，喻元精的充盈是出离浊世的根本保障，才能道心清。打死大蟒，喻消除忙乱急躁之心才能稳禅性。这是对结胎之后修持火候的明示。

六　朱紫国——养胎

修持者结胎之后不要急躁忙乱，要从容即稳禅性。元精充盈自然脱离凡尘的污秽则道心清。久久行持自见本心之子，佛家称佛子，道家称元婴，丹道称阳神，故师徒来到朱紫国，喻阳神呈现之境。但此阳神因埋没日久又被后天侵蚀，故虽然复现但其状态极其衰弱，故国王为病态，要发榜求医。因此朱紫国一段，喻养胎之功程。行者带八戒上街买调和，喻先于红尘历练调养，不受侵扰，不再执着后才可下手调养心神，故孙悟空悬丝诊脉，制乌金丹为国王治病。乌金丹即先天一炁凝炼之象，喻以金丹培补命胎。金圣宫娘娘被金毛犼摄走之难，喻结胎之后因一炁运化不畅导致先天灵性向后天转化所带来的淤滞魔相。观音菩萨收伏妖怪，喻心神只有在静观密察的状态下才能驾驭一炁而炼化大丹凝定，调养胎神成熟。金圣宫娘娘落难时，紫阳真人将旧棕衣变新霞裳，让皇后穿上即生毒刺，妖精不能近身。毒刺即独此，喻紫阳真人援禅入道，将传统内丹术升华为金丹大道，言独此金丹大道可以抵御妖魔，守护本心真性。养胎之功重在心性的调伏，故师徒来到盘丝洞被七只蜘蛛精所困，喻修持者被后天七情所困。又在黄花观被炼外丹的道士毒害，喻外丹术之害。孙悟空打死蜘蛛精，喻以先天灵觉破除七情之困，毗蓝菩萨收伏蜈蚣精，喻破除采战术、外丹术的毒害。此害源于邪见，故蜈蚣精实为多目怪，对治的枢机在于对眼的管控，目不乱视，则神不外驰，回光返照则神安炁回。故养胎之枢：机在目。

七　狮驼国——固胎

涵养命胎调伏心神，破除七情之困，不被邪法所害，其机在目。回光返照则神安炁回，但这样的调整还只是状态与境界中事，而心神散乱的根本原因，即精气神向后天转化的可能性依然存在，表现为精气神的魔性，故师徒来到狮驼国遇到了青狮、白象、大鹏三个代表精气神魔性的三个大魔王。青狮代表元神的魔性。狮魔即思魔，能够镇摄思魔的方法即下田的安炉立鼎之法，故孙悟空钻入狮魔腹中将其制伏。白象喻元精魔象，即后天性欲，故白象将八戒捉入洞中，孙悟空入洞诈取八戒私藏的银子，喻只有元精的精华才能滋养元神，元神才能救助元精，获得生机，故降伏了白象。大鹏代表元气之魔性，喻运化趋势与模式若还是顺行造化则元神元精仍然会恢复魔性，故大鹏说服二魔，设计捉住唐僧。只有将运化扭转为返本还元的模式，达到空寂之境，以佛性觉慧彻底消除精气神三者向后天转化的可能，才能消除魔性，故只有如来能够降伏大鹏，文殊普贤降伏了青狮和白象。至此命胎坚固，此为固胎之本。

八　比丘国——元婴

修持者消除了精气神的魔性则命胎坚固，渐而成体，故师徒来到比丘国，喻此刻要以心性修持为主，此命体为成佛的种子身，道家称此为婴儿，喻命体初成而弱小之态。此身为本心之体象，为永恒之身，故国王欲求长生，但尚在阴阳两分之境，故国王贪恋美色。国丈是寿星脚力白鹿，代表修持品质为后天意志力。国丈要国王吃小儿心肝以求长生，喻在后天人身之境求取长生，此为邪见，故国丈为妖。寿星前来收伏白鹿，喻将此修持之力用于逆返先天方可长生。命体永存必须与修持空性相配合，否则必生魔难，故师徒在黑松林遇到金鼻白毛老鼠精。修持空性者经常落于解空和顽空之境，故老鼠精住在陷空山无底洞，喻修持者陷入顽空之境。其义父为李天王，喻解空源于后天意根，但此解空对于调整修持者后天认知还是有价值的，故李天王要将老鼠精带回天宫听候发落。故比丘国一关所言命体渐成之后的性命双修之旨。

九　灭法国——法空

修持者命体渐成再配以空性的修持，自然会证悟到万法皆空之境，故师徒来到灭法国。师徒穿俗衣进城，喻和光混俗，以无为之法修证。行者用金箍棒变剃刀将一国之众剃成光头，喻万法皆空，其本质为一炁运化之机。修持最根本的障碍源于对后天报身的执着，因此师徒虽然证语了万法皆空，若身执不除仍是根本之患，故遇到豹子精，喻此报身之患。身执对修持者的伤害是逐渐产生的，故妖精以分瓣梅花计擒了唐僧。孙悟空打死艾叶豹子精，喻破除因爱欲之业转化而成的报身的束缚。唐僧的修持从因身执而生的白骨精开始到打死身执之魔豹子精，全程阐述了对后天报身执着的破除功程，为后天境界的修持功程。在此基础上将进入先天境界的修持功程。

凤仙郡——积修阴德

凤仙郡、玉华州、金平府都是天竺国外郡。天竺即天柱，喻中脉，为后天人身中的先天境界。外郡即言进入中脉境界修持的前期准备阶段。凤仙郡郡守将贡品推倒喂狗，玉帝大怒立下米山面山铜锁三个誓言，导致凤仙郡大旱，喻修持者不遵天道是导致周身气脉枯竭之因。对治之法只靠功夫修持是不够的，故行者求雨不行。修持者必须要发愿忏悔，行善积德，故行者上天宫查明原因，回来后劝善，才能使生命的运化完成整体的转化，于修持证境才能返虚，则虚空法雨即先天一炁自然滋润周身，故言孙大圣劝善施霖。郡守和全城百姓都皈依佛法后，即奉天道而行，三个誓言自然消除，喻束缚自除，局限性被消弭。天空降下甘霖，喻虚空中的无限之炁滋润和转化后天人身。

玉华州——八识归元

虚空法雨，喻先天能量滋润于身，后天欲望自然消除，故师徒来到玉华州，即欲望化解之境。修持者至此命体坚固，心性清净，可以传道授徒，不使道脉断绝，这也是修持者的责任，但若执着于此，广收门徒，开宗立派，追求宗师名望，则是心识妄动之象，故在玉华州因妄动师心而招来了八只狮子的魔难。八狮即八识，故孙悟空请来太乙天尊，喻以真炁入顶转化泥丸宫，复归先天，故金毛狮子被降伏，九头狮子转变为九灵元圣，喻八识归元，不再妄动。

金平府——心性平净

修持者八识归元则心性清净，故师徒来到金平府，喻达此证境的修持者对后天之境已是心无挂碍，但仍处在后天境界之中，若不知超越，闲游世间是为浪子。更有甚者自认悟道、成就、解脱了，为炫一己之慧，外显佛像以惑人心，实则内耗精气神，忘记初心，即三只犀牛精变作佛像偷食香油，摄走唐僧。孙悟空上天宫请来四木禽星捉怪，喻以合和四相之功除此闲游假佛之患。至此积德行善，八识归元，浪子回头，表明进入先天境界修持的前期准备已经完成，因此师徒便来到了天竺国。

天竺国——中脉

天竺国不在通关文牒当中，因为经过前面九国三关后，此为最终证境，于修持而言指中脉的虚极之境。修持者将由此脱离后天人身的束缚进入虚空法界，获得大智慧大成就，因此师徒来到给孤园，三藏便忆起此处为当年佛祖讲《金钢经》之处，此为修持者觉慧渐生、佛性初显之象，但此证境仍为后天之境，仍非解脱证境，故老院主将天竺国公主锁在石房之中，喻因不知返本还虚之法，只能以觉照之法持守此先天灵性于心识之境，使其不受伤害，但无法解脱。因此还需要先天灵觉主导返本还元，故老院主请孙悟空进城分辨真假，解救真公主。

从月宫下凡的姮娥，喻先天灵性，玉兔为先天真意，故可捣药。仙娥下凡喻先天灵性妄动，即顺行造化落入后天之境，先天真意必然随之而动，故玉兔也下凡变为假公主，喻后天欲识做主必然将真公主抛于荒野，此为先天灵性落入后天的必然结果。假公主招亲，即继续向后天转化为交媾之性欲。太阴星君喻虚空本心之觉，故前来收伏玉兔，即不使真意妄动，回归先天之性。而姮娥还为公主，喻先天灵性于后天之境不再被抛弃隐没。孙悟空请太阴星君与天竺国君民相见，喻至此修持者先天本心之觉与灵性已经完全呈现，此为获得佛性觉慧的心性之基。师徒在寇员外家所受磨难，是明示修持者不可以外修功德法事为圆满成就，若执着于此实为内寇，至此后天境界的命功和性功修持皆已完成。命体成熟、心性圆明为脱离后天人身的束缚进入虚空法界，即破除后天的局限性回归到先天的无限性做好了准备，即报身修持功程完结，将要进入法身境界的修持。

灵山盛会　五圣成真　本心圆明

古来妙合参同契　毫发差殊不结丹
本来面目今方见　一体原因始得全
丹成识得本来面　体健如如拜主人
见性明心参佛祖　功完行满即飞升

报身修持完成后，其成果就是彻底摆脱后天人身的束缚，进入虚空之境，灵性与本心相合才是真正获得自由的含义，丹道称为脱壳，故师徒来到凌云渡，喻脱离人身，过渡到虚空之境，即身中中脉与虚空法界的过渡之境。渡口的独木桥，即此中脉中运行的先天一炁以及生发之机，水帘洞口的铁板桥也喻此炁机。修持者凭借此一炁才能超越、解脱、回归本心，故为独木桥。此为金丹大道的核心精华，只有先天灵觉可以驾驭和运用，故只有孙悟空可以自由往来。而佛家为修持者提供了另一种解决方案，即以佛性觉慧证语空性，接引众生解脱，故有接引佛以无底船接师徒渡河。三藏见河中自己的尸体从河中漂过，喻脱壳之功完结，自然进入先天法界见到如来佛祖。其本质是修持者超越了形而下的个体的局限，回归到形而上的本体，获得了天限的智慧。

佛祖所传《法》一藏，是言先天真理真相。《论》一藏，是言后天性命。《经》一藏，是言后天返先天之径，皆言金丹大道之理法。阿傩伽叶索要人事，是喻真理智慧必须由与之相对应的道体一炁相置换而成，是喻性命同修之理。体用不可分离，若不知此理，也只悟得真空之性，而无妙有之理，故唐僧先取的是无字真经，是不明理所至。然而空性之理的传续离不开妙有之理法，故燃灯古佛帮助师徒明理，换取有字真经。修持者返本还元，脱壳进入虚空法界，见证佛性，获得觉慧，但仍然要破除对此先天证境的执着，必须彻底打破先天与后天的两分之境，要先后贯通，圆融一体，故师徒要回到大唐，以正知正见正觉正慧，消[illegible]先天与后天两分之境，故三藏师徒要将取回的真经流布天下。师徒归途中落入通天河，于修持而言，喻先天进入后天，先入中脉。于证境而言，从江流儿水中漂荡到三藏通天河上岸，喻修持者从后天洪流的沉沦中逆返还元，修持至中脉先天之境后，终于上岸获得解脱。

师徒在讲经台上抛下手中经卷，腾空而起回归灵山，此喻金丹大道修持的最高证境，即白日飞升，是丹道的化身成就之象。回到灵山师徒受封，是言修持所要俱备的五种要素的根源、作用、价值与成效。五众口诵众佛名号，喻佛家亿万化身的成就之象。

师徒所取真经者，《西游记》也！

故开篇言："欲知造化会元功，须看《西游释厄传》。"

赞颂孙悟空："借卵化猴完大道，假他名姓配丹成。"

书中所述，正如佛祖所言："盖此内，有成仙了道之奥妙，有发明万化之奇方。"

望读者：宝之，重之，行之，证之！

吾赠诸君一语：勿纵此生负灵台！

《菩提诀》与《心经》

《西游记》倡导性命双修，菩提祖师向孙悟空传授的丹诀《菩提诀》就是命功修持的总则，乌巢禅师传授的《心经》是性功修持的总纲。此二者是《西游记》阐述金丹大道的根本经典。修持者要将这两部丹诀心经烂熟于心，用心参悟和印证，并以此指导实践，必当受益。

《菩提诀》

显密圆通真妙诀，惜修性命无他说。
都来总是精气神，谨固牢藏休漏泄。
休漏泄，体中藏，汝受吾传道自昌。
口诀记来多有益，屏除邪欲得清凉。
得清凉，光皎洁，好向丹台赏明月。
月藏玉兔日藏乌，自有龟蛇相盘结。
相盘结，性命坚，却能火里种金莲。
攒簇五行颠倒用，功完随作佛和仙。

《心经》

观自在菩萨，行深般若波罗蜜多时，照见五蕴皆空，度一切苦厄。舍利子，色不异空，空不异色，色即是空，空即是色，受想行识，亦复如是。舍利子，是诸法空相，不生不灭，不垢不净，不增不减。是故空中无色，无受想行识，无眼耳鼻舌身意，无色声香味触法，无眼界，乃至无意识界，无无明，亦无无明尽，乃至无老死，亦无老死尽。无苦集灭道，无智亦无得。以无所得故。菩提萨埵，依般若波罗蜜多故，心无挂碍。无挂碍故，无有恐怖，远离颠倒梦想，究竟涅槃。三世诸佛，依般若波罗蜜多故，得阿耨多罗三藐三菩提。故知般若波罗蜜多，是大神咒，是大明咒，是无上咒，是无等等咒，能除一切苦，真实不虚。故说般若波罗蜜多咒，即说咒曰：揭谛揭谛，波罗揭谛，波罗僧揭谛，菩提萨婆诃。

第一回

灵根育孕源流出　心性修持大道生

丹旨：南宗祖师紫阳真人道："欲体夫至道，莫若明夫本心。"禅宗五祖弘忍向六祖慧能传法时也曾道："不明本心，学法无益。"《西游记》第一回的丹旨就是教人"明夫本心"。天地为本心后天化运之象，石猴正是本心落入造化之境而呈出的灵明觉性。石猴喻心识变化的火候，能够明辨此变化之机，即一点灵通之意，一点灵明觉性，为一己真心，此灵通之性就是本心投射在后天境界之象，故灵根者即此一点灵明觉性也。但此真心灵根埋没于后天之境，因此回溯本源是必然的趋势，是天道使然，是本体对个体的牵引势能所致。丹道称此过程为返本还元，此灵根是返本还元的主导者，石猴寻师和拜师的过程就是灵根育孕的过程。故石猴首先寻找到后天人身中的安身之处，即水帘洞，喻血肉之心，为心脏。其修持之境为中丹田，故由代表真心的猴王所居。因居后天之境，故猴王忧虑无常，是知此心不可长久，故要继续还元。猴王渡海来到南瞻部洲，"见世人都是名利之徒，更无一个为身命者，继子荫孙图富贵，更无一个肯回头"。明示修持者要知人心，见后天意识之心弊端，明此心更不可取。于是猴王再跨西海到西牛贺洲的灵台方寸山斜月三星洞，即打开玄关一窍，见到代表本心的菩提祖师，即源流出，喻见本心，明本心！猴王拜见菩提祖师是真心归本心，此为心识的返本还元之象。斜月三星洞即玄关一窍，是本心呈现之处，故由代表本心的菩提祖师所居。此水帘洞、三星洞共处人身中丹田，喻其一体，只是二者境界不同。水帘洞为后天之境，三星洞为先天之境。后天真心灵根未见先天本心时，玄窍关闭故为玄关。真心见本心，心心相印，此窍开故为玄窍。真心本心皆是自家一心。转化还元要以心识的转化为先，为主，为本，孙悟空跟随菩提祖师学本领即心性修持，学成回归花果山即大道生。故修持者首要之务就是要觉真心，育灵根，归本心，修自心。故第一回丹旨为：明心。

释意：首回题目是《西游记》全书的总纲，作者将要表达的全部内容浓缩在题目当中，读懂了首回题目，《西游记》的主旨也就自然明朗了。所谓灵根是言修持者的灵明觉性。本心是《西游记》中最高的范畴。《西游记》中一切仙佛魔怪、山川河流、嬉笑怒骂皆本心之变相。修持者的灵明觉性就是本心圆觉之性在后天生命当中的投射之相，为真心。本心具有先天性，本体性，本源性，本质性，永恒性，唯一性。因此他对后天的存在和灵性具有根本性的势能，致使后天境界中的先天灵性真心向先天本心回归成为必然，这就是世间存在修持之事的根本原因。后天灵性的修持其本质就是对先天本心的回归，其过程即灵根育孕，故石猴出世就要寻找源流进入水帘洞，再回归到本心之境的三星洞，便是明心，此为"源流出"。以此为基方可见到本心之性，即造化会元之性。造化即由无入有，由无限变有限，由先天入后天，而化生万物，此为顺行造化之性。会元即由有入无，由有限化无限，由后天返先天，而回归本心，此为返本还元之性。修持者见此性而修持，驾驭造化还元之机，此为"大道生"。无论是顺行造化还是逆返还元都是一炁周流之相，本质为道体，所呈现出的觉慧之性便是佛性。《西游记》阐述的便是佛道融合的金丹大道，故孙悟空亦佛亦道，是喻性命同修之旨。而性命之修的归宿就是对本心的回归，本心即是金丹。《西游记》中的孙悟空出生、寻师、学本领、闹天宫、西天取经便是本心由先天落入后天，由后天返先天的过程，就是回归本心的过程，就是金丹修持的过程。故文中诗言："借卵化猴完大道，假他名姓配丹成。"孙悟空就是蕴藏在我们每个人生命中的先天灵明觉性，为真心，为灵根之象。真心本心无形无象，瞬息万变，难知，难言，难证，作者慈悯，作《西游记》借助孙悟空这个形象以明天机，故言："内观不识因无相，外合明知作有形。历代人人皆属此，称王称圣任纵横。"望读者知之，宝之，重之，行之，证之。

开篇诗曰："混沌未分天地乱，茫茫渺渺无人见。"混沌喻先天本心的无形无相之态。无人见喻无人认识，更无人能够复归本心。本心生出一体之相，即先天一炁。一炁再分化为阴阳，为鸿蒙。由此生成万物群生，究其根本都是一炁的作用，故言“覆载群生仰至仁，发明万物皆成善”。一炁的生化分为造化和会元两种运行趋势和运化模式，读者若要了解其中的妙理就要看《西游释厄传》。在《西游记》的设定中西方代表虚空本性。言西游便是喻复归先天虚空本性，为逆返先天、返本还元的过程。释厄即解除灾厄。而灾厄的产生就是由顺行造化导致的，因为造化的过程是由无入有，由无限进入有限的过程，有限的存在就是趋死的模式，故生灾厄。而《西游记》就是返本还元，由有化无、由有限复归无限的过程，是复生的模式，故能释厄。故诗言：“欲知造化会元功，须看西游释厄传。”

开篇所言天地之数，“人生于寅”一段取自《皇极经世》，喻天地顺行造化之妙，明示一阳初动至五行运化而最后生人、三才定位的过程，是要修持者观天之道，持天之行。修持者心中要有容纳天地、观照万象变迁的心胸与格局。站在本心的层面去修持才能解脱，才不会迷入一事、一境、一情、一法、一物当中，超越一切现象，破除有限。下手之法全在“贞下起元”四字。下手之处即“一阳初动处”，所证者“天心无改移”五字。天心是《西游记》作者设定的终极之境，即本心。“心”是最高范畴。孙悟空的本质就是心相，唐僧的修持为心行，书中唯一出现的一部经典就是《心经》，这是金丹大道与唐以前的内丹修持的本质区别。因其极为重视道体一炁的炼化，也与佛家心性修持有着本质区别。因此《西游记》中“心”这最高范畴涵盖了佛道两家的修持宗风。《西游记》中的佛，喻佛性觉慧，为性功，为神。道喻道体一炁，为命功，为炁。提出了道体一炁与佛性觉慧的性命双修，神炁融合的修持理念。这一切都统一在“心”的范畴之内，所以一部《西游记》就是修心之法。唐僧取回真经后，观音菩萨检查一路行程也是在问：“一路上心行如何？”故我称其为“心宗”。正如古经所云：“夫仙者心学，心诚则成仙，道者内求，内密则道来矣。”

《皇极经世》是宋代邵雍所著，小说后面讲述唐僧取经之前还借用了邵雍的另一篇奇文《渔樵问答》，可见《西游记》一书受邵雍的哲学思想影响巨大。《西游记》是阐述金丹大道的法本，传达的金丹大道的修持理法直承宋代《悟真篇》，作者张伯端，张紫阳真人甚至出现在小说的情节当中。表明《西游记》所传达的丹道哲学思想已经由汉代的宇宙生化论和魏晋的本体论，转化为心性论。在宋元时儒释道三家相互借鉴融合，圆融的成果就是钟吕派一脉而下革新了的金丹大道的出现。这涉及了中华道文化的发展史观，对此讨论留在《西游道论》中展开。

《西游记》第一主角无疑是孙悟空，即灵根，是修持的主导者。他出生在“东胜神洲”，在人身喻指胸腔，其境界喻气血生发的造化之态。此造化之机蕴含着先天之性，即傲来国。古时太敖氏原为炎帝部落的首领，封于敖地号太敖。上古时期敖氏最早以龙为图腾。这是《西游记》中四海龙王被赋予敖姓的原因。黄帝后裔对凡是被废但没有谥号的王室均赐敖姓。民间传言：“敖姓当官，江山必翻。”石猴为修持者的先天灵明觉性，因其为本心之象，故此灵明觉性本具回归本心之性。神为精神活动的总称，故主导返本还元功程者，丹道称之为元神。元神在后天生命状态中正如被废且无谥号之王，故孙悟空出生在敖来国的花果山。孙悟空当官后自然要大闹天宫，即应“江山必翻”之言，喻示着生命由顺行造化的趋势翻转为返本还元的趋势。“花果山”是将后天人身脊柱喻之为山。《西游记》中的高山峻岭多喻此处，只是境界层次不同。东胜神洲代表造化之机，因其趋向后天之境，故先天之性隐退即傲来国。在后天人身为心脏，也是元神在后天的居所，即水帘洞。“国近大海”喻后天气血运行之态，最后转化为花果山，即后天人身之境，是由先天向后天转化的过程。“此山乃十洲之祖脉，三岛之来龙”，十洲喻全身气血之脉，三岛喻上中下三个丹田，言此后天人身脊山为修持的用功之处。修持证境大致分为三个阶段：养髓、通督、开中脉。在脱壳之功完成之前皆不离此，故言：“正是百川会处擎天柱，万劫无移大地根。”古仙云：“一点阳精，秘在形山。”

“那座山正当顶上，有一块仙石”喻脊柱之上的头颅。“上有九窍八孔”即两眼、两耳、两鼻孔、一口、囟门和脊柱入颅之孔，共九窍。因鼻窍实为一孔，故言“八孔”。“四面更无树木遮荫，左右倒有芝兰相衬”喻左右两耳形似灵芝。“盖自开辟以来，每受天真地秀，日精月华，感之既久遂有灵通之意”，言自然的造化生成了人身和头脑，生命在与外部环境交流和适应过程中逐渐产生了“灵通之意”。这一点灵明之意就是本心觉性在生命中的体现，它是天地之真心、真意、灵根、真种，就是石猴孙悟空，乃至每个生命的本性。这一点先天的灵明觉性进入到后天状态就是异化为后天意识乃至人格，而我们修道的起点就是由这个后天的最原始最自发的状态开始。“内育仙胞，一日迸裂，产一石卵似圆球样大”，山顶之石喻头颅。此石为后天之识。石卵即脑府泥丸，现代人称为原始脑。此脑蕴含着先天灵性，故称为仙胞。当修持者破除了后天之识的封闭，自然会迸裂出先天灵性，其本相浑然一体，故言“石卵似圆球样大，因见风化作一个石猴。”风喻造化运行之态，石猴即识候，当识做动词解时，喻辨识火候。当识做名词解时，喻心识的状态，两者皆有。此言先天灵性对造化会元的运化状态变化具有觉察之能，就是如来说，孙悟空是灵明石猴的含义。正因为这样的特性，孙悟空才能辨别真假，斩妖除魔。于修持而言具有把握、觉察、调控、转化之能，修持者必须依靠此灵明之性主导修持。师徒一路西行也是心识转化的呈现。“五官俱备四肢俱全，便学爬学走拜了四方，目运两道金光射冲斗府”，此喻先天灵性落入后天有形之境。目光为修持者灵性的体现，故为金光。斗府即天心，喻修持者灵性复归天心的必然性。先天灵性回归先天本心的趋势必然惊动后天神识，故“惊动高天上圣大慈仁者玉皇大天尊玄穹高上帝”。玉帝即欲帝，即欲望之帝。在《西游记》中玉皇大帝喻指修持者的后天识神。它是后天世界秩序的维护者，代表着入世的儒家修持主体，而儒家入世治世成为圣人，是修持的最高成就。仁慈是儒家的理想境界，故以此尊称玉帝。孙悟空后来为齐天大圣也代表着其修持成就已经等同于儒家修持的最高成就了。玉帝“驾座金阙之宫，灵霄宝殿”，灵霄即灵性消亡，后天识神的存续必然消耗先天灵性，故后天欲望之帝处理政务之地为“灵消宝殿”。玉帝“即命千里眼顺风耳开南天门观看”，南天门喻头颅与脊柱连接之窍，喻视听返照于身内之功，明示修持者若要识得自家灵性复归本心须用此法。

“如今服饵水食，金光将潜息矣”，喻先天灵性在后天环境中逐渐弱化乃至潜伏不显，蕴含在后天生命运化当中，故玉帝道：“下方之物乃天地精华所生，不足为奇异。”《西游记》中玉帝对孙悟空的态度都是宽厚大度，照顾周到，无论是在孙悟空成长的过程中，还是取经的过程中都是仁慈相待，积极帮助。这透露出一个重大的修持原则，即后天识神与先天元神的关系，在修持过程中要以元神为主导，识神为辅助，两者相互贯通，各司其职，才能完成修持大事。识神为大脑机能的总称，头颅在人身之上，元神潜藏于后天人身当中，故玉帝称石猴为“下方之物”。石猴为元神，是先天觉性机能的体现，故言是“天地精华所生。”

石猴在林中与群兽同生，喻此先天灵性已潜于后天之境、后天之识当中了。众猴去那山涧中洗澡，涧水喻人身血脉运行。洗澡是喻血脉中的精气对灵性的洗涤之效。众猴“顺涧爬山，直至源流之处”，此喻返本还元之功。明示修持者欲识本心须行此功，此道心开发寻求本源之象。“乃是一股瀑布飞泉”，喻后天气血经脉运行之相。“原来此处远通山脚之下”，喻此血脉周身运行。“直接大海之波”，最终散失于身外。“那一个有本事的，钻进去寻个源头，出来不伤身体者，我等即拜他为王。”“钻进去”便是钻杳冥之功。石猴跳入水帘洞中在人身为心脏中丹田，喻归心、守心、护心之法。心脏是后天人身运化的源头，心脏的跳动代表着后天生命的生机，故由代表着灵性后天之象的猴王居之。“原来是座铁板桥”，水帘和铁板桥之象构成了一个“心”字。铁板桥即心字底，水帘即心上三点。铁板桥为水中金，即先天一炁，明示修持者借此一炁方可回归本心。水帘喻一炁运化，只有两者相合，喻既见其体也见其运化才能见到本心。但因血脉中运行的精血为后天有形有质之物，有遮蔽之效，故见之为帘，喻其后天属性遮蔽了先天一炁与本心之性。水帘洞代表着心体的后天之境。后面菩提祖师所居住的三星洞代表着心体的先天之境，为玄关一窍。孙悟空的水帘洞与菩提祖师的“斜月三星洞”同喻心体，只是境界不同。“石窍”即识窍，喻后天根识之眼耳鼻舌意之窍，因为修持者执着于后天之识的作用，必然将能量消耗外泄，使得修持者无法见到本心，故言“桥下之水冲贯于石窍之间，倒挂出去遮闭了桥门”，桥下之水喻后天之境中运化的精气外泄于后天根识，而迷失了本心。石猴“再走再看，却似有人家住处一般”，后天血肉之心为后天之境，故似有人家居住。静观心体，识得才能住得，世人如同石猴虽天赋灵性，落入后天生命运化之境，如游走于山林世间居无定所，没有一个安身之处，是不知心体所在。修持者首先要做的就是将潜藏于后天生命生化当中的生机灵性激发出来，才能道心开发，返本还元回归心体。如同群猴因好奇而开启的寻源之路，最终找到水帘洞，于后天人身暂时有了安身之处，故言“真个好所在”。水帘洞以形而上言之为心体，以后天之境言之则喻指部中丹田，此处是先天灵性在后天人身当中的存养之处，故言“花果山福地”。花果山喻指人身，周身器官为花果，脊柱为山。中丹田为先天灵性之宅，而此灵性可以使人返本还元，寿与天齐，故为“福地”，喻命体。“水帘洞洞天”，此洞的本质是先天本心在后天人身的投射，喻性体，故洞中主人具有了返本还元的可能，称洞天即“通天”之意，故“石猿喜不自胜”。此处不再称石猴而称石猿。石猴即辨识火候，故石猴探洞。现在回归心体即心识归源，故称石猿。石猿出洞后对众猴笑道：“乃是一座石房”，喻先天灵识、后天智识皆由此心体生发，故言“真个是我们安身之处”。回归心体为安身，但尚不足以立命，立命之功就是猴王修道之程。“我们都进去，也省得受老天之气”，老天之气喻后天顺行造化的运行，对生命灵性的束缚，修持者若能回归心体就能不受此造化束缚，故“众猿听得个个欢喜”。修持之事世人多是不信，需要先行者的引领，故众猴言：“你还先走，带我们进去。”少数坚信笃行的修持者，即“有胆大的都跳进去了”，迟疑者即“胆子小的缠一会儿也都进去了”。众猴进洞后相互争夺，此后天心识的特点。占有欲是由后天生命的封闭性所决定的，虽然回归后天心体，但后天人心之性未泯，故言：“正是猴性顽劣，再无一个宁时，只搬得力倦神疲方止。”回归心体石猴变为石猿，“端坐在上而道：列位，人而无信，不知其可。”可见修道之事要以信为根，无信则无行，无行如何解脱。“弄了这一个洞天与列位安眠稳睡，各享成家之福，何不拜我为王”，先天之灵有了归处，不再沉沦后天境。此为成家之福，能知此机者自然为王，尊此灵性为王就是奉本心为王。整部《西游记》就是以修心为宗旨，每位修持者都要拜此心王，故“众猴听说，即拱伏无违”。但因此处之心还处后天之境当中，故为“千岁大王”。灵识回归本源，故“石猿高登王位”。后天之识消退，先天灵明之性自然显现，修持者要识得此性，谓之识候，即石猴。之后就要每时每刻都要关注此真心，须臾不离，不使其再向后天转化，这是观心之功，“每”即“美”，故言：“将石字隐了，遂称美猴王。”修持者首先要寻找到，回归到后天人身运化的本源，并居之守之养之，此为养生护生之要，为后天之境的强者，但远不及圣仙佛成就，故只能称王。先天灵性的产生，进入到后天之境，道心开发寻根溯源，回归心体，就是一个由散乱到凝聚，由冥玩到自觉，由昏昧到灵明的返还过程。至此作者对《西游记》的宗旨完成了总体概述，后面就是境界的不断提升，回归的过程，但总的修持原则不变，故此处写下赞诗：“三阳交泰产群生，仙石胞含日月精。借卵化猴完大道，假他名姓配丹成。内观不识因无相，外合明知作有形。历代人人皆属此，称王称圣任纵横。”此诗点明了《西游记》的主旨。明示书中所言皆为“配丹成”。读者若脱离了“配丹成”的主旨去读《西游记》是不可能真正读懂的。修持之事玄妙难言，故作者借孙悟空这一形象，完美地展现了全部内容。这是作者的慈悯，能够知之、悟之、行之者会有无量之福。孙悟空的形象成为中华文化的承载者，传播者。没有一个中国人不知道孙悟空，这也是作者在每一位中国人的心中种下的道种，当此灵根因缘时节具备之时一定会发芽成长。这既是作者的无量功德，也是每一位中国人的福报，望读者知之、宝之、行之、证之。水帘洞为心体的后天之象，故“美猴王享乐天真，何期有三五百载”。是喻修持者执守后天人心之境，三五百载喻精气神三宝于后天五行之境中运化，仍然无法摆脱顺行造化的趋死模式，故美猴王言：“我虽在欢喜之时，却有一点远虑，故此烦恼。”修持者若将烦恼引导向追问、探索、发现、实践，最终趋向觉悟，则烦恼即菩提，故猴王要去寻访参拜菩提祖师。此烦恼是因看破了造化运行带来的危害，才能产生解脱之愿，而当下又无力解决而生起的心神之态，因此烦恼就是觉悟的前期表象。“将来年老血衰，暗中有阎王老子管着，一旦身亡，可不枉生世界之中，不得久注天人之内。”后天有形之身必有所亡，而我们的灵性受困其中，生死轮转不得解脱，修持者就是要打破这个枷锁不再受后天局限，回归本心永恒之性，即久注天人之内。这是所有人都要面对的问题，其实质所面对的是一个哲学的根本问题：形而下的有限性与形而上的无限性之间的矛盾问题，修持就是要在生命领域回答和实践，并最终解决这一根本矛盾。后天生命渴望长生不老的欲望，其本质就是本体本性的无限性在后天生命意识中的体现，但现实的后天生命的个体却是局限性的存在，古人对生命局限性的突破回归本体，是本体无限性对个体局限性本具的势能在生命层面的体现，这样自主自觉的实践过程就是修持。只有解决了这对根本性的矛盾，生命才能真正解脱，故佛说：“得大自在”。但世人不肯面对，只以沉迷世间欢乐来回避这个问题，但矛盾依然在那里，故众猴言：“在此自由自在乃无量之福，为何远虑而忧也”，故作者慈悯劝世人要“俱以无常为虑”。通背猿猴叫道：“大王若是这般远虑，真所谓道心开发也。”修持者只有深刻地认识到后天生命的局限性而生起寻求破除之心，便是道心开发。而修持是以先天一炁为基，丹道称为道体命炁。修持的层次大致分为养髓、通督、开中脉为验证，都与人身脊背有关，故通背猿猴知此玄机。猿猴即还元之火候，故猿猴道：“佛仙与神圣三者躲过轮回，不生不灭，与天地山川齐寿。”佛仙神圣喻还元之证境。儒释道三家修持路径不同所呈现出的修持理念和解决方案差异很大，但是自宋代紫阳真人之后三教合流已成趋势，金丹大道则是三家融合的成果。《西游记》中以修心为最高范畴，使三家达到了圆融之境。“他只在阎浮世界”此言儒家释教多在世间传播，修持者不离人间，“古洞仙山之内”，丹道修持者多隐居山林，不问世事，这也是各家宗风的体现。“猴王闻之满心欢喜道：我明日就辞汝等下山，云游海角远涉天涯务必访此三者，学一个不老长生，常躲过阎君之难”，闻道即喜，闻法即修，这既是修持者应当具备的态度，更体现了修持者根性的敏钝。因恶死而生忧虑，因忧虑而生道心，听闻道法即刻付诸实践，生死无常不容迟疑，生死事大须付全力，故作者赞叹道：“噫！这句话，顿教跳出轮回网，致使齐天大圣成。”态度开启一切，态度的转变，运化自然回转，即一阳复生。齐天即七天，为七返，一阳复生之意，大圣即大盛，喻返本还元，由微致盛，故齐天大圣即七天大盛，喻七返还丹之功。于境界而言其成果为回归造化之源，可与天齐。于人间为圣人之行，而这一切都缘于修持者认知和态度的转变。修持者若能发下修道大愿则表明顺行造化的趋势被扭转过来，转变为返本还元的趋势。《西游记》中孙悟空一心求道，唐僧一心向佛，从未改变，由此可知发愿对于修持者具有根本性的作用，没有大愿的引领修持者如何上路？如何勇往直前？如何克服艰险？道心开发的成果和证境表现为大愿的生起。若无大愿生起也表明道心未开，此道心大愿非后天心识欲念，而是本心的展现，是先天灵性的觉醒，是返本还元趋势的必然体现，只有此心才能经受各种磨难而永不退转，故众猴鼓掌称扬道：“善哉善哉，我等明日越岭登山广寻果品，大设筵宴送大王也。”修持者若至心发愿，必愿通法界而获得众生拥护，因为修持者是先行者，是实践者，是为众生而修，无论成功与失败都会成为众生发现真相、探索真理的资粮，故言“善哉善哉”。丹经云：“金公本是东家子，送在西邻寄体生。”修持者觉醒的灵性回归本家即石猿入住水帘洞，成为美猴王。金公即孙悟空，但是此一点灵明之性源产于后天的泥丸宫内，后天识神主导生命后，先天元神便隐落到中丹田，表现为心脏为生命提供的生机。但受到顺行造化的影响和消耗，会继续向后天转化，直至丧失先天之性，故丹道认为灵性在此无法获得能量支持，既不能保持先天之性，更无法返本还元，就必须送至西邻养育壮盛之后再返回本家才能最终有所作为。《西游记》中四大部洲的设定：东胜神洲喻指人的胸腔；西牛贺洲喻指人的脊腔；南赡部洲喻指人的颅腔；北俱卢洲喻指人的腹腔。美猴王外出寻师，在西牛贺洲拜菩提祖师，修持的丹道含义即以洗髓通督开中脉的命功修持，行返本还元之功。石猴发愿寻师访道，缘于认知和态度的转变，由原有的顺行造化的趋死模式当下就转换为返本还元的复生模式，这是命运本质性的转变，其功果不可思量，故言："顿教跳出轮回网，致使齐天大圣成。"世间所有名利成就与之相比如同尘埃一般，若明此理回首世间便是："人间纵有珍馐味，怎比山猴乐更宁。"猴王吩咐道："替我折些枯松编作筏子，取个竹竿作篙"，喻道心开发，心生修持大愿者先要以松静为法，逐渐登高，渐修渐行不可妄想一步登天。"折松作筏"喻以松静为法。"竹竿作蒿"即逐渐登高之意。"趁天风来，渡南赡部洲地界"，天风即顺行造化的运行之态，修持者心念初转，不可与世悖逆而行，搞出一副"众人皆醉我独醒"的样子，只会徒增阻碍，要心中默默行，不可强转要因势利导，要顺其所欲渐次导之，故言："天产仙猴道行隆，高山驾筏趁天风。"此言转换最初时的修持原则。而用功之处便是红尘世间，即南赡部洲。在人身为脑部，为人心，喻后天欲念繁生之境。在人世间修持之功，于丹道称为炼己之功。修持的内容就是"有份有缘休俗愿，无忧无虑会元龙"。休弃俗愿才能会元龙。以世间名利情色来检验修持者的志愿是否坚定不移，不被红尘繁华所迷惑，故言："立志潜心建大功"，只要愿力宏大，意志坚定，终将遇到明师的指引，故言："料应必遇知音者，说破源流万法通。"

猴王上岸，"剥了他的衣裳，也学人穿在身上，摇摇摆摆穿州过府，在市廛中，学人礼，学人话"。此修人道之功，修持者只有对世间人情事物有了透彻的领悟才能不贪红尘，不被所迷，一心向道，故猴王"见世人都是为名利之徒，更无一个为命者"，于己而言要看破自己后天欲念之心，不使其妄动。观红尘省己心就是丹道炼己持心的过程，此过程有澄净之效。若炼己不纯则心识杂垢，必然转化为后面修持过程中的魔相更加危险，处理起来更加困难，故丹经云"若非积行施阴德，动有群魔作障缘。""猴王参访仙道无缘得遇"言炼己持心是世间法，而修持是出世间之法，明示修持者不可以不贪红尘之心为修仙道之法。"不觉八九余年"为炼己所用时间，这已经是很快了。

猴王“忽行至西洋大海，他想着海外必有神仙，独自个依前作筏，又飘过西海，直至西牛贺洲地界”。西海即髓海，运行路径即经脉，喻精气运化之态。西牛贺洲喻脊腔，在人身为顺督脉下行至气海，于修持境界而言为炼己纯熟之后潜灵养气阶段。气足则神灵，故言“海外必有神仙”。猴王离海，上岸登山是喻养气之功，培补脊髓之精，充盈督脉中气。山中所遇樵夫，喻身下阴跷穴的生化之机，即会阴穴。此穴最难打开，打开后则精气生发，故樵子所唱《满庭芳》就是对阴跷穴打开，髓满气盈之态的描述。樵夫唱道：“相逢处非仙即道，静坐讲《黄庭》。”明示修持者此段功程下手之法为静守黄庭。《满庭芳》之词就是修持的心法口诀，详解留在《西游法诀》中展开。故“美猴王满心欢喜道：‘神仙原来藏在这里’，急忙跳入里面。”喻神气相合。修持者下丹田气满而生光明，即满庭芳之境。至此就可以见到精气生化之机，此机顺则凡，可转化为后天生殖之精。逆则仙，可帮助修持者复见本心，故以樵子喻之。樵子为砍柴伐木之人，喻对生命的消耗，而最为严重的是后天性欲，因此对樵子的外貌描写就是对性欲之外象，即男性阳具的描写。因性与修持有极其重大的关系，详解留在《西游道论》中讨论。这里是樵夫顺则凡之象，而樵夫又与神仙是邻居，又能指引石猴道路，则是樵夫逆则仙之象。修持者若能明此精气的生化之机自不受其害，不受其限制，进而返本还元得见本心。精气的生化之机就是心神的变化之机，故言：“那神仙与我舍下相邻。”男女交媾之性的本质是精气生化之机的展现，因此丹道中也有借助性的特殊机能达成修持目的方法，被称为阴阳丹法，但那只是在特定的阶段所运用的特殊之法，故猴王称樵子为“老神仙”是喻将性视为神仙修持之本，这是一种错误认识，故樵夫道：“我拙汉，衣食不全，怎敢当神仙二字。”《西游记》中西梁女国一段则明示了阴阳丹法的妙秘，但那并不等于说阴阳丹法就是可以一以贯之而能成就之法。那只是在关键时刻快速高效的跨越之法，故为“西梁女国”，即是西去之桥梁，这留在后面再述。

《满庭芳》言静守黄庭的修证境界，喻丹田元精生发之后有两种发展趋势：“一则散心”，因后天妄动之心导致能量散失；“二则解困”，能量充盈将帮助修持者解脱后天人身之困。此言生发之机带来顺逆两种趋势结果。故猴王问樵子“何不从他修行”，是言要借此行逆返还元之功。樵子道“自幼蒙父母养育至八九岁才知人事，不幸父丧，母亲居孀”，八九岁时后天识神占据主导，为知人事，即“丧父”，至此先天灵性隐没，只留后天人身即母亲“居孀”。“只得斫两束柴薪，挑向市廛之间货些文钱，籴几升米，自炊自造，安排些茶饭供养老母。”喻先天元精转化为后天之精供养后天人身，而后天之精不能被修持所用故，不能修行。猴王道：“乃是一个行孝的君子，向后必有好处。”保养人身即为行孝，身体健康即是好处。樵夫道：“此山叫作灵台方寸山，斜月三星洞。”灵台方寸山即灵山，即中脉之山。但因修持者尚处于为返本还元的初级之台阶，尚未贯通的阶段，故称灵台。方寸言其为命功修持之本。“斜月三星洞”为心字之象，言命体之用，为心象。斜月三星洞为玄关一窍，又称祖窍。修持者只有进入此窍才能见到本心，故菩提祖师居之，喻心性修持。明示返本还元之法要性命双修。因简化字“灵”字在宋代已经开始使用，所以将“灵台方寸山”取灵字上半部即灵台，再取方寸山的寸字，便可合成“寻”字，与心相连即“寻心”二字。猴王为修持者后天生命中的真心，菩提祖师为先天本心。猴王访道拜师即寻心归心，孕育灵根的过程，此意也正合猴王一路寻访的丹道含义。整部《西游记》就是寻心、明心、炼心、证心的过程。

“那洞里有一个神仙，称名菩提祖师”既是神仙却用佛家名号，《西游记》中师徒四人都是如此。借此喻佛道双修，性命共成。神仙言道炁，菩提言觉慧，此喻金丹大道成就之象即大觉金仙之象。樵夫道：“你顺那条小路，向南行七八里远近即是他家了。”向南即向上行。七八里喻第七节胸椎处的灵台穴，与之相对的是胸前绛宫，为中丹田。修持者玄窍的打开多在此处呈现，但已不是后天人身之境，为先天境界了，是养神之处，故为菩提祖师家。猴王“找上路径，过一山坡，约有七八里远，果然望见一座洞府”。此喻精气充盈之后才能见此玄窍。猴王还要樵子一同去寻师是贪恋精气，故樵子骂道：“你这汉子甚不通变，我方才这段与你说了，你还不省，假若与你去了，却不误了我的生意，老母何人奉养？”修持者要将后天精气中所蕴含的先天灵性抽离出来，复归先天回归本来面目，不可沉迷于后天之境。修持最终是心的成就，故言：“你自去，自去。”故猴王独自来到心洞门前。此心洞、心门、心窍，丹道称玄关一窍。此窍是丹道修持的极关键之处。能见此窍者极其罕见，故“那洞门紧闭，静悄悄无人迹”，若欲见此窍必须把原有顺行造化的趋势扭转过来，变为返本还元的趋势，故“猴王忽回头见崖头立一石碑”，崖头喻造化的趋死之势万分危险，是劝世人早回头。只有当元精生发，命体初显之后才能见到此心窍。故猴王道：“此间人果是朴实，果有此山洞。”此玄关一窍不可以有心求，不可以无心取，只能保持松静之态顺其自然，虚极静笃之时自然打开，故猴王“不敢敲门，且去跳上松枝梢头摘松子吃了顽耍”，喻此时的修持火候。跳上松枝吃松子即喻行持松静之功，静极而动，玄关自开，故：“少顷间，洞门开处，里面走出一个仙童。”此仙童就是修持者的灵性初显之象，“貌和身自别，心与相俱空”，此言灵性的本质。“物外长年客，山中永寿童”，此言灵性的特性。“一尘全不染，甲子任翻腾”，此言灵性的状态。猴王与仙童相见，是修持者后天身中的灵觉与先天虚空中的灵性相合之象。以丹言之，即内丹与外丹相合。此刻石猴还只是修持者的灵明之性，还不是元神。元神是具有了驾驭先天一炁之能的灵性，即孙悟空获得金箍棒，再经过煅炼的圆满成就之相。两者相合回归心体，自然见到本心之象即菩提祖师。

从对菩提祖师的赞诗可以看出“心”是金丹大道最终极的范畴。修心是佛道融合，性命兼修的修持观。那菩提祖师“大觉金仙没垢姿”，言道体一炁的纯一无染。“西方妙相祖菩提”，言佛性觉慧也以心为祖。大觉言佛，金仙言道，这是从宋开始对丹道修持最高成就的称谓。《西游记》中一直有个谜团：即菩提祖师是谁？是佛还是道？为何无人知晓，其实答案就是一个“心”字。因为“心”超越了佛道的分别，为最高的范畴，故无人知晓，却涵盖了佛道，故菩提祖师亦佛亦道。“不生不灭三三行；空寂自然随变化；与天同寿庄严体”，三个上半句皆言道体一炁的特性。“全气全神万万慈；真如本性任为之；历劫明心大法师”，三个下半句皆言佛性觉慧的特性。这首诗极其重要，是对金丹大道最高范畴“心”的论述，对其详解留在《西游道论》中再展开。美猴王为后天之境中的灵明觉性，为心象，菩提祖师为先天本体之心象。两者本质相同，自然相互吸引，所以菩提祖师知道美猴王来了，而美猴王一见便认得祖师，故“倒身下拜，磕头不计其数，口中只道：师父，我弟子志心朝礼”。猴王唯拜菩提祖师最为至诚。菩提祖师既不在外也不在内。猴王与祖师本为一体，就是修持者的自心，故祖师既不在仙境也不在法界，亦不在人间，只住在方寸山中，即自家身中。明示修持者要借助人身寻，但不可认作身中物。

猴王说了来历，祖师喝令“赶他出去，他本是个撒诈，捣虚之徒，那里修甚么道果”，是骂那些投机取巧、虚妄不实的修持者不成道果。猴王道自己是“飘洋过海，登界游方，有十数个年头方才访到此处”，明示修持者要渐修实证，以炼己老成为基础，方可见此心体，故祖师道：“既是逐渐行来的也罢。”炼己成熟有两个验证，故祖师先问：“你姓什么？”这是问修持者心性修持到什么程度了。猴王道：“我无性，人若骂我，我也不恼，若打我，我也不嗔，只是赔个礼就罢了，一生无性。”此喻贪嗔痴后天之性已除。祖师问：“你父母原来姓甚么？”是问先天本性是什么？猴王道：“我也无父母。”是言自心本自虚无，非阴阳所生。“既无父母，想是树上生的？”是问这个自心能够依靠道术、法术、技术而产生吗？猴王道：“我虽不是树上生，却是石里长的，我只记得花果山上有一块仙石，其年石破，我便生也。”是喻自心的发现不能依靠道术产生，但却可以从神识中炼化而出，此识包括后天智识、先天灵识。当修持者破除对神识的执着，解脱了束缚，超越了识的局限之后，自心本心便产生出来，呈现出来了。祖师暗喜：“这等说却是个天地生成的”，天地合即乾坤合，返本还元可见本心，便是无极之象。祖师给猴王取名“孙悟空”。姓孙，言“正合婴儿之本话”，这是修持道体一炁之证果。婴儿是丹道命功修持的大成就，是丹炁的凝聚之象，故赐姓孙，喻命功修持成果，是本心物质属性成就的体现。名悟空，言一炁化出万物万象，修持者必须要破除对一切现象的执着，悟其本质为空性。此喻丹道修持的性功归宿，其修持原则为悟空，是本心精神属性成就的体现。故孙悟空的名字就是性命修持的成果与归宿。《西游记》中孙悟空还有许多名字，都蕴含着不同含义，后面慢慢解读。

本回结束语“鸿蒙初辟原无姓”，修持者自心原本处于原始状态，一切无知，不知根本，此为冥顽之境。“打破顽空须悟空”，破除原始顽空状态就要修持、修证，返本还元，明心见性，悟彻空性。

第二回

悟彻菩提真妙理　断魔归本合元神

丹旨：上一回，石猴出世进入花果山中喻先天灵性落入后天之境，修持者破除了后天智识的障碍后，先天灵明之性即后天中的先天真心就会显现出来即石裂石猴出世。此一点真心是本心在后天人身中的展现，即修持者的灵根，因此返本还元是其必然的特性，故石猴回溯到后天的心体之宫，每时每刻都关注此心，行观心之法，即中丹田水帘洞中成为美猴王。但此境仍属后天，依然处在顺行造化当中，依然受生死之困，故美猴王忧虑生死，还要继续返本还元，故来到南赡部洲，经过红尘炼己持心之功，修持者看破繁华，明人心，不再留恋世间，磨炼坚定了志愿。有此基础修持者才能开启真正的修持，故孙悟空来到西牛贺洲灵台方寸山就是后天返先天进入后天人身当中的先天之境，进入斜月三星洞就是打开玄关一窍。见到菩提祖师就是真心见本心，就是明心，就是悟。真心就是本心散落后天之中而不迷的灵明之性。真心若要复归本来，必要拜本心为师，此喻明心之旨，明心之后方可见性。故这一回，菩提祖师传授法诀，孙悟空依法诀行持，喻丹道修持的凝炼之法。孙悟空在山中与师兄们习字焚香，砍柴挑水，喻心性涵养之功。住了七年喻一阳复生之机，故祖师可以向孙悟空传授七十二变，即传授神观应变之法。筋斗云为五行攒簇逆返还元之法。孙悟空所学为凝炼、转化和逆返之法，是养性、见性、化性之功，其本质是修持者将生命的状态转化为凝聚，对生命的运化之机有了深刻而清醒的觉察与转化之能，并掌握了逆返之法，其成果就是终止了生命顺行造化的趋势，即断魔归本，喻具有了逆转运化趋势自觉性。断魔归本合元神则是见性之果。故本回丹旨为：见性。

释意：孙悟空的修持策略是“悟后起修”，即悟见本心之后方可修持。正如禅宗五祖弘忍的教诲：“不见本心，学法无益。”孙悟空是一点灵明真心，是灵性的具象，是元神，全部修持过程都是孙悟空自主完成的，这样的修持在丹道中称为“神修丹法”。从孙悟空见到菩提祖师开始直到被如来压在五行山下都是讲述神修过程，主旨是借人身修法身，唐僧取经的过程则是凭法身化报身，再回灵山成佛则是讲化身成就。《西游记》全书将佛家所言的法身、报身、化身三身成就，丹道所言还丹、结丹、大丹、金丹的煅炼之法，于炼神而言将阳神、结胎、安胎、养胎、脱胎的煅炼之法，全部妙秘都泄露无遗了。我读历代丹经，如此全面、系统、深入、详细、生动的阐述无出其右。全书将金丹大道的原理、策略、程序、方法、手段、境界、重点、难点、因果、证境，以及解决方案全都详细写出。作者一片慈心照彻古今，只是遗憾至今都无法得知作者是谁。这是道家宗风的体现，功成身隐，不留一丝牵挂于世间，只将此书流传人间，为世人播下道种，培植灵根。这是华夏儿女的福报，也是作者无上功德。

祖师为猴王取名“孙悟空”为修持者指明了性命双修之旨，是修持者见到本心之后的明心之境，但这只是证境，之后的见性还需实修之功。孙悟空在祖师之处所学便是见性的实修功程。

“悟空到门外又拜见大众师兄，就于廊庑之间安排寝处”，喻此刻的修持者还只是入门，尚未登堂入室，喻明心后还需要调伏心性，有此基础才能行持见性之功。故孙悟空“与众师兄学言语礼貌，讲经论道，习字焚香”，此喻穷理之功，修持者必须具有深厚的理论基础，改变原有的认知内容，解构原有的认知结构，重新建构全新的修持理论，只有如此才能分辨真假虚伪之法，不然就是盲修，故有“未有神仙不读书”之言。“闲时即扫地锄园、养花修树、寻柴燃火、挑水运浆”，此喻清平地基之功，修持者要有良好的身体条件，这是修持命功的基础，正所谓身安道隆。这些都是非常具体的煅炼后天身体的功夫。“扫地锄园养花”喻治病祛疾健身。“修树寻柴挑水”喻依靠修持养生之术培元补精、运气周流之法。明理与健身为后天性命修持之功亦不可或缺，故言“凡所用之物无一不备”。孙悟空“在洞中不觉倏六七年”，言所用时长。美猴王访道用了数十年，筑基用了六七年，大致用了二十年时间。发愿、炼己、筑基此为广义修持的前期准备阶段。此段功夫纯熟之后方可听闻道法，开启真正意义上的修持，故“祖师登坛高坐，唤集诸仙开讲大道”。古人传道极重次第，此段功夫不纯熟就不许进行下一步。不像今人上来就求师讲金丹秘法，起手就要修元神，修个半年就要脱胎，起个念头就要度化众生，这些都是妄念。

菩提祖师所讲为金丹大道，所言皆性命双修之法，佛道圆融之理，故言：“说一会道，讲一会禅，三家配合体如然。”三家即精气神三者。“开明一字皈诚理，指引无生了性玄”，金丹大道的修持内容就是对道体一炁和佛性觉慧的修证。祖师为本心，孙悟空为真心。传道要以心印心，自然契入，此为至诚之理，以诚而入，故孙悟空道：“弟子诚心听讲，听到老师父妙音处，喜不自胜，故不觉作此踊跃之状。”此心领神会之象。祖师问悟空：“你到洞中多少时？”是问筑基之功如何了。“弟子本来懵懂不知多少时节”，此专心致志，心不外驰之象。“只记得灶下无火，常去山后打柴”，喻丹田气虚，精气不能生发，全因没有神意下守，即灶下无火。山后喻脊督，其中有真意即柴，为火种，为坎中阳、水中金。“见一山好桃树，我在那里吃了七次饱桃矣”，桃喻心，七次为一阳复生之意。吃饱喻心性纯熟，筑基坚固，可以修道了，故名“烂桃山”，喻熟透后外皮脱落核心自然出现。祖师问孙悟空想学什么道，悟空道：“但凭尊师教诲”，明师传授，在丹道修持过程中极为重要，因为修持是实修实证之事，做不得半点虚假，只有过来人才能明白。“只是有些道气儿，弟子便就学了。”道气儿即道体一炁，这是金丹大道的根本，灵性展现的物质基础。修持者要抓重点，抓根本，不可庞杂混乱，故孙悟空总是以“可得长生么”来作为是否修学的标准。

菩提祖师逐一阐述，“术门之道”即道术，为应世之用，故言：“能知趋吉避凶之理”，但不解决根本问题，故孙悟空不学。“流门之道”即理论之学，虽然修持之法可以指导实践，但修持者若不能实证，生命消亡时此理论也亡，故言“人家盖房欲图坚固，将墙壁之间，立一顶柱，有日大厦将颓他必朽矣”，故孙悟空不学。“静门之道”即身心清静之法。修持境界虽好，但也只是一时之象，不是命体道炁的成就，随着环境的转化，这些清静境界必然不复存在，故言“未经水火煅炼，一朝大雨滂沱，他必滥矣”，故孙悟空不学。“动门之道”喻以有为之法修先天道炁，只是空想，故言“月在长空水中有影，虽然看见，只是无捞摸处，到底只成空耳”，故孙悟空不学。孙悟空所要学的长生之道即丹道所修的道体一炁和佛性觉慧的无限性和永恒性及唯一性，二者为体用一体，即金丹，即本心。“术、流、静、动”之法是祖师将世间流传的旁门诸法一一指出，使修持者明辨。正所谓：“宁可千年不悟，不可一朝错路。”历代祖师慈悯，在传道之初都会将邪妄之法指出，此正本清源、防危虑险之功。丹经佛典之中多有论述，修持者要熟知于心，方可明辨真假。

“祖师跳下高台，手持戒尺走上前”，本心合真心之象。“将悟空头上打了三下”三下为乾卦之象，喻先天灵性潜于脑府。“倒背着手走入里面”，以养髓通督入手。“将中门关了”，再进入中脉修持。“撇下大众而去”喻后天返先天。祖师设迷盘而孙悟空心有灵犀，这是师徒之间的默契与感通，是修道者与传道者之间特有的关系，唯此才可以心心相印。传道者可借此勘验修道者的根性、灵慧和诚心，确保所传之人是真正的道器，方可传之。修道者若不能参破迷盘则说明灵慧、法缘不具，即使当面呈现也必然错过。自古修道者难，传道者更难，最难者在于两心合契。“祖师打他三下者，教他三更时分存心”，三更即坤卦之象，喻虚极恍惚之境存其心。“倒背着手走入里面，将中门关上者。教他从后门进步，秘处传他道也”，后门即命门处，喻命炁的修持从命门开始。

悟空“只自家将鼻孔中出入之气调定”，此定息存神之法。“待到子时前后”，子时为一阳复生之时，其势微弱，故言：“轻轻起来”，此为定息存神之效，而这一切都是在恍惚虚极之境完成，故诗云：“正直三更候，应该访道真。”但道之难传在于很难遇到真正的修持者，故祖师感叹道：“难难难，道最玄，莫把金丹作等闲，不遇至人传妙诀，空言口困舌头干。”至人即有诚心、有大愿、有根性、有法缘之人。不实修实证所传妙诀也只能成为理论空言，故言舌头干。不能使生命气血周流完成转化，这样的传法又有何意义呢？祖师向孙悟空所传法诀为金丹修持的总则，是最为重要的丹诀。“显密圆通真妙诀，惜修性命无他说”，言修持的主旨无过性命二字。“都来总是精气神，谨固牢藏休漏泄，休漏泄体中藏，汝受吾传道自昌”，此言修持原则。“口诀记来多有益，屏除邪欲得清凉，得清凉，光皎洁。好向丹台赏明月”，言修持证境。“月藏玉兔，日藏乌，自有龟蛇相盘结。相盘结性命坚，却能火里种金莲”，言金丹凝结之法。“攒簇五行颠倒用”，言修持的根本策略。

“功完随作佛和仙”，言修持结果。菩提祖师所传的这109个字的金丹法诀与吕祖的《百字碑》道旨完全一致，完全可以相互印证。修持者若能参透其中妙义则金丹修持的主旨自明。这也是《西游记》中最重要的金丹法诀，为金丹修持的总纲，故言“此时说破根源”。此诀与后面的《心经》构成了性命修持统一的整体。在《西游法诀》中将与《百字碑》相互对照共同详细讨论。修持者若明真义，必然“心灵福至”，望修持者如同得了法诀的孙悟空“切切记了口诀，对祖师拜谢深恩”。作者将金丹大道的秘密尽皆透露，此为深恩，只不过作者将真义隐于故事背后，有心有缘者自能参透。祖师传法这一段完全是由禅宗五祖弘忍向六祖慧能传法的故事脱化而来，只不过菩提祖师，所传的是金丹之法，不是禅法。《西游记》就是一个大迷盘，修持者若能打破盘中暗谜，必然得到祖师的加持与点化，故言“你今有缘，我亦喜悦。既识得盘中暗谜。你近前来，仔细听之，当传与你长生之妙道也”，望修持者知之，宝之，重之，行之，证之。祖师必亦喜悦。闻法即修，当下修证，故悟空“但见东方天气微舒白，西路金光大显明”，喻生机萌发，本心彰显，修证有望。“天光了起耶”，喻得诀知法后，心中明朗之象。“子前午后，自己调息”，此言修持方法。“暗暗维持”，言修持状态。孙悟空依法诀而修，丹道初期以涵养本源为主，身心凝定所需时间为三年。

祖师问悟空：“你一向修些甚么道来？”是问涵养效果如何了。悟空道：“弟子近来法性颇通，根源亦渐坚固矣。”此言修证效果。祖师道：“你既通法性”，是言认识并掌握了逆返之机，气脉运化之理。“会得根源”，领会了道炁的存在，“已注神体”即先天灵性已经觉醒，神自清明，此为还丹后精气神三者之成效。至此修持者初次完成了将顺行造化扭转为返本还元的模式。涵养本源坚固，自然见到道气运行的无穷变化，并体验到其在生命中的展现。祖师言雷、火、风三灾产生的原因是“此非常之道，夺天地之造化，侵日月之玄机”，喻修持为逆返之机。“丹成之后鬼神难容”，此刻所言丹成只是还丹之象，即由造化转为返还的修证结果，距离成就尚早，也只是刚刚回头起步，但是只要返还之功开始必然与原有的造化运行相冲突，故言：“鬼神难容。”修持者要明此理，不达本来不可休歇。修持过程中的一切魔难皆由此而生，因此前辈们将这个转化过程大致分为穷理、尽性、了命三个阶段。穷理为调整认知结构，改变认知内容，这是后天境界。随着实修实证认知的主体将由后天的智识转变为先天灵觉，最终成为本心觉慧。所明之理也最终为真理。尽性就是对运行的趋势，运行的模式状态的转化，为返本还元之功，这个过程即为尽性之功。在此穷理尽性的基础上才有资格、有能力完成“了命之功”即对元神元精的转化，为后天返先天之功。这个次第不能乱，若没有穷理，尽性的基础，上手就炼丹修命功，用功不专反倒无事，修持者若专笃精进则后天运行的一切特性必定会转化为修持过程中的魔象魔境，会给修持者带来极大的危险，走火入魔就是因此造成的。古语云“宁可千年不悟，不可一朝错路”。

雷、火、风三灾是还丹之后神气发生转化之象。雷灾喻神识的转化，故“须要见性明心预先躲过”。火灾喻自身精气的生发与转化之象，故能将“千年苦行，俱为虚幻。”风灾喻先天炁入身所带来的转化之象，故“由囟门吹入六腑，过丹田，穿九窍，骨肉消疏，其身自解”。此三者，若不知其机理，转化不好将给修持者带来灾害，故悟空求躲避三灾之法。祖师道：“你虽像人却比人少腮”，腮即思，悟空为先天灵明觉察之性，故没有后天之思。后天之思具有分辨之能，故能躲避危险，而先天之灵是以道术躲避修持中的灾害。故悟空道：“我虽少腮却比人多这个素袋，亦可准折过也。”素袋即以道术代替。道术即是在修持过程中完成转化之术，修持者要明察因果机理，善巧处理和转化就是道术的内涵。后面悟空与妖魔争斗，四处求援皆道术的体现。经云：“术以正命，药以养身。”

孙悟空所学的七十二般变化为地煞之数，喻心神在后天返先天的过程中无穷变化之象。天罡之数古时本义是指地球围绕太阳公转一周 360 度，故天罡之数为 36。地煞古时本意是指地球自转一周为 24 时，每时有 3 候，共 72 候，故地煞之数为 72。因此 72 代表后天身心的变化状态，所以孙悟空要学 72 变，其实质就是修持者对自身的状态变化有觉察之性、应变之能。修持者要由后天返先天就要能参破后天无穷变化之象，故孙悟空就要学此术。后面猪悟能为道体之相，一炁周流，故以天罡之数喻之，所以猪悟能会 36 变。天罡 36 变，喻先天虚空本体之先天一炁周流循环之象，故为 36 变，故猪悟能学得此术。“这猴王也是他一窍通时百窍通”，一窍即心窍。万变不离本心，以本心观之自然百窍通，这是修持者“观”的根本性转变。由原有后天的，局限的，具体的“观”，转变为先天的、本体的、无限的“观”，即站位于道体佛性所构成的终极的“心”的层面去观察，认知和解决自身在转化过程中的一切变化之象。因此七十二变的修持本质是修心炼神，为神观之法，体现为修持者在修持过程中的觉察与应变能力。

修持是逆返还元的过程，因此修持者必须具备对运行状态的驾驭能力，故祖师问：“悟空事成了未曾”，而悟空所习为爬云，喻以神驭气不畅而迟滞。祖师道：“凡腾云之辈，早晨起自北海，游过东海，西海，南海。复转苍梧，将四海之外一日都游遍，方算得腾云”，这是喻精气由下丹田升入中丹田，再进入督脉，再入上丹田，最后复归于下丹田的气脉运行路径，为丹道中的周天之功。对其内涵的详解留在《西游法诀》中展开。“凡诸仙腾云，皆跌足而起”，跌足即以脚蹬地，喻传统的修持面对现实世界和后天人身给修持者带来的困境所采取的修持策略是“舍、离”的方式，是最直接最果决的方式，多以避世隐修为主。这是秦汉之前的修持方式，这样的修持方式更接近本真，更直接，但是对修持者的根性要求极高，随着时代的变化，修持者的根性也随之变化，变得愚钝了，为了适应这样的根性，内丹术逐渐发展起来，直至金丹大道的成熟。相对于秦汉之前避世隐修直契顿成的仙道修持，金丹道则有“次第、下手、药物、火候”，是逐渐逆返渐成的过程。金丹道的修持也分为文始脉和少阳脉，文始脉传承了秦汉前的仙道修持理念策略方法，金丹道是少阳脉的成果。这涉及修持观和修持发展史，留在《西游道论》中展开讨论。因此祖师根据孙悟空的根性传授了“筋斗云”，是喻颠倒之法，即逆返之法，故悟空翻筋斗驾云时的法诀是：“这朵云，捻着诀，念动真言，攒紧了拳。”攒拳即五行攒簇。因此筋斗云即五行攒簇逆返先天之法。“将身一抖，跳将起来”，喻趋势的逆转即后天返先天。“一筋斗就有十万八千里路”，取经之路就是十万八千里，凭此法而可取得真经。若会得此法就可以破除顺行造化的束缚，故大众笑道：“悟空造化”即悟彻了造化之空性。修持者可以将此空性之理传播天下，故言“与人家当铺兵送文书，递报单”既然证悟了空性，必然寻到先天一炁，一炁为生化万物的根本，为物质基础，故言“不管哪里都寻了饭吃”。“悟空即运神炼法，会了筋斗云”，喻对逆返还元之机的驾驭已经纯熟，其内容就是五行攒簇、逆返先天之法。七十二变为本心神观之法，修持者以身心凝定为基础，再将神观和逆返两法修成，便不再执着后天之境，万象生生不息，不为所动，谓之长生和逍遥，故孙悟空“逐日家无拘无束，自在逍遥，此亦长生之美”。悟空见到祖师为明心之境，学会了七十二变和筋斗云是见性之功。至此调神，炼神已基本完成。完成修证，达成此境应该具备的两个条件，正如孙悟空所言：“一则师父传授。二来我昼夜殷勤。”师父领进门修行在个人，缺一不可。然而达此境者易生满足之心，以为调炼心神便是得道，是不知还有功程未完，心生懈怠放松自己，还以松静之术示人，故孙悟空变“松树”。此法浅显适合大众根性，故“大众见了鼓掌呵呵大笑道：好猴儿”，此已是心神散乱之象。本心受其影响必将向后天转化，故“不觉的嚷闹惊动了祖师，祖师急拽杖出门来问”，喻修持者要时刻觉察警醒，及时阻止纠正，故祖师道：“你快回去，全你性命。”心神的抟炼完成，即尽性之功完结就要进入“了命”阶段，故言全你性命。若无炼炁的命功修持，心神的凝聚不可持续，最终还要向后天转化，故言：“若在此间，断然不可。”要孙悟空回到花果山，就是明示修持者不可以尽性为终，要知进步，完成了命之功。心神的抟炼还只是状态，境界中事，而了命之功是对后天状态的实质性转化，是对道体一炁的抟炼。故祖师道：“你这去定生不良”，即喻此转化必然与原有的顺行造化的趋势相反，由此所带来各种冲突矛盾的状态。“凭你怎么惹祸行凶”，一个凭字道出转化之功不仅必须要做，更要放心大胆地去做。“却不许说是我的徒弟”，悟空为真心，菩提祖师为本心，都是自家之心，不可外求。仙佛妖魔皆此心变化展现，非外有一个本心可求，故悟空道：“决不敢提起师父，只说是自家会的便罢。”言修持修证皆是自修自证。

孙悟空回到花果山水帘洞，喻示着穷理尽性之功完成，故言“悟彻菩提真妙理”之后将进入了命阶段，这也是悟后起修的策略，有此基础修持不难，故言“今日回来甚易行”。石猴变美猴王，再成孙悟空，是后天身中的灵性由原始、自发、被动状态转变为灵明、自觉、主动的状态。丹道称此状态为元神，是返本还元的主导者，即命功的主导，故《西游记》的第一主角非孙悟空莫属。孙悟空回到花果山。众猴道“近来被一妖魔在此欺虐，强要占我们水帘洞府，是我等舍死忘生与他争斗，这些时被那厮抢了我们家伙，捉了许多子侄，教我们昼夜无眠看守家业”，此魔王就是后天人身顺行造化的趋势所呈现的魔象，此趋势为赴死，故称魔。心神若要返本还元必然受到旧有顺行造化趋势的阻碍，在《西游记》中以魔怪代表，阻力越大魔怪的本领就越大。伏魔就是将心神从顺行造化的趋势模式当中解放出来，转化为返本还元的趋势。妖精则喻精气能量转化时的阻碍之象，降妖就是精炁的转化过程。先天元神就要斩断这样的运行趋势、模式、状态而返本还元，由元神主导生命，即“断魔归本合元神”。在红尘中沉浮而无法自主是世间凡夫的生命状态，故言混世魔王。若不及早破除将灵性尽丧，精气耗竭，命将亡矣，故言“大王若再年载不来，我等连山洞尽属他人矣”。

魔王住处“诚为三界坎源山，滋养五行水脏洞”，喻人身脊柱及收藏精髓之能。坎为水，为能量，为精气，而脊柱内所涵藏的就是此精髓，故为坎源山。人身五脏皆由此供养和支配。因提供能量精气之处，故为水脏洞。“美猴王正然观看景致”，是以神观守之法。“原来那陡崖之前乃是那水脏洞”，陡崖即喻直立的脊柱，水脏洞洞门即身后命门之处。“我乃正南方花果山水帘洞洞主”，正南方喻心神，魔王居“直北下”即脊背下，喻精气为肾。孙悟空与魔王争斗为心肾相交。“他没甚么器械，光着个头，穿一领红色衣。勒一条黄丝绦，足下踏一对乌靴。不僧不俗，又不像道士神仙，赤手空拳”，此心体元神之象，因尚未获得先天炁，故无器械。红衣黄绦乌靴，喻精气神三家相合之象。不僧不俗非仙，喻三家融合之象。魔王是乌金盔、皂罗袍、黑铁甲。一身黑，丹道中以黑喻水喻精气喻能量。混世魔王代表着后天精气的运化以及对先天灵性灵能的消耗。故“手执一口刀，锋刃多明亮”，喻对生命的戕伐。混世魔王身高三丈，孙悟空身不满四尺。两者对比反差巨大，喻后天运行势大，先天元神初显势微。但先天灵明面对积习日久的后天运化无法立刻扭转消除，因此采取了分化而治，由量变到质变的策略来解决问题。故孙悟空用毫毛变出几百个小猴对付魔王，“直打做一个攒盘”，最终解决问题。故“悟空这才去夺他的刀来，分开小猴，照顶门一下砍为两段”，砍顶门喻从源头彻底斩断生命向后天转化和运行的趋势和模式。以丹道言喻使脊髓中的后天精华不再向后天凡精浊精转化和耗散，此为保精固精之功，这是修持者最初下手转化后天之精的策略。孙悟空在菩提祖师处彻底领悟本体本心的至妙之理，这不仅是认知理解层面的事情，更是境界中的实证。这些至妙至真之理还应当将其运用到生命实践和身体的转化过程中，以此验证其价值所在。验证的结果就是“断魔归本合元神”。悟空道：“既是我们的家伙，你们都搬出外去，随即洞里放起火来，把那水脏洞烧得枯干，尽归一体”，修持者行功至此，脊督火热此为炼精化精之象。化精为气，自然培补心神，故悟空带众猴回归水帘洞府，喻温养心神。

孙悟空讲述自己寻师求道的经历道：“传了我与天同寿的真功果，不死长生大法门。”《西游记》全书所言不出这两句。大法门就是五行攒簇颠倒返本还元之法。修持者若参得透、行得彻，必得真功果。此大法门虽在世间流传了千年，但是识宝之人寥寥，望宝之、重之、行之，能证者更是罕见，故众猴贺道：“万劫难逢也。”非法难逢唯知音难遇。悟空笑道：“又喜我们一门皆有姓氏”，这一门就是有志有愿，寻求解脱的修持者们。孙悟空：孙者正合婴儿之本论，婴儿即一炁逆返道体之象，悟空即破除一切象，为佛性觉慧的证果。此为解脱之门、之法、之果。“贯通一姓身归本”，后天人身由顺行造化的状态扭转为向一体、一愿、一心的回归。“只待荣迁仙箓名”完成了对后天之精的固精、炼精、化精之功，将进入炼炁的阶段。修持者由此获得先天一炁，即荣迁仙箓名。

第三回

四海千山皆拱伏　九幽十类尽除名

丹旨：上一回孙悟空得诀后默默修炼，喻涵养心神之功。修习七十二变，喻具有了神观变化之能。学会筋斗云，喻五行攒簇、返本还元之法。修持法诀全部凝练在菩提祖师向孙悟空传授的《菩提诀》当中。修持的结果便是回到花果山斩除了混世魔王，喻修持者回顾后天人身与生活之境后，开启阻断和扭转了后天生命旧有的顺行造化的趋势，这是养性、见性、化性之功。这一回，讲述的是精气的返还之机。丹经云：气回丹自结。傲来国摄取兵器巩固花果山为固精养生之法。龙宫索要兵器是炼精化气之功，任督循环之效。后天精气循环不再向后天浊精转化，先天一炁自然开始显现，故孙悟空能在海藏底获取金箍棒，喻发现和驾驭先天一炁，将炁机由顺行造化的趋势转变为返本还元的趋势，其本质是一炁返还之机的体现。因此能量显现的状态也由有形有质的后天之精转化为无形无质的先天之炁。一炁顺行造化即向后天转化是趋死的趋势，现在扭转为返还返本还元即向先天转化就是复生的趋势。孙悟空手握金箍棒，喻先天灵机驾驭炁机之象，至此孙悟空的形象完整了，这样的神识状态可以称为：元神。即能够主导返本还元之神，炁机开始返本还元，故孙悟空有能力在地府销除死籍。这样的成果在丹道称为还丹。故本回丹旨为：炁机。

释意：“美猴王荣归故里，剿了混世魔王”，喻阻断了后天生命原有的顺行造化的模式，斩断了精气向后天转化的趋势。“夺了一口大刀，逐日操演武艺”，孙悟空为心，与一口刀合为“忍”字，喻修持者此刻当用持戒用忍之法，保精固精，但此法很难抵御后天侵扰，一旦后天精气充盈，后天神识必然随之兴奋，故言“我等在此作耍成真，或惊动了人王，或有禽王兽王认得犯头”，喻顺行造化的趋势再起，言仅凭持戒用忍之法无法抵御，元精也不保，必然随之再次向后天转化，故言“说我们操兵造反”喻逆返之功。“兴师来相杀”，喻造化趋势复来。“汝等都是木竿木刀，如何对敌”木为肝喻后天人身所生发的后天精气无法还元。“须得锋利剑戟方可”，后天之精不可用，需要先天元精方可，此刻就需要修持者察明火候，应机对治完成转化，故而：“转上四个老猴”，猴即火候，四个即子午卯酉，喻气脉周流循环，升降涵养时的四种状态。“两个是赤尻马猴”，赤尻即红色的猴屁股，马为意，此喻先天真意萌发，带动真气生起的火候之象，言一阳复生之意。“两个是通背猿猴”，通背即通督脉，猿即还元，喻督脉开通精气运行之象。四猴道：“我们这山向东去有二百里水面，那厢乃傲来国界。”傲来国喻元神潜伏之境，为中丹田，是后天中的先天之境。东方代表生机，故向东去寻，故言“大王若去那里，或买或借些兵器教演我等守护山场，诚所谓保泰长久之机也”，此喻凝神摄气之法。“好猴王即纵筋斗云，我待下去买他几件。”买为交换，喻元神受损，因此不行，故孙悟空寻思道：“还不如使个神通觅他几件倒好”，神通为元神之机与元炁为一家，自然相互吸引，经云：“性定气自回。”因要行止念定性之功，故“他就捻起诀来，念动咒语向巽地上吸一口气，呼的呼将去。”此喻呼吸之法。此法有文有武，文法轻柔绵长用以养神，武法强制力大用以止念，进而达到凝神的效果。此刻悟空所用为武法，故言：“便是一阵狂风，飞沙走石。”呼吸之法繁多，是非常重要的修持方法，不同阶段方法不同效果各异，会在《西游法诀》中介绍几种。以呼吸之法止念凝神，自然见到先天精气，故“直寻到兵器馆武库中，打开门看时，那里面无数器械”，喻元神见则元气生。“弄个摄法唤转狂风，带领小猴俱回本处”，神凝气自归，即为摄法。于精微之处专心守护，即带小猴回归，言此刻火候。“见半空中丫丫叉叉无边无岸的猴精”，此喻虚空之中的无数明点为元气弥漫在虚空之象，此实证之境。猴王收了毫毛众猴收了兵器喻气归于身，涵养生命，其本质是逆返之功效。“众猴守护山场”，喻还元的根基坚固，原有的旧习妄念都不再生起，故“各样妖王共有七十二洞，都来参拜猴王为尊”，七十二洞喻后天自身神气变化的火候，故为妖王。参拜猴王喻后天错行和妄念俱息，呈现出返还归复之象。后天生命的健康为继续修持提供了生命基础，即“把一座花果山造得似铁桶金城”，此为返本还元的趋势展现，后天精气自动回归不再耗散之象，身安方能道隆。

美猴王道：“奈我这口刀着实榔槺，不遂我意奈何。”美猴王为后天人身中时刻保持觉察的先天灵明觉性，是先天本心的后天之象。持戒用忍是用来调伏后天心识的，不是先天灵性的调伏之法，故四猴言：“大王乃是仙圣，凡兵不堪用。”先天元神所用之器乃先天一炁。“我们这块铁板桥下，水通东海龙宫”，铁板桥即先天一炁，喻以此坚固道体为桥梁，才能回归本心的先天之境。桥下则喻后天之境，东海喻周身血脉中运行的精气。

“好猴王跳至挢头，使一个闭水法，捻着诀，扑的钻入波中。”周身血脉中运行的为后天精气，为不使先天元神受其影响向后天转化，故要使闭水法。“径入东洋海底”即会阴穴处，也称阴跷穴，故见到夜叉，即业力分叉之处，喻此处为生死分叉之处，即造化与还元的分界点。此穴为精气逆反之关窍，凡夫因顺行造化的趋势使精血化作凡精，乃至生殖之精，真精不生故而趋死。修持者以法扭转，真精化生阳气进入督脉，故美猴王要到龙宫索宝。“那夜叉听说急转水晶宫传报”，水晶宫即气血养成的精华，喻生殖之精，即身下阴囊的生精之机。东海喻血脉之海，故孙悟空称东海龙王为紧邻。后天气血精华为后天生殖之精，在人身为男性身下二丸阴囊处，即水晶宫，故代表后天生化之机的东海龙王居住于此。东海龙王是敖广，喻精血生发的机能广大。“龙王着鳜都司取出一把大捍刀奉上”，鳜都司即血脉中的精气归入督脉，司值此事和摄取之机，称为都司。取刀喻先以持戒用忍之法摄取和保护后天精气，此法是对治后天神识和后天精气之法，故先天元神孙悟空道不会用。龙王“又着鲌太尉领善力士，抬出一杆九股叉来”，脊骨尾闾处上有九孔喻九股叉，后面猪八戒的九齿钉钯也是喻此处机能。此处为阳气最初生发之处，因极其微弱故而需要修持者善于激发和引导，故由鲌太尉即薄而太微，善力士即善于激发引导之士将阳气抬出。阳气初发其势轻微不堪所用，故悟空嫌轻不用。“又着鳊提督，鲤总兵抬出一柄画杆方天戟”，阳气继续生发就要提震都脉，总领周身精气之兵，故由提督和总兵抬出。“画杆方天戟”背后脊柱与两侧肩胛骨形似方天戟，喻督脉贯通。九股叉重三千六百斤，方天戟重七千二百斤，两者为天罡和地煞之数，孙悟空都不用，说明督脉中运行的后天精气非元神所用，故龙王道：“上仙，我宫中只有这根戟重，再没甚么兵器了。”龙婆道：“我们这海藏中那一块天河定底的神珍铁”，督脉贯通后先天元精自然显现，由此生发的真精就是“天河定底的神珍铁”。督脉中运行的精气都是由先天一炁化生出来的，丹道称为水中金、真铅，故为定底的神珍铁。丹道中孙悟空代表先天灵性也被称为真汞，与真铅为一对阴阳。元神与元炁，先天灵性与先天灵能都同指二物，自然相互吸引，故而“这几日霞光艳艳，瑞气腾腾，敢莫是该出现，遇此圣也”，光艳艳，气腾腾是真实证境之象，而代表后天精气之能的东海龙王自然不知，故言“那是大禹治水时定江海浅深的一个定子，是块神铁，能中何用”，喻不知先天一炁，更不知其妙用，更无法驾驭，故龙王道：“抬不动，须上仙亲去看看”，言只有先天元神才能见此一炁。“龙王果引导至海藏中间，忽见金光万道”，此中脉开通，一炁生发之象。元炁受元神支配，故神珍铁听从孙悟空的指令，变得细小好用。“拿出海藏看时”，脱离后天之境，“原来两头是两个金箍，中间乃一段乌铁”，乌铁即真铅，即先天一炁。两头金箍，喻紧收牢藏不可泄漏。“如意金箍棒”，如意喻以先天真意才能运用此先天一炁。“一万三千五百斤”一万即一炁，三千喻精气神三者，五百喻五行生化之态，是言一炁生化为精气神三者，再依据五行之理生化万物。孙悟空获得金箍棒是喻先天元神获得了驾驭先天一炁使其逆返还元的能力，即灵机驾驭炁机。

孙悟空“丢开解数，打转水晶宫里，唬得老龙王胆战心惊，小龙子魂飞魄散，龟鳖鼋鼍皆缩颈，鱼虾鳌蟹尽藏头”，水晶宫即身下阴囊，此境喻修持者获得先天一炁之后，修持者阳具收缩，浊精不生之效，也称作“马阴藏相”，此实证实效。悟空道：“如今手中既拿着他，身上更无衣服相趁，你这里若有披挂索性送我一副。”披挂喻修持者获得先天一炁之后，身外会自然形成一个能量层，丹道称为金光护体，它与身内经脉相互交流周流于一身，就如同地球内核液态金属流动而生成的地球磁场，故东海龙王召唤其他三海龙王前来，喻因先天一炁的作用使得督脉运行带动周身气脉的贯通周流，培补元神。故悟空道：“真个没有，就和你试试此铁。”在《西游记》的设定中四海指：东海指由心脏流出的血海，为血脉；西海指脊柱内的髓海，为经脉；南海指头颅内的脑海，北海指腹腔的气海。四海龙王送云履、金甲、金冠、金箍棒代表着乾坤、坎离四个卦象，南为乾，为首为金，故南海龙王送金冠；北为坤，为足，为土，故北海龙王送云履；东为离，为心，为木，故东海龙王送金箍棒；西为坎，水为肾，西海龙王送金甲。此坎、离复归乾、坤之象，为后天返先天之功。

猴王“径回铁板桥头……身上无一点水湿，金灿灿的”，此结丹之象，元神之象，身外金光灿灿，有眼通者可见，故众猴贺喜道：“好华彩耶。”修持者获得先天一炁与先天灵性相合即是结丹，为内丹。此为复归先天之证境，其实质为元神的觉醒并具有了自主性，故猴王“跳上桥，走出洞，将宝贝揝在手中，使一个法天象地的神通”，天地虽大亦是后天之境，故能法天象地，自然被先天一炁所涵盖，故“手中那棒上抵三十三天，下至十八层地狱，把些虎豹狼虫，满山群怪，七十二洞妖王都唬得磕头礼拜，战兢兢魄散魂飞”，喻后天旧习妄念都被摄伏。“霎时收了法象，将宝贝还变作个绣花针儿藏在耳内，复归洞府”，耳为肾窍故藏于此处。“绣花针”即“修化珍”言一炁是修持转化之珍宝。“猴王将那四个老猴封为健将”，先天灵性获得了先天一炁之后要行温养之功，故此刻美猴王要封将，即将周身运化封闭起来不使外驰也不受外侵，如此的内循环就是温养之功。其中有四个重要的火候，即以四个老猴喻之。“将两个赤尻马猴唤做马、流二元帅”赤尻喻真意生发之态，马喻神意，流喻流动运行，神意主导运行故为元帅。“两个通背猿猴唤做崩、芭二将军”，通背喻开通督脉，为返本还元之功，故为猿猴，即还元之火候。开通督脉有尾闾、夹脊、玉枕三个重要且不易通过的关口，需要开关展窍，故以“崩芭”拟声喻之，其作用则以将军喻之。“将那安营下寨、赏罚诸事都付与四健将维持，他放下心，日逐腾云驾雾，遨游四海，行乐千山”，喻任运自然，行无为之法为命功。“又会了七个弟兄”，牛魔王等六个兄弟。代表后天眼耳鼻舌身意六识六根故称魔王。此刻孙悟空为第七识未那识，故排行第七。“日逐讲文论武，走斝传觞，弦歌吹舞，朝去暮日，无般儿不乐”，喻心识调伏，怡然安泰为性功。温养之功纯熟，丹凝性固，修证的效果就是后天生命的局限性将被打破。顺行造化的趋势将彻底扭转，即“销死籍”，于是有两个勾命鬼前来索命。故言“你今阳寿该终，我两人领批，勾你来也”，幽冥界即杳冥之境。此境是脱离后天但尚未返还先天的过渡之界，是凡圣两分之界。若顺行造化则回到后天之境，修持者于此境做得主则逆返还元进入先天之境，故“美猴王顿然醒悟”。此境是了脱凡籍的关键处，这也是获得先天一炁的证境体现，故“猴王恼起性来，耳朵中掣出宝贝，幌一幌碗来粗细，略举手，把两个勾死人打为肉酱”，喻只有先天一炁才能够真正消除趋死的趋势。而这一切都是自我解脱自主完成的，故猴王“自解其索，丢开手，抡着棒，打入城中”。“十代冥王”言“时待明旺”即时刻等待光明生起而旺盛，丹法称静待癸生，故见孙悟空到来：“慌得那十代冥王急整衣来看”即迎接代表光明之王的孙悟空，此刻孙悟空已具有先天法相，故冥王口称：“上仙留名”。悟空道：“汝等既登王位，乃灵显感应之类”，言此感而遂通之效，由此就可以明察生死之机，即造化会元之机，故猴王道“你快取生死簿了来我看”，知机方能下手。“又看到猴属之类，原来这猴似人相”猴即火候，即运化的状态，非具体后天之象，故“另有个簿子”。“魂字”魂为先天灵性在后天之境的投射之象。“一千三百五十号”，喻一炁化为精气神三宝依五行而顺行造化的运行状态。“方注着孙悟空名字，乃天产石猴”，喻顺行造化也是天道运行的一种模式，其中蕴含着心识的火候。“该寿三百四十二岁，善终”，三四二合为九，为阳极之数，以此言永寿无极，但阳极必生阴故为善终。“我也不记寿数几何，且只销了名便罢”，有了一炁，自然其寿无穷，故不记寿数。销名即消除后天的局限性，不再向后天转化。修持者在恍惚查冥境中能够保持灵明，依仗一炁之能破除顺行造化的趋势，不再落入昏沉散乱，不再落后天之性，故言“今番不伏你管了，一路棒打出幽冥界”，喻没有对此一炁驾驭之能，是不可能打出幽冥界的，即销生死籍的丹道含义。

“这猴王打出城中，忽然绊着一个草疙瘩，跌了个拢踵，猛的醒来，乃是南柯一梦”草疙瘩即草还丹，与后面唐僧吃的人参果相同，此为逆返之初果。此刻修持者不再受后天之境的约束，心无所执，回顾人生，自然有南柯一梦之感。对后天生命的本质有了全新的认知，表明心识也开始转化。人生态度有了本质的转变，有此基础就可以开启对后天神识的转化，故龙王、冥王纷纷上天告状，喻示修持者获得了先天一炁与先天灵性相合，必然引发后天神识的转化。

东海龙王敖广进表，代表着能量的转化，故称孙悟空为妖仙，因此由仙童接上表文。冥司秦广王进表，代表着心性的转化，故称孙悟空为妖猴，由玉女接表文。“班中闪出太白长庚星”，即太白金星喻后天神识中含藏的先天灵明之意，与先天灵性的孙悟空同质，故他多次帮助孙悟空，但其仍处于后天之境，仍要遵守顺行造化的趋势，故提出招安之策，即将先天灵性纳入后天神识的运行模式中，这是后天神识对代先天灵性的自然反应，是由其特性所决定的，故玉帝大喜自然同意。在后天神识的境界中名义上承认先天灵性的存在，但实质还是以后天识神为主导，维护顺行造化的运行趋势，这也是大多数修持者对待修持的态度和心神的实际状态。空有修持的虚名，实质还是凡夫之行，但毕竟是认识到并部分接纳了先天灵性的存在，故金星道："念生化之慈恩，降一道招安圣旨，把他宣来上界，授他一个大小官职与他籍名在箓，拘束此间，若受天命，后再升赏；若违天命就此擒拿。一则不动众劳师；二则收仙有道。"此喻先天灵性被后天神识压制的困境，故代表后天识神的玉帝闻言甚喜道："依卿所奏"，但这也是转化后天神识必然要面对的。

太白金星来到花果山招安，故悟空道："我这两日正思量要上天走走，却就有天使来请"。太白金星道："请你上天拜受仙箓。"只有能够认知并驾驭先天一炁者才有资格有能力转化后天神识，故"这猴王与金星纵起云头，升在空霄之上"，喻心性的转化归于空性。

第四回

官封弼马心何足　名注齐天意未宁

丹旨：第一回时石猴拜师为明心，是心神还元之象，谓之炼神。第二回孙悟空学法为见性，是气运返还之象，谓之炼气。第三回孙悟空得金箍棒、销死籍，是炁机返还之相，谓之炼精。至此精气神三者的返还之功初步完成。元神元气元精之“元”为动词乃还元之意，代表着精气神三者由顺行造化的趋势和状态转变为返本还元的趋势和状态。还元的过程是逐渐融合为一体的过程，一体之象即丹。此丹的自主运化，丹道称为真意。这一回，孙悟空上天宫喻通督入脑，做弼马温即喻对真意的培养和训练。真意的本质是元神的自如运用，所以孙悟空将意马驯服之后回到花果山自称齐天大圣，这是神意纯熟之象。丹道称此成果为大还丹。代表后天之意的托塔天王和代表六根六识之能的哪吒被代表先天神意的孙悟空打败，喻先天元神已摆脱了后天之意和根识的束缚。孙悟空再上天宫是明示修持者仍要在后天之境持续涵养和检验此先天神意。此段功夫丹法称为对境炼心。至此丹道的筑基之功完成。故此回丹旨为：真意。

释意：《西游记》中所有设定都未离开过人身。孙悟空的修持是借人身修法身之功。其修持的本质是元神的觉醒。唐僧的修持是凭法身化报身之功程。其修持的本质是阳神的煅炼。天界、人间、地狱、九国三关、灵山都是修持境界的转换。仙佛妖魔皆为生命身心状态的展现。磨难与胜境更是转化过程的体现。《西游记》中天界喻指修持者的后天神识之境。玉帝即欲望之帝即识神。生命为了适应后天生存环境发展出识神，是顺行造化的必然。识神的本质是封闭性，因此导致了修持者的后天生命表现出的局限性。修持的目的就是要打开这封闭性，消除其所导致的局限性，复归无限性即本心空性。元神觉醒必然导致识神愿生，识神产生突破自身局限性的欲望，升华后就是修持的愿望，与元神本俱的还元之性达成一致后修持之事才能成功，故识神既是修持的助缘，也是修持的主体和对象，因此读者可以看到玉帝对待孙悟空的态度是关照有加，喻识神辅助元神。后面唐王游地府还阳后做水陆法会，派遣唐僧西天取经就是识神愿生之果。这是修持过程中的一个重要原则即元神为主，识神为辅。修持的起点是后天之境，因此必须要有识神辅助。转化也是从识神开始，识神虽然是修持的主体和对象，但在修持的过程中要做到不妄动，不干扰，不主导。同时识神可以在明理的基础上为元神提供理性的引导，此为辅助之义，从玉帝为孙悟空安排的职务就体现出来了。《西游记》中玉帝、天界是对大脑及机能的艺术化展现。识神元神本质相同。识神是元神应对后天世界而派生出的子系统，是下一级的机能，但在后天环境中却占据了主导权，即玉皇大帝，而元神反而隐退了。元神是修持的主导者，这是最基本的原则，故孙悟空闹天宫既是对后天识神局限性的突破，更是对心性的转化与凝炼。天宫在《西游记》中喻指脑府，其机能称为后天识神，其相为玉皇大帝，但孙悟空不是此神而是先天心神，为元神，其相为孙悟空，其后天载体就是脑府中的泥丸宫，即齐天大圣府。它的机能总是呈现为返本还元的趋势，表现为灵明觉性。当其达到虚空法界之境时，相合于道体一炁终成仙体，成就佛性觉慧便是成佛之时，故天宫为孙悟空的旧家，而虚空本心则为归宿。

孙悟空来到南天门："南天门"是先天元神与后天识神的分别之门。在人身为脊柱接入头颅的连接之窍，即脑干处。于命功言喻通督入脑。后天识神以获取和占有为生存原则，故守门的是增长天王。而先天元神以虚寂为本，故增长天王不让孙悟空进入，喻两者的存在状态格格不入。金星道："此乃下界仙人，我奉玉帝圣旨宣他来也。"喻后天识神代表的顺行造化的趋势欲将先天元神向后天转化，故"那增长天王与众天丁俱才敛兵退避"。孙悟空来到天宫观看胜境，其赞诗是对大脑的艺术描绘："上面有个紫巍巍、明晃晃、圆丢丢、亮灼灼大金葫芦顶。"喻人的大脑就形似一个倒置的葫芦。金葫芦喻其神明之性。"朝王玉兔坛边过，参圣金乌着底飞"，玉兔与金乌喻先天灵性和灵能即元精元神。但此二者只能"坛边过、着底飞"，表明在后天之境中二者受到压制，但此二者却是修持最重要的因素。御前“悟空挺身在旁，且不朝礼”，元神为识神之本，自然不会朝礼，喻不向后天转化。金星道：“臣领圣旨已宣妖仙到了。”妖仙即药先。上药三品精气神，以神为先为重为主。孙悟空是先天灵明之性，为元神，故为三药之先。玉帝传旨道：“那孙悟空乃下界妖仙，初得人身，不知朝礼，且姑恕罪”，表明识神对元神的接纳。完成结丹之功后要继续开启后面的功程，故玉帝引导下一步修持之功，即传旨封孙悟空做御马监正堂管事，官职弼马温。识神的作用是处理应对事物，为意识、意念，为凡意，而元神之动为神意、真意。丹道中常以马喻意，故弼马即训意。修持者结丹之后元神觉醒，必须要主导自己的运化，就需要对神意进行温养训练，排除后天欲望的干扰。这样的训练与转化必须从对后天之境中的欲望、意识的调伏入手。作为欲识的主导者识神即玉帝，为了帮助元神孙悟空完成对后天意识欲望的转化，便提供了这样的机会与场景即御马监。御即驾驭、调控，马喻意识、欲望，监即监督管理。明示修持者要对后天意识、欲望加强监管，使其听从先天元神指令，转化为先天真意，并滋养巩固故为弼马温。此为正功不可轻视，故为正堂管事。

描写天马的诗就是对真意在修持中作用的赞美，“嘶风逐电精神壮，踏雾登元气力长”，意马代表着修持的品质即意志力，即专注而持久的品质。修持者只有具备了这样的意志力才能勇往直前，故言“精神壮、气力长”，此言意志力带来的修持效果。“弼马昼夜不睡，滋养马匹”，此言连绵不断的火候。“日间舞弄犹可，夜间看管殷勤”，言日间有为作意练习，夜间不放纵，不松懈，此言日夜行功火候。“但是马睡的赶起来吃草，走的捉将来靠槽”，喻昏沉了补之以精，散乱了以法收摄，此皆调伏真意之状以及对治之法。猴王问官职“没品想是大之极也”，喻真意在修持中的作用极大。但许多修持者误以为真意调伏就是修持的全部，其实这只是修持所需要的品质，这也是后面唐僧所收的白龙马不能为徒的原因，故众道：“只唤做未入流”，言此还不是修持的正式内容，但此功却非常重要，不可有差错，故言“如稍有些尩羸还要见责，再十分伤损，还要罚赎问罪”，言修持者若只以调伏意马为能，则必误修持大事，故悟空怒道：“老孙在那花果山，称王称祖，怎么哄我来替他养马，不做他。”意马驯服之后修持者就要回归对心体的煅炼，因此孙悟空回到花果山，喻驯服后的真意归附元神，为其所用。

孙悟空回到花果山“门外有两个独角鬼王，要见大王”，独角王即王字去掉上面一横为土字，土代表着意，两个土即丹道中的戊己土，即二土合成的“圭”字，故称鬼王。丹道中将真意称为刀圭，其原义为取药的工具，后引申为丹道中真意对大药一炁的摄取之能，故言“得意荣归”即得意融圭。“特献赭黄袍一件与大王称庆”，黄为中，土喻真意。此黄袍加身之象，喻修持者具备了运行真意之能，故孙悟空“将鬼王封为前部总督先锋”，喻真意在修持过程中所起到的作用。鬼王道：“大王有此神通，如何与他看马？”鬼王就是驯伏之后的意马，自然听到弼马温三字就知是养马之职。“就做个齐天大圣有何不可？”齐天大圣即七天大盛。修持者驯服真意之后便开启了还元功程。神定意驯就是一阳复来之象，是由坤卦六阴之下复生一阳，转化为复卦即七日来复。孙悟空就是心体的复生。开启了自觉自立自主的过程，喻示着对后天状态、体质、模式的转化从现在开始了。齐天大圣的意义非凡，故可称大圣。复卦初爻之阳气气势盛大不可阻挡，故称大圣，此喻返本还元的趋势。功成之后复返先天与天地等齐，为神圣之果，故以果证而言称齐天大圣。至此修持者开始逐渐摆脱后天的局限性，开启了还元之程。故道：“自此以后只称我为齐天大圣，不许再称大王。”

玉帝“即封托塔天王李靖为降魔大元帅，哪吒三太子为三坛海会大神，即刻兴师下界”，塔为土，代表意，故托塔天王喻对意的管理和治理，为后天之意。对其治理在于澄净杂念，故称李靖，即炼意之理在于净静。不纯不静必生魔难，此为修持之主，故为降魔大元帅。哪吒三太子喻后天精气神三者，以及三者生出的后天六根六识之能，因此哪吒是三头六臂之象，故为三坛海会大神。后天根识之能受后天之意的支配和调动，故天王为帅为父，哪吒为将为子。天王李靖和哪吒擒拿孙悟空，喻后天之意和后天根识对元神的束缚。玉帝派神将收伏孙悟空是以假炼真之法。修持者调伏了后天欲望后就要破除后天之意和六根六识的束缚。后天之意之识兴盛的外在表现就是喜欢表达和善于宣讲，故遣巨灵神为先锋。巨灵神即聚众灵而夸夸其谈者，以善言宣讲为能，坐而论道，故巨灵神“抡着一把宣花斧，大口称夸，巨灵名望传天下”，宣花斧即喧哗府，以夸夸其谈博取天下闻名，而无实修实证之态，故猴王怒道：“泼毛神，休夸大口，少弄长舌。”是明示修持者不可犯此错误。“大圣轻轻轮铁棒，着头一下满身麻”，喻面对真修实证，口舌之能不堪一击，但是传法弘道又离不开言语的传播，故孙悟空道："我本待一棒打死你，恐无人去报信，且留你性命。"此战明示修持者知识、理论、言语、宣讲、讨论，虽然可以传播大道，但不能代替实修实证，应当破除其局限。"快早回天，对玉皇说他甚不用贤，老孙有无穷的本事，为何教我替他养马？"提醒修持者只有通过实修实证才能真正认识到元神的作用，不可认为调伏心意就是修持修证的全部。顺从元神之意就是顺从大道运行，回归本源自然。"若依此字号升官，我就不动兵，自然的天地清泰"，此言返本还元之果。"如若不依，时间就打上灵霄宝殿，教他龙床定坐不成"，此顺行造化的必然。元神复生，识神趋死。天王为后天之意，对后天口舌宣讲之能的失败必然不满，故要将巨灵神"推出斩之"，而代表后天之识的哪吒，还需要言语的表达之能，故保下了巨灵神，并亲自出战。即以后天的六根六识之能与先天灵性对抗，喻示着六根六识对修持者先天灵性的束缚。孙悟空与哪吒相斗的实质是修持者破除对后天根识的执着和干扰并对其进行转化，故哪吒"身带六般神器械，飞腾变化广无边"，喻六根六识之能。"三头六臂"三头喻精气神的后天之象，六臂即六根。"恶狠狠，手持着六般兵器"即六识。斩妖剑喻眼，砍妖刀喻耳，缚妖索喻鼻，降妖杵喻舌，绣球喻身，火轮儿喻意。孙悟空"拔下一根毫毛叫声变，就变做他的本相手挺着棒，演着哪吒"，修持者面对后天根识展现出纷繁之态的应对策略是不要与之纠缠，不被其迷惑，即吕祖言："真常须应物，应物要不迷"。明示修持者要从中脱离出来。故"他的真身却一纵赶至哪吒脑后，着左膊上一棒打来"，至脑后明示修持者要从根本上解决。打左膊，左为上喻，此为上策。哪吒"负痛逃走，收了法，把六件兵器依旧归身，败阵而回"，喻修持者破除了后天根识的束缚，此战明示了破除后天根识的策略方法。

孙悟空得胜回来，六个弟兄前来贺喜。六妖即六爻，为坤卦之象，预示着由阴复阳。由坤变乾。平天、覆海、混天、移山、通风、驱神就是坤卦变乾卦的时程即复卦、临卦、泰卦、大壮、夬卦、乾卦，此喻对后天根识执着的破除是逐渐、系统、连续的过程，不可能一蹴而就。《西游记》中大量的情节场景都是对卦象、阴阳、五行之理的艺术展现。前人的注释也大量地运用这样的理论架构，这既是古人的思维工具也是古人的世界观和生命观，但今人已很难认同理解了。我注《西游记》则尝试以今人的视角和理论工具，运用现代语言系统进行表述，这样更易于今人接受。如遇到实在无法转换的内容只做简述，如需详细解读则留在《西游道论》和《西游法诀》中展开讨论。

太白金星奏道："不若万岁大舍恩慈，还降招安旨意，就教他做个齐天大圣，只是加他个空衔，有官无禄便了。"二度招安表明后天识神认识到了元神的存在以及机能，之前全完处于后天状态识神主事，现在认识并承认元神的存在是巨大的进步。但在后天之境依然是识神主导，故元神孙悟空只是领一个齐天大圣的空衔，故言："名是齐天大圣，只不与他事管，不与他俸禄，且养在天壤之间，收他邪心，使不生狂妄，庶乾坤安靖，海宇得清宁也。"此涵养之功。修持者破除了后天根识的束缚，消除了执着，处于自由自在的状态，不参与不干扰后天之境，身在红尘心逍遥，养就一颗闲闲安泰之心。

金星二次来到花果山传旨道："凡授官职皆由卑而尊，为何嫌小？"喻修持之事皆从微细处做起，由微渐著。于丹法而言，调伏后天欲念为心性修持的第一功程，不可好高骛远。齐天大圣是先天灵性之果，非后天神识之职，故孙悟空笑问："但不知上天可有此齐天大圣之官衔也？"后天之境无此功果但知此事，故金星道："老汉以此衔奏准"，言后天之识中有了这样的名相。玉帝命："在蟠桃园右首起一座齐天大圣府"，蟠桃园喻养心之境，言此刻为养心之功。桃园在左为先，大圣府在右为后，喻心为大圣之源之根。脑分左右，即"安静司"和"凝神司"，养心的原则即"安静司"，喻身静为修命。"宁神司"，喻心宁为修性。此为转化后天神识原有特性之功。"又着五斗星君送悟空去到任"，喻五气朝元之象。"外赐御酒二瓶，金花十朵"，御酒即玉液，金花即金华。此为玉液还丹之功。"着他安心定志，再勿胡为"，此火候口诀，故"那猴王信受奉行"。玉液下落丹田，精华灿如金花，喻精气化为甘露津液入口之象，故"与五斗星君到府打开酒瓶，同众尽饮"，此为修持证境。"他才遂心满意，喜地欢天在于天宫快乐，无挂无碍"，言所达到的修持境界，此送归土釜配以流珠，调其火候待成圣胎之功。这段尽显后天识神对先天元神的引导、辅助之功。两者各司其职，相互配合，对于修持是极为重要的。

第五回

乱蟠桃大圣偷丹　反天宫诸神捉怪

丹旨：上一回，孙悟空官封弼马温喻炼养调控真意。回归花果山自称齐天大圣是神意相合纯熟之象。自然打败了天王和哪吒，喻消除了后天之意与根识的束缚，此为修证成果。至此筑基完成，接下来将开启狭义上的炼丹功程。这一回，孙悟空看管蟠桃园，偷吃仙桃，是要修持者静养后天神识，守心一处，养就如如不动之心。心体圆熟之后自然达到虚极之境，即孙悟空赶赴王母瑶池参加蟠桃盛会。在此虚极之境生出一炁，修持者将一炁引入身中化作甘露，即盗饮仙酒。此炁机在身中凝定不再向后天转化，其象即为结丹，因此孙悟空将老君五个葫芦中的金丹偷吃干净。孙悟空的修持策略是神修丹法，即首先将心神调整到先天之境，先天一炁自然由此而生，再将此炁以法引入身中凝结成丹，因此在心识还元之功完成的基础上金丹的凝结则简单而迅捷。灵丹的凝结代表的生命全新运行状态与后天生命的运行状态完全对立，因此玉帝要派遣十万天兵围剿孙悟空。故此回丹旨为：结丹。

释意：孙悟空的本质是“心”。他的一切变化都是“心”在不同境界中所呈现出的无穷变化之象。他的修持就是状态的转化与回归的过程，其转化时所表现出的状态，丹道称为火候。“心”是丹道中内药、外药、大药的本质。而火候与药的艺术形象就是孙悟空，对火候的观察、应对与处理就是孙悟空灵明之性的体现。对先天一炁的驾驭体现在对一炁的造化会元之机的认知、觉察与驾驭，就是孙悟空手握金箍棒神威的体现。故言“齐天大圣到底是个妖猴”，妖猴即爻候，药物生发的作用、状态、转化时的火候，而妖也言药物未熟之态，需要进一步煅炼转化。修持者此刻意定神宁处于涵养心神阶段，要求修持者不问世事，不执一物，此为修持火候，即养就一颗逍遥自在之心，故孙悟空“不知官衔品从，也不计较俸禄高低，但只注名便了，……无事牵挂自由自在”。许多修持者以为元神呈现，涵养此神便为了当，其实孙悟空此刻的状态距离返本悟道还甚远，虽然仙真神佛可随意而见但究其根本都是幻象。故言：“闲时节会友游宫，交朋结义……今日东游明日西荡，云来云去行踪不定。”行踪不定是言没有根基未得大本的表现，修持者要防止心神落入放荡之境。故有许旌阳真人奏道：“恐后闲中生事，不若与他一件事管，庶免别生事端。”许旌阳即允许真阳兴起，喻心神处于凝定自然的状态下，真阳将自然生发张扬，若将放荡情怀认作逍遥自在，必然导致心神散乱落入后天，即生事端。丹道认为制伏心神散乱妄动的办法是依靠先天一炁收摄心神，即以铅制汞。“管一件事”，一即心体，此刻修持者心性尚未成熟，还需要对治和管理，这就需要识神的引导与辅助，故孙悟空受诏问道：“陛下，诏老孙有何升赏？”玉帝令孙悟空温养心神，不可放荡，不可停滞，要观心、守心、养心，故玉帝道：“权管那蟠桃园”，权管即放权，由元神自主随机应对，调控修持火候与进退安排。“早晚好生在意”二十四时之中不可间断。

大圣来到桃园道：“吾奉玉帝点差，代管蟠桃园，今来查勘也”识神理性引导元神功程，元神自主调控，这是修持的基本原则。蟠即攀，桃即心，喻攀缘、攀比之心。此为后天之心。故大圣代管蟠桃园是要修持者去除此攀缘外境之心。由代表真心的孙悟空带管，其本质是治心之妄动，养成如如不动之心。本心之大患首先是妄动，动则散乱，散乱必然昏昧，昏昧即落后天之境，即沉沦，难有出期。桃喻心体，桃园即养心之境。看管桃园就是修持观心、守心、养心之法，也就是将后天状态的心神向先天的本心状态转化。此功入手之初以静守中丹田为法。随着心神凝定则转化为保持凝定之态，最终心性呈现明朗圆明之境。此纯熟还元之境即桃熟。其变化微妙很难用语言描述，火候调控，元神临机而应，难有一定之规，只能是修持者保持高度专注和灵明，自修自证，自食其果，外人难知其中滋味，即孙悟空偷吃仙桃的含义。桃园前中后各一千二百株，食之功效不同，喻炼心不同层次所得功效。“自此后三五日一次赏玩”，三五一即精气神三药行五行攒簇复归一心的还元之功。“也不交友，也不他游”，此专心致志的火候。“迟三二日，又去设法偷桃尽他享用”，守心、炼心、养心之功皆修持者心中用功并无外在之象，默然行事，无人能知，故言“偷桃”。孙悟空将仙桃“尽他享用”，喻修持者心性圆熟，这样的修证结果面临着两个发展方向，是继续返本还元，还是顺行造化。向后天转化即蟠桃盛会。代表后天神识的天界众神，其本质都是先天本心落入后天，分散为各种机能的艺术形象，因此众神的存在是依赖本心，并从瓜分本心中获得滋养，因此蟠桃盛会就是一体本心向后天转化分散之会。对于后天神识而言获得先天本心的滋养自然是盛会。“王母娘娘设宴，大开宝阁，瑶池中做蟠桃胜会。”王母即坤阴之卦，喻虚极之象。瑶池即药池。道自虚无生一炁，虚极之境为一炁生发之处，故为药池。这是丹道修持最核心的法则。阴极生阳，阳极复阴，此天道循环之理。“即着七衣仙女至桃园摘桃”，此以阴剥阳之象，喻向后天转化的趋势。“大圣变做二寸长的个人儿，在那大树梢头浓叶之下睡着了”，大树即大术，观心、守心、养心是修持大术，极为重要。修心不仅是境界之修，状态的调整，同时也伴随着精气的生发。“浓叶之下”，喻玉液即将下行。有此玉液才能真正涵养先天元神，而元神也由机能的状态逐渐呈现出命体之象，即“二寸长的个人儿”，即丹道所称黄芽，为命胎之初象，此为修心之证境。仙女摘桃喻要向后天转化与大圣的还元之势相反，故“被他惊醒”此觉察之功。“大圣即现本相，耳朵里掣出金箍棒”，恢复灵明之性，凭借先天一炁阻止向后天转化的趋势。“你是哪方怪物，敢大胆偷摘我桃？”此明察辨机之功。仙女说出蟠桃盛会。大圣道：“我乃齐天大圣，就请我老孙做个席尊有何不可？”孙悟空就是心体之象，自然该做席尊，分桃即分心，此为顺行造化，故言“此是上会旧规”。孙悟空的修持是返本还元为新规，因此首先要做的就是阻止其向后天转化的趋势，故大圣用定身法定住七仙女，阻止一阴来姤的趋势。阻止之法首先是觉察，故大圣道：“你且立下，待我老孙先去打听个消息。”孙悟空赶赴瑶池，喻修持者将状态调整到虚极之境自然见到一炁生发之态，即遇到赤脚大仙，喻复卦之象。赤脚即坤卦下阴爻变成阳爻，喻虚极之境中萌发的真阳一炁。孙悟空变做赤脚大仙，喻圆明之性与真阳一炁相合。大圣道：“玉帝因老孙筋斗云疾，着老孙五路邀请列位。”筋斗云是五行攒簇颠倒还元之法。玉帝知此云疾，喻后天神识已知此法之效并奉行此法。此后天识神与先天元神合作还元之功。邀请五路即五气朝元的逆返之功。“先至通明殿演礼”，喻虚极而生的光明之境。“后方去赴宴”，再行采炼之法，此段明示了觉察、逆返、虚极、光明、采炼的修持程序。修持者应当按照这样的路径修持。

孙悟空赶赴瑶池“忽闻得一阵酒香扑鼻，已造成了玉液琼浆，香醪佳酿”，瑶池即虚极生炁之境，此炁与元神为体用关系，故“大圣止不住口角流涎，就要去吃”，盗饮玉液琼浆此真炁入身化作甘露，滋养周身的金液还丹之象。修持者实证中确有此境。“好大圣摇摇摆摆仗着酒任情乱撞”，喻随炁机自然运化，先天炁与先天元神相合自然要返本还元，脱离后天人身的束缚进入虚空法界，故大圣来到“兜率宫”即堵塞返回先天之宫，为百会穴也称天门，此宫被堵塞无法打通，便不能脱离人身进入虚空法界，故称离恨天。因为人身的束缚无法彻底解脱，此为恨，修持者以法打通便可离开此生恨之地。而打开解脱之法必修道体一炁，故为太上老君住处，老君喻道体。先天灵性不见此道体就无法冲开此穴，进入虚空法界，获得真正解脱，故言：“一向要来望此老，不曾得来。今趁此残步，就望他一望也好。”修持者得到一炁的滋养，具备了体悟道体的可能，但未经煅炼转化，人身的束缚仍在。元神尚未清明，即孙悟空还处在醉酒状态，故而“那里不见老君，四无人迹”，言能达此境者罕见。“原来那老君与燃灯古佛在三层高阁朱陵丹台上讲道”，老君喻道体，故一炁为体，觉慧为用。一炁的特性决定了觉慧的状态。燃灯古佛喻一炁的觉明之性，此性引发智慧之光明，故称燃灯，其实质为慧体，故为古佛。“三层高阁”，即乾卦之象喻先天本体之境。“朱陵丹台”，即诸灵丹胎，喻先天一炁是诸灵丹胎之本。“讲道”即讲先天之道，故有“仙童、仙将、仙官、仙吏都侍立左右听讲”，仙即先，诸仙皆先天之象。“炉左右安放着五个葫芦，葫芦里都是炼就的金丹”，葫芦喻人身，五个即五脏，五行攒簇于身内炼成金丹至宝。从后天人身入手，炼化五脏精气而成内在金丹，这是传统内丹术的策略。故言“此乃仙家之至宝”。而孙悟空的修持为金丹大道与其大不同，故大圣道：“老孙自了道以来，识破了内外相同之理”，了道即悟道明理，内即人身内丹修炼之法，外即虚空金丹修持之法的原理相同，内丹术更适合世人根性。故言“也要炼些金丹济人”。孙悟空为心体之象，其修持以回归本心为根本原则，故言：“不期到家无暇”，虽然修持入手和原则不同，但其修证结果都要以修出金丹为验证。故言：“今日有缘，却又撞着此物，趁老子不在，等我吃他几丸尝新。”金丹入腹，喻转化人身有了根基。金丹大道以心神还元为先，当心神圆熟之后代表一炁凝结之象的金丹则唾手可得。有了金丹的加持元神也随之灵明，故孙悟空“一时间丹满酒醒”，至此修持者对自己的生命有了真正的自主权，即我命由我不由天，故言：“这场祸比天还大，若惊动玉帝，性命难存。走，不如下界为王去也。”

大圣回到花果山喻转化后天人身，而此功需要反复采炼，故“大圣即出洞门又翻筋斗使个隐身法，径至蟠桃会上。进瑶池宫阙……他将大的从左右胁下挟了两个，两手提了两个，即拨转云头回来，会众猴在洞中就做个仙酒会”，喻修持者于虚空之境常采真炁，常炼于身，此真空炼形之法。如此周流运化，向后天转化的趋势自然消除，故“七衣仙女自受了大圣的定身法术，一周天方能解脱”。至此修持者心性圆熟，丹凝坚固是大本已得。筑基之功完成，意味着与后天之境完全对立的形成，因此修持者面临的将是后天之境的全面阻力，故后天运化的总代言人玉帝必然大恼，差十万天兵捉拿孙悟空。

天兵将花果山团团围住。“四大天王”喻构成后天人身的四大元素，其物质属性对修持的束缚。“李天王与哪吒”，喻后天之意和六根六识的束缚。“二十八宿、九耀星官、十二元辰”，代表后天运行模式和状态对修持者的束缚。“五方揭谛、四值功曹”，喻空间、时间对修持者的束缚。“东西星斗”，喻后天之境有生有灭的运行规律。“南北二神”，喻阴阳相推，化生万物的基本规律。“五岳四渎普天星相”，喻五行运化，四时流转所生化出的万物万象。“十万天兵，十八架天罗地网”，喻后天之境中无数的欲望、杂念业障之网将修持者重重包围。这一切都代表着后天生命存在的状态、趋势、运化对修持者先天灵性的全面束缚。第一次李天王与哪吒下界捉拿孙悟空，喻示修持者对后天之意之识束缚的突破，而这一次则是对后天生命局限性的全面突破。

托塔天王“先差九曜恶星出战”，九曜星喻后天运行状态，此明示修持者要先从扭转运行趋势，调整运行状态入手，故“大圣正与七十二洞妖王并四健将分饮仙酒。一闻此报公然不理”，喻对治的策略是不理此顺行造化的运行状态，安定心神，涵养身心，故大圣言：“今朝有酒今朝醉，莫管门前是与非”，此刻涵养之功不预设目标，不做分别，只关注当下，故言“诗酒且图今日乐，功名休问几时成”，此言涵养火候，当下耕耘，不问收获，功到自然成。九曜星道：“你犯了十恶之罪，先偷桃，后偷酒，搅乱了蟠桃大会，又窃了老君仙丹，又将御酒偷此处享乐”，这是养心尽性之功的次第，即养心、采炁、守元、得丹、涵养五个步骤，此孙悟空还元之功，故孙悟空笑道：“这几桩事，实有实有”，即明示修持者这五步是实有之功，望修持者实证。“孙悟空把那九曜星战得筋疲力软，一个个倒拖器械败阵而走”喻顺行造化的趋势被扭转过来。孙悟空“变了千百个大圣，都使的是金箍棒，打退了哪吒太子，战败了五个天王”，喻破除了后天之识之意和后天人身的束缚。先天灵性摆脱了后天之境中沾染的旧习和妄念。故“七十二洞妖王与独角鬼王尽被众神捉了”，先天灵性不会因此受损，故言“我同类者未伤一个，何须烦恼”。

“妖猴作乱惊天地”是言彻底转化后天生命存在状态之功，故言惊天地。“布网张罗昼夜看”此言火候，行功不可间断，日夜不停专注行持。

第六回

观音赴会问原因　小圣施威降大圣

丹旨：上一回，孙悟空偷桃、盗酒、盗丹喻示修持者修心要专笃行持，才能达到虚极之境。先天一炁由此而生，再使其贯通于身化作甘露，渐采渐凝，此为金液还丹之功。此金液将促使后天人身当中制造先天元精的逆反之机得以启动，因此先天元神与后天识神的对立即十万天兵围困花果山的僵局因为元精的生发被打破。修持也就进入下一个阶段。这一回，代表元精的二郎神出场了。元精的产生是身中先天能量逆反之机产生的结果。对此天机的发现，以及元精和元神的关系，修持者要静观密察才能明辨引导和驾驭。因此这一回，开始是观音赴会问原因，并举荐二郎神。小圣降大圣是元精元神相合归入太极之境，即被老君的金刚琢打翻，丹道称为乾坤交媾。孙悟空被擒入天庭是喻修持阶段由中丹田进入上丹田，言还要在后天意识之境煅炼先天元神，才能炼出一颗坚固、灵明、自由之心。故此回丹旨为：交媾。

释意：孙悟空为灵明之性、为元神，因此代表后天神识的天兵天将无法战胜他，但孙悟空也无法突破，双方处于僵持状态，喻仅凭一己灵明之性无法突破后天神识的束缚。丹道认为一阴一阳谓之道。元神只有在元精的助力下才能后天返先天，故象征元精的二郎神出场。小圣降大圣，丹道称为“以铅制汞”。而这其中的机理与火候要修持者通过静观密察方能得知，才能下手修持。故言“观音赴会问原因，小圣施威降大圣”。

“天神围绕，大圣安歇”，这是先天灵性无法突破后天识神束缚的困境之态。解决之法要先静观密察，故《西游记》中非常重要的角色“观世音菩萨”出现了。观世音菩萨也是后面唐僧取经之事的总规划师，作用非凡。于修持而言，“观世音”也是一种非常重要的修持方法，代表着“静观世事因果”的状态和能力。从菩萨的名号：“南海普陀落伽山大慈大悲救苦救难灵感观世音菩萨”中就可以得知，她代表着心神之能，所以住在南海。南海在《西游记》中喻指脑海，代表后天神识当中存在的先天灵觉感知之能，故称灵感观世音菩萨。由此可以解脱枷锁，即普陀落伽。生起大愿并获得解救之大力，使我们的灵性感知到、观察到世事之因果后才能下手修持解脱，故为大慈大悲救苦救难，而成就菩萨果位。此刻观世音菩萨代表着静观密察之法、之能、之功，在后面还代表着外丹、玄师点化和引领。观世音菩萨就是菩提祖师的后天之相，菩提祖师是本心的先天觉悟之相，随着孙悟空回到花果山，即进入后天人身之境，菩提祖师也进入后天之境，转化为观世音菩萨，即本心在后天之境的觉察之象。因为孙悟空回到花果山，即进入后天之境，故菩提祖师便不再出现，而是以后天之象一直陪伴、引导、护佑着孙悟空乃至唐僧的修持。小说的后续情节会逐渐揭示这一秘密。

观音菩萨的大徒弟惠岸行者，惠岸即晦暗不明，喻修持者心神晦暗，要修持静观密察之功才能恢复灵明觉性，故要跟随观音修菩萨行。观音菩萨师徒“同登宝阁瑶池”，喻致虚极之境而静观。菩萨与众仙“至通明殿前”，此处为演礼之处，喻虚极而生的光明之境，故“有四大天师，赤脚大仙等众俱在此迎着菩萨”，四大天师喻佛家所言的四大，赤脚大仙喻一阳复生之机。“太上老君在上”，老君喻道体，故在上。“王母娘娘在后”，王母喻虚空之境，为隐，故在后。菩萨拜见玉帝问道：“妖猴是何出处”，此喻觉察之功。菩萨即命惠岸行者：“你可快下天宫，到花果山打探军情如何。如遇相敌，可就相助一功。”惠岸又名木叉，为起火之物，于修持而言就是起火之法，即运用神识作意之法。木叉为李天王之子，说明木叉也属于后天神识之能，故法名惠岸，喻后天神识的晦暗之态，则要跟随观音菩萨修行。静观密察成就后便为慧岸，后天返先天即达到智慧的彼岸。静观就是起火的入手之法，故名木叉。因此可以“相助一功”。木叉喻后天之识作意起火之法，如持咒、观想、导引、伏气等有为之法。经过运炼，激发元精的生发，故木叉使用铁棍，此棍在人身喻男性阳具勃起之态，喻后天之意驾驭后天精气。“浑铁棍乃千锤打，六丁六甲运神功”，浑铁喻后天混杂之精，六丁六甲喻阴阳男女两性而生起的性欲致使阳具勃起，这也是修持证境的体现。千锤打和运神功喻房中的鏖战之法。此处警示修持者不可以维持性兴奋之法为修炼之法，但可以借助此法激发先天灵性，引发元精生发。“堪羡猴王真本事”，猴王为先天，为真，木叉为后天，为假，假不能胜真，故“木叉复败又逃生”，明示后天鏖战之法不能生发先无元精，后天精气不能制伏先天元神。李天王“便差大力鬼王与木叉太子上天启奏”，大力王即先天真意，木叉为后天之意。二意相通即圭王，故称鬼王。唯此方法可激发先天元精的生发，以铅制汞，调伏和煅炼元神。因此修持者还要更深入地静观密察，故观音道：“陛下宽心，贫僧举一神可擒这猴。”修持者不可心生急躁，只要保持静观便能明察元精的生发，才能对治和调控火候。菩萨推荐道：“陛下令甥显圣二郎真君。”陛下令甥，喻虽不属后天神识但却是由后天派生而出的机能。“二郎真君”为阴爻之象，为阴，为真君，喻元精。孙悟空为阳爻之象，为阳，喻元神。以身言之即男性身下二丸所代表的元精生发机能之处。因其二丸故称二郎。因其机能为生精，而精足可以使神识灵明，故称显圣。元神因元精而得以固养。元精是成就元神的真能量，故称真君。真君“见居灌洲灌江口，享受下方香火”，灌江口喻指会阴之处，此处隐藏着生化之机。顺则生化凡精，是人类繁殖的关键，因此世人对它少不得供养，故为享受下方香火。但此机能逆则可产元精，辅助元神而炼成金丹，成就天上真人。而此玄妙之机唯有修持者静观密察方能得知，故由观世音菩萨向玉帝举荐。“奈何他只是听调不听宣，陛下可降一道调兵旨意，着他助力，便可擒也”。身下二丸的生精之机可以通过后天意识调动和驾驭，即调兵旨意。而说教、言理、宣讲对此机能都不起作用，故言“听调不听宣”。“他昔日曾力诛六怪，又有梅山兄弟与帐前一千二百草头神，神通广大”，六怪为坤卦六爻之象。力诛六怪喻元精之真阳所具有的破除身中先天灵性所杂染的后天神识之阴的作用。“昔日曾力诛”，喻其能在后天之境潜伏不显，需要以后天之意激发，调动出来。“梅山兄弟”，相传蚩尤被黄帝打败后在湖南中部保留的最后一块世外桃源式的飞地，喻指不服王化之地就是梅山，此言后天人身之中仅存的不受后天神识支配，不落后天，仍然保留着生化元精机能之处，与孙悟空所处傲来国意思相同。梅山自古有巫术流传即归蛇和收掠招魂术。《西游记》将此二术称为兄弟，喻元精对元神的安抚收摄的作用。“一千二百草头神”，喻指身下阴毛丛生之象，暗示生精之机在身中所在之处。玉帝下旨：“花果山妖猴齐天大圣作乱”，仍称孙悟空为齐天大圣，喻后天识神承认先天元神的存在，但因元神还未得到元精的支持，二者还未相合，火候不够故称妖猴。导致元神状态不稳干扰了后天识神的正常运作，故称作乱。“今特调贤甥同义兄弟即赴花果山助剿除”剔除元神之乱象，消除不稳之态唯有元精可以。“成功之后高升重赏”，元神元精相合便要移炉换鼎进入上丹田，开始炼神返虚阶段，故真君接旨后大喜道：“天使请回，吾当就去拔刀相助也”，此喻激发元精之功。前辈传有兜肾法、缩丸法，吸提撮闭等法。但行此功要以神识静定神为前提，具体的修持方法留在《西游法诀》中详细讲解。

真君见到李天王道：“小圣来此，必须与他斗个变化。”元神为大圣，元精为小圣。元神易变易飞，必须以元精擒制，即“以铅制汞”，故言“斗个变化”。“列公将天罗地网，不要幔了顶上，只四周紧密，让我赌斗”，留出向上通路，即移炉换鼎进入上丹田而炼神。“若我输与他，不必列公相助，我自有兄弟扶持。若赢了他，也不必列公绑缚，我自有兄弟动手”，喻元神元精的融合过程，无须后天神识参与干扰。“只请托塔天王与我使个照妖镜伫立空中，恐他一时败阵，逃窜他方，切须与我照耀明白，勿走了他”，后天神意保持觉察观照，即使照妖镜。不干扰，保持空寂状态，这样元神元精才能融合。元精为后天人身中的先天能量，本身不具备觉察力，故言“须与我照耀明白”。二郎真君的这一段叮嘱实为此段功夫的修持原则与火候及处理方案。

真君来到水帘洞外，见到齐天大圣的旗子道：“那泼妖，怎么称得起齐天大圣之职？”充满了羡慕之情，喻元精对元神的仰望与依赖，就如同后面八戒对行者的顺从。六兄弟道：“且休赞叹，叫战去来。”后天人身中的元神元精呈现为分离状态，修持者以法使二者相见，就要迅速下手促其融合。丹法称为金木交并、铅汞化合。两者本是一家，自然相互吸引。书中对二郎真君的赞诗是对元精特性的艺术化描述。“腰挎弹弓新月样”，喻腰间两肾之象。“手持三尖两刃枪”，喻尾闾之象。“心高不认天家眷”，喻元精不属于后天神识范畴。“性傲归神住灌江”，性傲与孙悟空出生在傲来国同义，皆喻其先天之性。其机能潜伏在会阴之处即灌江口。“赤城昭惠英灵圣”，赤城即赤诚，喻元精先天纯净之性。昭惠即招慧，喻招摄先天灵性之能，故为英灵圣。自称为“灵显王”，喻修持者先天灵性的稳固呈现全凭此元精的烘托。“显化无边号二郎”，二郎即阴爻之象喻元精，此元精生化万物，故言“显化无边”。元神见到元精自然欢喜，故“大圣见了，笑嘻嘻”。真君道：“认不得我么？”是提醒修持者要认得此元精。它的作用是“敕封昭惠灵显王，二郎是也”，即招摄智慧，灵性显现全赖此精，故为敕封。大圣道：“曾奈无甚冤仇，待要打你一棒，可惜了你的性命。”元神爱惜元精之态。他两个这场好杀“两个乍相逢，各人皆赌兴，从来未知浅和深，今日方知轻与重”，在后天境界中元神元精分离。轻者元神易飞，重者元精易泄。修持者以法使两者相逢并融合，丹法称为乾坤交媾，故“真君与大圣变做法天象地的规模正斗”，此为复归先天之功。后天之精在此过程中皆将消除，故真君的六兄弟杀散众猴精得胜。“大圣忽见本营中妖猴惊散”，惊散即后天之精散去，“自觉心慌，收了法象，掣棒抽身就走”，只留下纯然灵性。真君道：“趁早归降，饶你性命”，元神元精相合便有了性命。大圣要回水帘洞，喻元神还想要寄生在后天人身当中，被真君兄弟“一齐率众挡住”，明示修持者不可再回旧处，逼迫元神上行入顶。大圣变麻雀、大鹚、渔儿、水蛇、花鸨、土地庙。小圣变饿鹰、海鹤、鱼鹰、显原身，对治。大圣所变皆阴柔之象，小圣所变皆刚猛之象，此喻乾坤交媾的火候变化，具体解读留在《西游法诀》中展开。大圣“扑的一个虎跳，又冒在空中不见”，大圣为元神为龙，小圣为元精为虎。大圣却是虎跳，喻元神与元精相融已有了初象。原有的一己之灵自然“空中不见”。大圣又跑到灌江口变作二郎神。孙悟空道：“郎君不消嚷，庙宇已姓孙了”，喻元神已入元精之体，为完全融合之象。“两个且行且战，复打到花果山”，由下丹田回到中丹田。

元精元神融合之后不会自动上升入顶，故言“把那大圣围困，只是未得拿”。此刻修持有要以法逼其上升入顶，故菩萨道：“我今助他一功，决拿住他也。”老君问道：“菩萨将甚兵器，怎么助他？”是问相助之法。菩萨道：“我将那净瓶扬柳抛下去，打那猴头。”净瓶即清静平和，喻以心性调伏之法逼其入顶，故言：“教二郎小圣好去拿他。”但这个解决方案遭到太上老君的否定。老君为道体的化身，道体的人格化。老君提出观音的静观平和之法对付猴头，即对付神识尚可，故言：“这瓶是个磁器，准打着他便好，如打不着他的头，或撞着他的铁棒，却不打碎了？”喻当心神平静之态遇到代表元气运行的金箍棒则必碎，是言此心境经不住一炁运化所带来的境界变化的考验。说明“静平”之法是炼神之法非炼气之法。要性命双修，因此逆返升华还是要用老君的金钢琢。金钢喻一炁的永恒之性，琢为圆圈之物，象征着太极之境，故老君：“左膊上取下一个圈子，说道：这件兵器乃锟钢抟炼的，被我将还丹点成，养就一身灵气，善能变化，水火不侵，又能套诸物，一名金钢琢，又名金钢套”。被老君“还丹点成”说明此刻为还丹之后所达成的修持境界，就是太极状态。养就一身灵气是喻本体之灵。“善变化”，喻万物皆由此太极变化而出。“水火不侵”，喻后天阴阳不能侵扰此境。“能套诸物”，言先天能制后天。“金钢琢”，言其象，“金钢套”言其能。“当年过函关，化胡为佛，甚是亏他”，是指修持者的起点是后天身心，对不知大本而灵性愚昧的状态则以胡喻之。古时称未经教化的少数民族为胡人，喻指此未开化、未经煅炼的状态。“化胡为佛”即要将后天愚识转化为先天佛性觉慧，则必须达到此境界状态方可。老君将金刚琢“自天门上往下一掼，打中了天灵”，喻先天灵性契入一体之境，元神元精融合之功完成，故大圣被擒。天兵将孙悟空“使勾刀穿了琵琶骨再不能变化”，喻灵性元神不再向后天转化。

大圣被押至天庭是识神元神相会。由此将面对着最重要的选择，即如何处理二者关系。代表后天识神的玉帝，欲处死代表先天元神的孙悟空，这是后天识神维护由先天向后天转化，遵循顺行造化的运行模式的必然选择，故“玉帝传旨，押至斩妖台，将这厮碎剁其尸”，就是要将先天元神消灭。先天之炁也将自然向后天转化为后天识神所用。只有如此后天神识以及后天生命系统才能维持，得以延续。

第七回

八卦炉中逃大圣　五行山下定心猿

丹旨： 上一回，观音举荐二郎真君，喻明察元精发生之机。二郎真君与齐天大圣争斗是乾坤交媾，即元神与元精相合。孙悟空被擒入天宫喻示修持进入到上丹田，为炼神阶段。这一回，孙悟空进入到八卦炉中煅炼，是移炉换鼎。逃出八卦炉是炼神返虚，元神出窍，是法身成就之象。孙悟空要夺玉帝之位，喻先天元神向后天识神转化。因此修持者必须以佛性觉慧消除这样的趋势，故玉帝请如来佛祖降服孙悟空。孙悟空跳不出佛祖手掌，喻元神成就还只是心神的觉醒，属于神识状态的还元之象，仍在五行运化之中，并未脱离后天人身的局限性，故佛祖将孙悟空压在五行山下。修持者更不可以元神之能为修持的终极成就。因此佛祖要孙悟空等待，自有人救他，是要修持者明白只有当后天神识也生起修持大愿，并自觉主动地逐步完成对报身的转化后才能够真正解脱。故此回丹旨为：换鼎。

释意：“富贵功名，前缘分定，为人切莫欺心”，开篇词警示修持者对待世间功名富贵应持有的正确态度。当修持者修证到元神觉醒之后，会出现各种奇异之能，若此时修持者把持不住，看不破，依据自身的神通异能换取世间富贵功名，很多修持者会因此堕落，故言：“只为心高图罔极，不分上下乱规箴”，罔极喻后天无尽的贪欲，上下喻先天和后天，实在可惜可叹。就修证而言，达到元神觉醒是复归先天的表现，但修持者若贪恋红尘的功名富贵，其修持本质是元神又重新回到后天识神运行的旧模式当中。追求富贵功名是后天神识生存的必然，是人性，是人道。孙悟空要逐玉帝、夺帝位，喻先天元神向后天识神的转化，是重回顺行造化的运行趋势。此为孙悟空抢夺帝位的丹道含义。修持者应当更进一步，向着究竟彻底的佛性觉慧之境努力。证悟本心、本体、本性、本质之空性，即如来收伏孙悟空的丹道含义。

大圣被押至斩妖台，“刀砍斧剁，雷打火烧，一毫不能损伤”，喻后天之功、后天之意以及后天识神的各种机能对于先天元神都不能造成损伤。太上老君奏道：“那猴吃了蟠桃，饮了御酒，又盗了仙丹”，此言养心、采气、结丹的次第。“我那五壶丹，有生有熟，被他都吃在肚里，运用三昧火煅成一块，所以浑做金钢之躯急不能伤”，五壶丹即五行攒簇之功，攒成一块喻融合为一体不再分散。金钢之躯喻其坚固之性。“不若与老道领去，放在八卦炉中，以武火煅炼，炼出我的丹来，他身自为灰烬矣。”八卦炉即指人的头颅，因有八片头骨故称八卦炉，以卦象言大脑的运行为八卦运行之境，故言上丹田为炼神之处。所处之位即脑府泥丸，此处为元神本位。修持者完成攒簇之功而结丹，因初期根基不固且不纯粹称为丹砂，所以需要文武火煅炼，即以煅炼之法完成升华，丹法称为去矿留金。煅炼就是彻底转化，摆脱后天的局限进入先天之境，就是金丹成就，其成效就是元神觉醒，故言：“身自为灰烬矣。”此段功程丹法称为移炉换鼎。玉帝赏赐二郎真君金花百朵，金花即精华为华池，喻下田元精充盈之象。御酒百瓶即元神下行之态，为神水。还丹百粒，金花御酒即华池神水，此喻结丹之效。

孙悟空进入八卦炉的巽宫之位，此指示上丹田的炼神之法。巽位为风，有风无火，表明此刻应静观一炁运行，而不再启动元神作意，运炼用功。此静观之功可以使修持者看破一切假象，为纯熟之象，故言：“巽乃风也，有风则无火，只是风搅得烟来，把一双眼熻红了，弄做个老害眼病，故唤做火眼金睛。”火眼喻元神旺盛之态，金睛即金精喻元精充盈之象。在修持实证中，上丹田炼神纯熟之后修持者自觉双目如火、目放金光之证。此段煅炼之功一切顺其自然，后天神识不可参与其中。元神默运静待，时刻一到，自然炉头响，即修持者头颅处会有嘣裂之声。头骨裂缝，百会穴打开，也称开天门，故大圣“只听得炉头声响，猛睁睛看见光明，他就忍不住将身一纵，跳出丹炉，唿喇一声，蹬倒八卦炉，往外就走”。大圣睁睛所见光明为虚空之光明，跳出丹炉即元神冲出头颅。这是元神第一次脱离肉身的束缚，步入虚空之境。此前孙悟空的修持无论是内容，还是境界，都是身内神气变化和转化的呈现。元神离体于修持而言属于法身成就，这是传统内丹修持的终极成果，而《西游记》讲述的金丹大道，依佛家修持证境而言则以法身、报身、化身的三身成就为终极果证。以丹道而言，孙悟空的修证是讲述元神修持，唐僧的修证是言阳神修持。因此孙悟空后面还有很长的修持之路要走。

孙悟空掣金箍棒大闹天宫，有三首赞诗极其重要，分别是对元神成就的还元证境、运行状态、修持宗旨的完美描述。请读者深入参悟，详细解读留在《西游道论》中展开，赞诗所展现的实际证境，因此后天意识的理解与先天灵性的参悟都不能代替实证，只有在实践中将这三首赞诗实证出来才是真正的成就。“那猴王不分上下，使铁棒东打西敌，更无一神可挡”，此刻元神旺盛，后天神识之能完全无法与之相比，但此刻修持者若不知理明法，不知道归宿，因路径依赖很容易走错路，若不返还虚空，易受后天习性影响，将不自觉地再度向后天转化。在后天根识中，眼根眼识最为坚固，即视觉在后天感知系统中占据着主导，因此元神很容易顺行到眼根眼识的境界，进而再次落入到识神境界之中，故孙悟空“只打到通明殿里，灵霄殿外”，通明殿即眼根眼识，眼能见光，故为通明。灵霄殿为大脑机能的总和，是后天识神之境。其机能和运作消耗先天灵性灵能，故称灵霄殿。而守护灵霄殿的是王灵官即“亡灵官”，喻导致灵性消亡之器官。后天人身以脊柱为本，生命的消耗就是对脊中精髓的机能与能量的消耗，故古人以骨髓枯竭警示生命的凋亡。脊柱形似鞭，故王灵官手执金鞭与大圣相斗。脊髓为后天人身中的精华，其中蕴含着元精，是丹道修持最重要的物质基础，故称其为“太乙雷声应化尊”。此精华顺行造化为浊精凡精，而为亡灵之官。若能逆返还元，此精华培补元神，合而为丹，故称太乙雷声应化尊。元精可以阻止元神向后天识神转化，故“早有佑圣真君，又差将佐发文到雷府，调三十六员雷将齐来”佑圣即护佑大圣元神。雷将即元精之能，因其先天属性，故为三十六员，即三十六天罡之数。“把大圣围在垓心”，喻以先天元精围护先天元神，不使其向后天转化。元神在元精的烘托下呈现出金丹本象，即“圆陀陀，光灼灼”此实证之象，因其永恒之性，故称“亘古常存”。因其为先天，为本，不落后天，故言：“入火不能焚，入水何曾溺”，金丹是本心之相，也称摩尼珠，是万物万象的本源，故言：“也能善，也能恶，眼前善恶凭他作。”为真相、真理，劝世人要修此金丹大道，故言“人怎学”。修证的结果是“善时成佛与成仙，恶处披毛并带角”。“当时众神把大圣攒在一处”，喻凝聚合一之态，但是这样的状态无法持久，其发展只有两个趋势即造化与还元，若此刻修持者明理知机，便会继续修持还元之功，故玉帝："遂传旨着游奕灵官同翊圣真君上西方请佛老降伏"。游奕灵官即游弋灵官，喻元神不定无从选择之态，翊圣即一炁之圣。灵官与真君同上西方喻性命同修。西方佛老喻本心虚寂所呈现出的觉慧之性。只有此佛性觉慧才能够收摄元神妄动，是元神的真正成就。元神的本质是本心之动象，故使其静定回归一体本心才能彻底觉悟，至此金丹呈现，表明命功修持基本完成。下一步将进入性功修持，修证觉慧，此为请佛降伏妖猴之意。传统的内丹修持者功夫至此便脱离肉身而去，称为尸解，修出的元神按照传统的说法则寄于仙山洞府或海岛琼洲，享受逍遥之境或者以虚灵之态在人间积功累德等待天箓。此等修证之果可称为法身成就。但到了宋代紫阳真人援禅入道之后，将传统内丹术的境界引导和升华至炼虚合道，契入本来，究竟空性的终极境界。这就是玉帝诏佛祖降伏孙悟空的本旨。

"如来闻诏"，喻本心觉慧可以通过后天神识的学习、参悟、引导呈现出来。如来对众菩萨道："汝等在此稳坐法堂，休得乱了禅位，待我炼魔救驾去来。"喻禅定是炼魔的基础，禅定即本心如如不动，魔为本心妄动之象。炼魔即灭妄动之心，回归不动本心。《西游记》中如来佛祖代表着本心的觉慧，即佛性。孙悟空的金丹成就实质还是心性圆明纯熟之象。第一回回目的前半句是"灵根育孕源流出"，孙悟空就是灵根。他的修证过程就是培育、孕养的过程，而西天佛祖的出现就是源流出。可知金丹之源就是虚空本体，元神之体就是本心，因此元神的最终成就就是佛性觉慧。

孙悟空见到佛祖厉声问道："你是哪方善士？"可见孙悟空并不认得如来佛祖，于修道而言就是不明本体虚空之性。早期孙悟空住在天宫大圣府时，四处游荡时说见过五方五老。西天佛祖就是其中之一，但此刻他却不认识佛祖，由此可知之前所见为假、为幻。这种现象在修持中是常见的现象，认假认幻为真，修持者自当警觉、分辨。大圣对如来道："灵霄宝殿非他久，强者为尊该让我"，喻先天元神存在着向后天识神转化的危险趋势。佛祖劝道："趁早皈依，切莫胡说，但恐遭了毒手，性命顷刻而休，可惜了你的本来面目"，此明示修持者不可重走旧路，要更上一层，彻底契入本体真性，完成悟空之旨。如果还要强占玉帝之位则是再度由先天进入后天，是由天道入人道。这个转化一念之间就可以完成，而艰苦修持，复归先天，见到的性命之真相，则顷刻间就会进入到迷茫昏昧的后天状态，即性命顷刻而休，可惜了前番的努力，可惜了当下灵明的本来面目。如来与大圣赌赛道："你若有本事，一筋斗打出我这右手掌中算你赢。再不用动刀兵苦争战，就请玉帝到西方居住，把天宫让你"，手掌五指喻五行运化。若能跳出手掌喻示着脱离了五行运化的束缚，达到还虚之境，故"请玉帝到西方居住"，表明元神可以主导后天生命了，故"把天宫让你"。若无觉慧必受五行束缚而执着具象，此后天识神境界。"若不能打出手掌，你还下界为妖再修几劫，却来争吵"，不能跳出手掌，喻此刻修持成就虽已复返先天具有非凡的能力，但依然在五行运化的境界之中。就具体的修证而言，依然属于神识之象，还是八识之用，还受人身五行的束缚，依然没有摆脱五行生化的运行模式。此刻的证境是先天灵性在先天境界中的展现与确立，还只是先天元神作用的体现，还未在体性上彻底复归先天，所以孙悟空是无法跳出象征五行运化的佛祖之手。而这一切都在佛性觉慧的观照当中展现，故"佛祖慧眼观看"。

孙悟空"忽见五根肉红柱子，撑着一股青气"五根即五行，一股青气即一炁，喻见证了五行归一炁的真相。此后天返先天的临界之境，故言："此间乃尽头路了。"若不知超越，依然顺行造化，则必落后天。故言"这番回去！如来作证，灵霄宝殿定是我坐也"喻先天元神若不知超越，必然再度转化为后天识神。孙悟空"在那中间柱子上写一行大字"，中指属火，主心，喻元神在后天之境的投射之象，故写下"齐天大圣到此一游。却在第一根柱子根下撒了一泡猴尿"，拇指为第一指属土，主意，喻元神在后天意根之处泄漏元精。故如来骂道："我把你这个尿精猴子，你正好不曾离了我掌哩"，元神落入后天必然于意根之处泄漏元精，便彻底落入后天五行运化之境。大圣惊道："莫非有个未卜先知的法术？"喻此刻元神只知修持法术而不知有佛性觉慧。故"佛祖翻掌一扑，把猴王推出西天门外，将五指化作金木水火土五座联山，唤名五行山。轻轻的把他压住"，西天门即印堂，五座联山即面部五官，喻此刻元神依然被后天生命的运行状态模式所压制和束缚，并没有得到真正的解脱，故言"万劫无移居胜境，一朝有变散精神"。这是对只修法身元神者的警示。"欺天罔上思高位，凌圣偷丹乱大伦。"一旦后天欲望产生，必然破坏道体一炁与佛性觉慧之本心大伦。"恶贯满盈今有报，不知何日得翻身”欲望导致后天业障而有此后天报身，不知什么时候才能转化和摆脱此报身的束缚。明示修持者只有完成报身修持才能翻身解脱。

《西游记》阐述的是丹道元神与阳神和佛家法、报、化三身成就的理法。“如来佛祖殄灭了妖猴”，即消除了只修元神法身的潜在危险。引导其进入报身转化和阳神成就阶段，故“众雷神与阿傩伽叶，一个个合掌称扬道：善哉善哉”。玉帝宴谢如来。“玉清元始天尊、上清灵宝天尊、太清道德天尊、五炁真君、五斗星君、三官四圣、九曜真君、左辅右弼，天王、哪吒、玄虚、一应灵通”此一炁化为精气神三清，三者依五行运化之理而生后天之意乃至后天之识的顺行造化之象。若要参破万般演化之象必须依靠佛性觉慧，故“都捧着明珠异宝，寿果奇花，向佛前拜献”，喻后天识神已认识到先天佛性觉慧的作用。孙悟空被压在五行山下的山根处，即眼鼻相接的山根。孙悟空不再依已强能夺取玉帝后天识神之位，说明先天元神向后天转化的趋势被阻止住了，自然可喜可贺，因此有“安天大会”。这不仅是先天元神之喜，也是后天识神之喜，各司其职，各安天命。王母娘娘施礼曰：“今蒙如来大法链，锁顽猴喜庆安天大会，无物可谢。今是我净手亲摘大株蟠桃数颗奉献”，王母喻虚空之境，自然无物可谢。虚空是心的本质，是觉慧之体，故要亲摘献桃。寿星献“紫芝瑶草、碧藕金丹”喻修持至此可得长寿之果，但必须再修觉慧，故言“无相门中真法主，色空天上是仙家”点明觉慧为无相之修，不修觉慧仍然滞于色空之界。“赤脚大仙献交梨二颗，火枣数枚”，交梨即坎离交媾的还元之功，离卦中的阴爻即二颗火枣。火喻修持的神意，明示修持者要及早发愿，急早下手修持还元之功，早证觉慧。元神修持达到法身成就后，有两个演化趋势。一则放弃肉身称尸解而独留法身，生存于其心识建构的境界之中。二则再度向后天识神转化，如孙悟空闹天宫夺帝位。金丹大道对此两者都是否定的，因此提出继续修证觉慧的修持方向，故请如来镇伏妖猴。“那大圣伸出头来”，喻元神妄动还要再行错路，故佛祖用六字真言“唵嘛呢叭咪吽”压住孙悟空。六字真言意为：归命莲花上的宝珠。是要修持者保持心性圆明不沾不染。真言又称咒语，在修持中持咒也是一种殊胜之法。持咒者无须了解咒语含义，只要专笃持咒即可。“尊者即领贴子，拿出天门到那五行山顶上。紧紧地贴在一块四方石上”贴在山顶即封住天门。明示修持者不可出神离体。贴在四方石上喻神不外驰才能四方安定。精神内守为炼化报身之功。这段功夫丹道称为炼形。仙贵炼形，佛贵悟空。所谓炼形是指炼化后天身体转化为先天形质，达到白日飞升的证境。达此境者在历史文献中多有详细记载，这是体性的转化，彻底的自由。而现在孙悟空的各种神通还只是神识作用的体现，是对先天一炁的认知和驾驭之能，还未达转化之能。对于修持者而言，验证转化之能最直接的考验就是对后天人身的转化，即报身修持。所谓“聚则成形，散之为气”就是对此证境的描述，此神形俱化的境界称为金仙。而法身成就的孙悟空称为太乙散仙，言先天灵性虽然具有了驾驭先天一炁的能力，即太乙，但还未达到如如不动的本心之境，依然是散乱动相，故称散仙。最终证悟了觉慧的化身成就称为大觉金仙。如来叮嘱“但他饥时与他铁丸子吃，渴时与他溶化的铜汁饮”，言身心凝聚要如铁丸一般，身心融合如铜汁一般，此言修持证境。若达此境则“灾愆满日”。身心分离为灾，身心合一为满日，故“自有人救他”即开始真正的转化之功，即报身修持。报身修持是以后天人身为起点，由后天意识发起，在先天元神的主导下完成。故诗曰：“恶贯满盈身受困，善根不绝气还开”，欲解人身之困全赖阳气生发之机，此言命功之理。“果然脱得如来手，且待唐朝出圣僧”，突破五行运化之难，须要后天意识生起修持大愿，此言性功起手。

第八回

我佛造经传极乐　观音奉旨上长安

丹旨：上一回，孙悟空跳出八卦炉是神丹炼成，元神成就，这是心神圆熟之果，下一步修持就是要使此心神不能沉迷自家机能，要以佛性觉慧而获得觉悟，故玉帝请如来降伏孙悟空。孙悟空与佛祖赌斗，无法跳出如来手掌，喻虽然先天元神灵明具有强大的神通，但这只是神识机能的体现，并未获得觉慧，无法真正地解脱，故孙悟空跳不出佛祖手掌。如来佛祖将其压在五行山下是言元神依然处在五行运化当中，还要更进一步以佛性觉慧为修持归宿，这也是金丹大道的宗旨。佛祖要孙悟空等待唐僧来解救，是言只有当后天意识也生起修持大愿，后天识神与先天元神共同努力完成报身修持才能够真正解脱。这一回，如来回到灵山讲述降伏妖猴的过程，是明示元神成就之后要通过参禅悟本才能直达本来，此为炼虚合道。金丹大道的主要功程是修持阳神，是结胎、养胎、脱胎的过程，元神成就表明修持主导者的确立，但真正的转化还是对后天报身束缚的突破，成就先天命体，道家称赤子、佛家称佛子，故佛祖欲传经东土，即传授转化报身，成就先天命身之法。若修此法必须要先明报身成因，故观音领佛旨一路东行寻找取经人。途中依次收了沙悟净、猪悟能、白龙马、孙悟空三徒一龙，此为顺行造化而生人身的过程。只有能够明察这一过程的修持者才能觉醒和觉知生命的困境，才能真正生起修持大愿，真正的取经人才能出现，我们才能成为一个真正的修持者。故此回丹旨为：觉慧

释意：修证出元神之后，修持者必须以修证空性为要，以觉慧为归宿。元神为心性的还元之效、之果，可鉴万象，也能展现出无量的神通，正因

如此，如果修持者不能看破万象的空幻本质，证悟本心的空性，必将沉迷于现象和境界的局限当中，故开篇作《苏武慢》之词。苏武牧羊的故事世人皆知。作者借此景象比喻修持者身陷困境难以解脱之境，喻不悟空性，就打不破红尘困境的状态。作者提出的解决之道，即参禅破关，故第一句道："试问禅关。"禅法以直指人心、证悟空性为宗，提示修持者以禅法入手证悟空性。若能破此禅关则："悟时超十地三乘"，若不能则"凝滞了四生六道"。但禅法修持也十分艰难绝非易事，故言："曹溪路险，鹫岭云深。"曹溪喻六祖所传的顿悟之法。鹫岭言顿悟之法源于灵鹫峰佛祖的拈花一笑。"路险、云深"言其难行，因而导致很多参禅者"参求无数，往往到头虚老，磨砖作镜，积雪为粮，迷了几多年少"。参禅者多，证悟者罕见，故言："此处故人音杳。"虽然路险云深，但也要行，故又言"千丈冰崖，五叶莲开，古殿帘垂香袅"。虽然面对险境，好在有禅宗六祖将顿悟之法传承下来，演化出五脉，为修持者提供了解决之道。只要修持者一心修证，终破禅关，故言："那时节，识破源流，便见龙王三宝。"

因此"我佛如来，辞别了玉帝，回至雷音宝刹"，此喻禅关已破，为复归先天本心之象。复归本心，觉慧自生，故如来对众道："我以甚深般若，观三界根本性源，毕竟寂灭，同虚空相，一无所有。殄伏乖猴，是事莫识，名生死始，法相如是。"如来之言是觉慧之语，道出了虚空实相，是真理，极为重要。望读者仔细深入地参悟证悟，参悟心得留在《西游道论》中深入讨论。

"说罢，放舍利之光，满空有白虹四十二道，南北通连"此证境的呈现，是法象如是的大圆满、大光明、大通彻境界的展现。无法言说，证者自知。修持者所皈依的就是这圆满、光明、通彻、离一切相的根本性体。一切现象境界皆由此生，也终将归宿于此。故"大众见了，皈身礼拜"，这是直入本来，顿悟实相没有过程，不需积年累月，不必苦心坚忍，直达彼岸，当下承当，即刻而成的顿悟之境，顿悟之法。

如来讲述降伏孙悟空的过程，是明示修持者若执着有为之法，只见妙有的变化之象，故只见妖猴，即爻候，故言"那厮乃花果山产的一妖猴，罪恶滔天，不可名状"。"虽被二郎捉获"即阴阳相合，"老君炉火煅炼"，一气运化而纯粹精一，但皆不能破除执着，故言"亦莫能伤损"。而若要悟得本来，完成"悟空"二字，必以佛之正见觉慧，参修不生不灭、不增不减的正果，这才是修行的最终归宿，最为重要，故“玉帝大开金阙瑶宫，请我坐了首席，立安天大会谢我”，喻后天识神明白了此修持道理。“大众听言喜悦，极口称扬。谢罢，各分班而退，各执乃事，共乐天真”言既悟禅理，必当各自禅修，才能享此先天本真。禅法乃无为之法，故言“西方称第一，无相法门王”修持之法为“习静归真，参禅果正”。所证者，不生不灭、不增不减。禅修者以心不留事，不记功程为火候，故言“烟霞缥缈随往来，寒暑无侵不记年”。以任运自然为原则，故诗曰：“去来自在任优游，也无恐怖也无愁。极乐场中俱坦荡，大千之处没春秋”。行文至此，已将禅修精髓尽皆透露，若能以禅修证得“根本性原，毕竟寂灭。同虚空相，一无所有”才是法身修持的正果，也就回答了开篇“试问禅关”之问。望读者读到此处，不可轻易放过，要多读深参。

本性空寂而没有时空观念，故佛祖曰：“我处不知年月”空寂是质、是性，而不是某种存在的特殊状态。道体周流不息的特性，无时无刻不在发生作用。因此代表空性觉慧的佛祖开设盂兰盆会。盂兰盆为望月圆满之象，故佛道：“今值孟秋望日，我有一宝盆，盆中具设百样奇花，千般异果等物。与汝等享此盂兰盆会。”由此佛祖再次向修持者演示了由无入有，化生万物的顺行造化的全程。而孙悟空的修持则是由有入无的逆返还元的全程。盂兰盆的显现是由本体虚寂的无极象演化到太极圆满纯一之境象。道体、佛性的本质与本性是永恒空寂，但其不是一种永恒境界的存在。如果作此理解则为假、为执，而道体的特性是一炁化运，周流不息，所以佛祖居于灵山大雷音宝刹之间，喻只有在刹那虚空寂灭处见佛性，但道体依然化运，由无极之本性演化出太极之本体，继而演化出后续一系列变化。故“如来却将宝盆中花果品物着阿傩捧定，着伽叶布散”，阿傩、伽叶喻阴阳两仪之象。阴阳相推化生物即布散。世人所重视者唯福禄寿三者，故以诗赞之。于修持而言，福喻神，禄喻气，寿喻精。三者即此道生一、一生二、二生三、三生万物之象。如来代表佛性觉慧，而此段所言为道体一炁的演化之象。修持者应该明了佛性与道炁的关系，故“众菩萨请如来明示根本，指解源流”即悟真所云：“欲体夫至道，莫若明夫本心”。故本心为道炁和佛性之本也。道炁为心之用也，佛性为心之相。道之象为炁，佛之性为慧，此二者为一体，全体即用，全用即体。故以诗喻之：“禅心朗照千江月，真性清涵万里天。”此句明示了心与道，心与性，体与用，本体与现象的关系。此关系不仅要在后天思维层面明辨，更要在修证层面去见证、去展现，这才是丹道修持的根本意义与价值。修持之事实实在在，要悟得，更要行得。丹道修持离不开后天人身，这是起点，是下手之处，更是道器。法身修持是借人身修法身，报身修持是凭法身化报身。因此如来佛祖讲述报身修持是从四大部洲开始，是以后天八卦之象而喻人身。“东胜神洲”喻胸腔，是心脏所在处，为先天元神在后天人身中的居所，为中丹田，为血海，有生发、养护身心之功故称胜神。因遵循自然规律运行，故“敬天礼地，心爽气平”。“北巨芦洲”喻腹腔，是消化系统之处，为化气、养气、聚气的场所为气海。巨芦即聚炉，言此处为聚气，生发能量之处，丹法称为炉，为下丹田，故“虽好杀生，只因糊口，性拙情疏，无多作践”，言下丹田通过转化后天物质以滋养后天人身的作用。“西牛贺洲”喻脊腔，为精海。牛贺言以牛羊摩尼宝珠作为货币进行买卖交易之处，此喻脊中精髓为后天生命的中枢，为后天生命的元精所藏之处。生发元精为后天生命提供能量以及调控生命运化之能，故其特性为不贪，不杀，养气潜灵，虽无上真人人固寿。“南赡部洲”喻颅腔，为大脑，为脑海，是后天意识的物质基础，赡为供给财务的意思，此言后天意识的特性，故言“贪淫乐祸，多杀多争，正所谓口舌凶场，是非恶海”喻后天神识所呈现出的状态。佛祖讲述四大部洲的顺序是：东、北、西、南，于人身胸、腹、脊、颅，此言丹道修持的顺序，即中丹田、下丹田、都脉、上丹田。佛祖说完了修持次第就要阐述修持理法，故佛祖道：“我今有三藏真经，可以劝人为善”，喻有返本还元之法，可以帮助世人回归至善圆满之境。修持者修成法身，参破禅关，悟得根本源流是得大本。接下来就要回到人身开启转化报身之功，孕育培养先天命体，其理法就是三藏真经。

佛祖道：“《法》一藏，谈天。”喻先天法象，言本心、本体、真相、真理，故可言谈而明之。“《论》一藏，说地。”喻后天轮转演化之象，故可以具体而说之。“《经》一藏，度鬼。”经者真理，经亦径，言道路方法，喻后天返先天的原理方法，为度化之法。鬼即归。若顺行造化，趋于死亡为鬼，而逆返还元，复归先天为归，是言修持之法。“三藏共计三十五部，该一万五千一百四十四卷，乃修真之径，正善之门”，佛说三藏，为先天之理、后天之象、返还之法三者，“三十五部”喻精气神三种基本要素，依据五行而展现出的运化规律。而唐僧师徒取回的，只有五千零四十八卷，乃一藏之数，五千零四十是以三百六十为一个循环，共十四年之天数，十四为女子初经之时，以此喻一阳复生之时，七为一个循环之数，所余的数字八则喻一阳复生之机。这一藏就是《经》藏，即返本还元的修持理法，就是这部《西游记》。读者若能读懂《西游记》就如同唐僧取回真经。

本心是一、是本。万象是本心应机而生的具象，世间的众生就是这具象的生命存在。具象的本质就是封闭性展现出来的状态，其特性就是局限性。我们被封印在各种局限当中，使我们失去了对本心、本体、本性、本质的体察觉悟，失去了主导与引领。在我们的生命与人生中就表现为迷茫与愚昧，生死轮回。而佛的正见、正知、正觉则可以帮助我们解脱束缚，破除所有的局限，回归到无限当中去。只有那些有信仰，有大愿，脚踏实地，能够系统、完整、彻底的实践者才能获得解脱。有此实践经验者方可劝勉、引导、转化众生，故佛祖言："怎么得一个有法力的去东土寻一个善信，教他苦历千山，询经万水，到我处求取真经，永传东土，劝化众生。"因此觉察是修持者首先要具备的特性，故代表静观密察之能的南海观音菩萨愿去东土寻找取经之人。观是修持初期最重要的方法，有静观、神观、妙观、大观。因对境不同而观法也有不同，而后期则是照法。观法还是有能所之别，而照法则能所俱泯。故佛祖要观音"半云半雾，目过山水，谨记程途，远近之数，叮咛取经人"，此明示修持者在实践之前必须要读书、明理，对修持之事的原理、方法、程序、策略、手段、重点、难点、潜在风险、解决方案、背后含义、丹道价值、意义、作用等尽可能做到心中有数，这也是后天意识层面的明理之功。不可贸然下手，盲修瞎练。

佛祖赐五件宝贝，"这袈裟、锡杖可与那取经人亲用"，袈裟为僧衣，喻僧所皈依，言修持者要遵守佛的教诲，学习佛之正见，才能获佛之智慧。故言"穿我袈裟免堕轮回"此性功之旨。九环锡杖喻九还之功，此为稀有之主张。孙悟空的修持为七返之功。七返九还即返本还元之法。在人身九环喻头颅之九窍，杖柄喻脊柱，是叫修持者从人身修起，此身是修道的法器，此命功之要，故言"持我的锡杖，不遭毒害"。"金紧禁"三箍为修持的关键，其作用是针对在修持过程中对精气神三者的处理方案，是态度，是方法，是状态，故言"假若路上撞见神通广大的妖魔，你须是劝他学好，跟那取经人做个徒弟。他若不伏使唤，可将此箍儿与他戴在头上，自然见肉生根，各依所用的咒语念一念，眼胀头痛脑门皆裂，管教他入我门来”。熟悉《西游记》的都知道，观音只将紧箍戴在孙悟空头上，成为取经人的徒弟，而将禁箍戴在黑熊精头上，将金箍戴在红孩儿头上，并都收为观音的徒弟。表面上看未按如来所说的执行，但于丹道修持而言紧箍是戴在孙悟空头上，禁箍则是戴在猪悟能头上，而金箍是戴在了沙悟净头上。故如来说：“此宝唤做紧箍，虽是一样三个，但只是用各不同”言一炁化作精气神三者，都要紧紧收藏，故为唤做紧箍，且用各不同。“我有金紧禁的咒语三篇”言对精气神三者的管理和转化的修持方法原理各有不同，后面再详述。

观音菩萨离开灵山雷音宝刹，喻由先天虚空法界将要进入后天人身的晦暗之境，故“即唤惠岸行者随行。那惠岸使一条浑铁棍，重有千斤，只在菩萨左右，作一个降魔的大力士”，浑铁棍喻后天人身中的混元精气，其象为阳具的勃起，以此为机。后天返先天从炼化后天精气入手，故为降魔大力士。“将锦襕袈裟作一个包裹，令他背了”，喻修持者要先将佛理有一个整体的认知，再依理而行。“菩萨将紧箍藏了，执了锡杖，径下灵山”，喻紧收牢藏先天真炁于身，由先天入后天。山脚下遇到玉真观金顶大仙。玉真观为头顶百会穴。此处是凡圣分别之处。修持者逆修而成，元神多从此处冲顶而出，脱离肉身，此为传统丹道的巨大成就。此刻的元神也称为阳神、真人、仙人，故称遇真观。为金顶，因此“有玉真观金顶大仙在观门首接住”。大仙问时限，菩萨言：“未定，约摸二三年间”表明修持者完成修持的时限与每个人的条件、基础、努力程度、因缘时节有关。故不能确定统一的时限。如果修持者专修精进，二三年间可以完成。吕祖也有诗言：“辛苦二三年，逍遥亿万年。”诗曰：“愿倾肝胆寻相识，料想前头必有缘”此照鉴作者一片赤诚之心，愿世人能识此修真大道。但传法、修道确实也是有缘人可得可修。

先天虚无空寂的本体与本性是所有人的根本，也是我们修持者可以成就的根本原因与归宿和必然。我们之所以沉沦世间，是一炁化运，心识封闭的结果。若悟此一炁，解放心识，也是回归本体、本心的保障。我们之所以能够生起修道之愿，也是虚空本体感召的必然。观音寻找取经人在道家修持而言就是师父找徒弟。师可以是世间明师的引领，也可以是法界真师的点化。每一个修持者都不是凭借一已之力可以完成修持的。我们最终可以成就，究其根本是本心的属性与作用的展现。如同万有引力一样，无论飞得多高，最终都要落回大地，是大势所趋，万水潮宗。因此修持都是由代表本心本体本性的法界真师的点化、引领、玉成，再加上个人的专心致志、持之以恒的不懈努力和各种因素的辅助共同完成的。

观音赴长安寻找取经人的过程也是静观一炁化运，参悟生命转化、性灵沉沦的过程。只有在滚滚红尘中依然能保有一点灵明之性而不昏昧者才是真正的取经人。我们的先天灵性就是那盂兰盆之象，如一轮明月圆满明亮，能生化万事万物。他是万物所归之处，民间称为鬼节，即归节。《经》一藏度鬼，即言度化归一此境。一切的沉沦皆由灵性的散乱开始，观音下灵山便是本心初动之象。心若一动便发昏昧，故观音立即带上惠岸行者。心神晦暗必然散乱、昏沉浑浊，所以观音首先察见到的第一个妖怪就是流沙河妖，故“忽然见弱水三千，乃是流沙河界”。弱水是传说中万物皆沉而不能上浮之水，喻万物随造化洪流，沉沦其中难以解脱之象。流沙就是散乱浑浊之象，喻先天灵性落入后天造化之境后所呈现出的状态，故菩萨道：“此处却是难行，取经人浊骨凡胎，如何得渡？”后天人身就是造化之果，自然无法超越此境。真正解脱者非此浊骨凡胎，若要破此散乱、浑浊、昏沉之境，必须要静观密察其因果，故“菩萨正然点看那妖魔”。妖魔跳出，“晦气色脸”，喻神意的状态，晦暗昏昧。“红发乱蓬松”，喻意识炽盛而妄动，此后天神意之象。其对先天灵性的觉察之能是巨大的破坏，故“那怪手执一根宝杖走上岸，就捉菩萨”，代表后天修持之意的惠岸自然要阻止代表后天散乱、昏沉之意的流沙河怪，故“那个久住弱水惟他狠，这个初出灵山第一功”，可见调整心神的散乱和昏昧是修持的第一功，是下手之功。故“他两个来来往往战上数十合，不分胜负”，只要修持者保持住修持之意不退转，自然先天灵性就会逐步觉醒，故妖怪问木叉来历，忆起修持之事，此神意澄静之果。那怪认得木叉却认不得观音菩萨，喻神意散乱无法静心观察。由木叉带领去见菩萨，喻后天的修持之意可以帮助修持者克服散乱，恢复静观密察之能。许多修持者只以神意澄静为修持之功，是不知这只是前期的准备，距离上路尚远矣。“我不是妖邪，我是灵霄殿下侍銮舆的卷帘大将”，言神意不是修持中的逆境和错行而是修持的必要因素，故言不是妖邪。“侍銮舆”，喻辅佐后天意识的运行。“卷帘大将”，喻消除障碍，保持清明觉察之能，此言神意的作用。"只因在蟠桃会上，失手打碎了玻璃盏，玉帝把我打了八百，贬下界来，变得这般模样。教七日一次，将飞剑穿我胸胁百余下方回，故此这般苦恼"，打碎玻璃盏喻将清明之意打碎变成散乱之象。"飞剑穿胸肋"，飞剑即非见，喻错误的见解、见地，为心意散乱而产生的错误认知，故："没奈何，饥寒难忍，三二日间，出波寻一个行人食用"，喻错误的认知必然对生命产生伤害。修持者要明察此产生散乱昏昧之因，加以转化必然可以解脱此苦恼，故菩萨道："你何不入我门来皈依善果，跟随那取经人做个徒弟，上西天拜佛求经，我教飞剑不来穿你，那时节功成免罪复你本职"，复本职即不再散乱昏昧，恢复先天真意的纯净清明之态。流沙河妖杀死过九个取经人，表明虽有取经之愿但灵性散乱昏沉，再无明师与引导则无法成功。但只要保持修持之愿则灵性就不会沉沦，只是仍不能解脱，故"惟有九个取经人的骷髅浮在水面，再不能沉"。妖怪道："但恐取经人不得到此却不是反误了我的前程？"此真意切切之言，修持者若无此切切真意，修持之事免谈。故菩萨道："岂有不到之理？"真意是修持的必备条件。"菩萨方与他摩顶受戒指沙为姓，就姓了沙。起了法名，叫做个沙悟净"，沙为真意的后天之象，喻其散乱昏昧之态，返还就是要使其恢复清净状态，故要悟净。此明示修持者要保持灵性的灵明之性不散乱，不昏沉，不随缘奔流，不执着任何事物，万事不染其心，万物不累其性为净，这是修持的首要之功，其本质是对灵性的生命状态以及人生运行模式的调整，丹法称为炼己持心。"他洗心涤虑"此净意之法。意净则定，灵性不再散乱昏昧，生命便不再受其戕害，故"再不伤生"。修持者要保持这样的状态。故言"专等取经人"，此言火候，丹法称静待癸生。即真意清净以待，能量会自然生发而出。因此菩萨下一个收伏的就是代表元精的猪悟能。

"菩萨与他别了，同木叉经奔东土"，此处称木叉，不再称慧岸行者，是因为收伏了沙悟净，即神意清净不再晦暗。木叉为生火之物，预示着元精的生发。流沙河妖代表着一炁运行运化的状态，故面对此散乱浑浊之境时，就该称慧岸行者。表明后天的修持之意具有激发和转化性命两方面的作用。"东土"指后天生命，具体到修持指人身，故"又见一座高山，山上有恶气遮漫"，高山喻指人身脊山，因为是后天之境，故言恶气遮漫，出现一个妖精"手执钉钯龙探爪"，钉钯为脊柱之象。尾闾处有九孔即九齿钉钯。"龙探爪”喻此处有收敛元精之能。“腰挎弯弓月半轮”腰部两肾形似月半轮，此间为命门，是阳气生发之处。前面写二郎真君有同样的句子“腰挎弹弓新月样”，可见二郎真君与猪悟能的丹道含义相同。“纠纠威风欺太岁，昂昂志气压天神”太岁天神，喻后天意识，神识。脊中所藏元精向后天凡精转化，所呈现出的机能就是后天意识及欲望。若返还先天则可以培补元神，抑制后天神识妄动，故可“欺太岁，压天神”。此段是言元精生发处及作用。先天灵性散乱的状态必然导致先天元精昏昧妄动，最终导致沉沦。反过来先天元精的沉沦也将导致先天灵性以及运行更加散乱昏昧。因此才有代表先天元精的天蓬元帅酒醉致神昏意乱，元精一动必然寻求交媾，所以要戏弄嫦娥交媾，自然由先天落入后天，所以元精被贬到凡界，为后天凡精，成为妖精。故言“我本是天河里天蓬元帅。只因带酒戏弄嫦娥，玉帝把我打了二千锤，贬下尘凡。一灵真性竟来夺舍投胎。不期错了道路，投在个母猪胎里，变得这般模样”。错投猪胎喻先天元精转化为后天元精后所呈现出的特性，如好吃懒做，力蛮好色，这些都与野猪的特性相同，故以猪象喻之。妖精住“福陵山”即伏灵山，喻脊山中所藏的精髓，潜伏着先天灵机。“云栈洞”云喻虚空，栈即栈道，喻此处为返本还元，复归虚空的栈道天梯。“洞里原有个卵二姐，他见我有些武艺，招我做了家长。又唤做倒踏门，不上一年他死了，将一洞的家当尽归我受用。”卵二姐为男性身下二丸，此是为生精、储精之处。此处之精化生性欲，故为二姐。妖精为先天元精的后天之象，是言其再度向后天生殖浊精转化，故称招赘。为了维持浊精的生成，所以只能消耗后天生命的能量，故“在此日久年深，没个赡身的勾当，只是依本等吃人度日”。菩萨劝道:“汝若肯皈依正果，自有养身之处。世有五谷尽能济饥，为何吃人度日？”劝其皈依正果是要元精返本还元。“五谷济饥”是要以养生为重。“不可吃人”即不再放纵性欲消耗能量。“菩萨才与他摩顶受戒指身为姓，姓了猪。替他起个法名，就叫做猪悟能”，指身为姓是要修持者认清后天人身的特性，更要领悟元精之能以及对于修持的重要作用，故要悟能。“遂此领命归真，持斋把素，断绝了五荤三厌”，是要修持者清心寡欲、禁欲养生，这是菩萨所传保精养精之法。只有精气充盈才好上路修持，故“专候取经人”。

先天元精转化为后天凡精，表明能量的衰弱，因为缺乏了能量的支持先天的意志也就变得孱弱，无所依托而转化为后天欲望之龙。故菩萨“只见空中有一条玉龙叫唤”，玉龙即欲望之龙。“我是西海龙王敖闰之子，因纵火烧了殿上明珠，我父王表奏天庭告了忤逆”，西海即脊中精海。此精逆则化生先天意志，顺则化生后天欲望之意。元精昏昧则欲火焚烧，先天灵明必然遭到毁灭，即火烧明珠，此为灭本毁根，故为忤逆。“玉帝把我吊在空中打三百，不日遭诛”喻此后天欲望之意，随着后天识神欲望的不断变化，无法持久。此言后天之意的特性。玉帝将玉龙赐予菩萨，喻将后天欲望之意转化为返本还元所需要的专注而持久的意志力，故菩萨道：“饶他性命，赐与贫僧，教他与取经人做个脚力”，这是修持者必须要具备的品质与能力。丹法中称为真意，而此真意是由先天玉龙转化而来，源于先天灵性之意方称真意。后面唐僧开始所骑唐王所赐的御马为后天之意，故为凡马，不堪所用，故由龙马代替。取经路上都是由沙悟净牵马，丹法称为戊己土，是言修持所应有的真意的两种特性。一种是沙悟净代表的清净的运行状态，一种是龙马代表的运行所需的专注持久的品质。菩萨将玉龙真意送在深涧之中只等取经人来变作白马，是明示此真意隐蔽至深，只有取经人到了即大愿生起，真行启动之后，再以元神激发，通过静观密察方可收伏，被修持者所用，后面再详述。

体察到真意的存在必然会发现它的本体，更是管理者与引领者，即先天元神。孙悟空在天宫做过弼马温，在取经途中一直走在龙马的前面，喻引领真意以及团队前进。真意若无元神的引领便失去了方向，导致元精的沉沦。而与之相应而生的元神也必然坠入凡尘，故菩萨来到五行山见到压在山下的孙悟空。

孙悟空的修持是元神修持，是心识还元之象，其本质还是心神机能旺盛的表现，究竟而言还只是象，因此不能脱离肉身以及后天神识的束缚。表明此元神还不具备转化后天人身的能力，即佛家所言“心能转物”之能。因此孙悟空被压在五行山下是修证局限性的体现，故菩萨道：“堪叹妖猴不奉公，当年狂妄逞英雄。”言法身成就之后，心神不明方向而妄动之态。“自遭我佛如来困，何日舒伸再显功。”法身若不悟佛性觉慧，必然受后天五行的局限，无法解脱。五行山以境界言是指后天的运化状态。以人身而言指眼耳鼻口舌五官。先天元神的机能可以通过五官发挥部分作用。但也被其束缚，不得解脱，故菩萨作诗，因此“早惊动了那大圣，大圣在山根下叫”，山根为鼻根部，内通脑府泥丸。“他原来压在石匣之中，口能言，身不能动”，石匣即头颅大脑。石即识，言后天神识，喻元神被束缚在后天意识当中。“口能言”，喻心神灵性尚存，可以言说修持之理但不能获得自由之身。大圣道：“我在此度日如年，更无一个相知的来看我一看”，喻世人都被后天之境所迷惑而无人知晓这先天元神的存在，更无人愿意去了解他，进而解放他。知其能为修持所用者则举世罕见。故菩萨看到大圣被压在五行山下“叹惜不已”。此叹世人也！当年大圣与如来赌赛时如来道：“若不能打出手掌你还下界为妖，再修几劫却来争吵”故大圣道：“如来哄了我，把我压在此山五百余年了，不能展挣。”如来并未食言，若不能跳出五行，则还处后天境界，故依然是妖，将孙悟空压在山下是要修持者收摄心神，不得放荡成妖，要静思悔过，寻求真正的解脱。故大圣道：“我已知悔了，但愿大慈悲指条门路，情愿修行。”此先天灵性启动返本还元之象。这对于修持者是最为关键的。许多修持者终其一生先天灵性都未开启，因此真正意义的修持就无从开始。正是此一点善念才能在后天意识境界中展现为大愿的生起，即唐僧发宏愿取真经。只有修持者深切地感受到生命的短暂与局限性之后才能生出这份渴望。这份源自先天灵性的渴望只有在沉静的觉察中才能真切地呈现出来，故菩萨道：“我奉佛旨，上东土寻取经人去，从此经过，特留残步看你。”大圣道：“情愿修行。”有此一念万缘皆转，故诗云“人心生一念，天地尽皆知”。许多修持者的修持之愿实际上是杂染了太多的后天欲望，虽说这也是先天修持之愿在后天的投射之象，但修持者若不能觉察澄净其心，必将在修持的道路上造成无数的危险与困难，也是造成绝大多数修持者半路退转的原因。正所谓修者芸芸成者寥寥。菩萨欲赐名，大圣道：“我已有名了，叫做孙悟空。”说明孙悟空已完全明白了自己的修持方向和内容，即“悟空”。这更是对法身修持完成者提出的修持目标。大圣知悔是明示修持者要从悔过自省入手。忏悔错行更要明白困境之因。等待取经人说明元神的解脱必须依赖大愿的生起。愿力、志向、理想是先天元神的解放者。因为大愿是后天识神觉醒的结果。后天识神的觉醒也就不再压制先天元神。后天识神自觉走上修持之路就意味着对后天之境的破除，对后天人身的转化，故必须尊奉唐僧为师，所以代表后天觉醒意识的大愿，即唐僧是取经团队的核心，是师父，更是发起者，是凝聚者。

可知愿力在修持过程中的作用极其重要。没有大愿修持不可能持续，各种因素无法凝聚，目标不可能清晰明确，更不可能达成。故言“那大圣见性明心归佛教，这菩萨留情在意访神僧”。唐僧的修持是后天识神自觉的修持，就是对后天境界的破除和对后天人身的转化。修证成果为报身成就。而孙悟空的修持是先天元神主导的修持是心识的返本还元之功，修持成果为法身成就，此为二者的区别。菩萨道：“我前面也有二人归降，正是悟字排行。”明示修持者悟空、悟能、悟净是一体，必须共同配合才能完成修持大愿，而悟则是修持最重要的手段，但此悟却要在行中悟，即在实践中去理解、认识、转化达成才是真正的悟。

菩萨来到长安，喻先天已完成了向后天的转化。“师徒们变做两个疥癞游僧，入长安城里”喻先天元神沉沦到凡间所呈现出的衰败之象。世间凡夫当中谁能保留一点灵明不昧，谁就是取经之人。“师徒走入土地庙”，土地庙喻后天当下之意，喻先天觉察之性，潜伏于后天的当下之意中。

由如来设盂兰盆会至观音进入土地庙，表明虚空寂灭本体本性已完全转化为后天识神意识，因此本心已被遮蔽无法显现，故“他师徒们隐遁真形”。孙悟空、唐僧俱以无常为虑，道心开发，而心生修持之愿。孙悟空的修持是以明心见性开始，为悟后起修，是先天灵性的自主之修，是直入本来，复归先天的神修之法为顿法，其成就佛家称法身，丹家称元神。唐僧的修持是从明理发愿开始，是后天神识在先天灵性的辅佐下的系统转化之修，是逆返还元之法，为渐法。其成过程是后天返先天，其成果佛家称报身成就，丹家称为阳神。

附录：陈光蕊赴任逢灾　江流僧复仇报本

丹旨：“附录”是《西游记》中很特殊的章回，不纳入回目，但却是极为重要的一回。作者通过此回为后面唐僧取经，通过江流僧复仇报本的过程，在内容方面作了一个缘起说明。从丹道方面是对修持的全过程做了一次系统的概述。所以此回只能作为附录出现。元神的觉醒是修持金丹大道的根本前提。许多修持者将元神成就当作终极成果，是不明丹道理法。从成果而言丹道修持分为元神、阳神、真人三个阶段。孙悟空的修持为元神修持，称为七返之功。唐僧的修持为阳神修持，称为九还之法。灵山受封即真人成就。孙悟空虽然神通广大但那也只是心神变化之象。《楞严经》言："心能转物，即同如来。"有些修持者也具有某些神通异能，此为转物之能，但这都属于末节，而修持者真正要转之物即后天人身。此身是顺行造化在后天境界中的生命现象，是修持者最根本的执着结点。修持者若不能真正对此身转化，说明还不能摆脱顺行造化的束缚。而金丹大道对此转化成就的描述是："聚则成形，散之为气。"因此对后天人身的转化才是最真实的功程，才是对修证最根本的检验。《西游记》对唐僧取经过程的展现就是对此功程的阐述，因此篇幅最多，讲解最为翔实。若行此九转返还之功，必须要对造化与还元的机理有清晰的认知，故作者用一回附录阐述了理法术诀。"陈光蕊赴任逢灾"即顺行造化之机，是由先天入后天的过程。"江流僧复仇报本"是逆返还元的过程，是后天返先天的过程。两者合在一起便是一炁周流之全程。修持者只有明白了造化之机，才能行还元之功。读者要细参，修持者当明察，故本回丹旨为：造化会元

释意：开篇言："大国长安城"喻虚空本性谓之大，认得识得此处方是长治久安的根本，故言是"乃历代帝王建都之地"。"太宗皇帝登基"，即江山一统喻本体、本性、本心的纯一之境。"改元贞观"，喻由无极而太极，"道自虚无生一炁"之象。此一炁便生灵明智慧，故称为贞观。此道体一炁是化生万物之本，因此是"八方进贡，四海称臣"。因造化顺行的启动，因此就要"擢用人才，以资化理"。"海州陈蕚"即"海中沉厄"，喻生于苦海而遭受沉沦厄运之人。"表字光蕊"喻其本性尚存灵明，其光华似蕊，弱而娇嫩，却是人之精华，生化之本。此一点灵明之光蕊，是虚空本性在生命中的体现，也正因此故能高中状元，喻此灵性在后天生命中的作用。小说中一直用"光蕊"称之，是直指其本性，此性也就是人的先天灵性，此性经过逆返煅炼而觉醒和独立便是元神，此性顺行演化则为后天识神、意识。而后面的一系列厄运其本质就是这灵明之性的灾厄与沉沦。御笔亲赐状元、跨马游街是元神显露之象。三日为乾之三爻。元神既显，元精必生，两者必行交媾，故殷温娇招光蕊成亲。至此太极生二仪也，阴阳相推，化生万物。被任命到

江州为职，是喻修持者的先天灵性落入滚滚红尘的江流之中，上下沉沦，不能自主，随波漂流。生命无常，时光转瞬即逝，容不得丝毫拖延。故“即令收拾起身，勿误期限”。光蕊携妻回家，拜辞岳丈是不忘来源。光蕊为后天人身之中元神，本质是先天之灵性落入后天之身的体现，是后天中的先天。生光蕊者张氏，喻先天中的灵性。温娇为后天人身之中的元精，本质是先天之灵能落入后天之身的体现，是后天中的先天。生温娇者殷开山喻先天中的灵能。

夫妻行至万花店，张氏染病，喻阴阳二仪相推演化出后天万化之象，而这万化之象都是由阴阳二气而生，店小二即喻此二气。这也是光蕊温娇沉沦之象。至此代表先天灵性的张氏已被后天万物所伤，只能隐于万物之中，因此只能在这万化之物的万花店中住下。调养身体喻借后天之万物调养、培育先天灵性。光蕊买下的鲤鱼是先天性质的龙王化显为后天性质的金鲤，其本质是先天灵能。光蕊是人的元神所以认得在造化顺行的洪流中显现的一点灵能。这也是挽救人生命灵性的一线生机，但光蕊却将其放回江流之中而不用，这便是他后面遭厄运的根本原因。如果将此金鲤献于母亲吃下定能培补生机，后期厄运就不会发生。但因其认得，救过这先天灵能之龙，也为其以后复生留下了一线生机。张氏言:“路上炎热，暂住，待秋凉再来接我”，是丹道中后天返先天过程中先进阳火后退阴符之功，功成之后方可复本，即“来接我”。光蕊夫妻别母上路是与先天灵性分离，厄运便由此开始，更是厄运发生的本质与原因。夫妻来到洪江渡口喻进入到滚滚红尘，贪欲横流之中，失去了先天本源的光蕊夫妻遭逢厄运也就成为必然。

刘洪喻贪欲洪流中的妄意，而其本质是元神沉沦后天之中而灵性迷昧之象和消耗生命的运行模式，所以刘洪就是光蕊的后天凶象。二人互为表里，所以另一船工名为李彪，即里表也。所以刘洪起狼心强占温娇，继续到江州赴任是必然，只不过是光蕊之灵明之性落入后天，继续顺行造化而显现的后天之凶象、凶态，所以刘洪一切皆可随愿，皆表里之象也。刘洪杀光蕊是后天之妄意取代了人的先天灵性，光蕊之真性便沉入凡尘洪流之中。光蕊沉到洪流水底喻灵性沉沦不被人知，被龙王救助但尚不能复生，是喻返本复生尚有生机。

观音送子，温娇产下江流儿，是叫修持者静观密察前因后果，保护好赤子之身，借此身必可返本还元，夫妻相会，母子团圆。刘洪是后天贪欲、妄念，是必戕害生命，所以刘洪必将赤子人身淹入洪流欲海之中，就是他戕害生灵的方法。温娇写血书将赤子抛入江中一段，我每读至此甚为感伤，与作者同泣。作者借温娇之口表达了对世人的悲悯之情，慈爱之心。“咬破手指写下血书一纸，将父母姓名，跟脚原由，备细开载”言《西游记》是作者用心血完成的。将丹道修持的原理、方法、程序、重点、难点、策略、解决方案、内容、状态、景象等全部、细致、系统、深入地阐述出来。欲借此书以救世人，但同时也充满了对世事的无奈，不知是否可以如愿。故在代表贪欲横流的江边大哭一场，只能朝天拜祷，“推放江中，听其所之”。作者能做的都做了，尽心尽力了，能起到多大作用只能顺其自然，有缘者得之、救之。这也是作者对《西游记》的期望，对世人的悲悯，对世事的无奈。我每读至此无不被作者感动，发愿为《西游记》作注，阐发作者心迹，让更多世人知此苦心，以助作者悲悯之愿、救助之情。至于结果我也只能是“推放江中，听其所之”以待有缘之人。至此造化顺行之程已完成，若无人救拨，江流儿之命也只能随波逆流上下翻滚，沉沦洪流之中，永无上岸之时。所幸江流儿遇法明长老相救，喻世间尚有明法之人出手救拨。《西游记》中唐三藏最终是从通天河中登岸回到东土大唐，正是首尾呼应。

江流儿本姓陈，喻其后天沉沦之性。取名玄奘，喻后天之性也是玄妙之性的展现。江流儿入了佛门却起了“玄奘”的道家名号，是作者倡导佛道同修的表达。这样的修持态度与认知也是全书的主旨，是先命后性修持策略的表达。玄奘坚心修道，修的就是不再在这造化洪流之中翻滚沉沦，不能自主，而要逆流而上，回到本源，登上彼岸，打破一切束缚，一切局限，回归到自由与无限的王国，而解脱尘网。玄奘的坚心就是修持的保证，其本质是先天灵性在后天生命中觉醒的表现。

玄奘复仇报本的过程就是逆返还元的过程。酒肉和尚骂玄奘不知姓名，不识父母，是骂只知诵经念佛者不知性命修持之理，不知生化还元之机，是在捣鬼。故玄奘再三哀告长老告知，是让修持者急早寻求明师，指明路径、方法。修持者先要有坚心，然后必须寻求明师，在明师的指导与引领下方可下手，不然就是盲修瞎练，是无法完成修持大事的。功成之后更要感明师对生命的再造之恩。玄奘有此回心转意，故殷温娇便梦中见到月缺再圆之景。

此丹道修持中常见的现象，即阴先动阳后随。这是先天灵性的变化引发后天神识的感知，以后天之象呈现出来的现象。在后天意识暂停的状态下，即在梦境中，会以某种形式展现出来，而白天会以灵感形式出现。因此修持者要敏锐地捕捉这样的信号，并深入参悟其背后的原因，这是对细微的火候把握的功夫。殷温娇之梦喻示着返本还元的程序启动了，最终将圆满成功。

玄奘与母温娇相见，喻示着后天之识寻找到了后天身中的元精，并得到了身中元精的滋养和指引就可以见到先天灵性了。所以玄奘按照母亲的指引来到万花店找到了已经落魄为乞丐，双目昏昧的婆婆。这凄惨之象就是先天灵性沉沦欲海洪流中的处境。婆婆没有银两支付房租是明示先天灵性如果没有先天灵能的支持保护，又不断消耗导致枯竭之态，由此失去了觉察之能，故无安身之处，只能上街叫化度日，也就是在人世间讲经说法，教化世人度日，其状甚是不堪。警示修持者若有弘法传道之心之愿，必要有真精实履的支持，再行讲理、传播、教化之事。如果只是讲述文字义理，无异于上街叫化行乞，如此卑贱，谁人肯听？如何弘道？是辱至道也！玄奘与婆婆相见，是真心见真性，舌乃心之华苗，所以玄奘以舌舔目，婆婆双目而明，心心相印也。先天灵性与后天意志相通，灵性之光则通达明彻。先天灵性既明，下一步必然要寻先天灵能。丹道称为真精、真铅等，所以玄奘找到外公殷开山。至此先天灵性、灵能复得，已经是复归先天，达到了二仪之态。殷丞相上报唐王是指示修持者要再进一步，复归先天中的先天即太极之态，即复归道体，即先天一炁的状态。

唐王令殷丞相带兵剿贼是要修持者以先天一炁为号令、为统帅，以先天灵能消除后天贪欲妄念，即捉杀刘洪、李彪。后天妄意的本质是造化顺行消耗生命，使人之灵性沉沦欲海洪流之中的生命运行模式。此贼既除，身中灵性则可以复生了，故龙王将光蕊还尸复魂。光蕊言：“龙王送宝俱在身上。”是作者再三叮咛修持者返本还元之宝俱在自家身上，应当察之，爱之，保之，运之。婆婆梦见枯木开花是指人的生命之机重新开启。一家人团圆相会喻示万象生机皆为一体，若散乱分离则遭厄运。光蕊随朝理政喻身中灵性要辅佐后天生命，不要让消耗生命的模式主导生命，要让代表生机的灵性主导、建构充满生机的生命运行模式。玄奘复仇报本事完是命功完结，所以玄奘要更进一步，故玄奘之愿是“立意安禅”，喻参破万象，悟彻虚空本性。故将玄奘“送入洪福寺内修行”拥有机缘修行即为洪福。殷温娇为后天身中之精，返本还元之后不再向后天转化，复归为先天灵能，故不再有形有象，所以“从容自尽”。至此，玄奘复仇报本的过程即返本还元的过程已经完成。

附录一回将造化会元之机潜藏其中，是要修持者明白，要站位于本心的终极层面去观察、认知、理解才能从整体宏观处把握修持之事，才不会沉迷于一功、一法、一理、一境、一事当中。修持者要有这样的大格局、大视野、大心胸、大气魄，此为修持大观。

第九回

袁守诚妙算无私曲　老龙王拙计犯天条

丹旨： 上一回，陈光蕊遭厄运喻示顺行造化对先天灵性造成的伤害。江流儿复仇报本明示了逆返还元之功效。这是对天道运行的全程概述，使读者能有整体性的认知。这对每一位修持者而言都非常重要，这样的认知高度其本质是要修持者站位于本心的终极层面去把握修持，这也是首先从认知层面达到返本还元的表现。丹道修持前需要完成基础准备，即人道修持，其本质是调整后天生命的认知和运行模式，这样才能为狭义的丹道修持奠定基础，丹道称为：贞下起元。其成效就是后天识神生起修持大愿，9—11 回便是阐述人道修持功程。故这一回，故事要从大唐长安城讲起，是喻修持是从后天之境开启。后面的故事所用篇幅最多，讲述最详细，是因为此法是渐修之法，转化报身，丹法称为九转丹成之功，修持成就即阳神成就，这是全面、系统、彻底的转化过程。读者依文寻意，自然能体会作者一片苦心、婆心，真是："但恐难以识认，即咬破手指写下血书一纸，将父母姓名及脚跟原由，备细开载。"读者若能领悟此句，必将感恩作者慈悯之心。从人身开始的修持首先要调整认知，故这一回，开篇借用邵雍的"渔樵问答"，以樵夫和渔翁的对话与联诗，明示修持者看破名利与恩宠，领悟"性命"二字的真谛。泾河龙王违背了玉帝的旨意私自降雨，喻后天生命中的妄念不遵守天道，肆意妄为必遭惩罚。警示修持者不可自戕生灵，要救此"性命"，首先要从后天意识层面认知其危害，所以袁守诚指点泾河龙王去求唐王赦免死罪。唐王应允是喻后天识神对修持之事是接纳的态度，这一点极为重要。世人对修持之事多是不信，因此修持之事有"以信为根"之言。信即态度，今人有一句话“态度决定一切”，是言态度的本质是一种选择，代表着方向，于修持而言只有两个方向，即顺行造化与返本还元。不同的选择决定完全不同的结果，是天壤之别，故本回丹旨为：妄念。

释意：“此回单表陕西大国长安城，乃历代帝王建都之地”，此喻人之头脑。历代帝王即轮回中的后天识神。唐王李世民即世间之民，喻轮回中的后天识神。长安城外泾河即身中经脉精华、精气流淌之河。岸边两个贤人，渔翁张稍、樵子李定联诗，二位贤人看破名利恩宠，各自所述境界是暗喻修持“性、命”二事。正如菩提祖师所言：“惜修性命无他说。”这一段是由邵雍的《渔樵问对》演化而来。《西游记》开篇引用了他的《皇极经世书》，可见作者受邵康节影响之深。《西游记》中大量引用了历史上的典故、经典、事件，对中国历史和文化了解比较多的读者必然会看懂，运用典故也是古人写作的特点。渔翁张稍喻心性若水，修持者当以洗心涤虑为要。樵子李定喻命体如山，四季循环，修持者当察一炁周流。修性修命，各有凶险。修命者李定，要防山中虎。虎在丹道中指元精，防虎就是要调伏此元精。修性者张稍，要防水中危险。“水面营生极凶极险，隐隐暗暗，有甚么捉摸”，是指心性变化无常如流淌之水无有定形很难把握，所以容易出现危险。而张稍的解决方案是借助卦象把握天机，所以每日送金鲤以换卦，此喻以洪流中的精华先天灵能获得卦象，而识破天机，以此养生护命。“卦”因为有水中精华金鲤的滋养而准确无误。泾河龙王就是这精华所生的后天人心的体现。龙王必然要维护精华不被消耗殆尽，所以龙王道：“若依此等算准，却不将水族尽情打了”，故要诛灭这卖卦的神课先生袁守诚。是要修持者对一切之本元要守之以诚，故名袁守诚。守之以诚便是守本，守本即可窥得天机，谓之神课。袁守诚虽以卦泄露天机，因以精华换得，并不违背天道，所以“无死罪”。而龙王违了“玉帝敕旨，改了时辰，克了点数，犯了天条”，是行欺诈之事，怀不诚之心，是人心用事，是妄念，已失大本，则必遭天谴，喻不遵守自然规律必然要受到惩罚，实为自戕。

袁守诚为龙王指引生路，告求唐王可救性命，是明示修持者欲保性命首先要从后天意识层面认识到危害。在得到代表识神的唐王的认知和支持后方可保性命。这也是后天识神在修持过程中的作用和价值。后天识神是由水中精华所化生并得以滋养，所以唐王与龙王本质同一，都是龙，不过是业龙和真龙之别，所以唐王必然要救泾河龙王。魏征即精微之征兆。魏征“他在府中试慧剑，运元神，故此不曾入朝”是提示修持者要在腹中以灵慧之神相见，所见者精微之气生发之征兆。全过程要以元神为主导而运用。“不曾入朝”，即识神灭，元神兴。魏征与唐王对弈，喻识神与元神争夺主导权。

从此回开始小说便开始以唐僧的修持为主线展开，全面、系统、深入地阐述阳神修持的功程。孙悟空的修持是元神修持之法，而唐僧的修持则是以肉体凡躯为起点直至究竟佛果，此过程漫长、艰难所以阐述翔实细致，所占用篇幅也是最多的。此回开篇就是通过二位贤人的联诗使修持者明白修持丹道不过“性、命”二事，更要明白二者下手修持的利弊。以及修持者面对世事所应抱有的态度。丹道修持，生命运化都具有其规律，修持者当遵守奉行，不可因私心而自戕。篇尾作者通过魏征，“府中试慧剑运元神，故此不曾入朝”一句明示了保精、生精之法。修持者明白了前番产生迷昧之理，又知下手实修之法，则当勤修。

第十回

二将军宫门镇鬼　唐太宗地府还魂

丹旨：上一回，泾河龙王违背了玉帝的旨意私改降雨，喻人心妄念的肆意妄为。若要救人心，保性命，就要促使后天识神的早日觉醒，认识到修持的意义，这是报身修持最初的起点。有了代表后天神识的唐王的觉醒，才能有代表修持大愿的唐僧的西行取经，故袁守诚指点龙王向唐王求救。这一回，魏征梦中斩杀龙王是要修持者于精微之处见到妄念生起，即刻挥起智慧之剑将其斩除。再派叔宝和敬德二将军守住宫门，是要修持者牢守精神二门，勿使妄念再度生起，即镇鬼。修持者完成此修止之功，即可进入杳冥之境，故唐王游历地府，增添了20年阳寿，喻此功的复生之效。唐王过阴山，见地狱，跨奈何桥，来到枉死城，是要修持者见到轮回的真相，明察赴死之因，了悟生命落入死亡之境是由恶行和纵欲而伤害生命所致，谓之枉死而成。修持者若要消除阴间恶业之报，救护生灵，就要在阳间积修阴德，即唐王向阳间的相良借一库存在阴间的金银散给冤魂。故此回丹旨为：修止。

释意：本回以《烂柯经》开篇，是以棋经论丹道，非常值得玩味。中华文化圆融通彻，虽是领域不同，表现各异，但本质与原理在最底层是同一的，都是道体的演化，应机而生，所以留下赞诗让修持者细细参研，以达到“玄微通变处，笑夸当日烂柯仙”的境界。唐王与魏征对弈就是识神与元神的博弈。这个转化、升华的过程极其复杂精妙，所以修持者的参研与体会必须要达到玄微通变处才可道成修仙，而魏征即精微之征兆，所以他通仙道。真修持者当细品此经。

识神是现实世界的维护者，因其局限性导致它看不到生命的全部真相与规律，所以修持者首先要从三观的转变入手，明白生命运行、转化的真相、阴阳相互作用的规律，所以作者让唐太宗来了一次地府神游，只为读者借此明了真相。太宗欲借对弈救龙王之命，是识神欲干扰、控制元神用事。而魏征梦斩龙王说明元神用事是在恍惚之中，是在排除识神干扰的前提下完成的，是虚空中事，故从“云端里落下颗龙头”。识神是无法认识到，更无法控制的，所以“唐王心中悲喜不一”。喜者见识了元神之能，悲者后天私心妄念为识神之能，现在被斩断，旧习难舍。泾河龙王代表着后天妄心，因其私心欺诈违背了天道遭斩，实为自戕。修持者若不明天道，遵天道而行，天地精华是不会滋养生命的，是私心欺诈者自断生路。而元神遵行天道，不允许戕害生命的模式延续，必斩之。唐王喻后天识神是这种戕害生命模式运行的维护者，所以对于龙王的死自然思念多时。龙王被斩，喻示着后天私心妄念的断除，修持者由此可以进入恍惚之境见到生命轮转的真相，也就是唐王神游地府。

“六道轮回、天堂地狱”这样的世界观生命观既是古人的观念，也是为教化众生向善之法，此处不做探讨。《西游记》是悟道、修道、证道之书，因此对此书的注释还是从丹道修持角度讨论。龙王向唐王索命是明示私心妄念，所依托的是后天意识、识神。观音帮助唐王解脱龙王的纠缠，是言除此私心妄念当从静观密察入手，此为省己之功。所察者何？当以明因果、见轮回为首要，就丹道修持而言是要修持者觉察和领悟生命运化、运转、运行的模式、状态、结果。唐王幽冥地府之行就是对消耗生命、趋向死亡模式的静观密察之功。“幽冥”言达到杳冥之境者才能明察洞见。“地府”喻趋向死亡的模式的状态场景。只有知道了生命是如何达到地府的，才能知道如何下手改变，扭转这样的模式，转向生生不息的生化模式，就是还魂。这就是此回太宗地府还魂的含义。

太宗让叔宝、敬德看守前门是明示修持者要懂得善用道术之宝，敬奉德行之贵。前门者口目耳也，是面对世事之门，依此二法谨收奉行，方可面对世事而无忧。后宰门由魏征提诛龙剑把守，后门即人之命门也，是生精之处，主宰生命之处，所以必须对精微征兆的变化细察，不可有错，见之必诛。前后门虽然守住了，但只可安神，无法扭转趋死模式的延续，所以唐王身体渐重，病入膏肓。魏征写信给崔珏，崔珏迎接唐王魂魄。崔珏即催欲，言催促生命死亡的是贪欲，故崔珏为判别生死的判官。唐王至幽冥地府，十代阎王降阶相迎，只因太宗是阳间人王，阎王是阴间鬼王。阳间喻生生不息之境，阴间是化灭之地，所以代表生生不息阳气的太宗自然得到礼遇。阎王讲龙王生死之事，是言生命运化早有定数，将龙王送入轮藏转生，说明私心妄念随着后天生命轮转不息。崔判官为太宗加上两笔，阳寿改为三十三年，喻清心寡欲可以延寿。阎王便请太宗返本还阳。三十三年为乾卦之象、纯阳之象，喻示修持者若要返本还阳而复生必要修此乾元之气，即先天一炁，才可以获得生生不息之生机。至此唐王三曹对案完成，即知因果相报之机，知促死者为私心贪欲，知扭转乾坤返本还阳当修乾元之炁，谓之三曹对案。太宗以南瓜答谢。南为火喻心神，喻返本还元的成就即先天之灵性之果。崔判官带太宗自“转轮藏”出身，是明示修持者知晓生死循环因果就有了摆脱轮回的可能。从轮转循环中脱身的太宗在崔判官的带领下，“一则请陛下游观地府，一则教陛下转托超生”。游观地府是借太宗游观使修持者看清生命趋向死亡的运行过程，在这样认知的前提下才可以转化、脱离这样的模式，超越生死的局限。太宗先到“背阴山”，此山即人身之脊柱，以山喻之。脊柱是人身的枢纽，生命存活的核心，人生命体征如呼吸、心跳、脏腑运化等全部由它主导，但因为生命运行的模式在贪欲的奴役下成为趋死模式，所以这生命之柱也就变得“荆棘丛丛藏鬼怪，石崖磷磷隐邪魔”。但当生命的运行模式一旦翻转过来此山就是背阳山，身中阳气生发皆出于此。一切转变就在顺逆之间。再到背阴山后的一十八层地狱，此喻生命运行的状态。一切行为造作“尽皆是生前作下千般业”。而造成的一切后果也由此身承当。趋死模式下所造之业尽是恶业，故以地狱之恶报景象警示修持者善恶到头终有报。所报者是否只在死后才有地狱之报，这里不做讨论。我想作者更多是要修持者明白其中的因果关系，人心有敬畏，自然知道对自己的行为及后果负责任。所以作者劝道:“人生却莫把心欺”。太宗观“奈河桥”，判官叮嘱太宗“若到阳间，切须传记”可见其重要。“奈河桥”暗喻男女性事，为男性之阳具。性事在阳间是延续生命之事。也是人的生理需求无法避免，故无可奈河。“桥”则是性事中男性的阳具，男女交媾此物起连接作用，如同桥梁，故言之为“桥”，谓之“奈河桥”。书中对奈河桥的描写极为细致，细研者自然知之。性事是戕害生命很严重的方式，故作者将奈河桥描写得狰狞恐怖，男性浊精为“奈河恶水”，女性为“血盆苦界”。作者一片苦心，提醒修持者于此性事上及早觉醒，不可贪执，自戕性命。若在性事上贪执，戕害生命，其结果必然是来到枉死城中。生命被困于此，了无生机，而生命的本质是生生不息，却死于性事之上，何其冤枉，谓之“枉死城”。众鬼叫喊“还我命来”，这是生命本能的求生之音，“生生不息”才是道的体现。崔判官让太宗借相良金银以救众鬼。相良阳间所积阴德，在阴间却是真金银，是明示修持者积修阴德可以转化成为生命所需的精华能量，但要彻底将趋死的生命模式转化为生生不息的模式，救护性命，返本还元，应当做“水陆大会，度汝等超生”。有了阴德的积累自然使唐王“出离了枉死城中，奔上平阳大路”。转化由至阴至暗之处隐隐开始了，此为复生之机。

第十一回

还受生唐王遵善果　度孤魂萧瑀正空门

丹旨：上一回，唐王游地府见到了轮回的真相，明察了趋死之因，了悟了生命落入死亡之境是由恶行与纵欲伤生害命所致。这一回，唐王还阳是言明理见机者自可回生，表明生化之机在认知层面得到了逆转，人生的行为也随之改变，故唐王遣放宫女，赦放死囚，喻修持者要积阴德，修善行，勿纵欲。这样的德行必然促使先天灵性复生还元，故刘全进瓜，李翠莲还魂。积修阴德善行也为世人建立了行为规范，成为奉行的原则与榜样，故要敕建相国寺，为相良盖生祠。这段明示修持者先要善修人道，只有在此基础上才能修丹道。救护生灵，惜修性命，故唐王要建水陆大会，喻性命双修之道。由此善念便引出了玄奘法师，此为人道修持成果，即识神愿生。唐僧是替李世民远赴西天取经，世民即世间之民，喻唐僧所取真经是为世人所取。故本回丹旨为：人道。

释意：“还受生唐王遵善果”，即当后天神识察明了一炁运化之机，只要遵循此机，返本还元必然获得至善的结果。“度孤魂萧瑀正空门”，萧瑀即消除欲望，言若要转化灵性趋死的状态，必须消除后天贪欲，证悟空性才能解脱。开篇之诗明示修持者积修阴德的重要性。很多修持者只重视功夫修炼、义理参悟、境界展现，而不知修德、修阴德的重要。诗中明确点出积修阴德有解脱冤家债主之功。这是从现象层面的形象说法，使人易于接受和理解。而修德的本质是对生命的内在状态与外在运行模式的调整，使之合乎天道，因此内外的关系也就呈现为融合自然的状态，而没有违缘产生，以往产生的不和谐状态即冤家债主也就自然和顺。修德对于修道、炼丹极其重要，在于将各种违缘消弭于无形之中，修持就更安全。德就是道的展现，因此修德贯穿始终。修持者不可不知，不可不察、不可不行。详论留在日后的《西游道论》中再述。积修阴德有解脱冤家债主之功，生命的运行减少了各种不利与干扰，其效果就是延寿。对于普通人而言寿命是个定数，很难改变，而对于修持者若能窥知天机，则可以有所改变，延长期限。其法有二，为积修阴德和道术修炼。丹道所追求的与道合真，寿与天齐，寿之内涵已被彻底超越了。

判官对唐王所言六道为“行善的生化仙道；尽忠的超生贵道；行孝的再生福道；公平的还生人道；积德的转生富道；恶毒的沉沦鬼道”，此六道是基于世俗意义上的六道，与佛家所言六道是不同的，作者借此一用。《西游记》是传承中华文化的载体，充分体现出中华文化的一个特点，就是关注当下人生的福祉和世俗社会的治理。一切对形而上的追求、探索，最终都要回归到现实的世界和生命的层面上来，故判官道：“陛下明心见性，是必记了，传与阳间人知。”在中华文化的框架内，形而上的道与形而下的器是一体的，凡人与仙佛，一切都是一以贯之。人合于道，道赋之则昌，所以修道者面对世俗社会则以劝善为第一功德。故唐王叹道：“善心常切切，善道大开开。”行善又是升华为仙道的基础，可见善行无论在世俗意义还是修道意义上都是非常重要的。因为善的本质就是道的生生不息之德，谓之至善。善就是德在世法人伦中的具体表现，这至善投射到人的内在品质和外在品行方面就是善心善行。谈修德，世人不知，但说做善事、做好人更易于人们理解和接受。所有修持者都是从凡夫开始修持，因此修持人道是基础，是开端。在世间行善积德就是修人道，就是以人道合天道。而修人道的主要内容就包括积德行善，修持者不可废此功，如无此基则后路难行。基于合乎天道的人生运行模式，再加以丹道修持转化生命，其结果自然是升华仙道。

唐王贪看渭水河中一对金鲤不舍，被推入渭水后而还阳。一对金鲤即阴阳之鱼，一阴一阳谓之道。金色喻其永恒之性，鲤即理之意，故唐王观金鲤就是观阴阳运化之永恒的真理之道。贪看是言只止于参学却置身于外，不能投入其中，即无实践之行。修持者要“观天之道，执天之行”，故唐王被推入谓水，是要其实修实证，方可真正还阳。投入渭水是以道心行事，则赴生还阳。泾河是人心用事，则趋死当斩。真是泾渭分明啊。

太宗服了安魂定魄之剂后心神安定，即生命的状态不再是散乱、昏昧。修持者要常察己心，心神安定就是还阳之功的效果。而这安魂定魄的方子，前面已经详细开出，请读者梳理。生命的运行模式也扭转了过来，不再是趋死而是赴生还阳的模式，因此“唐王精神抖擞上金殿，清平有道大唐王”。此时的状态就是孙悟空“断魔归本合元神”的状态。孙悟空在菩提祖师那里悟彻真妙理，唐王在地府见到真相。就修持而言首先要明理，才能见到真相，后天意识才能觉醒，由此才可以自觉、自主地扭转生命旧有的趋死模式，改变生命散乱昏昧的状态，才能开始上路。唐僧与孙悟空的丹道修持才能正式开启。

太宗放宫女、赦死囚是明示修持者要善待生命，节制性欲。太宗所书的御制榜文则是人生处事的指南，是人道修持的原则与方法，是人道修持的箴言，修持者依此修持则福德俱成，这也是丹道修持者必须具备的前期条件。唐王修此人间善道，福德自来，所以才有刘全替太宗再赴地府进瓜，才有夫妻还阳团聚之大福报，故阎王大喜道：“好一个有信有德的太宗皇帝”明示信与德是修持的保障。相良因积阴德才有了敕建报国寺和相公相婆生祠的果报，其德行为世人所崇，这些都是善行、阴德的善果。有福方可安定身心，创造良好的内外修持环境，德行圆满可以减少修持过程中的魔障，得到更多众生的支持，更加安全，这就是福德对于修持者的价值与意义。修德不能只修一已之德，要修广德，要德备天下众生，才是合乎天道，所以太宗要建“水陆大会”超度冥府孤魂。善之性若水，此言修性之义。陆为地，言脚踏实地，此立命之义。性命合一谓之大会，是明示修持者欲度自他的赴死之孤魂，唯有性命双修一乘之法，不可偏执。

傅奕萧瑀辩佛之后，“生了法律，但有毁僧谤佛者，断其臂”，是明示修持者佛道性命双修，“三教至尊而不可毁，不可废”，如人有双臂，若偏执则同自断手臂。儒释道三家实践的义理、方法的融合是修道的必然，更是修持者要遵循的。因明理而见到真相，因积德行善而扭转了生命的运行模式，生机回转，使生命呈现出生机勃勃的状态。至此人道修持的基础部分已经完成。修道的自觉意识就会产生出来，修道就成为生命的必然和必需。这个自觉、自主、自立的修道意识就是唐僧在世间的状态。因在世间沉沦，故姓陈，名江流儿。因其靠命功修持而救命，故名玄奘。因其性功修持，名为唐三藏。因以后天之身入得佛门，故为唐僧。因其先天灵性，故为金蝉子。虽入佛门也有道缘，故佛号仙音。开始修行因其为后天意识、识神而生出的修道之愿故为御弟，即欲望的终极真谛就是生发探索真理、真相之愿。因其本质是后天意识，修持圆满后借助后天理性和语言，将佛之正见传播于世，即善谈，故成就旃檀功德佛。因其根本为虚空本体故为古佛儿。“众人因玄奘根源又好，德行又高；千经万典，无所不通；佛号仙音，无般不会”故推举玄奘主持水陆大会。这里对一个合格的修持者提出了判断标准。“根源又好”是指修持者的先天灵性、根基、因缘、素质好。“德行又高”是指修持者广施阴德。“千经万典，无所不通”是言修持者的理论基础深厚、广博而扎实。“佛号仙音”，喻佛道双修。具备上述条件者才是合格的修持者，才能开启修行之路。喻后天意识真正觉醒了才能产生真正的修持大愿。因此唐王受唐僧“天下大阐都僧纲”之职，言修持之事都因此大愿得以阐发、显化出来。“又赐五彩织金袈裟一件”喻五行攒簇的命功修持之理法。“毗卢帽一顶”，喻心性修持归入毗卢性海，虚空本性，即性功修持的归宿。唐僧“前赴化生寺，择定吉日良辰，开演经法”，化生寺讲法，喻于生命转化之处，讲解转化之理法。

第十二回

玄奘秉诚建大会　观音显像化金蝉

丹旨：前面第9—11回明示了斩除妄念、牢守精神、了悟生死之因与行善积德的重要意义，此段功程为人道修持，是广义的筑基，为丹道修持打下了良好的基础。其成果就是后天意识的觉醒，即唐王要修建水陆大会，超度冤魂。这是后天识神产生了解脱的意志和意愿的表现，即识神愿生，其代表就是玄奘的出现和主持水陆大会。但这依然是后天境界，还需要引导和升华，因此这一回，观音菩萨引导玄奘要修持大乘佛法才能真正解脱，即超越局限回归无限虚空本体，才能获得无上的智慧，才能真正解脱。修持的原则是要返本还元，大愿的本质就是返本还元趋势的确立，是理想，是目标，故唐僧必须要西行，赴灵山求取真经。故本回丹旨为：大愿。

从这一回开始唐僧的修道历程就正式开启了。从第12回至第26回，“玄奘秉诚建大会”至“观音五庄观甘泉活树”，共15回，为丹道修持的“五行攒簇”阶段，此为丹道修持狭义的筑基之功。从小说的内容看是唐僧取经团队一行五众的集合过程，这个过程就是生命与灵性由散乱到聚合的过程。修证的策略是“破假显真”，五众的出现、归顺和最终的合为一体都是如此。取经团队组建完成，即攒簇之功完成，但还需要验证，所以有了第23回的“三藏不忘本，四圣试禅心”。检验合格之后，修持者所获得的修持成果就是第24–26回的五庄观服食人参果、灵根之树的复活。就丹道次第而言是得了“草还丹”之果，也就是具备了还丹的基础。修持者经过人道修持看清了生死之因，明白了人生运行的模式，改变了认知，知道了扭转之法，阻止了原有的运行模式，积德行善，重启生机，由此必然生起独立、自主、自觉的修行之意，这是人道修持的成果，也可以借此验证，这求道之意就是生机回转的体现，究其根本是先天灵性投射进后天生命中的体现，更是一切发于道体，再归于虚寂的必然趋势。从此意义而言，一切人事皆在道中，皆在修道，差异只在主动与被动之别。此真意极其可贵，世人被局限而囚困于红尘当中，沉沦流转而不觉，难有出期。即使有些许灵明不昧者，从开始有此修持之意至完成人道修持，直至完成转化之功，这需要很长很长的时间。依据修持者的基础、缘分、努力的程度不同则没有定期。如能跨过此关进入到丹道修持者是极其难得了，是巨大的福报。修持者若能生大愿，遇明师，获正见，得正法，一定要珍惜、努力、精进、以正行最终完成圆满的修证之果。勿纵此生负灵台！

释意：“玄奘秉诚建大会”，大会喻万象汇合之境，喻道体为虚空本体。建大会就是建设完成修持的过程，也通“见”字，即见证、实证之义，更是大愿生起的表现。玄奘修行是以“秉诚”二字入手。此真诚之心是贯穿修行始终的，最终一定能见证虚空本体。唐僧的修持是以后天意识为起点，通过转化后天人身来验证心物一体，本性虚空。孙悟空的神修丹法是以灵性为起点，以“感悟”入手，直悟本心、煅炼心神之法与唐僧的不同，是神修丹法，是元神修持，因此见效极快，为顿修之法，但不是终极解脱之法，所以还有辅佐唐僧西行取经，故只用了7回阐述。唐僧是“身修丹法”，当以“秉诚”入手。唐僧的修持之路于丹道修持而言是阳神修持，因此极其艰难而漫长，为渐修之法，却是终极解脱之法，但却要以元神觉醒为基础，故必须要孙悟空辅佐，所以作者以极大的篇幅详细、系统、深入、形象地对唐僧的“身修丹法”进行了阐述。因玄奘的至诚之心感动天地，愿通法界，冥冥之中自有真师前来点化指引，而此作用发生在虚空法界，作用于修持者的先天灵性层面，所以是“化金蝉”。这些象的本质是因为心识的转变所带来境界的必然变化，此变化开始于极其微妙的虚空之境，只有静观密察能知，故“观音显像化金蝉”。

篇首诗言：“重恩修上刹，秉教宣扬前后三”，“修上刹”即修无上觉慧为性功，“前后三”即任督循环的气脉运行为命功。明示修持者要佛道双修，各有其功，各有其果，这也是全书秉持的修持观。唐王来巡视道场，气度非凡，是言修持者立意修道后自身气度、气势、气场大变，不同凡响。“法师献上的济孤榜文，与太宗看”，后天之识因此理解了修道的意义与结果，故太宗看后自然满心欢喜，此明理之效。唐王回驾时天色将晚，看似是景色描写，实为写境，是喻修持者立意修持后对于红尘之事便已息心，故言“满城灯火人烟静，正是禅僧入定时”，即修持者开始专心致志地修持，不问红尘事了，此喻因明理而导致心境发生转化所呈现出的状态。

观音街头卖袈裟与锡杖，先遇无缘者，虽有钱但却不认识真宝，若以钱财衡量价值则当面错过，但世人多是如此。后遇有缘者唐僧，菩萨当即奉送，有缘者就是有愿者。袈裟和锡杖为修持真理真法，愿者之愿的本质就是虚空本体的先天灵性在后天意识之中的体现，是后天中的先天，不是世俗的欲望贪念。因此大愿与袈裟、锡杖本为一体，自然与之相配，此遇有愿者便奉送之理。修持者只要心生修道大愿，至诚至善，必遇明师前来点化、指引、教化，如同上学的孩子一定有老师前来教授。袈裟为僧衣，即僧众所皈依的佛理，喻修持佛法获得佛之正见，喻性功修持。正如诗言：“见性能传智慧灯。”九环锡杖意为稀有之主杖，是言九转返还的命功修持。以身言之其形喻人身，九环为头，杖柄为脊柱，明示修持者命功修持不离此身。正如诗言：“九节仙藤永驻颜”，也是命功修持之果，又诗曰：“喜伴神僧上玉山。”是明示修持者性命双修才能登上代表虚空本体的玉山。唐僧穿上袈裟，手持锡杖是正愿、正见、正法三家相见。此三者即理想、理论、方法，这是所有修持者应当具备的。有此三者合一的修持者就是挽救沉沦红尘中生灵的“地藏王”菩萨。“地藏王”菩萨不仅因为大愿，更因为“正行”而成就。众僧“各各皈依，侍于左右”，喻修持者若见此大德之士必要诚心皈依，侍之以师。有此三家就要各归禅位即开始修持，即“正行”。以正行全此正愿、正见、正法三家。“不觉红轮西坠”之诗，就是命功修持的起手之法：丹法中腹为西、日为神。“红轮西坠”即神落腹中，初期可以是观想之景，功成后确有此实境。通过这样的方法可以达到“禅僧入定理残经”即修理培补身中经脉的残破和衰败。可见这是培补之法，这个身体因长久的透支和消耗已经残破，不堪以用，所以先要补漏培元、滋养、恢复，才能成为道器。正身身安道隆。“正好炼魔养性”，炼魔即通畅气脉，涵养神意。

菩萨言："今日是水陆正会，以一七继七七，可矣了"，是言玄奘命功修持的火候已足，七日为一阳复来之意，七七为阳气纯熟了。大会上玄奘开讲真是："纷纷天雨落花红"，此境界为修持者因气脉修持而气血充盈头脑，神意得到滋养而意动神活，出现善咏辞赋、法理自通的现象。这是好现象但不可执着，更不可以为开悟。玄奘所讲之理是"检点人生归善念"的人道修持之理法，所以观音菩萨说玄奘只会谈小乘教法，"度不得亡者超升，只可浑俗和光"，是言不能真正超越，通彻本来，非解脱之法。让玄奘修持"大乘佛法"这就是明师，玄师在关键节点上对修持者的启发、点化、指导、引领，每一个修持者都要拜求明师。当水平、境界、因缘、时节到了更有法界玄师前来引领，此实语。菩萨言"大乘法三藏，可以度亡脱苦，寿身无坏"，是言大乘之法可以超越生死局限之苦，与道同体。

太宗欲请菩萨讲经，观音飞上九霄虚空"现出女真人"之像，明示欲求取真经，当在虚空本体处求之。修道是虚空事业，正所谓"道自虚无生一炁"。丹道修持的核心唯此一炁。还丹、结丹、结胎、脱胎、成就真人，皆于此虚空处完成。

玄奘愿领旨西天取经，太宗与玄奘拜为兄弟，是因为玄奘的求取真经之愿，就是太宗后天解脱欲望的升华及人格化，其本质是后天意识的觉醒。他们同生一门，故为兄弟。太宗称玄奘为"御弟"与神格化的后天识神"玉帝"同音，说明玄奘、太宗、玉帝为同类，所以取经路上玉帝为唐僧提供了巨大的帮助。唐僧取经之愿于后天言是理想，于先天言是大愿。太宗送唐僧通关文牒、紫金钵盂，都是丹道修持中极为重要的内容。通关文牒言修持的次第，即修持程序。紫金钵盂喻养命护命方法。太宗赐玄奘法号为"三藏"，即将精气神三者牢守谨藏，这是修持的原则，是丹道修持的三要。至此玄奘所代表的后天意识的转化初步完成。前期的玄奘为假，为幻，经过修持，菩萨点化，太宗赋予使命，转化为可以真正上路的修持者即唐三藏。因修持起点为后天之境，故为唐僧。《西游记》中名号的使用是非常有讲究的。师徒四人各自都有多重名号，每个名号代表特定的含义，从名号的变化也可以判断出修持境界的变化，若能明白各种名号的含义也就读懂了一半的内容。这是《西游记》特有的写作方法，即"破假显真"，也是后面文本的写作结构。"破假显真"更是修持之法，一切相皆为假，只有破除假象才能见证真相。太宗以酒饯行言："宁恋本乡一捻土，莫爱他乡万两金"，土为真意、本愿，是提醒修持者修持之路漫长艰辛，但要保己真意本愿如如不动，不要被途中的各种境象、神异等万象迷惑，而半途而废。正所谓"不忘初心，牢记使命"。至此五行攒簇的第一项，促使后天意识觉醒，生出修持大愿，已经完成。

第十三回

陷虎穴金星解厄　双叉岭伯钦留僧

丹旨：上一回，玄奘得到观音菩萨的点化后知道了若要生灵解脱，必须要参修大乘佛法，因此后天意识的欲求升华为返本还元、西行灵山求取真经的修持大愿，陈玄奘转变为唐三藏。这一回，唐僧启程西行取经，喻大愿升起之后就要行愿，要实修实证。修持是逆返之途，因与原有顺行造化的运行趋势完全向反，返本还元与顺行造化必然产生冲突，冲突之象就是西行路上遇到的各种磨难，遇到妖魔是必然的。所谓妖魔是修持者行持还元之功，由此看清了顺行造化对生命灵性带来的伤害。真正的修持者看待世事与凡夫是完全相反的。三藏刚上路便遇到虎熊牛三个妖精，这三个妖精是精气神三者的魔相。斩妖除魔就是对顺行造化的扭转和修正。修持者能够生起大愿，其本质是先天灵明之性觉醒的体现，因此只要修持者守住这一点灵明自然可以解脱，故金星解救唐僧脱难。这一点灵明也是后天返先天的保证，所以修持者大愿生起之后，首先要解放自己的先天灵性。先天与后天两重境界，即两界山。刘伯钦即此--点先天灵明之性在后天之境的呈现，故刘伯钦救唐三藏并能够跨过两界山，见到压在两界山下的孙悟空，即见到先天灵明觉性，故孙悟空称他为大哥。先天灵明觉性就是真心，就是元神，他才是修持的主导者，故本回丹旨为：见灵。

释意：篇首诗："钦差玄奘问禅宗，秉教迦持悟大空。"修持之事以修心为宗，以悟空为本，所以三藏出长安首先进入到法门寺，是言修持之事的本质是修心，故言问禅宗，此为修持法门，故先到法门寺。修持的目标是要悟大空。所修持的就是本体虚空之心，而此心为一切的本质，故三藏曰："心生，种种魔生；心灭，种种魔灭。”禅法精义在悟此心，一切皆心相。《西游记》所阐述的金丹大道，将传统的以命气凝炼成丹，实现对现有人身超越为主的内丹术升华为对终极本体本心的探索和皈依，但依然保留了命气凝炼之术，只是不再以此为目标，而成为实现回归本心的手段与检验，所以《西游记》的一切都是心相、心法的展现。此等至理相信所有修持者都知道，但又有几人能修证到呢？这就是理悟与证悟的区别。玄奘佛前拜道：“肉眼愚迷，不识活佛真形”立誓烧香、拜佛、扫塔、愿佛慈悲早现金身，赐真经，是明示修持者要以“正愿、正见、正行”的修持方法修成正果，证悟虚空本体，本心圆明。于修持而言，西行取经就是探索真理、发现真相、学做真人的过程，这也是我的修持观。

第二天唐僧上路，“这长老心忙，太起早了”，这是初修者的通病。“心忙”是不明理和心不定的表现，实质是后天妄念、贪欲还在发挥主导作用的表现。此心一生必然生魔。正如前面三藏所言“心生种种魔生”。一旦开始实修，自心即刻就能见到原有妄动之心象，即随之出现三魔。可见理悟必须要经过实践的检验和煅炼，理论与实践统一了才是真知真相。作者更是提醒初修者不可心忙，勿急勿躁，调心之功从此处就开始了。

三个妖精是：虎、熊、牛精。它们是唯一出现在大唐地界的妖精。后面三藏要跨越的两界山，代表着生命不同运行模式的分界线，是顺行与逆返的分界。大唐地界代表着造化顺行的模式，是先天化入后天的模式，是消耗生命的模式。而另一边是逆返还元的模式，是后天返先天的模式，是培补生命的模式。识得两界山，跨越两界山的标志就是见到孙悟空，也就是修持者见到自己的先天灵识。此刻三藏虽已上路修持，但依然是后天意识主导。三个妖精本质上是孙悟空、猪悟能、沙悟净三兄弟在后天状态下被异化之后的凶相。虎精是元神孙悟空，熊精是元精猪悟能，牛精是元气沙悟净。此刻依然处在后天识神主导下的唐僧，故根本认不得元神、元精、元气这三个先天灵物至宝。而在修持路上这三宝是必须要具备的，必然会出现。若不能为修持所用，落入后天状态，被异化后也会成为戕害生命的妖精。此刻处在后天状态的唐僧因行持返还之功，故见到了它们戕害生命吃人的凶相，见不到灵明善良的真相。后面途中唐僧逐渐都认识到了。这也是阴先动，阳后随，信号先至的表现，虽具凶相，但却是假相。虎精是先天元神的后天凶象，后天识神生起修行的大愿，必然先见到此元神的后天凶相，见到其戕害生命之象，故虎精将唐僧捉住。由此可以陆续见到元气、元精，故熊精、牛精便到。三个妖精将唐僧的两个随从吃了，两个随从就是“食、色”二性，喻精气神三者在后天之境中戕害生命是从食色入手的。走上修持之路首先就是要放下“食色”，但这个要求已经非常难了。修持者要排除世俗社会的干扰、牵绊，为自己建立一个轻松、安静、自在的外部环境，更要剪除内心的贪嗔痴妄，何其难也！而伴随着生命两个最紧的随从就是“食色”二性。若不剪除，三个妖精就会由此蚕食生命。三个妖精本质是先天至灵至善的精气神三宝，只有破除落入后天的凶相才能显现真相，成为唐僧西行路上的三个徒弟，成为实修实证过程中的三个最重要的因素。但是要在后面的修持过程中逐渐解决，即后面陆续收伏三个徒弟。唐僧现在就剩本性中的一点灵明，不久也将被妖怪吞噬，于是代表后天中存留的一点灵明之性金星出现了。修持者只要保守住这一点灵明，凭此就不会受到后天各种因素的干扰，而这一点灵明之性也是真心、真种、元神。孙悟空就是这一点灵明的觉醒之象、先天之象。在实证中修持者会在某些状态中见到一点晶莹星光由虚空进入身内，这是元神将要显现的信号和征兆。唐僧虽然显露出了自己的一点灵明之性，但如果仅凭此行，面对周遭复杂危险的环境时仍然是毫无办法的，故唐僧：“只见前面有两只猛虎咆哮，后边有几条长蛇盘绕。左有毒虫，右有怪兽。三藏孤身无策，只得放下身心，听天所命。又无奈那马腰软蹄弯，便屎俱下，伏倒在地，打又打不起，牵又牵不动。苦得个法师衬身无地，真个有万分凄楚，已自分必死，莫可奈何。”这样凶险、被动之境，其本质就是初修者心相的反映，“心生，种种魔生”喻修持者若仅以大愿，凭一己灵明面对修持过程中出现的各种困境是无能为力的，因此唐僧只能听天由命。“心灭，种种魔灭”就只能是一句空话，一句口头禅了。修持者还是应该有所把持，逐步而行，这就是丹道修持的宝贵之处。唐僧所骑的御马代表着完成大愿所需要的顽强意力，坚韧不拔的精神，其本质是先天一炁周流不息、运行不止品质的表现，而太宗所赐的御马实质是欲马，是后天意识派生的、主导的、后天的毅力，没有持久性、坚韧性，所以面对困境时“那马腰软蹄弯，便屎俱下，伏倒在地”，真是不堪一用。意志力弱是肾精、元精不足的表现。

危难时刻镇山太保刘伯钦救了唐僧性命。刘伯钦就是孙悟空在后天状态下的假象，因其先天灵性所以能震慑、消除伤害生命的各种因素，如虎狼蛇虫等。因落入后天表现为本能的应激反应，但能力被压制减弱了，所以在捕猎过程中显得有些吃力。刘伯钦是修持者后天意识面对急难之时爆发出的神意之力，所以他生活在大唐边界。在山中隐而不显，喻落入后天成为应激反应，难见易失，能力不足，故名："刘伯钦"钦即欠金，即"留不住真金，还有所欠缺"之意。修持者若能感受到一时的灵觉显现，就是先天灵性将要显现的前兆，说明离见到真心已经不远了。伯钦在家中不知如何为唐僧准备素斋，喻一时偶发的灵觉还不能为修持者提供持久的、可靠的供养即帮助。

到了两界山伯钦也无法再保护唐僧，将保护之责交给了孙悟空。在修持途中孙悟空的主要任务就是为唐僧化斋和提供安全保护。跨过两界山刘伯钦与孙悟空的交接表明心识层面的后天返先天的转化已经完成。而刘伯钦之母代表了先天灵能，所以她可以备素斋供养唐僧。唐僧为刘伯钦之父超度，就是解放了孙悟空，本质就是对先天灵性的解放，喻示着修持者只要得到元神的救助，哪怕只是偶发的灵感、灵觉就可以帮助代表先天灵性的伯钦之父不再沉沦，即先天元神不再向后天转化了，等待着日后唐僧的救助，即唐僧救出孙悟空。伯钦送唐僧至两界山就不再前行了，是要修持者发现真心，以元神来主导修持。代表孙悟空在后天假象的伯钦自然要退去。去假心，真心自来，所以真心孙悟空便高兴道："师父来了"此乐是为修持者而乐。有此真心，修持才有了根本，有了保障。师徒相会是后天的大愿找到了先天的真心，先天后天贯通了，识神、元神达成了一致，这对修持极其重要。

第十四回

心猿归正　六贼无踪

丹旨：上一回，唐僧奉大愿，守灵明，逆返还元上路西行，求取真经。由此看清了顺行造化状态下精气神三者以食色为食的虎、熊、牛三个妖精的凶相，但只要修持者保持住一点灵明，自然解脱，故太白金星救出唐僧。此一点灵明的本质是先天灵性在后天的呈现，因此很难帮助修持者彻底完成返本还元的取经任务，故刘伯钦与猛虎相斗很久才能救下唐僧。又因其与先天灵性同质，故能送唐僧跨过两界山，喻后天返先天见到先天灵性孙悟空。这一回，唐僧跨过两界山救出孙悟空，收为徒弟。明示元神的解放需要两个条件，首先要行逆返之功，其次要复归先天境界。此两者就是愿行的体现，喻能够解救元神的是我们的修持大愿。孙悟空出来后轻而易举地棒杀了猛虎，喻先天元神对后天精气的震慑之能。孙悟空腰围虎皮裙，喻后天精气可以养护元神。孙悟空打杀六贼是要修持者收摄六根六识，不再受其侵扰，不再起用，回归心神。但唐僧却怨恨孙悟空，喻修持者执着后天根识，此后天本性使然，先天灵性自然隐遁，故孙悟空离开。因此观音向唐僧传授紧箍咒要修持者紧收牢守此先天心神，不可再让后天根识兴盛，致使先天灵识隐遁，此定心之法，故给孙悟空戴上紧箍，喻降伏人心，紧守真心，驾驭灵识为修持所用。元神的本质是修持者在返本还元的过程中所必须具备的觉察与分辨，应激与处理的特性和能力，他才是修持的主导者。故此回丹旨为：释灵

释意：篇首的诗是紫阳真人《悟真篇》中的《即心即佛颂》。此回讲的是孙悟空从两界山下解脱而出，归伏唐僧的故事。可见孙悟空、心、佛三者是同一的。整部《西游记》讲的就是孙悟空这颗道心返本还元修证成佛的故

事。这首诗对于丹道修持者极其重要，书中还有很多类似的诗文，都是极其重要的丹道修持法诀，对这些诗的解读留在以后的《西游道论》中展开。

刘伯钦介绍两界山："唐王征西定国，改名两界山。"征西象征着后天返先天之功，因此对待后天五行运化的态度，即以五行山为边界，就成为区分顺行造化与逆返还元的两界山。先天元神主导的范围是逆返先天，故跨过山向西，即进入逆返先天之境界，于是立刻就能见到先天元神孙悟空，即道心。成佛作妖皆是他，修持的主导是他，修持者若能认识他、见到他、跟随他，一定可以成就。"王莽篡汉时，天降此山，下压着一个神猴"，篡汉喻修持者生命的主导权被后天意识篡夺了，而原本的主导者先天元神则被压制在由后天五行构成的身体大山之中了，故被五行山所压。虽然被压制但孙悟空是生命的灵明之性，所以不会死亡。"还喜得眼睛转动，喉舌声和，语言虽利便，身体莫能挪"，是言修持者的先天元神还可以通过眼睛、语言发挥作用。但身体尚未解脱，所以元神不能充分发挥。悟空道"师父你怎么此时才来"，这既是作者的感叹，叹世人沉沦不知真相，不明真理，不知早早解脱自家生命的真主人，更是呼唤修持者，既生大愿当及早实修，解放真主，不要迟疑。读到此处的修持者，你心中的孙悟空同样也在呼唤着你何时到来？"三藏到那极巅之处果见金光万道，瑞气千条"，是明示修持者若要解脱真心、解救真主必须达到"至虚极守静笃"的状态。这既是方法，也是功夫，更是境界，所见金光与瑞气皆是实证实境。"唵嘛呢叭咪吽"，意为"莲花上的宝珠"是要修持者达到一尘不染之境才可以见到真心，即元神宝珠。功夫、境界若不至此，则不能揭六字金帖，元神不生。师徒相见，三藏为悟空起名"行者"是言修持者要以实践为重。孙悟空虽是先天元神，但此刻他已落入后天，是后天中的先天。唐僧是肉体凡夫，这就是修持的起点和现实，所以修持者要在实践中逐步踏实地前进，最终返本还元达到虚空本性，是渐修渐法，故名行者。

先天元神孙悟空既然显现，代表后天意志力的刘伯钦自然告退了。悟空棒杀猛虎，与刘伯钦杀虎完全不在一个层次。孙悟空杀虎完全是降维打击，毫不费力。丹道中将后天生殖之精喻为虎，纵欲过度必然消耗生命，故猛虎吃人。但此时是元神开始主导了，故悟空言："师父你莫管，我自有处置。"此句道出了修持的一个基本原则，即元神主导修持之事，识神为辅助，识神不要干预。元神主导的生命运行模式是返本还元，生生不息，是不允许消耗生命的模式继续。其本质就是精气因元神的出现，不再向后天凡精方向转化了，所以猛虎见孙悟空便“伏在尘埃”。孙悟空当然直接打杀。三藏这后天意识也知打杀猛虎的真义，故并不阻拦但却大惊，是言后天识神第一次见到先天元神的作用的反应。刘伯钦为灵明之性在后天表现出的意志力，所以克制此虎要与之搏斗半日。可见对性欲如果仅以后天意志去压制、克制是很难的，真正的解决办法则是元神归位，便轻而易举。修持者在实证过程中元神开始主事时性欲会自然消除，性困扰就基本解决。同时也明示了后天识神与元神的关系，即识神不要干扰修持，要将主导权交给元神。这是极为重要的原则。行者将虎皮作了围裙，是言此精气不再向生殖凡精转化之后，可以为生命灵性提供围护、养护。虎皮围在腰间，腰腹为下丹田、命门，为生精化气之地，是养生护命之处。师徒问答是人心通道心，三藏闻得悟空的本领喻后天意识认识到先天元神的作用。修持者在虚极之处见到真心，解放了真心之后，守静笃仔细观察体会认知此心，达到两心相契，如此修持者便可“放怀无虑，策马前行”了。

三藏借宿陈家庄是言修持者见到元神之后，要守静温养一段方可继续前行。老者与悟空相认，是言世间虽然有部分有缘之人认得得悟空这颗真心可得长寿，故老者寿达 130 岁，但却无力解脱，更不可能为己所用，空活了 130 岁。而能解救真心的唯有大愿，当大愿通达虚极之境时，真心即刻解脱，这就是法门。

行者打杀的六贼是“眼耳鼻舌意身”对后天生命的戕害之机。它们的综合作用构成了后天识神，逐渐成为生命的主导，由此而生的“喜怒爱思欲忧”则牵引着生命的运行。究其根本则是生命基于这些感受外部世界的器官，因其局限性最终导致我们只能感知、认识到一个局限的世界，不能见到无限的本体。我们将自己局限在具体的世界中了，真相就这样彻底被六贼遮蔽了，而此六贼的运行严重戕害了生命，故为六贼。而作为真心元神的孙悟空必然要帮助修持者打杀六贼，是对修持者生命、灵性的保护，其本质是消除后天根识带来的局限性。可是现在孙悟空的打杀还只是阻止了六贼对生命的牵引和伤害，而要彻底转化它们给生命带来的局限性和由此产生的执着心，还要在后面的修持过程中逐步解决。三藏对悟空打死六贼不满，喻后天识神还没有认识到六贼的危害。如悟空所言："你若不打死他，他要打死你。"因为唐僧与六贼同体，后天识神完全依赖六根六识之能而成，对其执着是根深蒂固的，打杀六贼唐僧自然不满。此刻后天识神唐僧虽已认得并解放了元神孙悟空，但还不知元神才是修持的主导者，并没有听懂孙悟空那句话："师父你莫管，我自有处置。"还是后天识神做主。因此真心元神孙悟空自然离去。这也是元神的特点"难见易飞"。

修持者见真心难，解脱真心难，定住真心更难。若要定心唯有静观密察，故观音送唐僧紧箍，教定心真言《紧箍儿咒》。观音有"金紧禁"三个箍。紧箍给了孙悟空，孙悟空是灵明觉性，是心神、是真心。特点是难见易飞，所以修持者对此元神真心必须要紧紧看守，不能松懈，这正是修持者的持心守心的功夫。"直到烂熟，牢记心胸"，即对真心的驾驭达到纯熟自如之境。

大圣跑到东海龙宫。东海喻人身血海，龙宫中龙喻后天气血带来的生机，是言元神放弃了逆返还元的取经之路，重回造化顺行之路，由先天灵机向后天气血生机转化了。龙王以"三进履"的故事劝大圣回头："不可图自在，误了前程。"很多修持者稍有验证，身心安泰，就放纵心神以为得道。更有些人我执难化，师父批评几句就受不了，一走了之，不再进取，实为可惜。孙悟空为灵明觉性，一点就通自然觉醒。而那边唐僧已学会了定心，心神孙悟空自然归复。孙悟空回来后唐僧道："行又不得行，动又不敢动，只管在此界等你。"可见没有元神的主导，修持之路寸步难行。修持者秉持大愿达到虚极守笃的状态，在静观密察的状态下寻回真心，定住真心，在日常状态下守心、持心。经过寻心、见心、回心、定心、守心、持心的修持心过程，就是对心神元神的调伏过程。达到纯熟之境，元神才能永无退悔之意，彻底成为修持的主导，故被戴上了紧箍的孙悟空道："我愿保你，再无退悔之意了。"真心与大愿彻底融合，先天后天贯通，此为大本已得，修持就有了保障。至此，回头再读篇首紫阳真人的《即心即佛颂》，可知此心的重要性了。

第十五回

蛇盘山诸神暗佑　鹰愁涧意马收缰

丹旨： 上一回，唐僧收孙悟空为徒，喻大愿可以引导修持者发现并解脱元神。修持者要牢守此心神，勿使其妄动或逃逸，故给孙悟空戴上了紧箍，喻修持者要驾驭元神使其为修持服务。这一回，唐僧收服了孙悟空之后来到蛇盘山。太宗所赐的御马被玉龙吞吃，喻修持者此刻涵养心神，后天的毅力已经不能胜任，而此时的修持火候要求时刻保持静定，不能分心，所以代表静定火候的诸神，被观音派来暗中守护在唐僧身边，直至灵山。但是修持者若只一味静守，很容易落入执空守静的清空之境，因此所生之愁即鹰愁涧。导致无法前行，但此境界中却藏有修持者所需要的先天真意的运行之力，即玉龙。修持者只有在静观密察的状态中才能发现收服此先天意志力，故只有请观音收伏并将其化作龙马，成为唐僧西行的坐骑脚力。欲行返本还元之功，需要持久而专注的修持品质，只有先天真意所生出的意志力才能被修持所用。故本回丹旨为：意志力。

释意： 唐僧所骑的马是承载大愿持久前行到达虚空本体灵山的载体。因此它必须具有持久耐劳、专注精进，无所畏惧的品质。唐王所赐的凡马是御马即欲马，是由后天意识欲望发出的指令，为后天努力实施的毅力，是后天之力，是有边界、有极限的。在后天返先天的过程中后天毅力就表现出短暂、软弱、慌乱的特性，是无法完成使命的。这是由它的本质决定的，而由先天神识发出的指令是意志力，此意就是神意，它是一炁的运行品质，所以唐僧收伏了真心元神孙悟空之后，元神就开始运行了，其艺术形象龙马就出现了。龙马代表着先天属性，它所具有的优秀品质，究其根本就是先天一炁运行时所表现出来的品质。唐僧的大愿若无此运行品质是不可能到达灵山的。唐僧的大愿也是复归永恒本性的必然趋势，是在生命中的理性与感性的共同展现。而孙悟空、猪悟能、沙悟净也都是先天一炁在不同方面的展现，因此一行五众凝聚合一，就是先天一炁。一行即先天一炁之运行，五众即五种构成要素。一炁散为五行，五行合为一炁。唐僧代表着一炁的运行方向；孙悟空代表着一炁的精神属性；猪悟能代表着一炁的物质属性；沙悟净代表着一炁的运行状态；白龙马代表着一炁的运行品质，此为一行五众，缺一不可。

师徒二人来到蛇盘山鹰愁涧，修持者解放元神并由其主导后，元神的自主运行就是神意，因此唐僧收伏了孙悟空后立刻就要收伏白龙马，故悟空说他记得此处。孙悟空被压在五行山下 500 年不得而出，行经数日才到此处，可见悟空不可能来过，而他却说："记得"此处，其本质就是孙悟空在御马监做弼马温养马。可见此处与孙悟空的关系密切。元神主导身中气脉运行后，修持者会有口中生津之验，但是未能修证到此境者为了追求口中生津的效果就以"赤龙搅海"的有为法使口中舌下玄鹰穴抽生出津液，即以舌盘绕唇齿之间刺激舌下生津的效果，即舌盘山鹰愁涧。此后天有为之法，所生之津与先天神意运行所生之津性质完全不同，故此时的玉龙为妖，因此"玉龙撺出崖山，就抢长老"。唐僧被元神孙悟空救下，是元神阻止了这样的后天有为之法。玉龙吞下凡马，这是明示修持者要"去假存真"。修持之事以后天毅力是不能胜任的，要及早发现自己的先天意志力，并以此来承载完成修持大任。后天毅力消除了，但先天意志力还未收伏，无法被修持者所用。悟空寻马喻此先天意志力必须由先天元神来寻找发现，后天识神唐僧必须静静等待。此时后天识神已知先天元神的存在，但不知元神的运行之功，故唐僧舍不得孙悟空离开去寻找玉龙。修持者空守着因静定而生的元神，这个状态在修持实证中就是"执空守静"。初见元神的修持者只知守此静定的状态，以为此为修证成就，而不知运化，此为蛇盘山鹰愁涧的险境。故土地言："这涧中自来无邪，只是深陡宽阔，水光彻底澄清，鸦鹊不敢飞过。因水清照见自己形影，便认作同群之鸟，往往身掷于水内，故名鹰愁陡涧。"鹰愁涧险境的含义即是如此。悟空对唐僧言："又要马骑，又不放我去"，是提醒修持者不可枯守静定，要放手让元神自主运行。"似这般看守行李坐到老罢"，是作者警示修持者如果只一味地执着修行的义理，即看守行李，不实修实证，不运化，不转化，只能空坐到老，一事无成。此刻暗中保护唐僧的神祇现身。“六丁六甲”喻一日之十二时辰。“五方揭谛”喻五行生化。“四值功曹”喻年月日时。“十八位护教伽蓝”，十八为木，代表着对生机的守护。这些守护神一直暗中保护着唐僧，是作者明示丹道修持全程的大火候之秘，即在一天的十二个时辰中体会五行生化，在积年累月之中，连续不断守护着生机，这就是修持者在修持的全程之中都应该保持的状态。而且是在静观密察的状态下暗暗行持，因此是由观音差来暗中保护唐僧。修持者如果每天只有很短时间用于修持，其他时候则放纵如旧，这是不行的，如同冶炼之理，炉中之矿每天只火烧一会儿，大部分时间空置，何时能去矿留金？修持讲究文火、武火，只此火不可熄。所谓熄火就是意散火衰。修持者只要保持着这样的状态，元神就可以自主运化了。

悟空来到涧边寻马。孙悟空与白龙争斗，是元神心急用力过猛，这也是许多初修者的毛病。初运元神并不知如何使用，往往用意过大过猛，是不自如的表现。而心急则不能驾驭此意志力，反伤真意，故白龙深藏涧底再不出头。孙悟空念“唵”字咒语，即俺字。唤出土地山神是作者教修持者以心问心之法。《西游记》中土地和山神代表着修持者当下的灵明之意。因此孙悟空在遇到急难与困境之时总是要找到土地山神来询问当下、当地的状况。前者因心神暴躁，真意不显，以心问心是回光返照，观照自心，启动当下灵明之意自可觉察。修持者要时刻回心，自省返照。后面孙悟空遇到难处多次唤出土地山神寻问，就是回光返照，觉察当下寻查因缘。“涧中自来无邪，只是深陡宽阔，彻底澄清，鸦鹊飞过照见自己形影，便认作同群之鸟，往往误投水内”，此言修持者执空守定之危害，此境清空自然，没有外邪干扰，修持者在清空的状态下元神很容易呈现出来，修持者便认为是己真身真神，其实那不过是一种影象，一种信号，因静而显。修持者若不明此理便投入其中，执着于此，不肯前进，伤害了性命。丹道修持很重视静定的修持，但静定之功是初期阶段的功夫，不是全程，更不是到此为止。“要擒此物，只消请观音来，自然伏了”明示修持者此运行不息的真意，必须在静观密察的状态下寻找、调伏。金头揭谛欲替悟空去请观音。金在身中五行为肺，金头指呼吸，揭谛是体会感受之意，所以金头揭谛守护唐僧是昼夜不离，因为人一刻都离不开呼吸。金头揭谛请观音就是作者传授了如何达到静观密察的状态，就是通过调整呼吸逐渐达到静观密察之境。呼吸之法在修持中非常重要也非常多，留在《西游法诀》中展开介绍。

“悟空又去涧边巡绕”，喻元神不再妄动用急，保持安静默守的状态，由此便可以达到静观密察之境。于是金头揭谛那边自然就到了南海观音菩萨之处。菩萨寻问来因，说出玉龙来源，即明白了因果，这就是静观密察之功之效。菩萨来到涧边，孙悟空嚷闹道：“你怎生方法儿害我？”喻修持者自身松懈，放纵之心仍重，旧习难除，不知收摄，故给悟空戴上紧箍，喻必须通过有为之法紧紧看守，不再因循旧习，放纵本性。这样“才能入我瑜伽之门”走上修持之路。

菩萨引白龙与悟空相见，是元神与意志力在静观密察的状态下相合相契。“那猴头，专倚自强，那肯称赞别人？”是要修持者不可自以为是，强持己见，只知元神不知修持还需要其他因素共同完成。菩萨道：“提起取经的字来，却也不用劳心，自然拱伏。”是告诉修持者要以大愿为统领，为核心，修持所需要的各种因素自然汇聚而来，凝聚在一起，精进前行，成道可期。可见大愿之重要。这也是唐僧只有大愿，没有任何神通法力却居师位，四众自愿扶助的原因。菩萨摘下白龙项下明珠，以甘露洒身，变为龙马，喻将先天意志力中的灵明之性转化为后天返先天所用的乾乾不息的意志力。甘露为真气凝结而成，是言此意志力是由真气转化而来，是真气运行的品质。“小龙口衔着横骨”，喻讷于言敏于行，少说多做。孙悟空不愿西去是提示修持者不要只以元神显现为了当，当下的元神还只是元神功用的展现，远未达到本体的成就。这一点修持者必须要明白，不可迷惑在功用、状态、现象之中，昧了本来。更不可因转化人身艰难而放弃，故菩萨道：“你当年未成人道，且肯尽心修悟，今日脱了天灾，怎么倒生懒惰。”此处暗示观音菩萨知道孙悟空当年修道之事，暗示观音菩萨就是菩提祖师的后天之象。菩提祖师从未离开孙悟空，一直在陪伴引导帮助孙悟空。修持者元神成就完结之后就要进一步转化人身，完成阳神修持，再完成济世度人之大愿，不可懒惰，不可执着元神法身成就，要以寂灭成真为正果。菩萨送悟空“三根毫毛”即菩提祖师向孙悟空传授的菩提诀、七十二变、筋斗云，即凝炼、应变、逆返三法，故可以随机应变，救急苦之灾。修持者当仔细体会三根毫毛之真义，依其法可以返本，悟其理，可随机应变；合其义，可救急苦之灾。

悟空揪着龙马顶鬃是以元神驾驭引领意志力。三藏见龙马大喜，修持者有此先天意志力的辅助，才可以继续前行，故大喜。三藏跨了划马欲渡河，并不得力，喻对此意志力还需要有驾驭之术。水神渡师徒过涧上了西岸，是明示修持者要依靠因空静而生的神意跨过执空守定所产生的危险之境。至此修持者完成了对元神、意志力的修证和调伏，此喻心性之功初备，故上了性地之西岸。因为顽强、坚韧、持续的意志力是修持者应当具备的品质而非具体因素，故不是唐僧之徒，为唐僧之脚力。故文中诗曰："诚心了性上灵山。"

师徒来到里社祠，即心中所设祠堂。土地、山神喻修持者当下状态呈现出的神意，故孙悟空每遇困难都要向当地的土地查问情况。此为落伽山土地、山神，即在静观密察状态下的神意，故里社祠中落伽山土地山神送鞍辔，是提示修持者回光返照，返观内心，静观密察，细细调伏，便可获得驾驭意志力的方法、手段、能力。"此去行有两个月太平之路"，是言调伏驾驭意志力纯熟，两个月之功即可。

"又值早春时候"，言调伏纯熟之后生机焕发。"师徒行玩春光，又见太阳西坠"言修持者见到生机要保持轻松的状态，不可停留而生执着。太阳西坠即又行神落下丹田之功。观腹中有红日是阳气生发之境。"见有庙宇"言修持者此刻将进入到下一个关口了。

第十六回

观音院僧谋宝贝　黑风山怪窃袈裟

丹旨：上一回，玉龙化作龙马成为唐僧的坐骑脚力，喻修持者具备了持久而专注的修持品质。这是一路西行返本还元的保障。唐僧收服孙悟空和白龙马是收摄心神之功。这一回，来到观音禅院，喻心神调伏纯熟，达到了安禅定性、寂寞清虚的证境。因此见到了不肯走出山门的老院主，喻修持者执着此境不肯出离。所以老院主大量收藏袈裟，甚至欲杀唐僧贪图袈裟，喻执着心神清净之境和文字义理，而放弃实修之功从而导致大愿难行。孙悟空将计就计火烧观音禅院，是借有为运炼之法破除对证境的执着，更是将身中的元精引发而出，黑熊精即元精的顺行造化之象。此生命之精气为养护人身的精华，故熊罴精认得袈裟的珍贵，将其盗走，欲开佛衣会，喻此生命之精本具的灵性，但需要佛的正知正见的引导。故此回丹旨为：静执。

释意：第 16–19 回讲述了观音菩萨收伏黑熊精，孙行者收伏猪八戒，喻元精的收伏之功。黑熊精为元精顺行造化的之象，猪八戒为元精返本还元的修持之象。收伏的过程是除假显真的过程，这既是写作的设计，更是修持的次第，假不除，真不显。

篇首对观音禅院的描述实质是对修持者修证到安禅定性状态的艺术化描述。“安禅僧定性，啼树鸟音闲。寂寞无尘真寂寞，清虚有道果清虚。”又言：“果然净土人间少，天下名山僧占多”是言真正修持至极乐之果的修持者极少，而达到静寂之境者多。和尚问：“那牵马的是个什么东西？”是言修持寂静者只认清静境界但不识真心元神。唐僧回道：“你看不出来，丑自丑，甚是有用。”是言执着寂静者当然不识元神，因其非同寻常，不合常识故言丑。

此刻识神已完全认识到了元神的重要性及妙用，故言："甚是有用"。唐僧来到观音禅院，因感菩萨圣恩而朝拜，是明示静观密察之法对于修持者极为重要。孙悟空在院中撞钟言道："做一日和尚，撞一日钟。"更自称是和尚们的"外公"这是提醒修持者静观密察是手段和境界，更为重要的是在此状态之中要以元神为主导，参禅悟道。问道如扣钟，不撞则不鸣。"撞"即以元神问之、寻之、参之。孙悟空是道心灵觉，故孙悟空警醒修持者要认得此遗失于外的主人公。不可执着境界而不知真主人。众僧见到孙悟空吓得直喊悟空为"雷公爷爷"，言孙悟空是一阳来复，是震卦之象，喻以一炁运化为真主，而孙悟空则言"雷公是我的重孙儿哩"，可见孙悟空的本质是乾元，是本心，这个才是真主人。老院主问唐僧行程后自言道："山门也不曾出去，诚所谓坐井观天，樗朽之辈。"此处又见作者慈心，为修持者提出了一个修持的重要原则，即必须要破除对证境的执着。唐僧行了五千里才到观音禅院，是言修持者经过持久的训练见到了元神，达到了禅院即修证出寂静佳境，此景此境是心神收摄之功效，可喜可贺。但是很多修持者以此为终，便贪恋、执境、久住于此境不肯前进、超越。一是贪恋，二是不明理。正如那老院主一般，达到寂静之境的修持者就如同坐在井底虽能见到天空，即修持者似乎见到了虚空本体真相，但却不知其所见仅是无限虚空之一孔，所见不全。反被此境界所局限不得解脱，确实是虚度一生。达此境者有延年之效，老院主就是执着此境之心象。心属离在南，其数为二七，故言"痴长二百七十岁"。老院主问孙悟空年岁，孙悟空言"不敢说"，是表明对此偏执者无法对其言说无限本体之境。"那老僧也只当一句疯话，便不介意也不再问"，这样的修持者受自我认知的局限，境界的封锁，面对真言真相都只当作疯话，更不会追问，实在令人惋惜，可见修持者对证境必须要破除。修持每一步都有证境，如若不破除，如何前进。

金池长老"拿出一个羊脂玉的盘，有三个法蓝镶金的茶钟，提一把白铜壶，斟了三杯香茶"，此为一个"心"字之象。茶水有进有出，此喻人心之进出。斟茶即真观静察之意。这就是老院主的修心之法，即对人心之往来进出认真体察，观此心之动静。此"观心"之功，是修持者修持心性之初功。"故唐僧见了夸爱不尽"，如果修持者如唐僧一样认为此功为至妙之法，就会因此遮蔽了见道之眼，故老院主言"污眼，似这般器具何足过奖？"明示此法是而修心性察人心之功，虽有价值、有作用、有效用，但不可夸大过奖，必须超越。袈裟为僧衣，喻僧人所皈依的真经至理，为心性修持的至宝。老院主问唐僧有何宝物？是问心性修持的至理，而悟空是元神，是本心之相，与此至理同体同在，故与至理至宝同出，所以悟空必然要将袈裟拿出展示。唐僧的袈裟是佛祖所赐，代表着佛性觉慧。老院主拿出展示他收藏的袈裟，即他所执持的修持理法皆不究竟，所以看上去花哨只是装点门面，是对真正的至理是刺伤，更是对生命灵性的消耗，故为“穿花纳锦，刺绣销金之物”，与唐僧的袈裟无法相比。唐僧不让孙悟空展示是提示，修持至理妙法不可随便示人，“不然殒身灭命”。这与菩提祖师的教诲完全一致。修持者不可有炫耀之心，要静修默行，要和光同尘。孙悟空既动了炫耀之心，自然就引发了他人的奸心、占有之心。此占有之心是后天识神意识的顽疾，这也是由它的特性所决定的，是必然的。修持者就要看破后天意识的局限并能超越它。修持至理妙法不可轻示，但是大道公理，天下有缘之人皆可听闻，修持者不可私占，导致无法流布，所以修持有道者必当传法弘道，此天道使然。

老院主将袈裟借来观看，自言不如一个行脚僧，无缘得此袈裟。行脚僧是脚踏实地的实修者，是践行真理之人，当然可以拥有象征真理妙法的袈裟。像老院主那样执空守静，只知观心的修持者怎么可能认识到修持至理妙法。拥有佛祖所赐的袈裟。人有私心必生智谋，故“广智、广谋”出计谋火烧唐僧师徒，谋夺袈裟，喻不明至理的修持者想通过后天意识智谋，作意用功而起火的有为之法来获得先天至理，这是不知大愿灵觉的至妙。后天意动必然惊动先天灵觉，所以悟空起身察看。虽然此火起于后天作意的有为之法，但悟空却可以从密闭封存之处见到生化之机，故“孙悟空变蜜蜂儿钻出看分明”所谓看分明即看出了生化之机，即悟空元神借此后天作意起火之功来破除对因收摄心神而达成的寂静之境的执着，化干戈为玉帛。故孙悟空笑道：“顺手牵羊，将计就计，教他住不成罢”，就是不让修持者长住此境之中，以火化境，继续前行。

孙悟空在南天门从广目天王处借“辟火罩”护住唐僧。南天门为脊柱进入头颅之窍，由广目天王镇守，喻回光返照之功。老院主所放之火为欲火，不可让其放纵伤害大愿，故用“辟火罩”护住唐僧无伤。“其余管他，尽他烧去”即通过后天有为之法消除后天邪欲。而广目天王则是提示修持者要对此火明察，既要放火焚烧邪欲，更要不使其伤害修持大愿，此辟火之意。孙悟空道："莫误了我下边干事"是言有为之法之火起于下丹田。"望巽地吸一口气吹将去"是以呼吸之法助火力生发。"火"即生命所需能量的生起、运行、转化的状态，此火也分先天、后天之火。"风狂火盛，把一座观音院，处处通红"，这是下丹田阳气生发之景，实证中下丹田气足确有盛火之象，此火也必然引生身中元精的出现，所以"不期火起之时惊动了一山兽怪"。妖精住黑风山、黑风洞。在五脏为肾，为肾精。"正北下的火光晃亮"，即下丹田的火起引发延伸至命门，此处为藏精之处，故妖精见火而出。此元精为后天生命中的先天灵能精华，因此它认得代表先天至理妙法的袈裟。因其先天之性，必然要与之相合，故妖精必然要将袈裟盗走占为己有。行者将辟火罩还与天王道："好借好还，再借不难。"是言元神与识神相互配合可成修持之功。"老孙比在前不同，'烂板凳，高谈阔论了'如今保唐僧，不得身闲"，明示修持者要实修实证，不要再烂板凳，高谈阔论，清谈修持。

唐僧再三要行者找到袈裟是提示修持者不可执着沉迷有为之法。只认起火行功而将先天至理，虚空本性丢失了。观音院被火烧尽，老院主撞墙自尽，是修持者通过后天作观的有为之法彻底破除对守静执空所生出的清静之境界的执着。后天私欲智谋更要烧尽，令其自灭。"行者将那触死鬼尸首抬出，选剥了细看，浑身更无那件宝贝"可见只以静观起心动念，守静执空之法是寻不到袈裟即至理妙法至宝，而在肉身上执着用功更是无宝可寻。行者问道："你这里可有什么妖怪成精么？"是明示修持者要明白破除对证境的执着是第一步，更要明白破除之后将会引发的后果以及对策。修持是非常系统连续的转化过程，唐僧收伏的孙悟空、白龙马这是收摄心神之功。行走了五千里到观音禅院是将成果持久运行之后所达到的证境。火烧观音院是破除对证境的执着，引出新的状况，说明已经跨过一关前进了。"修、持、证、破、果、修"这样的循环过程是《西游记》内容演绎的程序，同时也是修持过程演化的程序，既是作者的写作手法，更是作者明示修持过程的基本规律。孙悟空明确了袈裟是妖精盗去了，是知道破除证境之后出现的新状况，故"径上黑风山，寻找这袈裟"喻元精为至理的物质载体。

第十七回

孙行者大闹黑风山　观世音收伏熊罴怪

丹旨： 上一回，孙悟空借助后天有为之法，作意内观下丹田起火，消除了修持者对清虚寂寞的神识之境的执着，代表那份执着之意的老院主自然而亡了，也正是此火烧出了生命之精气，此精为养护人身的精华，故熊罴精认得袈裟的珍贵，将其盗走，欲开佛衣会，喻此生命之精本具的灵性，需要佛的正知正见的引导。此精与金池长老对境互生，为一体。金池即精池，言此清虚之境可以生出生命所需的精华能量，但所生出的执着之心当灭。而此精也异化为后天凡精故为妖精，但其本质是先天元精，即后面猪悟能的后天魔相，应当收伏为修持所用。这一回，孙行者请观音收服熊罴精，喻修持者于静观密察之中发现并收摄此后天精气，防止其再向后天凡精和浊精转化，故观音将禁箍戴在黑熊精头上，喻对此精气要好生看守，严禁走失，故黑熊精成为落伽山后山的守山大神。故本回丹旨为：固精。

释意： 孙行者翻筋斗云跳起，众僧惊呼："神圣下界"，是初识元神，知其神圣之性。反省不该"使心用心，反害了自己"，提示修持者要认得元神，不要以后天意识主导修持，若如此，便是害了自己。唐僧言："但恐找寻不着，我那徒弟性子有些不好，汝等性命不知如何？"袈裟代表修持的先天至理妙法，如果不能寻找到，修持者便没有了依据，因此作为本心灵觉的孙悟空也就没有了遵循，性子自然不好，生命必然因此受到戕害，故众僧的性命乃至修持者的性命也就没有了保障。

行者来到黑风山即身中精气生发之处，修持者当以神会之，仔细体察辨认。前段行者以呼吸之法助丹田火起，火盛引发精气生发。现在修持者当以神守命门之法主导和炼化精气。行者见三个妖魔高谈阔论，都是立鼎安炉、抟砂炼汞等旁门外道。作者在此处警示修持者高谈阔论而无实践是心魔之相，抟炼铅汞外丹之术更是外道。三个妖魔代表着修持者的三种错误认知，熊精喻为人身之中的后天精气；苍狼喻外在有形有质的铅汞；白花蛇喻人身中生殖凡精。修持者若以此三者为药物则是入旁门外道。修持者当以金丹大道一法为真，修持者不可不知，不可错认。世间很多旁门外道，以生殖凡精为宝，闭此精、化此精、炼此精为要，是不知此凡精是生育后天生命之精，已落入后天不堪一用，故悟空一棒先将白花蛇打死，是提示修持者不要在此处用功，勿走错路。孙悟空来到黑风洞，喻人身脊后命门处，于五脏为肾，为水，故为黑色。行者大喊："快还你老外公的袈裟来。"熊精为后天身中精气，本质是先天元精。而元精的主导者是元神，相隔了两层变异之象，故称"老外公"。行者骂道："我的袈裟在直北观音院后方丈里放着，只因院里失火，你这厮，趁哄掳掠盗来，还要做佛衣会庆寿。"悟空为本心灵觉与袈裟的至理为一体，所以是"我的袈裟"。"直北"即脊柱，"观音院"为脊前下丹田。"后方丈房"即背后命门，熊精为命门里的精气之象，所以能从命门处认得并盗走。代表至理妙法的袈裟与身中精气相合就有了重生的可能，故作"佛衣会庆寿"。行者孙悟空自报出身之诗是将神修丹法的总程做了一次梳理。自报："大唐御弟三藏法师之徒弟孙行者。"明示修持者必须要有师传，不可私自胡猜，要以大愿为引领。"我是历代驰名第一妖"，第一妖即第一爻，即乾之一爻，即第一药。此本心灵觉为金丹之精髓。修持只此一乘法，其余皆假。读者当细品详参，对此诗的解读留在《西游道论》中再作展开的论述。熊精道："等我进了膳来再与你赌斗。"这一幕与猪八戒何其相似，可见两者本质同一，只是境界不同而已。熊精为后天精气，所以必须靠吃饭来补充，而悟空为先天元神，是自给自足，故"压在山下五百年，也未曾尝些汤水，哪里便饿了"。修持者如果修持到先天一炁生起，后天饮食之欲自然断除，此状态为自然辟谷，而非以后天之法强行辟谷可比。

行者回到观音院向唐僧回复情况，是言修持者在行功之时不可一味行事，要有进有退。退者是言与后天意识配合，使后天意识明白行功的进程。这样修持者就可以做到心中有数，则不会心生急躁、疑惑和烦恼，更易于元神用功。如此神意相通，才能一路前行。众僧都道："今日寻着下落，我等方有了性命。”此言不虚。修持者更当早早寻到袈裟下落，有了正见，性命方保，故言“才是你们的安乐处”。

熊精请帖写道：“侍生熊罴顿首拜，启上大阐金池老上人丹房。”“侍生”言此精由丹田火起而生发的精气。“大阐金池”，大力阐发阐扬。金池即精池，为下丹田，言此处是精气生发向上升华的炼丹场所。行者笑道：“想是那个妖精，传他些甚么服气的小法儿，故有此寿。”这里作者明示服气之法有延年益寿之效，但非丹法。修持者可依此法培补身亏。健康与长寿不仅是世人所追求的，更是修持者的生命基础，身安才能道隆。行者进入妖精洞中，“真是个洞天之处”。三门对联：“静隐深山无俗虑，幽居仙洞乐天真”，是言人身中的精气既有由先天真气转入到后天身中之气，故为“洞天之处”，也有由后天五谷之气转化的身中之精，此精华都安静隐没在人身之中。按照生命运行自然规律运化，不受后天意识的干扰。所以行者暗道：“这厮也是个脱垢离尘，知命的怪物。”说明此精气未完全转化为后天形质，是养命精气，故为知命。因无正知和正见的引领故为怪物。

行者欲请观音是明示修持者若要降伏身中精气被修持所用，就要行静观密察之功方可。菩萨道“那怪物有许多神通，却也不亚于你，我看唐僧面上和你去走一遭”是言精气乃至元精的作用都是修持者所必须具有的，只有元神的灵运是不够的，所以熊精的本领不亚于行者，它有悟空无法取代的作用。修持者以大愿为引领，两者都要为修持所用，必须以静观密察之法发现、认知、驾驭，即降伏之意。

行者打死手持两粒仙丹的道人苍狼，是要修持者不可执迷铅汞外丹之法。外丹之毒害如伤人的苍狼，修持者当避之。行者与菩萨设计是“以假破假”之计。菩萨道：“以心会意，以意会身，恍想之间，变做凌虚子”，这是向修持者指明了，菩萨本为圣心，圣心一动便由意变身，再变为怪，是由无入有，由真变假，由圣变怪的过程。修持者要明白此变皆由心动所致。所以菩萨言：“菩萨妖精总是一念，若论本来，皆属无有”“行者心下顿悟，变做一粒仙丹。”可见仙丹的本质就是本心，灵明觉性还归本心。菩萨道：“这孽畜占了这座山洞却是也有些道分”，是明示修持者通过静观密察之功可以体察身中精气对于修持者的价值和作用，要善加转化、利用。行者钻入熊精的肚子里是神入精气，主导精气的转化。修持者神守命门之后，精气在身中的运行便由元神来主导了。很多修持者总是用后天意识来主导精气的运行，如意念运转周天之法，都是不对的。菩萨给熊精戴上了禁箍，是明示修持者对此精气必须好生看护，严禁走失。“我那落伽山后无人看管，我要带他去做个守山大神”，山后即人身后背脊柱督脉。这里是精气生发运动的场所，故要时时静观密察、守护，严禁精气向生殖凡精转化走失。“那黑熊才一片野心今日定，无穷顽性此时收”，身中的精气在没有元神主导的情况下，被后天欲望调动而乱行，故为“一片野心”，今日被行者元神主导又以静观密察之法时时看守，养护命身严禁走失，故“无穷顽性此时收”。熊精为人身中的后天精气，他的本质与猪悟能相同，猪悟能是身中元精，故熊精不过是猪悟能的后天怪相，猪悟能是返本还元之象。菩萨给熊精戴上禁箍，实质就是给猪悟能戴上了禁箍，是明示修持者禁止身中精气向凡精方向转化，只可向上转化成为身中先天元精。在这个层面自有元神孙悟空管控元精猪悟能，所以下一回自然元精猪悟能就出场了。

第十八回

观音院唐僧脱难　高老庄大圣除魔

丹旨：上一回，师徒来到观音禅院，喻修持者收伏元神、真意之后所达到的证境。修持者若执着此境则生两难，故有破除金池长老执着清虚寂寞之境一难，再有收伏熊罴精即后天精气，使其为养身而用之难，脱此性命两处之难便可前行超越此境了，故言“观音院唐僧脱难”。熊罴精为元精的后天之相。今已收伏，那么元精猪刚鬣即出，此为元精后天魔相，必须由元神孙悟空收伏即除此魔相，而成为返本还元之相的猪悟能。这一回，唐僧师徒来到高老庄，喻修持者达到了如同老庄一样高妙的修持证境。但此境界需要先天元精的能量支持才能保持并延续，故有代表先天元精的猪刚鬣前来入赘。他能吃能干创立家业，喻元精之能。其因顺行造化开始向后天转化，故要娶妻，即身中神气交媾，再度显现出元精魔相猪刚鬣。高员外要除魔，即要恢复元精先天本性，只有如此才能维持证境。元精的本质是本心的物质属性，发现并擒拿此先天元精者必须是先天元神，故孙悟空变翠兰戏弄猪刚鬣。故本回丹旨为：元精。

释意：行者将黑风洞烧成个“红风洞”，是言命火炽盛将后天精华向先天元精转化的景象，修持者可在实证中见到此景。“三藏望行者急忙不来，心甚疑惑”，这是后天识神的特性。修持者要克服这个毛病，安心放手让元神运事，这是识神应当具有的态度。收回袈裟后唐僧欲急忙上路，行者却道：“莫忙”，是明示修持者虽已明真理、获正见，也不可心急而行。“心急行事”也是修持者大忌。“猜疑和心急”都是修持者常犯的毛病。作者婆心，此处明示出来。

师徒来到“乌斯藏国界之地，唤做高老庄”，乌为日中鸟，喻阳中真阴，在人身为后天中的先天元精。“乌斯藏”即真阴元精所藏之地。修持者前段功夫是对心性调节、煅炼、收伏之功已经完成，下一步就要进入对生命能量的发现、收伏、煅炼的阶段，故收伏元精，此势在必行。“师徒行了五七日”，在丹道中以七日为一个循环周期，五七即五个周期。以处是言修持者收伏了后天精气后，顺其运行滋养身体的过程，温养了一个阶段后又进入到下个境界，即高老庄。行者见到村庄有诗描写，完全是一派自然任运的景象，故行者说是“一村好人家”。此境界的本质就是修持者经过前一段的心性调伏与精气运行，温养生命达到气运顺畅、神清闲适的状态。高老庄之景即此修证之境，实写身心安泰的证境景象。《西游记》多处描写看似闲笔，其实都有所指。山川景色、风土人情、诗词歌赋、言谈笑语、举手投足，这些看似无用之处往往藏着作者重大用意，读者唯有细品详参，方能领会。很多细节这里无法展开，留在将来的《西游详解》中逐一破解吧。如此身心安泰的境界不仅呈现于修持者的功态当中，也体现在日常的生活状态之中，此境界的出现本质是先天元精自身特性的外现，所以高老庄这个高妙如老庄的境界若想维持下去就必须有元精的支持与维护，所以要招上门女婿维持家业。猪刚鬣因受观音点化不再吃人，“遂此领命归真，把斋吃素，断绝了五荤三厌，专候那取经人”，此元精逆返还元之象，故代表还元之象的元精猪刚鬣变作精致的壮汉前来入赘。他能吃能干创下一份家业，此顺行造化向后天转化之象。壮汉娶妻喻身中神气交媾，喻再度向后天转化，因此又显现出元精顺行造化的魔相，即猪刚鬣。元精魔相出现后高老儿不识其真相，“只认当初那个模样精致的壮汉假相”，故要降伏。但也只是希望元精恢复能够维持高老庄一派闲适自然、身心安泰的境界所需之象，故要派高才外出寻找法师。高才就是此后天意识之境所派生出的意识，即希望通过后天的才能、才智、才干找到恢复元精充盈，使其能持续提供能量支持，维持证境的方法。行者是道心，高才是后天之意，所以悟空当然认得他“牢牢抓住高才”，是不让其再向后天方向转化。悟空元神也由此捕捉到了先天元精的信息，故行者道：“你的造化”，高才寻法师即向后天转化，故言造化。“我有营生”，孙悟空西行是还元复生，故言营生。“这才是凑四合六的勾当”，是言元神元精要相合了。太公道：“既是远来的和尚，怕不真有些手段”，所谓远来的和尚就是经过长期煅炼、转化、行持的修持者，因此面对修持过程中出现的各种问题状况都明白其机理并有解决方案，故言“有些手段”。前面说了高老庄是闲适自然、身心安泰的境界，它是元精本性的体现。而人身中的先天元精是来自先天灵能，此灵能是以超越古今，清清静静为特性的，所以高老道：“我们这庄上，自古至今也不晓得有什么鬼祟魍魉。”然而此境界若没有元精的支持、维护是无法延续的，因此生下三个女儿为坤阴之象。招赘即行阴阳交媾之事，继续向后天转化。三个女儿名“香玉翠”即“相遇萃”谐音，喻在阴阳相遇中萃取精华。所以有了代表先天灵能的天蓬元帅投胎，转化为人身中先天元精的猪刚鬣，再转化后天精气的壮汉即上门女婿。耕田种地、创立家业都是人身上事，即消耗元精所换来的心神方面的状态。庄上富足，喻人身康健，更是维持了高老庄闲适自然景象的存在。因为向后天转化元精消耗，故后来汉子又变回了猪刚鬣，即元精之魔相。高老庄是后天境界之识，只认得后天精气即上门女婿，不认得先天元精，故很害怕，要怯退。此处作者明示修持者不要执着闲适自然、身心安泰的高老庄之境界，要在此境界中萃取出元精，为修持所用。

行者问翠兰妖怪去向，翠兰答道：“昏来朝去”，是言此元精在寂静之境中显现，而在神意动荡之时，便随造化消耗而去，难见其容。“行者变得如那女子一般，独自个坐在房里等那妖精”，是先天元神先转为后天之意，从净静后天之意入手，“静待癸生”。“起初时微微荡荡，向后来渺渺茫茫”之诗，写出了元精复生时的状态，修持者在实证中便可参证。妖精“走进房一把搂住，就要亲嘴”，是言此元精见元神必然要相合，因两者本是一体。那怪道：“我也曾替你家扫地通沟、搬砖运瓦、筑土打墙、耕田耙地、种麦插秋、创家立业。”是言元精于人身的重要价值，是真正的养身者。故修持者若论养身护命，要以养精为贵。

妖怪家住“福陵山”，即潜伏灵性之山，在人身为脊柱之山。“云栈洞”，即通向云端的栈道，喻后天返先天之路，在人身为脊腔。就其机能而言，髓体之能为生命之本能，人生命体的所有机能都缘于此处。生命所获得的先天、后天精华也都先汇集于此，再由此运化周身，故为后天人身中先天元精所在处，故有天罡数变化。所变者为后天人身精气，所以八戒所变都是形质粗笨之象。妖精所用“九齿钉钯”也与此有关，下回再解。妖精先天为灵能，故“与九天荡魔祖师相识”，是明示修持者若将此后天人身中的元精转化为先天灵能便可依此破除各种修持过程中的障碍，因此在西行的路上猪八戒除妖的数量是多于孙悟空的。猪悟能即悟先天灵能，悟除妖之能。孙悟空即悟先天灵觉，悟其空幻之性。西行路上只有兄弟二人相合相助方能功成。“那怪化万道红光，径转本山而去”，是明示修持者在境界中虽可以认得元精，但无法擒拿。本山即脊山，喻还需要在元精生发之处下手。行者驾云直追，是明示修持者若见此元精显现，不可放过，要即刻下手，以元神会之、擒之，再不分离。

第十九回

云栈洞悟空收八戒　浮屠山玄奘受心经

丹旨：上一回，高妙的老庄意境在先天元精的支持下得以维持，即猪刚鬣入赘。因猪刚鬣已受观音点化，开始向善修行，喻元精开始返本还元。所以猪刚鬣变壮汉耕田种地，创下一份家业，喻消耗元精涵养后天人身。娶翠兰喻元精与后天之意交媾，此顺行造化，故壮汉变回猪刚鬣，即元精恢复造化之魔相。这一回，孙悟空在云栈洞福陵山收伏猪刚鬣成为唐僧的徒弟，是喻要在元精生发之处擒拿、降伏元精，为修持所用。由元精造化之象的猪刚鬣变成还元之象的猪悟能。悟能即悟元精的生化之能。因元精的被动性，容易受各种因素影响，故又称呆根，与代表自主灵明觉性的灵根孙悟空相对。因此必须从持戒之法入手阻止其向后天转化，故名八戒。至此修持所需要的元神、元精两个基本要素已经归复。这样的修持成果属于心体初备，因此就要对此心体树立心性修持的最高原则，这也是自宋代紫阳真人后，金丹大道的修持准则，故遇乌巢禅师，于“浮屠山玄奘受心经”，故本回丹旨为:《心经》。

释意：修持者于境界中，特别是功态当中见到了元精之象，但此处却不是下手擒拿之处，还要追寻到元精生发的根本之处。找到根源方好下手，故“那怪的火光前走，这大圣的彩霞随跟”，可见元精是后天生命的能量，而元神是这能量的机能和作用。

猪刚鬣自述身世。前段阐述了从炼精入手修持的火候、次第，后段讲述了退转的机理。行者闻言道“你这厮原来是天蓬水神下界”。道家自古言“天一生水”，而水生万物，故指出了元精的本质是先天灵能。“下界”即由先天转入到后天人身当中，是后天中的先天。那怪道：“当年你撞那祸时，不知带累我等多少。”悟空悟能、元神元精、先天灵觉灵能、行者八戒，本是一体，都是本心之两面，即精神属性和物质属性在不同层面的展现。当年元神孙悟空大闹天宫喻不肯超越，不向佛性觉慧方向升华，反而要向后天识神方向转化，所以与其同体的元精也必然因此向后天精血方向转化，元精摇动顺行造化寻求交媾，故调戏嫦娥被贬入凡尘，转化为后天精气，成为猪刚鬣。悟空悟能大战是元神元精相合的表现。但因没有大愿的引领，没有共同目标的感召，无法凝聚相合。这是明示修持者大愿、理想、目标起到凝聚和引领的作用。修持者若无大愿是无法聚合各种因素、无法引领前行的。

行者回到庄上讲述妖怪出身，“他本是天蓬元帅临凡，其性灵尚存”，是点明了元精的来历和本质，更重要的是指出其性灵尚存。正是这尚存的一点灵性才是最宝贵的，才可以为修持者所用，借此性灵逆返先天，修证大道。“这几年挣了许多家资皆是他之力量”这是明示此元精对于后天人身的价值与作用。元精向后天转化就生出人身所需要的各种精华物质，这些精气滋养人身，使得修持者身强体健，才能在神识方面呈现出安适自然的老庄境界。元精是这身心安泰境界的物质基础，是维护者、贡献者，故言“也门当户对”。猪刚鬣使用的兵器是“上宝逊金钯”即九齿钉钯，就是脊柱外形的艺术化。九齿即脊柱下端的骶骨，上有九孔即九齿，脊柱为钯柄。对钉钯的赞诗道：“进入玉皇镇丹阙”，是言脊柱直通头颅脑府与脑神连通。“钯到魂消神气泄”，喻因为后天人身的造作消耗，元精不能上行滋养脑府，反倒下行，自然导致魂消神气泄。“金”代表元神，在金丹道中元精的作用要逊于元神，元神才是主导者，所以是“逊金钯”。因为这里面隐藏着生命之宝元精，故为上宝，即向上送宝喻还精补脑。孙悟空是元神，而元神是元精的机能经过千锤百炼而形成的综合统一体，效能达到最大化，而元精本有的机能是原始、散乱、微弱、被动的，无法与元神相比，所以猪刚鬣用钉钯筑孙悟空的头，“筑不动行者一些儿头皮”，喻元精的机能无法影响干扰元神。正因为元精的原始散乱的特性，西行的路上八戒总是要散伙和表现出旺盛的食色之欲。因其被动性故西行路上八戒经常被诱惑而不能自持，为克服这些特性就必须依靠经过煅炼后的元神管束和调动。八戒问道：

“我记得你闹天宫时，家住在东胜神洲傲来国花果山水帘洞里，到如今久不闻名，你怎么来到这里，上门子欺我？”是明示修持者元神元精本为一体，因妄想分离了，故“久不闻名”。修持者如何能找回元精呢？行者说出随唐僧取经之事，八戒立刻皈依，即“归一”，喻由分散消耗回归到本体，复归一体。可见找回元神元精，全靠大愿的感召、理想的引领。猪刚鬣将云栈洞烧成了破瓦窑，是元精能量在元神的观照下起火炼化，彻底断绝了向后天精气转化的可能，故八戒道：“我今已无挂碍了，你引我去罢。”行者揪着八戒耳朵是言降伏元精即人身中的肾气可由耳根入手修持。如以元神主导的耳听命门之法是修炼元精的入手之法。因而把此法称为“耳提面命”之法。行者又言：“善猪恶拿”，是明示修持者对待“善猪”元精的原始、散乱、被动的特性，要用有为之法强力管制才行。“性情并喜贞元聚”，言修持最重要的两个基本因素元神元精终于聚会到一起了。有此基础自然可以“同证西方话不违”。

三藏拜谢观音后才收八戒为徒，可见元精的收伏也要在静观密察当中完成。收徒只是认知到了元精元神的存在，可以被修持者所用，但其本身所具有的各种特性、习性、局限性，还要在修持的过程中逐步完成转化、消除、升华，这是一个极其漫长的过程。唐僧赐名“八戒”，即断除五荤三厌，于丹道修持而言五荤是指元精不再向后天五行方面转化，要升华向先天灵能乃至先天一炁转化，这是对修持运行方向的规定。“三厌”是指因元精特性导致的“贪嗔痴”三性，要彻底转化，要向灵明空寂方向转化，这是对运行状态的规定。行者言：“世间只有个火居道士，哪里有火居和尚”，是明示修持者虽然元神元精两个基本要素已经具备但还未融合，要经过磨合、煅炼，即以有为之法调配。这个处理、转化、融合的过程中的手段、方法、解决方案等就是火候，所以叫火居道士。元神元精合聚之后，就不要再用有为之法故无火，即以温养为主，以和为尚，故称无火居和尚。行者八戒皆言不戒酒，在道家修持中借助酒的功效帮助修持者完成命功修持是确有其效的，只要不过度，适度即可。而唐僧代表性功修持，饮酒而醉则表明心动意迷，故唐僧戒酒。“老高拿出二百两散碎金银”，是言阴阳已备，但还是散碎之状，未成一块，还需煅炼融合。八戒与老丈人言：“只怕我们取不成经时，好来还俗，照旧子与你做女婿过活。”是言元精向后天精气转化是其本性，故遭到唐僧行者呵斥，是提示修持者要坚定信念不可退转，更要以大愿和元神共同管制才令其意不退、其精不化。“遂收拾一担行李，八戒担着；背了白马，三藏骑着；行者肩担铁棒，前面引路”，八戒是元精承载着精华物质，所以负责挑担；唐僧是大愿，为师指引方向；白龙马是顽强的意志力，勇往直前运行不息；行者是元神前方引领开路，凭借元炁的运化之机金箍棒破障除魔。收伏了元精八戒，师徒便跨越了高老庄之境，有诗赞其成果道：“情和性定诸缘合，月满金华是伐毛。”修持者行功至此，元神安定元精合和，以往分散于身中的精气便开始逆转方向不再分散消耗，而开始聚拢相会，生命的运行实实在在地开始转化了，故言“情和性定诸缘合”。“月满”，修持者在功态中目前会有一轮明月出现，这轮明月代表着元神在获得了元精的补养之后，其灵明度大增而稳定，反映在后天视觉层面就是静坐中目前呈现的一轮明月之象。“金华”，是指修持者因为元精的回归，不再消耗散乱，能量逐渐充盈，中下丹田可见到一片金光灿灿，满月即由此金光映射而成。在人身方面修持者会出现“洗髓伐毛”的变化。元精充盈即是洗髓，导致皮肤变得细腻白皙汗毛脱落即伐毛。这些现象都是此阶段必然出现的，修持者可以依此验证。

“浮屠山见乌巢禅师”，元精元神相会是心体初备，故来到浮屠山即佛山，即心山。所以对此心体作出引导和教诲就要开始了，便有了乌巢禅师传授《心经》之事。八戒当年遇到过禅师，但未曾跟随修行，是因为唐僧与行者未到，即大愿未生，元神不显，心体不备，故不能向其传授《心经》，元精不能自主修行，故八戒也不肯随禅师修行。乌巢禅师认得八戒，不认得行者，是言禅以无心为宗，无分别之心。而此刻的元神悟空还是分别之心相，故不认得行者。三藏问乌巢禅师路程，是提醒修持者不要认为元神元精相聚就离成功不远了。故禅师道：“远哩远哩。”此刻心体初备尚未合一，故禅师向玄奘传授《多心经》，此处用“玄奘”这个道家喻意的名字是暗含着性命双修之旨。随着唐僧修持的进步，此心逐步澄明精一。《西游记》中还将其写成《般若心经》和《心经》。名称的差异体现了修证境界的变化，即“多心”归于“一心”，再归于“无心”，而解脱成就。乌巢禅师所传《多心经》，“此乃修真之总经，作佛之会门”，是要修持者明白《多心经》是心性修持的总原则，菩提祖师传授的《菩提诀》是命功修持的总则，此两者共同构成金丹大道性命修持的总纲，是《西游记》丹道修持的核心。《心经》是修持者终生都要参悟修证的经典。元神元精相会，喻心体初备，但旧有的运行模式，固有的特性，存在的状态，在修持的过程中都要转化、消除、升华。而这些特点就是局限性，它们会以魔障的形式出现。西行路上除魔的过程就是转化的过程。故必然要在此刻传授《多心经》，使修持者明白什么是魔，如何除魔。最后禅师还提醒修持者要以元神主导修持，识神配合，故言“多年老石猴，他知西去路”。

第二十回

黄风岭唐僧有难　半山中八戒争先

丹旨：上一回，孙行者收伏猪八戒成为唐僧的二徒弟，喻元神元精相合，在大愿的引领下共同完成返本还元之功。这样的修持成果为心体初备，故乌巢禅师向玄奘传授《心经》，是为修持者树立了性命双修的根本原则。修持者完成了心体的建构，即元神与元精的相合，接下来就要解决心体运化状态的问题。故这一回，有了黄风岭之难。唐僧首先遇到只会口中念佛而不肯上路的庄上老者，此口念身不行的虚伪之难，其本质是言修持者若不改变心体的运化，也只是虚伪之态，借此劝修持者要实修践行。又遇到虎先锋将唐僧摄走，喻心性动荡的首要之害就是后天性欲炽盛对修持者的擒摄之害。只要元精充盈不向后天转化便可破除此难，故八戒争先，举钯筑死妖怪。故本回丹旨为：运化

释意：唐僧收伏了孙悟空、猪悟能，下面就要收伏沙悟净了。《西游记》的写作手法是“破假显真”，所以在情节安排上就设计了黄风岭黄毛貂鼠一难，而后再收沙悟净。黄毛貂鼠喻心体运行为顺行造化的模式所呈现出的魔相，沙悟净喻心体运行为返本还元的模式所呈现出的还元之象。“破假显真”不仅是写作手法，更是修持的规律。修持就是要打破旧有的模式、状态、性质、层次，所以必须是先破假而后真才可以显现出来。一行五众每一个成员的回归都是如此，后面的转化过程、境界变化也是如此。总体而言，修持本身就是一个破假显真的过程，破除人生、生命、世界的一切假相、幻相，回归真相，这就是修持的意义。唐僧收伏悟空悟能是心体初备，便有资格、有必要、有能力接受和学习《多心经》获得正见，故“玄奘法师悟彻了《多心

经》，打开了门户，那长老常念常存”，保此心体，依此正见，修持必然是“一点灵光自透”。但是修持者不可一味执守着心体、正见便以为可以自然解脱，必竟我们修持的起点是凡夫之身，有此人身就说明我们旧有的生命存在状态、性质以及运行模式都需要转化，它们的局限性是不会自动消除的，而对这一切的修持将是一个长期转化、解脱的过程。完成这样的转化是有原理、方法、策略、要点、解决方案的，所以作者慈心在本回篇首写下偈语明示给修持者。这首偈语对于修持者的实践具有指导意义，极为重要。明示了形而上的心体与形而下的法象的关系，以及修持的原则、要点和证境，修持者不可不参。对此偈语的解读留在《西游道论》中展开。

唐僧言：“你看那日落西山藏火境”，此下丹田之景象，是元精生发之象。正因此充沛的生命能量自然引生了后面“虎先锋”，即浊精的出现。“月升东海现冰轮”，此上丹田之景，是元神清明之象，正因此清明之境，自然引生了后面村庄中代表后天修持假意的老者出现。唐僧所见是真景象、真境界，实修者自见。达此境界意味着修持者要进入温养阶段，以彻底完成前段的转化，所以要“借宿一宵，明日再走”。八戒嚷饿喊累是由元精特性决定的。元精同时具有先天后天的属性，修持初期还是后天属性占主导，经过长期转化才会变成以先天属性为主导。先以五谷之精培补元精是必然，故八戒常嚷饿，而且食量巨大，是这些后天五谷之精能量不够，不足以完全承担生命转化所需，所以八戒累也是必然的。这种状态正说明修持者还是被人身所困，修持者总以解决人身之困为重点，那就是受困于身，执着人身，故行者骂他“恋家鬼”。唐僧说他“不是个出家的”。八戒是心体之精，为物质属性。行者是心体之神，为精神属性。八戒恋家即被人身所困，故生二难。

途中先遇到庄上老者。很多所谓的修持者都只是口中念佛而不实证践行。正如“只是站在路边嘤嘤念佛”的老者，念到老也不肯上路，如何解脱？唐僧向其问路却被反劝回头。作者此处警示修持者莫做口头禅者，要做行者。而此等之人更不识元神与元精，故见到行者八戒战战兢兢反要关门。此等修持者是假意修持，空有其名，借修持之名充门面而已。老者告诉唐僧“经非难取，只是道中艰涩难行”，是明示修持者经为至理正见，此理好明，但转化、消除的过程却非常艰难，故言“道中艰涩难行”。因畏惧艰难而不实行，妄想只口中念佛而成就、解脱是不可能的。究其根本还是不明至理，或是旧习难改，更是不明元神元精在转化过程中的作用之理。故行者道："不妨！有了老孙与我这师弟，任他什么妖怪，不敢惹我。"这就是真正实修践行者对转化过程的最佳解决方案。修持者不仅要明义理，更要明转化之理。转化之理就是丹道之法，金丹至理。老者供养师徒斋饭，可见供养人身是后天意识，识神的本分。修持者的起点也是此身，此身为道器，不可废弃，善养此身就是后天神识为修持提供的最大支持、价值和作用所在。"呆子一顿把他一家子饭都吃得罄尽，还只说才得半饱"，喻人身元精的补给一半靠后天五谷之精，一半靠先天之气培补，所以八戒吃五谷再多也只能吃半饱。老者代表修持假意，故面对修持之事便呈现出虚假畏惧之象。送别唐僧师徒时还期望留下后路，随时回头。故言"此去倘路间有甚不虞，是必还来茅舍"。而真行者言"出家人，不走回头路"，是明示修持者不可顺此假意，顺其意必然退转，要勇往直前，不被凡意、假意所困。凡意、假意之困已脱，凡精之难便来。

"唐僧忽闻得一阵旋风，心中大惊"，此风喻旧有习性，即心性顺行造化的趋势之风。唐僧因收伏了元神元精，心体初备，心体初定，不再被此风裹挟，因此可以感知到心性妄动之象了，故"心中大惊"，这是修持者真正的证境。修持者若看不到，感受不到心性妄动的狂风，说明你的心体尚未凝定。唐僧喊："悟空，风起了"，是明示当修持者感受到此心性妄动之风后，必须立刻警醒，悟其空性，保持元神之灵明，不要被其裹挟沉沦。因此风是心性妄动、心体流荡所致，发端于源头，根本处动荡很难管控、转化，所以唐僧言："此风甚恶。"心体动荡导致元精也随之运行，故八戒欲避风，这是回避问题，不是修持者当有的态度和策略。故行者"让过风头，把那风尾抓过来闻一闻，有些腥气"，喻不从根本源头体察，只抓其末，也只能闻出腥气，还是不能从根本上解决问题。闻出腥气即判断出是性欲之风。心体动荡，心性妄动最为直接，也是最末端的生理表现就是性欲炽盛，故行者言："这风的味道不是虎风，定是怪风。"虎代表着生命之精，此处指生殖之精虎，故虎先锋出现。此虎最先被感知到，故为先锋。洞主即心体，其动即圣心妄动，即怪字，故为怪风。心性妄动则性欲浊精之动最烈，故虎先锋为猛虎。描写此性欲浊精恶相之诗非常清晰准确地描写了男性阳具勃起，性欲炽盛之象。类似于此的诗词在《西游记》中非常多，对其详细解释在《西游详解》中再展开分析。恶虎手拿两口赤铜刀即为“色”字的拆解。猛虎与八戒的争斗就是元精与浊精的博弈。浊精性欲对于修持者的伤害在于对愿力的困扰和摄受，所以唐僧虽口念《多心经》，已无用，“被他一把拿住驾长风摄将去了”。虎先锋将唐僧献于洞主大王食用，是以妄心消灭修持大愿。此怪即心性妄动之相，而大愿也是从心性根本处发出，故它认得唐僧和行者，所以不急于吃，是等待消除去了行者八戒对心体的救护之力后，大愿必然成为空愿，无从救护，妄动心性就会将这大愿慢慢消磨殆尽故言：“他两个不来搅扰，再慢慢的自在受用不迟。”

行者八戒寻到黄风洞时，对黄风洞的描写清晰地写出了男性阴囊的样貌。行者“却便丁字脚站定”，“丁”字本意为男性阳具，即明示修持者于此“人丁”之处立定脚跟，逼出妖怪，解此浊精性欲之难，故虎怪浊精出战。作者再次明示此怪“是个真鹅卵”，即阴囊中二卵。虎怪欲逃脱喻浊精出身，此时藏身在“藏风山凹之间”的八戒，即元精藏在会阴穴处，是不允许元精向浊精转化并流出人身，故八戒举钯将虎怪浊精筑死，再以戒行彻底打断这个发展趋势。正是“初秉沙门立此功”，修持者对待浊精性欲的困扰，往往不知所措，只以禁欲为法，作者明示修持者欲降浊精性欲之难，还要以元精之力除之。修持者元精显现并充盈，其自然停止向后天浊精的转化。性欲浊精虽已斩杀，但只是心性妄动，末端的生理表现被消除，只有从源头斩杀不使其生发才能除此害。修持者实证中是可以达成此效的。对浊精性欲，元神可以驱赶，故行者只能将其打败，而元精是浊精之源，所以只有元精才可以斩除浊精之害，不然浊精既已生成，必然走掉。而真正救助唐僧解脱心性妄动之难的办法，还是要依靠元神元精的共同努力，故言：“法师有难逢妖怪，情性相和伏乱魔。”

第二十一回

护法设庄留大圣　须弥灵吉定风魔

丹旨：上一回，明示了心体动荡导致心性妄动之害，在神识层面就表现为对修持之事的虚伪、畏惧、退缩之意之态，在命体层面表现为浊精性欲炽盛，并且摄受了修持大愿。这些现象都是心性妄动在生命层面的末端反映，经过行者八戒合力已经剪除，但祸乱根源未除则磨难不息，若就此停止则表层之害复来，所以行者元神要溯其根源，寻其原因，从根本处下手，消除心性妄动之害。这一回，所遇黄风怪为黄毛貂鼠，其本质是心性以顺行造化的趋势运行所呈现出的心体妄动和混杂之象，所以为黄风怪。行者变身百十个围打妖怪，却被黄风刮伤了火眼金睛，是喻以多心制妄心，心识散乱自然被黄风吹伤了火眼金睛，喻丧失了灵明觉察之能，此妄心肆意的后果之象。对治之法就是要修持凝炼之功，故代表运炼之功的护法伽蓝以三花九子膏为行者治疗眼疾，喻将精气神三者通过九转还元的凝炼之功恢复灵明觉察之能。行者请灵吉菩萨降伏妖怪，灵吉即灵基，喻若要平定心性妄动就要回到灵性生发的基础之处，即元精生发之处。只要元精充盈凝结了，心性自然平定，故灵吉有定风丹。灵吉菩萨用飞龙宝杖擒怪，喻以督脉中的元精之能消除此心性妄动之风之难，故本回丹旨是：灵基。

释意：灵吉菩萨讲述妖怪来历："他本是灵山脚下的得道老鼠，因为偷了琉璃盏内的清油，灯火昏暗，恐怕金刚拿他，故此走了，却在此处成精作怪。"这段明示了此怪的根源与本质，黄毛貂鼠喻一阳复生之机。"灵山脚下得道"，即此复生之机源于虚空本性，故为得道而有了灵性。其本质是心性以顺行造化的趋势运行所呈现出的混杂、妄动之象，所以为黄风怪。而此灵性却只知以初阳之气为用，而未达至阳之全能。即偷了阳气之清油，消耗了灵能，所以智慧之灯昏暗。“金刚”喻本体的完整之性、永恒性，而此性不允许这样分化、消解本性的趋势发生，必然阻止即“拿他”。“故此走了”即脱离了本体本性，因此必然成精作怪。

行者在洞口道：“你孙外公在此，送我师父来。”行者是先天灵觉，被修持者后天意识遮蔽而流失于外，不能在身内做主，故孙悟空总是自称“外公”，即流失于外的主人公，喻修持者心中阳气运行因无元神主导而恣意妄动，借灵生妄，消耗生命，此即妖怪。消除此患才可恢复修持大愿。妖怪见行者羸瘦似骷髅，是妄心不识元神、真主，不知其能。行者道：“你若肯照头打一叉柄，就长三尺。”妖怪本质是一阳复生之初阳，悟空让它照头打一下就是要让此阳气不可恣意妄动而要培补元神，故元神便长三尺。行者与妖怪相斗，妖怪“要拿行者抵先锋”，喻要把灵觉转化为性欲。行者“欲捉精灵救长老”，是借此复生之阳气培补修持大愿。行者变身百十个围打妖怪，喻元神化多心对治妄心，而妄心源自本性无明导致的妄动，行者元神也是由本心化生出来，因此多心必受妄动黄风影响。“黄”喻中心本性。“风”喻妄动，所以黄风将“小行者刮得在那半空中，却似纺车一般乱转”。多心也是妄心，自然被刮得乱转。“行者将毫毛一抖，收上身来独自举着铁棒，上前来打”，是收多心归一心，来应对妄心。“被那怪劈脸喷了一口黄风，把两只火眼金睛刮得紧紧闭合，莫能睁开，因此难使铁棒”，是言此妄心黄风连元神的觉察之能火眼金睛都遮蔽了，可见此妄心恣动，其害甚烈。不仅摄受了大愿，更能压制灵觉，故行者败下阵来。行者对八戒言“救师父且等再处，不知这里可有眼科先生，且教他把我眼医治医治”，元神是修持的主导，他若失去了觉察力，修持之事难成。大愿必定落空，故要先医治行者之眼，才能救师父大愿。

行者八戒“出山凹，行上路口，只听得路南山坡下有犬吠之声。二人停身观看，乃是一家庄院”，出山凹即不在意守会阴穴，此穴是浊精生化的关口，于此处用功可化浊精归元精，但不是涵养元神之处，现在浊精已化，所以要走出山凹，进一步修持。“南山坡下庄院”，即下丹田处。此处是生气养神之所，故老者言：“此间乃云多人少之处”，云多即气多，人少即知此养神的人少，所以行者八戒住下，即复守下丹田。老者献“三花九子膏”为行者治眼。“三花”即“精气神”，“九子”即九转还元凝炼之法，故“能治一切风眼”即能消除一切心性妄动带来的障碍。有时修持者自身的元神灵觉无力破障，而外界之力会在恰当的时机提供帮助，故护法、伽蓝、设庄点化行者，恢复觉察力，帮助行者破除心性妄动之害。每一位真心修持者都会有护法暗中护佑。“点化”确其事，没有玄中圣真的护佑、引领、玉成，修持者凭借一已之力是不可能完成修道大事，但此事玄妙不可明说，故八戒言“他既奉法旨暗保师父，所以不能现身明显，故此点化仙庄”。修证过程中的“点化仙庄”多以梦境、内景、灵感等形式出现。修持者境界到了自然知晓。以修持之法而言是明示修持者以精气神为药物，行九转还元之功即可以使心神恢复觉察。行者让八戒“你且莫动身，只在林子里看马守担，等老孙去洞里打听，看师父下落如何，再与他争战”。妖怪是心性妄动之害，所以对治它需要心体的灵明觉性，而心体灵能元精则要保持静定不可妄动，这是明示修持者面对妄心要仔细体察它的生化原因，以及修持大愿受其影响程度，察个明白才好下手对治。

行者进入洞中，见“原来是个大空园子，那壁厢定风桩上，绳缠索绑着唐僧”，是明示修持者如果一意执空守定，就如同绑在大空园子柱上的唐僧，不得解脱。所执守的空、定之境似真实假。唐僧“心心只念着悟空悟能，不知都在何处”，是言守空执定者不知元神元精之用，若解脱必须依靠元神元精之能。行者道:“师父，我在你头上哩，莫要心焦少得烦恼，我们务必拿住妖精，方才救得你的性命”，明示修持者要超越头脑意识，心焦烦恼也是心性妄动之症。只有从根源处入手才能解脱妄心之害。

行者言妖怪自家供出灵吉菩萨可降伏他的风势，即明示修持者欲除此妄心，平定心性就要回归到灵性生发的基础之处，即灵基之处，自然可以停止心性妄动之风。太白金星为行者指路寻找灵吉菩萨。金星不仅引领悟空上天成就齐天大圣，还救护了八戒性命，元神元精皆受其恩，故金星是先天一炁在后天生命中呈现的一点灵光。修持者可在实证中于虚空处见此一点晶莹之光，见此光说明修持者心体将现，所以金星认得灵吉所在的小须弥山在直南上，即人身中丹田处。此处为藏神之所，可见心体之象。金星问“是取他的经”，行者答不是，明示修持者此为灵性基础，非真经至道所在之处。八戒为后天人身中的先天元精，金星为先天一炁之灵光，若无此先天之炁的救护，元精必然转为后天精气，所以八戒要拜谢恩人金星救命之恩。

灵吉菩萨道：“我受如来法令，在此镇押风怪。”是明示修持者领悟了虚空本性就可以镇压心性妄动之怪。“如来赐我一颗定风丹，一柄飞龙宝杖，当时被我拿住，饶了他性命。”“定风丹”言保持元神元精凝定，安可心性妄动。“飞龙宝杖”言命体脊中督脉是根本保障。“放他去隐性归山，不许伤生造孽，不知他今日欲害令师，有违教令，我之罪也”，言将此复生阳气之机隐入到后天人身当中，是由先天落入后天。后天之欲借灵生妄，恣意妄动，故戕害生命，皆因灵基松懈，失察所至，故言：“我之罪也。”“飞龙宝杖”，化作八爪金龙，抓住妖精现了本相，脊中督脉为藏精、养精之总脉，故它降伏妖精易如反掌。菩萨道：“拿他见如来，明正其罪，才算这场功绩”，明示修持者要将这妄动心性复归虚空本体才算功成。至此虚空本体，方心性大定心体坚固。黄风之患解除后，行者八戒救出唐僧。此难明示修持者心性动荡之患，还要元神对治，故此难全赖行者寻察根源，于源头用功，解除妄心。心性大定，真意必现。下回代表真意灵运的元气沙僧，自然破假显真而出。

第二十二回

八戒大战流沙河　木叉奉法收悟净

丹旨：上一回，护法伽蓝以三花九子膏治好了行者的眼疾，喻修持者以凝定之法将精气神三者凝聚，恢复灵明觉察之能，故能寻到灵吉菩萨。灵性生发的基础为元精充盈，故菩萨以代表督脉中运行的元精之能的飞龙宝杖收伏了黄风怪，即消除了心性妄动之风。这一回，八戒大战流沙河。流沙河喻顺行造化的运行状态，河妖即运行之机。在后天之境，元精之能无法扭转造化之机，故请木叉收伏流沙河妖，喻只有在静观密察的虚极状态中才能见到先天能量的生发以及逆返还元的运行状态，其运行之机才能在元神的引领下皈依修持大愿，遵循返本还元的运化模式。故河妖在孙悟空的带领下拜唐僧为师，成为沙悟净。

至此取经团队一行五众聚齐，此为丹道修持的五行攒簇之功，是非常重要的成果。此功的完成结束了因顺行造化的运行模式导致的五行散乱的状态，重新集合为一体。这是丹道筑基之功，是逆返之功，由散乱回归凝聚，由昏昧重现灵明，有此基础才能开启还元之程。沙悟净就是返本还元的运行之态，就是元气，故要悟其净。运化之机在于将元神元精凝聚为一体，即以和为上，故名沙和尚。沙悟净是修持者回归本心、逆返还元的运化之象。本心之用为元神，本心之体为元精，本心运化之相为元气。因其流布的状态故称元气；因其作用是将元神元精融合也称黄婆；因其代表先天之意故称真意；因其承载包含的作用故称真土；因其运行过程必须保持不执内境不染外缘的特性故法名悟净；因其落入后天为分散如沙粒之象故姓沙；也指丹道中的丹砂，丹砂凝聚成丹故以和合为上故名沙和尚；因其后天人身故称沙僧。

真意土在丹道修持中作用极大，它起到凝聚、融合、调节、维护各方面因素的作用，所以本回收伏了沙和尚之后，丹道修持的五行攒簇之功基本完结，此为丹道的筑基。故本回丹旨为：元气。

释意：师徒“进西却是一脉平阳”，喻修持者在解除了心性妄动之害后心性平稳，故言“一脉平阳”。来到河边见“三个篆字，乃流沙河”，篆字喻此河发源于亘古，喻发源于心体。流沙河就是心体心性落入后天之中的状态，即其性恣意流布，其体分散如沙。为元气运行在后天人身之境的投射之象，即人身的血脉运行。流即血之周流，沙即血所承载的后天水谷精华。河妖青面即血管之外象，红发为血液之色。师徒过流沙河于修持境界而言，喻示着修持超越后天精血运化的层面，进入到复返先天的经脉运化层面。“鹅毛漂不起，芦花定底沉”言无论何等微细之物皆沉溺其中，喻其杂染浑浊之态，故谪贬的卷帘大将在此为妖。

妖怪“奔上岸来，径抢唐僧”，是以浑浊之性湮灭修持之性、之愿。八戒与妖怪争斗“昔年曾会在灵霄，今日争持赌猛壮”，二者皆被后天之识所用故同侍玉帝。八戒是元精故掌管天河水军，为天蓬元帅。妖怪是元气，负责运行化解，消除障碍，使神识保持通畅而觉明，故为殿前卷帘将。行者前来助战，妖怪钻入流沙河不出，是明示修持者欲擒此真意当用元神，但宜缓不宜急。八戒言：“他难架我钯，再不上三五合，我就擒住他了。”“三五合”即三家相见、五行合一之法。兄弟二人定计擒妖，悟空言：“水里勾当老孙不大十分熟。”行者为“水中金”水即能量，金为先天灵性，“水中金”，即能量的全部机能、作用，经过综合、凝炼、升华成为统一自主的灵性。行者若进入到水中，即又回到了灵能的原始机能状态是退化，故水里的勾当行者不行。“若要空走，还要捻诀，又念避水咒，方才走得”，此诀和咒就是防止灵性退化的法诀，退化到水中，便不可能施展灵性的各种作用了。所以行者“水里的买卖有些狼犺”。而“高山云里，老孙都会”言元神运用之处为虚空之境。八戒当年总督天河是先天灵能，现在虽落入后天为元精，但其能其本质是相同的，故言“倒学得知些水性”，故可以进入水中引妖出河。

妖怪自述身世一段，是详细描述了从调整心性运行模式和状态入手的修持程序和要点。前面行者、八戒都有各自身世的自述，含义相同。三兄弟分别代表了三种修持策略、路径、方法，究其根本都不过修心，只是入手路径不同。孙悟空是从心神作用，即精神属性入手；猪悟能从心体性质，即物质属性入手；沙悟净从心体运化，即运动属性入手，三者合一为三家相见，总归先天一炁，本体虚空，皆一心耳。这些长诗就是修持法诀心要，《西游记》中这样的法诀全面、系统、深刻，作者将“根脚原由，备细开载”，我将在日后的《西游法诀》中详细解读。

八戒大怒“吃你祖宗这一钯”。八戒为灵能元精，是心体，故总自称“祖宗”，就如行者总称“外公”一样。书中用词、用名、写景皆有用意，只有细参方知作者深意。可见妖怪是心体运行之怪，故八戒自称是他祖宗此言不差。八戒对行者道：“你再缓缓些儿，等我哄他到了高处，你却阻住河边，教他不能回首啊，却不拿住他也”，此处明示修持者对真意的捕捉，元神与元精的配合之法，即先以元精促其显现，所谓“哄到高处”，再以元神明察其生发规律，阻止其再回到原有的模式、状态，不让其再隐，即“不能回首”，依此法可擒真意。

行者笑骂“呆子”，是言元精灵能只有原始简单的机能作用，没有完整的智慧，是被动性的体现，故为呆子，所以需要元神灵性孙悟空的主导和唐僧大愿的引领。八戒道无法驾云驮唐僧过河“师父的骨肉凡胎重似泰山”，是言人身为后天浊质，先天灵能轻清之气无法承载。行者道：“携凡夫难脱红尘”，言凡夫对红尘的执着也导致元神灵性无法提携其超越世间红尘。人身同样是红尘，对其执着更深。行者道：“我和你只做得个拥护，保得他身在命在，替不得这些苦恼，也取不得经来。”明示了元神元精的运用、作用。而在修持的过程中对苦恼的解脱，对磨难的跨越，对身心的转化，皆由修持者承担完成。“若将容易得，便作等闲看”，修持中的磨难是由身心转化的长期性、复杂性、深刻性所决定的。修持者必须要有充分的认识和准备，不经历这样的过程，修持者是无法达成真实的转化、升华。许多修持者得法得诀容易，便不珍惜，不知其价值，导致难以生起恭敬心，自然不会有诚心，无此敬心诚心，如何能有修持真心的显现？如何能确实下手实修？如何能专笃精进？所以自古法不轻传也是基于对人性的了解。至理公理为人所共有，可以普传。学者可以依理调整认知的内容、结构、水平、性质，做好后天理性准备。这本质也是一阳复来在后天意识层面的表现，而修持妙法涉及真实的身心转化，个体差异巨大，所以必须要择徒而授，无法普传。

妖怪介绍自家兵器“宝杖原来名誉大，本是月里梭罗派”，是言虚极静寂之中现显的生机。“里边一条金趁心，外边万道珠丝玠”，金趁心是言此生机元气的运化要靠元神，灵性来主导。“玠”，古代帝王举行礼仪时所用的玉器，上尖下方，这是沙僧宝杖的外形，而不是电视剧中的月牙方铲，特此正名。此诗在《西游详解》中再作展开。妖怪战站在岸边与八戒吵闹，行者变饿鹰叼食扑下来，“妖怪一头淬下水，隐迹潜踪渺然不见”，可见对于真意，元气有心擒则潜，心急则隐。

行者去请观音菩萨，是明示修持者要以静观密察之法摄收真意。观音道：“你这猴子，又逞自强，不肯说出保唐僧的话来么？若肯说出东土取经人，他决不与你争战，断然归顺。”再次明示修持愿望、理想的引领、团结的作用，不可以执着元神之能而用事。观音吩咐惠岸行收伏妖怪之法。此处用的是惠岸之名，表明收伏了元气后修持者将跨过后天之境登上复返先天的彼岸。而后面用的是木叉之名，表明收伏之法要以有为之法起火，即生发能量。《西游记》中的每个角色都会有很多名字，每个名字都对应着一种状态，都具有明确的内涵，是不会随意用的。同样依据角色的名字也能帮助我们了解作者的写作用意。“只叫悟净，他就出来，先要引他皈依了唐僧，然后把他那九个骷髅穿在一处，按九宫布列，却把这葫芦安在当中，就是法船一只，能渡唐僧过流沙河界。”先引他皈依大愿唐僧，喻以此修持之愿引领心体运化。九个骷髅为唐僧前九世到此皆亡，说明空有修持大愿，真意难收。面对如流沙般浑浊散乱的心体的运行模式和状态，若无元神元精的扶持，必将九亡于此。“再将骷髅穿在一处”，是言累世修持，一以贯之而不退转，这是许多修持者真实的历程。把葫芦安在当中。“葫芦”为“圭”字之象，即丹道中戊己二土贯通之意，即先天真意与后天真愿贯通。大愿与真意相合，所以后面沙僧负责牵马，时刻不离唐僧左右，即二土成圭之意。以此运化即是返本还元的法船，自然度过流沙河。观音派木叉收伏沙僧是明示修持者于静观之中默默起火即能量生起。此能量的生发就是元气运化的表现，自然妖怪归伏。妖怪问：“取经人在哪里？”先看到八戒，喻先发现心体，再见行者，喻再识元神心性，木叉带他见唐僧，喻归伏大愿，此为元气归伏的顺序。师徒在此静观此火的作用下，三家相见，归伏大愿。“大圣依言，即将戒刀与他剃了头”，是言此真意在元神的主导下，依戒不再自作主张，即剃头之意。唐僧为其取名“沙和尚”，元气真意落入后天的状态是散乱、浑浊的，故性沙。而真意要专，元气要凝，故要和合为上，故称沙和尚。

师徒过流沙河“左有八戒扶持，右有悟净捧托，孙行者在后面牵着龙马，半云半雾相跟。头直上又有木叉拥护”，此为五行攒簇之象，喻修持者以戒行入手，调伏心性，运行清净，以大愿带领元神，元神牵制着意志，在静观密察的状态下生发静中之真火，完成攒簇之功。收伏之功要逐步而来，凝结则于一时，故渡河完毕时“身登彼岸，得脱洪波，又不拖泥带水，幸喜脚干手燥，清净无为，师徒们脚踏实地”，至此五行攒簇之功完成。脱离了五行分散、浑浊、沉沦之苦，即“脱洪波”。重新聚合为一体，与以往的状态告别，不带旧习即手脚干燥。这是丹道修持的基础，属于筑基功夫。有了这基础才能开始真正的修持转化、升华之程，故言“师徒们脚踏实地”。作者用词真是精准，用心深邃，感佩不已！既然开启了逆返还元之程，必然不再循环旧路，故“那骷髅一时解化作九股阴风，寂然不见”，旧有趋死的生命运行模式、趋势化解了，转换为复生的趋势和模式。五行聚为一体，由分散至凝聚，为攒簇，这个过程为“修”，功夫完结，还需要验证。故下回便是对修持效果的验证。

第二十三回

三藏不忘本　四圣试禅心

丹旨：上一回，收伏了沙悟净喻开启了元气返本还元的趋势。渡过流沙河，即扭转了因顺行造化导致的散乱与浑浊的后天运行模式。至此五行攒簇之功完结，心体完备。此心即道心、禅心，大本已立。本立则道生，以此为基，开启转化的过程，谓之脚踏实地，返本还元终达虚空本体。修持之功完结必以诸境验证，诸境本质皆由自心旧习而成。旧习就是生命旧有的运行模式、状态、特性，是散乱、昏昧、趋死的模式，旧习皆有惯性，谓之习气。因此修持者要明了境界和魔难产生的根源，其次要明白它的出现对于修持者的价值和意义，如此就会由自心生出超越的方法和手段，最终完成对修持成果的验证。这是修持过程中每个阶段的必然规律，也是巩固修持成果必须经历的阶段。因此作者也按照这样的逻辑关系设计了小说的情节。这一回，便是对五行攒簇成果的验证。四圣以财色检验师徒修持之心，是警示修持者要把修持修证中的成果拿到世间中勘验，过得了红尘财色之关才算真正渡过了流沙河，谓之不忘本。再后五庄观服食人参果就是五行攒簇之功完结并验证过后所获得的修证之果。故本回丹旨为：禅心。

释意：从唐僧出长安开始到收伏沙僧，于丹道而言就是将修持所应具备的因素全部寻找回来的过程，这段功夫叫作“修”。之后要使所有因素相互融合成为一个整体，进而保持住这个整体状态，这样的功夫叫作“持”。两者连贯就是“修持”。所以本回开篇便用一首诗将此“行持”之功的原则明示给了修持者。此诗提出了对五行、三家的处理方法和原则。读者细参自知。在《西游法诀》中再作展开。

“取经之道，不离了一身务本之道也”，人身为修道法器，虽然此身非道，但此身究其本质亦是道之象，借此身参返心性、逆修心体是丹道的修持观。“师徒四众”，言心体完备，“了悟真如”，心性朗然，此大本已立。“顿开尘锁，自跳出性海流沙，浑无挂碍”，是言扭转了旧有的运行模式而达成的状态。“径投大路西来”真正的还元之程开启了。后面又有诗描写秋色收获之景，是言修持者行持之功纯熟呈现出的心境之象。三藏问“往哪里安歇”，喻还有执着之心。心体虽已完备，但仍依旧习，希望有所挂靠。行者道：“随处是家，又问哪里安歇，何也？”是言心体已经完备，此心即家，不要再起执念，随缘而安即可。师徒问答尽是禅机。三藏心尚有执，八戒更有身执，故言“寻个人家，一则化些茶饭，二则养养精神，才是个道理。”人身是道器，离不得但也执不得，要善用此身，培补精神为道修所用，故言“才是个道理”。若只贪茶饭不知养精神而为身执，行者道：“倚懒不求福的自在，恐不能也”写尽了世人心态，更是生活之态。修持者要常以此句来检验自己的人生、生活，若如此则不是修持者应该有的状态，修持之事不能成。行者道：“自从有了你与沙僧，我又不曾挑着，哪知多重”是言要各司其职，通力合作。“老孙只管师父好歹，你与沙僧，专管行李马匹”，行者是元神当然负责唐僧性命。八戒为元精，承载精华，故要负责挑担；沙僧为元气真意，负责运化，故牵马行走。正如菩提祖师言：“三家配合体如然。”

唐僧见庄院要借宿，行者见：“情知定是佛仙点化，他却不敢泄漏天机”对点化玄机的玄解此处不论，只以丹道修持作解。五行攒簇完结，行持之功纯熟后，自然会出现佳境，故言“半空中庆云笼罩，瑞霭遮盈”。修持者在修持的过程中会经历各种境界，修持者要心中明白各种境界产生的原因，其表达的内在含义是什么？更要知道其境界是在验证什么？如何跨越境界，不滞留，不执着，借境而参，谓之点化。悟彻其规律，谓之天机。师徒来到门前，“八戒拴了马”言元精是意志力的物质基础。“斜倚墙根之下”，喻元精为证境之墙基。“三藏坐在石鼓上”，“石”即理法知识，“鼓”即击鼓传播之意，此喻三藏之理法，因知因识而流传。“行者、沙僧坐在台基边”，喻元神元气为前进、转化的台阶。修持者心体完备，行持纯熟是还元复阳之初象，而大道运行，一阴一阳谓之道，与之相对应的阴象必然同出，故庄上的“一寡三女”与一师三徒正好相对。老妇道：“意欲坐山招夫，四位恰好。”招夫为阴阳相会，化生万物是再次向后天转化，此为顺行造化落入后天之天机。修持者大本初立，旧习尚存，而旧习当中以“财、色最动人心”，故老妇以家财、美色诱之。财色为后天生命生存的两个必要条件。“财”以养护维持现有生命的存在，“色”为生命传续的根本，两者皆是后天生命之大欲，根本需求。这也是人们执着财色的根本原因，也是此执着最难消除的根本原因。而修持者就是要超越这个后天的生命存在，返本还元到本体虚寂。所以修持者必须要超越消除对财色的执着。面对财色的执着，以往总是从道德批判与利害权衡的两个方面警示修持者，但此法不能从根本上解除修持者对财色的执着，其原因是修持者在未达到心体完备、行持纯熟的境界时是没有能力，也没有资格自主作出选择。修持者本质上还是处在后天模式状态当中，自然受其内在规律支配，很难拥有自主能力，消除对财色的执着是力不从心的，最多达到适度压制而已，而且压制越大反弹越大。

“老妇姓贾，夫家姓莫”，是言本体虚空，一切皆假象，切莫认假作真。三个女儿，“真真、爱爱、怜怜”，即认假作真之后必生爱欲，既生爱欲，便入沉沦，好不可怜。修持者立本之后不同往常，身中精气神自然汇聚而充盈，故八戒“忍耐不住”。八戒为元精是生命之本之基，对财色的执着是因其后天特性决定的。因为人身的存在使得维护和延续生命成为必须，在后天欲望中就体现为贪财好色。而元精就是维系这个系统的基础，故“八戒闻得这般富贵，这般美色，他却心痒难挠”，而其他师徒三人没有维系生命存在的直接责任，故都能把持得住，不为财色动心。唐僧作诗言出家之好处，唐僧代表大愿理想，当然不会动心。行者道：“我从小不晓得干那般事”，是元神灵明源自先天灵性，自然不晓得干那般事。沙僧：“跟着师父还不上二个月，更不曾进得半分功果，怎敢图此富贵。”沙僧是真意元气运行，刚开启返本还元的转化之程，还一无所成，如何承担富贵。八戒道：“和尚是色中饿鬼。”提出了一个修持者必须面对的问题：如何理解性欲？其本质是什么？如何从丹道角度理解其本质？日后在《西游道论》中再和大家分享。性乃人生大欲、根本欲。佛家修持以“戒、止、禁”为法，导致修持者反而扭曲，而道家修持则倡导适度节欲、保养、房中术，还有借此性事，行阴阳双修之法。修持者面对性欲要有清醒的认识和解决方案。道家修持对待性的策略更适合当代修持者，只有修持本身，才可以从根本处解决。当修持者修持到还丹之后，丹性稳定不再向后天转化，性欲作为后天之欲自然就不再生起，此困扰就基本解决了。“等老猪去放放马来”，喻元精欲起，修持的意志必然放松，即放马。此意一旦放松，元精必然要向后天凡精转化，故八戒跑到后院认亲，撞天婚去了。如此乱撞，逆返先天之路则昏沉，昏昧了，故盖头遮头，喻失去了明察。行者变红蜻蜓去看八戒，是要修持者此刻必须要保持灵明，觉照此刻的生化之机，行者并不阻止，反倒极力促成，是明示修持者要借此醒神。

早晨师徒起来见八戒被绑在树上。“原来是几条绳紧紧绷住，那呆子，疼痛难禁”真是“痴愚不识本原由，色剑伤身暗自休”。色之伤人在于性事过程中所调动消耗的生命能量巨大。因为性事涉及生命的延续，所以生命体便会调动所有精华、机能完成如此重大的使命，生命能量以及灵性都被消耗。世人却以性事为乐，不知节制，更不知保养，纵欲过度消耗大于补养，自然就戕害生命。师徒醒来已是睡在林中，可见八戒撞天婚是梦中之事。白天时修持者意识清醒有愿力、灵性、社会规范管束，对色欲尚能克制，但在梦中修持者常常因为元精能量充盈转化为生理性的，在梦中色欲兴起，修持者是否可以把持。若在梦境中对色欲都能把持，说明修持者对待性欲之事可以自控和自主了，不会再被其伤害和困扰了。而对此色欲的彻底降伏仅仅依靠认知的调整，行为的管控是不够的，根本还是要靠对元精的转化、升华。故三藏道:“那呆子虽是心性愚顽，却只是一味懵直，倒也有些膂力，挑得行李，料他以后，再不敢了。”是明示修持者要知道理解色欲生发之因果，对其要保持节制、转化、升华的态度和原则，更要看到元精在修持过程中的价值和意义，为修持所用，既不可一味压制，也不可纵容恣意，要理解、要转化、要善用。如此便是“从正修持须谨慎，扫除爱欲自归真”。黎山老母即女娲，为造人之祖，代表着虚空本体。观音将老母请下山即在静观密察当中察此生化之机。有落入后天顺行造化之机，有逆返先天的还元之机。面对这样的天机，心体刚刚完备的修持者第一次真正有资格窥此天机了。如何作出正确的选择，就是检验修持者最好的办法。这就是本回“四圣试禅机”

的本质含义。“贾母真真爱爱怜怜”就是先天向后天转化的模式，是趋死之机。天道还有复生之机，修持者如何选择？就在财色二字上定夺。贪之则趋死，离之则复生。四圣试的就是对生死之机的选择。“三藏不忘本，四圣试禅心。”师徒通过了检验，自然可以得到一个好的结果，故下一步师徒便可以服食人参果了。

第二十四回

万寿山大仙留故友　五庄观行者窃人参

丹旨：上一回，四圣用“财色”二字验证出了修持者在完成了攒簇之功后面对顺行造化和返本还元两种运行趋势时所做出的选择，这个选择是两种运行趋势博弈的结果，也就是考验修持者面对红尘中的情色名利时的态度和选择，其实勘验的就是修持者最底层的本心、禅心。选择很重要，但是选择所代表的含义和内因更重要，而最为重要的是发现选择的主体。这个主体也是多层面的存在，究其根本就是我们每个人如如不动的本心，是道体，是虚空本体。所谓修持，不过是去除所有的局限、散乱、昏昧、动荡，复归无限、圆满、一体、不易的本心，这个才是一切的根本。在试禅心的过程中，八戒虽然表现不合格，去撞了天婚，但那是由他的特性决定的。修持者对此元精、灵能既要明察，也要理解，更要管制，所以四圣也只是给了八戒一个教训，故唐僧言：“料他以后再不敢了。”这一回，师徒来到五庄观，此喻五行攒簇完成后所达成的证境，是后天返先天之象，喻示着道体一炁的初步显现，故五庄观中有产自天地未分之际的人参果树，此心体之象，谓之灵根。孙悟空是灵根之性，人参果为攒簇的成果，观中镇元子即镇守此根之意，故最后二者结拜为兄弟。此为道法，故称为大仙。金蝉子与镇元子本源同一，喻本心之性命，因此为故友。镇元子送人参果给唐僧吃，喻性命同修，以命补性。唐僧不吃是不知修命，也明示此果非究竟成果。而代表命功修持的兄弟三个自然要吃，但又不知其真实价值，故为偷吃，喻不知修性。故本回丹旨为：灵根。

释意：“只见那呆子，绷在树上，声声叫喊，痛苦难禁”，八戒自称“幼年学过鏖战之法”即房中术，现在八戒就是被绷在此术之上。世间有人以房中之术乃至淫邪之法冒充双修之法欺世瞒人。迷此法者害人损己，到头来必受此术所困，痛苦难禁。修持者遇此邪术当明察，知其邪，必当悔其行，故八戒“羞耻难当”。《西江月》一首词将色欲之危害讲述得明白，其实色欲的本质是当修持者五行合一之后，能量得以积蓄，此能量因修持者生命的旧模式很容易向后天人身转化，随即异化为性欲，其势难挡，故言八戒是“心性愚顽，一味懵直”，修持者应以法将此能量向先天方向转化、升华，为返本还元所用，故又言八戒“有些膂力，挑得行李”。

验证过后就该收获结果了。三藏心中又生恐惧，行者道：“马前但有我等三人，怕什么妖魔。”三个徒弟即精气神就是本心的三个方面，就是一心的体、相、用。三家相会，成就心体，有此大本何惧妖魔。

“万寿山”即此心体后天凝聚之象。对万寿山的描写就是对五行合一所修证的成果、境界的描写。唐僧见此佳境便以为离雷音不远了，很多修持者完成攒簇之初功之后，感受到了非常美好的境界，难以言表，便误以为修持之功即将完成，故作者借行者提醒处在这个阶段的修持者，“早哩，十停中还不曾走了一停”，言此刻之功程还不及全程的十分之一，言只是筑基之功而已。行者是心神，灵山是心体，行者到灵山是以心印心，一念之功，故行者道：“一日也好走五十遭。”八戒沙僧是灵能运行，要行功十分圆满才到灵山，故言：“十来日也可到。”唐僧为修持者大愿，若只凭此愿则“千番也还难”。但如果修持者能够见到大愿背后底层的自性，赤诚以对，时时刻刻保持自性的显现，即是灵山，故言“只要你见性赤诚，念念回首处，即是灵山”，此段明示给修持者三种不同的修持策略、原则、功效。修持者对所走的路径要做到心中有数，这也是穷理的功效之一。

修持者心体完备，大本已立，此本是生化万物的起始，也是万物之本。文中对万寿山、五庄观景色的描写是对修持者修持境界的艺术展现。言此山为“万寿”，即言心体之永恒。五庄观即五藏、五行合聚之象。五行合一即一体之心、道之一炁，故有“有一尊仙”道号镇元子，即镇守本元之子。混名“与世同君”，言此一炁非独存之态，而是混于世间万物万象之中，即“与世同君”，明示修持者万象即玄关，万事皆可参，炼此一炁，悟此一心。“观里出一般异宝”曰灵根，曰草还丹，又名人参果。“灵根”二字是整部

《西游记》头两个字，可见其至要至极。若懂得“灵根”二字《西游记》也就通彻了。丹道之理显矣，修持之事也就有了根基。“灵根”一言以蔽之就是心体。先天一炁，即“心体”之相。孙悟空是灵根的灵明觉性。镇元子是保守镇守心体之意。五行合一之后，复还了其本来面目即可见此先天一炁之真相，这也是修持的必然结果，也是小说情节演绎的内在逻辑。“灵根”是灵性的根本。“草还丹”是心体初凝之象，称为还丹，但其象其势微弱如嫩草，尚未强盛之态，故称草还丹。“人参果”即人身果。此修证成果对人身的健康寿命的效果明显，故后面福禄寿三星皆来。“人参果”也是经过对后天人身的修证所得之果。此身非道，是参道之器，借此身参悟修持，可证道果。

“果子的模样就如三朝未满的小孩相似”，言此灵根已有了灵性但只是初备，能量柔弱之象。“三朝未满”即未满乾卦三爻，只是乾卦初爻，未达纯阳之境。镇元大仙：“到上清天，上弥罗宫中听讲混元道果。”人参果为乾卦之初爻，是真阳复生，真体初现，是喻此复生之初阳，要复返混沌无极之功。“弥罗宫”即隐密而包罗万象之宫即混沌之象。先天一炁化生万物，故“大仙门下出的散仙不计其数也”。“还有四十八个徒弟”，是言八卦六爻之数。留下“清风、明月”二徒，喻因炁的运行而达到性光圆明之境，即修持者的心境之态。大仙是守护一炁，要复返混沌无极，是道体之动。唐僧是大愿，要达灵山虚空本性，是本性之愿；二者皆要复归本心，同出而异名，一性一命。故言“故人”。“将我人参果打两个与他吃，权表旧日之情”，两个果子即性命二事，性命原本为一，不可分离，即“旧日之情”。“我与他在盂兰盆会上相识”，是言此一炁与灵性同出于虚空本体，为一对阴阳即性命。于后天之境性命两分，今日再度复合。“他曾亲手传茶”，即此灵性赋予一炁觉察之能。“佛子敬我”喻以性归命。“我那果子有数，只许与他两个不得多费”。人身之果可依道术而得，即“有数”。“两个”即性命二个，再无多余，无须再寻其他费力。

师徒进入五庄观有赞诗一首，即赞五行合一的境界。此福地灵区，“清虚人事少，寂静道心生”，言达此境的修持者已明人心、道心之别。明示修持者要以清虚事人心，以寂静生道心。“万寿山福地”，心体为万寿之山，此体即心地是最大之福地。“五庄观洞天”，五行合一即可以洞见洞彻先天。修持者若能达此境便可达到“长生不老神仙府，与天同寿道人家”之果。

“清风明月出门相迎”，言修持证境迎面而来。大殿供奉“天地”二字。仙童道：“上头的礼上还当，下面的还受不得我们的香火”，敬天为逆返先天，故“礼上还当”，下面即顺行后天，是修持者所不为的，故言“下面的受不得”。草还丹人参果正在此天地上下两分之间，可上可下，就看修持者如何选择行事了。若顺行后天也是自然造化，虽非归真也应该敬奉，故言“是家师谄佞出来的”。“三清、四帝、九曜元辰”，这些都是由草还丹起步，进而发展出来的结果，所以不供。

清风以金击子敲果，明月托丹盘等接，“清风”喻心气运行，“金击子”即灵明之性，即一炁运行中的灵明之性，可采得还丹之果。明月即性光圆明之象，即有此还丹之果才能达到性光圆明之境。唐僧不吃果子，言佛家修持之法与丹道修持的路径过程不同，因此没有还丹、结丹这些功果，故仙童言：“不识我仙家异宝。”唐僧道：“方生下来未及三日，怎么就把他拿来当果子？”是再次提示修持者此果仅仅是立基，即“方生下来”。“未及三日”即三阳乾卦，是言还未纯熟，达到至阳之境，不可以把它当作修持修证的终极之果。清风道：“实是树上结的”，此果真实不虚，是由道术结就。唐僧道：“乱谈，树上又会结出人来？”言道术可以结丹，但不能培育灵性，若只以道术而言修道则是“乱谈”。“果子久放不得，若放多时，即僵了”，是言还丹火候，见此果必急下手采取，不可拖延。八戒为心体灵能元精与人参果同类，故必然他先感应到人参果的消息，便调动心体灵性元神，故行者去盗取，即行采取之功。行者惊道：“这个真不曾见”，行者没见过人参果，只听说过，是因为悟空的修持方法导致的，孙悟空的修持方法为神修，为顿法，而还丹、结丹、金丹之功为渐法，所以孙悟空不经历这样的过程，故“不曾见”。“老孙去，手到擒来”，元神的存在早已超越草还丹的阶段，回手再取自然容易。孙悟空“要拿金击子去打”，喻以神意取之。

行者推门先见花园，喻人身之肌肉脏腑之象，再见菜园，为气血、经脉之象，自然循环维护生命的系统，故言“是个自种自吃的道士”。再推门见人参果树，此树即人身之正中最为重要而脊督大树。所有道术都是依据此脊督大树而完成的，故行者“停在树下”即依据道术，“往上看”逆返还元之功，“只见向南的技上露出一个人参果”，向南即任脉上的中丹田。“露出一个人参果”，元神显象之处，此刻还只是一个虚象，非元神之实体。果子落土便“寂然不见了”，此果为五行合一之果，入土即再次分化为五行之态，故不见了。土地道：“这宝贝是地仙之物，小神是个鬼仙，怎么敢拿去？就是闻也无福闻闻。”土为意，各处土地喻当下之意，所以行者处于困境之时都会找土地询问，其本质就是明察当下之意的状态而做出判断。鬼仙即一意不散至纯至极而灵的状态也称为阴神。此境界远未达到五行合一的草还丹的阶段，故无法拿去，如果能听闻五行合一之法就可以超越阴神境界。可惜很多修持者不知五行合一之法，只以一意不散为法而出阴神，以为这就是阳神成就，故竟无福听闻。土地道：“却是只与五行相畏。”即五行合一之果不可再散入五行，复入后天。行者盗得果子，对八戒道：“这个果子也莫背了沙僧，可叫他一声”此果是五行合一后心体完备之初果。兄弟三人为三家相见之心体，所以不能缺少代表心体运行的元气沙僧，缺了就心体不全了。八戒还要吃，行者道：“我们吃他这一个也是大有缘法，不等小可，够了。”心体只有一个，故言吃他一个是有大法缘，此等证果已是非同小可了，但也不可贪执此境界，还要前进。故言“够了”。三人吃果子，即修证完结。八戒与人参果同类，感应到人参果的是他，走漏消息的自然也是他。两位仙童检查果子是言修证到此境界时更要保持觉察，明了心体之变化。仙童发现果子少了，乱骂唐僧。唐僧道：“那东西一见，我就心惊胆战，还敢偷他吃。”佛家修持以无为无相为宗，当然不会偷行丹道之法。丹道之法自古不轻传，非有缘、有愿、有根、有福、有慧、有恒者得之，故明月道：“就有钱那里去买。”兄弟三人认为偷食人参果只是偷嘴，“活羞杀人”，虽然吃了，终究还是不知不识人参果真义、真相、真价值，故八戒言：“昧了罢。”修持者万不可只修命不修性，心识迷昧，只做个愚汉。

第二十五回

镇元仙赶捉取经僧　孙行者大闹五庄观

丹旨：上一回，师徒来到五庄观，喻五行攒簇的证境，是后天返先天之境，故有代表一阳复生的人参果树所结的人参果，即先天一炁之象。唐僧不吃是不知修命，兄弟三个偷吃是不知修性。故这一回，清风明月怒骂师徒，是警示所有不知灵根重要价值和意义的修持者。孙行者因怒推倒人参果树，喻修持者因不知道灵根为性命之根，因心性躁乱而自毁灵根。镇元子两次将师徒捉回五庄观，是要修持者回归五行合一之境，培补灵根。孙悟空却两次用法逃脱，是喻修持者欲以“流、静”之术跨越和代替灵根的作用，此为不明理，是妄想妄行。故本回丹旨为：毁根。

释意：唐僧问徒弟谁偷吃果子了，清风指着行者道：“笑的就是他。”行者是心神，在情为喜，故行者总是欢喜，也称为喜神，今又盗食人参果，心体结实心神更喜，故笑。三藏劝徒弟“休打诳语，莫抵赖”，“行者见师父说得有理，他就实说”。行者为元神感性发展的先天状态，而三藏是后天识神以理性为主，元神虽有神通但需要理性的引导与规范。修持者先天本性迷昧，识神的理性终究是于后天起用，所以无法见到真相、真理，因此需要元神的辅助与保护，这就是唐僧与行者的师徒关系。修持者当从此句中参悟自家师徒关系如何。“果然吃了他的，赔他个礼罢”，可见唐僧也不知此物的珍贵，这也是由佛家修持特点决定的。

行者出神将人参果树打倒。修持者五行合一之功完备大本得立，有一个非常重要的效验就是修持者的心神可以以一个完整独立的形态离开人身的束缚，往来于人身内外，俗称出神。而此刻修持者心性的修持就变得非常重要，若心性不稳，心神妄动把持不住必然损坏根基，故行者被骂恼了，便推倒人参果树。正是此怒气“断绝草还丹”，还丹之功顷刻而废。所以行者“在树上寻果子，哪里得有半个”，喻虽然有还丹之术，若心神妄动也无法结果，好不容易聚合到一起的五行，因怒而毁，此心性不稳所导致，只能是“大家散伙”，又回到五行分散，落入后天顺行造化趋死模式当中去了。仙童再到院中查看道：“害了我五庄观里的丹头，断绝我仙家的苗裔”，再次明示五行合一之果是丹道修持的开头，故言丹头，仙道的初苗。此丹头得之不易，守护更难。凡圣真假皆由此分，仙童将师徒锁在观中不让离开，是明示修持者丹基虽毁还可挽回，不让出五庄观，喻再行五行攒簇之法，恢复丹基。若不再培仙根“想到得西方参佛面，只除是转背摇车再托生”，言无此灵根，此生修持无望，只能来生转世从头再来。童子“却又来到正殿门首恶语恶言，贼前贼后，只骂到天色将晚”，此是作者对毁基断根行为的训斥责骂，不修心性的修持者应当警醒。师徒虽已到达五庄观，达到五行合一，丹基初成的修持阶段，但是师徒并不知此成果与此证境的重大意义和价值，以及此刻的修持要点，故作者在此处浓墨重笔，反复强调其重要性，并对立基、毁丹、再培灵根的原因、要点、方法作出了详细的说明。修持者不可不察，更要感恩作者这份慈心。

行者带师徒逃离是喻那些丹基已毁却不知培补，还只一意继续所谓的修行，而唐僧更是只以束心为修持，故言：“我就念起旧话经儿”。行者用金箍棒使解锁法开门，金箍棒为先天一炁的运化之机，是解除修持路上困难的保障，故能开锁。丹基既毁，清明便失，灵性必昧，所以行者将瞌睡虫弹出。仙童沉睡，此为失基昏昧之态，而且师徒也在逃跑的路上困盹。

镇元子回观，喻要修持者发现自己出现了昏沉之后就要及早回观返照，察看原因。大仙道：“神满再不思睡，却怎么这般困倦？”气足则神满，神满则不思睡，这是实际修持的效果。大仙道：“快取水来”，水喻精气，只有精气充盈了才能使神识清明，“即解了睡魔”。仙童见大仙叩头道：“东来的和尚是一伙强盗，十分凶狠！”佛法西来，而此处言和尚东来，是言为假和尚，喻不过是假借和尚之名，修佛之名，而实际上唐僧师徒一行是修持一炁命火为强项的真道人。此处点出了《西游记》的本旨。借唐僧西天取经之事言丹道修持之功，故大仙笑了，是欣然默认。“莫惊恐，慢慢的说来”，明示修持者不要惊恐，书中会慢慢进述。大仙闻听人参果树被行者打倒“更不恼怒”，果树因行者恼怒而毁，镇元子是守护此丹头之意，如果他再恼怒，则丹基彻底崩塌。大仙心性稳定自然不会犯此大错，明示修持者，一则心性的稳定对培护丹基至关重要；二则镇元仙守护灵根，自然知道其生化之机，心中有数，故不恼。修持者若也做到心中有数，自然心性平稳，丹基稳固；三则唐僧师徒不明人参果之珍贵，才有此毁，明示修持者只有通过反复煅炼的过程才能真正认识和理解到人参果的重要性。这也是唐僧师徒西行路上磨难的价值，只有经历了，跨越了磨难，修持者才能真正成就。很多修持者对修持过程中的困难、危险、障碍估计不足，总是幻想美妙的体验，这就潜藏着危险。

大仙来赶三藏，“顷刻间就有千里之遥”，是言有此丹基作基础开始修持，其速极快，故早已超唐僧九百余里。而自毁丹基，不知法要者，即使如“长老一夜马不停蹄”般辛勤，也“只行了一百二十里路”，效率极低。仙童道：“那路旁树下坐的是唐僧。”明示修持者在修持的道路上不可只以道术修持为全部，还要在心地上下功夫，两者真是天壤之别。“大仙变作行脚的全真”，文中对此的描写看似是写全真的外貌，实际上是在写“行脚”的真法，即修持之法。短短几句已经将丹道修持的全部真法透露出来。明写暗点，一笔双关是整部《西游记》的写作特点，处处句句都有含义，读者若不细参难见真旨。这些详细的解读留在《西游详解》中展开与大家分享。大仙问唐僧：“如何在途中打坐”是点醒那些自毁丹基的修持者，要反思自己为何如此辛勤、精进，却为何仍不能继续前进，而只能途中停顿。之后大仙点明修持者困在途中不能前进的原因，皆由自毁丹基造成，故言：“把我人参果树打倒，你连夜走在此间，还不招认，遮饰甚么？不要走，趁早去还我树来”，修持者要及早认清真相即招认，不要再自欺，迷昧了即遮饰，无此丹基不可，也不能前行，即不要走。要趁早修补丹基，即还人参果树，方可前行。“那行者没高没低的棍子乱打”，没有丹基的元神失去了根基，心性元神混乱也只能是乱打。大仙“使一个袖里乾坤的手段，把师徒收笼”。袖里乾坤为袖里手段，即可以扭转乾坤的手段，比喻有为之法，为五行攒簇之功。道术之妙就在于以有为之法转化身心事物。以此法将师徒五众再度收拢在一起，使其不再胡为乱打之后才好重修丹基。在大仙袖中“那呆子使钯乱筑，哪里筑得动，手捻着虽然是个软的，筑起来就比铁还硬”，八戒乱筑喻修持者欲以戒行来筑此丹基是不行的。呆子又是元精，失去了丹基的，元精也只能胡乱作为了。不明五行合一之法，以为积精累气为筑基也是不可行的。五行合一之法下手绵软不可急，不可缓，也不可僵化，一旦完成筑基，就比铁还硬，喻其坚固。

回到五庄观，大仙叫用“龙皮做的七星鞭，打他一顿，与我人参果树出气”，龙皮喻元神，七星喻中枢，言其永恒不变的真理。对自毁丹基者就应该打一顿警醒之。“唐三藏做大不尊”，唐僧代表大愿，起引领作用，但他却没有遵守丹道修持原则，以先筑丹基为重，故为“做大不尊”。行者主动替打，是明示修持者纠正错误应该从元神下手。“原来打腿”是言丹道修持讲究脚踏实地，功夫次第分明，五行合一之功为最基础之功，没有此基修持是虚，无从落实。“还该打三藏训教不严，纵放顽徒撒泼”，言看管心神之功一刻都不能放松。行者推倒人参果树就是心神妄动的后果。“小仙又打了三十，两只腿似明镜一般，通打亮了。”修持脚踏实地，源于对修持理法的通彻，要心如明镜一般明察自己修持的状态，没有丝毫疑惑，即“更不知些疼痒”。长老垂泪道：“你等闯出祸来，却带累我在此受罪”，五行妄动自毁丹基，大愿受困难行。

夜间行者救下师徒，叫八戒“你去把那崖边柳树伐下四棵来”。“柳树”即“流”字门中之术，以看经念佛、朝真降圣为功。此功如“壁里安柱，有日大厦将颓、他必朽矣”，现在丹基毁坏已是大厦将颓，而修持此法就如在山崖之边了，随时有坠崖之险。行者“咬破舌尖，将血喷在树上，变作四众”，舌尖为心苗，喻修持者将心血负于此流门之术，将此视作修持，妄想取得真经。“这一夜依旧马不停蹄，躲离了五庄观”修持者方法不对，越是勤奋越毁丹基，离五庄观越远。行者是本心灵性，而“流术”所看之经口念之佛，皆由此本心灵性重重演化而来，故为“化身”。“却又打我化身”即要破除化身之错，本身便有所觉醒，故行者“真身打噤，收了法”。大仙再度追来，兄弟三个齐上。三兄弟精气神，三家相见，三家合聚是修筑丹基的三项基本要素，虽然现在已经合聚了但是不知合一的理法则依然无法完成筑基。大仙叫把“三藏、八戒、沙僧都使布裹了，浑身俱裹漆”，此明示修持“静”字门中之道。用布裹了不能再动，喻清静无为，参禅打坐，戒语持斋或睡功、立功并入定坐关。“但此法如窑头土坯，虽已成形尚未经水火煅炼，一朝大雨滂沱，他必滥矣”，故“将孙行者，下油锅炸他一炸”，是要其经水火煅炼而筑基，即“与我人参果树报仇”。故行者听闻此“先静后炼”之法后心中暗喜“正合老孙之意”但又“恐他仙法难参”，调西边石狮子将油锅砸了。“西边”喻佛法，“石”即识“狮”即师。喻以佛法之识，以佛法为师，破除此法。大仙大怒：“怎么又捣了我的灶。”“灶”，即火即运神之法，“捣灶”，即破除此有为之法。“就拿住他，也似抟砂弄汞”，心神灵活易变，很难以有为之法把握。道术虽有用但也确实“仙法难参”，难在随机应变的火候把握。所以行者道：“你遇到我就该倒灶，如今大小便通干净了，才好下锅。”言心无杂质，静功至极，方可水火煅炼。

第二十六回

孙悟空三岛求方　观世音甘泉活树

丹旨：上一回，孙行者推倒人参果树喻修持者因心神妄动而自毁心体，人参果树喻此生发之机。若心性不稳，将自断灵根，毁此生机，皆因不知此灵根对于修持具有极其珍贵的价值。师徒两次逃离五庄观是欲以“流、静”之术代替对灵根的培育，但对此灵根的培育就是丹基之功，不能跨越。这一回，孙行者四处寻访活树之法。先到蓬莱见福禄寿三星，喻先以炼精化气之法得黍米之丹培补后天人身；再赴方丈山见东华帝君，喻以九转太乙还丹，即行炼气还神之功；再至瀛洲海岛见九老，喻炼神返虚；最后拜见观音菩萨，喻行虚极静观之法。道自虚无生一炁，因此只观音才有甘泉活树之能。至此丹基重立，大本复得，返还之功完成。此等修持成果确实可喜可贺，故开人参果会。修持者可以真正享用此人身修持成果了。师徒后面的行西之路就是还元之程。故本回丹旨为：立基。

释意：篇首之诗阐述了“忍耐戒怒”的重要性，明示修持者对情绪的调控就是心性修持的重要内容和形式，行者因一时之怒而自毁灵根。镇元子是地仙之祖，孙悟空是天仙中的太乙散仙。地仙是起点，是基础，天仙是成果，故镇元仙道：“我也知道你的本事，闻得你的英名”，修持者要想成就天仙就必须经过“五行合一”筑就丹基、养育灵根这一步，更不可能不修心性而成，故言“只是你今番越理欺心”以跨越攒簇之功为越理，以神通变化替代灵根的作用为欺心，故又言：“脱不得我手。”即使修持佛法复见虚空本性，也离不开这个基础，不可以神识变化为能，故言：“我就和你讲到西天见了你那佛祖，也少不得还我人参果树，你莫弄神通。”言修佛也离不开灵根的作用，不可以执着神识的灵明之能而忽视了修道根基的培养。“你若有此神通，医得树活，我与你八拜为交，结为兄弟”，言守护心体一炁生发机能的真意与先天灵明觉性为兄弟。行者道：“我今要上东洋大海，遍游三岛十洲，求一个起死回生之法，管教医得他的树活。”“东洋大海”喻周身血海，“三岛”为上中下三个丹田，“十洲”为指全身经脉。先由培补后天气血起手，再修三田，进而周身气盈，就是丹通修持的筑基之功，至此可以起死回生，即生命的运行模式开始逆转。丹基筑成，即“管教医活他树”。三藏道：“与你三日之限”，三日即三阳，即炼至纯阳纯熟之意。

行者先到东洋大海蓬莱仙境，见到福禄寿三星。修持者若后天气血充盈，体现在生命层面为健康与长寿，在人生境界方面体现为幸福安康和功名利禄的获得。在人身为下丹田所修持的炼精化气之功，故行者见：“有三个老儿围棋。”即福禄寿总是相互关联围聚在一起，为世人所盼。“观局者寿星”，喻修持者面对世事要保持一种“观摩”的心态，则得长寿之果。“对局者福星、禄星”，人世当中福与禄两者常常相互博弈，此消彼长，故此二星对局。行者是元神，也称喜神，神为气主，若神识灵明，福禄寿自然而来，故行者称三星为“老弟们”。“三星见了，拂退棋枰”，是言既见元神便不再执着世间博弈之局。寿星道：“闻大圣弃道从释，保唐僧西天取经，哪些儿得闲，却来耍子？”是言修持者当以悟道明心为重，对世间福禄寿之事不可再牵挂于心。三星道：“万寿草还丹，我们的道，不及他多……我们还要养精、炼气、存神，调和龙虎，捉坎填离，不知费多少工夫”这些是炼精化气之法，远未达到五行合一之境。故言“我们的道不及他多”。五行攒簇之法非常简单，一旦丹基筑成便可逆返先天，故言“他得之甚易，就可与天齐寿”。此丹基就是灵根，丹道修持都是以此为根基，故言：“天下只有此种灵根”，此灵根是复返先天的最初成果，是道体、本心复现的最初状态。故言：“镇元子乃地仙之祖。”三星为炼精化气之果，有此方可还神，故三星道：“我等乃神仙之宗。”大圣是本心之象，心体之灵性，故曰“天仙”。但大圣之灵性还不纯粹精一，心神还有散乱之态，故“还是太乙散仙，未入真流”，还未彻底合道归本，故言“你怎么脱得他手”。三星道：“若是大圣打杀了走兽飞禽、蜾虫鳞长，只用我黍米之丹，可以救活”，炼精化气在功态中若能见到虚空之中有“一粒黍米”显现，说明炼气之功初备。此一粒黍米是虚空中的先天一炁之象，但此气尚弱，所以修持者要经历一个由少积多的累气过程，直至丹体壮盛之后，神识也随之灵明，故此黍米之丹因其弱，故只能救飞禽走兽，对于五行合一而呈现出的道体本心之初象，即灵根生发，这一粒黍米则显得微不足道，故言"那人参果乃仙木之根，如何医治？无方"。"那大仙虽称上辈"，神仙修持境界完结就是地仙之境，故称"上辈"。又言："与我等有识。"修持者在未获得五行合一之起死回生之方之前可以先行炼精化气之法，获得福禄寿之报，安心于世，一旦获得法诀，不可留恋福禄寿之世间之报，及早上路修持。故言"只等你求得方来，我们才别"。

三星来到五庄观，八戒与寿星笑闹。八戒为元精，为寿命的物质基础，故二者熟识。八戒骂那些只知"添福、添禄、添寿"而奔忙的世人，"你等真是奴才"。三星为行者"讨个宽限"，三藏道"不敢念"，是言修持者不可束心太紧，特别是未得法诀之要前要做好前期准备。丹道修持讲究"法侣财地"是一个大致应该具备的外部条件。要安心待缘，要专心培缘，水到渠成。八戒对福星道："回头望福。"是明示修持者修福在于"回头"，不可被欲望牵引前行，要及早回望己心，才是最大的福，才是福之所来。行者来到蓬莱，是言希望通过炼精化气来修复灵根，是不行的，故"无方"。但此功不可废，应当以此为基础继续前行。

"行者离了蓬莱又到方丈山"，此山喻人身之中丹田，喻炼气还神之功。神话传说中方丈山是还未达到升天受箓的神仙居住的地方，位于东海中心的海岛。中丹田于丹道是炼气还神之处，即还未进入上丹田修炼。可见行者来到方丈山是行炼气还神之功。故诗言："炼元真，脱本壳，功行成时遂意乐，识破原流精气神，主人识得无虚错。"行者对东方朔笑道："帝君处没有桃子你偷吃。"是言此处所炼之神还不是心体，故言："没有桃子吃。"东方朔骂行者是"老贼"，行者为元神，修持的过程就是逆修返本的过程，就是倒行，盗天地之机而还元，故称"老贼"。"我师父没有仙丹，你偷吃。"是言此功尚未达到还丹。帝君言："我有九转太乙还丹，但能治世间生灵，却不能医树"。"九转太乙还丹"是炼心神之法，是对心神生机运行状态的调整，故言："能治世间生灵"，但不是筑基之法，故言："却不能医树。"因此也无方。"帝君欲留，奉玉液一杯"，丹道而言修持至此可称玉液还丹，但功未圆满所以尚不能养神，故行者未饮。

行者驾云至瀛洲海岛。此处瀛洲喻指上丹田，为脑海，瀛即赢，言以输赢为标准，故为赢洲。人的头部共有九窍，第一回太白金星就说过，凡有九窍者皆可修仙，是指九窍所在就是修仙之处，故行者认得九老。九老道："大圣当年若存正，不闹天宫，比我们还自在哩。"之前的注解中说过，大圣闹天宫的本质是先天元神向后天识神方向转化，此非正路，应该向上升华，修持的结果才是真正的大自在。九老九窍包含着眼耳鼻舌身意的功能，因此也代表着后天识神的作用。此言是在点醒行者不可再走老路，要继续前行。修持者功夫至此，便真正达到了丹道修持的玉液还丹阶段。修持者口中甘津汩汩，是元气充盈使得生理机能得到滋养，导致口中唾液腺分泌旺盛而出现的结果，身体中其他腺体分泌也会增强，但是很难被感受到，只有口中甘津能够直接感受到。修持者可以通过这个感受判断自己的修持状况，故行者"立饮了他一杯浆"，即吞服口中津液玉液，"吃了一块藕"，藕断丝连是言下一步将进入任脉了。功夫至此仍然无法重筑丹基，故依然"无方"。

"于是行者不肯坐，急急离了瀛洲，直到普陀岩上，见观音菩萨"喻摆脱后天输赢之心，进入到静观密察的状态。行者见观音是明示修持者重筑丹基还是要依靠"静观密察"之功，因此只有观音处有活树之方。孙悟空道："而游遍三岛，众神仙都没有本事。"菩萨道："你怎么不早来见我，却往岛上去寻找"，可见活树、还丹之法不在三田炼化，而在于静观密察。行者暗喜"造化了"，此是天地之大造化、大天机。修持者若明此理，依法而行真是他的大造化。菩萨道："我这净瓶底的甘露水，善治得仙树灵苗。""净瓶底"，喻心性纯净无染平静无妄的状态，此为虚极之功，流露出的先天一炁即甘露水。此炁可以涵养心体灵根，巩固丹基，故善治仙家道术，培养灵根之苗。

众神来到树前，"菩萨将杨柳枝，蘸出瓶中甘露，把行者手心里画了一道起死回生的符字，教他放在树根之下，但看水出为度"，是明示修持者在静极虚极的状态下，一炁自然流露而出，即"杨柳枝"之意。再以此先天一炁甘露滋养点化元神，使元神对此气拥有驾驭能力，即在行者手中画符之意。"放在树根之下"，是言此炁是重活灵根的道术基础。"但看出水为度"，是以内药引外药，甘露由虚静而内生，清泉是由甘露和元神构成的内药，于虚空中引发生出外药。"那水不许犯五行之器"，言先天一炁为本，为一，不可散于五行。"须用玉瓢舀"，玉瓢由土烧成，经过煅炼已不是凡土。土代表意，凡土为凡意，玉瓢代表真意。此段明示先天一炁的运用要靠先天真意才行，先天一炁从百会穴进入人身，故言“从头浇下，自然根皮相合，叶长芽生，枝青果出”，喻一切都自然发生。“行者、八戒、沙僧扛起树来，扶得周正，拥上土”，此言还丹筑基之术还要依靠元神元精元气共同完成，以真意围护，即拥上土。至此丹基再复，灵根重活。

前而唐僧一路行来，是以五行攒簇之功来到五庄观，是以道术盗食人参果。菩萨则是以虚极阳生之法再活灵根，此法速且是根本之法。修持者若明此理，依法而行是“大造化”。攒簇之功为渐修，为前期准备。在此基础上，再以虚极阳生之顿法，便可再立丹基，可开“人参果会”，享受此修持成果了。行者与大仙结拜为兄弟，“两家合一家”，即心体的灵觉之性与守护心体生机之意贯通一体，为神意融通之象，相辅相成，相互统一，至此丹基确立，大本已得，本心复现，道体坚固，以此为基，开启修持，是真正的脚踏实地。此后的所有魔难都是对此道体本心的种种磨炼、转化、净化、升华，修持者不可不知。

第二十七回

尸魔三戏唐三藏　圣僧恨逐美猴王

丹旨：前面12–26回，用15回讲述了以五行攒簇之法，汇聚了丹道修持所应具备的五个基本因素，其成果为“立丹基”。五庄观观音活树一段明示了“静极阳生”之功，使心体复现，此为修道之大本，灵性生发之根，故曰“灵根”。以此为基础开始修持为脚踏实地。《西游记》从27–98回共72回为煅炼转化金丹功程，故师徒历经九国三关，即丹道修持的九转丹成，即宝象国、乌鸡国、车迟国、西梁女国、祭赛国、朱紫国、狮驼国、比丘国、灭法国和凤仙郡、玉华州、金平府，喻丹道修持的九个关键阶段与复返先天的三项要求。27–31回重点讲述还丹功程。立丹基只是提供了基础和可能性，尚是隐性状态。所谓还丹就是对丹基、灵根进行煅炼，消除障碍，达到显化和确立的状态。丹道中称作“丹本”或“丹头”。煅炼还丹过程中经历了白骨精、黄袍怪两难后通过了宝象国之关。宝象国一关喻还丹功程完结后，虽然金丹尚未凝结但已经有珍宝之象呈现出来。前面用15回讲立基，为修持之功；后面用5回讲还丹，为证果。12–31回共20回是还丹修持、证果的完整功程。师徒离了五庄观是立丹基、活灵苗，此等功果皆是由人身完成，所以达此证境的修持者很容易产生对人身的执着。人身为道器，可用不可执，执便生难，因此破除身执是九转还元的第一功。

上一回，孙行者一路寻访，从蓬莱三星、方丈山东华帝君、瀛洲九老到普陀山观世音菩萨，最终是观音用甘露救活了人参果树，喻修持者通过对精气神的抟炼而达到虚极之境，从而生出先天一炁，此为后天人身修持的大成就，喻丹基筑成。至此逆返之功完成，故开人参果会庆贺。这一回，一行五众西行，为转化还元之功。这段工程最为艰巨漫长，因此《西游记》所用篇幅最多。还元之功首先要解决的就是身执问题。身执的外相就是对食色二性的执着。故唐僧因饥饿役使行者去化斋，并生嗔恨之心。这是以身役心，自然导致身心分离，其根本原因是元神元精的分离，故随即出现白骨精之难。白骨精即唐僧的身执之魔相，因此白骨精以食、色诱骗唐僧。传统丹法除身执有除三尸之说，之后逐渐与佛家三毒之说相融合，故白骨精有三变。孙悟空三打白骨精喻对三尸虫和贪嗔痴三毒的去除。但这也只限于现象层面的灭除，而三毒产生的根源是元神元精的分离，这是由顺行造化的模式所致，所以唐僧听信八戒谗言将孙悟空逐回花果山，故本回丹旨为：身执。

释意：三藏道：“前面有山险峻，恐马不能前，大家仔细”过了五庄观完成了立丹基之功，后面就要开启煅炼与转化的功程，故言：“前面有山险峻。”提示修持者要仔细认真对待。行者道：“师父放心，我等自然理会。”是言在煅炼与转化的过程中，识神不要干扰，把心放下，自有元神、元精、元气随机应变，不然必出魔障。

唐僧饥饿让行者化斋是被身执所困之状。“食色”二性为身执的根本。“食”是维持现有生命存在的必然，“色”是延续生命的必然。修持者此刻虽然已立丹基、活灵根，但也却因此生出了身执，故唐僧被饥饿所困，更由此生出嗔念，以解救行者为功，役使行者，因此元神也被此身执所役。行者见南方有桃可以充饥，是明示修持者若破此身执还要依靠参悟道体本心，故三藏喜道：“出家人若有桃子吃，就是上分了。”但心不可外求，唯返观，自心可得，所以行者离开三藏外求寻心便是错误，是圣心妄动，魔障即生，故：“孙大圣去时，惊动那怪。”

白骨精的产生是因身心分离、圣心妄动造成的，白骨精实为身执之怪。妖怪道：“他本是金蝉子化身。”如来为一心佛性之觉慧，一心分散为二心即二弟子。先天金蝉子落入后天便成为有形有质的唐僧，故金蝉子变为唐僧。因为一心散为二心，永恒如金的心性被遮蔽，由无化有，由本体化具体，由无限化有限，由虚灵化实质，故为化身。当修持者通过修证，复归圆满，如金蝉脱壳，获得新生，复为金蝉子。“十世修持的原体”，即时时都要修持还元本体，不可间断，此言修持的大火候。“有人吃他一块肉”，即将本体本心分解分散，则后天形质就越持久坚固，故言“可长寿长生”。白骨精是唐僧因身执而生的化身，所以她对唐僧的来源非常清楚，而吃唐僧肉就是保证这样的转化能够持续的必然。妖精见“长老左右手下有两员大将护持，威气不曾泄，故不敢拢身”，虽然行者离开，身心分离了，但是身中元精元气的作用仍然存在，尚可以维护丹基不毁，即“不敢拢身”。妖精“变作月貌花容的女儿，从西向东径奔唐僧而来”，丹基之毁最易由色而起，故先变作美女以惑其心。“由西向东”即顺行造化，喻先天入后天的趋势，这样的趋势一旦启动，代表元精的八戒便自然“动了凡心”。呆子所动凡心为“食色”，二心皆动，所以见美女“忍不住胡言乱语”，又“一嘴把个罐子拱倒，就要动口”，所以“分明是个妖怪，他却不能认得”。八戒动心则代表后天神识的唐僧必然随动，后天意识为元精所生，所以在取经路上，特别是前半程唐僧对八戒，呵护有加，百般偏护，听从八戒的谗言，只有到了后半程，唐僧才认识到并扭转过来，开始管制八戒元精。此刻唐僧还受元精异动的影响作出反应，“连忙跳起身来”，表明识神也被调动，于是开始唐僧询问妖精。心神一动，生命的运行趋势随之发生转变，所对应的景象必然发生变化，故“妖精见唐僧问他来历，他立地就起个虚情”，心变境变，境变又认境为真，执着便起。元精向后天转化的精气在丹道称为白虎，故妖精道：“家住白虎岭，丈夫在北山凹里。”夫为主、为本。“在北山凹里”即身底会阴穴之中，说明妖精是由此转化而来，此处为元精顺逆两分之地，因向后天转化故为妖。丹道修持中有一个非常重要的原则，就是对“顺逆”的把握，“顺则凡，逆则仙”，这个原则贯穿始终，更是丹道修持成立的基本逻辑。“三藏也只是不吃”，是言灵性尚存，心中还有把持。正因如此本心即回，故“行者一个筋斗，点将回来”，本性灵明非常清楚妖精害人的策略，无非以财色诱人，本心迷便是妖，本心明便是圣，故行者言当年作妖时的手段，是魔是佛皆缘此一念。行者点明了唐僧贪色，八戒贪食，若认此为真，丹基必毁，只能“大家散了”。先天元神与后天意识若不能一心用事，元神所除亦假，必不能除根。妖精的出现源于唐僧妄动之心，故妖精可以使用“解尸法预先走了，把个假尸首打死在地下”。长老口中念：“无故伤人性命”，是言识神仍迷，还未认识到妄心一动所带来生命运行的逆转之害，这个趋势就是趋向后天人道而非仙道。行者打伤的就是这个“人道”趋势，但行者只知阻止这样趋势的继续，不知从发端根源处对治，即对治唐僧妄动之心，故师徒不合才有三打白骨精。修持者在修持过程中会出现很多景象、诱惑、逆境，如果只是对治其境而不自察本心，明察根由，是无法彻底解决问题的。一切皆是心相，不从治心入手，魔相不绝。行者让长老看罐中真相，是以象破象，终不能彻，故："长老才有三分儿信了。"不从心上着手，后患仍来，于是八戒进谗言，表明后天意识对色欲尚能压制，但对饮食的贪执却最难破除。唐僧念紧箍咒喻束心太紧反伤先天元神。元神的特性是易动易飞，故要戴紧箍，防止其乱动，从而被修持所用。此效用只是戴上便有，于默默之中起用，若动用后天意识有意为之，便是以后天伤先天，此明示修持者只要默默存心即可。妖精一变十八岁女儿，行者打杀是明示修持者破一个"贪"字，贪之最大为"贪色"。妖精二变为八十岁老婆婆，八戒惊道："师兄打杀的定是他女儿。"行者道："老妇有八十岁，怎么六十多岁还生产？断乎是假的。"是骂八戒"痴"，如此明显的错误唐僧八戒竟看不破，唯"痴"所致，故唐僧再次念咒，以后天伤先天。行者叫长老念松箍咒放他去快活，唐僧不会，喻元神在修持中的作用离不得，故言："菩萨只受《紧箍儿咒》，没有《松箍儿咒》。"喻元神放不得，还要戴着，故唐僧没奈何再饶行者一次。妖精三变老者口念真言，此为"嗔"字之象，行者将其打杀是明示修持者要破"嗔"念。行者叫"当坊土地、山神，在半空作证，不许走了"，土地山神为修持者当下之真意，明示修持者要随时保持真意，真意就是元神之用，非后天意识之用，用此意时刻觉察自己"嗔念"的生起与变化，即"在云端里照应"。元神主事保持灵明，即打杀"贪嗔痴"之妖。"他是个潜灵作怪的僵尸"即先天灵性潜藏不露是为"潜灵"，灵昧必然圣心妄动，故要"作怪"。先天向后天转化是趋死，必将尸亡，故为"僵"，这就是妖精产生的真相。"脊梁上有一行字，叫做白骨夫人"，脊骨上刻字是言妖精来源于脊督之中，为元精向后天转化之象，故为"白骨"，但其根源是身心分离圣心妄动，故为"夫人"。妖精"白骨夫人"虽然被打杀，但也只是止其妄动之心，而异化之元精尚未归正，祸根未除，故八戒再进谗言。后天意识是由元精所生，故唐僧自然听从，驱除行者。行者道："去便去了，只是你手下无人"，是言修持必以元神为主导。唐僧大怒："只你是人，那悟能、悟净就不是人"此处明示修持者不要只以元精元气为能，以为通过精气运化就可以完成修道。行者虽然打杀了妖精，但只是在现象层面的消除，根源尚在，所以唐僧嗔痴仍重，故言"猴头！执此为照，再不要你做徒弟了！如再与你相见，我就堕了阿鼻地狱”，是言先天元神、后天意识不合之害甚烈，而导致师徒不合的原因是元精元神不合，即金木不合，身心分离才是根本原因，故进谗言的是八戒，是八戒导致行者离开。后面宝象国救唐僧之难请回行者的也只能是八戒，在丹道而言，就是金木合并。只有元精元神保持合一才能彻底消灭魔障，后面途中只要行者八戒同心协力，必然克魔。行者四面围住唐僧拜别，是言大愿必须以元神的围护才能达成。行者叮嘱沙僧“途中更要仔细”，是喻以精气的运行来维护大愿。“却要留心防着八戒，詀言詀语”是言运行运化时要时刻关注精气的变化，防止其异变。以此法尚能保证修持者不出现魔境。

行者“经回花果山水帘洞去了”，失去了大愿引领的元神，是必然又回复到自然散乱自发的后天之境，即回到花果山。元神无法再发挥作用，故只能“隐入水帘洞中去了”。先天灵性隐去，与之对应的先天灵能也只能退回到茫茫荡荡的元始自发状态，故行者“忽闻得水声聒耳，原来是东洋大海潮发的声响”，灵性隐，灵能散，以此状态大愿难成，故行者“一见了，又想起唐僧，止不住腮边泪坠”，也是作者为修持者泪坠。

第二十八回

花果山群妖聚义　黑松林三藏逢魔

丹旨：上一回，修持者因为身执而起嗔念，此念一起就是圣心妄动，代表“贪嗔痴”三个尸魔的白骨精即刻而生。修持者依靠元神才能消除心魔，但这只是现象层面的消除，因为元精已随妄动之心异化，最终导致身心分离，故八戒进谗言，唐僧赶走了孙悟空。于是孙悟空回到花果山。心体由元神元精共成，现在分离，心体再散，那么心体之运化则再度向后天转化，这也是身执所带来的必然结果。故这一回，孙悟空回到花果山喻先天灵性因心性妄动，再次落入后天之境。孙悟空重修花果山，喻将后天身心散乱衰败的状态重新凝聚为一体，故为“聚义”，以此静待阳生。唐僧让八戒化斋表明身执仍然在发挥作用，而元精没有了元神的主导则无所适从，故八戒只能钻入草丛中去睡觉了。代表运化的元气也随之而动，故唐僧又派沙僧去寻八戒，至此精气神都远离了唐僧，因此修持大愿自然也开始向后天转化，落入魔境，最终被心性妄动所致的意土错行之魔黄袍怪捉住。故本回丹旨为：妄意。

释意：行者见东洋大海道：“我不走此路者，已五百年矣！”东海代表后天血脉运行的原始状态。行者被压在五行山下五百年，喻元神在后天之境不被人识，无法引导气血运行返本还元，故有此言。“行者跳过东海，早至花果山”，是言由血脉运行的状态退回到有形有质的花果山中。《西游记》中的花果山，喻后天人身，这就表明元神已经退转到后天状态中了，故此回对孙悟空便以大圣称之。所谓大圣，为后天中的先天。“群妖聚义”因落入后天，消耗生命，故称为妖。大圣回山是要阻止这样的运行模式，将分散消耗的趋势扭转为聚拢、培护、涵养的趋势。“聚义”即“聚一”、合一、凝聚之意。

行者见花果山被二郎神烧得颓败，喻后天人身衰败后之象。若花果山繁茂，代表后天人身壮盛，二郎神以先天灵能之火烧山，是对后天身心的转化，但之后若放弃对后天人身的培补，是不知道后天人身对丹道修持的重要作用。此刻已从修持途中退转为后天中的元神大圣，见到花果山一副颓败之象，即后天身心衰败之象，自然“正当悲切”。此后天身心是道器，为道基，既不可执着也不可废弃。前者师徒分散已是自毁丹基，故花果山也随之颓败，因此重立丹基还要从重整花果山，修复后天身心入手。群猴出来相见，群猴代表着后天身中散乱的元精，猴精道：“我们蹲在井里”，喻元精藏在中脉之中，“钻在涧内”藏在经脉之内，“藏于铁板桥下，得了性命”回归先天一炁之后才能复生。存在于中脉，经脉之中的元精得以保存，故“得性命”。“其它四万七千群妖”大部分为后天精气已被转化，或烧、或逃、或杀。留下“只有千把”“千”即“乾”为后天之中的先天元精。猎人抢去“当做下饭食用”，喻以消耗元精来养护后天生命。“无所不为的顽耍”，以此元精为物质基础进行各种寻欢作乐之事。“还有马流二元帅，奔芭二将军管着”说明依靠这有限的元精维持着后天生命的运行。“大圣爷爷近闻得你得了性命，保唐僧往西天取经，如何不走西方，却回本山”是问行者为何退转回到后天状态之中。大圣道：“那唐三藏不识贤愚”，圣心妄动故不能识贤愚，真心自然被贬，凡心炽盛。所以元神必然又退回后天身中隐藏，恢复原始散乱自发的状态。众猴大笑道：“造化”，向后天转化就是顺行造化之道，甚为可惜更为可笑，但若真知造化会元的顺逆之机，此处正是下手重生之处，更是天机。可喜可贺，亦大笑之。大圣要打杀猎户，重整花果山。猎户代表着后天意识，他们的作为是消耗生命之元精，代表着趋死的运行模式，大圣打杀就是要终止这消耗的趋势，不再向后天转化。大圣要群猴把“山上烧酥的碎石头堆着”，是要将散乱的意识再次聚拢。“石头”即“识头”，再配合呼吸之法，阻止元精的消耗。将猎户的衣物、马尸、旗号、刀箭收起来自用，是明示修持者这些代表后天意识的功能作用，转化为养护先天元精之用，故大圣做了一面旗，“重修花果山，复整水帘洞，齐天大圣”。此明示修持者丹基已毁之后必再重修，此身才可以“复整水帘洞”恢复本心，重立丹基。只有大圣在花果山重修丹基，唐三藏才能脱离魔难。“大圣从龙王处借水洗山”，是以精气运行养护身心。“积草屯粮、乐业安居”，是温养静待之功。

唐僧问道："哪里寻些斋饭我吃"，表明身执之害依旧，八戒道："钻冰取火寻斋至，压雪求油化饭来。"水中之火为真火，雪中之油为真油。斋饭为生命所需的灵能，就是通过这样的方法而来。水喻后天能量，火喻先天灵性，"钻冰取火"，即钻取后天能量中的所蕴含的先天灵性；雪喻后天灵性，油喻先天灵能，"压雪求油"，即在此后天灵性中榨取出先天灵能。"当年行者在日，老和尚要的就有。"即这些斋饭是由元神主导完成。"今日轮到我身上，公道没去化处"，是言元精不堪此任。元精没有元神的主导、调配、监督，自身的特性便开始发挥作用。元精的特性之一就是被动性，这是由其物质属性决定的，故八戒便钻入草丛里睡觉了。八戒寻斋离开了唐僧，是大愿失去了元精的支持，又派沙僧去寻，是欲以运行之法发现捕获元精，而继续前行，故言："有斋没斋罢了，只是寻下住处要紧"如果没有元神元精合成之斋，如何前进，如何能寻到下一站呢？失去元神、元精、元气的护持，故"长老独坐林中"，只剩大愿，只能"强打精神"，坚持大愿已是力不从心了。"把行李攒在一处，将马拴在树上"，喻只以大愿为全部修持内容者的状态就是将修持的运行与原理即行李，简单笼统地归纳为一个，即对意马的驾驭都以道术代替。这些修持的理念、理法、策略已经落入后天境界了。而这些功夫与修持进步无关，只可解决后天身心的问题，故言："权为散闷。"

唐僧"却走向南边去了"，南为火，代表后天意识境界，大愿由此也退转到后天意识境当中去了。至此师徒经过艰苦修持而完成的五行合一之成果再次分散化入后天，散入五行当中去了。丹基自毁，魔怪自来。唐僧见金塔"这是那西落的日色，映着那金顶放亮"，是言后天意识所见金顶是由西方本体本心应照而成，其本质是后天，是假，是幻，为凶。唐僧认此为真，故"长老一时晦气到了"，洞中妖魔为妄动之心的后天魔相，唐僧从圣心妄动开始进而元精异化再至元气错行，一路退转，顺行造化落入后天，故妖怪称唐僧是："自来的食，你该是我口里的食，自然要撞将来，就放也放不去，就走也走不脱。"妖怪将长老"缚在那定魂桩上"，是言心性再次被后天绑缚不得解脱。老妖问："你一行有几人？终不然一人敢上西天？"是明示修持者仅凭大愿无法完成修持，心性被困，若欲解脱上西天，必须要有精气神的护持。可惜长老只忆起八戒沙僧即元精元气，最关键的元神行者不能想起，故老妖道："造化了"，没有元神的主导，修持之路难行，最终还是要走顺行造化之路，落入后天，所以老妖言元精八戒、元气沙僧会“寻着我门上，且等慢慢地捉他”。

沙僧寻到八戒是言精气运行虽可炼化出元精，但无大愿便是失去方向，没有元神返本还元，便无主导，只能顺行造化跟随唐僧，寻到正南下妖洞门口。“门前横安了一块白玉石板”，“横安”即停止不前。“玉石”即“欲识”，是后天欲望神识之意。“碗子山”，是“心”字之变形，“心”字之卧勾变为一横如碗底之平。“心”字三点变为“山”字三竖，故“心”字变异为“山”字，是先天入后天，是由虚入实。“波月洞”即水波之中的月象，虽有影但受波动影响时时变异，难见真相。“月”为本，“波月”为投影之象，是由静变动，由此可知“碗子山、波月洞”中之妖是由心之妄动变异而来，落入后天之魔相。妖怪名“黄袍”，即“黄婆”之魔相。黄婆为真意是元神运化之相，沙僧在丹道中即真意为黄婆，可见此黄袍就是沙僧，即真意落入后天的魔相。黄袍即元气错行之难。所以宝象国一难与沙僧关系极大。

有元精才能有运化，所以八戒叫妖怪“我儿子，我是你老爷”。代表向后天运化的黄袍妖怪让八戒进去吃人肉包，元精是随着运化而行的，是向先天还是向后天都是被动状态，没有主见，故“这呆子认真就要进去”。沙僧一把扯住道:“你几时又吃人肉”，才阻止元精向后天转化。八戒沙僧同战黄袍怪不分胜负，喻若以精气运行转化阻止落入后天，救出唐僧，恢复大愿，继续西行，是不可能的。

第二十九回

脱难江流来国土　承恩八戒转山林

丹旨：上一回，孙悟空回到花果山喻先天灵性又落入后天之境，因此元精失去了主导，故八戒偷懒钻到草丛中去睡觉，而代表运化的元气也随之而动，故沙僧去寻找八戒。没有了精气神的保护，修持大愿也就向后天之意转化，因此唐僧自投罗网，成为黄袍怪口中自来的食。这一回，八戒、沙僧在护法的帮助下与黄袍怪战了个平手，明示修持者以有为之法精进努力可以阻止生命向后天之境转化，但真能解救唐僧的是代表虽已落入后天，但重新凝聚起来的元神，即百花羞公主，所以唐僧暂时脱难，来到宝象国，言只要修持返还之功就能够见到先天宝象，此喻还丹之境。八戒沙僧奉旨降妖，喻以精气运行之功消除向后天转化的趋势，消除后天妄意。但护法都在宝象国守护唐僧，此喻修持者的妄意执着宝相境界，导致精气运行不力，故八戒出恭逃跑，即元精泄露。沙僧被捉，喻运化再度向后天转化，返还之真意被后天妄意代替。故本回丹旨为：宝象。

释意：开篇诗明示修持者的妄想是无法依靠有为法消除的，真如的本性也不是通过后天的努力追求而获得的。修持真如本性要依据佛法正见而为。修持不是积累、获取、占有的过程，究其本质只是迷与悟之间的差别。“悟即刹那成正，迷而万劫沉沦”，只要一念契入真如，便离一切象。这首诗是修心的重要法则，阐述了修心的本质，是破迷悟真，指明了修持中出现的错误认识，更点明了正确的修持策略、方法。《西游记》阐述的修持修证的理法完全圆融了佛道之理，丹禅之法，金丹即本心，是一、是心。渐顿各宜，普备众根，望读者细参。本回题目用“江流”来称呼唐僧。江流儿是唐僧的乳名，是唐僧在尘世中流浪沉沦之意。此处是言唐僧五行分散再次落入后天造化之中，如在江水中随波漂流之意。唐僧暗中的护法帮助八戒沙僧与黄袍怪战个平手，是言修持者的精气运行之功精进勤奋，只可阻止唐僧再次向后天境界转化，无法消除、扭转趋势，但是也正因为八戒沙僧的努力行功，唐僧的生机才得以显现，见到了宝象国的三公主百花羞。宝象即金丹至宝将要显现之象，即至阴之处。唐僧现在的境界是五行再度散乱，自毁丹基，落入后天。在卦象上是坤阴之象，故见到三公主。公主为阴，三即三个阴爻，为坤卦，百花羞为群阴将伏只待一阳复生之意。“只因十三年前”，“十”即识，“三”即三根阳爻。“前”即“乾”，故为“只因见识到乾阳”，所以产生了心性圆明的景象，即“八月十五”的月满之象。“玩月中间”，修持者只以心性圆明为重，即“玩月”，而不重视元气的运行，丹基的培补。一时月满虽为心性圆明之象，但未达一得永得之境，月满必亏，元气即错乱而行，故言：“被妖魔一阵狂风摄将来。”心性亏损与元气错行相应而生，故为夫妻，所生儿育女者“食、色”二性。百花羞的遭遇展现了人身由元气充盈、性月圆满的状态向后天心性亏损、元气错行的状态转化的过程及原因。代表心性的百花羞本质上是被唐僧赶走的孙行者的变相，是孙悟空重整花果山的成果之象，代表落入后天的灵明之性，但还未重上取经之路，还处在后天之境中，故百花羞仍然困在妖洞之中不能回家，但即使如此，只要灵性有所觉醒便能发挥作用，所以百花羞能救唐僧，故言：“你既是取经的我救得你，你与我捎一封书儿去，拜上我那父母，我就教他饶了你罢。”捎书西去即是停止此向后天坠落的趋势，复返先天。“拜上我父母”，此刻百花羞已是后天之识，其父母则代表人身中的先天元神元精，只有如此才能摆脱元气错行，方可脱难，故言“教他饶了你罢”。三藏点头道谢“女菩萨”，指点修持者迷津之人就是菩萨。“愿做捎书寄信人”，是言知道逆返之程，明白修持之理的人，如此自然解难。顺行造化则是走妖洞前门，修持者要逆修，故公主要唐僧“你往后门里去吧”。公主谎称向金甲神许愿要救唐僧。“金”代表肺、呼吸，甲为首，言要想阻止运行错乱之患救出唐僧，首先要从调整呼吸入手。以呼吸之法辅助修持大愿，即“只当与我斋僧还愿”。元气错行一旦得势，元精便无力独自抵抗必然随之而行，故黄袍怪叫猪八戒，道：“你过来，我不是怕你，不与你战，趁早去后门首寻着他，往西方去罢。”以逆返之法救护唐僧护持大愿，若再落入后天顺行造化是不可饶恕之错，故言："若再来犯我境界，断乎不饶"。顺行造化向后天境界转化是趋死模式，故"八戒沙僧就如鬼门关上放回来的一般，即忙牵马挑担，鼠窜而行"。因为灵明之性百花羞公主的营救，以呼吸之法辅助，终于扭转了趋死的模式，转为复生的模式，故言唐僧脱难。只此一转之功便可见至宝显象。

师徒来到了宝象国。宝象国即"还丹"之境，此国是唐僧途经的第一个需要通关文牒的国度，可见其重要性。唐僧西行经过的第一国是猪八戒所居之国乌斯藏国，在此收伏元精，属于修持条件的准备，并非转化之功的关口，故无须使用通关文牒。宝象国一关的丹道含义为"还丹"之关。"五庄观"于丹道是立基，只是基础完备，提供了炼丹的基础，还未开始金丹炼化。"还丹"则是炼化金丹的第一步，还者返还，还元之意。为金丹炼化的最初之关，也是金丹之象明确显现出来的状态。唐僧遭遇宝象国黄袍怪、白骨精的魔难，丹道修持的含义就是当修持者基础完备之时，下手之处就是要扭转旧有的运行模式，一旦模式扭转过来，由趋死转为复生，成为逆返还元的模式和趋势，丹体之象就会显现出来。由五庄观至宝象国期间的魔难就是丹道功程中的水火煅炼之功，就是发现问题、解决问题的过程，就是拨乱反正的过程，除假显真的过程。所谓魔难是新旧模式、状态、性质、趋势转换过程中必然的表现。旧者为魔，除魔即完成转化。

三藏道："到陛下上国，理合倒换，故此不识进退，惊动龙颜。"还丹为向上升华之关，故言"上国"。依据丹道理法此处关口极为重要，必须完成转换，即"倒换通关文牒"。修持者必须于此处行逆返还元之功，并在验证之后才能通关继续前行，故言："理合倒换。"现在唐僧所处之境还未完成还丹之功，甚至不知道如何进行，故言："不识进退，惊动龙颜。"龙颜即元神，提示修持者要在此刻通关，必须启动元神来主导还丹之功。唐僧从黄袍怪处逃出即完成了转换，所以能来到宝象国，故国王"取本国玉宝，用了花押"。但是唐僧只是进入到还丹之境界，而转化之功尚未完成，即元神未归，还过不得宝象国之关，故唐僧奉上公主家书，喻开始启动元神。公主为落入后天境界的灵明之性，其父为身中先天元精，家书求援是以元精救助落入后天的灵意。"满朝文武，无人能救公主"，宝象国为还丹之境象，是明示修持者过程中境界多多，但于功程却无实际作用，境界只是表明修持者所达到的状态水平、阶段，而境界本身不能解决修持过程中的实际问题。修持者不可以境界为重，沉迷境界，炫耀境界，境界只是途中风景，修持者应该见境知心，知晓历程，万不可住于境界之中。国王请三藏降妖，是欲以大愿完成转化之功。三藏道："贫僧粗知念佛，其实不会降妖。"是言大愿只依佛理而成，对转化之功是无法完成的。国王道："你既不会降妖，怎么敢上西天拜佛？"是言没有转化之功、之能是无法返本还元，证得虚空本体，复归一心的。国王派人请八戒沙僧。八戒对沙僧道："兄弟，你还不教下书哩。"沙僧代表着返本还元的运行，现既已转换就应该通关继续前行，故沙僧"不教下书"。下书是救公主，即救元神，救行者。但造化顺行模式尚在未除，魔性尚在，而除此魔性必须以元神为主导，故公主必救，行者必归，才能彻底完成转化。八戒见国王道："我们是这般，乍看果有些丑，只是看下些时来却也耐看。"元精的先天性使得人们难见其真容，初看乍见因其异于后天精气，故为丑。当修持者了解其特性之后，知其所能也就耐看了。"国王见八戒，定性多时，便问"，喻还丹之境稳定之时，元精自显。国王问谁会降妖，八戒言："我乃天蓬元帅临凡，第一会降妖的是我。"八戒为元精，是转化后天精气的根本，而且《西游记》中八戒打死的妖怪是最多的。行者为元神其主要之能是识妖与斗妖，因为元精的特性所决定，八戒的主要任务是除妖。因为元神的特性所决定，孙悟空的主要任务是降魔。所以小说情节中经常是行者将妖怪打得无处可逃，于是八戒冒出来一钯将妖精打死，或者孙悟空斗不过妖魔，各处请来帮手降伏妖魔。这是由两者特性决定的。八戒殿前卖弄将身形变大"若是南风起，把青天拱个大窟窿"，南风代表后天欲念，青天代表先天之境。言欲念一起先天之境便被后天精气所破，故言"把青天也拱个大窟窿"。八戒沙僧腾云而去除妖，是喻以精气运化来阻上向后转化的趋势，完成还丹之功，故言"我两个努力齐心，去捉那怪，虽不怎的，也在此国扬扬姓名"。兄弟两个与妖怪争斗，因为"诸神都在宝象国护定唐僧，所以二人难敌。"是指明执着境界之害，修持者沉迷境界则精气运行不力，故八戒沙僧战不过妖怪。呆子道："让老猪出恭来"恭者功也，执着境界则元精泄漏为出恭。代表向先天运行的沙僧自然被代表向后天运行的黄袍怪捉进洞去。元气运行再次转向后天，此由修持者执着境界所导致，不可不察。

第三十回

邪魔侵正法　意马忆心猿

丹旨：上一回，唐僧在八戒沙僧和百花羞公主的帮助下来到宝象国，喻修持者于后天之境凝聚心神，以精气运行之法重新由后天返先天完成逆返之功，所达成的证境，丹道称为还丹。但因先天元神还未回归，故还不是真实成果，只是一种宝贵的境象，故称宝象国。修持者很容易对此境界产生执着，而这份执着的本质就是后天妄意，故八戒沙僧降妖不力。这一回，公主与沙僧互相帮助，喻落入后天的先天灵性逐渐产生了还元真意，致使后天妄意开始逆反，故黄袍怪到宝象国认亲。见到国王后行大礼，喻修持者欲以祈祷拜祝之法救助大愿。但此为外真内假之法，故唐僧变成猛虎，喻大愿困于后天精气之中，因此妄意再度显现，故黄袍怪在宫中吃人。白龙马刺杀妖怪失败，是喻以专注持久的意志力行戒忍之法，消除妄意也行不通。此刻修持者要以坚韧的意志力继续修持之功才能引导元精唤醒元神，故白龙马让八戒赴花果山请孙悟空下山救唐僧，明示元神元精相合才是解决之道。故本回丹旨为：意转。

释意：“那怪把沙僧捆住”，即阻止向先天转化的趋势。妖怪与沙僧本是同类，都是运化之能，只是趋势不同而已，故妖怪对沙僧不杀、不打、不骂。妖精道：“这多是我浑家有甚么书信到他那国里走了风讯”，再次提醒修持者欲返先天，当以灵性逆转为先。“那怪陡然起了凶性，要杀公主”，“凶性”即向后天转化的趋势越发强烈对先天灵性的戕害就越强，故“要杀公主”，最终导致灵性尽泯。妖怪骂公主“全没人伦”，是言此灵性本为先天，不肯落入后天人伦之境。灵性的本质决定着它的趋势是复归先天，故言：“只想着你父母。”不愿顺行造化向后天转化，即“更无一点夫妇之心”。那妖怪：“抓住那金枝玉叶的万发根”，“金枝”喻永恒的灵觉，“玉叶”即“玉液还丹”，此二者是言玉液还丹之后复显灵明之性，此灵性就是生发万象的根本，即“万发根”。而顺行造化的运行就是对这灵性的戕害，使之落入后天红尘之中。妖怪押着公主与沙僧对质，是明示欲返本还元扭转趋势必须与此灵性沟通，由灵性主导启动逆返功程。沙僧暗想：“分明是他有书去，救了师父，此是莫大之恩。”这是肯定灵性的作用和效果。沙僧道：“我师父曾看见公主的模样动静”，言若欲获得灵性的救助，必先要识得此灵性。“那皇帝将公主画影图形”，即在还丹的境界之中认得此灵性，以此印证，以往所见方为真。“教我们来拿你，要他公主还宫”，是欲以精气运行之法阻止向后天转化的趋势救出灵性。妖怪向公主赔礼“那公主是妇人家水性”，是言此灵性随缘而动见机行事。公主便叫妖怪：“把那沙僧的绳子略放松些”，趋势的逆转不可一蹴而就，要逐渐转化要渐修。灵性受困于后天境界的运行当中，两者要相互扶持，相互解脱，最终才能真解脱，故沙僧言：“我若不方便他，他怎肯教把我松放松放。”这样对修持策略与火候，修持者在日常修行中体会自知，作者一片婆心，细致入微，将每一步的功程、火候、策略、证境都详细写了出来，真是极其难得的法本。妖怪道：“我也赶早去认认亲也。”黄袍怪为后天运化之态，其本质也是道体本心的展现，只是造化顺行，昧心离本而已。沙僧松动了，黄袍怪自然也有所转变，还元之程就这样微妙地开启了，故黄袍怪由凶相变俊相去见国王，虽为假象，但表明已经开始转变了。

妖怪见到国王，“那怪他一般的也舞蹈山呼的行礼”，许多修持者正如黄袍怪一样，身心运行仍属后天，却以修持者自居，所修不过是祈祷与拜祝之法，以期解脱，不在心地上用功，皆是表面文章。内心未变所行俱假，更有甚者以此假象蒙蔽世人，世人不见其心，只见其貌，是不知、不能见其本。欲辨其真假要看其心行如何运行，是顺行后天还是逆返先天，自然明判。妖怪道：“忽见一只斑斓猛虎身驮着一个女子，往山坡下走。”“虎”即后天精华，“女子”灵明之性，喻先天灵明之性被后天精华携带，向后天转化，故言“往山坡下走”。“更不曾提公主二字”，喻先天之灵性隐昧。“欲将那虎宰了，邀请诸亲，却是公主娘娘教且莫杀”。“宰虎邀亲”喻以消耗此精华而养生。公主为落入后天的灵性元神，她自然有救护落入后天元精之心，故叫

“且莫杀”。“不知他得了性命，在那山中修了几年，炼体成精”，保护身中精华，涵养培护，逐渐转化为元精，即“炼体成精”。此元精于丹道修持极为重要是体，是基。妖怪说唐僧是“十三年前驮公主的猛虎，不是真正取经人。”是明示修持者万不可以后天精华为本，依靠它是无法返本还元，复归本心的。可见祈祷拜祝之法，不仅救不得大愿还有害于大愿，实为外真内假之法。“臣在山中，吃的是老虎，穿的是老虎，与他同眠同起怎么不认得。”黄袍怪为后天运化之能，所运行的内容就是后天精华，故言“与他同眠同起”。妖怪用“黑眼定身法”，“黑眼”即灵明失察之状，“定身”喻执着肉身。“将一口水望唐僧喷去”。“一口水”即“困”字之拆解，喻唐僧失察而执身，自然困于后天精华物质状态，变作一只猛虎。至此唐僧彻底落入后天状态，而后天妄意之魔黄袍怪，虽在宝象国境，依然露出后天凶相，可见还丹之境就是先天后天分别之处。

妖怪在席上吃人，吃人即消耗生命。此刻只剩下先天属性的意志力也落入后天变为毅力，故白龙马“忙显化，依然化作龙，驾起乌云，直上九霄，空里观看”。白龙马为修持者所必须具备的专注而持久的意志品质，明示修持者在此落入后天的状态下，专注而持久的意志品质弥足珍贵，渡过黑暗，解脱魔难，必须要依靠此品质，此意志源于灵明之性，所以他必要救唐僧脱难。灵性为阴，故白龙马变宫女，小龙使的“逼水法”，喻以坚韧意志约束后天运行不恣意流淌。龙马取妖刀杀妖怪是“忍”字之象，是以“戒忍”之法消除趋死之势，白龙马不敌妖怪，可见此法不能阻止。至此欲通过精气运行之法、祈祷拜祝之法、戒忍之法挽救唐僧，扭转趋势都不成功，只因都未发现解决问题的关键所在，靠后天毅力更不能解决问题，故八戒心想：“我要回救沙僧，诚然是单丝不成线，孤掌难鸣。”八戒为元精，若只依靠元精，即“单丝、孤掌”，还需要元神元精相合才能救得沙僧，扭转趋势，解脱三藏沉沦之难。源于先天灵性元神的意志，故可以调动支配元精寻找元神，此法才是正法。故白龙马劝八戒请回孙悟空道：“他有降妖的大法力，管教救了师父。”八戒道：“果然行者肯来，我就与他一路来，他若不来你却也不要望我，我也不来了。”元精元神为心之体用，本应同生同入，不可分离，若分必生魔难。此一去即“以铅投汞”以元精抱元神，使元神归复不再飞扬，故白龙马言：“管情他来。”

八戒来到花果山“也跟着那些猴子磕头”，猴子、八戒都是身中元精，故在一起给元神磕头。行者见忍不住笑道：“猪八戒。”元精来投，元神自然高兴。八戒思量道：“认得就好说话。”“认得”即元神元精合体，心体完备便可以救出沙僧，解脱唐僧。“好说话”，即修持就有了基础。八戒言师父想行者，行者道：“他也不请我，他也不想我，我断然也是不好去的。”言元神的启动需要有大愿，有诚心方可。八戒道：“万望你去走走，一则不孤他仰望之心，二来不负我远来之意。”“仰望之心”即因大愿而生的真心。“远来之意”即元精对元神的依赖之意。行者带八戒转山看景，喻元神主导下的精气运行是培护本源之法，故八戒道：“好去处，果然天下第一名山。”花果山即身山，是修道之根基，故为“第一名山”。行者道：“贤弟，可过得日子么？”人身之山如此宝贵，如果仅以此度日过活为用，可以吗？此为作者反问世人。放着如此好的修道条件，不修道，却将此宝山用于过日子，真是太可惜了，故八戒道：“宝山乃洞天福地之处，怎么说度日之言也。”人身就是修道的洞天福地，不可只用此度日而不知修度。行者道：“贤弟，请你往水帘洞里去耍耍。”喻要行明心见性之功，是修顿悟之法。八戒道：“奈何，师父久等，不劳进洞”，是言顿悟者元神，元精不存在顿悟，只可渐修渐炼。唐僧所修的是转化报身的渐修之法，不知此顿法，只知“久等”之渐法，所以八戒不进洞。“我这里天不收，地不管，自由自在，不要子儿，做甚么和尚”，灵明元神是本心之性超越天地，故不服天地收管，自由自在就是其最大特性。很多修持者修出元神灵性，以此自由自在之性以为终结，故言“做甚么和尚”。究其终还是不知修持真义，而此真义就在行者的名字里，即“悟空”。修持者要悟其性空，悟其本虚，这就是为什么要做和尚的原因。故八戒骂道：“不做和尚，倒做妖怪”。不知参悟虚空本性，此灵明之性就依然是昧本离心，就是妖怪。行者大怒叫：“拿将来。”行者怒此不悟虚空本性，只图自在之妖。若欲改变就要与元精相合，故将八戒“捉将回去”。

第三十一回

猪八戒义激猴王　孙行者智降妖怪

丹旨： 上一回，黄袍怪去宝象国认亲，为妄意返转之象。妖怪礼拜国王，白龙马刺杀妖怪，喻修持者以祷祝之法、戒忍之法规范和管束后天妄意都是行不通的。白龙马让八戒去花果山请孙悟空前来降妖才是根本解决办法，即修持者以坚韧的意志力和修持力促使元精唤醒元神。元神元精相合才是根本解决之道。这一回，猪八戒义激猴王，是要修持者明白向后天转化的趋势对先天灵性的危害，此为唤醒之功。孙悟空救出沙僧与八戒汇合为三家重聚之象，为心体再凝。摔死妖怪的两个孩子，即除去对后天食色二性的执着。孙悟空变作公主骗吞妖怪内丹，为借假修真的策略。此为还丹之象，是真成果。孙悟空上天宫查清了妖怪和公主的来历，是知此难产生的根源皆由身执而起，只有从根本处消除问题产生的根源，才是真实的成果。消除了身执才是还丹之效，师徒才能真正通过宝象国之关。故本回丹旨为：还丹。

释意： 回首之词讲述了还丹之功的法则，将来在《西游法诀》中再作详解。《西游记》中有很多这样的诗词偈语都是极为重要的法诀，言简而意深，都需要读者深入参悟，不要轻易放过。前辈真人多以诗词形式将修持法诀留于世间但并不详解，就是期望后学深入理解参悟。这个过程本身就是修持的过程，只有经过自己参悟，所得才是真得。《西游记》更是修持法诀、法程、法旨、法窍、法理、法机、法印的集大成者，且备细开载和盘托出，能明此理，深入参研皆大法缘。

“心猿木母合丹元”还丹的根本是元神、元精相合，合则心体完备。行者遣走八戒则心体分散，还丹无望，故八戒骂行者要做妖怪。这是激发元神警醒，不可贪恋自在，放纵心神，故行者将八戒捉回。虽元神元精相遇，金木相见，如何相合？八戒给出了方案“哥哥不看师父啊，请看海上菩萨之面”。“看师父面”喻大愿有引领之功，但凝合元神元精的具体方法则是以“静观密察”为手段，虚极自合，即“看海上菩萨面”，故“行者见说起菩萨，却有三分儿转意”，静则心神不飞，静为心神回转之象。元神源于心之灵性，返本还元是其本性，静之自然回心，再启还元，故行者开始寻问：“那唐僧在哪里有难？”此静中观之、察之。八戒起身，“两边乱张，看看哪条路儿空阔好跑”此元精本性使然。行者道：“老孙自有本事赶转你来”，即以汞制铅，元神对元精具有绝对的主导能力。这也是元神、元精不再分离、相合之象。八戒详述了唐僧落难的过程，是提示修持者对修持过程中出现的问题要对其前因后果、内在关系、本质含义、修持意义、功程节点等等都要“静观密察”，了然于心方可下手，更要找出问题的关键之处才好对治。故八戒激将，言妖怪骂行者，是点出此处魔难的关键在于心之运行是向后天方向运化导致身执，进而心性暗昧而飞离，本质是妄意之难。八戒说那妖怪要：“我剥了他皮，抽了他筋，啃了他骨，吃了他心”，行者是元神当然不能允许这样的运行趋势发展下去，危害先天元神，故言：“既是妖精敢骂我，我就不能不降他。”降魔即扭转趋势，克服相关因素。“我和你去”，元神、元精相合才能除魔，合则心体就，当下顿成，从根本上已经断魔，但习气的消除还需要一个过程。八戒道：“报了你仇，那时来与不来，任从遵命。”“来与不来”，不来即回到花果山即妖怪，来即菩萨，皆心之变相，一念分别，当然是“任从遵命”。关键在于选择，如何选择很重要，而促使我们的选择之因，更当深思详参。“那猴才跳下崖”，喻元神离开危险的境地。“撞入洞里”，复归本心。“脱了妖衣”，扭转了趋势。行者对群猴道：“你们却都要仔细看守家业，依时插柳栽松，毋得废坠”，围护好后天人身不可废也，此身是基。“功成之后，仍回来与你们共乐天真”，返本还元，契入虚空本体即功成。很多修持者认为至此为终，甚至认为可以获得一种虚空本体境界，此大错。道家认为返本还元之后要再粉碎虚空，道法自然，彻底打破本体与具体、本质与现象的对立两分的境界，一切皆圆融自然。复还天然本真，将此后天人身也彻底转化，散则为气，聚则成形，再无滞碍。佛家也言再入轮回做众生，只是身在红尘，心无挂碍，此境界即“仍回来与你们共乐天真”之旨。

行者与八戒回转救师父，途经东洋大海道："这几天弄得身上有些妖精气了，等我下海去净净身子。"花果山为后天人身，行者回山即是落入后天状态，故有妖气。行者回救唐僧为逆返还元。首先要把后天精气运行转化为先天气脉运行，后天精气即为妖精气，净身即转化。八戒为后天人身中的先天元精，故"八戒于此始识得行者是片真心"至此两者合契，同心协力，妖魔必除。

来到妖洞前，行者"径立洞门外观看，只见有两个小孩子"，即"食色"二性。行者用两个孩子换回沙僧，是明示修持者只要控制住"食色"二性即可扭转向后天转化的趋势，返本还元之势复生。"沙僧一闻孙悟空三个字，好便似醍醐灌顶，甘露滋心，一面天生喜，满腔都是春"，喻元气还元运行全赖元神做主。"哥哥你真是从天而降"，喻此心此气此神从虚无中来。"万乞救我一救"，只此一味大药可救脱难。行者叫八戒沙僧将两个孩子摔死在金殿玉阶前，"激那怪来"。"食色"二性是后天运化的必然产物。"玉阶"即欲望截断之处，即于先天之处消除"食色"二性。那怪受刺激必然与先天灵性元神相搏，喻两种运行趋势的相搏与抉择、转换。行者道："你两个就与他打将这里来，这里有战场宽阔，我在此等候打他"此处明示修持者转化之功的火候宜宽、宜舒不宜急。

行者与公主论及行孝，是明示修持者被后天运行模式裹挟的意识要及早醒悟，顾念生身父母，于丹道而言就是要时刻追忆本源，不忘初心，返本还元。公主道："稽留于此，不得已耳。"可见虽灵性未泯但很难摆脱顺行造化的运行趋势，故言："不得已耳。"行者"变做公主一般模样"，是假中隐真，修持者若于假象中参破真相才是慧眼，借假修真是真修持。妖怪见两儿摔死便离开宝象国回到妖洞，喻元神一归真相复现，假象自然而去。妖怪问，行者道："正是被猪八戒抢去了"，是明示修持者"食色"二性要以戒行除之。"那怪携着行者一直到洞里深远密闭之处"，言行功到深远虚极之境。"却从口中吐出一件宝贝，有鸡子大小，是一颗舍利子玲珑内丹。"修持者皆为后天之身都是从此身起手修持，故内丹由妖怪口中吐出。此内丹就是五行攒簇，灵根复生之后的真相。丹道修持至此为内丹显象，是修持者费了许多功夫炼成，是由身内精气神合聚而成，也称内药，而行者为外丹，两者相见必然相合，故行者"把那宝贝一口吸在肚里"，此内外相合才是还丹之宝象。

内丹的本质是先天灵性灵能的体现，故行者道："连你祖宗也还不认得哩！"那怪忽然醒悟道："我像有些认得你"，喻后天妄意开始回转、觉醒。妖怪言："何曾有人说个姓孙的"，因灵性泯灭故不知孙悟空，不识元神。世间又有几人识得自家的孙悟空。行者与妖怪争斗言道："打倒你才是功绩。""打倒"即倒转逆行，只有实现转化才是功绩。妖怪躲藏起来是言此运行趋势被阻止住了。若欲除之必除其根，故行者道："我晓得了，那怪说有些认得我，想必不是凡间的怪，多是天上来的精。"《西游记》中天上喻人之后天神识和生命系统。行者上天查看是明辨此向后天转化的运行源自后天生命系统。此处正印证了白骨精、贬行者、黄袍怪之难源于唐僧的身执而起。妖怪为天上"奎木狼下界了"。"奎木狼"为西方白虎七宿中嘴中奎，喻因身执而生的口食之贪。天上星宿本应不动，但因贪念起而落入后天境为魔，即"下界"，再次印证此回魔难最初发端于唐僧饥饿贪食，进而引发的身执之患。公主"为披香殿，侍香的玉女"。"侍香"即"嗜香"。"玉女"即欲望、贪意。奎木狼与侍香玉女私通即贪恋口食，随即生起的对食品之香的欲念。两者共生且相互作用，即为"私通"。"一饮一啄，莫非前定"，凡事皆有因果，也喻唐僧的白骨精、贬行者、黄袍怪之魔难皆由身执而起，而导致元神、元精、元气再落入后天之难。

玉帝将奎木狼星"贬去兜率宫与太上老君烧火"，是将此后天运化之精气转化成丹道炼化之用，因它有起火，补充能量的作用，故去"烧火"。行者回到碗子山波月洞，沙僧道："既把妖精打绝"，彻底扭转了后天运化趋势，自然"无甚挂碍，将公主引入朝中去吧"，喻落入后天的灵性复归本元，至此还丹之功完结。既已还丹复恢本来面目，则心体完备，则大愿复苏，而此大愿唯有元神行者识得，故言"别人看他是虎，独行者看他是人。"行者叫："快取水来"，此水出自行者口中，为先天之水，即先天能量，只有此先天灵能方可救脱大愿，而大愿所生也源此先天灵能。"长老现了原身，定性睛晴才认得行者。"言心性凝定才能开启慧眼，才能识得元神，自然知道修持过程中元神主导的作用，故言："贤徒，亏了你也，你的功劳第一。"此言确实，五庄观立丹基活灵根，俱借人身而成，所以修持者往往重人身而生身执，身执自然生出"食色"二性。白骨精一难是圣心妄动所致，而生贪嗔痴三难。元精异动则导致行者被贬，元精元神分离妄动，便导致元气错行，落入后天而生黄袍怪之难。前面虽有五行攒簇之功但未经水火煅炼，贪念一生，五行即散，丹基自毁，幸而以顽强意志调元精合元神，救元气，再次三家相见，五行合聚，经此水火煅炼，丹基稳固，灵根复生，宝象生，是真还丹，复见本来面目。至此师徒才能顺利通过宝象国之关，还丹之功完成。所谓还丹就是在将后天精气神凝炼为一体的基础上，开启返本还元的运化趋势以及运行模式的确立，所以是崭新的生命存续状态，是转化、升华过程的开启。

第三十二回

平顶山功曹传信　莲花洞木母逢灾

丹旨：上一回，八戒去花果山请回孙悟空，喻以元精培补于身，自然唤醒元神。孙悟空救出沙僧，以先天灵明之性扭转运化状态，由散乱变为凝聚，故兄弟三个重聚，喻三家再次凝结为一体。行者骗吞妖怪内丹，喻丹炁与灵性相合，为还丹真成果，行者上天宫查明黄袍怪是奎木狼星与侍女下凡，喻查明魔障产生的原因才能消除身执，完成还丹之功，通过宝象国。从这一回开始，修持者将进入结丹功程阶段。还丹代表着返本还元的趋势与模式的启动，而结丹代表着返本还元取得了初步成果，其本质为精气神在还元过程中凝结融合为一体，于虚极之境有一粒金丹之象出现，表明修持者的还元之机就此确立。因其为生机，故有复生之效，此段功程必不可少，故师徒来到平顶山遇到功曹报信，是提醒修持者将进入立鼎炼化功程。八戒巡山，喻以持守戒行之法逃避此段功程，故八戒编瞎话哄骗唐僧。作者借此批判那些只知戒行，不知合四相、聚三家的欺世盗名者，和束心太紧而疑心生暗鬼之徒。金角为心神之魔，故认得唐僧；银角为元精之魔，故认得八戒。银角大王将八戒擒入洞中，喻将元精向后天转化。故本回丹旨为：戒弊。

《西游记》第32–43回阐述了结丹的原理、程序、方法、策略、证境，共计12回，经历了平顶山、宝林寺、乌鸡国、红孩儿、黑河妖五段磨难。平顶山、宝林寺、乌鸡国三难阐述了结丹的过程，故通过乌鸡国之关，其证境为“一粒金丹天上得，三年故主世间生”，即结丹之通关，有此金丹凝结则有复生之效。红孩儿、黑河妖两难阐明了结丹之初容易出现的问题以及解决方案。

释意：平顶山即谐音“凭鼎山”，前段修持还丹是安炉，现在要“立鼎”，只有“炉、鼎”完备才能炼化金丹。修持者对“炉、鼎”通常从空间和效用的角度去理解，因此说法不一。“炉”的本质是神意主导特定的运化模式，“鼎”的本质是在炉的作用下所创造的特定状态。“四值功曹”是指年、月、日、时，喻指对修持火候的把握。“传信”即明示功程至此当行安立鼎器之功了。“莲花洞”喻立鼎之处，即“黄庭”。木母即元精，“逢灾”即在黄庭鼎内对元精进行转化时所呈现的变化。

“唐僧复得了孙行者，师徒一心同体”，喻元神归位，五行再聚。五行之本即心，五行各司其职，相互协同，返其本，还其一，契入虚空本体，即“共诣西方”。文中对“三春景候”的描写是喻还丹之后修持者因重归其本而阳气生发，身心一派春意盎然之境，此境只有修持者本人身知，只可意会，不可言传，故作者以三春景候之诗言之。行者要唐僧回忆《心经》，“心无挂碍，无挂碍方无恐怖，远离颠倒梦想”之言是明示修持者心性修持的原则。“但只是扫除心上垢，洗净耳边尘”，即是修持方法。“你莫生忧虑，但有老孙，就是塌下天来，可保无事”，言以元神为主导就是根本保证。唐僧道：“几时能够此身闲？”喻前者因身执带来的诸多魔难，明白了身执的危害，故感叹何时能不再受此身之困。虽已五行相簇，但此身尚在后天之境，故依然受其困扰。修持就是要打破一切局限和封闭，人身、生命、神识、万境万物乃至一切都是由此封闭性造成的，而本心、道体、佛性则是无条件的彻底的开放性，无限性，故佛家讲“空”，道家言“虚”。能够将封闭性彻底打破，回归开放性，消除一切局限，展现出无限性就是“功成之后，万缘都罢，诸法皆空”。所有的局限性与封闭性其本质都是空性、是虚、是一、是心，即金丹、即大觉、即金仙。“那时节，自然而然”，此言修持者悟本明心之后还有功程，即“自然而然”。那时节的状态、境界才是真“身闲”和“心无挂碍”。唐僧明得此理后“闻言，只得乐以忘忧前行”是喻修持者明理而得乐，更要实践前行，才能功成。

“功曹”喻行持的火候，樵夫的职责是“伐朽柴”，柴为起火之物，故功曹化樵夫，喻要修持起火之功，即还丹之后的修持火候是消除旧习、痼疾。正如行者前面所言“扫除心上垢，洗净耳边尘”，此言手段，故“伐朽柴”功程不可荒废，不可一味贪恋还丹之后的美好境界，故功曹前来报信。

通报下一步修持的任务是安立鼎器，故通报此关。“平顶山”明示修持者还丹之后要安立鼎器才能开始炼丹，即达到静定状态时才能完成转化、升华之功，即对元精的煅炼，故木母逢灾。“莲花洞”即立鼎之处，在丹道中是指“黄庭”，在人的下丹田后命门前，与中脉交叉之处，这是以人身而言，黄庭是空间概念。若以状态而言，则是指神识的恍惚之态、静定之境。修持者还丹之后已经初步脱离了五行生化的后天状态，开始逆返至阴阳二仪状态，故“洞里有两个魔头”金角大王、银角大王，即先天灵性灵能的后天魔相。于黄庭处的炼化、转化即魔难，就是将五行生化的状态彻底逆转，将信号宝象凝炼为先天一点灵丹之态。樵子嘲笑行者：“想是在方上云游，学了些符咒水的法术，只可驱邪缚鬼。”言修持者所用驱除、扫除的方法只能解决小问题，而根本问题则不能解决，故言：“还不曾撞见这等狠毒的怪哩。”行者问妖怪如何吃人，“先吃头还是先吃脚”，是问立鼎炼丹转化的策略是先性还是先命。樵夫道“捆在笼里，囫囵蒸吃”，是言安炉立鼎的转化是整体性的转化。“蒸”即气化，丹道中所谓安炉立鼎炼精化气，“安炉”就是起火，就是神识起用，只不过这个神识不是后天神识意识，而是还丹之后复还本心之心神，此心神的运用所产生作用就是三昧真火。所谓“立鼎”就是心神起用之处，起手是空间概念，即下丹田的黄庭。进而是心神起用之后产生的恍惚之境。安炉立鼎是炼化精神即炼丹的基本条件，而不是转化的内容。丹道中将此转化内容称为上药三品即精气神，其本质是对精气神的状态及性质的转化，这些后面再详述。故樵子言：“若保得唐朝和尚去，也须要发发昏”，即要进入恍惚之境。行者跳入云端，见日值功曹真身，是表明转化之功于虚空之处开始了。

行者欲：“照顾八戒一照顾，先着他出头与那怪打一仗看。”是言欲以持戒之法完成转化。“行者弄虚情，揉出眼泪”，八戒见了就要散火，唐僧惊恐，可见修持之事，元神若退则修持亡。故唐僧道：“我这里还有八戒、沙僧，都是徒弟，凭你调度使用，或为护将、帮手，协力同心，扫清山径，领我过山，却不都还了正果？”是言修持之事必须识神退位，不加干扰，元神主导，调配元精元气，协同完成转化之功才能修成正果。行者让八戒，“一看师父，二巡山”，二选其一。“看师父”即以元精供养维护大愿并提供能量保障。“巡山”即以戒行替代转化之功。故八戒选择了巡山而行，持戒之法只可阻断旧习，却无法完成转化。故行者言“你看猪八戒一去，决不巡山”，不实修便不敢直面问题，如何转化？故“也不敢见妖怪”。这样的修持者既没有实践经验也没有解决问题的能力，若遇他人问询自然不知如何回答，故：“不知往哪里去躲闪半会，捏一个谎来，哄我们也”，行者将只以持戒为修证的弊端指示出来。逆返还元功程是一个系统、全面、深刻、周密的过程，只有在实践中才能有真知。世间有些人在持戒、守心上用功，略有证境便以为是修持的全功，以此教化他人，但当修持者问及转化之功时却无法回答，只能左顾而言它，甚至编个瞎话哄骗问询者，当明之。

八戒偷懒在草窝里睡觉，行者变啄木鸟先啄八戒嘴，喻戒言，再啄耳根，喻戒听。八戒不知真意而离开草窝，是言持戒当以口耳之戒为先，若离此便是：“连自家人也认不得了！”八戒对着“四四方方三块青石头”唱诺。“四方、三块”即合四象、聚三家之功，只知持戒守心的修持者不知合四象聚三家的真实功夫，只是在自家心识念头处用功，并以此编出许多瞎话哄骗世人，故八戒对着石头编瞎话。“石头”即“识头”，故妖怪住在石头山石头洞。行者道：“师父，你只是这等护短。”唐僧是后天意识，三藏是后天意识中的先天真意即大愿，后天意识是由元精供养而成，所以唐僧前半程护短八戒。持戒之法虽有其短，却是后天意识修持的主要策略，故必然护短。许多修持者认为只要持戒便可成就，修持路上的妖魔会自动投降，问题会自动转化，故如八戒妄言：“他叫我猪祖宗、猪外公，安排些粉汤素食，教找吃一顿，说道摆旗鼓送我们过山哩。”行者道：“说的是梦话”，是要点破持此妄想的修持者。“这般要紧的所在，教你去巡山，你却睡觉，不是啄木鸟叮你醒来，你还在那里睡哩。又编这样大谎，可不误了大事？”还丹之后保持此还丹境而行持戒之法是必要的，但万不可以为只此一戒便为了事，而不知觉醒，继续前行，如在梦中，如此便是“误了大事”。八戒再次巡山，“无往而不疑是行者随他身也”，是言另一种极端的修持者，言持戒者总是疑心生暗鬼，以为处处是考验，此束心太紧之态。此两者皆非持戒之真行。

金角大王、银角大王，本质为先天灵性灵能，故言：“我当年出天界”但现在落入后天人身中的黄庭，便已转化为元神元精，是行者、八戒这对元神元精的魔相。妖怪道：“唐僧乃金蝉长老临凡，十世修行的好人，一点元阳末泄。有人吃他肉，延寿长生理。”这句话说出了西行途中想吃唐僧肉的妖魔的心声。妖魔要吃唐僧，是因为唐僧的本质是本心，而一切妖魔的本质是后天的封闭性和局限性以及运行模式，吃唐僧肉代表着将道体本心源源不断地向后天转化，即延寿长生，妖怪的本质决定了他必须吃唐僧肉。故言:“若是吃了他肉就可以长生，我们打甚么坐，立甚么功，炼甚么龙与虎，配甚么雄与雌？”金蝉与金角在先天为同性，故金角道:“我记得他的模样。”现在唐僧师徒处于后天有形有质状态，故:“将他师徒画了一个影，图了一个形。”还丹之后元神元精相合虽然是心体完备，但其性质尚未转化，故有金角银角二魔，喻其未被转化的魔性。平顶山一难更是安炉立鼎转化元神、元精的过程，五行攒簇是丹基确立，但此五行也只是攒簇于一处尚未融合凝定，复归本来一体之性。故妖魔有五件宝贝，喻其五行之魔性。行者收服五件宝贝就是除其魔性，然后又被老君收回，喻复归本来一体之性。

还丹之后必然要面对转化的问题，故八戒:“正行处，可可的撞见群魔。”八戒开始心存侥幸的心态就是对那些只知戒行不知转化之功者面对魔难之时的生动描绘。银角为八戒的魔相故:“那怪认得是八戒，掣出宝刀，上前就砍。”是欲将元精向后天转化，元精生发即在人身下丹田，八戒以钯筑地喻勤耕丹田，故那怪道:“你会使这钯，一定是在人家园圃中筑地。”持戒守行之法很难抵挡顺行造化的运化趋势，故“一时众魔群上”，八戒被银角大王所擒。

第三十三回

外道迷真性　元神助本心

丹旨：上一回，唐僧师徒来到平顶山遇到功曹前来报信，是提示修持者要行立鼎之功，开启对元神、元精的转化之程，故有代表元神、元精魔相的金角、银角大王两个魔头出现。因为转换难度巨大，故言魔头狠毒。因前段还丹之功使得许多修持者对证境心生执着，欲长久保持此境，于是便执着持守戒行与精气运转之法，妄图以此法代替后面的转化之功，以为这样转化过程中的各种问题就会自动消除，故以八戒巡山喻之。但此刻功程已进入转化阶段，修持者若无转化的实践经验，面对他人的询问时为了宣讲只能胡编乱造，故八戒编出妖怪住石头山石头洞的谎言哄骗唐僧，但最终会被识破，因此被孙悟空说破。还有一类修持戒行者束心太紧，便表现出疑心生暗鬼的状态，故八戒再度巡山时总是疑心行者跟随，此心神不定之态，皆因不明修持之理，不愿实修实证所致。遇到困难是必然的，故八戒被银角大王擒入洞中。这一回，八戒被擒入莲花洞中，即黄庭。此处为鼎、为炼化之处，顺则化为凡精，故妖怪要将八戒用盐腌着晒干，逆则升华为先天灵能。银角大王变道士将孙悟空压在泰山之下，喻以后天精气的浊重压制先天灵性元神，因此唐僧沙僧也被擒入洞中，返本还元的运行被阻止。后天识神因此又开始发挥作用，便以后天识神的特性转化先天灵性，故派精细鬼和伶俐虫拿葫芦和净瓶去收孙行者。孙悟空以假葫芦能装天骗取两个小妖手中真宝贝，喻那些执着后天意识之能者，不知不识先天灵明之性者就如同小妖，虽然孙悟空就在眼前而不识真容。装天如此荒谬却信以为真，自然眼前漆黑一片如瞎子一般，如此愚昧，故而两个小妖用自家珍宝换行者手中假货。后天识意识的特性表现为精细伶俐之能，在先天则是愚昧。修持者只有克此愚昧才能收复代表先天元精元神之性的紫金葫芦和玉净瓶，这是修持的根本法则必须遵守，故行者与小妖赌咒不得反悔。故本回丹旨为：祛聪。

释意：“那怪将八戒拿进洞去”，是言以元精为药物在黄庭鼎中以期炼化。老魔道：“错拿了，这个和尚没用。”是错认了药物，丹道中的大药是指先天一炁，也称真一之精，本质是道体，而此道体本心只有通过反复煅炼，才能重显本来面目。《西游记》中孙悟空就是本心的投射代表，是灵机与炁机合一之象，它才是真正的大药，但此刻他的本来面目还未呈现现在他是后天人身中的先天元神，如果再次向后天转化就成为后天意识、识神，如果逆返还元，还要先转化先天中的后天状态即灵性，之后再复归本心，修持成正果佛家称佛，道家为仙，佛道融合称为大觉金仙。故金角大王一直强调要捉拿孙行者，他才是炼化的主导者，他的顺逆决定着修持的进退。由五行攒簇的状态转化为五气朝元、浑化归一的境界。妖怪将八戒“浸在后边净水池中，浸退了毛衣，使盐腌着，晒干了，等天阴下酒”，元精也是要转化，转化为先天灵能，捉八戒入莲花洞，即黄庭处生精、化精，而此精生发不可让其向后天凡精转化，而二魔恰恰代表着向后天转化的趋势，故为魔。将八戒元精腌成有形有质的肉干，喻元精被捉，面临着向后天转化的魔难。于是后天意识中生起的大愿便被动摇，故“三藏耳热眼跳，身体不安”。行者道：“那呆子有些懒惰，断然走的迟慢”，元精生发不易，即走得迟慢。“你把马打动些儿，我们定赶上他，一同去罢”，言行持功夫要更加努力，才能加强元精生发，并阻止其向后天转化。白龙马为先天意志，代表着持久和专注的修持品质，修持者若不具备这两种宝贵的品质就如同唐僧无马，是无法到达西天取得真经的。真正的转化是五行三家共同的转化，故言“一同去罢”。

银角大王见唐僧头上“祥云缥缈，瑞气盘旋”，还丹之后修持者的神气状态即是如此。银角手指唐僧是欲将大愿也向后天转化，而此刻大愿失去了元精的支持，故唐僧便打寒噤。行者道：“等老孙把捧打一路与你压压惊。”是欲以元神之妙用替代元精的培护、供养的作用，安定心神。元神、元精各有其用，不可相互替代，行者虽有神通但因失去了元精支持的大愿，依然会落空和退转，故必然被魔所擒。妖怪道：“我看那唐僧，只可善图，不可恶取”，大愿坚定，一般是不会轻易退转的，如果硬来，必然不成，即“不可恶取”，但是面对各种诱惑时人很容易迷失，面对后天各种欲望，在不知不觉之中大愿便退转了，故言“只可善取”。“只可以善去感他，赚得他心与我心相合，却就善中取计，可以图之”，此言大愿退转的原因和方式，修持者以此返观自心，警醒觉察造成我们退转的各种因素和因缘。

银角大王变作“跌折腿的道士”，喻无法行持的道士即是假道长，没有了元精的支持，无法修命，故为跌折腿。必然不能复返先天，而只能顺行造化落入后天，再度为人，故叫喊：“救人。”银角大王为元精之魔相，故他与唐僧可以互感互通，唐僧便“认为真实”，便要救魔怪，救魔即着魔。妖魔不骑马，不让沙僧背，认定了行者，是言先天一炁的转化不是靠意志和运化，而是靠元神的转化完成。所以对元神的考验才是根本，是魔是佛，皆系于此。沙僧是元气，代表着运行、运化，而代表着元精魔相的银角原本就是在后天运化之中，即由沙僧驮自然可以顺行造化向后天演化，故沙僧笑道：“这没眼色的老道，我驮着不好。”却要与元神相合，欲使元神也退转向后天，即“颠倒要他驮”，注定是不可能实现的，故言：“把筋都掼断了你的哩”。唐僧骂行者：“救人一命，胜造七级浮屠，你驮他就便罢了，且讲甚么北斗经、南斗经。”唐僧只知救人命已是落入后天认识而不知，“北斗经”所讲的是造化之枢机，人神之主宰，有回生消死之功，消灾度厄之力的修持真经，故行者说唐僧是“外好里枒槎”，表面上慈悲好善，实际不明修真之理。修持者若如此必遭魔难。银角遣“须弥山，峨眉山，泰山”将行者压在山下。须弥山代表着本体虚空为大愿，峨眉山代表着愿行为元气，行者挑着两座大山是言元神以真行实践修持理想大愿正其所能，故挑着两座山“飞星来赶师父”。银角再移泰山将行者压在山下，代表着后天元精因其有形有质，故以泰山言其浊重。此三山现在却被妖魔所调动，可见本体虚空已动，元气真行变为假行，元精化为后天精血，故元神才被压制。大愿与元气自然就失去了维护者和主导者，故唐僧沙僧被银角大王捉去，表明也开始向后天转化了。金角道：“又错拿来了”，言元神才是根本。“只是还不曾拿住那有手段的孙行者，须拿住他，才好吃唐僧哩。”八戒为元精，东方为阳生之处，故“八戒被吊在东廊”，西边为虚空之处，沙僧为元气运行，故“沙僧吊在西边”，唐僧为大愿为修持的中心，故“吊在中间”，代表意志品质的白马和修持理法的行李也只能“送在槽上，行李收将进去”没有了用处。至此修持之事已是吊在半空之态无法继续了，最后只要再将被压制的元神彻底向后天转化，便是鼎翻炉火散。

魔王派精细鬼与伶俐虫拿紫金红葫芦和羊脂玉净瓶去收孙行者。“紫金红葫芦”喻人身及身中精气运行，故由“精细鬼”拿着，“羊脂玉净瓶”喻人之心性，“羊脂”即阳气生发之址，“玉净瓶”即欲望清净而平和，故由伶俐虫拿着。两个小妖皆后天神识起用的特性。“葫芦、净瓶”本是先天至宝，喻先天元精、元神之性，但被妖所用，故都陷入后天，呈现为后天身心的精细与伶俐之态，故二魔差遣两小妖去收行者是以后天败先天。若将行者装入其中，“他就一时三刻化为脓了”，即化为后天精血了。

被压在山下的孙行者想念三藏“珠泪如雨”，元神若想从被后天的压制中解脱出来，必须依靠大愿的生起才能得到解救。“早惊了山神、土地与五方揭谛神众”，此为当下之意，故他们被妖魔驱使“轮流当值”，喻后天识神主导生命的运行运化。行者高叫：“更不曾把山神、土地欺心使唤”，元神不干扰后天识神、意识，而二魔是行者八戒的魔相，所以他们把后天意识唤作奴仆，轮流当值，是元神、元精落入后天的表现。元神、元精构成心体，它有着两个方向的发展趋势：返本还元为仙为佛，顺行造化为魔为妖。未达本来之前两种趋势一直都存在，故行者道：“天啊，既生老孙，怎么又生此辈？”

行者变老道人寻徒，两个小妖愿意跟行者修仙了道，是提醒修持者虽有悟道修真之愿，若还滞于后天精细伶俐之能，便是小妖，何谈修仙了道。“红葫芦，玉净瓶”本源先天，却落入后天被妖所用，是真陷于假。行者询问如何使用，是假中识真，修持者要在此处用功用心。行者变大紫金葫称可装天，是言人身之中有超越天地之妙窍，而此巧妙必须由身心、性命两者同时参修方可获得，故心中暗喜道：“葫芦换葫芦，余外贴净瓶，一件换两件，其实甚相应。”就是如同元神、元精合成为一体之心。而精细鬼、伶俐虫以后天功利之心换取不知真意，虽真宝在手却不能运用，最终丢失。

哪吒代表后天六根六识，他前来助行者，“用皂雕旗在南天门上一展，把那日月星闭了，对面不见人，捉白不见黑，哄那怪道，只说装了天”，是明示修持者如果只是去除后天六识之用，而元神不兴，则漆黑一片，如同瞎了一般，无法修行，故小妖惧怕。行者心中甚明。行者与小妖赌咒换宝不得反悔，是明示修持者此理确切绝不可错悔。

第三十四回

魔王巧算困心猿　大圣腾挪骗宝贝

丹旨： 上一回，八戒被擒入莲花洞中，喻元精入鼎等待炼化。银角移动泰山压住行者，喻以后天凡精之重浊压制先天灵性，进而使之向后天转化，故派代表后天神识特性的精细鬼与伶俐虫持葫芦、净瓶收伏孙行者。孙悟空以假葫芦可以装天骗取小妖两件真宝贝，是批评执着后天意识特性者，不知不识先天灵明之性的修持者，认假弃真之错。以先天灵性主导性命双修是修持最根本的法则，必须遵守，故行者与小妖赌咒不得反悔。这一回，妖怪请压龙洞的九尾狐拿幌金绳来捉孙行者。先天灵性落入后天即为后天之意，呈现出狐疑猜忌之态，九言其极致，即九尾狐，喻以后天之意主导后天运化，束缚先天灵性，故孙行者打死九尾狐，收了幌金绳，喻消除后天运化模式，变为由元神主导运化。行者变作九尾狐进入莲花洞，喻借后天之意主导鼎中炼化。而元精的炼化必须由元神主导，故八戒说破孙行者本相。行者反被妖怪用幌金绳所擒，明示修持者若以后天之意主导转化之功，必然被后天运化所拘。变作"行者孙"后被吸入葫芦中，喻后天运化必然导致落入后天人身困境，转化为后天精血，即在葫芦中化作脓水。孙悟空再次逃出并骗走葫芦，是要修持者能够摆脱人身之困，也知人身对于修持的重要价值。故本回丹旨为：身意。

释意： 行者收了宝贝离开，小妖道："他说换了宝贝，度我等成仙，怎么不辞就去了？" 此非神仙不度，乃是自家还落在后天境界中做精细鬼、伶俐虫，手握装天真宝而不知，不能运用。葫芦装天，喻身中自有一片虚空是可以超越天地，故行者把变的葫芦收上身来，弄得两妖四手皆空"，而落入后天的神识、意识、机谋、算计，如何能参破此中的玄秘。反倒认为是神仙施骗，落得两手空空。修持者万不可做此等机关算计小妖，要随时警惕自己心中的精细鬼、伶俐虫。精细鬼对伶俐虫道：“二大王平日看你甚好”金角、银角为元神、元精之魔相，已是落入后天之境，当然喜欢伶俐之状，故二魔并不处置二妖。二妖道：“造化，造化，打也不曾打！骂也不曾骂，却就饶了。”两个小妖是元精、元神造化顺行落入后天之境后所产生的心神特性，当然就饶过了。二魔道：“我们有五件宝贝，去了两件，还有三件，务要拿住他。”“葫芦与净瓶”代表身心、性命、精神，是构成心体的两个最根本要素。五件宝贝对应着修持的五个要素，师徒一行五众在平顶山之难就是要将这五个要素的魔性，向后天转化的趋势彻底扭转，浑化归一。丹道言之为“五气朝元”。

“七星剑”代表如如不动的智慧之见，喻修持之大愿。“芭蕉扇”代表着修持的火候火力即专往持久的意志品志质。“幌金绳”，金代表神识，“幌金”则代表了神识之动为神意，故为元气之象。“幌金绳在压龙山压龙洞老母亲那里收着”。“压龙”即压制神识之山之洞，神识被压制，则元气的运行自然就在山洞之中。叫巴山虎、倚海龙请老妖“巴山虎”代表精气，“倚海龙”代表意识，虎居山，龙倚海，两不相交，为后天之境。龙虎相交为返本炼丹，龙虎分离为顺行造化落入后天，这是造成后天压制先天元神、元精的根本原因。现在由此二妖同去请老妖，喻龙虎相交，此难可解。请老妖吃唐僧肉是以后天运化化解先天大愿，更是借此绑缚元神，故言：“就说带幌金绳来要拿孙行者”。“怎知那行者在旁一一听得明白”，是明示修持者元神要保持灵明觉性非常重要，如此方可辨明真假、因果，才能做出正确的选择而修持。行者打杀两个小妖。行者为元神自然要变作倚海龙，毫毛变作巴山虎，这是以真入假、再以假救真的策略。修持者在修持过程中要善于借用各种方式方法乃至各种表象而修持，只要心中明白其中的真意，不被假象迷惑即可，一切都可以成为修持修证的手段。丹道修持中有许多是借象修真、以假炼真、借幻显真、除假显真的方法。

行者到压龙洞不愿拜老妖：“我为人做了一场好汉，止拜了三个人，西天拜佛祖，南海拜观音，两界山师父救了我，我拜了他四拜。”“西天佛祖”代表着本体虚空本性觉慧；南海观音代表着静观密察之法；师父三藏代表着修行大愿；三者代表着成果、方法、理想。作为修持者此三者是必须要具备并遵循的，故而要拜。这里有一个《西游记》中最大的谜团，所有读者都会问：菩提祖师是孙悟空的恩师，为何此处行者却不提及呢？因为《西游记》中菩提祖师就是孙悟空的本心，师徒二人是一体。孙悟空修道是以自心、自性为师，所以菩提祖师不许孙悟空说出是从他学道，要孙悟空言“是自家会的”原因，就是要孙悟空和读者明白修道不假外求，求于自心便是修道，所以孙悟空离开后菩提祖师便消失了，其实他并未消失，他就是孙悟空的先天本心。孙悟空所经历的一切，仙佛妖魔、天堂地狱、人间琼岛、菩提烦恼，都是这颗心的展现。所谓修持不离此心，所谓炼丹即炼此心，一切功程皆为复归此心再无他事。孙悟空保护唐僧取经，是后天返先天的功程，因此先天本心也落入后天之境，菩提祖师也演化为南海观音菩萨，故观音是菩提祖师的后天之象。观音从始至终一路上帮助师徒，表明菩提祖师从未离开过孙悟空。后面小说情节有多处暗示，细心的读者不难发现。行者跪下道：“奶奶磕头。”此刻行者即巴山虎，老妖为后天运化模式之魔主，行者磕头是认清魔主。那妖道：“我儿，起来。”巴山虎为后天精气，故为后天运化之儿。行者暗道：“叫得结实”，是理清了因果，看清了脉络。修持者明理之后方可下手行持，故行者途中打死老妖。“原是个九尾狐狸”，此喻后天意识狐疑猜忌的特性，九尾言其多变，狐狸言其狐疑不定之态，虽为后天运化之象，但究其本仍是本心之用。故行者道：“就该称老孙做上太祖公公。”行者“把那幌金绳摸出来”，喻元神收伏阻止元气向后天运化的错行，由元神主导其运化了，故欢喜道：“此三件宝贝姓孙了。”三家再度相见。

行者进入莲花洞，喻元神入主黄庭即入鼎，故言：“我变老怪，是他母亲，定行四拜之礼。”后天运化之势已经被打杀，而其所产生的后天元神、元精也要开始转化了，故言“虽不怎的，好道也赚他两个头”，即元精、元神。行者进洞八戒自然认得。耳为肾窍，肾主生精。元神必要与元精相合，故行者要吃猪八戒的耳朵。修持方法中有一法是“耳根圆通法”，就是通过耳窍听心、观心、明心之法，这些具体的修持方法在《西游法诀》中再述。“魔头，掣七星宝剑，望行者劈脸砍来”，喻以邪见阻止元神、元精相合。“好大圣，将身一幌，只见满洞红光，预先走了。”莲花洞为黄庭为鼎器，但此鼎为假鼎，是假立之象，借假修真而用，被二魔所占喻此境仍然存在向后天转化的趋势。但又名为莲花洞，莲花喻其洁白无染，象征气脉展开，虽假却含真，为返本还元的趋势。修持者初下手以下丹田黄庭处为鼎，但随着修持的深入，真正的鼎器是以虚空为鼎，此为真鼎。丹自虚无之中炼就，故行者"聚则成形，散则成气"。行者与银角争斗是元神转化后天精气不容易，故相持不下。行者用幌金绳"扣了魔头"，是以运行运化来转化后天精气，但妖怪有《松绳咒》，后天精气势大，仅以运行模式的调整、转化带动后天精气的转化是非常困难的。精是体，无论是先天元精还是后天精气，体的性质往往决定着运行模式和状态。在修持的策略中有三条路经，即从精、气、神三个方面入手，即从调整人生状态、行为模式入手的方法，即古人所言的修德，此法就是从气入手。如果只从运行模式入手，只修此一法而不兼顾"精、神"的转化，则很难完成真正的转化。对这些的讨论在以后的《西游道论》中再详述。只依靠运行之法很难转化后天精气，反倒容易被其支配，进而反过来束缚了先天元神，故"银角念了《松绳咒》脱出来，反将行者套住"。"行者用锉将绳锉做两段"，虽然元神被元气错行所困，但只要明察便能见其错行，错误之处，即可"扳开错口"，自然可以脱离所困，即"脱将出来"。行者骗魔换绳的过程是，顺其所欲，渐次导之，以假换真之法，这是修持的最佳策略，修持者不可不知，更要奉行。修持者的人生、生活，对修持造成的各种障碍必须要有智慧因势利导，不受其困乃至将生命与人生转化为修持的道场。行者报名"者行孙"和"行者孙"，言万变不离其宗。孙行者脱离了幌金绳之困是化解了元气错行之难。"者行孙"被收入葫芦中，葫芦代表人身，行者居中是元神主身，身中精气自然液化，故口水津液多流，故行者"我聚些唾津漱口，稀漓呼喇的哄他揭开，老孙再走"。行者变作倚海龙，喻此津液下咽至下丹田，归入气海。银角将葫芦递与假倚海龙，喻以此后天精气归入气海，以待转化。行者将真葫芦骗到手，喻此身再次复归元神主导，精气困身之难可解。

第三十五回

外道施威欺正性　心猿获宝伏邪魔

丹旨：上一回，孙行者打杀了代表后天之意的九尾狐，收了幌金绳，喻要以元神主导鼎中运化，完成炼化。又变九尾狐进入莲花洞，喻借助后天之意与后天之境炼化元精，此法不可行，故被八戒说破。因此行者被幌金绳捆住并被投入葫芦中，喻落入后天运化当中，自然被困于后天人身。修持者必须摆脱这样的后天之境，故行者用计逃脱，但是修持者还需要利用人身完成修持，故骗走葫芦。这一回，行者在洞外用葫芦收伏了银角大王，喻元精的炼化不在人身当中，而在虚空之境。元精的魔相既除，故八戒劝金角放人，喻元精开始发挥作用。但在未完成转化之前此能量的生发会导致后天欲念更加旺盛，故金角大怒要蒸八戒。金角提七星剑与行者相斗，喻邪见之害。用芭蕉扇扇火，火烧行者，言欲火之危。行者进洞盗走玉净瓶，喻以心性平净之法对治后天欲火邪见。金角逃到压龙洞与狐阿七汇合，喻向后天七情六欲转化。八戒筑死狐阿七，喻转化完的元精才能灭除后天凡精所生的情欲。在此基础上修持者才能保持心神的平净，后天的欲火邪见自然消失，故孙悟空用玉净瓶收了金角，五件宝贝都归孙悟空。金角、银角都被收服，喻五行魔相皆除，而回归一体。此修持的结果为五行浑化归一，故太上老君出面收回五件宝贝，又恢复两个童子，喻阴阳五行虽为后天，但源于先天的道体之用。故本回丹旨为：浑一。

释意：本回开篇诗暗合孙大圣道妙："本性圆明道自通"是言妙有，"一点神光永注空"所论真空，曰性命，此诗非常重要，详解在《西游法诀》中再述。作者在此回篇首特留此诗是有着深刻用意的，望读者详参。平顶山之难的本质是修持者完成三花聚鼎之后要完成对五行的转化，由五行分散到五行攒簇，再到五行浑化，最终达成五气朝元而返本还元、复现本心的过程，即明心之功程。在五行浑化即转化的过程中，修持者必须遵循的总原则就是诗文中所述。只有彻底领悟遵循这个总原则才能真正完成五行浑化，达到五气朝元的目标，复见本心。所以此诗不是随便写而放置于此处的。《西游记》中的诗词非常重要，是解开迷盘的钥匙，不仅内容重要，甚至连在文中所处的位置都是有其含义，希望读者能够细品详参，体会作者的一片婆心、真意。

行者道“泼魔苦苦用心拿我，诚所谓水中捞月”，各种魔怪欲败坏道体、本心，如水中之月，波动而月散。动者是水，散者月象，其本质是水动，而月之本体从未动过。月象动与不动，不涉月体。而月体之意象在丹道中代表朗然之本心。修持者当于万象之中不执于动，不着于不动，明其象幻，而离象悟本才是根本。“老孙若要擒你，就似火上弄冰”以道化形，以本破象，火炽冰消，化于无形，只要把握住根本，遵循总则，无事不安，无魔不除。行者所言是对回首之诗的最好注释。修持者若明得此心，于行住坐卧之中守得此心，用得此心，照鉴一切，久久行持，自然道成。此即观心之法，是最上乘之法，最简单却也最难，此处不再多述，留在《西游道论》中详解。

孙行者化名，“行者孙、者行孙”，喻万变不离其宗，象变但本质未变。修持者当于根本处不动摇，修持中要随机应变，不可一味守空，执着一法。魔王还要用葫芦装行者，是欲将元神困于后天人身之中，而行者也有葫芦是欲借此后天人身转化后天精气，故银角大惊：“他葫芦是哪里来的？怎么和我的一般？”同是人身，所用不同，结果不同，只在“顺逆”二字。银角问行者葫芦来历，是要行者破此身执，知其根本来源。“行者委的不知来历”，行者为本心之妙用，现为后天中的先天元神，自然不知其本。魔王道：“混沌初分，天开地辟”，混沌即本体，天开地辟即初分是言向后天转化的趋势形成。“有一位太上老祖”即先天一炁。“解化女娲之名”，女娲为阴，喻落入后天，“解化”，即化阴为阳，逆返还元之意。“炼石补天”，石即后天之识，补天即返本，喻通过对后天神识意识的转化，即炼识，而返本还元即补天。此法就可以救助天下。故言：“普救阎浮世界”。“补到乾宫夬地”即夬卦，言功行至此要果决而行，最终复返先天，言此刻火候。五行浑化之功所表现出来的境界就是夬卦之境，就差此一点之阴尚未完成转化。“仙藤”即先天一炁的运化之象，昆仑山即五根阳爻，故言“昆仑山脚下，有缕仙藤上结着这个紫金红葫芦”。银角手中的葫芦就是夬卦中最上之阴爻，为阴为假，以待转化。而行者言：“藤结有两个葫芦，我得一个雄的，你那个却是雌的。”是辨明真假，以阳化阴，以真化假。那怪道：“莫说雌雄，但只装得人的，就是好宝贝。”不要在理论上、现象上争辩，一切由实际效果来决定。故行者道：“你说的是，我就让你先装”，已经看破假象自然不会再被其所困。行者用葫芦收服了银角大王，喻元精的转化完成，元精的魔相消除。“孙大圣是熬炼过的身体”，熬炼即长期反复转化，检验之功。丹道修持非常重视“熬炼”的作用，这样的熬炼是通过对身内精气神的转化，利用外事外境历练心性和对后天意识欲望的转化等多种形式完成的。经过这些考验后自然不会再退转，故言：“急切化他不得”。“那怪虽也能腾云驾雾，不过是些法术”，怪就是圣心妄动之象。所谓腾云驾雾都是妄心动象。“法术”是各种后天方法之术“到了宝贝里就化了”葫芦在行者手中就是返本还元的法器。银角为元精之魔相，至此转化完成，元精既复，心体还原。所以唐僧大愿脱难可期，故行者提着葫芦，“等老孙发一课，看师父甚么时才得出门”。

金角大王哭银角道：“我和你私离上界，转托尘凡。”由先天入后天。“指望同享荣华”，满足后天之欲。“永为山洞之主”，在《西游记》中常用山洞表示，由先天入后天或由后天返先天的关键节点，被称为“妙窍”“玄关”。凡精已除，故八戒元精兴起，八戒开始劝金角，喻不要再向后天转化，要返本还元，解放他们师徒。金角为元神之魔相。故大怒要“蒸八戒”，是以此魔性将元精再向后天转化，来滋养后天神识，故要“把猪八戒解下来，蒸得稀烂，等我吃饱了，再去拿孙行者报仇”。金角手提七星剑是欲以邪见斩杀先天元神。用芭蕉扇扇火，此火为妄意，偏执之火，故言“是五行中自然取出的一点灵光火”，喻后天五行之中的意念之火。此后天意念常常无端而发，故言：“平白地搧出火来”，而芭蕉扇代表了偏执固执的意念之力。此念力越强则欲火旺伤生害命越重，故言“只烧得石烂，溪干遍地红”。行者将毫毛变身收回来，是明示修持者对待欲火要收心敛性对治，故行者：“捻着避火诀，纵筋斗，跳将起来，脱离了大火之中”，此欲火最易伤人，大愿受损。故“行者径奔他莲花洞里想着要救师父”。在洞中行者见“羊脂玉净瓶放光”，对治欲念之火，通过收心敛性可以避之，但对治则要靠澄净之功，所以行者先不救师父，先盗净瓶喻遣欲净心之后才能伏魔救师。金角回洞大哭，文中之诗是为先天灵性落入后天之难而哭而诉，读者细参。反观已灵，可哭之。金角回到洞中睡着了，喻后天欲念燥火妄动，动极而生静之象。修持者要善用此机，可以先从动功入手，再行静功，两者相互配合效果很好。“行者静悄悄潜入里边”喻静极阳生之态。行者偷扇，喻除此偏执意念。“但扇柄刮着那怪头发，早惊醒他”，此念发于头脑后天意识，除此念必惊动后天识神。执念根源于邪见，故金角“执剑来赶”。莲花洞为黄庭为生发元精之处，西南压龙洞为下丹田，是元精生化之处，顺之化为凡精而出，故“金角败下阵来径往西南上，投奔压龙洞”。行者救出师徒道：“因是偷了他的宝贝”，将五行顺化扭转为逆返由元神主导，“方能平退妖魔”。言只是“平退”即尚来消除。八戒欲看葫芦，行者道：“我等且莫揭盖，只怕他也会弄喧走了”元精要牢牢守住，不可让它向后天转化“走了”。金角来到压龙洞是喻已化为后天情欲。“老舅爷，狐阿七”即由此而生出的七情。行者与八戒共同迎战后天之欲。“狐阿七”被八戒一钯筑死，喻元精制凡精。行者用净瓶收伏金角是元神的魔性要以澄心遣欲收服。“七星剑坠落尘埃，也归了行者”，邪见自然消落，元神之见是主见，是慧见，故八戒道：“哥哥，宝贝你得了。”邪见变宝贝，至此五行之魔性全除。但功程未完还不能上路西行，故老君出面阻拦，变作一个“瞽者”，喻不起后天分别之见。“还我宝贝来”言五行要浑化。“那老祖急升玉局宝座，九霄空里伫立”，喻复归先天虚空之境。“葫芦是我盛丹的”，喻借此身炼丹。“净瓶是我盛水的”，心性澄静若水。“宝剑是我炼魔的”，智慧正见可以降魔。“扇子是我搧火的”，意念持久而专注才可以保持能量转化。“绳子是我一根勒袍的带”，言一气周流运化包罗万象。两童子一阴一阳，即元神元精。“只因偷了我的宝贝走下界来”，由先天落入后天而成魔。五行攒簇之功是将分散于后天状态的五行重新汇聚成为一体，但此功只是扭转了五行运化的趋势，但五行本身的魔性，即再度坠落后天的可能性尚未消除，故言“海上菩萨问我借了三次，送他在此托化妖魔”，言静观密察而知五行之魔性，更辨其根源，将五行的后天魔性转化、复归为先天虚无本性。“看你师徒可有真心往西去也”，只有化此后天五行魔性，元神、元精之魔性消除才能复得本心，此心才是真心，明得此心，才能往西去也。

此功程为五行浑化之功，故“老君收得宝贝，揭开葫芦与净瓶盖口，倒出两股仙气，用手一指，仍化为金银二童子，相随左右，只见那霞光万道。咦！缥缈同归兜率院，逍遥直上大罗天”，此境界为五气朝元，复归先天之境。平顶山之难是五气朝元，后天返先天之功初步完结，此段修持证见真心，明得本心，故引出下回宝林寺“劈破旁门见月明”之见性之果。

第三十六回

心猿正处诸缘伏　劈破旁门见月明

丹旨：上一回，孙行者收伏了金角、银角大王，喻完成了对元神、元精魔性的转化。五件宝贝也归孙悟空所有，喻五行运化受元神支配而返本还元，故太上老君出现。老君复活了代表阴阳的两个童子，收复了五件宝贝喻阴阳五行浑化归于道体，此五行浑化归一之象。此段功程为命功成果，故言“心猿正处诸缘伏”。在心性方面因此所达到证境，即“劈破傍门见月明”。故这一回，唐僧师徒来到宝林寺，喻金丹至宝将要降临之境。在院中师徒面对明月各作诗一首，阐述了复返先天时的证境，明示了其对修持的价值，达成此境的方法以及修持的效果，师徒所论极其重要。五气朝元之后，五行的存在状态和运行模式都得到了彻底的转化，不再趋向后天而复归先天，即为“心猿归正”。各种不利因素也不再产生作用，即“诸缘伏”。进入宝林寺时僧官的各种表现正是帮助修持者明察各种错行与错见。由此“劈破傍门”的正见便可以明心见性即“见明月”。故本回丹旨为：宝临。

释意：三藏“死心塌地办虔诚，舍命投西”，是言已绝凡心不执凡身，以专笃至诚的态度继续修持。“攀鞍上马，猪八戒挑着行李，沙和尚拢着马头，孙行者执了铁棒，剖开路，径下高山前进”，各司其职，浑然一体。三藏担心山险有魔障，行者道：“只要定性存神，自然无事”，这是修持的重要原则，也是方法，还是状态。“定性存神”，四字不可以义理上去理解，它应该是修持者的生存状态，要活出这四个字来，用生命去实践这四个字。三藏问何时能到西天，行者道：“还不曾出大门哩。”是言此刻修持者的境界尚处于后天状态之中，还未出后天返先天的大门，故言：“我们还在堂屋里转哩。”

后天境界犹如堂屋，喻修持者仍受困于其中。一路前行见到高山险岭，唐僧心生焦虑，“何时功成”。一切皆自心之心相，险山魔岭皆由妄心而生。吾叹之：“心焦生险境，牵挂易惊心。磨肩笃行日，定性存神功。”

寺院门口行者问唐僧：“你老人家自幼为僧，须曾讲过儒书，方才去演经法，文理皆通，然后受唐王恩宥，门上有那般大字，如何不认得？”是言理论水平、社会名望与真正的明心见性无关，即使玄门上明明朗朗写着大字也认不得。此门就是玄牝之门，是后天返先天之门。“奈何门虽有字，又被尘垢朦胧，所以未曾看见”，言红尘之垢遮蔽了我们本自灵明的真心，只认凡间不见圣心，身虽至门前仍不识玄门。修持者五气朝元之后已经到了逆返先天的节点上，此节点就是玄关一窍。认得此门，过得此门，便即将进入先天境界，即明心见性了，故师徒来到“宝林寺”。此宝即道体本心，喻本心即将来临、显现之意，即“宝临寺”。行者长法身：“用手展去灰尘”，喻除此遮蔽本心的红尘还要依靠元神之能。三藏见四大天王像按东北西南排布为逆时针顺序，是言逆修返本之意。后门之下倒座观音言返观内察之意。（中国的道观、寺庙的建筑、布局、塑像、楹联都是用来表法的，都有其修持含义。我带着许多朋友游览寺庙时，发现他们并不知道其真实含义，看来以后有机会要在这方面做些普及工作）寺中走出僧官，僧官即僧之关口之意。“只有城上来的士大夫降香，我方出来迎接”，言只有秉诚而来者才能得到感应与接引。“看他那嘴脸不是个诚实的，多是云游方上僧”，有很多打着修持之名四处游走不过借名偷生，混日子。人心谓之方寸，真心谓之方丈。方寸言人心狭溢，方丈言心之广大。“我们方丈中，岂容他打搅”，言真心在而人心去。唐僧不敢深入，就立于天井里，喻修持者初入玄关，虽通先天但不知玄妙，如在井中一般。那僧官才欠起身来道：“你是唐三藏么？”初次见面如何得知三藏名号？僧官即僧关，是护持逆返先天之关，故为僧官。唐僧就是修持此事，故僧官认得他。僧官怒声叫道：“你这游方的和尚，便是有些油嘴油舌的说话。”世间有些修持者假借修持之名，依仗能说会道游走江湖。僧官斥责此等之人见不得玄关，更进不得，过不得此关。还有修持者，小有所成，入得此玄关，便心生满足以为就此功成，故“怎知他贪图自在衣食，更不思量起身，就住了七八个年头。住便也罢，又干出许多不公的事来”，是骂修持者安住于此境不思进取，更有甚者依此证境反倒胡乱作为造业。僧官一席话将心不诚者、混日子者、懈怠者、执境者、造作者，明明指出，望修持者明鉴，不犯错误。三藏欲走开不入宝林寺是言后天意识不识玄关之妙，故只有行者进去，即元神才识得此窍。行者到大雄宝殿上，指着那尊佛像道："你本是泥塑金装假像，内里岂无感应？"是明示修持者要破除外在假像，去感应内在本质。"假若不留我等"，不能与修持者同声合契，必是假像。"就一顿棍打碎金身，教你还现本相泥土"，言只有先天炁机可以破除一切假象。行者闯入寺中喝令方丈，喻在此玄关处元神主事。"行者将棍子变得盆来粗细，直壁壁的竖在天井里"喻玄关通此先天一炁。行者将方丈门外石狮子打得粉碎，"石狮"即"识师"，是言若通得此关，后天的知识、理论、概念全都无用，应当彻底粉碎。众僧出迎穿的衣服名称"一裹穷"，是明示修持者若只一味秉诚守空，住于空境而不知妙用，只留一灵住守，没有元神元精元气的扶持、养护就如同乞丐的一裹之穷。僧官磕头高叫，"唐老爷，请方丈里坐"，是言有大愿、正见、正行方能入得此门，故"抬着唐僧，驮着八戒，挽着沙僧，一齐都进山门里去"。众僧对三藏恭敬伏侍，喻大愿归正，执空邪见自伏。三藏道："即此就是安置了。"言修持于此处安置。

唐僧举步出门小解，所作之诗是对见性之境的描述。丹道中逆返先天之后会见到心性圆明之象，心有所悟，但不是觉悟、彻悟，故言"小解"。"只见明月当天"，丹道修持中明月之象既是修持者实际证境所见，也是比喻心性圆满灵明，更是火候法象。"行者、八戒、沙僧都出来侍立"，是言此境界的达成是由精气神三家共同完成。唐僧的古风长诗是对此修持境界之象的详细描述，此境此象是修持者真实所见。唐僧见到此象便以为可以借此复归本元，而不知有阴阳相当妙用之法，故言"小解"，非圣解，故行者道："你只知月色光华，心怀故里，更不知月中之意"，此象"乃先天法象之规绳"，修持者见到此象说明心性圆明，神识灵明，可窥先天之境，达此境后才可采取先天一炁，故行者言："此乃先天采炼之意。"阳中生阴，阴中生阳，炼以成丹，其法象与月之盈虚相同，空空一性不能大觉。沙僧之言讲述了达成此境的基本方法，即金木赖中土调和方能金木交并，三家相会，合为丹元。八戒所言，自缺而圆，阴中生阳以结胎；自圆而缺，阳中用阴以脱胎。一逆一顺，盈虚造化在内，不得长圆而不缺，所以为不全，仍须用火取真消假，突破后天局限，复还先天本性，展现出无限之性。而且明示修持者不仅要专笃行持，也要修福积缘，这些外部条件必不可少。三藏要读经道："小时的经文恐怕生了，幸今夜得闲，等我温习温习"言修持者要将自己的修证和参悟与经典对照，以期印证。后天返先天的修持是以有为法为主，此刻仍不可废弃，功夫证境未达时还要依靠有为法渐入无为。这段师徒对话极为重要！是明心见性的真法诀！望读者能反复参研，必有收获。我的参悟心得留在《西游法诀》中再与有缘人分享。

第三十七回

鬼王夜谒唐三藏　悟空神化引婴儿

丹旨：上一回，唐僧师徒来到宝林寺喻金丹至宝将要降临之境。寺院明月当空，喻此刻修持者心性圆明。师徒各作一诗，是明示达此证境的方法、效果和价值。故这一回，代表被后天隐没的先天灵性复出，期求解救，即“鬼王夜谒唐三藏”。鬼王原本是乌鸡国王，被妖怪夺了王位，喻先天元神被后天识神取代。元神落入后天之境，即被妖怪埋在八角井中。上面栽了芭蕉树，喻落入后天八卦之境的生化之象当中。修持的目的就是要救助生命的真主人，故唐僧将此事告诉孙行者，是要修持者知之，以元神救之。鬼王在宫中还留有太子，喻后天生命还有先天灵意尚存，修持就要先引导此灵意回归，不再认假为真。故行者变白兔引太子进入寺院，喻先达此虚极之境，孙悟空变立帝货讲述真相，喻明察因果，解除迷惑之后才好下手行转化之功。

修持者经过五行攒簇而凝炼丹基，再五行浑化而归一之后，便可复见本来面目，即本心初显，于虚空之中结成一粒金丹即命体初成，方能救此生命之真正主人，即灵性复生，即阳神归位，即金丹凝结。本心是性命一体，如如不动，慧觉万象，也是万象之本。因落入后天之境，由无限困于有限，性命两分，便有生死，散乱昏昧，难有出期。金丹大道便是将散乱重新凝聚、将昏昧再复灵明的方法和过程。金丹大道不是后天意识和欲望追求的目标与结果，不是修持者通过方法与功夫制造出来的某种特定的神奇结果，而是对本心的回归与还元，是对后天局限性的彻底消弭，所以称为逆返还元之功。在这过程中出现的象，如金丹之象、婴儿之象以及各种神奇异能之象，都是还元之象。其本质都是本心之象，故不可外求，为还元之象，非造作之果，故不可以有为法求。修持者不可以后天之心行还元之法，不可以后天之心理解认知先天之理之境。乌鸡国之关展现的就是本心初显的过程，于命功而言虚空之中有一粒金丹产生，于性功而言先天灵性复生，两者同体共复。故本回丹旨为：灵意。

释意：三藏“灯下念一会儿《梁皇水忏》，看一会儿《孔雀真经》。”念《梁皇水忏》是教修持者忏悔以往过错。念《孔雀真经》是教修持者此刻要安隐于世，放下世间的所有牵挂与烦恼，专笃当下修持。此处看似作者随意，却明示了大火候。《西游记》中没有闲笔，皆有用意，若不详参，一带而过，便错过真诀，实在可惜。明心见性之后修持者由后天返先天，此刻要忏悔自己于后天境界中所造作之业，所伤害的众生，扭曲而错行的心行。现在既已复见先天，当以此真心摄受覆育一切有情，获得安乐、清除苦恼，要忏悔，要发愿，此刻之愿源自真心，其力甚大。修持者于寂静之时忏悔、发愿，端坐中自然渐入恍惚之境，故三藏伏案盹睡，“虽是合眼朦胧，却还心中明白”，此为“恍惚之中寻有象”，因为初返先天，状态不稳定，其境正如文中对窗外阴风飒飒之态的描写。故“又闻得禅堂外，隐隐的叫一声师父”。乌鸡即金乌，传说中太阳中的神鸟，丹道含义是阳中真阴，故乌鸡国王的本质是人的先天灵性阳神，是孙悟空的落难之相，故他也喊三藏为师父。“浑身上下，水淋淋的”，就是水帘洞中的美猴王，丹道言为水中金之象，即后天能量当中所潜藏的先天灵性。元神被识神压制不能主导生命，即是国王落难。故他如同孙悟空一样期望着三藏的解救。三藏对鬼王道，“你莫上我的禅门来”禅门修持直透本心，合契本来，不是炼丹修阳神的策略，故言于此。《西游记》大阐丹道，兼融禅法，是丹禅合一的策略和路径。作者慈悯，善劝那些只单独修禅者。“我不是妖魔鬼怪”阳神为真主人，因被压制被贬废已久使人不识，甚至以为是妖魔，真修持离不得它，故劝言：“师父，你舍眼看我一看。”三藏见鬼王有帝王气象，是明示阳神是真主，而只知守空的参禅者不知有此，故“三藏见了，大惊失色，三藏用手忙搀，扑了个空”，喻此阳神初显时还只是个虚象，只有当其与金丹相合，才会逐渐变得“真实”，但其本质是“空”，不可以“有”见，而下手执持。“回身坐定”，修持者身心安定之时方可详察，故：“再看处，还是那个人。”鬼王道：“家住在正西。”返本还元的必经之处，言其本质是虚空本心之性。“便是兴基之处”，有此阳神才能兴盛道体本心。“乌鸡国”，乌鸡为日中真阴，古人把太阳黑子称作金乌，丹家以此比喻阳中真阴。以卦象言之为“离”卦，外阳内阴，内之阴爻即在后天为假国王。在先天为真阴，为全真。“宝林寺”以卦象言之为“坎”卦，外阴内阳，内之阳爻，在先天为乌鸡国国王，为真阳，在后天为井中鬼王。先天纯阳为乾卦，故乌鸡国内三年大旱，三年即乾之三阳爻，大旱言其亢阳之境。“钟南山来了一个全真”，先天为真阴，为坤卦，代表着先天灵能，故能呼风唤雨。此乾坤相合水水济既，就可以去矿留金复见本心，故言“点石成金”。故“寡人只望三尺雨足矣”为泰卦，此为融合还元之象。但全真“又多下了二寸”为一阴爻入乾之象，便由先天转入后天，乾卦变为离卦。坤卦变为坎卦，在先天真阴真阳相对而生，故“与他八拜为交，以兄弟称之”。“朕与全真携手缓步”喻初阴渐长。“至御花园里”到了欲望开始生发之时，“忽行到八角琉璃井边”，喻达到八卦后天生化之境。“井中有万道金光”，万事万物各显其性。“扑通的把寡人推下井内”，喻阳神灵性落入后天八卦之境，乾坤变坎离。“将石板盖住井口”，石板即后天之识，喻遮蔽隔断了与先天的连通。“拥上泥土，移一株芭蕉栽在上面”，泥土喻后天之意土，此后天意土也只能运化涵养后天八卦之间的相互交流交融，在此层面展现出生机即芭蕉。“可怜我啊，已死去三年”，阳神沉沦至八卦状态。人的生命三岁后便是识神主事，元神隐退，故言已死三年。识神入主故言：“尽属他矣。”鬼王说全真“变做朕的模样”，喻元神隐，识神兴，乾变离，外阳内阴，外真内假，为后天的乌鸡国国王。坤卦变为坎卦，外阴内阳，外假内真，为后天宝林寺井中鬼王。全真为真阴，喻先天灵能，落入后天呈现的魔性，即为侵占王位的魔王。故与城隍、龙王、十代阎罗性质相同，故为“异兄弟”都是后天神识之性，故“无门投告”。三藏道：“你阴司里既没本事告他”，言于后天境界无法扭转，“却来我阳世间作甚”，来到先天之境能做什么？鬼王道：“我这一点冤魂怎敢上你的门来”，喻后天意识无法进入先天境界，“却才被夜游神一阵神风把我送将进来”，夜深静极之时，喻达到虚极之境时才能感到一炁生化，把落入后天的先天灵性送达至先天境界。“他说我三年水灾该满”，坎卦中的阳爻落在两个阴爻之中，故为水灾，三层卦爻为三年。将坎中阳爻抽出填回离卦之中，复归为乾卦，即抽坎填离，即“该满”。“着我来拜谒师父”，喻先发大愿再启动元神，故请大圣

“拿住妖魔，辨明邪正”。这个过程就是丹道中的坎离交媾，抽坎填离，复返先天。识得真阴真阳可结丹。鬼王道：“我本宫有个太子，是我亲生的储君”，言先天灵性隐没后天，转化后表现为灵意，二者本质相同，但境界有别，故为“亲生”。此后天中的灵意是返本还元的基础，为可能性，故为“储君”。后天中识神主导故灵意也被蒙蔽，故太子认假为真。不能与生身父母相见，是不知本体无法还元。三藏道：“他本是肉眼凡胎，被妖魔哄在殿上，那一日不叫他几声父王？”世人认贼作父，认为后天的意识、神识、自我、人格为生命的主宰。人从三岁开始自我意识逐步形成，故鬼王前面言“朕与他同寝食者，只得二年”，三岁前是元神主事，识神渐成的阶段；三岁后，自我意识建立了，元神也就被迫隐退，故全真道人将国王推入井中。识神、自我意识日久固化，此刻有人指出所认是假，应及早解脱，凡夫是不会轻易相信的，故言：“他怎肯信我的言语。”世人多不信修持之事的症结就在于此。信为道根。鬼王将“金厢白玉珪”，作为表记俗称“金镶玉”。金代表先天元神，玉代表后天识神。珪即二土之圭，也同归字，代表一气贯通。喻先天元神与后天识神相通相合，同归道体本心。后天识神不知先天元神无法贯通，故“只是少变了这件宝贝”，灵性尚存，未被泯灭之人，只要有人拿出“金厢白玉珪”这个代表修持真意的宝贝，自然会认得。故言：“太子若见，他睹物思人，此仇必报。”世间很多修持者就是凭借此灵性走上修持之路，也只有以此灵为引导才能持久地走下去，若一开始就以欲念起步，必然半途而废。鬼王道：“托一梦与我那正宫皇后，教他母子合意，你师徒们同心。”此内外相通。外丹点化内丹。鬼王一篇话将顺行造化之境，逆返还元之策明示出来，读者若能明白真意，必然惊醒梦中人，故三藏惊醒。

三藏将梦境一一说与行者，喻金丹大道万劫一传，知之还要行之。行者道：“似老孙一点真心，专要西方见佛，更无一个梦儿到我。”知此和保此一点真心便不会有颠倒梦想、妖魔鬼怪，明示修持者一切鬼怪魔难皆源于真心散乱。“分明是照顾老孙一场生意”，一切修持不过是收拾散乱归一心。师徒在月光下见到金厢白玉珪，珪为真意，为汞，故此象为偃月炉中汞。修持之事，真实不虚，故言：“想此事是真。”行者对三藏道：“明日要你顶缸受气遭瘟”，言劝人修道难，传法难，会遭受他人的不理解，排斥甚至恶行。故会遭此三桩事。而有心弘道传法救世之人则必须顶此缸，承受这一切。行者用毫毛变作红金漆匣儿，毫毛喻神之精微虚极状态。红金漆匣儿为朱砂鼎，以卦象言为离卦。行者变二寸小人即离中阴爻。白珪放入匣中，喻抽坎填离。元神通晓过去未来，辨别真假，“立帝货”即立刻取缔疑惑之意，故行者变的立帝货为一等宝贝。“白玉珪”为真意，要在元神的支配下发挥作用，故为二等宝贝。“锦襕袈裟”为三等宝贝，僧衣喻修持佛法所皈依的至理正见，但要依据元神元精元气才能得以展现，故为三等宝贝。这一段作者将坎离交媾所需的条件和程序都作了明示，结合丹道修持的具体论述留在《西游法诀》中再作详述。后面的情节就是对坎离交媾过程的艺术展现。

天明后行者“一筋斗跳在空中，睁火眼向西看处”，喻神识清明之时，调神至虚极静心而观。“见城中妖雾愁云”，是识破假象，又观“东门开处，闪出一路人马，真是个采猎之军”，喻假中见真阳生发之处。“采猎军”，即可采内药。见太子“隐隐君王像，行动显真龙”此内药是炼化金丹，成就阳神的基础，是金丹初微之象。行者“变作一个白兔儿，只在太子马前乱跑”，兔喻先天之灵性，太子为后天之灵意，二者同质，先天引导后天，故“太子看见正合欢心，太子一箭正中了那兔儿”，一箭即一见，正中即后天返先天。兔儿将“太子哄到宝林寺”，将此后天灵意渐次引导到虚极之境。行者变二寸小儿进入红匣，喻离中真阴入鼎，将开始坎离交媾。太子“只见门槛上插住一枝雕翎箭”，喻只有正见才能引导修持者返本还元到达宝临之境。见到三藏“太子不能知识，将绳要捆师父”，后天灵意的局限性导致其不知道、不认识先天大愿，但后天之意仍然起用，以意代替、束缚先天大愿。行者命护法保护三藏，是要修持者以绵密不息的修持之功阻止此后天之意，保护先天大愿。后天之意不知此法作用，故太子言：“使这般隐身法欺我。”东土为阳生之处，而后天之意不识阳生，故太子言：“东土其穷无比。”三藏问太子天地间有几恩，“天地、日月、水土、父母，四恩。”古人的人生境界格局之大，今人难比，今人总以一己之私忘却四恩。修持者要提高自己的人生境界才能合契天地、日月、水土、父母四者才能恩加于身，同体共兴。三藏说太子不知父母恩，是言后天之意不知自己的生发之源，只有元神所变的小人儿可以立刻解除、取缔他的疑惑，即立帝货。指明要复返先天就可以知生身之处，故行者从朱砂鼎中跳出，即坎离交媾生发出的先天灵性，故言：“我一毫不用，只是全凭三寸舌，万事尽皆知”，修持丹道必须知始知终，始终洞彻，毫无疑惑，方能一往成功，此“穷理”之意。知理还要求师诀才能分辨真假把握火候，故行者言：“我说个与你听。”行者向太子讲述过去事，是明示由真变假的过程。“后三年不见全真，称孤的却是谁？”要太子破除假象，要修持者寻找自己的真主人。太子令：“三千人马都出门外驻扎。”若明真相，必须将三千烦恼抛于门外，置于虚极之处，故言殿上无人。“太子坐在上面”，灵意居中，“长老立在前边”，大愿以教化。“左手旁立着行者”元神为主辅。行者告知真相是点化灵意，再将玉珪奉上，是以真阳转化后天身中的灵意。“你既然认得白玉珪，怎么不念鞠养恩情，替亲报仇”，既见了真阳，便要及早下手返本还元。后天身中灵意受后天习气压制、限制，习气尚存，故太子心疑。行者叫太子问母亲，是明示修持者先修先天灵能自然能知先天灵性。“莫入正门，须从后宰门进去，到宫中见你母亲，切休高声大气，须是悄语低言。”此明示修持之法，从督脉修持入手可见灵能。太子令将官：“稳在此扎营，不得移动。”凡尘之事皆放下，不得意动乱行，此为修持之火候。

第三十八回

婴儿问母知邪正　金木参玄见假真

丹旨：上一回，被埋没于后天当中的先天灵性于恍惚之境中隐隐现象，即鬼王拜见唐三藏。鬼王讲述自己的遭遇，是言灵性沉沦的原因。行者将太子引入宝林寺，是要修持者用有为之法将后天中的先天灵意引导至恍惚之境，明辨因果，产生还元复生之意。这一回，太子回宫拜见娘娘，喻以真意寻找先天灵能，知其向后天转化之象。回寺拜称孙悟空为师父，是言真意要以元神为主导，行还元之功。行者与八戒去御花园井中将真国王尸首带回宝林寺，喻元神元精合力使先天灵性回归。灵性的复生还要靠元神，故八戒说孙悟空有医活国王的办法。故本回丹旨为：灵归。

释意：篇首偈语明示了返本还元是修道的根本。丹道修持讲究逆返先天与止念参禅悟本心，异曲同工。丹道从调整生命存在的性质入手，参禅从调整生命状态入手，一个渐次导之，一个直契本来。因为策略的不同，其修持方法各异，无论是丹法还是禅法，最终指向还是一个“心”字。道、易、禅、佛、本体等等皆“心”字异名，此回详述“抽坎”之程。

太子进入后宰门“夹一夹马，撞入里面”，夹马即调动后天意念的有为法。“后宰门”，喻人身之督脉。“娘娘坐在锦香亭上流泪”，娘娘本质代表先天灵能。但因妖魔侵入现在已落入后天境景，代表后天人身中的先天元精，元精生化万物，故为娘娘。“锦香亭”，言人的视觉喜好锦色、嗅觉喜好香味，并停留执着于此，本质为“食色”二性。元精落入后天境界便从“食色”二性上不断地流失，即娘娘流泪不止。娘娘做的梦“记得一半，含糊了一半”，元精、元神各为一半，合成一体。但落入后天元神贬废，识神兴盛，虽为假但其隐含真机，故为“含糊了一半”，娘娘为元精为“记得一半”。太子见娘娘，后天灵意通过有为之法寻见元精，生机初现，故言“诚万千之喜”，太子问娘娘“后三年恩爱同否？”灵能与灵性本相亲相爱，而现在则是分离之象。娘娘道：“不来见我，却先见圣僧，后来见我”，先天灵性被压制若要回归做主，修持者必须要真诚生起大愿，再寻求与先天灵能相合，这是丹道修持的初步顺序。后天人身中的灵意在先天灵能的支持养护下逐渐恢复灵明，自然要回到恍惚之境，故太子回到宝林寺。“拜请行者”，认得元神了，自然听从其教化才能返本，故“双膝跪下道：师父，我来了”，身中灵意归复先天元神，还元在望。鬼王喊三藏为师父是喻以大愿为师才能解救先天灵性，太子喊行者为师是言灵意以元神为师才能复本。太子担心没有猎物回国遭假国王问罪，后天自我意识总以获取、占有为存在的意义和价值，这是由其“封闭性”本质所决定的。为了维护这个封闭性，占有、扩充、强化边界就成为人性中贪婪、我执、愚痴的底层逻辑，对此的执着也成为必然。此封闭性又导致了生命的局限性、二元对立性，使灵性落入后天境界与先天道体本心分隔开来，灵明本性就此遮蔽，就此沉沦，难有出期，因此修持就是要彻底打破个体的封闭性，整体的统一性和无限的开放性才是本心道体的属性。修持者不要简单地从人性的层面去抑制和消除人性的贪嗔痴，要从根本处下手才能真正解决问题。大圣命山神土地给太子献上各种野兽，这是修持的一种策略，即顺其所欲渐次导之。修持者的后天意识神识已经非常顽固了，不可能一下子消除，要循序渐进，若用法过急必引起后天意识的对抗，反倒无法达到修持目的。

行者对唐僧道：“拿是还要拿，只是理上不顺。”假国王是后天神识、自我意识，他的存在维护着后天现有的存在，若只是一味打杀，除此后天的管理者，则后天人身无主，如白痴一般，故言理上不顺。所以行者要捞回真国王，是要修持者先认得自己的真主人才能真正开启修持。行者说唐僧“八戒生得夯，你有些儿偏向他”。八戒为元精，起承载作用，所以负责挑担，故言大力夯。而唐僧是后天意识中生起的先天大愿，从源头说是元精为其提供了能量支持，所以唐僧偏向八戒。

行者要带八戒去偷宝贝，八戒一心想着“可好换斋吃幺？”言元精负责为生命体提供能量，因此很重视能量的获取，即吃斋。这也是后天生命局限性的体现，维护其封闭性是本能。“老孙只要图名，那里图甚么宝贝”，同样元神是后天人身中的先天灵性，也体现着后天人性中的局跟性，自我认同也成为维护封闭性而展现出的本能，即图名。行者八戒来到御花园，即“欲化源”，为欲望转化之源。“公然将锁门锈住了”，喻生命之源被后天欲望阻断了。“那呆子掣铁钯尽力一筑，把门筑得粉碎”，喻破除后天欲望要靠元精的充盈来打破。源头既已被打开，能量充沛，元神得到滋养，故行者“忍不住，跳将起来，大呼小叫”。文中对花园的描写，写出了生命失去了源泉，失去了元精的养护所呈现出的破败景象。芭蕉树喻后天八卦之境，故用八戒除之。“见一块石板盖住”石即识，喻后天之识、意识、神识，修持者正是因为后天神识的局艰性遮蔽了先天灵性之能。八戒“拱开看处，又见有霞光灼灼，白气明明”，言先天灵性之光明之象。“造化，宝贝井中放光”，井喻人身下丹田，元精充盈自然放光。修持者在实证中可见，丹道中又称为蟾光。井底水晶宫为人的会阴穴，又称阴蹺穴，此穴为丹道修持过程中的要穴，只有开通此穴才能开通任督以及全身经脉。此穴开通后所生发的是纯阳之气，为丹道修持所需的内药。水晶宫的龙王为会阴穴处之一点灵性复生之机，故为井龙王，因此认得大圣和天蓬，所以称呼兄弟二人的先天之名。国王尸首沉于水晶宫而不腐，是言此窍中有先天灵能，养护此先天灵性，即定颜珠。此境与陈光蕊尸沉水底相同。在修持实证中开通此窍便是一阳来复，真主还阳之时，反之人的先天灵性都是停尸于此处。若不借修持之法，永无出头复生之日。救护先天灵性最初要依靠元精之力，故“八戒就驮尸首，撺出水面，八戒张开口咬着铁棒，被行者轻轻提将出来”，金箍棒为先天一炁还元之机，故八戒咬着铁棒，喻元精遵循炁机救出沉沦的先天灵性。元精承载着先天灵性，元神专注用意渐渐将其提出，即摆脱原有状态，恢复本来面目，这个过程就是丹道中的“抽坎”。八戒怕打，背起尸首，明示抽坎的过程虽然是以元精来承载，但主导者必须是元神。大圣“往巽地吸一口气，吹将去”。是以呼吸之法帮助元精承载着先天灵性返回到恍惚之境宝林寺。八戒道：“行者的外公，教老猪驮将来了。”行者为后天人身中的先天元神，国王为先天灵性，故为行者外公。三藏见国王尸首“忽失声泪如雨下”，此灵性人人俱有，但都被贬废而亡，三藏见到自己先天灵性真主能不痛哭？既哭其废亡也哭其复见天日，同时也为众生而哭。三藏要行者救活国王。复见真主更要救其复生，此为天道生生大德。故言："我等也强似灵山拜佛"，拜佛的实质就是复其本性，复生真主。八戒催唐僧念咒要行者救活国王，是言救活先天灵性使真主复生，必须依靠元神。

第三十九回

一粒金丹天上得　三年故主世间生

丹旨：上一回，太子回寺拜孙悟空为师，喻真意听从元神主导行还元之功。行者与八戒捞出国王尸首，喻元神、元精合力使先天灵性显现。乌鸡国国王被从井中捞出的过程为丹道修持的“抽坎”，其含义是身内被废亡的先天灵性经过元神、元精的努力恢复本来面目，但其还需获得先天灵能的点化、补养、支持才能复生。故这一回，孙悟空到太上老君处求取金丹，喻虚极生一炁。一炁凝结之象，即救活国王的一粒金丹。金丹入腹即先天灵性与先天灵能的凝合，此心体复显之象。孙悟空除魔的过程就是消除后天识神作用的过程。修正的成果为先天智慧的产生，故文殊菩萨出现，收伏了坐骑青狮回归五台山，喻先天智慧对后天智识的驾驭和教化。至此修持者金丹凝结，智慧生出，此为丹道修持的先天之基构筑完成。行者求金丹、活真主、除魔王的过程为丹道修持的“填离”过程。修持由后天坎离境界回复到先天乾坤境界，由后天返先天。以丹言之为结丹，以神言之为阳神复生。故本回丹旨为：复生。

释意：三藏念紧箍咒让行者医活国王，是明示修持者若救真主还要从元神入手，紧守元神，不可懈怠，要继续转化，由后天人身中的先天元神主导修持，使先天灵性得以复显，故行者答应医救。识神为轮回之主，行者欲通过阎王救国王，是要救后天识神。故八戒道：“不用过阴司，阳世间就能医活。”修持就是要解脱轮回之苦，所救者为人之先天灵性，为真主人。世间便有医活之法，金丹大道就是世间解救真主之医术，活性命之至法。丹道前辈充满自信自强，我命由我不由天，不期望来生，只于此当下努力获得解脱，故言“方见手段”，何等豪气！复生之法即丹道的“九转还魂”之法，“九转”言其循序渐进，魂者本心之象，“还”逆修返本之道。修性有九鼎炼心之法，炼命有七返九还之功。“九转还魂丹”，于境界而言就是修持者先天灵性复显，而与之相对应的先天灵能也相应而生，即在虚空之境界显现出一粒金灿灿的光点，故行者要到太上老君处求取金丹。国王为先天灵性，为一点灵明的体现。一粒金丹是先天灵能，即先天一炁的凝结之象。二者同体而异象，金丹灵能救护、支持灵性真主，灵性非灵能不能救，故言：“管取救活他。”二者相应而成，合而为一，为生命之真种，解脱之根基，圣胎之初始。

行者要八戒哭国王，喻身中元精若无真主则身国必亡，“长老滴泪，沙僧烧香”，是要修持者悔过向善，心怀诚敬，故行者笑道：“一家儿都有些敬意，老孙才好用功”心诚则灵。行者“不谒灵霄宝殿，不上那斗牛天宫”，是言此金丹不在后天意识中求取。到“离恨天兜率宫中”，即离开后天之境，返还虚极之境。“老君在丹房搧火炼丹”，可见金丹之炼在虚空结就。先天一炁自虚无中来，后天人身为道器，故丹不在身中，但要借身而炼。“还虚”是炼丹的必要条件，身为后天形质，无有可炼，故炼丹之事皆赖元神之往来运用。“还虚”者元神所达的境界，金丹大成者，不仅神识要转化，最后连后天肉身也要转化，达到还虚境界。丹家言：聚则成形，散则气。仙家云：白日飞升。这些修持境界在《西游记》中都有描写。于佛家而言是即身成佛。《西游记》倡导儒释道三家融合故最终成就为大觉金仙。丹道之法是逆修倒行之法，故言偷言盗，盗即倒，即逆返之机。修持不在于外在形式而于心地用功夫，不为人知，故言贼。老君言：“偷丹的贼又来也”金丹大道为修心之法，辅以丹法，故行者道：“我如今不干那样事了。”《西游记》所阐述的丹道修持的理法次第火候更接近道家南宗紫阳真人所传一脉，甚至在朱紫国一回中，紫阳真人直接出场，而《西游记》讲述的是唐朝玄奘取经的故事，而紫阳真人是宋朝道家南宗初祖，时间不契，由此推测《西游记》作者应该是道家南宗弟子，而非北宗重阳祖师全真一脉。老君：“我把还魂丹送你一丸罢。”功夫至此虚极之境，真主复出，则丹自成，故言送。行者道：“快把金丹拿出来，与我四六分分。”炼丹为命功，悟空为性功。命功占四成，性功占六成，这就是性命修持的权重比例。老君道；“送你一粒医活那皇帝，只算你的功果罢。”救助先天灵性复活全靠元神运用，故为行者功果。金丹对应的是先天灵性而非后天人身中的先天元神，故老君骂道："这泼猴若要咽下去就直接打杀了"行者言金丹："虚多实少。"金丹为虚无之中的先天一炁凝结之态，不落后天当然虚多实少。行者"将金丹噙在嗉袋里"，噙即擒，"嗉袋"，即以术代替，是明示金丹可以通过特定的技术方法而擒获，有些金丹的功效是可以通过特殊的法术来代替，这些又是另一门深奥的领域，此处不论。

行者"回到东观，早见那太阳星上"，此为阳气生发之象的描写。行者"将金丹安在那皇帝唇里，两手扳开牙齿，用一口清水，把金丹冲灌下肚"，正是紫阳真人所言"一颗金丹吞入腹，始知我命由我不由天"。"吞入口中"非虚写而是实际之景，修持者自证其境。"有半个时辰！只听他肚里呼呼的乱响"金丹对后天人身产生转化作用只在片响功夫。三藏道："自金丹入腹，却就肠鸣了，肠鸣乃血脉和动"，此真实状况直述，"只是元气尽绝"，是言国王的生命运化处于后天境界，代表先天境界的运化早已停止，"得个人度他一口气便好"，八戒为元精带有后天杂质，而行者为元神与代表先天灵性的国王性质相同，是一口清气，故唐僧不让八戒度气而让行者度气，是以元神引导气脉运化。"入咽喉，下重楼，转明堂，至丹田，从涌泉倒返泥垣宫。"元气全身周流，此境也是实景。修持者于虚空中擒得金丹点化己灵，则真主复生，自然复见身中元气周流的景象。后天人身的真主人复生，生命获得生机，这个重新显现的先天灵性，丹道中称为：阳神。国王翻身叫师父，金丹大道必须要有明师引导、点化、救助不可，师恩如重生之父母，修持者必须心怀感恩。行者让寺中和尚拜见国王，是明示阳神才是生命的真主人，也是修持者的真主人，故言，"乃汝之真主也"。国王换装僧衣，挑担是言此阳神刚刚复生仍需修持养护。行者道："和尚们不必远送，但恐官家有人知觉，泄漏我的事机，反为不美。"阳神复生此事机密要潜修秘炼不可声张。于修持者而言此刻要严格管控自己的五官六根，不可以运用此阳神之能，若起用神气必然泄露，神不凝气不聚，故反为不美。"快回去"，速速回光返照静养此神，救出坎中真阳即先天灵性，再以先天灵能金丹点化，阳神复生，至此"抽坎"之功完成。下一步便是消除后天习气，后天识神之用，即离卦中的阴爻，将此可阳爻入主其中，复归先天纯阳乾卦的过程，阳神才真正归正，真主登基，即乌鸡国国王夺回江山。

真国王来到殿前暗道："我的铜斗的江山，铁围的社稷，谁知被他阴占了。”江山指人身，社稷指人生，有谁知道自己的人身人生之真主人已被贬废了，被后天识神意识所侵占而不知。魔王叫文武官员捉拿和尚。行者用定身法定住，言后天识神是以动以乱来控制元神，而修持者当以静定对治。首先要身静心定。太子出来阻拦，明示降此识神魔王不可用急，要静观细察再下手。故魔王问师徒行程，是要修持者在后天意识层面明理、知程。行者称乌鸡国国王：“只因他年幼间曾走过西天，认得道路。”阳神为先天灵性，是本心的展现，故言去过灵山，说他年幼时去过，是从追溯源头说起。元神为沟通生命先天、后天的契合者，故言：“他的一节起落、根本，我尽知之。”前面行者是以理说服，转化后天神识的认知，明示修持者首先要明理。“魔王夺了宝刀，就驾云跑了”，是言针对后天识神再用戒忍之法使其远遁无法发生作用，“叫太子，下来拜父，皇后出来拜夫”，喻先恢复阳神主导之位，最后再剪除后天识神之魔患，这就是“填离”的过程和程序。作者向修持者依次明示，不可乱了顺序。行者与魔王争斗。行者道：“皇帝又许你做？”生命的真主是阳神，识神是辅助。如果识神主导生命，则导致生灵落入轮回之中。“还刁难我师父”，后天识神不知修持的重要性和意义故总是阻碍刁难修持，这明示了后天识神主导的两条弊端。魔王变作唐三藏，喻很多修持者只是貌似修持，形似而无实修，假借修持之样哄骗世人。八戒要唐僧念咒，喻修持就是修心，就是管理、调教、解脱这颗心，故言紧箍咒为“如来心苗上所发，传与观世音菩萨，又传与师父，再没人知道”，言此心咒源于佛性觉慧，于静观密察中行，唯有大愿的真修持者自然会念，假修持不知，必然不会念，故言“便再没有人知道”。一切灾难皆生于本心散乱，红尘万象便是心散所成，世间无人知此真相，更无从得知修心之重要，沉沦红尘无法解脱。

文殊菩萨代表大智慧，前来收伏青狮，表明先天落入后天，再由后天返先天。这个过程必须以大智慧明察照见，才能明白其间的根源。在后天返先天，抽坎填离的过程中更需要有大智慧来完成。修持者阳神复现，金丹凝结，真主归正后，自然会生发大智慧，所以文殊菩萨前来收伏青狮。后天识神意识乃至知识思维，也是大智慧在后天状态下的一种投射，故言青狮为佛旨差来。青狮为文殊菩萨坐骑，是言以本心智慧驾驭后天神识的智能。“乌鸡国王好善斋僧，佛差我来度他归西”，是言积德行善也可修成金身罗汉。国王将菩萨捆了困在水中，是言不知开发智慧，使智慧淹没在后天境界之中，必然导致先天灵性沉入后天境界，可见没有智慧的生命是不能解脱的。此二者的关系“一饮一啄，莫非前定”，此后天神识、意识无法与先天元精发生作用，故后宫娘娘“并未点污了身体，坏纲常伦理”，故为“骟了的狮子”。至此“填离”之功完成，金丹凝结真主复位。“菩萨放莲花罩定妖魔，坐在背上，踏祥光辞了行者”，喻先天智慧以清净无染之性驾驭后天智能，上下贯通，复归先天，故“回五台山，宝莲座下听谈经”喻后天识神不可灭，只要摆正位置就好。乌鸡国一关为抽坎填离之关，修持成果为金丹凝结，阳神复生之效。

第四十回

婴儿戏化禅心乱　猿马刀圭木母空

丹旨：上一回，通过的乌鸡国之关，为抽坎填离之功。修持者达到了金丹凝结、阳神复生的成果，但此阳神初显尚不成熟，故以婴儿喻之。金丹初凝使得阳神获得先天一炁的支持，其能量巨大，但未经过煅炼，难以控制，导致修持者气脉运行躁动，故师徒便来到了钻头号山火云洞。因对其认识和驾驭能力不足，无法驾驭导致阳神生妄，反成邪火。此不受控的邪火使得刚刚显象的婴儿即阳神反而呈现出魔相，故遇到了妖魔红孩儿。但婴儿的本质为先天灵性，故称圣婴大王。因此红孩儿是乌鸡国国王的躁动之相。红孩儿之难讲述的就是阳神显现后修持者必须面对问题和成因及过程，而解决方案就是“心猿木母共扶持”，这要在下回讲述。这一回，“婴儿戏化禅心乱，猿马刀圭木母空”，言阳神初显但未经煅炼必呈魔相，虽然金丹阳神为本心的一重表达，而代表本心的禅心依然会被扰乱，其祸更甚，故红孩儿法力强大，元神、元精、元气也随之落空。而本回篇尾词：“未炼婴儿邪火胜，心猿木母共扶持”已将火云洞、红孩儿一难的本质言明了。

兄弟三个辅佐乌鸡国国王重新上殿称孤，喻阳神显现之象。国王欲让位师徒，但师徒继续西行，喻修持者不可执着此境。枯松涧、火云洞、圣婴大王喻修持者虽然已经修正到真主复生，但代表身中先天一炁运化之境的中脉尚未贯通，先天炁还不能灌注后天人身，生命得不到滋养和转化，故以枯松涧之象喻之。金丹凝结带来的先天能量未经煅炼难以控制，能量生发之时，修持者会体验到会阴穴处有股力量以螺旋式向上钻动，故妖怪住钻头号山，此能量不受控制而妄动，即火云洞。婴儿喻阳神之初象，故洞中居住的是圣婴大王。但因心火妄动，圣婴大王变成了红孩儿这妖魔之象。他的三昧真火就是妄动之心支配的先天能量，故孙悟空也斗不过他。此妄心必然会消解修持大愿，故红孩儿编谎言骗唐僧。行者为返本还元的灵明觉察之性，当然可以明辨真假，必然要阻止妄动之心，故行者将红孩儿所变的小童摔死。但此法急躁，实质也是妄动之象，导致唐僧被妖魔摄走。没有了大愿的引领，元精、元神就失去了方向，故行者、八戒要散伙。幸亏沙僧苦劝，兄弟才又团结，喻真意对元精、元神的凝聚作用。行者向土地询问妖魔情况，喻修持者从自己当下之意入手，静观因果，才好解决修持过程中出现的各种问题，所以三兄弟寻到了妖魔洞府，即找到了问题关键之处。故本回丹旨为：初灵。

释意：兄弟三人送走了文殊菩萨，按下云头径至朝内，是由先天的乾阳之境返回到后天人事当中。黄门官报又有四个和尚来，八戒慌道："莫是妖精弄法，来与我们斗智？"可见狮魔代表着后天识神之智。填离即降此识神之智对生命的控制，恢复以先天阳神之慧为主导，不再斗智，要转智成慧。四个和尚送来"冲天冠、碧玉带、赭黄袍、无忧履"，此境与当年大圣在龙宫获得四海龙王所赠全身披挂一样，情节虽异但本质相同，都言阳神复生、金丹凝结、真主归位之象。生命有了真正的主导者，故乌鸡国国王重新上殿称孤。"孤"是指本体的统一性、永恒性、唯一性、整体性、绝对性，而阳神正是本心的生命性的表达。人间帝王自古称受命于天，也是言承此本体之天，顺应天性则法统就有了合法性。阳神遵天奉行则道统就有合理性。此理为天理天性，合之则生命永生长存。国王要唐僧师徒坐皇位，喻以此为修持终极成就。师徒不肯，是明示修持者虽然阳神复生，生命有了真主，但这只是起点，不可就此止步，要继续修持，不还本元誓不罢休。

三藏见前方险境便提醒提防，怕有邪物来侵，也是提醒修持者不可松懈，但也不可心生惊恐。故行者道："莫再多心。"心之迷昧为妄心，心之散乱为多心。此为祸患之根源，但修持者都是由多心到无心的过程。多心是必然的，消除的过程就是修持的过程，而这一过程全凭元神主导，故言："老孙自有防护。""师徒们正当悚惧"，喻心之动象，已经落入后天之境。虽然此刻的修持者已达阳神复生、金丹凝结的境界，但其能量依然会向后天转化，故"山凹里有一朵红云，直冒到九霄空内，结聚了一团火气"，此师徒心生悚惧导致的能量妄动之象。"山凹"即会阴穴，"红云、火气"即生发的先天能量向后天精气转化之象。“行者大惊”，喻元神随时觉察心神之变化。觉察就是对神气妄动的初步调伏，保此觉察就可以阻止先天能量向后天转化，故“红云散尽，火气全无”。但此精气妄动是因为阳神初显，尚未成熟，缺乏控制力，所以向后天转化是必然出现的现象。红孩儿之难的解除就是调伏阳神的过程。故妖精道：“哄得他心迷惑，待我在善内生机。”迷昧了本心就是妄心，即使修持到阳神复现这样的善境，若执着现象，贪恋神异，其心神必迷，也会产生危机魔难，导致前功尽弃，故“断然拿了”。“妖精变作七岁顽童，赤条条的身上无衣，将麻绳捆了手足，高吊在那松树梢头”，七岁喻一阳来复。顽童言阳神之弱而放纵顽劣。赤条条言阳气之象。身上无衣言阳神初现尚无所依靠。麻绳捆手足喻固有习气引出的麻烦束缚了阳神，不得解脱。“吊在松树枝头”，喻修持者执着松静之术而不知水火煅炼之法，盗取造化之机，此为阳神初显之状，故喊“救人”，即救此阳神之弱，若不救必转为妖魔。行者道：“莫管闲事，且走路”，只可觉察不可认他，是不管之管，是真救人。阳神初显会有很多神异和内景，修持者若执着于此，必然凶多吉少，故言：“脱得去，谢神明，切不可听他。”行者使“卯酉星法”是以神意引导左上右下的运行，是炼神之法，是调伏阳神之法而不再执着，故言：“教他两不见面。”消除了执着自然“把那怪物撇下”。妖魔道：“先把那有眼力的弄倒了，方才捉得唐僧。”元神是修持的主导，妖魔知他是关键，修持者更应知其重要。三藏担心身体受伤，行者更重视妖魔之害，二者分歧，三藏大怒要念紧箍咒，元神识神不合必生祸事。以意念运行勉强可以维持元神识神相合，故“沙僧苦劝”。在修持的过程中元神为主导，识神为辅助，二者必须相互配合默契，但识神因旧习总是要夺取主导权，篡取王位这就是祸根。识神主导则落入后天，必生灾祸。唐僧怪行者：“你看那树上吊的不是个人么？”“树”即术，识神执着于术而忘却了本心，自然认妖为人。识神兴盛元神必然受抑，故行者“低着头，再也不敢回言”。元神受到压制，妄心妖精自然猖狂，故“那妖魔越弄虚头”。妖精言家住“枯松涧”即中脉，枯松言其能量枯竭而没有生机，枯又同哭，言哭其所见到修持者因松懈、放纵而导致生命衰落的景象。“祖公公红百万”，本心为祖，心之色为红，百万言其广大无边，故祖公公红百万喻道体本心。“年老归世已久”，喻先天隐没已久。“红十万”，言后天人身中的元神。“人事奢侈，家私渐废”，喻后天生命消耗先天能量，“将金银借放希图利息”，将先天精气转化为后天名利，“那无藉之人”，即后天识神善此名利之事，希望以后天之物培补先天能量，养护性命。“本利无归”，顺行造化，精气能量消耗一去不返。“而借金银之人，身贫无计结成凶党”，后天识神欲望借灵生妄，夺取了生命的主导权。“明火执仗”，白天识神为明火，后天欲望兴盛主导即执仗。“白日杀上我门”，白天即识神主导之时。识神直到将生命消耗殆尽才会终止，故言“将我财帛尽情劫掳”。识神欲望猖狂，元神则遭废亡“把我父杀了”。母亲代表维持生命的元精，故“见我母亲有些颜色，拐将去做甚么压寨夫人。”识神以消耗先天带来的元精为根本。“母亲把我抱在怀里”，“我”为元神元精所生的阳神，阳神隐于元精之中，因有元精的养护，故识神不能杀阳神。后天识神可以通过各种法术的运用达到某些阳神的神奇功效，但本质还是消耗阳神渐至而亡，故言“将绳子吊在树上，只教冻死、饿死”。“冻死”即阳神妄动而死。“饿死”即得不到能量补充而死。妖精所述身世与江流儿遭遇一样，皆言生灵性命落难之程，明示天下人看清苦厄，及早脱难。故妖怪对唐僧言：“舍大慈悲救我一命回家”，所救之命皆自救己灵，修持者若明此理急早下手。若遇明师引导教诲，更要心存感恩，此为解脱轮回苦厄之恩，至恩难报，故言：“更不敢忘也。”“三藏闻言，认了真实”，是明白了此理。此阳神必由元精救护，故“教八戒解放绳索，救他下来”。行者忍不住喝道：“那泼物”，此小孩儿虽然本质是阳神但已落入后天，呈现出后天魔性故为妖精、为泼物。妖魔是以真化假，而且只有元神认得，故行者言：“有认得你的在这里。”“那怪心中害怕，就知大圣是个能人。”元神为正，妄心自然害怕。消除魔性要靠元神，故“暗将他放在心上”。八戒“使戒刀挑断绳索，放下怪来”，喻解除魔性要先行持戒之法。长老道：“孩儿你上马来，我带你去。”言大愿可以带领其通过持久专注的运行，即以修炼之法来完成转化，解除魔性。妖精非要行者背，是明示阳神魔性的消除必须由元神主导完成，故“那怪暗自欢喜”。行者背着妖精问道：“怎么这等骨头轻”，言阳神为虚空之体，非有形质。那怪道：“我七岁了”，一阳来复意。“我小时失乳”，言世人不知此神，有失养护，言此刻阳神虚弱易生虚火而成妄心邪神，故为妖精。行者将妖怪“抓过他来，摔在石头上，俱粉碎了”，喻要修持者破其魔相，但是魔性的转化要循序渐进不可操之过急，急则适得其反，这是修持的火候。急躁是修持者常犯的错误，故言“是无故伤生也”。行者急于除魔，反倒激起更大的魔性，故妖精弄风摄走了唐僧。沙僧说唐僧“是个灯草做的，想被一风卷去也”。在后天魔性面前大愿如灯草一般，弱不禁风，修持者当明此理，若仅以大愿为修持之全功，是不可能成功的。行者道：“我等自此就该散了。”阳神、大愿皆落入后天魔性之中，失去了目标，失去了理想，修持是无法继续的。元神退转，元精必散，故八戒随即同意。沙僧力劝，喻真意的合聚作用。妖精弄风摄唐僧，行者八戒要散伙，这是生命后天运行昏乱的表现。沙僧代表着生命向先天运行的诚净之意，修持者要于后天运行的散乱中保持着一点诚明清净之意，自然可以扭转运化的趋势，显现生机，故行者八戒听其言转变态度，兄弟同心救师父，即金木相并全凭真意土，三家再次相合，必然消除魔性，解救大愿，这是最基本的条件。

行者用金箍棒打出一伙穷神，是言此阳神魔性巨大，对生命机能、能量的消耗导致当下的灵明之意都失去了正常的功能。妖精住在“六百里钻头号山”，六百言纯阴坤卦即虚极之象，由此可以生出先天一炁，钻头喻先天能量于会阴穴处生发所产生的向身内钻动之象，这是中脉开通前的征兆。号山言其猖狂如号，喻其难以控制，总喻此阳神魔性猖狂之态。妖精住在“山中有一条涧，叫做枯松涧”，是言人身中脉，此脉为修持要脉，极其重要。结丹、结胎、脱胎、圣婴养护皆于此完成，但常人不知此脉而得不到培护，致使渐渐枯竭，散乱流失，故为枯松涧。通过乌鸡国之关，金丹凝结、阳神重生后，此脉自然现显而出，此妖就是由此中脉而生，故称圣婴大王。修持者之前不知养护，虽然此刻阳神复生，但其仍带有旧习即魔性。因为金丹凝结，但先天能量未经煅炼，难以控制，故妖怪住在火云洞，言其能量巨大而又无法管控。在人身为尾闾穴，此处为三昧真火生发的起点。火势初起，其势盛；阳神初显，其势弱。火盛神弱则成魔相，因不知驾驭导致魔王法力巨大，妖魔本质是心神之象故乳名为红孩儿。牛魔王是元神之魔相，故妖怪是“牛魔王的儿子”。罗刹女为元精之魔相，故妖怪为“罗刹女养的”。“曾在火焰山修行了三百年，炼成三昧真火。”“火焰山”喻修持者阳气生发周身火热之象，为后天精气充盈之象。在此基础之上才能见到中脉并感知到先天能量的生发，即在火焰山炼三昧真火。“三昧真火”则是中脉生发的先天能量之象。

孙悟空与牛魔王都是元神之象。孙悟空为一阳来复之象，牛魔王为至阳魔相，故孙悟空道："老孙生得小巧，故此把牛魔王称为大哥。"红孩儿为阳神之魔相，所以"妖精与老孙有亲"。"林中有一条涧，涧下有碧澄澄的活水飞流，那涧梢头有一座石板桥，通着那厢洞府"，此景与水帘洞之景很像，只差在"水帘洞"为铁板桥，而此洞为石板桥。"石"即识，可见此洞已是落入后天识神之境，明示修持者中脉之中所藏心神，为真神，但落入后天之境则为假为魔。八戒道："老猪没有坐性，我随你去罢"，喻元神元精相合才能炼成阳神。元神元精的运化要在虚极之境完成，故"沙僧将马匹行李俱潜在树林深处"，"树林"即术临，言修持是有许多密法，这些方法技术，很多是秘而不宣，有些是无法讲述的，只有实际修持者自知。在修持的时候必须保持专注、持久，故言"小心守护"，才能开启降魔、救护、转化功程。

第四十一回

心猿遭火败　木母被魔擒

丹旨： 上一回，唐僧被红孩儿摄走，喻阳神显现后因无法驾驭先天能量，导致阳神妄动成魔，阻碍了修持。随即行者八戒便要散伙，在沙僧的苦劝下重新团结，去救唐僧，喻以真意凝聚元神、元精，重启修持之功，克服妄心之害。这一回，讲述了阳神妄动对元神元精的危害。孙悟空被妖精的烟熏得暴躁，投入涧水中救火，反而昏了过去，喻后天五行运化混杂导致灵性躁乱，于是被后天精气所局限，丧失了灵明之性，只有元精才能挽救灵明之性，故八戒出手救助孙悟空才得以复生。八戒去请观音菩萨，喻以元精之能恢复觉察之能。但元精之能是被动机能，不能主动分辨真假，故被妖怪骗进山洞，喻元精的机能被妄心所用，因此只能由代表灵性觉醒的孙悟空进洞打探。故本回丹旨为：反戕。

释意： 篇首词阐述了本体之心原本是整体、圆满、灵明、唯一的，但是在后天境界本心产生了分别，自然呈现出散乱、昏昧的状态，此为魔性的本质。善恶、荣枯、晦明即分别之心，于是便有了五行生化。修持者应当保持心神湛然常寂，分别心将本体之心化作五行，五行生化如风必然寒凛。所谓心性修持不过全此一心不散而灵明觉慧。

大圣八戒来到妖洞前，有赞诗一首“真个也景致非凡”。《西游记》中所言洞府于丹道就是言各种玄窍。火云洞住的红孩儿为阳神之魔相。此洞为生神之玄窍，当然“景致非凡”。阳神为元神元精逆修所生，故妖精言：“这是孙行者与猪八戒，他却也会寻哩”，阳神为五行凝聚的结果，但阳神显现后依然循旧习，顺行五行必然呈现出魔性，故妖精推出“金木水火土五辆小车”，是言阳神顺五行之性，车言之运行，火尖枪喻心神妄动之态如火之锋芒。“那怪心中大怒”，火性一发五行听命，为火所用，即“五行顺行，法界火坑”。“往自家鼻子上捶了两拳”，言此火气皆由内发，起于自戕。丹道修持中“火”指神识的作用，后天的欲望称为欲火、相火，先天的神意为真火，三昧真火，故言“生生化化皆因火，火遍长空万物荣。妖邪久悟呼三昧，永镇西方第一名”。“妖怪口里喷火，鼻中冒烟”，是言阳神发动，先天后天混杂不净而妄动，故为邪火。元神不受此后天五行的侵害，灵明不昧，故“行者神通广大，捏着避火诀”，喻在五行昏乱的假象中寻找真心本性，故“撞入火中寻那妖怪”。文中这首赞火之诗是对神意大用的称赞，其本质是本心的灵明觉性，只有此觉性才能彻底转化后天五行复返先天。此觉性在不同层面表现不同，在后天为意识识神，其还元之性为元神，在先天为灵性为阳神，在道体本心为圆满觉慧，修持者就是要逐渐地消除枷锁，消除封闭性，展现出无限的开放性，圆满的觉慧自然而出。此火之用只在顺逆之间，瞬间转换则天壤之别，故逆修为丹道修持的最重要原则。这首诗极其重要，望读者详细参研。“行者被他烟火飞腾，不能寻怪，看不见他洞门前路径”，可见后天五行昏乱之害之甚，若置身其中很难辨明，故“行者抽身跳出火中”，修持者要学会出离，不执着于世事，便不会再被其所困，其火自熄，故“他见行者走了，却才收了火具”。妖精本质是先天灵性阳神，行者为先天元神，为同质，故言与妖精有亲。调伏阳神魔性还是要元神用功，八戒虽为先天元精但还是带有后天属性，所以八戒助战反倒为妖精提供了后天能量即性火，故妖精放火。所以行者道：“正是你不该来。”沙僧提出以水克火之计，但这还是落在后天五行生化之中。

行者去东洋大海借水。东洋大海为血海，是髓海、精海、气海之源，故东海龙王撞钟招来其他三个龙王，而四海龙王“个个欢从”，喻以后天能量之水灭除先天阳神妄动。修持者容易执着气感，故行者叮嘱“只怕雨大，莫湿了行李”，言不可忘失了修行之理。龙王之雨为后天能量，与八戒同类，效果相同，故言“原来龙王私雨只好泼得凡火”，此能量可以消除后天欲望欲火而对先天真火，阳神妄动无效，而先天阳神对其反倒有驾驭之能，故“龙王之水，好似火上浇油，越泼越灼”。“大圣钻入火中寻妖要打”，是欲在阳神魔性发作时阻止他。“那妖见他来到，将一口烟，劈脸喷来”，火为神识之动象，火越旺神越盛，故大圣不怕火，烟喻运化之中夹带杂质混浊而不清，烟越浓神越昏，故大圣怕烟。行者“熻得眼花雀乱，忍不住泪落如雨”。“大圣一身烟火”是言此刻神识运行混乱，故“炮燥难禁”，后天气质突然爆发，元神难以控制反被所伤，即“怎知被冷水一逼，弄得火气攻心，三魂出舍”。修持的过程不都是美好的体验，也有非常凶险的时候，俗语道：“走火入魔。”在阳神初显时就是非常凶险的时刻，阳神为先天灵性，能量巨大，但此刻修持者后天旧习尚未转化，两者结合就转化为巨大的魔性，此魔性可以将修持者的灵明觉性湮灭。修持者不可不知，要极其谨慎，作者慈悲于此处明确提示修持者。此刻不可操之过急，急火必攻心，要以静以缓，循序渐进地解决问题，故后面要请观音菩萨才能降妖。沙僧将急流中的行者抱上来，喻将被后天戕害而沉沦的元神以气脉运行之法救出。沙僧扯着行者的脚是要修持者脚踏实地地修持气脉功夫可以救元神，八戒扶着头是以元精养护元神，喻还精补脑。“八戒将两手搓热”，喻元精生发。“捂住他的七窍”，喻不使精气随七窍六根流出，要内守于身。“那行者被冷水逼了，气阻丹田。”元神被压制潜于丹田阳气之中。“幸得八戒按摸揉擦，须臾间，气透三关，转明堂冲开孔窍。”元神须得元精养护才能回生，故八戒笑道：“若不是老猪救你，已此了账了，还不谢我。”对于修持者还神必须以养精为先，精为体，此为丹道至理。禅法则大不同，若只一味守空、悟空，不知护体养体，是不可能成就解脱的。

兄弟三个“一同到松林之下坐定”，言修持者要难事缓办，身心放松，定神顺气才能生出智慧，解决问题，故沙僧道：“且休烦恼，我们早安计策。”元神刚刚恢复，心神疲弱，故行者道：“驾不起筋斗云，请不到菩萨，八戒去请菩萨。”修持者只有元精充盈了才能真正安静下来，开启静观密察之功，故行者道：“你是去得，切休仰视，只可低头礼拜，等他问时，你却将地名、妖名说与他，再请救师父之事。”此处明示了静观密察之功的方法和火候。“休仰视，只低头”，喻不主观作意，回光返照，以心问心。“等他问时”灵明觉照生起之时，以此之慧，觉察当下问题，解决方案自然而出，即“他若肯来，定取擒了怪物。”妖精道：“这一阵虽不得他死，好道也发个大昏。”修持者最怕昏昧，人生的苦难就源于昏昧。阳神元神为一体，这边行者欲请菩萨，故那边妖精便知，故妖精道：“只怕他又请救兵。”妖精叫道：“把我那皮袋寻出来”，喻指人身之皮囊，阳神为先天灵性，为身外之身，人身为后天之身，故言：“多时不用，放在二门之下。”二门即元神元精。“等我把八戒赚将回来装于袋内，蒸得稀烂，犒劳你们”，喻将元精彻底转化为后天精血。“妖精有一个如意皮袋”，此意即后天意识，皮袋即后天人身。妖精变作“假观世音”，假皆由真变化而来，只在能否明辨，而此辨皆系于神识之明。八戒为元精为基础能量，所以他听从行者支配，也听妖精支配，修持者不可只知炼精炼气而忽视了炼神。精气都听从神识调遣，所以神识的正邪、先后、顺逆就非常重要，其决定了精气的走向。八戒被擒装入袋内喻元精困于身中不能升华，只能等待向后天精血转化，被妖精所吃，生命又开启了消耗模式。“猪八戒，你有甚么手段，就敢保唐僧取经？”元精自然没有分辨能力，修持者必须要保持灵明觉察，认清明辨哪个是圣婴，哪个是妖精，故言：“你睁大着两个眼睛，还不认得我是圣婴大王。”才好下手降魔。“行者闻到一阵腥风”，言八戒被擒是元精向后天转化，变成后天精血故为腥风。“想是八戒走错路也”，由逆返还元之路，变成顺行道化之路。行者在妖洞门口，因八戒被擒，元神失去了元精的支持，故“行者果然疲倦，不敢相迎”。行者变作“销金包袱，包袱内装的是僧衣僧帽。”僧衣喻僧人所皈依的修持至理，欲消除阳神魔性要从明理入手，销金即清除阳神之魔性，包袱代表修持理法。小妖将包袱背进去，是言改变要从细微之处下手，从改正小错误小缺点开始。故行者道：“好了，这个销金包袱背着了”，明其理践其行，便是好了。猴毛变包袱是言修持之理皆由本体真心精微变化而来。行者“变作一个苍蝇，叮在门板上”，苍蝇而婴儿，阳神调伏的关键是元精的作用，故行者在门上听八戒骂妖精。骂的是妖精捉八戒，是向后天转化之路，是错路。

妖王叫“六健将”请牛魔王来吃唐僧肉。阳神入后天生出魔性，八戒被捉元精受困于身，也要向后天转化，此刻后天意识的六根六识便强健起来，即六健将。“云里雾，雾里云”言昏昧之态，“急如火，快如风”言躁动之象，“兴烘掀，掀烘兴”言杂乱之态，这三种状态也是常人的生命常态。这样的状态必然造就出更大的魔王，故由他们六个去请老大王牛魔王。

第四十二回
大圣殷勤拜南海　观音慈善缚红孩

丹旨：上一回，讲述了阳神妄动对元神、元精造成的伤害。孙悟空昏死，喻后天运化导致元神失去了灵明觉性。幸得八戒救护，行者才得以苏醒，喻元神之灵觉还要依靠元精的支持与维护。但元精之能不能代替灵明觉性，故八戒代替行者去请观音途中反被妖怪骗捉进妖洞，喻元精被妄心调动消耗。明示觉察修持的状态变化，前后因果，对治策略还是要由修持者的灵明觉性来完成，故孙悟空进洞探听情况。这一回，孙悟空变作牛魔王进洞与红孩儿的对话明示了通过明理扭转发展趋势，通过明辨正邪而知本心，通过行善积德而静待阳生，这些是前期准备所要完成的修持内容。但修持者若不知道火候次第，依然无法修持，故妖怪向孙悟空问自己的生辰，行者不知，便被识破，只能逃出妖洞。因此修持者通过静观密察，知因果，定对策，故行者请观音菩萨降伏红孩儿。观音以天罡刀制伏妖怪，喻以先天灵能之力降伏先天灵性妄动。又将金箍戴在红孩儿头上，喻使此先天灵性不可躁动妄为，要一意还元，故将妖怪收为善财童子，一步一步拜向普陀山。至此金紧禁三个箍对治精气神三者之功完成。表明修持者现在具备了调控三者的能力，之后便可以启动对命炁的转化还元工程了。故本回丹旨为：金箍。

释意：六健将去请牛魔王。牛魔王为元神魔相，故行者道："我老孙当年与他相会，真个意合情投，交游甚厚。"但因其为元神之魔相，故言："我归正道，他还是邪魔。"所谓正邪全在见地上分辨，在运行的趋势、模式上定夺。行者归入佛门是以佛之正见指导元神正行，最终才能获得正果。修持者不树立正见，只以元神的神通异能为重为本，则仍为邪魔。上回行者变销金包袱喻要先从明理入手，潜移默化。半路上行者变牛魔王哄骗六健将，是言阻止妄心之态，要从后天根识入手，渐行转化。变牛魔王是顺其所欲，假中藏真，借假化真。红孩儿与牛魔王对话是提示修持者辨明正邪，树立正见。妖精是顺行造化，以消耗生命为能，是邪见邪魔，故自称“愚男”。假牛魔王夸孙行者神通广大，变化多端，是要修持者认得道心之妙。假牛魔王称要做善事持雷斋，故不吃唐僧肉。行者进入洞中虽显牛魔王假象，但却内含真相，为震卦之象，两个震卦相叠代表内外皆有阳生之机，故持雷斋，为静待阳生之意，这对于丹道修持非常重要，在功态中也有特殊的内景。在生命的运行状态方面积德行善既是基础条件，也是运行模式改变的体现。做善事即性功，持雷斋即命功。阳复生之时要静心以待，故“一则当斋，二来酉不会客”，言静待微阳复生，专心致志不使外邪干扰。红孩儿道：“想当初作恶多端，这三四日斋戒，那里就积得过来？”言顺行造化的模式运行已久，积习日深，不可能通过世间有为之法扭转过来。做善事，持雷斋，只可做前期准备，非解脱之法，故言：“此言有假，可疑了。”前者变包袱喻理明，阻六健将为扭转状态，夸行者是辨明正邪明本心，做善事是积德，持雷斋是静待阳生。这一系列明示了修持的次第，但修持者还需要明白火候，才能把握修持，故妖精向假牛魔王问自己的生辰，是要修持者明白阳神妄动产生的原因与火候。行者不知火候，故不能降妖。自然无法消除妄火之害，故行者化道金光逃出洞府。行者回到涧边见沙僧笑道：“虽不曾救师父，老孙却得个上风来”，言顺行造化的趋势被扭转。沙僧道：“你便图这般小便宜，恐师父性命难保。”明示修持者不可略有所获便知足，而不肯深入，不达根本如何救得大愿重新上路。经过前期的系列转化功程元神恢复，故行者道：“我不疼了，人逢喜事精神爽。”行者为心主喜，为喜神，精神爽即元神旺。修持者在日常生活中要经常保持精神的旺盛与喜悦，这既是炼心的方法，也是修证的境界。一个整日愁眉不展、心胸狭隘，争名夺利之人是谈不上修证境界的。沙僧道：“你置下仇了，恐他害我师父，你须快去快来。”此阳生之时转瞬即逝，故言：“快去。”修持者要及早下手，不要迟疑，快速将其捕捉，巩固下来，故言“快来”。此言修持火候。而修持之法则要行持静观密察之法，故行者去请观言菩萨。

行者：“在那半空里，那消半个时辰，望见普陀山景。”喻修持者将身心状态调整到清虚之境，而生觉察之能，这个过程大约需要一小时，无论是单次练功还是修持总量，保证充足的时间是最基本的要求。菩萨问：“你不领金蝉子西方取经去，却来此何干？”此刻修持者已逆返至先天境界，故此刻菩萨以唐僧的先天之名“金蝉子”称呼。菩萨道：“既他是三昧火，神通广大，怎么去请龙王，不来请我？”妖精为妄心燥火，是因为不能觉察后天旧习杂染所导致，只有一心清净，神明内照，性情和平，才能降此燥火魔性。菩萨大怒：“那泼妖敢变我的模样”，妄心躁动替代了清净法身可见其猖狂，故骂其为“泼妖”。此躁动已伤本心清净，故菩萨大怒“将净瓶往海心里扑的一掼，这净瓶一时间转过三江五湖，八海四渎。”是言在气脉运行的过程中保持清净之心最终提取清净真意，即甘露水浆。此为清净制躁动之因，心净无染，性情和平是调神的标准。故行者道：“早知送了我老孙，却不是一件大人事？”修持者若明“净瓶”真义，勤而奉行是为调神大事，故行者想要此净瓶。乌龟驮着净平中的真意，上岸拜菩萨。乌龟言人之性欲，此欲最难清净平和，驮净瓶上岸是言此性已经调伏清净。拜菩萨是已知逆返远元而不再顺行造化成为燥火凡精。行者暗笑道：“原来是看瓶的，想是不见瓶，就问他要。”其中暗意不好明言，知者自然暗中欢笑。情性是否平和清净于此处观察即可，若见不平不净就要于此处下功夫，恢复净瓶，寻回净平真意。行者拿不动净瓶是言元神易动很难平净，神为心之动象，若不能达到性净欲平是不可能降妖的，而妖的本质就是性杂欲躁，所谓降妖即调已心至净平。菩萨道：“常时是个空瓶”言本心真空。“如今抛下海去，转过三江五湖，共借了一海水在里面”，是言真空含妙有，以真意运之。行者尚未达到此境界，故言：“你那里有架海的斤量，此所以拿不动也。”菩萨右手提瓶左手托，喻一阴一阳谓之道。“我这瓶中甘露水浆”即性净欲平之时体现出的清净真意，故可以灭妖精的三昧火，即阳神之魔性。善财龙女为先天灵能，行者为后天人身中的先天元神，两者同去必然交媾相合，向后天转化，故菩萨担心要想办法阻止这个趋势产生，故要行者“留些甚么东西作当”。行者道：“我弟子自秉沙门，一向不干那事了。”有了正见，扭转了趋势，上了正途就不会再向后天转化了，自然不干那事了。行者要以紧箍为当，是言心空是根本，只有心空才能破除一切魔障，故菩萨道：“你好自在啊！”此心空之境就是大自在。菩萨要行者脑后毫毛作当，行者不肯，喻修持者要保此虚空本心，哪怕只损一毛也不肯为也。一毛之毫也是打破了虚空本心，即“就拆破群了”。本心一破，性命难保，故言：“不能救我性命。”菩萨道：“你便一毛也不拔。”喻修持者要全此本心，要行无为之法。“教我这善财也难舍”，修持者应当如何修持。“不看僧而看佛面”，树立佛之正见，以此来指导引领修持就是解决的根本之道，只要修持者遵循此道，菩萨自会喜下莲台，获得菩萨的智慧法力而降伏妖魔。既然明了心空之理，自然“孙大圣，十分欢喜”。菩萨让悟空先行，行者怕露了身体，喻担心执着于有形有为，反倒不敢作为。菩萨取莲花瓣为法船渡行者过海，莲花喻清净不染，只要修持者保持清净之心不执着，无论有为无为都不受局限，任运自如。瓣即办法，此法全凭神意用功，故行者笑道：“把老孙这等呼来喝去，全不费力。”

木叉上天借天罡刀三十六把。木叉喻元精能量生发之能，故能借三十六把天罡刀，就如同八戒的三十六变，是以元精引发求取先天灵能。“刀化作座千叶莲花”，先天灵能是承载之体，扬善时为千叶莲台，惩恶时为天罡之刀。菩萨端坐莲台喻以清净之观驾驭先天灵能。净瓶中的甘露代表着清净真意。菩萨收伏妖精，要一丝尘念不生，一点杂念不起，这是真意运用，故菩萨要山神土地将“三百里远近地方，不许一个生灵在地”，真意运，燥火消，因此后面妖精便不再弄火，阳神之躁动之火已被清净真意所灭。菩萨在行者手中写了“迷”字，以此引妖精过来。我们都是因为迷昧了本心才落入红尘而随波逐流，无有出期，但更为可悲的是我们身处迷中而不觉，反而认假为真以苦为乐，所以修持者首先要醒悟自己身在迷中，知迷才能破迷。故行者放了手，显出“迷”字，提示妖精其在迷中。妖精见到迷字“只情追赶”，修持者知迷必会深入追问，最终会见到自己心中的菩萨。元神之用便回归到静观密察的状态中，展现出清净智慧，故行者“将身一幌，藏在那菩萨的神光影里”。阳神因其魔性不能生起清净智慧，故认不得菩萨，问道：“你是猴子请来的救兵吗？”妖精坐上莲台是先天灵性自然与先天灵能相合。因其魔性故先天灵能化作钢刀刺入妖精身中，是灵能制约灵性，真铅制真汞。为了强化还需后天身中的元精持续逆修升华为先天灵能，故菩萨让木叉“使降妖杵把刀柄儿打打去来，那木叉按下云头，将降魔杵如筑墙一般，筑了有千百余下”，喻先天灵能克制住先天灵性，故妖精“再不敢恃恶，愿入法门戒行也”。阳神初现后也需要正见、正行才能获得正果，不然就是个神通广大的妖魔。许多丹道修持者炼成金丹阳神显现后，以为修持之功完毕，此为大错，严格讲只有到了此刻才是真正开启丹道修持。菩萨要红孩儿做“善财童子”与“善财龙女”为一对阴阳。童子代表先天灵性，龙女代表先天灵能。“善财”言此二者为可达至善之材，善用二材，逆返还元，可达道体本心。先天灵性虽已收伏，但“那童子野性不定”，还需调教。一则运用纯熟要经过系统训练，二则退去后天杂染旧习也需要一个过程，故菩萨给他戴上“金箍儿”，金即阳神，是调服阳神的运化之意。本质是对阳神的运行运化进行规范和驾驭，使其不可躁动妄为，要一意还元，相当于将金箍戴在了沙悟净的头上。至此三个箍分别戴在了悟空、悟能、悟净头上，表明修持者对精气神有了调控驾驭之能，之后才具有了对命炁的转化能力。菩萨将金箍变作五个，捆住妖怪手脚，一步一步拜到普陀山。喻以一心统五行，五行归一心，由散乱而凝聚，除去后天杂染，逐渐消除魔性。

第四十三回

黑河妖孽擒僧去　西洋龙子捉鼍回

丹旨：上一回，观音菩萨用天罡刀制服了红孩儿，喻以先天灵能之力制伏先天灵性的妄动，用金箍束缚住红孩儿，喻对阳神运行的调伏。至此心神抟炼的基础之功完成了。但是心神妄动昏昧的原因还是因能量不足或不匹配所致，修持者若只从性功入手调伏，是无法持久永固的，因此还需要以命功修持固本。金紧禁三箍喻对精气神三者的调伏，由此基础修持者便可以开启命气炼化之功了。命气转化大致分为洗髓、通督、开中脉三个阶段，对应后面的情节是，黑水河、车迟国、通天河三难。这一回，黑水河擒妖即洗髓之功。黑水河喻后天人身中的督脉，西洋海即脊中髓海。鼍龙抢占了水府，喻后天脊髓中的精血杂染了督脉，故为妖。实质还是修持者对后天人身的执着之象。当修持者能够体验到督脉的存在时，即师徒见到黑水河原本河神，自然就知道鼍龙的来历，也就知道如何去除此害了。故孙悟空来到西洋海龙王处问罪。西洋龙子摩昂擒回鼍妖，喻以后天气血运行净化脊髓，此为洗髓之功，这是后面贯通督脉的基础。故本回丹旨为：洗髓。

释意：观音用“金箍”束缚住妖怪，是对初显阳神进行调教管制，这样才能使此阳神稳定，逐渐退去因后天习性杂染而导致的魔性，使其渐渐成长，故行者道：“菩萨恐你养不大，与你戴个颈圈镯头”。菩萨降妖所用法力被称为“观音扭”，即观察心神躁动，妄想生起的原因是降妖，调伏心性神意的关键枢纽，此法又称观心之法。此法修持要求修持者在日常生活中时时、处处观察心神的状态，须臾不可废。因为我们的心神妄动，即妖怪“野心不定，等我教他一步一拜”，直到我们脱落所有后天的局限性带给我们的枷锁，归复先天无限性才能不用此法。心神与道体本心浑然一体，再无分别散乱之患，自然而然无须此法，故言："只拜到落伽山，方才收法。"阳神通过静观密察之法见到了清净法身，有了正见，以"观音扭"之法遵奉正行，便是"妖精早归了正果"。

"沙僧久坐林间"，是言真意默默运行，持续不断。"将行李捎在马上"，喻依据修行之理法专注而持久的运行。"一只手执着降妖宝杖一只手牵着缰绳"喻遵行理法修持就有了保障，真意是驾驭专注而持久地运行的关键。"出松林向南观看"即观察心神的变化，自然可以"只见行者欣喜而来"。降伏妖魔都是在真意默默运行之时完成的，故行者言："你还做梦哩，老孙已请了菩萨，降了妖怪。"不知此理，不依此法，降妖除魔就是做梦。魔性既除大愿复生，元精得救，行者"教沙僧将洞内宝物收了，且寻米粮，安排斋饭，管待了师父"，喻先天境界涵养阳神，巩固大愿都要依靠先天真意默运。对红孩儿的降伏是对心神状态与运行的调控和驾驭，然而心神魔性呈现的根本还是心神体性的清浊所导致的，所以本回将收伏红孩儿和降伏鼍妖合写在一回，作者用意十分明确，即阳神的调伏要从两方面入手：一心神的状态，二心神的体性。状态调伏是由躁入静，体性调伏，由浊变清，不可偏废。

师徒"行径一个多月"，是言对阳神的调伏要经过由盈至亏，再由亏至盈的周流圆满成熟的过程，如同一月之象，代表着阳神状态的调伏纯熟了。但阳神妄动的根本原因尚未解除，故修持者将进入下一个调伏体性的阶段，首先要解决清浊问题，于丹道即洗髓之功，故言"一个多月"。因此唐僧便"听得水声振耳"，水在丹道中喻指能量，因其展现的层面不同有着浊精、凡精、元精、灵能之别。"水声振耳"，则说明是肾水即先天灵能在产生作用，被心神感知到了。前面对先天灵性因后天习性的杂染而导致的魔性已被降伏，下面将对先天灵能的浑浊做澄清。因为后天旧习的杂染导致阳神妄心躁动，这是状态层面的原因，但更加本质的原因则是体性的清浊，也就是先天灵能的先天性质不清净、不纯净，这才是根本原因，所以修持者在完成了对先天灵性在状态层面的调伏之后就必须对先天灵能在体性层面而去进行去浊还清的工作。

行者道："你这老师父，也忒多疑，做不得和尚。"心净自然无虑，多疑是能量混杂导致心神不稳的表现，故"偏你听见什么水声"，这也是丹道非常重视气脉、炁、能量的净化转化的根本原因。心神是用，精炁是体，二者同出而异名，修持者不可偏废。行者为唐僧讲述《心经》，“无眼耳鼻舌身意之祛退六贼”之法，修持者被这后天六根六识封闭在一个局限的世界里，自然见不到无限开放、圆融觉慧的本心。解决的办法就是关闭六根六识的作用，这是从现象层面提出的解决方案，其本质是要修持者打破、超越感知器官带给我们的封闭性，停止感官作用，不执着于它，不被它牵引，不被它奴役，逐渐的就能进入到无限开放的状态中。整体地去感受一切，慢慢地就可以见到道体本心了。唐僧道:“何时满足三三行，得取如来妙法文”言修持者总是把修持重点放在远处的某一个目标上，而生出期待导致焦虑，这样的认知是错误的。修持即在当下，在当下的改变转化之中，不在远方也不在未来，时间与空间是封闭性的产物，无限的开放性中，时间空间是不存在的，故行者道:“功到自然成”，沙僧道:“且只捱肩磨担，终须有日成功”。师徒“见前面有一道黑水滔天，不能前进”，心神调伏之后，自然会觉察到心体之混杂浑浊。修持者在心性状态方面用功调伏者多，见心神妄动易，但见心体浑浊者少。黑水河即人身督脉，因受后天精血杂染，故呈现出黑水浑浊之态。丹道对命炁的转化功程分为洗髓、通督、开中脉三个阶段。这一回黑水河捉怪即洗髓，本质是消除督脉中命炁的后天属性。通督即车迟国，本质是解决督脉命炁运行通畅问题。开中脉即通天河，本质是命炁复归先天之境。督脉属于后天之境，中脉属于先天之境，只有中脉开通了，先天灵能才能入身涵养先天灵性阳神，心神才能大定而结胎，所以后面是纯粹的命功修持。故文中描写黑水河诗最后一句才有“谁见西方黑水河”的感叹。这与修持方法理念有关，而丹道修持讲究性命双修，所以降伏了红孩儿之后立刻讲述降伏黑水河怪。

三藏道:“着那个驮我过去”，表明还未认识到心体浑浊之害，欲以心神之能回避问题。元精为心体的一层表现，故行者道:“八戒驮得”，是提出以元精之能跨越督脉浑浊的问题。后天人身有形有质，先天元神真意无法直接调动，故行者沙僧不能背。八戒为心体元精，虽可以背三藏但其带有后天属性依然不可能解决先天灵能混浊的问题，而且还会因此向后天转化，故八戒言:“若驮着负水，转连我坠下水去了”。师徒在河边:“只见那上溜头，有一人棹下一只小船儿来”。“上溜头”，言其由本源而来，“我不是渡船如何渡人？”明示督脉运行不是返本还元之船，不能渡化修持者。“即船儿原来是一段木头刻的”。“一段”，其本质是先天一炁，“木头”，言其生机，“中间只有一个舱口”，原来一气中间断开，变为阴爻，是一分为二之象，由原本一体分裂为阴阳二元境界，喻先天落入后天，故言：“只好坐下两个人”，元精即阴爻表象。故“八戒使心术”，和唐僧先乘船过河，阴阳相交而生万象。上船即落入后天，故唐僧八戒被阴阳运化之风卷入混浊的后天水流之中。沙僧下水救唐僧八戒，喻以运化之功解救大愿、元精。沙僧问：“这水与流沙河比我那如何？”流沙河、黑水河、通天河、子母河都有着各自含义。唐僧黑水河蒙难是因为督脉被后天精血杂浊所致，非运化之因，故行者道：“这水色不正，恐你不能去。”流沙河是指运化过程中夹杂太多，喻运化状态，不是水质问题。黑水河是水质混浊杂染问题，喻体性即物质属性问题。“衡阳峪黑水河神府”，先天灵能投射在人身的表现就是督脉中运行的先天精气，黑水河就是喻指受到髓中后天凡精杂染的督脉之象，督脉为人身总督之脉，阳气生发汇聚之处，故名“衡阳峪”，衡即恒。“黑水”，即北方肾水脉中运行的能量，常人督脉中运行的不仅有先天之气，同时还有后天水谷精气，两者相杂混浊，修持者要除去后天浊气，使督脉中运行的都是纯净的先天之气，才能从根本上保证心神安定。前面收伏的红孩儿才能去除燥火妄动，变为清净圣婴，修成正果即归入“神府”，这就是黑水河一难的含义。

妖精手提“一根竹节钢鞭”，喻指脊柱，但因有竹节，喻其运行不通。脊髓之中运行着后天的精血，髓为人身最重要的主体，一切后天生命之所以存在及运化都源于它，但其为原始生命的主体主导，故对其中运行的后天精血之能以鼍龙喻之。后天精华之总督在髓，后天中的先天精华之总督在督脉，先天精华在人身中的投射之总督为中脉，修持者要通过后天运化之功，使督脉中精气运行运化由混浊变为纯净，不让后天精血杂染督脉中的先天能量精华，这段功夫丹道称之为洗髓。妖精鼍龙代表着脊髓中的精血，沙僧代表着逆返先天的运行真意。二者争斗，沙僧道：“这怪物是我的对手，枉自不能取胜”言依靠气脉运行无法转化此后天之精，欲以先天元神完成转化，故“引他出去，教师兄打他”，后天精血供养脊髓，只在后天境界中，无法见到先天元神，故妖精道：“你去罢，我不与你斗了。”

黑水河内真神上岸，边拜见行者、沙僧，河神是督脉中运行的先天灵性元神，与行者相同，故可以拜见代表返本还元的元神真意，求救即脱离后天困境。讲述了河府被占的原因，妖精“从西洋海趁大潮来于此处”，西洋海喻脊髓精海。后天水谷精华转化为后天精华之气存于此处，人出生后逐渐开始以水谷精华滋养后天人身，滋养脊髓，所生出的后天神识，妖精就代表着后天水谷精华机能，即西海鼍龙。随着年龄的增长，人越来越依靠后天水谷精华供养，先天能量消耗变弱，故言“趁大潮”而来。代表督脉之灵的河神道：“就与小神交斗，奈我年迈身衰，敌不过他，把我坐的那衡阳峪黑水河神府，就占夺去住了”，西海龙王为后天人身消化吸收的机能，由它来直接供养后天脊髓是必“不准我的状子，教我让与他住”。玉帝为后天神识所有机能的总汇，总体体现，神格化。黑水河河神虽为督脉之灵，但其在后天人身中非常微弱，故言：“我欲启奏上天，奈何神微职小不能得见玉帝。”这就是后天人身中潜藏的先天灵性与后天机能和神识的关系。只有元神可以救脱此难，实为自救，故河神“特来参拜、投生”。

妖精下请柬请西海龙王吃唐僧肉，喻以后天饮食之欲替代修持大愿。西海龙王道：“着他在黑水河养性修真”喻以水谷之精进入督脉之中涵养先天灵性，但水谷之精只能涵养后天神识，故只能进入髓中，进入督脉则先天后天混杂浑浊，其效果如同作妖。而先天大愿和元精被染浊，必然落入后天，因此蒙难。西海龙王赔罪，行者道：“龙王再勿多心，既讲开，饶了你便罢，又何须办酒？”饮食之欲是后天人身生存的必然，故行者饶了龙王。行者道：“只该怪那厮年幼无知，你也不甚知情。”年幼喻水谷之精的精微，混杂进入督脉非有意为之，故言无知。饮食之欲只是后天生命机能本能而已，故为不知情。太子摩昂，摩即莫，昂即旺盛之意。太子为饮食之欲所生出的后天运化之意，故龙王派太子摩昂去捉妖精，喻示后天水谷精华不可太盛，混浊了督脉中的先天元精。捉妖即以后天之意运化水谷精华，然后培补后天人身即擒获后押回西海。修持者饮食要清淡少食，并配合导引和气脉运行之法，运行后天水谷之精，培补后天身体。在特定时期还要以辟谷之法清地平基。食厚则气浊，气浊则神昏。身动则气行，气行则精化，精化则气生，气生则神明。行者道：“贤太子，好生捉怪，我上岸去也”，喻后天之精还要以后天之意转化，先天元神静待即可。摩昂捉住鼍龙，带回西海，喻以后天精华培补后天人身。

行者救出八戒，八戒骂道："泼邪畜，你如今不吃我了？"言后天精血无法再杂染混浊督脉、侵蚀元精了。妖怪本名为洁，可见将其擒回是还督脉中运行的洁净之气。后天浊精被清理，先天元精不再向后天转化，气脉不再向后天运行，即下流撤干。河神复得水府，喻先天灵性得以蓄养而归位，即阻住上流。师徒自然可以通过而继续前行了。洗髓之功完成，接下来便是通督功程，即车迟国之难。

第四十四回

法身元运逢车力　心正妖邪度脊关

丹旨：上一回，鼍龙抢占了黑水河府，喻后天精血对督脉的杂染，导致修持大愿难行，故鼍龙在黑水河擒唐僧。孙悟空到西海龙王处问罪，喻明察此害源于髓之精血。太子摩昂将鼍龙捉回西海，喻以后天运化之功转化后天精血，达到髓清督净之效，此为洗髓之功，为通督打下基础。这一回，唐僧师徒来到车迟国，见到和尚在夹脊关拽车无力难以过关，喻督脉运行迟滞。孙悟空将车子拽过夹脊关并摔得粉碎，喻通督还是要以元神之力完成，后天神识与后天精气对通此关不堪一用。孙悟空打死两个道士，喻除邪见。毫毛变作众生的守护神，喻元神灵机应变。来到智渊寺，喻修持者落入后天智识之境如同落入深渊，急等救助，故寺中和尚言："等你来了才得性命。"夜间兄弟三个来到了三清观偷吃贡品并将塑像扔进茅坑，是要修持者不可执着假象，要以供养精气神为真。此明示只修性导致命炁难通，生命得不到实效，只修命易生执着导致出妖魔。两者独修都终将导致性命不保，督脉之修也要去除执着。

红孩儿、黑水河妖二难过后阳神静定，髓清督净。真气由尾闾生腾，至此因后天旧习所导致的阳神魔性和后天浊气所导致的督脉浑浊问题都得到了清理，达到了神清脉净，此丹道洗髓之功效。神定丹凝之后，修持者面临的就是解决运化问题。在后天层面生命运化运行体现为血脉、经脉的周流，而在先天层面则体现在中脉之中先天一炁的运行运化，但中脉的开通必须以后天身中督脉的通畅为基础，因此修持者先要解决的就是通督，故车迟国即讲述了通督的功程。从本回开始修持的整体进程便进入到通脉阶段。故本回丹旨为：督滞。

释意：开篇对早春天气的描写，喻真气生发，神明气净，通过尾闾延督脉上行之态，故言："三阳运转，万物生辉。"此刻真气充盈，势头正猛，故言："忽听得一声吆喝，好便似千万人呐喊之声。"行者观看，"远见一座城池，又近觑倒也祥光隐隐，不见甚么凶气纷纷"。车迟国为通督之关，在丹道中非常重要，所以祥光隐隐，故行者道："好去处！"通督第一关是尾闾关，现已通过。第二关就是夹脊关，此关难过，需要强力，故听到齐喊："大力王菩萨，惊动了唐僧"，是提醒修持者要重视此关。不修持气脉转化功夫的和尚们，身中气脉运行的精气杂浊不纯，故行者见"车子装的都是砖瓦木植土坯之类"，这些后天杂质对于丹道修持毫无用处。"滩头上坡板最高又有一道夹脊小路，两座大关"，即夹脊关和玉枕关。"夹脊"，即后天身中的先天督脉的夹脊穴处，因其细小微弱，故言"小路"。"关下之路都是直立壁陡之崖"，喻后背脊督直立之态。"那车儿怎么拽得上去"，言里面装的都是先天后天混杂的精气，很难在督脉中运行。"上去"，即精气入脑，目的是滋养刚刚显现的阳神，阳神所需能量必须是纯净的先天真气，而车中的却是浑浊杂染的精气，即运不上去，运上去也无用。"虽是天色和暖"，虽然真气已经生发，"那些人却也衣衫褴褛"，喻神意都没有得到真气的滋养，更无力驾驭真气。行者道："我曾听得人言，西方路上有个敬道灭僧之处，断乎此间是也。"在修持的过程中有许多气脉运行和转化的非常关键处，必须通过道家的有为之法才能解决，通督之关就是如此，即敬道。灭除因只修心性带来的问题即灭僧。因此车迟国君王好道爱贤。"车"言其乘载之能，"迟"即迟缓，言真气运行，喻督脉运行迟慢。三位国师"虎力、鹿力、羊力"是言通过尾闾、夹脊、玉枕三关时候的状态、火候，丹道也称"牛车、鹿车、羊车"。国师以"虎鹿羊"动物言之，是明示此力只是能量的作用，没有正知正见，修持者若执着此力此能便是偏见邪见应当破除，因此后面行者以正见正法破除假象。关口三个监管道士言："三位师父有夺天地造化之能。"所言不虚，此刻真气生发身内运行就是逆行造化，显现出许多神奇异能，真正通督的修持者会有许多神通出现。修持者若能达此，已经是世间罕见，故行者道："这皇帝十分造化"但正因此异能却最能扰动后天神识意识。后天神识喜好神异，这既是天道运行的必然也是后天封闭性所决定的。此中之理留在

《西游道论》中再作详述。故行者道："术动公卿。"两名道士管理和尚，是言以能量之能替代正知正见。形成这样的局面是因为"当年求雨和尚不中用，空念空经，不能济事，后来我师父一到唤雨呼风，拔济了万民涂炭"。明示修持者只在理论认知层面用功，执着空境，而缺乏气脉能量方面的修持转化以及所带来的妙用，如此修持是为"不济事"，此为只知修性不知修命之弊。性命双修是修持者必须遵守的原则。"朝廷说和尚无用，拆了他的山门，毁了他的佛像，追了他的度牒，不放他回乡，御赐与我们家做活，就当小厮一般"，这是只认神通异能而废弃了正知正见，此是只知修命不知修命性之弊。"只恐他贪顽躲懒，不肯拽车，所以着我两个去查点"，喻以神异之能，气脉运行的有为法替代了正知正见，此为邪见邪法，故行者滴泪道："我说我无缘，不得见老师父尊面。"行者为本心灵明觉性，有正知正见，当然不会与此邪见相见。"我贫道在方上云游，一则是为性命，二则也为寻亲。"明示了修持的宗旨一是自度，二是度人。行者来到和尚人群当中认亲，和尚说行者是外乡来的，行者道："果是外方来的。"先天一炁自虚无中来。众和尚只知修性不知修命，故被道士驱使。和尚解释道士受宠原因道："祈君王万年不老，所以就把君心惑动了。"长生不老之所以可以惑动君心，是因为这是生命的本能欲望，是后天神识所理解的长生不老，其本质是维持自我封闭属性的永恒，这也是封闭属性导致出的必然。君心、人心，人生就是这封闭性的生命之相。道士为实现这封闭性的永恒提供了方案，即"抟砂炼汞，打坐存神，看经忏悔"，但认知的起点就错了，实践的手段、内容、效果必然是错误的，故为邪见，故三位道士为动物所变，为邪见邪法，故言"惑动"。孙悟空求道拜菩提祖师所学也是长生不老之术，但与此则大不相同。孙悟空为先天灵明觉性，非后天人心，孙悟空所求"长生"，是喻道体运化，一气周流，生生不息。妙有之长生，"不老"是喻本心恒常，虚寂无改，慧觉万象，超越生死，真空之不老。此为先天之长生不老，非后天之长生不老，两者天壤之别。求先天长生不老不惑人心而明本心。以孙悟空之心求长生不老是正见正行成正果，以君王之心求长生不老则是人心迷惑，邪见邪行成恶果。行者道："你们都走了便罢"，是言放弃修命只修一性，又言："你们死了便罢"，言性命都不修。和尚言："走不脱，不得死"，是言这些都不是解决办法，只留人身即"长受罪"。人生是苦，若不修持和修持不得法都只能甘受其苦。

和尚说梦中有护法神劝解说齐天大圣可以解救和尚苦难，是明示修持者人生苦难的解脱全凭此灵明本心，别无他法，再无他求。“等那东土大唐圣僧，往西天取经的罗汉。”言修持者修持至贯通督脉，便已证到罗汉境界。佛家修持也有命功修持，如早期的小乘之法，罗汉也是命功修持的证果，此处所言通督不同于常言的任督二脉循环之脉。《西游记》中所言通督的本质，是指洗髓通督为打通中脉的前期准备，所以车迟国一过便开始讲述过通天河，喻指开通中脉。监督和尚的两名道士代表着因邪见而生的邪念，故行者将二人打死，喻先破邪念，不令生起。太白金星就是虚空之中的一点灵明之性，就是先天一炁之机，就是外丹，所以他认识孙悟空并将孙悟空相貌梦中告知众僧。修持者只有认识了自心元神才能解脱，这是修持能够成功的起点和根本。此处也暗示着修持至此会有玄师点化，引导护佑通关。行者对道士言：“五百个都与我有亲”，喻修心修性为一体，故要都放了。道士不放人，是坚持邪见，故行者将两个道士打死。行者“用手向东一指”，东方喻指阳气生发，“哄得众僧回头”，修持者要返观回视，自然可以见到自心，“他却现了本相”。行者“将车儿拽过两关，穿过夹脊，提起来，摔得粉碎，把那些砖瓦木植尽抛下坡坂”，通督之力是依靠元神的力量，后天意识的周天运转，既费力又都是无用的后天杂浊精气，故“摔得粉碎”。行者将毫毛“嚼得粉碎，分与众僧”，是言先天灵明之性随机应变，人人具有，其中玄妙俱已说破。行者要和尚们将毫毛“捻在无名指甲里”，是明示修持者要在虚无之处寻找。“捻着拳头”，依照五行攒簇之理就应当好好把握奉行。“叫齐天大圣，我就来保护”，元神护佑，感而遂通，这就是护身法。“众僧有胆量大的”，喻若要改变命运脱离苦厄就要有大丈夫之心，要勇于改变。“叫声齐天大圣，只见一个雷公站在面前”，喻心念一变，呼唤本心元神，就是一阳复来，地下生雷，故见雷公，百呼百应故言“果然灵显”。“叫声寂字还你收了”，寂然不动，方可感而遂通。

师徒来到智渊寺，智乃后天之识，修持者落入智境如入深渊，故和尚对行者道：“只等你来，我们才得性命，再迟一两日，我等但已俱做鬼矣。”言修持至此若不配合命炁修持，所修证出的阳神没有先天炁的支持，只能做清灵之鬼矣。此等险境修持者不可不知。脱离后天智境，摆脱此险境，只能依靠先天元神。打死道人是灭邪念，此念源于妄动之意。行者夜间叫沙僧去受用，是先以气脉运行之法实现转化，由此元精生出，故八戒就醒了。兄弟三人来到殿外，行者道："待他散了，方可下去。"后天识神兴盛之时不可下手，要待其安静，即静待癸生。行者"往巽地上吸一气，呼的吹去，便是一阵狂风，众道士便散了"是以呼吸之法抑制后天识神起用。行者问："上面坐的是什么菩萨？"是要修持者不可执着假相，所以行者不认泥塑假象。三清即三兄弟，太上老君即八戒元精，元始天尊即行者元神，灵宝道君即沙僧元气。精气神为丹道修持的三个基本元素，代表命功修持，金丹道要性命双修，故孙悟空问三清是什么菩萨。行者让八戒把三清像丢入毛坑，是要修持者不可在名相上执着，这些都是假象，都在五行运化中循环转换，视世间如茅坑，就如同佛家视世间为火宅。行者为先天元神，后天精气无法补养，故行者"不大吃烟火食，只吃几个果子，陪他两个"，而八戒、沙僧，元精、元气还需要后天精气补养，故"吃得罄尽"。修持者身处后天但其先天灵性尚存没有完全泯灭，这也是修持者之所以有修持之念产生的原因，故小道士的手铃儿忘记在殿上。此灵性就在呼吸之间可寻，故小道士听到有呼吸声，但因根性浅薄，听此其言便被吓坏跌倒，这一点点收回己灵的机缘便丧失了，所以"铃儿跌得粉碎"，己灵破碎，元精便失控，故八戒哈哈大笑。后天神识自然就被惊动，故老道士带领众道士点灯观看，是欲以后天神识分辨探寻真相。

第四十五回

三清观大圣留名　车迟国猴王显法

丹旨：上一回，师徒来到车迟国，见到和尚们拽车难过夹脊关，行者相助并解放了他们，明示只修性不修命则命气难通，生命得不到实效，故性命不保。车迟国因道士祈雨有功而受宠，便奴役和尚，喻只修命不修性则心生邪见而妖魔出，明示性命双修为金丹大道宗旨。打死道士是消除邪见，吹散法会是熄灭妄意。心神凝定才能涵养精气神，故兄弟三个进殿偷吃贡品。这一回，虎、鹿、羊三仙，喻督脉由尾闾至夹脊、玉枕三关。修持者贯通督脉时会有肾水全身周流之证，其本质是先天能量洗涤、滋养、转化后天人身，故有三清观道士求圣水、设坛祈雨的情节。三仙殿中三位道士求取圣水却得到三兄弟之尿，喻那些只在后天人身用功，以为通过念经祈祷可获得先天一炁者，所得实为精气神的后天杂质。虎仙与悟空斗法祈雨败落，喻"内用成丹、外用成法"的法窍，明示先天一炁自虚无中来，乃无为之法可得。孙悟空令龙王显身，喻督脉贯通后修持者可见督脉运行之机，故本回丹旨为：通督。

释意："凭那些道士点灯着火，前后照看。他三个就如泥塑金装一般模样"，喻只于后天境界上寻找如何能看见三清真容，所见皆是假象。道士疑惑"如何把供献都吃了"，是不知静识神之功效。三清观喻人身，三仙在三清殿内求取圣水，喻在后天人身内下功夫求取，以为圣水是有形有质之物，想以诵经祷告之法，"好歹求个长生的法儿"，是以后天之欲而求，所得的也必然是后天杂质，都是元神、元精、元气转化为后天的杂质不堪一用，即三兄弟所赐一溺之尿。羊力大仙喻指贯通玉枕之机，直通上丹田，故用花瓶所以行者溺之；鹿力大仙喻指贯通夹脊之机，能量混杂故用砂盆所以八戒溺之；虎力大仙喻指尾闾能量运化，真气生发之时势头强大，所以虎力爰强故用大缸所以沙僧溺之。三仙尝出臊气，喻已知后天杂质无用，故行者"听见说出这话儿来，已知识破了，道：那个三清肯降凡基？"三清即精气神，都是先天中事，不落后天，更不能于后天中求，故言："吾将真姓说与你知。"修持者可知否。"那道士闻得此言，拦住门一齐动叉钯、扫帚、瓦块、石头，没头没脸往里面乱打。"许多修持者知道此理，即"闻得此言"，喻不知正法便以后天之识胡思乱想出许多稀奇古怪的方法，如同叉钯、瓦块等，期望进入先天境界，即"没头没脸往里面乱打"言其理法错乱。由此修持者的精气神还是被蒙蔽而落入后天，所以三兄弟便回到智渊寺中睡觉去了。

师徒五凤楼前候旨倒换关文。五凤即五行，说明此刻还是处在后天五行之境。见到国王，说明督脉贯通，已达脑中。国王为后天之识，所以要抓捕师徒，以后天灭先天。国王见到三仙称为国师，是以神通异能为师。太师劝阻国王与唐僧结下善缘，更是劝世人。金殿上国师与行者争辩，"国王决断不定"，修持是真履实践之事，生命灵性因修持而受益，是必须要有切实的转化和验证。修持者通督的过程在丹道为进火。现在师徒已至金殿即通督入脑，下一步便是化作甘霖滋养全身，为玉液还丹，故有乡老祈雨。玉液即甘霖，言督脉贯通入脑后便化作津液周流全身，滋养转化后天人身，故言"济度万民"。通过此关自然可以"倒换关文放你西去"。

国师祈雨所用的道家设坛召将，以符檄发往有关神府，报奏上帝天廷求雨的雷法。所谓召神，即运己之元神存想，心中赤精之气下降，肾中黑精之气上腾，二气在脾藏中黄部位混合，直上十二重楼，透出脑顶，存于空中，而对天门报告祈雨事由，再存想诸神驱使龙部，役使电神，吹起大风，降下大雨，此法是运己元神，存想有为之法。雷法的作用真实存在，古已有之。故言："那道士五雷法是个真的"，但非常人能行，修持者内丹已成者可行，即所谓"内用成丹外用为法"。雷法妙用此处不论，其本质还是元神对先天一炁的运用，故行者出神跳在空中能够阻止国师雷法生效，雷法若只有外在形式，没有内在元神于虚空之中的运用是无效的。而龙王、雷公、电母、风婆皆听命于元神孙悟空，就是此理。国师求雨是明示雷法之妙用，行者唤雨则是内用成丹之妙为玉液还丹之法。行者让师父念《密多心经》喻此法依然是心地上用功，唐僧“端然坐下，定性归神”，这是此刻的心法。因没有设坛祈雨的外在形式，故为“静功祈祷”，言此刻的火候。行者以金箍棒为号令，喻元神主导运化先天一炁，一切都自然而然。文中对风云雷电雨的描写实际上是对真气由督脉贯通至头顶后化作甘霖玉液流布周身的内景描写，以自然风雨之象类比，展现的是人身由于先天能量的进入后所带来的变化，此境只可意会，修持者在实践中验证。国王道“雨够了，渰坏了禾苗，反不为美”，这是提醒修持者要明察火候，把握好度。这一切转化都是在虚极静寂之中由元神主导完成的，是无为正法，故“国王满心欢喜，强中更有强中手”。有为法不可比，有为、无为只要达到目的，有效果就好，故行者道：“这些旁门法术，也不成个功果，算不得我的他的。”有为、无为外在形式不同，用处不同，但其本质是一样的，都是对先天一炁的运用，所以才能有效。“如今有四海龙王现在空中，我僧未曾发放，他还不敢邃退。那国师若能叫得龙王现身，就算他的功劳”。此处暗含了吕祖与黄龙禅师的一段公案。昔日吕祖听黄龙禅师谈法，师语曰：“座下何人？”吕祖曰：“云水道人。”禅师回：“云尽水干何如？”吕祖不能对，禅师复回“黄龙出现”，吕祖顿悟。行者来到车迟国所变就是云水道人，此番唤雨收雨即云尽水干之象。修持丹道者多重视一炁运用，而忽视自性真心的发现，故在云尽水干之时行者叫真龙现身，就是提示修持者要再进一步明本心，见真性，即禅师所言“黄龙出现”。这也是丹家先命后性，性命双修的程序和宗旨。若执着有为炼气则不能见性，故道士云：“我辈不能。”行者为本心灵明之性自然可以，故龙王现身金殿盘旋。督脉贯通玉液还丹后，修持者便见了真性，所谓真性就是督脉中先天一炁运化之机，故言“广大无边真妙法，至真了性劈旁门”。

第四十六回

外道弄强欺正法　心猿显圣灭诸邪

丹旨：上一回三仙求圣水，却被三兄弟以尿溺戏之，明示修持者求取先天一炁不可在后天人身中求，要以无为之法于虚无中得。虎仙与孙悟空斗法求雨败落，孙悟空令龙王显身，喻督脉贯通后可见督脉运化之机。这一回，先是赌斗“云梯显圣”，喻能量顺督脉上行入脑后要与涵养心神相配合，故由唐僧登梯坐禅与虎力相斗。鹿力要比试“隔板猜枚”，喻后天识神只能靠猜测而先天元神则当下直见，于无形之处完成转化，故孙悟空进入柜中改变原物，此喻通督入脑后的神灵之效。之后便是逆转造化之机，即三仙要赌“砍头、剖腹、下油锅”，喻斩除造化趋势，去除身执和沐浴温养之功，这是通督后达到的修正成果。故本回丹旨为：督畅。

释意：上回玉液还丹见了真性，即孙行者有呼龙使圣之法，自然可以继续修持，故皇帝“将关文用了宝印，便要递与唐僧，放行西路”修持者此刻虽然见了真性，但还需涵养保持，才能扎实，方可继续前行，故三位道士上前阻拦，不让西去，还要继续赌斗，实质上是明示修持涵养保任之功。修持者见了真性即先天一炁运化之机后，需要涵养心神要与之相配，所以要“云梯显圣”。云梯言能量上行，“显圣”，由此先天灵觉显现而出。这是督脉阳气生发之效。能达到此境界就是“坐禅”，故虎力要赌斗“云梯显圣”。虎力要比谁坐得住，坐得久，这是功夫境界，在形式上论高低，而孙悟空是灵明本心，随缘应化，不滞一处，故行者道：“但说坐禅，我就输了，我那里有这坐性？”三藏为大愿，历久弥坚，故能坐禅。三藏道：“在那性命根本处”，即禅，曰本心，丹言先天，于境界是虚极，就是要修持者于此处下功夫，即鼎的本质含义。三藏“定性存神”，喻本心不再落入后天，不执着于现象。神不随其而动只是作观，此境为定性存神，这是“炉”的本质含义。所以行者道：“师父若坐二三年，我们就不取经罢”，言修持者若能如此，禅修就可以成就，无须走丹道修持之路。“多也不上二三个时辰就下来了”，如果能致虚极守静笃只需二三个时辰，就可以逆返先天之境复见本来。于虚空处见到先天一炁，金丹也就成就了。丹道修持前期转化非常漫长且艰难，但在质变之时则是很短的时间，之后在日用之中检验锤炼还要经历很久，最终达到如如不动，自然而然。行者道：“我送你上去”，是言坐禅不在坐，在于神之所运。“他却作五色祥云，把唐僧撮起空中”，喻五行攒簇致虚极先天之境。修持者心境发生变化，必然带动身体转化。虎力坐禅代表尾闾处真气发动，鹿力助虎力，说明已经通过夹脊，故“将脑后短发拔了一根，捻着一团弹将上去”，喻真气冲玉枕关，此关难过，故“那长老先前觉痒，然后觉疼”。变作“大臭虫”，即大愁处，通过夹脊关依靠着行者神力，玉枕关的通过也必须元神助力，所以行者“飞在唐僧头上用手捻下，替师父挠挠摸摸”。行者变蜈蚣“径来在道士鼻凹里叮了一下，那道士坐不稳，一个筋斗，翻将下去，几乎丧了性命”，是警示那些只打坐观鼻端为坐禅的人，此法与性命修持无关，蜈蚣即言此法无功无用。此刻修持者在命功方面为通督，于性功方面为坐禅。“云梯显圣”之后已是通督入脑，此刻若仍只重气脉，而不重明神之功，修持者表现出来的状态虽然是直觉灵感增强，但依然是神未明彻的状态，所以神识依然是处于猜测状态，故鹿力要赌“隔板猜枚”。隔板言其神不明彻非当下直见，只能猜测。柜中放“山河社稷袄，乾坤地理裙”，社稷、地理皆后天场所，言修持者执着后天。行者将其变作：“破烂流丢一口钟”，破烂言破除，流丢言离弃后天尘境，“一口钟”即“中”字，是要修持者破执守中。“临行又撒上一泡臊溺”，明示修持者在守中的状态下寻出“水中金”。“守中”，于境界而言是虚寂，于禅法而言是本心，于丹道而言是中脉，于修持方法而言是正观。这些是从不同角度言守中，而根本、本质是一，守中便见本心，故国王柜子内放“大桃子，有碗来大小”，空碗之象喻心之空，“摘下”喻修持者就是要修此“心空”。行者将桃子啃净，喻破除所有心之外象，只留其核心。八戒道：“还不知他是会吃桃子的积年。”孙悟空是本心灵明之性，他的修持就是寻心、修心、证心的过程，即言会吃桃子。读者跟随《西游记》中的孙悟空就可以知心明心，发现自身的孙悟空就可以修心证心，这样去读《西游记》才会真正受益，才能体会作者的慈悲，不负作者的用心。此书所在，即是作者法身所在，法界与红尘无碍，读者若能读出真意，即得护佑。虎力言："术法只抵得物件，却抵不得人身。"言人身是道器，对后天人身的转化是最难的。若只一味修心性，忽视命功对人身的转化终是不可，故虎力要赌道童，喻考验命功对人身的转化效果。行者入柜将道童转变为小和尚，是明修持者要由命入性，性命双修是丹道修持的基本原则，故虎力道："棋逢对手，将遇良才。"即言性命二事同等重要，不可偏废。

三位大仙要与行者赌斗"砍头、剖腹、下油锅"。此三者为修持逆转造化之机，故行者高兴道："造化，买卖上门了。"虎力与行者赌斗"砍头"，行者代表着先天一炁的灵觉，所以行者之头为六阳之首，此头生生不息，故砍下后再生一头，而虎力代表着尾闾生发之机，真气运行在此有着两个方向，即顺行与还元，砍下其头是明示不再顺行造化进入后天，行者用毫毛变黄犬衔走其头，喻以真意使其不再复生。虎力之神识源于后天欲望，故将其头丢在御水河边，故不能再生，而死去的尸身代表着后天凡精，故为虎身。鹿力代表着夹脊运行之机，其对应的是身内脏腑运化，故要与行者赌斗剖腹。行者为元神，内观于身有照察之能，心与小肠互为表里，故行者"拿出肠脏来，一条条理够多时，依然安在里面，照旧盘曲，捻着肚皮，吹口仙气，叫'长'依然长合"。行者变饿鹰"将鹿力五脏心肝尽情抓去"。"饿鹰"即饿因，饥饿是后天生命生存的本能反应，执着后天人身就是饥饿产生的根本原因。为了满足饥饿，人身的脏腑都在为其工作，被其奴役，故言"即将五脏心肝尽情抓去"。鹿字也同禄，世人为养护此后天人身，追求利禄也就成为必然，最终的结果只能是禄死身亡，故为鹿身。羊力与行者赌斗下油锅，喻行温养沐浴之功，故行者变作"枣核钉儿再也不起来了"。温养之功心要沉静平和，不可妄动，以真气运行之水渐养渐盈。因其无为无象无形，不知者以为神死，旁人不知，故皇帝要抓三个和尚。国王同意唐僧祭奠行者，唐僧悼行者是要此刻的修持者死心办道，熄灭一切妄动之心，这里是言火候。八戒悼念行者，是言只有通过沐浴温养之功才能斩断后天之根，故言"马温断根"。这是明示沐浴温养的功效和意义。沐浴温养之功完毕后身心自如，无须再执念监护，故行者出来"将监斩官打死"。羊力代表着玉枕关运行之机，即上通脑府。“羊力”即养力，温养之力。后天意识层面的沐浴温养只是静守安神，故其锅下之火为后天之意，并无先天能量真火炼化，所以为冷龙。行者叫来北海龙王，即下丹田气海的阳气真火，故可以擒走冷龙，即除去后天之意火，用先天真阳之火炼之。自然后天之识“骨脱皮焦肉烂”。至此，虎力赌砍头，喻斩除了能量向后天运化的运行趋势；鹿力赌剖腹，喻消除了对后天人身的执着；羊力赌下油锅，喻在前两者的基础上完成沐浴温养之功，这是通督所达到的结果。

“人身难得，果然难”，人身为道器，非常难得，但其局限性也导致了许多困难。“不遇真传莫炼丹”，修持者在获得真传后才好下手，真传从经典中来，从真师处来。修持者一片赤诚之心，积德行善，愿通法界，真师必来。修持者不要被神奇异能所迷惑，那些都与修道无关，故言“点金炼汞成何济，唤雨呼风总是空”，修持者要在性命根本处定性存神，在生死关里下功夫。

第四十七回

圣僧夜阻通天河　金木垂慈救小童

丹旨：前四回黑水河喻洗髓之功，车迟国喻通督之功。髓督都是后天人身气脉境界，虽然达此证境会有许多神通异能出现，但还不能使修持者复归先天，因此在车迟国完成了斩凡精、除身执、沐浴温养的三重锻炼之后，为进入到中脉修持打下了基础。这一回，通天河之难喻指开通中脉之功。通天河中的灵感大王，喻金丹凝结、灵性复生后产生的最初的灵觉之性，这是结胎之兆，是灵胎之初态。灵感大王就是此先天灵觉向后天转化所呈现出的魔相。修持者若要复归先天，进入虚空法界，必须要开通中脉。中脉是虚极之境在后天人身当中的投射之境，是先天后天交融转化之境。转向后天便生出灵感大王之妖。先天一炁化为后天元神元精即童男童女。陈家庄喻向后天沉沦的困境，因此要做预修亡斋，要向灵感大王献祭童男童女。而元神元精的返本还元只在中脉之境相融合为一体，才能复返先天合为一炁，故行者八戒要变成陈关保和一秤金送给妖怪吃，喻逆返还元之功。故本回丹旨为：灵感。

释意：通天河喻指中脉。开通中脉于修持而言极为重要！是后天返先天的起点，是结胎的最重要基础证境，能达到此等修持境界的人已经是极其稀少了。国王见虎、鹿、羊三位国师死亡，泪如泉涌，喻后天之识不辨真假，执着神异，故行者道："你怎么这等昏乱"，神异之能都是自身精气充盈的作用。修持者若过度运用此神通异能，消耗先天精气，则生命就将快速趋向死亡了。故行者道："他本是成精的山兽，同心到此害你，因见你气数还旺，不敢下手。若再过二年，你气数衰败，他就害了你性命，把你江山一股儿尽属他了。”国王闻此方才醒悟，修持者是否能够醒悟。神通异能不仅能术动公卿，更是为人所爱，令修持者迷昧，故佛家要求“慧而不用”，道经云：“不敢为天下先”。解除了只修命不修性之患后，只修性者也应该明白元神在性命修持中的重要性，故“那脱命的和尚闻有招僧榜，个个欣然都入城来寻孙大圣，交纳毫毛谢恩”，以示性命双修之旨。行者对国王道：“望你把三教归一，也敬僧，也敬道，也养育人才。”三教合一是宋以后道家修持的主旨，于丹道而言是喻指元神、元精、元气三家同炼才能修持成就。故言“保你江山永固。”所谓江山，即道体本心永固，即恒常之性。

师徒西行，“不觉的春尽夏残，又是秋光天气”。“春、夏”为阳气生发之季节，喻通督之时，“尽、残”言修持之功完毕。“秋光”为收获的季节，喻修证成果将会呈现。“天气”言接通先天一炁，于象而言即开通中脉。唐僧问：“何处安身？”是警示修持者不要认为通督即安身功程完毕，故行者道：“出家人莫说那在家人的话。”明示修持者不可偷闲爱懒。“有路且行，无路方住”不可误了行程，“无路”，即达到虚无空寂后“方住”。“趁月光再走一程”，月光喻心性圆明，这既是修持的结果，更是修持时所应有的状态，也只有在心性圆明的状态下才能来到通天河边，即心性圆明是修证中脉的必要条件。心性圆明是非常真实的身心状态，很难用语意文字表达，知者自知。通天河喻丹道修持所言的中脉，其中运行往来的是先天一炁，是先天灵觉往来的通道，更是修持境界的展现与结果，是后天人身气脉修持的最高形态，是复归先天的最初之境，是先天后天相接之处，虽在身中可见，却是虚空之境。修持者若不能达到此境，后面的对本质为先天灵觉灵能的阳神的孕育则无从谈起。来到通天河边，八戒道：“来到尽头路了。”是以后天气脉修持而言到达了逆返先天的临界点了。“尽头”即为虚无空寂的先天之境。沙僧道：“是一股水挡住”，言先天一炁的周流运行，此先天一炁不存一物，没有任何带有后天属性的精气存在。八戒为后天人身中的先天元精，故由他投石察看河水深浅，而由行者观察河水宽阔之景。文中以诗赞之，即赞中脉所呈现出的先天之境的茫然似海之象。河边石碑上篆文书写“通天河”，篆文喻此河源于上古，喻其中脉来源于道体本心。十个小字：“径过八百里，亘古少人行。”言积修八百功行才能达到此境，但从古至今能达此者极其稀少，故三藏滴泪道：“只说西天易走，那知道妖魔阻隔，山水迢遥。”修持者对修持的困难总是估计不足，对过程中的磨难更是没有足够的认识和身心准备，总以为修持是美好舒适的状态，若抱有此想，则说明穷理之功不足，穷理不仅对原理、方法、程序策略、技巧、难点、重点要清楚，对不同阶段的景象、境界、危险和处理办法也要清楚，这些经验前辈多记录在经典之中，修持者要详细阅读。若世间有实证、有经历的明师指点最好，这些实践中的经历和经验价值千金。修持之路如履薄冰，要勤修，更要慎行。修持者不可妄动，不可懈怠，不可骄躁，不可畏惧，审慎而行是正确心态。

三藏师徒来到陈家庄外道：“让我先到那斋公门首告求”，喻以诚为先。“若肯留我，我就招呼汝等”，喻诚心才能带动精气神。“假若不留，你却休要撒泼”，喻境界未达不可强行以有为之法求取，否则必将出错，故言“闯出祸来却倒无住处矣”。“三藏不敢擅入聊站片时”，此与孙悟空在三星洞前等候时的景象相同，即诚心静待，玄窍自开，此门即玄牝之门，这也是火候。“里面走出一个老者”，言窍内所藏元始本心。“口念阿弥陀佛”，是言修持至此的来者就是未来佛。“你这和尚来迟了”，修持乃生死大事，不可迟疑，要早下手勤修炼。“来迟无物了”，一旦无常到来便没有什么修持之事可务了，“下手速修犹太迟”。老者斋僧的内容是，“尽饱吃饭，熟米三升”，言乾阳之气化生万物。“白布一段”，喻一气周流。唐僧道：“贫僧不是赶斋的”，赶斋即炼炁，先天一炁为道体，源此本心才能展现出智慧，故言为斋。老者道：“东土大唐到我这里有五万四千里路”，大唐至西天灵山为十万八千里，表明至此修持功程已经完成了一半，开通中脉是标志。“你这等单身，如何来得？”明示修持者仅凭愿力是无法到达此境的，故唐僧言：“还有三个小徒，一路护持。”

师徒来到厅房，念经的和尚见到八戒都被吓跑了，是批只知念经而不识元精者。故“走上厅堂，全无灯火”言不修命者如在暗中行事，没有元精能量的支持便没有光明生起。现在师徒来了，正见正行所至，光明必现，故言：“掌灯来。”老者介绍师徒是：“东土大唐取经的罗汉。”言修持者功夫至，此所证境为罗汉证果。陈家庄位于通天河畔，喻指玄关一窍，先天一炁自此窍出，再向后天转化之境，故可以斋僧，可以让八戒饱餐。后天元神元精进入此窍则将返还先天，故有童男童女祭献之事。此窍在心神澄静清明的状态下可见，故有陈澄、陈清二老出现。此玄关一窍隐而不显，世人不知，故称

"陈家庄"。三藏道："这是我贫僧华宗。"凡夫在红尘中沉沦，为本性沉沦，故唐僧俗家本姓陈，故言"华宗"，此处喻指境遇相同。玄关窍开启极其重要，无此则中脉不开，结胎无望，奢谈解脱。此窍的开启最初之动必源于大愿的生起，大愿就是玄关一窍开启的最初形态。先天一炁由玄窍流出化入后天是趋死，故陈家庄要做"预修亡斋"。八戒道："我们是扯谎架桥，哄人的大王。"点出了世间借修行之名行哄骗之实的人，修持者要明辨，所以行者暗喜道："这呆子乖了些也。"有此见地就不会受骗，《西游记》中作者借八戒之口说了许多修持过程中负面的真相，都是话糙理不糙，很有意思，读者可留意。老者道："你等取经，怎么不走正路，却蹡到我这里来。"许多修持者以为修出玄关一窍就是成就，明示此非正路，陈家庄是先天一炁向后天转化的处境，修持者不可停留于此，甚至向后天转化，要继续修持开通中脉，跨过通天河才是正路。故行者道："只见一股水挡住不能得渡"，言认识到了中脉的存在但尚不知如何修持，即得渡化解脱。修持者循序渐进，先暂寻玄关一窍安住，故言："特来造府借宿"。老者道："再往上岸走走，有一座灵感大王庙。"中脉依然是个象，修持者应当再深入探索参修，即可见到人的灵性感知的源头，即灵感大王庙。大王"施甘雨，落庆云"，是言先天一炁化入后天滋养万物。行者道："要吃童男女，不是昭彰正在神。"童男喻元神，童女喻元精。"此处属车迟国元会县所管，唤做陈家庄。"表明此刻依然是后天人身境界，滋养人身的依然是生命本身的元神元精，先天一炁化入后天即转化为元神元精，故有童男、童女献祭。若要逆返先天升华为先天一炁就要以元神、元精为材料，故要吃童男童女。所以灵感大王为先天一炁的灵觉在后天的魔相。陈澄修桥补路，建寺斋僧，喻性功修持故生一女，名为一秤金。陈清供养关圣喻护持有力即命功，故得一子名为关保。陈澄即澄静心神，以修德来巩固完善，心性的转化，净化出清净之心，以此心去浊除杂，积精累气，转化后天精气使其纯净，故八戒变一秤金。陈清以关公过五关斩六将之能喻身中气脉运行畅通，此清纯之气的运行，必然使后天神识变成清明之性，故行者变陈关保。行者道："五十两可买一个童男"，言五行攒簇可救真阳而保命，"一百两可买一个童女"，喻抱元守一可救其真阴而了性。"不过二百两之数可就留下自己儿女后代，却不是好。"性命双修两段功夫是获长生的最好方法。二老说道妖怪："不见其形，只闻得一阵香风就知是大王爷来了。”灵感大王为先天一炁之灵觉向后天转化的魔相，因其先天属性故属于后天之识的陈家庄人不见其形。“香风”即象风，其落入后天虽无形质但其有象，风喻其运化。修持者可以借象分辨真假，借象修真这是丹道修持常用的策略。“只要亲生儿女他方受用”，亲生儿女即修持者的元神元精。灵感大王要向后天转化就是由先天一炁向后天元神元精转化分化，而元神元精相合可以逆生先天一炁，此先天一炁在先天而生阴阳，在后天为阴阳所生，所以“他方受用”。行者变作陈关保为了性之功，八戒变一秤金为了命功。童女八岁，童男七岁，七八合为十五为月圆之象，一阴一阳谓之道。元神元精可生人生神，故言：“只得两人种。”元神、元精相合生出先天一炁，所以行者八戒要变童男女祭祀灵感大王。大王要吃童男童女。“只是用两个红漆丹盘，请二位坐在盘内”，喻炼丹要用元神、元精煅炼而成。“着两个后生抬一张桌子，把你们抬上庙去。”后生即后天所生，一张桌子即合一，喻后天返先天之功。妖精先吃童男再吃童女，喻先进阳火而了命超凡，后运阴符而了性入圣。行者八戒所行为逆返还元之功，故“庄上众人打开前门”，开启复返先天之门。“抬出童男女来”，喻借此元神、元精而修。

第四十八回

魔弄寒风飘大雪　僧思拜佛履层冰

丹旨：上一回，师徒来到通天河受阻，喻示修持者将要进入开通中脉的功程。河中的灵感大王，即一炁之灵觉向后天转化的魔相。陈家庄喻先天虚极之境向后天转化而沉沦的困境，故要做预修亡斋，献祭童男童女，此为顺行造化所生之难。若逆返还元则为玄关一窍。元神元精于此窍相合后进入中脉之境，才能进入先天虚无法界，故行者八戒变童男童女送与妖怪吃，喻返还本元之功。这一回，妖怪弄寒风将通天河冰封，喻先天灵觉妄动则中脉不开。唐僧欲履冰过河，喻指修持者在中脉未开，未达虚极之境的状态下继续修持是不可能的，故而被妖怪所擒。关在石匣之中，喻大愿因灵觉妄动所生的后天根识所掩盖。明示了中脉不开，源于灵觉妄动。故本回丹旨为：脉封。

释意：行者八戒变童男童女，被祭献给灵感大王，是元神元精合化逆返为先天一炁之功。元精的后天属性导致了其向后天转化的趋势很顽固，也是其特性，所以八戒总要散伙，此刻又要回陈家庄睡觉。而其逆返还元完全依靠元神的引导督促，故行者道："一定要等那大王来吃才是全始全终"，言修持至此必须逆返还元。"吃"即合化为先天一炁，修出此先天一炁才能全始全终。若不能完成逆返先天的转化，必然还是顺行造化的趋死模式，故言："不然，又教他降灾贻害，反为不美。"

人身有赤黑黄三脉，分别指任脉、督脉、中脉。黑水河即督脉，通天河为中脉，故灵感大王的穿着是"金甲金盔灿烂新"模样，"却似卷帘扶架将"，言中脉之中的一炁运行运化，说明灵感大王性质与沙僧相同。妖怪道：

“常来供养受用的人已是死人”，是言在顺行造化的模式下元神元精是趋向死亡的，灵感大王的魔性也源于此。而现在行者八戒是逆返还元的复生模式，故为“活人”。所以怪物道：“我常年先吃童男，今年倒要先吃童女。”常年喻顺行造化先从心性妄动开始，故要先吃童男。今年喻逆返还元由对精气的转化开始，故要先吃童女，表明转化已经开启。行者对妖怪说出自家的名姓和西天取经之事，是言要行持逆返还元之功。行者让妖怪将往年作怪吃人之事通报出来，是明示要先忏悔过失，就可以扭转旧有的趋死模式，故言：“饶你死罪。”那怪闻言：“化一阵狂风，钻入通天河内，回归本处。”不再借灵生妄，但向后天转化的趋势还未彻底扭转。行者道：“不消赶他，这怪想是河中之物。”性者心妄动之象，先天一炁为灵性之根，妄动之心借此一炁而灵，圣心一动便落后天而成怪物。“明日设法拿他，送我师父过河”，言只有解决了这个问题才能继续修持。

怪物回到宫中道：“造化低了”，即顺行造化的趋势减弱了。“撞着一个对头，几乎伤了性命。”“对头”即逆返还元的趋势。怪物道：“有心要捉唐僧，只怕不得能够。”捉唐僧即灭其返本还元之大愿，说明妄心尚存，趋死模式仍在。鳜婆出主意降雪冰冻住通天河，捉拿唐僧。鳜即鬼字，是喻趋死之识与怪物之趋死之气机相应为一对阴阳，故要“拜为兄妹”。冰封通天河是以后天妄心冻结冰封先天一炁的生化，表明先天灵觉妄动则身内中脉不开。在冰河上行走过河是喻在中脉未开，未达虚极之境的状态下继续修持前行是非常危险的，故妖怪设计捉唐僧。妖怪“即分水府”，喻不以开通中脉为基础炼化先天一炁。“踏长空”，只以执空守定为修持，其结果必然是“兴风作雪，结冷凝冻成冰”，河冻冰封即中脉不开，真气不生，自然“师徒们衾寒枕冷”。水气因寒冷凝为雪而下降，是喻由无化有，由先天落入后天之境，因此后天境即此雪境，故赞雪诗末句：“丰年祥瑞从天降，堪贺人间好事宜。”陈老道：“我这里常年八月间就有霜雪”，喻阳中复阴之象，先天一炁一旦落入后天便生出后天阴阳，即八月飞雪。此境为顺行造化的趋势与返本还元的趋式相反，故唐僧忧虑何时能“功成回故土”。

师徒赏雪行者道：“雪景自然幽静，一则游赏，二来师父宽怀”，言修持者不仅要逆返先天证入先天之境，也要理解后天境界的生化规律。赏雪即参此生化规律。“游赏”是修持者在后天境界中应持有的心态，游历人间参悟万象，无不是法身展现。“宽怀”即不再牵挂执着后天之境。陈老问：“可饮酒么？”丹道修持不戒酒但禁酗酒，适度饮酒是增阳之法，故言“小徒略饮几杯素酒”，此处言饮酒是言于后天境界中。若想扭转趋势，首先要以增阳之法开启，丹道中的增阳之法有动功增阳，饮酒增阳，甚至可以通过阴阳之法增阳，故“陈老大喜”。次日唐僧要趁结冰过河，是喻放弃开通中脉，不以炼化先天一炁为基础，而期望跨入先天之境，故陈老道：“莫忙。”言不可放弃中脉修持。“待几日雪融冰解，老拙这里办船相送”，只有见得活水，知晓先天一炁后才能得渡。沙僧言：“且请师父去看看”，是言观察真气运行。陈老道：“快去背我们六匹马来”，此后天之识之意“且莫背唐僧老爷马”，喻放弃先天之意。因此以后天之意观察见到的都是名利之徒，故唐僧道：“世间事唯名利最重，似他为利的，舍生忘死，我弟子奉旨全忠，也只是为名，与他能差几何！”后天之境自然是名利之事，修持者若还落在后天境界上，修持便异化为名利之事，修持过程则凶险无比。

唐僧不悟，一味前行，是执念所致，不明白自己仍处后天之境是不知危险发生的根源，落难是必然的。八戒举钉钯筑冰，喻以元精之能破除后天冰寒之境是不可能的，故“筑了九个白迹，手也振得生疼，……连底都锢住了”，喻后天之境的坚固极难破除。“陈老一家子磕头礼拜，又捧上一盘子散碎金银”，喻此刻心神精气依然散乱还未炼成一块，丹道修持讲究将精气神合炼凝聚成“一块紫金霜”才能运用，故唐僧不收散碎之银。行者：“用指尖捻了一小块，约有四五钱重，递与唐僧。”四五为九，钱即乾，是言修持不可离开乾阳之气。“遂此相向而别”，顺行造化与逆返还元两种模式，两种趋势，顺则落入后天危险而趋死，逆则复返先天平安而复生。唐僧踏冰过河，本欲逆返先天，但不明修持之理，只修性不修命，不知开通中脉对炼化先天一炁的重要，故依然在后天境界之中，遇险落难是必然的。“那马蹄滑了一滑，险些儿把三藏跌下马来”，先天之意已然受损，修持大愿也必然失落受损。八戒将草包裹马足，然后踏冰而行，是以道术护持先天大愿前行。长老横担着锡杖，行者横担着铁棒，沙僧横担着降妖宝杖，八戒肩挑着行李腰横着钉钯，师徒们放心前行，各自将兵器“横担着”，喻放弃兵器之能，而只以兵器之象来防患危险，实际上已无防备之能，故妖怪“弄个神通，滑喇的迸开冰冻，慌得孙大圣跳上空中，早把那白马落于水内，三人尽皆脱下。”

后天之境的本质就是散乱昏昧，冰河迸开言后天之境的分裂之象而导致心神分离，故行者跳上空中，唐僧八戒沙僧落水，即昏昧之象。妖怪捉住唐僧回归水府高叫：“鳜妹何在？”即“归昧”言唐僧修持大愿又归于昏昧之境。故将“唐僧藏于宫后，使一个六尺长的石匣，盖在中间不题”，喻先天大愿藏在后天六根六识之中，被掩盖住了。八戒、沙僧、龙马回到岸上，此后天之境界能使大愿昏昧隐藏但未伤及元精、元气、真意。八戒道：“师父改名叫陈到底了”，即沉到底了，喻只修性不修命者终将沉沦无法真正解脱。回到庄上即回归到起点，行者道：“老儿，莫替古人耽扰，我师父管他不死长命。”大愿的本质是道体本心在意识层面的展现，故言不死长命。“老孙知道，决然是那灵感大王弄法算计去了。”灵感大王是先天一炁的灵觉向后天转化的趋势所呈现出的魔相，与行者同质，故老孙知道。“弄法、算计”即后天之识的特点，正是此特点导致唐僧落入后天境界之难。“救出师父，索性剪草除根，替你一庄人除了后患，庶几永得安生”，只有彻底清除这个向后天转化的趋势才能救师父、除后患，复归先天，才能永得安生。

第四十九回

三藏有灾沉水宅　观音救难现鱼篮

丹旨：上一回，妖怪冰封了通天河，喻灵觉妄动导致中脉封闭。唐僧要履冰过河，喻修持者不开中脉是无法进入虚空法界拜佛求经的，故被妖怪擒走，关在石匣之中。可见中脉的开通对于修持的重要性。这一回，兄弟三个进入通天河寻师，喻修持者从中脉向后天运化的趋势中寻找、发现、拯救被埋没的修持大愿。兄弟三个与妖怪相斗，喻以精气神的抟炼消除魔性。妖怪潜入水中不出，喻此法只能平息魔相，但不能除其魔性，因此要通过静观密察觉知一炁在中脉中运行的产生原因、运化机制、内在含义、丹道价值才能对治，故孙悟空请观音菩萨降伏妖怪。修持者通过觉察明辨可以阻拦先天灵觉不再向后天转化，故观音用竹篮捞出金鱼带回普陀山，喻回归觉察本性。老鼋驮师徒过河，喻中脉开通即将进入虚空法界。表明中脉修持还是后天人身之境，故老鼋托唐僧向佛祖询问几时脱壳。至此修持者将要告别后天进入先天，于虚空之境结胎和脱胎，即脱壳，喻彻底摆脱后天的局限与束缚。故本回丹旨为：脉开。

释意：兄弟三个商定下水寻师，“水”即能量，行者是水中金即先天能量所呈现的灵明觉性，并且是高度凝炼的灵格化的存在，因此不能再回到原始的自发的弥散状态，故行者道：“水中之事，我去不得，就是下海行江，我须要捻着避水诀。”捻诀即一意不散，凝定而灵。“或者变化甚么鱼蟹之形，才去得”即转化为固有形态才能无须捻诀，是以形固意之法，但弊端是落入后天形质，然而形中之意必然形成执念，执着于外形导致灵性受损。“若是那般捻诀，却抡不得铁棒”受到形质的局限就无法驾驭灵能炁机，故“使不得神通，打不得妖怪”。八戒为元精为能量就是水体，沙僧为水体之运化，故言“我久知你两个乃是惯水之人。”八戒要驮行者，即元精承载元神。行者将毫毛变假身，将真身藏在八戒耳朵里，喻肾中之气藏有元神，而外相皆假。八戒故意跌倒，毫毛假身失踪，是要修持者去假存真，故行者在八戒耳朵中言：“我不弄你。”

“水鼋之第”即水之源头，即能量生发的根源之处。行者问：“悟净，那门里处可有水么？”从能量运化的角度去观察，故问沙僧是否有水。身中一炁的本质是虚空本体，已经不是后天能量形态，故沙僧道“无水”。“待老孙去打听”，喻虚极而静观。“果有一个石匣”。“石匣”即识狭，喻大愿被后天根识所辖制局限无法解脱。“像猪槽”即被饮食之欲所限。“又似石棺材之样”，灵识进入棺材喻趋死之意。唐僧恨水灾是只知修性不明修命。黑水河为后天命水，通天河为先天命水，是唐僧不知此能量之水，故有此水难。所以行者忍不住叫道：“师父莫恨水灾”，是明示修持者要重视修命，要明白炼化精炁的重要。“土乃五行之母”，土为意，有先天后天之别，代表着孕育生化，故为母。“水乃五行之源”，水即能量，是后天五行之本源。没有真意的运行运化万物不会生发，故“无土不生”，没有能量的支持万物不能生长，故“无水不长”。人生命的根识，特别是佛家所讲的第七识“未那识”，对大愿的实现所带来的束缚最大，相对于前六识所带来的困境更深更隐更难破除，故三藏道：“足足闷杀我也”。所以此处所破除的“识辖”之难，已不是后天六识之困，而是第七识未那识之困。八戒、沙僧挑战的妖怪灵感大王，喻中脉中先天一炁之灵觉趋向后天所呈现出的魔相。故它的披挂是金盔金甲、烟草靴，是言其身在丹道所言的黄道或佛家密宗所讲的中脉之中。“手拿九瓣赤铜锤”，“九瓣”言九转炼心，“赤铜锤”拟之心象。“一声咿哑门开处，响似三春惊蛰雷。”修持者若能打开中脉就如惊蛰后大地回春，万物复苏。开通中脉则可以逆返先天，于虚空法界之境获得先天一炁的滋养，才能由后天神识升华为先天灵觉，故言：“这等形容人世少，敢称灵显大王威。”丹道命功修持就是对先天一炁的认识以及获取、凝练为最重要的内容。八戒变一秤金是由后天身中的先天元精转化为先天真精灵能，而灵感大王则是由此灵能所生，故八戒叫妖怪：“好乖儿子。”妖邪道：“你原来是半路上出家的”，是言由后天之精起修。八戒道：“你这泼物原来也是半路上成精的邪魔”，是言中脉修持刚好是命功修持的半程，而灵感大王正是此状态的魔相。妖邪说沙僧也是“半路里出家的和尚”，是言由后天精气运行起修。此处《西游记》对妖怪八戒沙僧的兵器都有赞诗，非常重要。《西游记》中的各种兵器都有特定含义，此处不作详论，留在《西游法诀》中展开。八戒、沙僧与灵感大王争斗，喻以元精运化，气脉运行使其显现，再由元神除其魔性，故八戒沙增将妖怪引到岸边。行者便打喝道：“看棒。”金箍棒是先天一炁运化之机，棒打灵感大王，喻以元神主导的返本还元的炁机扭转先天灵觉向后天转化之机，所以灵感大王打不过，“又淬于水里，遂此风平浪息”。可见此法可以平复灵感魔相，但不能除其魔性。八戒献“里迎外合”之计，是要根除先天灵觉而不是除灵觉魔性，故言：“昭他顶门上着着实实一下，等老猪赶上一钯，管教他了账。”灵感大王回到水府，鳜鱼献计闭门不出，喻保此灵觉，故“任君门外叫，只是不开门”，灵潜不出也是不行的。“让他缠两日，性摊了回去时，我们却不自在受用唐僧也。”魔性仍然还在。兄弟三个束手无策，可见有为之法已经不能解决问题，需要以无为之法对治，故行者“我上普陀岩拜问菩萨，看这妖怪是那里出身，姓甚名谁，寻着他的祖居拿他的家属，捉了他的四邻，却来此擒怪救师”。是行静观密察的无为之法。

行者来到普陀山，善财童子上前施礼相谢，红孩儿是先天灵觉的躁动妄心，被观音菩萨收伏，“专侍莲台之下”，专修清净无染之心，故“甚得善慈”。行者道：“你那时节魔业迷心，今朝得成正果”，心得清净无染便是正果。此功全凭元神，故言：“才知老孙是好人也。”本心躁动，即妄心，即红孩儿。现得清净便是善财童子，善财即善于理财，于修持而言就是善于驾驭先天灵能。心既清净归正，那么代表向后天转化趋势的魔相灵感大王也将归正。解此难，除魔相必须要修持静观密察的无为之法。行者着急，菩萨却要他“你且出去，待我出来”。这是言修持火候，此刻不用急要静观。菩萨未梳妆出来，菩萨道：“不消着衣，就此去也。”要修持者不可执着外象，这是明示心法。“菩萨即解下一根束袄的丝绦，将篮儿拴定，提着丝绦半踏云彩，抛在河中”，喻以正念正思拦阻向后天妄念邪思演化，进而逆行还元，故菩萨提着竹篮“往上溜头扯着，口念：死的去活的住”，言向后天转化即是趋死，要去除，逆返还元向先天转化是复生，为活要留住。“那篮里亮灼灼一尾金鱼，还眨眼动鳞”，向后天转化的趋势已被控制，先天灵觉显露出来。

“一尾”，言一炁之尾即后天精气之头。“金”，言其灵性，“鱼”即余，言其残余，灵性不全不纯，即后天神识。“他本是我莲花池里养大的金鱼”，莲池喻清净法界。莲花为清净法象。“每日浮头听经，修成手段”，喻先天灵觉获得智慧从而具有了驾驭之能。“那一柄九瓣钢锤，乃一枝未开的菡萏”，喻修持尚未圆满，虽有花苞，但未绽放出清净圣洁法像，这就是金鱼成妖怪的根本原因。运用不圆满的智慧，必然顺行造化，故言：“被他运炼成兵。不知是那一日，海潮泛涨，走到此间”。大潮由虚空法界流入中脉，因其智慧欠缺，必然顺行造化继续向后天转化，即成魔作怪，故“算着他在此成精，害你师父”此先天灵觉非常宝贵不可灭除，只要阻拦他向后天转化即可，故“织个竹篮，擒他”。菩萨将其带回，即将此灵觉复归虚空法界。行者请菩萨现身是明示修持者功夫至此可见到法身之象，此鱼篮观音所显现的是未曾梳妆的形象，喻修证还未达到圆满之境，更是要修持者不可执象。此象既是菩萨象，更是自家法身之象，故言：“一则留恩”，即明白此阶段修持的重大意义。“二则好教凡人信心供养”，使修持者增加信心努力修持。八戒、沙僧水下救师父见“水怪鱼精，尽皆死烂”，喻妄念邪思尽除，故救出唐僧，大愿复生。行者对陈老道：“下年再不用祭赛那大王，已此除根”，言运行趋势彻底扭转，至此由后天向先天转化已经彻底完成，故“永无伤害”。

通天河中的老鼋即存于中脉之中的先天一炁之灵能，故为“九助灵机号水仙”，其作用是“养气含灵真有道”。水鼋之第为老鼋的住宅，即中脉，是养此先天一炁之灵能的处所，故言“省悟本根养成灵气”。“在处此修行”中脉是狭义修持的重要处所，因其重要，故“被我将祖居翻盖了一遍，立做一个水鼋之第”，喻不使其处于自然自发的状态而主动自觉地修持成为水源，即先天灵能来源和存储之地。“妖邪九年前夺府”，“九年”即久远之前，因邪见而成为妖府。老鼋发誓：“我若真情不送唐僧过此通天河，将身化为血水”，言中脉之灵能如果不用来帮助修持者转化升华，必然转化为后天血水。众人观看老鼋“有四丈围圆的一个大白盖”，圆喻其含盖后天万物的先天法象，“白”喻其纯净无染。老鼋道：“但歪一歪，不成功果。”言出了此圆圈便不在先天境界，自然不成功果。老鼋驮师徒四众过河就是和合四相之法象。行者驭鼋过河喻以神御气。众人在岸上念“南无阿弥陀佛”是言此法象就是成就未来之佛的法象。“真罗汉临凡，活菩萨出现。”修持至此已得罗汉果位，进而修持菩萨行。老鼋道：“我在此间整修了一千三百余年，虽然延寿、身轻、会说人语，只是难脱本壳”，言中脉修持之果为延寿身轻，但仍困于人身，还不能脱离人身进入法界。“万望老师父到西天与我问佛祖一声，看我几时得脱本壳，可得一个人身”，言只有复归虚空本体才能彻底脱离对现象的执着，不受后天人身的束缚。老鼋希望得到的人身，于丹道修持而言就是指阳神成就。三藏允道：“我问。”修持的全部过程、内容就是问此一事。至此修持者完成了后天返先天的功程，丹道称为大丹成就。中脉的开通意味着与虚空法界的连通，后期对先天一炁的凝炼、结胎、炼神修持都于此完成，所以说是命功修持过半。小说的回目至此也是百回之半，可见作者细腻用心。黑水河、车迟国、通天河三段是连续、系统、逆返的过程，明示了洗髓、通督、开中脉的全程，三者本质为一，但因层面、境界不同而展现为三种状态，修持者需要处理的问题也不同。

第五十回

情乱性从因爱欲　神昏心动遇魔头

丹旨：前三回，通天河之难的解除，喻示着修持者以静观密察之法开通了中脉。老鼋驮师徒过河，喻还元之象，表明修持者将要进入虚空之境，这是炼化先天一炁的必然条件，修持者完成了对一炁的驾驭训练后，修持功程才能进入到结胎阶段，故老鼋托唐僧向佛祖询问何时脱壳。中脉开通后为初证虚空之境，是先天一炁运化之地，更是修持者练习驾驭炁机之时。因为是初证先天虚空之境，故很难安住此境，保持如如不动之心而不妄动，从而导致中脉中运行的先天一炁也向后天转化，因此生出魔相，这是炁机运化之象，只有具备了对炁机的认识和驾驭能力，才是开通中脉所带来的丹道修持的正真价值。中脉虽然开通，但心神未能与之相合，导致一炁不能及时滋养阳神，故这一回，开始唐僧就饥饿难耐，要行者去化斋，喻修持者还不具备驾驭先天一炁的能力，无法以此滋养阳神，修持者还要依靠后天精气培补，故行者南去化斋，喻落入后天之境，即化斋。心神落入后天，大愿自然动摇，故唐僧走出孙悟空用金箍棒画的圈子，喻不能安住在此中脉虚极之境。此为心之妄动，背离了如如不动的本心之象，故八戒、沙僧偷穿背心儿。师徒被魔王所擒，喻心若妄动，元精、元气立即生出后天欲望，被后天之境所困。独角兕魔王的本质是中脉中运行的先天一炁的运化之机，因其向后天运化，故为魔王。在先天为青牛，为老君坐骑。魔王要与孙悟空比试，喻此一炁顺行造化之机与返本还元的灵明之性的博弈，明示修持者要能认识、降伏、驾驭此炁机，才能与阳神相结合，即结胎。故本回丹旨为：炁机。

释意：过了通天河喻中脉开通与法界连通，就可以直接获取先天一炁的滋养，这是丹道命功修持中最重要的能量来源，而且是源源不断，心神因此逐渐生长壮盛，因而此刻的心性修持就变得极为重要。丹道修持讲究性命双修。传统丹道有南宗的先命后性和北宗的先性后命两种策略。而《西游记》中提供的是性命交替上升，相互作用的策略，所以本回开篇词曰："心地频频扫，尘情细细除"，这是明示此刻的心性修持方法。"莫教坑堑陷毗卢"，言修持的目的。"本体常清净，方可论元初"，是修持原则。"性烛须挑剔，曹溪任呼吸，勿令猿马气声粗"，是修持的技巧。"昼夜绵绵息，方显是功夫"，言修持火候。作者用这篇词就将此刻心性修持的理法术诀都说清楚了，望读者细细参悟，勤勤行持。这首词牌名《南柯子》，作者用南柯一梦的典故提醒修持者，世间兴衰不过一梦，而修持达此境界者也真切生出恍然隔世之感。这是出离心的真实呈现，是修持境界的体现。

唐僧因见山高："只恐有虎狼作怪，妖兽伤人，今番是必仔细"，心生恐惧心魔必出，故行者道："我等兄弟三人，性和意合，归正求真，使出荡怪降妖之法，怕甚么虎狼妖兽。"这是行者提出的对治策略，但究其根本，在于本心如如不动，何来妖怪，何需对治，因唐僧心动魔相自出。唐僧"远望见山凹里中有楼台高耸，房舍清幽"，要孙悟空"且去化些斋饭，吃了再走"，喻阳神进入中脉的虚极之境，急需先天一炁的滋养，即化斋饭吃，但心若一动，便生欲求，本心便会顺此欲幻化造境，房舍斋饭皆人之所欲，故行者讲出了"蜃楼"幻境，警示修持者不要被已心妄动所产生的幻境所迷惑，故言："此意害人最重，那壁厢气色凶恶"，要见境知心，守往本心。"断不可入"，不可执着幻境，妄心生幻境，幻境必有魔。行者欲去化斋，又回来道："师父，我知你没甚坐性"，心性不稳是每个修持者的问题。修持者首发要明心，然后便是如如不动，心动则万境生。"我与你个安身法儿"，行者用金箍棒在地上画圈，让师徒坐进去。金箍棒是先天一炁之灵机，用它画圈是太极之象、先天之境，是明示修持者以先天一炁护身安身，只在虚极之境中坐定，故言"保你无虞，但若出圈儿，定遭毒手"，在先天万事安，出先天，落后天，妖魔产。唐僧道："我却着实饥了"，唐僧欲动，心神行者必受其役为其化斋，此身心分离之象。

行者："一直南行。"头脑为南，是后天欲望兴盛之处，为后天之境，故行者来到庄上。老者道："往西天大路是在那直北下"。"直北下"即中脉，才是返本还元之路，而"一直南行"是顺行造化之路，所以老者说"你走错路了"。行者离开直北下的正路，反向"一直南行"，是先天落入后天，所见庄景、老者皆是后天身心之态。古树、老翁言其运行久远。老者道："西北风起，明日晴了"。"西北"，言先天，"风起"，向后天的转化，"晴了"，后天之境显现明确。"哈巴狗"，属土喻后天之意，"对着行者叫"，是言先天心神向后天之意的转化，故老者言行者走错路了。行者道："我师父现在大路上端坐"，是言神意内守中脉虚空之境的大路上，"等我化斋"，心神内守虚寂需要能量的补充才能心神大安得定。但唐僧不知应当在虚空之境采取先天一炁来滋养，却因心恐而欲生役使行者，又落入后天为其化斋，喻以后天精气来供养先天心神，故行者道："路远不方便"，是言此法效率太低了。"才淘了三升米下锅"，"三升"乾之三爻，言修持者刚刚获得先天一炁但还不能运用纯熟，故言："还未曾煮热。"老者道："你且到别处去转转再来。"身中虽能生先天一炁，此为内药，但不足为用，但可以借此内药从虚空中吸引无量的先天一炁入身，即招摄外药。行者道："走三家不如坐一家"，是要修持者守住己身，以身中内药招摄虚空外药入身的招摄之法，即化得斋饭。行者"径走入厨中看处，果然那锅里气腾腾的，煮了半锅干饭"，厨喻丹房，锅喻鼎，灶喻炉，行者为火，三升米为药。有了炉鼎火药，自然真气升腾，但尚未圆熟，所以为"半锅"。此刻的炉鼎之法是以身为鼎，心为炉，神为火，真气为药的炉鼎炼丹之法，这是丹道修持的方法之一，也是一种法象。根据修持者状态的不同"炉鼎火药"四者有着不同的内涵，但基本原理不变，只是境界现不同，后面两回讲到"移炉换鼎"之功就又是另一重含义。详细讨论留在《西游道论》中展开。

唐僧等待多时不见行者回来，"欠身怅望"，心神得不到真气的补养是不可能安宁，命为基，性为主。性命双修相辅相成是必须的。心神不宁强行守持静定状态非常困难，心魔也由此而生，故八戒道："却教我们在此坐牢，只该顺路往西且行。"唐僧听从八戒之言离开圈子，喻得不到一炁的滋养自然会脱离虚极之境，遭遇魔难就不可避免，故言："晦气星进宫。"师徒来到楼阁之所，看到的景象完全是一派先天落入后天的景象。"原来是坐北向南之家"，"北"即腹，为后天精气生发之处，"南"即脑，喻后天意识。"门外八字粉墙”，喻落入后天的八卦之境。“有一座倒垂莲升斗门楼”，“倒垂莲”喻法性倒垂，凡心即起。“都是五色装的”，喻五行运化之态。“那门半开半掩”，似有似无的玄牝之门无人能识。“八戒就把马拴在门枕石鼓上”，喻将先天真意拴在后天识根之上。“沙僧歇了担子”，趋向先天的运行停止下来，八戒沙僧的职责颠倒，喻运行的错乱之象。“三藏畏风，坐于门限之上”，“风”即运行趋势的转换，大愿无法判断把握这样的趋势所以“畏风”，只能处于两种趋势的中间，即“坐在门限上”。八戒道：“想是公侯之宅相辅之家。”后天之境无非名利二字，公侯宅言名，相辅家言利。“前门外无人”，前门外即先天之境，门后为后天之境，才是人境，故言无人。八戒道：“想必都在里面烘火。”佛家观人间为火宅，言其危险。丹家言烘火，喻后天妄动之心为燥火，烘即扇动、妄动之意。“你们坐着，让我进去看看”，喻先天落入后天都是由元精的转化开始。八戒见帐里有一堆骸骨，是言此刻修持境界是一片死寂，毫无生机的后天之境。感叹道：“可惜兴王霸业人。”与本回开篇《南柯子》一词相应，警示修持者所谓世间豪杰霸业到头来不过是一堆白骨，都是南柯一梦。八戒拿着“三件纳锦背心儿”，纳锦喻后天繁华景象，“背心儿”即背离了本心，出门对唐僧道：“是一所亡灵之宅”，喻后天之境是消耗能量导致灵性趋向死亡的地方。落入后天便生分别心，占有心，故八戒道：“也是我们一程造化。”落入后天顺行造化是必然结果，故八戒、沙僧要穿背心儿。唐僧以理说服“莫爱非礼之物”，八戒沙僧不听，可见只是一味说理是抵挡不住造化运行的。背离了本心立刻被后天所局限和束缚无法解脱，故“霎时间，把他两个背剪手贴心捆了”，此难自投，此因自造，自然“惊动了魔头”，魔头自成。

魔王问唐僧来因，是要修持者自省分辨魔障产生的原因，忏悔前非。大愿、元精、元气俱已落入后天魔境，只差元神，故魔王命小妖道：“把三人捆了，抬在后边……准备擒拿行者”，若元神也落入昏昧不明，则大愿便消，唐僧肉就可以随意而食了。这也是《西游记》中妖魔捉住唐僧后都不急着吃的丹道含义。山神土地隐象告知行者唐僧遇难。山神土地在《西游记》中的含义是修持者当下的灵明之意，所以山神土地知道妖魔出处，魔难产生的原因。行者不明情况时会叫当地的山神土地出来问寻，就是要修持者时刻保持当下的灵明觉性，以此才能分辨因果。

“金兜山”，金喻人之本心灵明之性，兜原意为头盔，作动词时有迷惑蒙蔽之意，故金兜之意是当本心灵明如如不动时，此兜可起保护作用。若心神妄动，此兜则使心神迷惑。“独角兕”是上古神兽，似犀牛，为雌性，在《西游记》中为老君的坐骑，“独角”，喻道体一炁的唯一性。行者道：“我岂有不寻之理。”修持之事全凭元神主导。行者来到洞口叫战，魔王满心欢喜，“正要他来哩，我自离本宫下降尘世，更不曾试试武艺，今日他来，必是个对手。”魔王来自老君的兜率宫为先天本宫，落入后天是金兜山金兜洞，故为下降尘世。而修持是逆返先天之程，故要由元神主导，所以“正要他来”完成这个任务。修持者开通中脉之后进入虚空之境，要保持静定虚寂的状态。以此涵养先天真意，最忌起心动念。静定之中进入先天之境虽是虚寂，但却是万物并作，灵明觉照的境界。所见为实相真相，这也是八戒见房中一堆白骨的含义。可见独角兕魔王的本质是一炁向后天运化之象，此炁机与行者的返本还元的灵机“必是个对手”。魔王离开本宫是由唐僧走出悟空用金箍棒画的圈子引起。“离宫，出圈”就是由虚寂空性观照一气周流的境界走出，落入后天顽空妄心，趋死的魔境。行者是先天灵明觉性，手中的金箍棒就是先天炁机，合在一起就是以神驭炁，是外在主导者，故大圣上前道：“你孙外公在这里也。”妖魔道：“我在山路边点化座仙庄，你师父潜入里面，心爱情欲，将我三领纳锦背心偷穿在身，见有赃证，故此我才拿他。”点化山庄即境界的呈现，潜入里面即修持者进入境界，“偷穿纳锦棉背心”，落入后天背离本心。“才拿他”，言自然落入魔境，自投罗网。“点化”，即制造幻境，修持者在修持状态中、梦境中会遇到各种境界，有些是法界玄师幻化而成，为的是引导、护佑、加持、考验修持者，指点修持者，故言点化。但也有法界妄灵借此干扰，也有修持者个人心性不纯，自我意识造境迷误其中，特别是在修持者开通中脉之后，此状况会比较多，修持者要心明谨防。而此回魔境是由唐僧心性不纯，不明理法心意妄动所导致。魔王与行者相斗，魔王连声喝彩道：“好猴儿，真个是那闹天宫的本事！”是赞扬先天灵明觉性是破除后天神识的根本。“大圣也爱他枪法不乱”，是对一炁运化之性的赞叹，但一炁运化向后天转化，即为偷丹的魔头，故言“果然是一个偷丹的魔头”。魔王取出：“一个亮灼灼白森森的圈子来”，圈子喻一炁之本象。圈内空无一物喻一炁无形无相，无有形质，言万物万象之空性。“望空抛起”，喻只有在虚空之境才能见此一炁本象。圈子被魔王所用即顽空之性“把金箍棒收做一条，套将去了”，喻炁机被顽空之性所灭。元神不能把握此炁机便不能施展，故“孙大圣赤手空拳，翻筋斗逃了性命”。修持者进入虚空法界后要安住中脉，涵养真意，不可妄动，不然先天之境也守不住，即“可恨法身无坐位”，心意一动，“当时行动念头差”。

第五十一回

心猿空用千般计　水火无功难炼魔

丹旨：上一回，虽然开通了中脉，但是阳神还不具备对先天一炁的驾驭之能，导致阳神得不到滋养，故唐僧饥饿难耐，让悟空去化斋，此心动而役元神之象。此刻修持者已经开通中脉，本应静守虚极之境，但后天妄心一动便引发中脉中先天一炁的运化之机也随之向后天转化，故兜率宫的青牛下降凡尘，成为独角兕魔王，喻此炁机背离天心而妄动的后天魔相，因此八戒、沙僧偷背心儿，师徒自投罗网。行者与魔王相斗，喻以先天灵明降伏此向后天运化的炁机。修持者开通中脉之后，要静定温养神意，不可神意妄动，独角兕大王的本相是老君的青牛，即炁机，故老君养牛、牵牛、骑牛是道体驾驭炁机之意。炁机向后天转化是因神意妄动而导致的，独角兕就是炁机妄动所呈现出的魔相。青牛精手中的圈子善套诸物，喻先天一炁无质无形无相包含后天万物，而后天妄心对此空境产生的执着，谓之顽空，故孙悟空的金箍棒被套走。对治的策略应该是升华而不是压制，以丹道言之为真炁入顶，所以行者上天宫、赴灵山，寻老君就是此过程的艺术体现。故这一回，孙悟空先上天宫查勘借兵，天王、哪吒、雷神、水火星君与魔王相斗，但兵器都被魔王的圈子套走，喻此后天之能也都归于顽空之境，无法破除。孙悟空又遣入妖洞将兵器盗出，喻修持者还是要致虚极之境，以先天灵明之性逐渐恢复觉性，重新掌握一炁之灵机，即拿回金箍棒，此为返还之功。故本回丹旨为：顽空。

释意：大圣战败，滴泪道：“岂料如今无主杖，空拳赤脚怎兴隆！”言不能驾驭炁机就无法战胜妄心顽空。修持者开通中脉后，对后天欲望已经可以降伏，但对于所证到的虚空之境却极易产生执着，而此刻的妄心就表现为顽空。此顽空有两种表现形式，即状态空、心境空，都是一片死寂、了无生机之态，最难对治。因为执空，所以失去了对先天炁机的把握和驾驭，没有了物质基础，单凭神意本身的自我矫正是无法破除顽空魔境的。这样的状态在中丹田修持阶段最易产生，丹道的解决方案是真炁入顶，即身中真炁由中脉进入上丹田的修持，只有这样才能真正进入虚空法界，获得无量的先天灵能，也称为元炁、真精、真铅的滋养，破除顽空复归道体，故行者要“上界去查勘”。体察修持的过程、内容、火候，这也是修持者返观的部分内容，故行者走南天门进入天宫。南天门喻指脊柱与头颅连接处，故见到“广目天王”，广目言其全面深入细致地反观。又见“马、赵、温、关”四元帅，喻对意马的观照、温养是第一关。众仙问行程，行者道：“才有一半之功”，可见开通中脉只是命功的一半之程。天宫在《西游记》中代表着后天神识之境，而神意妄动皆受此影响，也落于此，故行者道：“我老孙一生是这口儿紧些，才寻的着个头儿。”口紧喻元神本心如如不动，只有后天头脑才是妄动之源头。行者见玉帝道：“老官儿，累你。”行者为先天元神，玉帝为后天识神，两者关系非常微妙，纵观《西游记》中玉帝对孙悟空一直是宽厚相待，暗中扶持，喻元神为主，识神为辅。现在行者对玉帝道“累你”，也表明此刻元神也明白了后天识神的辅助作用，不再向后天转化夺取识神之权能，故而礼敬相对，但不失主导，故戏称玉帝“老官儿”。元神和识神两者的关系、作用在修持过程中是非常重要的，修持者必须明白，且正确处理。“不是甚前倨后恭，老孙于今是没棒弄了”，元神若不能驾驭先天炁机，在与后天识神的关系中就变得弱了很多，如果元神再昏昧不明，则只能隐于山林，根本无法与后天识神抗衡，只能自生自灭了。“满天星斗，并无思凡下界”，可见顽空魔境不是由后天识神欲望引起的，故“我老孙也不消上那灵霄宝殿，打搅玉皇大帝”，喻要安定后天神识，不使其再引发妄动，故言“深为不便”，行者即兴作诗，所描述的正是后天神识安宁的状态。修持者若能了却凡心尘欲，则人生便体现出这样的境界，读者细参。玉帝道：“着孙悟空挑出几员天将下界，擒魔去也。”后天识神的辅助之功尽显。行者选托塔天王和哪吒太子相助，天王喻后天神识的运化之意，哪吒为六根六识之能。行者选二者是欲以后天之意之能破除顽空魔境，之后再移炉换鼎上升至上丹田。在后天之境中后天之意之能是可以消除部分后天魔障的，故行者道：“他还有几件降妖兵器。”行者又选两个雷公，又言：“等天王战斗之时，教雷公在云端里下个震捎，照顶门上锭死那妖魔”，此为真气开顶之象，是欲以后天神气运化开通顶窍，引虚空法界真气进入上丹田，此法在修持过程中会有惊雷炸鼎的功象，修持者自知，故言：“深为良计。”玉帝传旨“点邓化、张番二雷公”相助。邓化即顿时转化之意，张番即生长蕃茂之意，二雷公即言是此法的效果，故要“二雷公与天王合力缚妖救难”，是言方法、程序和结果，为系统解决方案。

哪吒变作三头六臂，用六般兵器与魔王相斗是以后天六根六识之能破除顽空之境，但魔王也变做三头六臂应战，是言此顽空再度向后天之境转化，六根六识不仅不能破顽空，反而被顽空所收，故“把六般兵器套将下来”。后天六识之能无法打开顶窍，引真炁入鼎，故雷神道：“早是我先看头势，不曾放了雷捎。”行者又请火德星君相助，喻以神意之用破除顽空，故天王一同出战。天王后天神意，火德为神意之用，行者喊火德星君是“三炁用心者”。“炁”字音同“气”，古音读“即”。下面四点为火底，上面一个无字，“无”字左边多一点。这个字已经将丹道修持最核心的秘密揭示出来了，“火”底表示神识的作用，“无”表示虚无致极的状态。“一点”代表虚空之中的真炁，丹道修持的原理方法结果通过这个“炁”字就清晰表达出来了。“炁”在丹道中也特指虚空中所生的先天一炁。“三”即后天的精气神三者，凝聚升华为一炁。“用心”即炁之运用全凭本心，所以火德星君为神识的机能。“三炁用心者”为神识的作用与结果，故代表后天神意即神识运化的天王与火德星君共同出战，是欲以后天神识运化及作用破除顽空魔境。依然战败被套走兵器，表明此法不通。行者请水德星君助战，走的是北天门，在人身指两耳之孔窍，肾开窍于耳肾属水，故由此处进入去请水德星君。“水”代表能量，故八戒为天河总督。因肾气即督脉中的能量开窍于耳，其六识之能体现为听闻，故遇到“多闻天王”。在北天门遇到“庞、刘、苟、毕”四天将，即“旁流媾毕”。庞即旁，言气为辅。刘即流，言气以运化流动为用。苟即媾，言以阴阳交媾为原则。毕即完毕之功。南天门所见为四元帅，北天门所见为四天将，是言“神为主，气为辅”之意。行者道：“那魔王不是江河之神，此乃广大之精”，江河之神喻指能量的机能，广大之精喻指一炁运化之性。请水德星君助战是欲以能量之能破除顽空魔境。水德星君令黄河水伯助功，黄河水浑浊喻后天精气。行者道："只消半盂足矣"，即言神气各半之意。"就将水往门里一倒，那怪物一窝子都渰死"，欲以后天精气之能破除顽空。"我却去捞师父的尸首再救活不迟"，大愿因此落入后天境界，再从头开始逆返还元，复活不迟。"小神只会放水，却不会收水"，言只会顺行造化向后天转化，不会逆返还元向先天虚空转化。"这场水只奔低流"，后天精气无法进入空境，更不可能破除顽空，只能向后天精血形质方向转化。行者与魔王不用兵器以空拳相搏，是以顽空对悟空，是以参悟空境破除顽空。行者用毫毛变小猴是以元神的随机应变之能相斗。魔王以圈子收毫毛喻顽空灭神变之机。行者道："魔王好治，只是圈子难降"言妄心易治，顽空难破。邓张二雷公道："若要行偷礼，除大圣再无能者。"邓、张二雷公代表先天真气开发之机，他们言说代表着要开启逆返先天之功，之前都是以根识之能，神意之用，精气相辅，参悟空境的后天之法对治顽空。这些策略都行不通，还是要靠逆返还元，在先天境界中解决。

行者变"苍蝇"钻进洞中，苍蝇即藏婴，为隐藏元神之象。变作"獾头精"即"欢头经"，行者为心神主喜，"欢头"是明示修持者若要破除顽空，首先要心生欢喜，是破除顽空的开头之路，心生欢喜才能见到水龙、火马，即神识之用，进而见到靠在东墙壁的金箍棒。东壁喻阳生之处，金箍棒为先天一炁之机，行者拿了铁棒即先天灵觉驾驭一炁灵机，故行者"打开一条路，径自出了洞门"，喻虚空之境可以产生先天一炁，但顽空之境无法留住先天一炁。

第五十二回

悟空大闹金兜洞　如来暗示主人公

丹旨：上一回，孙悟空借天兵降魔，但兵器却被魔王套走，喻后天之能也都归入顽空之境。行者进妖洞盗出金箍棒，喻修持者要致虚极逐渐恢复灵觉，重新掌控炁机，故这一回，行者与魔王再战，魔王便出现疲惫之象，回洞中睡觉，此向后天转化的趋势减弱之象。行者再进洞盗出天神兵器，喻恢复了后天之能。又跨火龙在妖洞放火烧死许多小妖，喻虚极之境生起真阳之火即先天能量，此法虽有功效但还无法破除顽空之境。先天能量的生起必然生出先天觉慧，故孙悟空赴灵山。佛祖以金丹砂相助，却依然无功，喻虽有先天觉慧但无法改变一炁向后天运化之机。此炁机为道体之象，故佛祖之觉慧知道真相能觉察道体，故说出魔王的主人公是太上老君。明示修持者必须修证到道体才能降伏和驾驭炁机，故孙悟空找到老君收伏了青牛，回到兜率宫。至此修持者炁机返还于道体，心神静守于虚极之境，性命皆住于虚空法界而非顽空之境，完成了真炁入顶的修持。再以虚空为鼎炉，以一炁为药物，以神意为炉火，后而将以乾坤交媾之法完成结胎之功。故本回丹旨为：道炁。

释意：行者持棒与魔王再战，是通过对炁机的驾驭破此顽空，故虽不分胜败但魔王已经疲惫，表明先天一炁对顽空之境具有抑制作用。天王道："这一阵也不亚当时瞒地网罩天罗也。"这是暗示此刻修持境界与孙悟空当年被天兵所围等同的。中丹田修持的成果就是开通中脉，因脉解心开见到虚空之境，故易生执着而成顽空，所以对治顽空的唯一办法就是真炁入顶，进入上丹田重新获得对一炁的驾驭之能，才能从根本上破此执着。行者道："似这等掏摸的，必须夜去夜来，不知不觉才是买卖。”言逆返之功必须是致虚极，无知无觉才是行持的火候。行者变“促织”再入魔洞。促织即“簇止”，是攒簇而止的意思，即将后天分散状态转为聚拢，进而运化停止下来，有此基础才能开启逆返还元之功。魔王将圈子套在左胳膊上。左为上，是言此顽空的先天之性。行者“用毫毛变小猴拿着兵器，跨火龙，纵起火势，从里面往外烧来”，喻真阳之气于内生起。“妖精被这火烧死大半”，是以身内阳气生发破除顽空之境，虽有功效但依然不能破除。行者将兵器还给众天神，是言此刻后天神识之能已经恢复。行者详述自家身世一段是对神修丹法的综合概述，极其重要，这段留在《西游法诀》中详细解读。魔王骂行者：“你原来是个偷天的大贼。”偷即盗，同倒，同道。“天”喻道体本心，“偷天”喻返本还元之功。魔头再将众神和行者兵器“尽情又都捞去”，修持者虽然身内阳气生发，后天识神与先天元神合力依然不能破除顽空。至此表明有为之法已经无法对治顽空，故行者提出“且上西天，问我佛如来”。如来为如如不动的本心觉慧，故言：“教他着慧眼观看大地四大部洲，看这怪是那方生的？何处乡贯住居？圈子是件什么宝贝？”欲破顽空，必须以如如不动的本心觉察观照，是以觉慧察明顽空产生的因果关系。

行者来到灵山点看山景，喻指执着空境与唐僧此刻状态相同。这是悟空第一次踏上灵山。灵山代表着虚寂空性，如来是此空性觉慧，喻示着修持者开通中脉后进入虚空法界后第一次见到空性觉慧。故比丘尼尊者叫道：“孙悟空从那里来？往何处去？”这是警示修持者不要再心住空境，不要忘记来处与去处。故行者“急回头看”，这就是解决方案，即要回头，要返本还元。“原来是比丘尼尊者”，言凡是这样去修持的人都是令人尊敬者。行者道：“初来贵地，故此大胆。”初证虚寂空性但旧习尚未彻底转化，执着空境故为大胆。“你快跟我来也”，明修持者不可执着空境，要及早见到空性觉慧。执着空境就是顽空，其有两种表现形式：一、状态中的顽空，即在狭义修持状态下的死寂境界的呈现。修持者打坐时进入静定状态时所呈现出一片死寂了无生机的状态。二、心境性顽空，即广义的修持状态下以空境代替万象生化，更见不到生化之机。如来问道：“你怎么独自到此？”喻只修性者只以其慧见如来是要被佛呵斥的。行者说明来意，如来“将慧眼遥观，早已知识”，喻本心觉慧可以觉照一切。如来道：“那怪物我虽知之。”怪物是执着空境的妄心导致出的顽空魔相。佛家教人悟空，但此空性无法用语言表达，故言："但不可与你说，你这猴儿口敞，传道是我说他。"称孙悟空为猴儿，喻其原始状态。若以后天神识理解传播空性，说是如来本意，必然是错误的，这样错误的认知就会扰乱真正的空性觉慧，使得正法蒙难，故言："他就不与你斗，定要嚷上灵山反遗祸于我。""我这里着法力助你擒他去罢"，喻通过法界之力破除顽空魔境。"金丹砂"，修持者通过中脉进入虚空法界会见到虚空之中有着无量的明点，丹家称之为"丹砂"，修持者将这些能量明点抟聚为一体，即为金丹，所谓凝灵而灵。只修性者虽然进入到虚空法界可以见到这些丹砂但不知抟炼之法，故只能"教罗汉放砂陷住他，使他动不得身，凭你揪打便了"。欲以丹砂之灵明破除顽空。魔王"把十八粒金丹砂又尽套去"，丹砂虽含灵明，但其涣散状态不足以破除顽空魔境，故罗汉道："教孙悟空上离恨天兜率宫太上老君处寻他的踪迹。"老君喻道体，是抟聚丹砂炼化金丹者，青牛精是顽空之心，其本质是道体道炁，故行者道："如今有处寻根去也。"青牛精、兕大王、本性、人心、妄心的根都是道体道炁，老君代表着道体一炁，如来代表着佛性觉慧，本心为道体一炁与佛性觉慧之基，所以《西游记》第一回目就是："灵根育孕源流出。"就是明示对本心的育孕培养才能使灵性发现本源。第二句："心性修持大道生。"心性修持的结果就是觉慧的展现，只有本心才能张显大道。抟炼金丹的过程同时也是心性调伏的过程，只有道体道炁才能真正破除顽空魔境。丹法也有牧牛之法，读者自参。

行者径至"三十三天之外"，为重阳乾卦之象。"之外"喻已超越后天现象层面，达到先天太极之境。"离恨天"，老子言："吾所以有大患，为吾有身，乃吾无身吾有何患？"此后天之身即生恨之源，超越后天现象层面的存在，达到先天虚无太极之境就是"离恨天"。"兜率宫"即堵塞宫，喻通往先天之境的路被堵塞了。只有通过丹道修持才能冲破打开进入虚空法界。行者到兜率宫寻老君，喻元神见道体识道炁。老君问："这猴儿不去取经，却来我处何干？"取经的本质是证得佛性觉慧，老君为道体道炁，故有此问。行者道："取经取经，昼夜无停"，明示火候，更言觉慧遍照从未停止。"我这里乃无上仙宫"，仙宫即先天之境，一片清虚，没有丝毫形质，故言："有甚踪迹可寻？"童子吃了七返火丹，七返火为一阳复来之意，即凝炼先天真意之功。"该睡七日"，功完应当温养，是一阴来姤之意。"那孽畜因你睡着，无人看管”，一阴来姤的本质就是对后天神识的调伏。“无”即空境，“人看管”即执着。“遂乘机走下界去”，执着空境便落入后天境界。“止不见了金钢琢”，在先天金钢琢为无极之象，落入后天就是圈套，为顽空之象。“当时打着老孙的是他”，本心灵明的调伏就靠此先天无极境界。“金钢琢乃是我过函关，化胡之器”，无极道体是佛性觉慧的根基，谓之化胡之器。“自幼炼成之宝”，自幼喻其源自本初。“若偷去我的芭蕉扇儿，连我也不能奈他何矣。”芭蕉扇为成风之器，喻顺行造化之机，佛性一旦落入顺行造化之中，道炁也随之转化，故言不能奈何他也。

老君道：“牛儿还不归家，更待何日？”道体驾驭炁机，可息灭妄心，破除顽空，以道体为根基，故青牛精言：“访得我主公来也。”老君“念一个咒语，将扇子搧了一下”，以道体为根，老君搧扇便是驾驭一炁运化，故“那怪将圈子丢来，被老君一把接住”顽空复真空，“又一搧，那怪力软筋麻，现了本相，原来是一只青牛”，后天返先天。“老君将金钢琢吹口仙气，穿了怪的鼻子，解下勒袍带，系于琢上，牵在手中，跨上青牛背上，驾彩云，径归兜率院。”以无极虚空之境调伏人心，穿鼻牵牛，喻调伏手段不可缺。此时调心之法修持者可参看“九鼎炼心”之法。凡心终结于虚空无极之境，圣心方可重显，才有可能于此境而开启结胎之事。

第五十三回

禅主吞餐怀鬼孕　黄婆运水解邪胎

丹旨：上一回，青牛精被老君降伏回到兜率宫，喻因后天妄心引发中脉中的炁机妄动，所产生的顽空魔境得到解除，炁机归于道体。心神静守虚空，这是中脉涵养的原则。有此基础修持者才能以乾坤交媾之法完成结胎的修持功程。这一回，师徒先来到子母河边，此河喻人身中周流运行的任脉，是养育人身之脉，故唐僧八戒喝了河水而怀鬼孕邪胎，喻此脉的运化是向后天转化。修持者开通中脉后要将先天炁引入身中，转化后天精气即解邪胎，故行者来到解阳山落胎泉，向聚仙庵的如意真仙求取泉水，喻真炁入身所化生的甘露。修持者能饮此甘露泉水则后天经脉中运行的精气将得到转化，故唐僧八戒饮泉中水解除了邪胎，表明身中运行的精气得到了净化，运行的趋势被扭转，为凝结圣胎提供了良好的基础，故本回丹旨为：净脉。

释意：上回开篇言："心地频频扫，尘情细细除。"是言净心的方法。本回开篇言："德行要修八百，阴功须积三千。"是言火候。"均平物我与亲冤"，言打破一切局限，与万物融为一体，更无情感差别，"始合西天本愿"，这样才是觉慧的状态。"笑把青牛牵转"，对道体道炁才有了把握，返本还元归于本心，故言"老君降伏却朝天"

金兜山神土地献饭，是言当下心意灵明，自然生化精气供养身心。"因你等不听良言，误入妖魔之手。"警醒世人不可将圣真之言弃之不听、不信、不行。"莫辜负孙大圣一片恭孝之心"，更不可辜负元神的生生之德，此心人人有，却少有几人知。行者道："只因你不信我的圈子"，本心圆明是为至善，可保性命但无人肯信，"教你受别人的圈子"，只能落入后天的局限性，受其束缚，成为魔难。“多少苦楚，可叹！可叹！”局限无处不在，各式各样，无量的苦难难以解脱。作者见世人之苦感叹万分！心生慈悯，著《西游记》欲点醒世人，及早脱离苦海。行者骂八戒：“都是你这孽嘴孽舌的夯货，弄师父遭此一场大难。”孽嘴喻后天神识之用，孽舌喻后天饮食之欲。三藏言：“下次定然听你的吩咐”，这是后天识神归顺先天元神，主辅关系捋顺了。“小神知大圣功完，才自热来伺候”，本性调伏之后，当下之意自然灵明，精气自生，即饭自热。

师徒继续西行，又值早春天气，“阳回大地柳芽新”，喻示着真阳之气进入后天人身转化后天阴质。“子母河”，喻人身之任脉为阴脉，故由老裙钗摆渡。督脉为一身阳气生发之处，而任脉的作用是运化此阳气化育后天人身，故称任脉，同妊之意。唐僧八戒代表着后天人身，他们正是由此水而生长，故见此水自然口渴，必饮河水。“母”喻先天一炁，进入后天人身中转化为后天精气，称为“子”，故有“母隐子胎”之说。因此喝子母河水，喻一炁向后天转化，故称怀鬼胎。因受其滋养，后天人身得以生长，故“渐渐肚子大似有血团肉块”，此为饮子母河水而孕，即为后天人身的孕育生长之意。此刻虽然修持者中脉开通，真气贯入，但尚未流布周身，因此任脉中所运行的还是后天之精，化育成后天血肉孕育后天人身。

唐僧八戒饮了河水而怀孕，八戒哼道：“如何脱得出来？”是问如何扭转这样的趋势，行者道：“瓜熟自落”，即顺行造化。“一定从胁下裂个窟窿钻出来”，胸胁之下是人心所在之处，“裂个窟窿”，是言人心破漏，由先天圆满灵明变成散乱昏昧而外驰，即“钻出来”。先天落入后天，故八戒说“死了，死了”，是言这是趋死的模式。转化任脉中的后天精气，进而转化后天人身，这段功夫是结成圣胎之前必需的基础准备，为净脉之功。若不知此功就如沙僧所言：“错了养儿肠，弄做个胎前病。”婆子为师徒指引解救的办法道：“正南街上有一座解阳山，山中有一个破儿洞，洞里有一眼落胎泉。”“解阳山”，喻指头顶，此处为阳气汇聚之处，但也是极处，督脉由此转而向下进入任脉，阳气化为阴气，故为“解阳”。“破儿洞”即鼻咽部，真气化为甘露真水由上腭下滴，即为“落胎泉”。“泉水”即后天精气转化为甘露真水，这是后天精气转化之象，是结胎的基础，即脱落凡胎，故言：“须得那泉里水吃一口，方才解了胎气。向年来了一个道人，称名如意真仙，把那破儿洞改作聚仙庵，护住落胎泉水，不肯善赐与人，但欲求水者，须要花红表礼，羊酒果盘，志诚奉献，只拜求得他一碗水哩。”修道之人知道任督转化之道，将顺行造化向后天转化的窍穴破儿洞，逆转为复返先天之处，故为“聚仙庵”。“护住落胎泉”不使其向后天转化，只有诚心的修持者才能在此获得由先天之气转化出的甘露真水，只有此水才能转化后天精气。行者欲去取水，吩咐沙僧：“你拿出旧时手段来”，即保持现有的逆返先天的运行状态不可退转。

行者来到解阳山，见到“小桥通活水”，是言上鹊桥。舌为桥，倒卷上抵接甘露，即通活水。任脉不同于督脉，其运行若琴弦，细而多条，故“却见那真仙抚琴”。那真仙“听得孙悟空名字，却就怒从心头起，恶向胆边生”，可知此真仙是妄心之相，其本质是先天一炁聚于头顶之象，故称真仙。但其只知聚气，不知运用，此气转化后天精气，此为邪见错念，故后文称其为妖仙。他手中持一把“如意钩子”，喻口中之舌，即舌头倒卷，上抵于腭之法。妖仙问：“你来访我怎的？”行者道：“拜求一碗落胎泉水，救解师难”，是明示此段功夫的作用。妖仙为错念、邪见之相，红孩儿是妄动躁心，神之妄动皆由邪见而生，故言：“红孩儿是其舍侄”，此处文中又称其为“先生”，即先于之前发生之意。“我舍侄还是自在为王好，还是与人为奴好？”以恣意妄动为自由自在为好，不知遵道守德，此为最大的邪见、错念、妄心。行者与妖仙争斗是以元神正念矫正错念，完成任督循环，而获得先天一炁所生的甘露真水。“先生败了筋力”，错念不敌正念。“倒拖着如意钩往山上走”，喻舌头倒卷上抵，“那先生也不上前拒敌，只是禁住了，不许大圣打水”，喻错念不除真水不生。行者想道：“且去叫个帮手来”，喻仅以神取不行，要以意运取水，故行者回去要沙僧相助回去取水。沙僧道：“带两条索子去，恐一时井深要用。”井中之水为先天一炁所化甘露，为乾之阳爻，而借此一炁转化后天精气人身，为坤之两段阴爻，故要两条索子。“你待我两交战正浓之时，你乘机进去取水就走。”元神主导破除邪见，但接此甘露真水还要以神意运化而成，这是法诀、火候读者细参。“必然是三藏胎成身重埋怨得紧”后天人身积重难返，修持者要急早下手。行者与真仙再斗是言神气交媾之态，交媾即生真水，再以意取之、运之，故沙僧来到井边打上水来，驾去云道：“我已取水去也”，气聚才能有水，故言：“饶他吧。”行者道：“我本待斩尽杀绝，争奈你不曾犯法。”聚合一气不为错，错在不知借此气转化后天精气。“二来看你令兄牛魔王的情上”，牛魔王为先天灵性的魔相。“正是打死不如放生”，喻不可斩断任督循环，还要聚气，并借此气解放灵性，使其上升复归本元。行者将如意钩折为四段，是言以舌倒卷上抵于颚接取甘露之法是错误的，真正的取水之法是以神意运化来取。后面赞颂真水调伏真铅、真灵之诗，就是法诀，留在《西游法诀》中详解。

任督循环只是运行模式，传统丹道都以后升前降或前降后升来描述，但这也是一个方便说法，而其真实的运行要复杂得多，其运行运化类似于后天人身中血液循环的动脉和静脉，是个系统性的结构。任督循环其最重要的是其中运行乘载的精气的性质，是先天一炁，还是后天精气。中脉未开通前其中运行的是以后天水谷之精和先天之炁混杂为主，中脉开通之后先天一炁由虚空之境进入中脉，由督脉入顶再进入任脉，而转化后天人身，这就是落胎泉水解唐僧、八戒胎气的真实含义，故言“细细的吃，只消一口，就解了胎气”，此言真炁入身之火候。“若吃了这吊桶水，好道连肠子肚子都化尽了”，言甘露真水若能保证源源不断，足够量就可以彻底转化肉身。唐僧八戒大小便齐流，是转化后天杂质之象。师徒说要洗澡是言转化完成后要行沐浴温养之功。老婆婆讨要泉水，将泉水“装于瓦罐之中，埋在后边地下”，喻甘露真水藏于瓦罐这样后天杂质之中“埋于后边地下”，喻藏于身后命门之处。此甘露真水是维持生命之水，故婆婆言：“这罐水够我的棺材本也。”本回讲述了先天真炁进入任脉，转化后天精气的过程，故文末言：“洗净口孽身干净，销化凡胎体自然。”

第五十四回

法性西来逢女国　心猿定计脱烟花

丹旨：上一回，唐僧八戒饮子母河水而怀鬼孕，喻身中经脉运行的都是后天精气，是顺行造化的趋死之势，故孙悟空去解阳山寻水，欲扭转这样的趋势，将真气引入身中化作甘泉，再由代表返本还元运化的沙僧将泉水运回，喻转化后天精气，是净化经脉之功，故化解了唐僧八戒的邪胎，喻修持者真水周流运化、转化后天人身达到"销化凡胎体自然"的状态。周身气脉清净为纯阳之境，之后必然要与先天灵性相合，进入到复归一体，即结胎的修持阶段。道体是一，本心圆明为先天，但圣心妄动便生昏昧散乱而落入后天，分为阴阳，在人为男女，在后天之欲表现为男女性欲。修持者在返本还元过程中的阴阳和合阶段，必然要面对性的问题，性是人之大欲，故有"法性西来逢女国"之关。修持者若顺行造化，后天性事所结为凡胎，表明不能过此关则不能返本，若能明白性的本质机理并善用其机，则可以成为返本还元之法，所结为圣胎。这一回，西梁女国的主旨就是对神秘的阴阳丹法的艺术展现。"心猿定计脱烟花"就是阴阳丹法的策略与效果。女王向唐僧求亲，即后天男女性事。修持者借此行返本还元之功，即孙悟空定计。这是阴阳丹法的上半程，是借外色来炼化，为外阴阳，以炼炁为重。下一回蝎子精摄走唐僧为阴阳丹法下半程，是借内欲而炼化，为内阴阳，以炼神为重。两段相合为阴阳丹法的全程。"西梁女国"，喻女子之身，西为还元之意，梁为桥梁之意，喻借助女身为返本的桥梁。修持者借此身可以行返本还元之功，其作用如同桥梁，故称西梁，即向西之桥梁。"迎阳驿"喻指女子阴道，为阴阳交媾之处，故称"迎阳"。"照胎泉"喻女性经水。"若照得了有了双影，便就降生孩儿。”双影在后天即精子卵子，在先天即灵性灵能，都是阴阳交媾合而成胎。此阴阳相合复归一体之关。故本回丹旨为：假亲。

释意：师徒来到西梁女国，唐僧道：“汝等须要仔细，谨慎规矩，切休放荡情怀，紊乱法门教旨。”此言阴阳丹法修持的原则。“放荡情怀”即本心散乱昏昧，此为由先天落入后天的原因，修持者要仔细谨慎坚守本心圆明即教旨。“城中妇人见师徒前来，都来相见”，孤阴不生，阴见阳至，必求相合，这是由复归一体这最根本趋势和最底层逻辑决定的，此是天机，故“整容欢笑道：人种来了”，言顺则生人。修持者则逆用成真，经过前面功程已经是真炁充盈周身，此为纯阳之境，因此必然要与先天灵性相合，逆则成仙。

八戒乱嚷，“我是个销猪”，八戒为元精，主生化，销猪则是丧失生化之能，此喻以消除元精的生化之机来抵消交媾的可能，这是邪见，故言“乱嚷”。行者道：“呆子，莫胡谈。”骂执此邪见者为呆子，宣扬此邪见为胡谈。“拿出旧嘴脸便是”，展现出元精本性，但多数人不识此性，见到真相反倒“把那些妇女唬得跌跌爬爬……都看唐僧”，只认表象不认本质之态，后面便是对阴阳丹法的直接描述，作者写得极其隐晦，我注解也不敢太直白，只能点到为止，读者自参。“迎阳驿”，暗指女之阴道。“照胎泉”喻指子宫排卵，故沙僧言：“二哥你却去照胎泉边照照，看可有双影。”是言元精化生的精子与卵子相合可生凡身为双影。八戒道：“我自吃了那盏落胎泉水，已此打下胎来了，还照他怎的？”落胎泉水为先天真炁进入身中化成的真水。转化了后天凡精，不再生成生殖之精，因此不会再与后天卵子交媾而生人身。三藏道：“悟能，谨言。”此处称其为悟能是叫修持者参悟此中机能，但不可随意传播。修持者修持至此确有此功效，性欲不起，浊精不生，不再为此困扰，而此刻师徒一体，于后天境界喻男性阳具亢盛之态。驿丞道：“爷爷宽坐一时”，此言修持者不可用急抽添，要宽坐静待。“待下官进城启奏我主倒换关文，打发领给，送老爷们西进”，喻阴中静待宝信。修持者静观炁机微妙变化，借此炼化本心圆明，即倒换关文，才能继续前行。“三藏欣然而坐”，言修持者此刻心态，也是具体方法，详解也许可以在《西游法诀》中透露，但要看机缘。

“女王闻奏，满心欢喜”，修持者欣然静待征候的出现，而彼家“满心欢喜”就是征候。“金屏生彩艳，玉镜展光明”，此刻修持者已有部分眼通，具有观气之能，故能见彼家周身光气之变，见此光辉生起说明彼家丹气发动，故为“喜兆”，即宝信生。“女王”，为彼家卵子，所居宫殿喻彼家卵巢。女子有月经后，卵子每月而生，即“我国中自混沌开辟之时”，言先天落入后天分化出阴阳之时，即女子月经出现之时。“累代帝王，更不曾见个男人至此。”帝王喻卵子，男人喻精子。“幸今唐王御弟下降”，御即欲，言在性欲的支配下来到，“想是天赐来的”，造化顺行的必然，“与他阴阳配合，生子生孙，永传帝业”，此阴阳配合为后天交媾，化生人身，由此人类的繁育便永远延续。可见女王之喜之欲，皆为后天之境，故女王道：“把他徒弟与他领给倒换关文，打发他往西天，只留下御弟有何不可？”三个辅助修持者返本还元的因素都不要，只留下性欲之弟，自然向后天转化。“太师”主管朝纲喻后天之意，故由“太师作媒”。迎阳驿丞主婚，言以处所之觉受为主导。“先去驿中与御弟求亲”，喻凡夫男女相亲皆于驿中见欲弟。“待他许可”，喻生殖之精产生，“寡人却摆驾出城迎接”，喻卵巢排出卵子与精子相会。

“师徒们在驿厅上正享斋饭”，喻彼家真气放出，对修持者具有滋养功效。行者道：“不是相请，就是说亲。”阴阳丹法不仅适用男性，女性也可借用，其理相同，故有神仙眷侣之说，故言相请。双方都借此理逆返还元就是相请，顺行造化所生的后天性欲即是相亲。行者道：“师父只管允他，老孙自有处治。”心正、明理、知法者自然可以修持阴阳丹法，即“只管允他”，但关键是元神灵明主导。女王所求是顺则凡，行者所作为逆则仙，通过男女交媾的外在形式，利用内在的天机，辅助完成返本还元之功的方法即阴阳丹法。心正则为丹法，心邪则为淫邪，故古人讲述都隐晦，不公开，不普传，只传有缘之人。太师说媒是以后天之意引导向后天转化，促成后天男女交媾再生人身，而且已经产生部分效果，故“长老越加痴哑”。八戒也道：“留我在此招赘吧”，喻元精将要为转化凡精而性欲产生。太师为后天之意故只看重后天色象，故对八戒道：“但只形容丑陋，不中我王之意。”行者道：“呆子，勿得胡谈”，喻元神及时出面阻止向后天转化趋势，“任师父尊意，可行则行，可止则止，莫要耽搁了媒妁工夫”，喻修持者要在此过程中知行知止，把握火候，这火候包括自家与彼家两家之火候。这个就是神意的作用，丹法称为黄婆，即媒妁工夫。三藏道：“悟空，凭你怎么说好。”言此功识神必须听从元神主导。行者道：“那里再有这般相应处？”阴阳丹法的妙处就在于男女之间自然相应相配，因为这个特点修持的效果要比清修效果好且快。作者在子母河后安排女儿国的情节，借此传出阴阳丹法之妙，是明示要修持此法要在开通中脉，真水周流清净身心之后才能修持，没有此基础，阴阳丹法断不可行，也没有资格和能力，行也无效。行者答应太师是借假修真的策略。八戒要吃酒席喻借彼家真气养自家之丹，阴阳丹法在炼气的层面是双方气机交融，互补互成的过程，丹法称“以人补人”。在炼神的层面则是借此法调动心神大动而炁机大显，再借此大动而炼神至静定圆明，引导彼家炁机与自家丹炁相合，故阴阳丹法对彼家的年龄身体状况、灵性程度都有严格要求，再加上自家的修持基础，还有所处时代、社会环境、观念以及外在物质条件、因缘聚合等这些条件都具备才能修持阴阳丹法，故此法极难行，并非世人所想男女交媾就是阴阳丹法。行者道：“只是到此地遇此人，不得不将计就计”，喻功程至此，这是必然要面临的问题以及对治的策略。功夫至此，修持者会表现出性欲旺盛之态，对性欲的转化和利用是丹道修持者必须解决的课题。性欲出现的本质是道体本心分裂为阴阳，在人为男女，但道体本心是一体圆明的，因此分裂后产生的万事万物运化现象的根本原因，其底层逻辑和原始趋势就是合一。趋向合一是最根本动因，阴阳相合复归一体就是这种趋势的体现。男女交媾的动因也是合一趋势在后天人身境界的体现，这也就是性欲的本质，但世人沉迷于性的觉受而不见其真，故男女交媾在后天境界异化为顺则凡而生人身。现在修持者已经达到了这个阶段，必须面临这个问题和选择，应该借此形式完成真正的合一，逆返先天，复归道体本心。性不是问题，问题是如何认识并正确地处理和善加利用。性只是裂象，在合一的根本趋势下后天人身的生理乃至心理表现。修持者若不能明白此理，不能解决性的困挠便不能复归一体，继续修持，故言：“你若使住法儿不允他，他便不肯倒换关文，不放我们走路。这一国的人尽打杀了”，喻只以戒色禁欲为方法，“诚为不善了”，言不是好的办法。三藏道：“我怎肯丧元阳，败坏了佛家德行，走了真精，坠落了本教人身”，这是提示修持者明阳丹法的危险之处。“丧元阳”即本心散乱昏昧，“走真精”即先天一炁化为后天气。行者道：“摆驾出城接你”，喻卵子出宫，彼家真情已动，自身真炁随之而出，即“问女王取出御宝印信来”，此刻修持者采之、用之，将彼家真阴与自家真阳于静定状态下，于虚空处相合，转化为先天一炁，再收摄归于自家完成合一，即“宣我们兄弟进来把通关文牒用了印，再请女王写个手字花押，佥押了交付与我们，……哄得他君臣欢悦，更无阻挡之心，亦不起毒恶之心”，此法彼家也受益且欢喜。“老孙却使个定身法儿，教他君臣人等，皆不能动”，阴阳丹法可使彼家生起身中大乐，故言“定身法”。自家就可以抽身退出，即“我们顺大路只管西行，行得一昼夜，我却念个咒，解了术法，还教他君臣们苏醒回城”，言阴阳丹法产生的大乐可持续很长时间。阴阳丹法彼家虽有真气损耗，但不伤生命，也使彼家获得大乐，因彼此炁机交融，彼家生命也将获得滋养。修持者于此可以主动炼补元神是最大的受益者。若双方修持境界相当则更加相补互益，彼此成就，那真就是神仙眷侣。行者的“假亲脱网”之计就是阴阳丹法的修持策略，确实一举两得，故“三藏闻言，如醉方醒，似梦初觉，乐以忘忧，称谢不尽”。行者之计已将阴阳丹法的精髓全部说出，正如刘一明真人所言：“借他宝信炼元神。”

女王出城见唐僧：“不觉淫情汲汲，爱欲恣恣。”彼家情动之态。三藏闻言“面红耳赤，羞答答不敢抬头”，喻后天神识自我控制欲望之态。“呆子看到好处，……不觉的都化去也”，喻因自家情动，元精也被调动开始转化。女王扯三藏上龙车，唐僧不肯，行者道：“师父切莫烦恼”，戒女色为佛家戒律，不知道善用之法，唐僧自然为此烦恼，但丹家却要善用为丹道修持服务，故言：“这般富贵，不受用还待怎么哩？”三藏：“强整欢容移步近前”，喻行抽添之功。在这过程中：“女帝真情，指望和谐同到老。”这是后天鱼水之欢，而修持者则是“圣僧假意，牢藏情意养元神”，为逆返先天之功。八戒要吃喜酒是将彼家溢出真气收摄炼化而转化己身。“请御弟爷爷登宝殿，面南，改年号即位”，喻卵子受精复归子宫，新生命诞生。八戒宴席间道：“莫只管贪杯误事，快早儿打发关文”，警示修持者不可贪执性事之乐反而误事，炼气养神为重，尽早通关。女王看关文：“上有大唐皇帝宝印九颗。”言九鼎炼心，宝象国印为还丹，乌鸡国印为结丹，车迟国印为通督，女王看过牒文之后，“写上孙悟空、猪悟能、沙悟净三人名讳，却才取出御印，端端正正印了，又画个手字花押，传将下去”，喻彼家宝信已收，元神元精元气的转化至此纯熟，可以通关前行了。

师徒出城要继续西行，女王不舍唐僧离去，是要维持顺行造化向后天转化的趋势。八戒道：“我们和尚家和你这粉骷髅做甚夫妻？”佛家有以白骨观来消除性困扰之法，将女色做骷髅观，由此性欲渐消。“沙僧却把三藏抢出人丛，伏侍上马”，以真意运行代替阴阳丹法之功，至此修持者当抽离出来，独自专笃静心，运炼心神。

西梁女国一回，是借外色而炼化自家神气的方法，即阴阳丹法的双修之法，但这只是前半程，后半程是在此基础上引出自家内欲，即自家身内之阴再次炼化，这是阴阳丹法的清修之法，但也是阴阳丹法产生效果的延续，故路旁闪出女怪喝道:“我和你耍风月儿去来”，“把唐僧摄将去了”，内欲生起无形无象，故无影无踪。“脱得烟花网”外危易除，“又遇风月魔”，内欲又起，内欲的本质是阴阳和合归一炁的趋势的现象表达，所以此怪来自灵山，喻圣心妄动成为怪，降伏此怪才能奔赴灵山。

第五十五回

色邪淫戏唐三藏　性正修持不坏身

丹旨：上一回西梁女国国王向唐僧求亲，喻后天男女性事。性欲的本质是阴阳相合，还本归一，是内在的根本性的趋势在后天生命领域的反映。在后天之境，精子卵子相合，可生后天人身，修持者若知此机，行返本还元之功，可以通过男女炁机交融互补互成，培补真炁，并于此心神大动之境，煅炼心神静定圆明，不再对外色贪执，即孙悟空所定假亲脱网之计。此为阴阳丹法的上半程，为阴阳双修丹法，但修持者内在的阴阳依然存在，故依然会有性欲由内而生，而且阴阳双修丹法对修持者和彼家，乃至社会伦理环境都有着严格的要求，不是普世之法，祖师慈悯，将阴阳清修丹法留传世间，为绝大多数的修持者提供了解决办法。阴阳双修丹法其效快，但外部条件严苛，不适合普传，阴阳清修丹法虽然成效慢，但基本不涉及外部条件，所以适合普传。修持者若有条件以阴阳双修丹法为基础，再进行阴阳清修丹法修持，其效最佳，此修持为外阴阳和内阴阳修持丹法。修持者依据自身机缘择法修持，故这一回，揭示了内阴阳丹法也称阴阳清修丹法。蝎子精将唐僧摄走，喻内欲生起之害，故行者八戒也被蝎子精蛰伤。修持者对此内在性欲的生起要静观密察才能知其因果，故观音现身指点孙悟空上天宫请昴日星官降伏蝎子精。星官住在光明宫，喻修持者即将修证到大光明生起之境，因此昴日星官是大公鸡，喻报晓光明将至之象。修持者内在分裂之心已经熄灭，分裂之心引发的内在性欲自然消除，故蝎子精听到鸡鸣声便死在坡前。至此阴阳丹法全程功完，修持者复归一体本心。故本回丹旨为：欲息。

释意：“色邪淫戏唐三藏”，色邪即内在性欲的生起。性欲的产生根源是因为生命的本质是一体圆明，但因落入后天分裂为阴阳。一体圆明是阴阳乃至万有万象的本质，因此是终极引力，而阴阳乃至万有万象趋向合一复本就成为内在的必然，这也是世间有修道之事的根本原因。性欲就是生命层面趋向合一的生理表现，但问题出现在趋势发展方向上的分别，由分裂回归一体，就是返本还元的趋势，复归先天为真。因昏昧导致一体分化散乱，就是顺行造化的趋势，落入后天为假。将性欲运用到返本还元的趋势上就是阴阳丹法，若用在顺行造化落入后天境界，趋向后天就是淫邪，故“色邪淫戏唐三藏”讲的就是这个危害，解决办法就是“性正修持不坏身”。性正即保持一体圆明的本性如如不动，不落入向后天发展趋势中，即不坏身。摄走唐僧的女怪是圣心妄动而导致的分裂之象，为裂象之阴，阴必求阳，合一而复本，故要摄走唐僧。要风月喻落入后天性欲，心有所动即生运化，故沙僧最先发现。气运一动自然带动元神元精而动，故行者道：“快驾云同我赶师父去来。”性事相同但用处不同，则结果是天壤之别，故“西梁国君臣女辈，跪在尘埃”，而师徒则是“白日飞升的罗汉”，女王自然觉得惭愧，顺则凡逆则仙，只在中间颠倒颠。

妖怪住在“毒敌山”，毒即独，内欲生起导致修持者纯一独在的圆明本性被破坏分裂，故此内欲为本性之敌。儒家有慎独之功，就是要坚守这圆明本性，而此欲对修持者的危害极大。虽然女怪求阳交合，本质上是合一趋势使然，但修持者若顺其性欲，则心性妄动而分裂，必然再度落入后天男女之欢，所以修持者要战之若敌，不仅要拒之，更要灭之，故此山为“独敌山”。琵琶形若毒蝎，以形喻其害，蝎子精喻其毒。本回所述就是阴阳和合消除裂象，归为一体成就大光明之象的过程，丹道称为乾坤交媾。“八戒无知，上前就使钉钯筑门”，喻以戒律消除性欲，解决阴阳分裂之象。此裂最顽固的表现就是男女两性内生的性欲。阴阳为最初之分，因此合一的势能最强，故性欲为人之大欲。通过戒律和道德批判强行压制是不明其理，是不可能从根本上解决的，因此行者止住八戒道：“方遇此门，又不知深浅如何，倘不是这个门儿，却不惹他见怪？待老孙察个有无虚实，却好行事。”言修持者不可妄动，要明理察乱，方可下手。代表运化的沙僧大喜道：“正是粗中有细，果然急处从宽。”这是言火候。

行者进入洞中见女怪端着一盘人肉馅荤馍馍和一盘邓沙馅的素馍馍给唐

僧。“人肉馅”代表性欲向后天转化为人心，是昏昧之象，故为荤馍馍。“邓沙馅”喻将散乱的豆沙，包于一体之中，故代表向先天转化为道心，纯净无杂故为素馍馍。行者暗叹道：“师父中毒了。”修持者被性所困，有几人能解脱？女怪言：“我与你做个道伴儿。”言一阴一阳谓之道，只在趋势上定真假。三藏默想道：“此怪比那女王不同，女王还是人身，行动以礼。”阴阳丹法前半程借彼家人身，按照理法修持，有益无害。“此怪乃是妖神，恐为加害”，女妖本质是心神妄动而生出的阴阳裂象，裂象必然导致散乱昏昧的趋势，故为妖神。圆明本心最易受其害，故唐僧“只得强打精神”言从后天意识的警觉入手，不可顺其欲。“贫僧吃素”，喻返本还元，守住本心圆明。女怪“将一个素馍馍劈破，递与三藏”，喻打破本心圆明，劈开一体道气为阴阳两半。三藏“将荤馍馍囫囵递与女怪”，喻人心不可散要聚，要阴阳和合回归一体。三藏道：“我出家人，不敢破荤”，言修持者不可散乱昏昧，要时刻觉察圆明。妖怪道：“你出家人不敢破荤，怎么前日在子母河边吃水高，今日又好吃邓沙馅？”吃子母河水化育后天人身，吃邓沙馅是落入散乱之中，此两者皆是落入后天为破荤。三藏道：“水高船去急，沙陷马行迟。”水高言后天精气盛则快速向后天人身转化，沙陷喻后天神识陷入散乱之中则神识昏昧，此两者是落入后天即破荤的根本原因，故行者“恐怕师父乱了真性，忍不住，现了本相”。三藏与女怪的对话即是明察内欲生起的原因，先天元神自然生起，故行者现了本相。女怪骂道：“怎么敢私入吾家，偷窥我容貌！”只有元神可以辨识其魔性，即后天性欲搅乱先天本心圆明，故“怕师父乱了真性”。那怪道，“孙悟空，你好不识进退”，言要知乾坤交媾有进退之法，“我便认得你，你是不认得我”，女怪是阴阳所生，故认得孙悟空，而行者认不出来。“你那雷音寺里佛如来，也还怕我哩”，女怪代表向后天转化的性欲，而代本心觉慧的佛如来也怕被这样的趋势所破坏。行者、八戒与女怪争斗，诗言：“阴静养荣思动动，阳收息卫爱清清”，修持者真水周流于身，转化后天人身为“阴静养荣”，达到了真阴真阳境界后，合一返本的趋势、动力发动而强劲，但此大动却有两个方向趋势，即顺行造化和逆返还元，故言“思动动”，如何选择，修持者自知。修持者息心防卫，对此爱欲认知清楚，清心相对。前半句是明理，后半句是修持法诀。女怪使“倒马毒桩”，马为真意，即逆返先天合一之意，“倒马”即与之相反之意，即顺行造化落入散乱昏昧之意。

此意最为狠毒，元神首先受到影响，故先“把大圣头皮扎了一下”，元神受其毒害，由此转化为后天识神，则入世间苦海，故行者叫喊：“苦啊，忍耐不得，负痛败阵而走。”元神退，元精自然也退，八戒“拖着钯彻身而退”，可见以元神、元精之能不能扭转其向后天转化的趋势，反受其毒，而且是从元神受损转化开始，故八戒道：“你倒弄个脑门痈。”行者讲述妖洞中所见，沙僧道：“这泼贱也不知从那里就随将我们来，把上项事都知道了！”“泼贱”，落入后天为贱，复归先天为贵。分裂是如何开始？趋向后天从何时开始运行？这些不可不知，不知则不能除怪，就不能复归合一。

女怪回洞携定唐僧：“且和你做会夫妻儿，耍子去也”，喻以性欲毁其大愿，动摇本心，落入后天。唐僧“半步不离佛地，只晓得修真养性”，喻以全不动念，修止的守心之法拒之。“我的真阳为至宝”，道体一炁就是真阳至宝，守住不落后天，即“怎肯轻与你这粉骷髅”。天明行者对八戒道：“倘若被他哄了，丧了元阳，真个亏了德行，却就大家散伙；若不乱性情，禅心未动，却好努力相持，打死精怪，救师西去。”道体若破，则元神元精必将沉沦，只能散伙，若守住本心则元神元精灵明便可救师。

行者入洞寻师，唐僧道：“我宁死也不肯如此！”大愿未退坚守本心，这是根本，只要守得住，返还的根本动因就存在就有效，还元的趋势就会延续，故八戒道：“好，还是个真和尚，我们救他去。”女怪在八戒嘴上扎了一下，“弄做个肿嘴瘟了”，喻元神受损未愈元精无法获得支持，可见独守本心只可拒分化于一时，不能从根本上扭转向后天转化的趋势及危害，此刻需要静观密察前因后果，故观音显化说生出妖怪根源。

观音显化“鱼篮”之象是在通天河，喻开通中脉时所呈现之象。女怪本质是本心初分之象，是向后天转化之始，故观音现鱼篮之象，是喻示着阻止运化趋势向后天转化之意。“他前者在雷音寺听佛谈经”，言以分裂之心去理解圆明觉慧。“如来见了，不合，用手推他一把”，如来为圆明一体本心之觉慧，当然与分心不合。妖怪“把如来左手中拇指上扎了一下”，左为上，中指为心，喻刺破本心之意。“如来也疼痛难禁”，觉慧也无力阻止。观音菩萨指点“去东天门里，光明宫告求昴日星官方能降伏”，昴日为大公鸡，是报晓之物。东方为日生之处，光明宫即大光明之境，是明示修持者只有修持到大光明境生起才能真正消除分裂之象，解除性欲困扰。这是修持的真实境界，实修者必证此境。

行者来到东天门，喻示阳气生发之意，故自然遇到增长天王，喻阳气增长。“昴日星官上观星台巡札”，观星即观心，只有观心明心才能得大光明。星官为八戒行者治病，星官到喻光明将至，受损的元神元精自然治愈。昴日星官一叫“那怪即时就现了本相”，喻身心通透明亮自然可以明察此分裂之象的危害，即蝎子精。“再叫一声那怪浑身酥软，死在坡前”，彻底消除裂象。“被八戒一顿钉钯，捣做一团烂酱”，喻性欲归于混沌不再生起。“割断尘缘离色相，推干金海悟禅心”前后半句互为因果。修持者要消除一切后天之心、分别之心，参悟一体一心。禅心不是语义语境，是真实的大光明境，是一炁充盈之境，是圆满一体之境，是真实之境，是实证之境。至此修持者通过阴阳丹法完成了外阴阳、内阴阳的相合，而归复一体，达到了大光明境，这也是后面炼化一体本心的修持基础。

第五十六回

神狂诛草寇　道昧放心猿

丹旨：前二回，修持者借助阴阳丹法使得身内阴阳和合归为一炁，此先天一炁不再向后天转化，即“割断尘缘离色相”。因为一炁的先天属性使得心识能够契入到先天之境，投射到后天心识则呈现为大光明境。此光明境就是真心显现之兆，虽然此一体真心已经破除了分裂之危，但依然存在真假之患，修持者下一步就是要破除真假之心，因此真假美猴王三回，就讲述了破除真妄二心，复归一体本心之程。这一回，师徒过了毒敌山走过一段平阳之地，喻修持者心炁一体，契入先天之后的平稳舒缓之境，此境最易心生松懈而放荡，故有八戒赶马，唐僧纵马之举，而路遇强盗就是心神放荡的后果。强盗要抢夺财帛，喻后天神识的再度兴起。孙悟空将强盗打杀是要灭除后天神识造化之性，即六识之根，而孙悟空刚被解救出来后打杀的六贼是六识之能。唐僧是后天神识的代表，当然不同意，元神识神不合，故唐僧将行者赶走。如何处理先天元神与后天识神的关系，一直是修持的重要内容，先天、后天不能贯通就是“心有凶狂丹不熟”，元神、识神不能合契就是“神无定位道难成”。故本回丹旨为：意散。

释意：本回开篇诗就是发现本心，结就圣胎的法诀：“灵台无物谓之清，寂寂全无一念生”，是言心性修持的火候。“猿马牢收休放荡，精神谨慎莫峥嵘”，是言修持方法及原则。“除六贼，悟三乘，万缘都罢自分明”，言修持内容及目标。“色邪永灭超真界，坐享西方极乐城”，是言修持结果。这首法诀与后面的故事情节完全吻合，《西游记》中很多篇首或篇尾的诗词都极其重要，既是法诀更有提示引导读者的作用。我注西游，这些诗词给了我最多最重要的指引，欲参研《西游记》者，这些诗词绝不可轻易放过，对于这首诗的注解，还是放到《西游法诀》中展开吧。

在妖怪洞中“唐三藏咬钉嚼铁，以死命留得一个不坏之身”。“以死命留得”是言彻底摆脱消除向后天转化的运行模式，不再落入后天人身则先天本性自然显现。道炁凝结即命胎结成，有此物质基础致使心神契入先天，呈现出内外明彻之境，这是本心圆明的表现，也称心光大显。命胎结是道体一炁凝结的表现，即“不坏之身”，也称道胎。“本心”就是无生死、无净垢、无增减、无凡圣、无先后、无内外，除两边的“那个”谓之“一”“道”“佛”。但此刻也只是刚刚呈现，还只是一个初象，因旧习尚未除尽，坠落之因尚存，故虽见一心但仍有真假之别，还需煅炼成为一体，这就是真假美猴王一难的丹道含义。

师徒西行，“又是朱明时节，行赏端阳之景”。小说中对景色的描写实质是对修持者现阶段身心、神气状态的描绘，实写景，虚写境。读《西游记》者要能领悟写境之真实，便能知见写景象为假幻，这是作者最重要的写作策略。读者参研，这样去读就可以读出真谛。行者道：“师父放心，我等皈命投诚，怕甚妖怪！”是明示修持者所应具备的修持态度。“长老闻言甚喜”，既是肯定也表明此刻修持者对魔境之象不再心生恐惧坦然应对。“过了山头，下西坡乃是一段平阳之地”，修持的过程中消除旧有运行模式或扭转落入后天趋势的过程就是通关，通过之后就会有一段平稳而持续的发展阶段，即“平阳之地”。但处于“平阳之地”的修持者也容易出现松懈、自负乃至狂妄的状态，故开篇诗中警示道：“猿马牢收休放荡，精神谨慎莫峥嵘。”八戒“双手举钯，上前赶马”，马即意马，赶马致使龙马狂奔，即神意放荡，后面的魔难便由此而生。神之动为意，故白马不惧八戒而听命行者。八戒肚里饿了，要吃斋，喻元精得不到补充，能量不足则元神就没有力量牢收意马，故行者赶马导致白马溜了缰，这便是放纵意马，磨难必出，故“路两边闪出三十多人”。“路两边”，即顺行造化的后天之路和逆返还元的先天之路。“长老方才醒悟，知他是伙强人”，意乱便生分别，后天之欲的凶象便是这个伙强人。“专要些财帛”，后天之欲的根本任务就是维持后天人身，财帛便是养身之物。唐僧对强盗言：“我有个小徒弟在后面就到，他身上有几两银子”是言大愿引领着元神。元神支配着元精，这就是修持的法诀，喻将这些法诀告诉后天识神之欲，使之得以解脱，即“送与你罢”。然而后天神识认识不到修持的重要性，对理法的理解非常有限，故众贼将唐僧“把一条绳捆了”，喻只把修持之术看得非常重要，故“高高吊在树上”。修持是逆返先天之程与顺行造化的运行相反，有磨难是必然的。问题的出现就是提醒修持者开始转化，故行者心中暗喜道：“造化，买卖上门了”，这是修持者面对问题应当具备的积极心态。行者变成小和尚是先天变后天，假中藏真，言修持都是从后天开启。行者道：“师父不济，天下也有和尚，似你这样皮松的却少。”言只以大愿为修持是无力对抗顺行造化强大的趋势的。唐僧道：“他打的我急了，没奈何，把你供出来也”，遇到难题时才知道，只有大愿是不行的，必须要有元神的辅助。元神可以扭转消除在与顺行造化对抗中产生的种种魔难，故言：“是一时救难的话。”这是正见，故行者道：“好，承你抬举，正是这样供。”行者对众贼道：“德者，本也；财者，末也”大愿就是修持者之德，气是修持者之财，故行者要众贼先放唐僧，是先保大愿不毁，而财气只要得法则随时可以炼化，即“我等出家人自有化处”。意乱则欲生，此欲戕害生命就是强贼，此为错路，故唐僧“操着鞭，一直跑回旧路”，不能再沿此路继续前行，只能退回原处。行者反过来要分众贼金银，喻要以后天养先天，故言：“你两个打劫别人的金银是必分些与我。”“那贼那容分说，两三个一齐乱打”，喻以后天之欲之识破先天元神。行者道：“只这个针儿送你罢。”金箍棒为先天一炁之炁机，送与众贼是要后天之欲识认识驾驭此炁机，众贼：“上前抢夺，可怜就如蜻蜓撼石柱，莫想动半分毫”，喻后天之识根本无法驾驭此先天炁机。行者道：“一发教你断了根罢！”喻元神驾驭炁机可除后天之欲。唐僧对八戒道：“趁早去与你师兄说，教他棒下留情，莫要打杀那些强盗。”后天欲识虽然是修持的障碍，但也是自然造化，是妙有之性，所以不可打杀灭绝，要善加引导，为修持所用，若执着灭除则落顽空之境。八戒道：“散了伙也。”唐僧道：“善哉”，是言对待后天之欲识只要不执着，不淤结成性，驱散就好。大愿是由后天之识中升华而出的，故代表后天之识之欲的贼头被打死则唐僧“甚不忍见”。唐僧着八戒挖抗埋贼，是以元精维护后天神识。唐僧坟前祷告是言修持者将元神与识神对立看待，欲以元神灭除识神。修持者达到大光明境后真心显现，若以为就是得道成就了，对后天神识生出断灭之心，更有甚者离世弃身而走，这在丹道看来是错误的。修持者若心中有此分别之心就必生真妄之别，这便是后面真假猴王出现的根本原因，故三藏心惊道："我这祷祝是教你体好生之德，为良善之人。"顺行造化是生生不息的妙有之象，修持者要善加体会，不可灭除。修持者要站在一体本心之位，参悟真空妙有，无有分别，不生二心。

师徒投宿的村庄一派祥和静谧入暮之象，此刻修持者的功态安祥清静，但无法言传，故作者只能借村庄之景喻之。庄上老者不识三徒，称他们是"几个妖精"，喻可见此庄为后天之初境，故为强盗之家舍。前者行者打杀了贼头，是灭除后天神识的凶象，但未见其本，故三藏道："今进去相见，切勿抗礼。"言修持者逆返修持至此后天初境，要以平等心相对。八戒道："我斯文，不比师兄撒泼。"在此后天初境元精尚未转化，故安伏而言斯文。行者道："不是嘴长、耳大、脸丑，便也是个好男子。"元精不向后天丑象转化就是为修持所用的好灵能。沙僧道："莫争讲，这里不是那抓乖弄俏之处。"言此后天初境尚未生出卖乖弄巧的心机之识。"且进去"，达此境者不要迟疑要入境完成转化。老者道："那厮专生恶念不务本等，专好打家截道，杀人放火。"老者喻后天初境之灵，其向后天发展所生之子为后天欲望，消耗生命阻截修道，即"打家截道，杀人放火"则成为必然。三藏欠身道："如此贤父母，何生恶逆儿"，这是由先天向后天发展的趋势决定的，故老者道："我待也要送了他，奈何再无以次人丁，纵是不才，一定还留着他与老汉掩土。"只能一直发展到忘却本心为止，即为老汉掩土。沙僧道："师兄，莫管闲事，你我不是官府，他家不肖，与我何干！"修持者只行自家逆返先天之事，顺行造化自有其果，只可借机炼化，无须干预。贼头被行者打死，众贼自然回归到最初状态，即杨家儿子带众回家，喻后天之欲归伏后天之初境。众贼见唐僧师徒，又起杀心，即真妄二心对立相斗，不可调和，故行者将众贼杀尽。"穿黄的是杨老儿的儿子"，黄为喻后天之意，行者将头割下，喻将后天之意灭除。三藏念《紧箍咒》是要收束心神，不可一味灭除后天神识，甚至杀身弃尸，此为邪见，但唐僧又执着后天人身神识，则先天元神也不存，故行者道："莫念，我去也。"行者"一路筋斗云无影无踪"，可见先天真心与后天妄心，各执一边，皆出错。这正是"心有凶狂丹不熟，神无定位道难成"，心有凶狂，是言还有分别之心，自然神无定位。这样的状态说明丹还未成熟，这样的境界说明还未成道。

第五十七回

真行者落伽山诉苦　假猴王水帘洞誊文

丹旨：上一回，行者打杀了代表后天之欲的强盗，而三藏却执着后天神识之境，为此责备行者，驱逐行者。师徒二人在对待后天神识的事情上产生了分歧，其本质是修持者的分别心，而此分别心则是由意马放纵所造成的，导致了代表后天妄心的假猴王的出现。这一回，孙悟空再次返回，但唐僧不收，喻修持者的后天识神再度兴起而妄动，以为后天识神可以代替先天元神完成修持之功，此为六耳猕猴出现的根本原因。行者来到观音处哭诉，喻以静观密察之法观此因果，故观音道："这人身打死，还是你的不仁，但祛退散，自然救了你师父。"此明示对待后天识神的造化之性只可遣散，不受其困即可，而不能灭除，因为后天识神的造化之性也是道体的妙有之象。元神识神不能融通即生二心，即假行者六耳猕猴出现，其本质是唐僧后天识神妄动之象。假行者打昏唐僧抢走包袱，喻后天妄心代替识神所生出的修持大愿，故唐僧只让沙僧去花果山要回包袱，并不希望孙悟空回归。沙僧来到花果山见到假的师徒四众，喻由妄心所生的修持假象。悟净打死假沙僧，明示此妄心假行必须打杀。沙僧来到南海见观音菩萨，是以静观密察之法静观运化，所以见到了真行者，但尚不能分辨，喻气脉运行不能代替灵明觉性。故本回丹旨为：二心。

释意："大圣恼恼闷闷起在空中"行者打杀后天神识之欲是灭除了妙有即落顽空之境。"欲回花果山"，元神回归到原始自发状态，是违背了本心之愿，故"恐本洞小妖见笑，不是个大丈夫之器"。"欲待要投奔天宫"，喻向后天识神转化，元神落入后天会很快被消损而隐，故言"不容久住"。"欲待要投海岛”，喻神守三田。现在元神处在顽空之境无法完成三田炼化返本还元之功，故言：“羞见那三岛诸仙”。“欲待要奔龙宫”，重回后天气脉之境，是修持的倒退，故言：“不伏气求告龙王。”“还是去见我师父，还是正果”，言还是要依循大愿修持才能获得正果。行者回到唐僧面前道：“我是有处过日子的，只怕你无我去不得西天。”唐僧道：“我去得去不得，不干你事。”大愿与元神不能同心协力，分为二心，必须静观密察才能寻出根源，故行者：“我且向普陀岩告诉观音菩萨去来。”

听了行者的哭诉，菩萨道：“草寇虽是不良，到底是个人身，不该打死。”人身是顺行造化的妙有之性的表现，不可灭除此性。修持至此，有些修持者以为得道，便弃身而去，更是错误。“比那妖禽怪兽、鬼魅精魔不同”，这些是由于返本还元与顺行造化互为逆行，所造成的矛盾的表现，解决这些问题就是解脱，故言：“那个打死，是你的功绩。”若将顺行造化的妙有之性灭除了，则不合天道，故菩萨道：“这个人身打死，还是你的不仁，但祛退散，自然救了你师父。”言对待后天之欲要采取退散的办法，大愿自然可以保全。“据我公论，还是你的不善”，明示修持者对治后天之欲采取灭除的办法是错误的。观音菩萨这段话表明修持者若只是对修持的态度、内容、处理方式进行反思、观察、参悟是不能阻止元神向后天退转。行者请菩萨念松箍咒欲回花果山，此心一动便是退转回后天之境，大愿则立刻遭难，故菩萨道：“你那师父顷刻之际，就有伤身之难，不久便来寻你。”若救大愿只有元神，元神退转要依观心法回转，故菩萨要行者：“你只在此处”，消除二心也要依观心之法，故言：“待我与唐僧说，教他还同你去取经，了成正果”，这是正见正法，“孙大圣只得归依，不敢造次”。这边心神动念回花果山，已是落入后天，那边唐僧的后天饮食之欲随即生起，饥渴难耐。先天之境才有的先天之炁也就此消失了，故八戒道：“没处化斋。”八戒道：“等我去南山涧下取些水来。”南山涧喻后天任脉。“涧下取水”，即任脉归入气海之气。沙僧道：“等我去催水来”，是欲通过强化气脉运行救助大愿，故言：“那师父独炼自熬，困苦太甚。”修持者若能坚持气脉修持熬炼久了自然脉解心开真心自现，故“忽听得一声响亮，原来是孙行者跪在路旁”，此真心是道体本心的展现，就是大慈大悲的展现，故行者“捧着一个磁杯”，没有元神的慈悲连水都喝不上何谈取经。但是此刻唐僧已落后天之境，故不识真心，“去得去不得，不干你事，泼猢狲只管来缠我做甚！”则真心随即变成为妄心，故“那行者变了脸，发怒生嗔骂道：你这狠心的泼秃，十分贱我”此妄心便要伤身害命，故“抡铁棒，丢了磁杯，望长老脊背上砑了一下”，只留下空空一愿昏晕在地，故言：“那长老昏晕在地，不能言语，被他把两个青毡包袱，提在手中，驾筋斗云，不知去向。”元神离去修行的理法也就不知去向了。

因为分别之心导致先天大愿三藏变为后天唐僧长老，先天真心悟空变为后天妄心六耳猕猴。因此先天元精悟能也要跟着变为后天呆子，故呆子到村庄上化斋时暗想：“我若是这等丑嘴脸，决然怕我”，先天元精无人识故为丑。“须是变好”，先天变化为后天，则识神认得，故称为好。呆子变得“食痨病”之态，喻为食欲而奔劳，为病。“黄胖和尚”，黄为中为意，即后天之意旺盛的和尚，至此，天元精也落入后天之境。“那家子男人不在家”，喻元神失位无人做主，“都去插秧种谷去了”，被后天之欲支配，为满足饮食之欲而劳作，“只有两个女人在家”，阴爻之象，喻后天识神。“只恐他病昏了胡说”，以后天之意欲取真经即是病昏，更是胡说，也不可能持续，故言：“又怕跌倒死在门首，将些剩饭锅巴，满满的与了一钵。”“剩饭”即“圣范”，为圣人所讲的规范。以圣人为模范，表现为修持的原则、戒律等理法。“锅巴”，言所述之理枯燥，用锅巴干硬喻其为干慧之理。后天神识重视形式、外象、言词，故言“满满的”。钵为金本，金代表智慧，本为文本、言语。所以呆子讨回一钵锅巴，是比喻为了适应后天神识意识，圣人所讲述的理法原则规范等智慧之言，因受后天局限，成为干慧之理，修持者若得此“剩饭锅巴”，便以为是真理，则是缺乏智慧的表现，故言：“呆子拿转来，现了本像径回旧路。”八戒变呆子，是由先天变后天，元精变凡精，故只能求到这样的后天经文，获取有限的干慧。三藏到灵山，为后天返先天，唐僧变圣僧，以紫金钵盂换真经，即真精换真经，真精为道体，是物质属性。真经为觉慧，是精神属性，两者永远是一体两面且呈对应关系，故修持有修性修命之别，但终归是性命双修。八戒要沙僧：“你将衣襟来兜着这饭。”僧衣即僧人所归依之意，僧衣兜饭是言后天境界中的修持者要归依遵守这些仙圣讲述的规范理法。“等我使钵盂去舀水”，本应承载智慧的紫金钵盂只能盛接运行运化之理法。这样的智慧、境界、能量的供给，二人却“欢欢喜喜回至路上”，是言已落后天而不知，而先天大愿只能“面磕地，倒在尘埃”。意马放纵“白马撒缰在路旁长嘶跑跳”。真正的修持理法隐晦不明，“行李担不见踪影”。八戒道：“这还是孙行者赶走的余党来此打杀师父。”警醒修持者这样的局面皆由真心落入后天变作妄心所导致的，故言“余党来此打杀”。沙僧抱着唐僧“扳转身体，以脸温脸”，是以气脉运行维护后天人身。帮助神识复苏，故唐僧苏醒过来。沙僧道：“将先化的饭热热，调理师父，再去寻他。”重回修持之路。实现大愿就要遵循圣人的教诲，调整自己的认知、身体、行为，这个过程在丹道称为炼己、筑基、修德，等到有了基础之后再寻找真心元神以他为主导完成修持。唐僧师徒三人再次来到那家，那妈妈问道：“怎么又有一起？”前一程是先天落后天而化斋，这一程是后天返先天，再由此起步，故“留他们坐了，却烧了一罐热茶，递于沙僧泡饭”。“热茶”即“若察”。“泡饭”即体察、学习、吸收、实践圣人规范之言。“沙僧即将冷饭泡了，递与师父”，以仙圣所言调理后天之识，故“师父吃了几口，定性多时，道：那个去讨行李？”喻修持者的认知调整好后就要去学习修行至理真诠。八戒欲去但唐僧道：“你去不得，那猢狲原与你不和。”这是后天境界的认知，故称行者为猢狲，也是后天境界的现实。元神、元精本为一体，落入后天则分为两边，故言不和，而修持者则要将二者相合，复归先天融为一体。“着悟净去罢”，欲以气脉运行发现真心元神，获得修行至理。

沙僧直奔东胜神洲而去的诗强调了元神在修持中的重要作用。详解留在《西游法诀》中展开，此诗并不难解，请读者先自参自悟。沙僧来到花果山见假行者“高坐石台之上”。“石台”即后天之识。假行者是后天妄心，必然坐在后天之识台上，假行者口念“通关文牒”，是以后天之识参研修持次第理法，故“念了从头又念”，也只是口念而无实证。“那行者闻言，急抬头”，却不认得沙僧，喻妄心不知返本还元的运化之道，只以文字义理为重。沙僧要假行者“回见师父”，是要以气脉运行之法救元神复现回归。假行者道：“我今熟读了牒文，我自己上西方拜佛求经，送上东土，我独成功，教那南赡部洲人立我为祖，万代传名也！”世间有些修持者对修持次策理法精通，独修己神，认为凭借这些修持就可以取得真经解脱成就，而生开宗立祖之妄想，此为妄心邪见，殊不知修持是复杂系统，涉及个人的基础根性、努力程度，更有师承、道缘、时节、功德、悟性许多因素，非一己孤修可成，望修持者自醒。沙僧道：“取经人乃如来门生，号曰金蝉长老，只因他不听佛祖谈经，贬下灵山，转生东土，教他果正西方，复修大道。”如来门生是言修持者的本质为本心圆明之性。“金蝉”为金蝉脱壳，喻破除后天束缚，而获得新生之意。“不听谈经，贬下灵山，转生东土”即不遵循天道而灵性昏昧，由先天落入后天。“教他果正西方”，返本还元，重归先天。“不得唐僧去，那个佛祖肯传经与你？”若非本心回归则不可获得圆满智慧。“却不是空劳一场神思？”是痴心妄想。猴精变师徒欲取真经是后天神识妄心，只在表面上作功夫。沙僧打死假沙僧，喻不可借此假象修持。

沙僧见菩萨告状，是明示修持者若要破除妄心邪见错行需要静观密察。沙僧向菩萨讲述前后情况就是明察其中变化，因果自明，因此得见真心。故沙僧见到了真行者，但尚不能分辨真妄，故菩萨让沙僧与真行者回到心舍水帘洞，通过观心而分辨真假。“是真难灭，是假易除，到那里自见分晓”，分辨真假就是分别之心起用，如何能见分晓。

第五十八回

二心搅乱大乾坤　一体难修真寂灭

丹旨：上一回，唐僧旧有的后天妄心化生出了六耳猕猴，妄心要代替修持大愿，故六耳猕猴打昏了唐僧，抢走了包袱。沙僧在花果山见到了假师徒，喻妄心的修持假象。来到观音处见到真行者，喻修持者在静观密察的状态下通过气脉运行可以逐渐恢复先天灵明觉性，但此先天元神觉性与后天识神之精灵很难分辨。故这一回，先后到花果山、南海、天宫、地府、唐僧处希望分辨真假，这是觉察的过程和内容。但分别心本身就是识神在起用，故无法分辨。只有虚极一体，圆明觉慧的一心才能觉照二心，故真假猴王来到灵山，只有如来这如如不动之心所生出的觉慧才可以说出根由。孙悟空打死六耳猕猴，喻后天妄心要除，但后天识神还需要先天元神的辅佐，才能共同完成修持大愿，故三藏复收孙悟空，喻元神识神合契归为一体，方可继续西行。故本回丹旨为：一心。

释意：行者与沙僧在观音处是喻修持者调整身心达到虚静状态，静观运化从而灵明之性逐渐恢复。离开南海先后来到花果山、南海、天宫、地府、唐僧处，都是觉察的过程和内容，但皆不能分辨真假。其根本原因就是真妄二心的产生，就是源于分辨之意，即越想分辨则分别心越重，而分别心的起用就导致真妄对立，无法分辨的死循环中。解脱的办法是不再起分辨之意，回归到一体圆明之境，即如来之处，即真妄寂灭，二心归为一心。

“行者筋斗云快，沙和尚仙云觉迟”，筋斗云为心念之动故快。沙和尚仙云为气脉运行故迟。沙僧道：“大哥不必这等藏头露尾，先去安根。”言心神妄动则生祸根。“二人洞外细着，果见一个行者高坐石台之上，与群猴饮酒作乐”，真妄二心于先天后天用处分别，本质同一，故“模样与大圣无异”。二猴相斗：“一个是混元一气齐天圣”，喻先天一炁之灵觉，“一个是久炼千灵缩地精”，喻由后天精气支持的智识。沙僧进不到水帘洞里是言仅通过气脉运化无法见心明心。虽然见到“水帘”，即气脉运行之象，以假幻为实有“近看乃一股水脉”，喻只见其体不明其性，参不透水帘后心洞，故此难寻。行者要沙僧回复唐僧，喻气脉运化虽不能辨别真假，但可以清醒后天神识，使其认识到二心的存在，这就是开启了返本还元的功程了。

“两个行者直嚷到南海，径至落伽山”，请观音菩萨分辨，是以静观密察之法分辨。菩萨念“紧箍咒”是以收束心神之法分辨，但真妄二心同为一体，故都喊头痛。观音菩萨要真假猴王上天宫分辨，是以后天神意分辨，故二人走南天门见到广目天王，喻通过对后天之意的照察温养来分辨，即由马赵温关四大天将守门。依然不能分辨，说明此法不可。“马元帅同张葛许邱四天师上奏”，马元帅即以后天之意为帅。“张”即张扬，“葛”即瓜葛纠缠，“许”即许诺应承。“邱”即求取，这四者都是后天之意的特点，故马元帅代表他们上奏玉帝。玉帝即欲帝，为后天神识的总代表，为识神。后天识神具有压制消弱先天元神之能，故住“灵霄宝殿”。玉帝问道：“嚷至朕前寻死”，言此刻元神落入后天之境，先天元神被后天识神压制制约，故大圣见到玉帝“称万岁”。玉帝宣托塔李天王，天王代表后天之意的念想思虑，以此观照分辨二心，即天王用照妖镜“把照妖镜来，照这厮谁真谁假，叫他假灭真存”。但后天识神怎么能分辨得出呢，故“玉帝亦辨不出，赶出殿外”。

沙僧回到庄上“把前事对唐僧谈了一遍”，静观前后因果后自然醒悟，故“唐僧自家悔恨，岂知却是妖精假变的行者”。这是忏悔过程，察见己过这也是修行随时随刻必须要做的功课。八戒回答庄上老者：“我们虽不是神仙，神仙还是我们的晚辈。”神仙是由元神、元精、元气三家和合炼化而成，故为晚辈。老者为后天之识，最在意自身的安危，故老者见“这两个行者只怕斗不出好来，地覆天翻，作祸在那里”。三藏见老者“当面是喜”喻后天之识见到腾云驾雾等神奇异象心生欢喜，“背后是忧”喻修持要破除我执，但这又是后天之识存在的根本，是最不能接受的，故忧。三藏道：“贫僧收伏了徒弟，去恶归善，自然谢你”，言去除妄心，真心归伏，后天神识也自然安宁，谓之谢。真假猴王要三藏分辨真假，是欲以大愿收束心神，来分辨真妄，自然不成。三藏对八戒道：“你可趁他都不在家，可先到他洞里取出包袱，我们往西天去罢”，大愿不能分辨真妄，心便不能收伏为己所用，故言：“他就来，我也不用他了。”

二行者打到幽冥界请阎君分辨，是言修持者调整身心至杳冥之境，以此刻灵觉分辨真妄，“阴君闻言，即唤管簿判官”。二心一体故，“无假行者之名”。判官道：“自后来凡是猴属尽无名号。”“猴”即火候、时候，心神之变为火候，状态转换为时候。孙悟空为心神是修持的主导，可见修持之事就是把握、调控心神转化之事，而此火候瞬息万变，没有定象，故“尽无名号”，阎君道：“你还到阳间去折辨。”言还是要在阳气生发运化中去分辨。地藏王菩萨道：“等我着谛听与你听个真假。”“谛听”即专注地聆听，是不加主观分辨被动感受之意，修持者能做到谛听，说明已经消除了分别之意，故谛听可以“照鉴善恶，察听贤愚”，说出“妖精神通与孙大圣无二”。修持方法中有耳根圆通法就是由耳根谛听入手，只要修持者不加分辨，就不会落入两边，不再落入执着后天之境，回归先天一心之境，故领悟道：“须到雷音寺释迦如来那里，方得明白”。有诗为证：“人有二心生祸灾”，分别心是道体本心分散之象，有分别心即生判断，便有是非，由此演化出万事万物万象，所谓福祸于此中而生，但究其根本而言终是祸。“禅门须学无心诀”，禅门称心宗，即修此一体圆明本心。“静养婴儿结圣胎”，本心定圆觉成，即为结圣胎。

两个行者直赴灵山，喻二心即将归为一心，故此刻如来讲法：“名为照了，始达妙音。”此段法语极为重要，论述了“有无”“色空”之理，修持者当以此参证一心。对此段法语的参悟心得留在《西游道论》中分享。如来对大众道：“汝等俱是一心，且看二心竞斗而来。”修持者本为一心，落入后天分为二心，以一心观二心便可了然，故：“惟如来通知之。”行者向如来备说详细，由花果山、落伽山、天宫、唐僧、冥府至灵山，此过程就是逆返先天，返本还元的过程。“花果山”即天然造化后天之境，二心争斗至南海，喻静观于心而生灭假之意。“上天宫”喻调整后天识神认知。“见唐僧”喻立志发愿修持。“至冥府”喻修持至杳冥之境，谛听真假。“达灵山”致虚极复归一体本心，以圆明觉性照见明了邪正，消除真妄，回归一体。

如来“正欲道破，忽见南下彩云之间，来了观音，参拜我佛”，喻堪破真妄二心本来真相，依然要在静观的状态下明察明见。如来笑道：“汝等法力广大，只能普阅周天之事，不能遍识周天之物，亦不能广会周天之种类。”言菩萨境界可以对道体本心的作用了解，但是对总体特性还不了解。“周天之物”即道体之象，“周天种类”即道体特性。“又有四猴，混世不入十类之种”，猴即神变之征候，变化的状态，也是修持者把握调控心神变化的火候，因此四猴不入十类之种。但周天之物、周天种类都是神识之变象而成，混杂其中，故言“混世”。“灵明石猴”即源于本心的圆明灵觉，所呈现出的神识状态，为先天，故“通变化，识天时，知地利，移星换斗”，为先天一炁之灵觉，为元神，为悟空，为行者。“赤尻马猴”，赤尻喻真阳生发之意，马为真意，即先天一炁之灵能的火候，故“晓阴阳，会人事，善出入，避死延生”。为元精，为悟能，为八戒。“通背猿猴”，通背言其脊督贯通运行之意，即先天一炁之运化火候，故“拿日月，缩千山，辨休咎，乾坤摩弄”。为元气，为悟净，为沙僧。“六耳猕猴”，“六耳”喻后天六根六识六欲，言其心神外驰而迷于外境，惑乱本心，故“善聆音，能察理，知前后，万物皆明”。为先天一炁灵觉落入后天之象，为后天之识，为识神，故：“与真悟空同”，为三藏，为唐僧。此四猴为修持者时刻都要观照，把握其变化，调控其火候，修持者必须了然于心，正对应了上面如来所讲之法：“名为照了，始达妙音。”“那猕猴闻得如来说出他的本相，胆战心惊急纵身跳起来就走”本心圆明，自然后天神识消解。如来道：“悟空休动手”，言不可再以真心与之拥搏，“待我与你擒他”只可以本心觉慧制服。猕猴变作蜜蜂，喻后天神识的特性就是幽密而封闭。“如来将金钵盂撇起去，正盖着那蜂儿落下来”，金钵代表智慧本体，只有本心觉慧可以照见妄心本相，打破其封闭性，故“把钵盂揭起果然见了本相，是一个六耳猕猴”。“孙大圣忍不住轮起铁捧，劈头一下打死，至今绝此一种”以先天炁之炁机破除后天六根六识六欲。“如来不忍”，是言这些也是妙有之性的体现。行者道：“依律问他个得财伤人，白昼抢夺，也该个斩罪”言识神白天主事，六欲为财而害生命，这些应当灭除。如来对行者道：“我教观音送你，不怕他不收”，喻收伏真心还须在静观返照中完成，遵守佛之正见。观音将前后因果说与唐僧，是静观密察之功。叫唐僧收下悟空，是知心明心依心。自然修持之理回归，故八戒取回行李，喻元精是修行理法的载体。

“神归心舍禅方定，六识祛除丹自成。”至此先天心神大定，后天六欲不生。以丹道称之，为大丹成；以神言之，为结圣胎。

第五十九回

唐三藏路阻火焰山　孙行者一调芭蕉扇

丹旨：前三回经过六耳猕猴之难，修持者灭除了六根六识六欲，消除了分别心，其本质就以本心的圆明觉慧将后天识神与先天元神之二心归为一心，此为大丹初成，其本质是心体初显，圣胎初成，故而此刻修持者圣胎心神旺盛，这既说明前段修持的效果良好，但此旺盛之势若没有先天灵能的配合，不经过水火煅炼，极容易失控，即呈现火焰山之象，反倒阻断了修持者继续西行之路。为了化解这心神妄火，必须以代表真意的芭蕉扇运化、接引先天一炁灵能化作真水涵养圣胎，即水水既济，神气交融，心神妄动之火自息，成就清凉本体，清净本心。此段功程为命功的最后一段，丹道称为金液还丹。这一回，师徒来到火焰山。八戒解说是到了斯哈哩国一段，明示了修持者回归了一体之心后，所要行的水火淬炼之法及其原则，使精气神交融达到心体圆融之境，这是火焰山之难的丹道含义。其本质就是先天灵能对先天灵觉亢奋旺盛的抑制及涵养，故由八戒说出此妙诀。孙悟空到芭蕉洞向罗刹女借扇，喻以后天凡精的培补和后天精气运化之水抑制圣胎妄心亢奋之火。行者被罗刹女用芭蕉扇扇到小须弥山，灵吉菩萨送孙悟空定风丹，喻保持灵性的凝聚静定才能抵御后天运化之风，然而后天凡精凡意所生的后天欲火更盛，故行者借到假芭蕉扇，反将火焰山之火扇得更旺。故土地言要借真扇还须寻求大力王，即牛魔王。牛魔王是圣胎心神之魔相，火焰山火是圣胎心神亢奋之象，故要从源头解决问题。故本回丹旨为：淬火。

释意：开篇词明示了万物还元为道体一炁，千思复归佛性觉慧。修持者的所有努力就是为了回归于此，将这本心紧紧护持，再经煅炼，永不退转，就此修行的命功部分就完成了。师徒：“剪断二心，锁笼猿马，同心戮力，赶奔西天。”复归一体本心后就要谨慎看护神意，不使其散乱外驰昏昧。元神元精元气凝聚合一才能继续修持，这是此刻的修持原则，也是火候。“又值三秋霜景”，秋季为收获季节，喻示着命功修持将有结果了。描写秋景的诗是言此刻修持者应该保有的清寒孤寂的心神之境。但是师徒却“渐觉热气蒸人”。八戒解释道：“斯哈哩国，乃日落之处，欲呼为天尽头，若到申酉时国王差人上城，擂鼓吹角，混杂海沸之声。日乃太阳真火，落于西海之间如火淬水。接声滚沸，若无鼓角之声混耳，即振杀城中小儿。”此段明示了阴阳交融之道，斯哈哩即淬火之声。丹道将命功修持称为进阳火，性功修持为退阴符。此刻修持者命胎初结，神识旺盛，就如“太阳真火”，需要先天一炁之真水淬炼，但这个过程最好于世间和光同尘逐渐完成，即“擂鼓、吹角、混杂海沸之声”，如果以此炽盛之神火与先天一炁之真水在修持状态中短时间内急速相融则反应过于强烈，很危险，反倒容易伤害胎中神识，即“振杀城中小儿”。八戒这段论述明示了退阴符的原则和方法，但行者道：“呆子，莫乱谈，若论斯哈哩国，正好早哩。”是言此修持者的进阳火的命功修持尚未完成，还没有倒退阴符的阶段，但八戒所言理法，行者并未否定，而且在火焰山之难过后的情节就是遵循此理法展开的。沙僧道：“想是天时不正，秋行夏令。”是言神气运化出现了问题，点出了火焰山一难的本质。师徒来到一片都是红的庄院，喻此心神旺盛之境。从对面走来老者的穿着描写看：“黄不黄，红不红，弯不弯，直不直，新不新，旧不旧”，喻示此刻心神的不定之象，修持者此刻虽已结胎，但尚不稳定。老者见到唐僧师徒：“又惊又喜”，惊者，修持到此境者罕见，喜者功成在望。老者道：“请入里坐，教小的们看茶，一壁厢办饭。”言此转化之境无法回避，必须进入其中完成转化。“看茶”即观看体察。“办饭”即察看清楚后制定办理修持规范策略。行者买“糕”，糕为五谷精华，即此后天精华是由敬求铁扇仙的结果。“铁扇仙”即“铁善先”，为至坚至善的先天一炁。“铁扇仙有柄芭蕉扇”，喻一气周流之灵意真意。“芭蕉扇”，即“八交扇”八交喻后天八卦之象，喻复归一炁周流的先天之象。“一扇息火，二扇生风，三扇下雨”是一气周流的作用。“息火”即涵养神识不再猖狂。“生风”即运化周流。“下雨”接引先天一炁滋生万物，故“我们就布种及时收割，故得五谷养生，不然寸草不能生”。老者道：“固有此说，你们却无礼物，恐那圣贤不肯来也。”所谓礼物是为表达诚心，检验诚心，故要“沐浴虔诚拜到那仙山”，诚心的本质就是本心圆明的呈现，只有当修持者的心神状态达到圆明诚净，与之相对应的先天一炁自然呈现，故“请他出洞”，由玄关一窍而出。“翠云山”即“淬云山”，以火入水为淬，云喻周流一炁，故为以一炁淬炼神火之处。“芭蕉洞”喻后天八卦湮灭之窍。老者道：“非一日可到，莫当耍子。”言炼神使之达到圆明诚净状态非一日之功，要收束心神逐渐达成，但是修持者元神灵明则可一念所到，故行者道：“不用，我去也。”

行者来到翠云山，见到山林内一个樵夫伐木，樵夫喻后天之欲，伐木喻戕伐先天一炁，使之由先天落入后天，故樵夫道：“却无个铁扇仙”，喻先天之境已失。“只有个铁扇公主，又名罗刹女”，在先天为铁扇仙，为先天一炁，在后天中的先天为铁扇公主，为元精，在后天为罗刹女，为凡精，后面的玉面狐狸为后天生殖浊精。翠云山为后天中的先天之境，故“我这里人家用不着他，只知他叫做罗刹女”。大力牛魔王与孙悟空为兄弟，是行者的变象，为圣胎结成后所呈现出的心神猖狂魔相。铁扇公主为后天元精，故为“大力牛魔王妻”。而此精为运化之体，故芭蕉扇由铁扇公主保管。樵子道：“大丈夫鉴貌辨色，只以求扇为名，莫认往时溲话，管情借得。”是言修持者要认真觉察体会神气的变化状态。“求扇”即求取真炁运化之玄机，不要牵挂，要心无所住，保持这样的修持状态就一定可以达成目标。樵夫之言为修持法诀，故行者：“深深唱个大喏，谢樵哥教诲。”一定照此修持，即“我去也”。行者来到芭蕉洞口。因为湮灭后天八卦复归先天的功程是以元神为主导，灭除魔相的过程，故行者洞前叫道：“牛大哥，开门。”神动为意，行者叩门即神识初动。“洞里边走出一个毛儿女”，“毛儿女”是古时对未出嫁的少女称呼，此处喻神意初动之象，故其“一身褴褛无妆饰，满面精神有道心”行者上前通报，是以神会意，谨慎相求元精，是精神相合默运渐行，获取真意，自然运化，即芭蕉扇扇风降雨灭火，故言：“累你转报公主一声。”罗刹女听见孙悟空三个字口中骂道：“这泼猴，今日来了。”火焰山为结胎之后心神猖狂之态，故代表元精后天凶象的罗刹女是在骂心神猖狂撒泼之态。罗刹道：“我那儿虽不伤命，再怎生得到我的跟前，几时能见一面？”红孩儿是修持者结丹后神识凶狂之象，被观音收伏后为善财童子，好元神，即善于管理元精之财的童子。因为当下修持者心神猖狂，使得元精真意与元神不能相见，故行者道：“把扇子借我，扇息了火，送我师父过去，我就到南海菩萨处请他来见你，就送扇子还你。”是言灭除了心中猖狂后阳神自然相见。“罗刹女不容分说，双手抡剑照行者头上乒乒乓乓，砍有十数下。”罗刹女为后天之精，由此所生的见地不真，故“双手轮剑”喻以后天之见消除心神灵明之性，自然斗不过元神孙悟空，故罗刹女：“料斗他不过，即便取上芭蕉扇，晃一晃，一扇阴风，把行者扇得无影无形”，芭蕉扇扇风喻后天之意的运行运转，即念想思虑的起用，先天元神就被压制隐没，消失得无影无踪。

能够阻止后天念想思虑之意运行的只有修持者的灵明之性，灵性未昧，故行者被吹到小须弥山灵吉菩萨处。灵明之性之所以可以阻止阴风，是因为可以洞察芭蕉扇的本质，即先天真意的运化。故灵吉菩萨笑道：“那芭蕉扇本是昆仑山后自混沌开辟以来，天地产成的一个灵宝，乃太阴之精叶，故能灭火气。”“太阴精叶”即“太阴金液”是先天一炁进入人身运化后生出的精华之液，有转化升华后天人身之效。三调芭蕉扇的过程于丹道而言就是“金液还丹”的功程。灵吉菩萨道：“还是大圣有留云之能，故止住了”。灵性不昧即留云之能。“若是凡人，正好不得住也”凡人即灵性昏昧者，只能随此后天之阴风飘荡。灵吉“将一粒定风丹与行者安在衣领里边，将针线紧紧缝了”，喻灵性凝聚而安定，即是定风丹。“衣领”即皈依和引领，这是修持的重要法诀。

行者遵循这样的修持法则，故罗刹女再搧风，“行者巍然不动”。行者“拆开衣领把定风丹噙在口中”，将修持的外在法则化作内在的状态。行者趁罗刹女喝茶进入她腹中即与后天元精相合，进而主导元精，故言：“老孙一生不会弄术，都是些真手段，实本事。”修持之事不是术，是见真相、合真心、做真人，此为“真手段、实本事”。行者在罗刹女腹内“登小腹，顶撞心”，是言念想思虑之意是修持的心腹大患，转化破除之法是“脚往下一蹬”，即矫正之法在腹。“送你个点心充饥”，即不再运用心机，故罗刹只叫“孙叔叔饶命”，喻后天之意暂时被制伏。修持者若以制伏后天元精为功成，就可以灭除心神猖狂妄火，便为错、为假。故行者所拿到的芭蕉扇为假扇，为假意。此假意必然导致心神妄火更炽，故孙悟空扇风的效果是："将扇子扇了一下，火光烘烘；第二扇，火气愈盛；第三扇，火头飞有千丈之高。"

火焰山土地捧着斋饭前来。土地喻修持者当下真意，故认得行者手中的芭蕉扇是假的，为假意。"若还要借真芭蕉扇，须是寻求大力王"，真扇即真意之运化。大力牛魔王为圣胎之魔相，是假意之主，故要寻他。

第六十回

牛魔王罢战赴华筵　孙行者二调芭蕉扇。

丹旨：上一回，八戒说出了涵养一体之心的淬火之法，故孙悟空向罗刹女借扇灭火，喻以后天凡精凡意抑制圣胎心神亢奋之火。但适得其反，是因为后天凡精凡意只能生出后天欲望之火，所以火焰山的火更盛，甚至烧了两股猴毛，喻使元神受损。土地指引只有寻到大力牛魔王才能借到真扇，喻只有消除圣胎魔性才能息灭火焰山之火。这一回，土地讲出火焰山是因为孙悟空踢倒八卦炉，炉砖落下所化，点明火焰山之火的本质是修持者心体初成、胎神初生时，心神猖狂亢奋所致。牛魔王就是这胎神猖狂之象，此象在后天人身表现为性欲旺盛，精神亢奋态，故孙悟空来到积雷山与牛魔王争斗，是喻以阴阳丹法行逆返之功。牛魔王龙宫赴宴，喻由后天性欲浊精向后天元精的转化之象。孙悟空变牛魔王到芭蕉洞从罗刹女处骗走宝扇，喻以元神元精交媾的阴阳丹法寻出真意，但不知收摄真意，即孙悟空不知缩扇之法，胎神魔性依然难除，故又被牛魔王骗走。故本回丹旨为：运意。

释意：土地说明火焰山是被大圣“蹬倒丹炉，落了几个砖来，内有余火，到此处化为火焰山”。大圣在老君八卦炉煅炼即温养圣胎。“开鼎”即开顶，是圣胎由修持者顶门而出。此刻胎神初生，未经磨炼，最易猖狂无束，故蹬倒丹炉，再闹天宫。火焰山就是此猖狂之态落入后天的表现。土地本是“守炉的道人”，即先天真意现在也落入后天而成为火焰山土地，即后天灵明之意。

两年前玉面公主招赘牛魔王，住在积雷山摩云洞。两年前是灵吉菩萨收黄风怪之时，现在灵吉又出现，送行者定风丹。黄风怪为沙僧意土的凶象。

万岁狐王即万碎狐疑之王，与黄风怪同类，喻散乱风狂的意土。所生的玉面公主为后天生殖之精，故二年前生殖之精招赘了由后天识神再度坠落为色欲的牛魔王。“积雷山”，二雷为积，为震卦之象，喻修持者面对后天色欲要知恐、修省，居安思危。在状态中要保持安然自若，即借此色欲逆修还元为享通。“摩云洞”即阴阳摩弄云雨之洞，故洞主为玉面公主，即欲面公主。阴阳丹法在调取芭蕉扇的过程中是重要的修持手段，后面详述。“若大圣寻着牛王，拜求来此，方借得真扇”，先将后天之欲逆返回元神状态才能寻出真意。“一则扇息火焰，可保师父前进”，只有消除了胎神之妄火才能继续修持。“二来永除火患，可保此地生灵”，后天人身可以得到滋养。“三者赦我归天，回缴老君法旨”，先天真意复归。

行者来到积雷山摩云洞见到玉面公主，大圣沉思道：“只以假亲托意。”即借她宝信，“来请魔王之言而答方可”，即炼元神。玉面公主“听铁扇公主请牛魔王之言，心中大怒”，喻为满足生殖之精到性欲，后天生命必须培补滋养元精，故言：“也不知送了她多少珠翠金银，绫罗缎匹，年供柴月供米，自自在在受用，还不知羞。”行者骂道：“你这泼贱，将家私买住牛王。”言后天生殖之精使元神坠落为后天色欲。“诚然是陪钱嫁汉，你倒不羞，却敢骂谁？”指出浊精性欲对生命的戕害。“那女子跑得粉汗淋淋，唬得兰心吸吸，径入书房里面”，喻宝信已出。“原来牛魔王正在那里静玩丹书”，喻静炼圣胎必须配合丹法。牛魔王“拿一条混铁棍”喻性欲之阳具。行者“在旁见他模样与五百年前又大不同”，五百年前为先天元神之态，现在经过修持已经呈现为圣胎之象。对牛魔王的外貌描写是对色欲之态的描述，读者细品。阴阳丹法深奥，世人难知难行，作者的态度极为恭敬，故：“行者，深深的唱个大喏，长兄，还认得小弟么？”阴阳丹法由色欲起手逆修元神，故牛魔王为长兄，大圣为小弟。牛魔王对行者闹天宫、压山下、保唐僧及斗圣婴之事的态度是：“害子之情被你说过。”喻只有经过前番的努力才能成就圣胎之果。“你才欺我爱妾，打上我门何也？”修持阴阳丹法的目的是什么？大圣笑道：“我因拜谒长兄不见”，喻圣胎很难炼出，“向那女子拜问”，借此法修炼。牛魔王道：“我看故旧之情，饶你去罢。”大圣、牛王同性，都是心神，故称旧情。行者说出借扇之事，现在的牛魔王是落入后天色欲魔相，其意也是后天之意，故牛魔王闻言：“心如火发。”行者与牛魔王争斗是先除色欲魔性。色欲源于自己神识的散乱，故牛魔王去乱石山碧波潭赴宴。“乱石山”即乱识山，喻神识散乱之意。“碧波潭”喻神识散乱必然引发精气之水波动而欲乱。

牛魔王赴宴，龙宫喻肾宫，是言色欲已退，元精显现，故牛魔王跨上“辟水金睛兽”，喻后天性欲中一点元精开始逆行之功。“径沉潭底”，即人身会阴处。将辟水金精兽拴在牌楼下，喻元精潜伏于此处。顺行造化变为生殖浊精，逆行返还为元精升华，炼精化气。故行者变成三十六斤重的螃蟹混入龙宫。螃蟹为横行之物，正喻此处元精的状态，有可能再度转向色欲之浊精，三十六斤重为元精之数。龙王问道：“你是哪里来的野蟹？怎么敢上厅堂，在尊客之前，横行乱走？快早供出来，免汝死罪！”是言精气不可在此停留要继续逆行，故言：“放了那厮，且记打，外面伺候。”“大圣应了一声，往外逃命，径至牌楼之下”，喻转向会阴，开启逆行。行者偷金睛兽，喻元神驾驭后天元精。

行者变牛魔王回到芭蕉洞。牛魔王与罗刹女为原配夫妻，是喻人身中的元神、元精。罗刹女道：“男儿无妇财无主，女子无夫身无主。”是言元神、元精的关系。罗刹女备酒欢会牛魔王，喻元神、元精相合，继续行持阴阳丹法。“罗刹觉有半酣色情微动，……大圣假意虚情暗自留心”，喻修持火候。大圣道：“真扇子你收在哪里？早晚仔细。”喻元神静观体察。罗刹口中吐出，“只有一个杏叶儿大小，递与大圣。”杏叶儿即信，即宝信已出。行者暗想：“这些些儿，怎生扇得火灭，怕又是假的。”真意即宝信，初现时势微，故修持者要专注体会，故罗刹道：“只管出神想甚么？”大圣问：“如何扇得八百里火焰？”是问如何运用真意。罗刹道：“你想是昼夜贪欢，被那玉面公主弄伤了神思，怎么自家的宝贝事情也都忘了？”贪着色欲，神气受损，真意难见。罗刹女：“只将左手大指头捻着那柄儿上第七缕红丝”，左即做，指即旨。“左手大指”，即操作运作的宗旨。“柄儿”即病。七为火数，红色为火色，丝为思，即病由心火之邪思所致。“念一声，回嘘呵吸嘻吹呼”，七个字都是一声，言一气运用，念头无二，则真意便逐渐增长。故“即长一丈二尺长短”，获得真意的心法已得，故“大圣闻言，切切记在心上”。类似的“真言”，《西游记》中记述了几句，我相信其都有真实效用，但须真传才能真知实用。我注解《西游记》更多的是义理方面的注解，对这些“真言”尚不能做出真正的注解。若有知者，还望指点迷津。周身真气自然运行，而运行的交接处就在口腔之中，玉液金液甘露均在此而生，故代表真意宝信的芭蕉扇，罗刹女、孙悟空、牛魔王都将其含在口中。真气运化，魔相便消，故行者“把脸抹一抹，现了本相”，出了芭蕉洞。“正是无心贪美色，得意笑颜回”，这是阴阳丹法的心诀。至此阴阳丹法的前半程已完，真意宝扇已得。真意引导真气周身运行，此刻修持者当静修内观开始后半程，故行者看了又看：“只见祥光幌幌，瑞气纷纷，上有三十六缕红丝，穿经度络，表里相联。”这是身内经脉气脉网络的真实景象。“行者只讨了个长的方法，不曾讨他个小的口诀”，真意的运行有收有放，大圣现在只知放，不知收，真炁开始运行，胎神之魔象也开始转化，故“牛魔王回到翠云山芭蕉洞”。牛魔王要兵器，牛王的兵器是混铁棍，为阳具，而现在是阴阳丹法修持的后半程，故女童道：“爷爷的兵器不在这里”是言此刻不在用这样兵器，而以内观为主，故言：“拿你奶奶的兵器来罢。”侍婢将“两把青锋宝剑捧出”，喻以邪见为兵器。牛魔王为胎神猖狂之象，要于此处炼魔灭火，故牛魔王“径奔火焰山上赶来”。

第六十一回

猪八戒助力败魔王　孙行者三调芭蕉扇

丹旨：上一回，火焰山土地说出火焰山是因孙悟空踢倒八卦炉由落下的炉砖所化生，点明了此火的本质是胎神初生时心神亢奋所致。孙悟空与牛魔王争斗是行逆返之功。通过阴阳丹法寻得真意，即芭蕉宝扇。但修持者若不知运用，依然不能借此熄灭心火，故又被牛魔王骗走。可见消除心神魔性仅依靠灵明之性无法完成，必须与元精共同完成。故这一回，唐僧让八戒去帮助孙悟空，并由代表当下真意的土地带领八戒前去共同降伏，故牛魔王败回芭蕉洞。天王和哪吒从灵山赶来相助降魔，喻后天识神获得了佛的正知正见，则心神的魔性自然消除，故牛魔王最终归顺佛家。而代表元精的罗刹女献出宝扇，行者扇灭山火，降下大雨，即以先天灵能扑灭胎神燥火。胎神猖狂之性得到先天一炁灵能的真水滋润，即“坎离济既真元合，水火均平大道成”。至此命功修持部分完成，故四大金刚祝贺道：“圣僧喜了，十分功行将完。”之后将开启性功修持，故金刚言：“吾等奉佛旨差来相助，汝当竭力修持，勿得须臾怠惰。”这是对修持者的叮嘱。故本回丹旨为：命功毕。

释意：“牛魔王赶上孙大圣”，喻魔性不除如影随形。牛魔王心想：“我若当面问他索取，他定然不与，倘若扇我一扇，要去十万八千里远，却不遂了他意？”言真意运行有退魔之能，但不能降魔，条件允许，魔性还会回来。“我当年做妖怪时，也曾会他，且变做猪精的模样，返骗他一场”元神、元精本是一体，故言“曾会他”。猪精喻后天元精，故变作猪精骗扇子，是将真意运化引导向后天元精方向生发。“料猢狲以为得意为喜，必不详细提防”，猢狲喻后天元神，也表明这是修持者此刻的神识状态，只认为真意运行运化很重要，不知其向后天发展的危害，故言："不提防"。行者向假八戒道："径至芭蕉洞，哄那罗刹女。那女子与老孙结了一场干夫妻，是老孙设法骗将来的。"明示了通过阴阳丹法获得真意。牛魔王骗回芭蕉扇，"原来那牛王，他知那扇子收放的根本"，真意生发为放，牛魔王为魔性，自然灭除真意，故知收法。但因其本质为胎神的灵明觉性故不可能完全消除，只能将真意无限缩小隐藏，故牛魔王将芭蕉扇变得"依然小似一片杏叶，现出本相"，牛王扇不动行者，因为行者将定风丹"噙在口里不觉的咽下肚里"，所以"五脏皆牢，皮骨皆固"，喻五行攒簇之功坚实，以心性凝定为基础，才不会被后天之意的妄动所影响，故"凭他怎么搧，再也搧他不动"。牛王慌了，"双手轮剑就砍"，喻以后天邪见消解先天灵明觉性。这边孙行者、牛魔王"相斗难分胜负"，那边"唐僧坐在途中，一则火气蒸人，二来心焦口渴"，此喻修持者身心状态，这是只以神识调整，而不配合精气相济导致的结果，故唐僧让八戒助力行者。

八戒"不认得积雷山路"，喻元精没有元神的引导，不知借色欲而逆修之法，故代表当下真意的土地道："小神认得，且叫卷帘将军与你师父做伴。"此处称沙僧为"卷帘将军"，是明示修持者要保持先天真意的专注，不被境界迷惑而明察，这是修持阴阳丹法后半程的心诀。八戒迎上行者，行者恨道："你这夯货，误了我多少大事。"是恨元精的坠落是导致修持中各种困境出现的根源。八戒骂牛王："你怎敢变做你祖宗的模样，骗我师兄，使我兄弟不睦！"元精是阳神之本，故称祖宗。"兄弟不睦"，即元神元精不合，现在行者八戒合力，即元神、元精相合，也称"金木交并"，故牛魔王"遮架不住，败阵就走"，喻魔性渐消。"火焰山土地帅领阴兵，当面挡住"，喻以当下之意引导神识魔性转化，故言："大力王，且住手。唐三藏西天取经，无神不保，无天不佑，三界通知，十方拥护。"言修持是身心全方面的转化与升华，"快将芭蕉扇来息火焰，叫他无灾无障，早过山去，不然，上天责你罪愆，定遭诛也。"言修持者若不能息灭此胎神之妄火，必将戕害身心，圣胎不保。行者、八戒、土地合力斗牛王，为三家相见之功，书中诗文所描写的是此刻修持原则、方法、策略，留在《西游法诀》中详解。行者道："牛王本是心猿变。"点明了牛王的本质，"趁清凉，息火焰，打破顽空参佛面"，点明了息火焰为性功的本质。八戒道："用芭蕉为意水，焰火消除成既济"点明芭蕉的本质和灭火的功效。行者、八戒追到摩云洞再战，牛魔王使混铁棍，战败后卸了盔甲，丢了铁棍，喻后天色欲已除。行者与牛魔王斗变化，是破除后天神识思虑念想往来不定之性。最后牛王“现出原身，一只大白牛”，此喻本心之象，古人有以牧牛喻调心。“大白牛”，为本心显现，故惊动了虚空中的神众护法。牛王又逃回了翠云山，芭蕉洞喻返回身中先天之境。八戒打死玉面狐狸，烧了摩云洞，喻元精复，浊精灭，色欲除。

佛兵于东南西北四面围住牛魔王，喻要此妄心归伏清净本心。牛王“驾云头望上便走”，是喻此心向后天意识转化，故托塔天王和哪吒奉佛旨剿除牛魔王，喻后天识神获得佛之正见而明理智通，自觉地协助降魔。哪吒道：“愚父子昨日见佛如来”，喻后天愚昧的神识获得佛的正见，故代表后天六识之能的哪吒可以降伏妄心牛魔王。“哪吒使斩妖剑斩下牛头”喻以正见不使妄心生起。“哪吒取出火轮儿，挂在那老牛的角上，便吹真火”即以正念之火破除妄心所带来的局限束缚。“才要变化脱身，又被托塔天王将照妖镜照住本相，腾那不动，无计逃生。”喻以坚定的意志不使妄心妄动。牛魔王道：“莫伤我命！情愿归顺佛家也！”牛王为胎神妄心，自然要归顺佛之清净本心。哪吒“将缚妖索子解下，跨在他那颈项上，一把拿住鼻头，将索穿在鼻孔里，用手牵来”。喻以正知正见正念降伏妄心。罗刹女“急卸了钗环，脱了色服，挽青丝如道姑，穿缟素似比丘”。喻脱离了后天之境，复归先天元精本质，元精为体，体现才有意生，故“双手捧那柄丈二长短的芭蕉扇，走出门”。

四大金刚代表佛家命功修持法相，四大菩萨代表佛家性功修持法相，故四大金刚道：“圣僧喜了，十分功行将完！”是言丹道命功修持将功成完结。行者搧灭了火焰山，喻以真意接引先天一炁之灵能真水，灭除了胎神之妄火。故“三藏解燥降烦，清心了意”。师徒四众为一体，全凭命功修持，故“四众皈依，谢了金刚”，喻命功完结后，遵从佛法修持性功。“天王、太子，牵牛径归佛地回缴”，喻后天神识以正见、正念而得正心，回归本心佛境。罗刹道：“愿赐本扇，从立自新，修身养命去也。”罗刹为先天元精，为养命之本，但仍需真意运行，故罗刹想要回芭蕉扇，并与土地同回火焰山。“要断绝火根，只消连扇四十九遍，永远再不发了”，七七四十九，一七表示周流循环开启之数，七七是言真意时刻保持周流而不间断，自然后天神识妄火就不再产生了。罗刹“隐姓修行，后来也得了正果”。言元精修持逆返先天一炁，即修成正果。元精的作用极其重要，不能缺失，故能“经藏中万古留名”。“真个是身体清凉，足下滋润”，喻修持者受到先天一炁的滋养，转化的状态，为实证。

“坎离既济真元合，水火均平大道成”，坎离既济是以卦象而言命功修持的融合状态。水火的本质是先天一炁分而成水火，为神气，为元神、元精。偏执则成魔、成精。均衡平等，即归为一体之象，故为大道成。修持者至此，命功修持完成，即进阳火，命胎坚固。后面西行的过程，为退阴符，即涵养命胎的过程。

第六十二回

涤垢洗心惟扫塔　缚魔归正乃修身

丹旨：上一回，三调芭蕉扇过后，于丹道而言是大丹凝，于神识而言是命胎结，在此之前的所有功程都是为了完成：丹凝胎结，称为命功，也叫进阳火。丹凝胎结之后的修持重点是真意运行，温养命胎以期脱化，为性功，也称退阴符。丹凝胎结还只是状态境界中事，而所温养的命胎还需一个安放之处，丹道认为此处在上丹田泥丸宫，即本回金光塔顶处。所养之胎，即舍利子。命胎因得到温养而神识大定，故改名为伏龙寺。这一回，师徒所到达的祭赛国，喻安放命胎之关。此刻修持者要保持恭敬的态度，并提供持续的能量供给。金光寺顶上的舍利子被盗，寺中和尚因此负罪，喻修持者本俱先天灵明之性，但因执守顽空，更不知涵养，导致先天灵性被后天精血所污，被后天神识欲望所盗，而借灵生妄。孙悟空陪同唐僧扫塔，喻性功修持要渐修。孙悟空抓住塔顶中的两个妖精，喻上丹田落入后天精气运行之境。国王亲审小妖，喻明察因果之功后方可与师徒定下“定捕贼首，取宝归塔之计”，即移炉换鼎之法。故本回丹旨为：灵昧。

释意：篇首《临江仙》阐述了真意运行的火候及原则，是持心之功的心诀。这是丹凝胎结后必须修持的功程，为下一步移炉换鼎至上丹田做好准备。详细解读留在《西游法诀》中展开。

师徒四众“水火既济，本性清凉”，言神气交融复归先天一炁之体，则一气周流不再分裂为水火之象，故为清凉。“借得纯阴宝扇，搧息燥火过山”，凭借真意之扇使得一气周流，清除了胎神的妄动狂躁。这段功夫要行持很久，故言：“行过了八百之程。”大约是两年半的时间，必须达到纯熟自然的状态才能进入下一个阶段。故言："师徒们散诞逍遥，向西而去。"

唐僧问："悟空，你看那厢楼阁峥嵘，是个甚么去处？"是问下一个修持阶段是什么。行者道："是一国帝王之所。"丹凝胎结为帝王，此修持境界为城，金光塔为身，塔顶为上丹田，放置舍利处为泥丸。此刻修持者开始准备进入移炉换鼎之功程。上丹田是养神炼神之所，沙僧道："却唤做甚么名色？"是问修持的内容是什么？行者道："须到城中询问，方可知也。"言实修实证，方可知也。

师徒进入城中，见到"有十数个和尚，一个个披枷戴锁，沿门乞化，着实的褴褛不堪"，喻只重性理不重命功的修持者被后天人身所局限，不得自在，状态如"披枷戴锁"，得不到命炁的滋养，故"衣衫褴褛"。虽然宣讲修持理法，启发教化众生，但无实证实效的支持，则显得说服效果很差，如同乞丐一般。修持者一定要明白其中的缘故，故唐僧要行者问个明白。和尚道："我等是金光寺负屈的和尚。""金光"，金喻神识，光为神动所见到能量的最初状态，即光感。修持者此刻神守上丹田，处于炼神返虚的阶段，后天境界中的具象都随着心神的清净不再呈现，而是以光之象呈现，其本质还是心神晃动之象。唐僧进入寺中见到"古殿香灯冷，虚廊叶扫风"，是喻修持境界上一片顽空景象，心神方面则披枷戴锁，命身方面则衣衫褴褛，此性命二事上的苦楚，故"三藏不忍见"。修持者必须破除此境才得解脱，解脱之法即金丹大道，故和尚道："东土大唐来的圣僧，救得我等性命，庶此冤苦可伸。"言唯有金丹正道、正见、正行可救！"祭赛国"，祭为祭祀，"赛"为酬谢之意，明示此刻的修持者要保持恭敬供养的态度，并要提供持续的供养。此国为"西邦大去处"，言存神定性，涵养命胎是丹道修持的重要关口。上丹田为存神炼神之处，故为"天府神京"。炼养此胎神需要周天法界供养，故为"四夷朝贡"。"我这金光寺，自来宝塔上祥云笼罩，瑞霭高升。"此金光的本质是本心之象，故言"自来"。但国中之人只知有宝，却不知是何宝，喻不明本心而生昏昧，自然被"一场血雨污了宝塔，宝贝被盗"。"血雨"，喻后天气血，"污了宝塔"，即后天气血遮蔽了本心光明，本性灵明。本自光明只因无明，不识自家真宝落入后天血肉之境，故灵光不显。"众臣谏道，我寺里僧人偷了塔上宝贝。"是明示宝贝丢失是因为执着顽空而不知修命所致。三藏叹道："这桩事暗昧难明。"本心被后天遮蔽，故暗昧难明。三藏欲扫塔，“即看这污秽之事何如，不放光之故何如”，欲明本心要先察原因。寺中和尚欲以厨刀打开铁锁，是以戒忍之法消除局限。“行者使个解锁法，用手一抹，几把锁俱退落下”，喻真正解除锁困的是心神之法，故八戒道：“他是开锁的积年。”是言本心灵明是打开生命灵性枷锁的根本。三藏沐浴，丹道中真气周身运行之功称为沐浴。塔喻人身，扫塔即转化后天人身和旧习。行者道：“塔上既被血雨所污，又况日久无光，恐生恶物。”塔顶即人之头颅上丹田处，先天胎神在此落入后天精血境界，而生出后天神识，即“恶物”。“一则夜静风寒，又没个伴侣，自去恐有差池，老孙与你同上如何？”大愿还需真心陪伴才能觉察实证。唐僧佛前拜道：“早示污塔之原因，莫致凡夫之冤屈。”修持者要以佛之正见明理，觉察本心被污的原因才能恢复灵明之性。唐僧“自下层望上而扫”，喻由浅入深，由简入难，由有为入无为，由表及里，循序渐进，这是丹道修持的基本策略。长老扫至第七层渐觉困倦。七为火数，喻人心。扫前七层喻丹道修持中的炼己之功，以调整认知即明理复灵；改变行为模式，即行善积德；扭转运行趋势，即保精健身，培植道基为主，谓之扫人心，这段修持是由后天意识自主自觉来完成，故“唐僧渐觉困倦，又坚持扫了三层，腰酸腿软，就于十层上坐倒”，喻人道修持完成之后，逆返先天的转化功程则无力完成。最后三层喻丹道修持的筑基、结丹、结胎之功，必须由先天元神主导完成返本还元之功，故唐僧对悟空道：“你替我把那三层，扫净下来罢。”

行者“踏着云头观看，只见第十三层塔心里坐着两个妖精”，喻虚极而观，才能明辨真假。两个妖精，“黑鱼精”，为元精落入后天之妖象，故后来行者割其耳，喻戒听。“鲇鱼精”，为元气落入后天之妖象，故后来行者割其唇，喻戒言。孙悟空“只把棒逼将去，那怪贴在壁上莫想挣扎得动”，喻以炁机灵能压制后天魔相。“三藏正自盹睡”，喻昏沉生妖怪。“忽闻此言，又惊又喜”，后天魔境被压制，自然清明。妖怪住在“乱石山”，喻神识散乱。“碧波潭”，神识散乱必然引起能量波动，从而产生无数后天意识，故有“万圣龙王”。两个小妖叫“奔波儿灞，灞波儿奔”，喻这些后天意识都处在来回奔波，永无停息之时之态。“万圣公主”，即后天精气。“九头驸马”，九头喻人身上九个孔窍，代表着后天欲望，后天欲望要依附后天精气而生，故为“附马”。万圣龙王为后天之意，与九头虫后天欲望性质相通，故“前年与龙王来此，显大法力，下一阵血雨，污了宝塔，偷了塔中的舍利子”，以后天神识欲望遮蔽先天心神的灵明，使其落入后天。“舍利子”，于神识而言为圣胎，于丹炁而言为大丹。公主盗“九叶灵芝草”即“九液灵汁草”，喻将先天运行的真气化作后天血液运行，被后天色欲所耗，故“养在那潭底”，即会阴穴。

唐僧行者入朝，八戒问：“怎么不带这两个妖贼。”行者道：“待我们奏过，自有驾贴着人来提他。”修持者明理之后，知道自己奔波受苦之因，自然会加以提防免受其害，故那国王急降金牌，“着锦衣卫，快到金光寺取妖贼来，寡人亲审”，喻他人所讲之理不如亲身体证。“锦衣卫”是明朝开国皇帝朱元璋设立的组织，由此推断《西游记》成书是在明中早期。“朕这里不选人才，只要获贼得宝归塔为上”，喻不以后天才智为重，以消除旧习，将圣胎安住上丹田为上。上丹田为先天灵性的原本之家，现在行者坐在八人轿上，喻以先天驭后天，回归本处，故八戒道：“哥哥，你得了本身也”“八戒揪着一个妖贼，沙僧揪着一个妖贼，孙大圣依旧坐了轿”，此二贼生于元精元气的错行，现在已经消除，修持者之身不再受其束缚，故国王“赦了金光寺众僧的枷锁”。国王问师徒名号，三藏道孙悟空、猪悟能、沙悟净三徒之名，喻从此刻开始的性功修持要以悟“空能净”为本。三藏道：“此乃南海观世音菩萨起的名字。”此处作者巧妙揭晓了《西游记》中一个谜团，孙悟空的名字本是菩提祖师所起，但此处三藏却说名字是观世音菩萨起的，可知菩提即观音，孙悟空的师傅是菩提也是观音，只不过菩提为本心的先天法象，为男身。观音为本心的后天法象，为女身。菩提和观音都是丹道修持的法象名号，喻示寻心、观心、明心、见心。国王请“圣僧，定捕贼首，取宝归塔之计”，喻不消除为害的根本动因，舍利子无法重现光明。由乱石导致碧波而生万圣，再出公主，招九头驸马、行污宝塔、偷舍利、盗灵芝之事，这是向后天转化运行的模式，修持者只有将这个发展趋势彻底消除，才能神安丹凝，回归本处。

第六十三回

二僧荡怪闹龙宫　群圣除邪获宝贝

丹旨：上一回，师徒来到祭赛国，喻修持者将要开启移炉换鼎，进入上丹田的炼神阶段。但因后天妄心旧习导致修持者本俱的先天灵性被污被盗，即金光寺被污，舍利子被盗，进而落入后天之境，被后天精气所占，导致人生处于奔波之中，不能罢休，故塔顶住着奔波两个小妖。修持者若要复归灵明，首先要除此二妖，故行者首先将其擒获。故这一回，实施“定捕贼首，取宝归塔之计”即移炉换鼎之法。行者与八戒来到乱石山碧波潭，喻后天神识散乱之境。八戒被九头虫咬住拖入龙宫，喻后天性欲对元精的牵引之力很大。行者打死万圣老龙王，喻先天灵明对后天之意的破除。因此元精不再沉沦后天之境，故八戒大闹龙宫。二郎真君与行者八戒合力除妖，喻先天灵能助力元神将后天之欲遣散，故九头虫逃跑，而行者不追，正合前面观音之语。孙悟空将舍利放回塔顶，喻移炉换鼎完成，心神命胎回归本处。再行温养之功，故命龙婆守护。此养神之功，故将金光寺改为伏龙寺，是言心神不可闪灼妄动，要凝定静守。故本回丹旨为：安胎。

释意：国王道：“寡人肉眼凡胎，只知高徒有力量，拿住妖贼便了。岂知乃腾云驾雾之上仙也。”世人多认神异，以为如此便是修持。三藏道：“贫僧无些法力，一路上多亏这三个小徒。”真正的修持者并无神异，只是依靠自家元神、元精、元气修持，故沙僧道：“擒妖缚怪，拿贼捕亡，伏虎降龙，踢天弄井，以至搅海翻江之类，略通一二。”喻消除旧习恶念，对治身心散乱昏昧才是修持的主要内容。“这腾云驾雾，唤雨呼风与那换斗移星，担山赶月，特余事耳”，喻元神、元精、元气所呈现出的特异机能则是次要的，修持者要抓住重点，要明白什么是修持，其余之事“何足道哉”。

行者“将一个黑鱼怪割了朵，鲇鱼精割了下唇”，肾开窍于耳能于听，故割耳为戒听，即保精。脾开窍于口，能于言，故割辱为戒言，即保气。因戒听戒言自然惊动后天之意，故万圣龙王“唬得魂不附体，魄散九霄”，明示修持者若能戒听即神不被外境所染，戒言即神不外驰，在这两方面下功夫则后天之意的作用就会逐渐弱化。九头虫代表人身，上七下二共九窍，喻指后天欲望。欲望遮蔽了圆明本心，故九头虫使用兵器为“月牙铲”，满月喻本心圆明，“牙”即本心圆明被遮蔽得只剩下一牙之明，还要将其“铲除”，他自然不认得孙悟空。行者骂道：“原来不识你孙爷爷。”行者元神与九头虫后天欲望都是本心灵觉在不同层面、境界的表现，孙悟空更接近本心，本质相同，故自称“爷爷”。孙悟空与妖怪“就在那乱石山头”争斗。神识散乱才是妖魔出现的根本原因，治乱是修持最重要的内容。八戒助攻，九头虫不敌，“现了本相”，喻元神、元精相合复归先天，而后天之怪的本相自然呈现。后天欲望中性欲最强，最容易将元精捕捉，故妖怪“半腰里又伸出一个头来，张开口如血盆相似，把八戒一口咬着鬃，半拖半扯，捉下碧波潭水内而去”。所以行者再变螃蟹入龙宫救八戒，喻阻止元精向浊精转化。八戒大闹龙宫是破除后天之境。行者打死万圣龙王是破除了后天之意。后天之意既除，元精自然安静，故“那呆子意懒情疏，徉徉推托，不肯再战”。

后天之意消除，后天元精安伏，但若要消除后天之欲，元精之能是无法胜任的，还需要先天灵能才可逆返先天，故见“二郎显圣领梅山六兄弟，纵风雾踊跃而来”。二郎真君为先天一炁之灵能，可以帮助元神恢复先天灵觉，故行者称其为“显圣大哥”。“待他安下，我却好见”，喻先天灵能安定下来，元神才能与其相见，故让与其同质的元精八戒上前迎接，喻以身内元精招摄先天灵能入身。真君问：“齐天大圣何在？”是问元神现在处于何境界。八戒道：“现在山下听呼唤”，喻在后天境界中等待返还。六兄弟出营叫道：“孙悟空哥哥，大哥有请。”喻先天灵能提拔元神。真君道：“刻日功完，高登莲座可贺”，言大圣为心神，修持正果必然为佛之圆满智慧自然可贺。“向蒙莫大之恩，未展斯须之报”没有先天灵能的帮助元神是不能升华为先天灵觉的，此相助之恩，故言“莫大之恩”。“幸蒙大圣不弃留会，足感故旧之情”，先天灵能也离不开先天灵觉，二者一体，不可分离，即“故旧之情”。二者相合才能降妖，故言：“若命挟力降妖，敢不如命。”元神与先天灵能相见、相合需要有融合的过程，修持者当在虚极状态下默运融合：故：“且欢会一夜，待天明索战何迟”这是言修持的火候。

二郎真君打九头虫，是以先无灵能灭除后天欲望。九头虫半腰里伸出一个头要咬真君，喻以性欲勾引先天灵能向后天转化。“被那细犬擕上去，汪的一口，把头血淋淋的咬将下来”，犬为土、为意，故二郎细犬喻先天灵能之真意。此真意可以破此后天性欲的生起。“那怪物负痛逃生，径投北海而去”，北海为后天能量之海，在人身为下丹田气海。行者阻止八戒追赶，是不灭后天之能，灭其性欲即可。“他被细犬咬了头，必定是多死少生”，二郎道：“只是遗这种类在世，必为后人之害。”性欲为后天人身繁衍的基础，故不能死，但世人却沉沦于此，迷失了本心，故言：“多死少生。”“后人之害”。“九头虫滴血”，喻男人遗精，女人经血，是此性欲的产物，故为“遗种也”。行者变九头虫从公主手中骗宝，是假中见真。破除后天欲望的表象，发现先天灵觉的真意，借此假象，救出沉沦于后天精气中的宝贝，“灵觉灵能”。公主取出藏宝的“浑金匣子”，金喻圆明本性，浑金喻其落入后天而混杂，“匣子”喻其受到后天之性的约束局限，无法展现其无限圆明觉性，故里面装的是“佛宝”舍利子。“白玉匣子”，玉即欲，白玉喻其无后天之欲的先天灵能，但落入后天受到局限束缚，故装“九叶灵芝”，即九液灵汁，为九转返还之真水。行者现了本相，是弃假复真，珍宝还元。后天之情自然消亡，故八戒一钯筑倒公主。

行者将舍利子安在第十三层塔顶宝瓶中间。佛教传入中国分为十三宗脉，但其本是一，故言十三层，喻佛法的圆满。于丹道而言，“十三层”喻上丹田泥丸宫。“把龙婆锁在塔心柱上”，龙婆喻后天运化之气，故行者要留着他养护舍利。土地城隍看管，是言以当下真意运化此后天之气。“行者却将芝草把十三层塔，层层扫过，安在瓶内温养舍利子”，喻以先天灵能的运化，温养先天灵觉智慧，故这才是“整旧如新，霞光万道，瑞气千条，依然八方共睹，四国同瞻”，这是言修持证境。行者道：“金光二字不好，不是久住之物，金乃流动之物，光乃烱灼之气”，是明示本心是灵明，要静定觉照不可动摇。“将此寺改做伏龙寺”，龙喻神识，伏龙即降伏神识，使之不再妄动，故能：“教你永远常存”，至此“邪怪剪除万境静，宝塔回光大地明”，喻心神大定，自然万境安静。圣胎归位，重回金鼎，即泥丸宫。扫除了妄动之心自然邪怪剪除，智慧由此而生，照彻大地。

第六十四回

荆棘岭悟能努力　木仙庵三藏谈诗

丹旨：上一回，行者八戒来到乱石山碧波潭打死万圣老龙王，大闹龙宫，喻以灵明之性破除后天之意，解救散乱之境对元精的束缚。二郎真君与行者、八戒打跑九头虫，喻先天灵能帮助元神遣散后天之欲。夺回舍利子重新安放回塔顶，喻命胎安住于上丹田。命龙婆守护，喻温养静守命胎之功。这一回，因修持者通过移炉换鼎之功安放命胎、温养胎神后生发智慧，似乎千经万典，无所不通，谈玄论道无不契合，但这样的证境也暗含危险，即唐僧所遇荆棘岭木仙庵之难。唐僧与四木在朗月之下谈禅论道，喻修持者此刻虽一己之灵如明月朗照，但本质依然是黑夜中象，所论禅道之理虽然通彻，但仍然是后天阴灵证境之象，还不是先天觉慧之大光明之象。对治解救之法还是要依靠精气神三者的煅炼而成，故四木之怪听闻唐僧呼叫徒弟，便不见了。喻修持者切不可落入、执着此阴幽证境，故行者让八戒将四木筑倒。故本回丹旨为：阴灵。

释意：祭赛国国王送行，师徒对“所赠金玉，分毫不受”，是言滋养圣胎要靠先天真炁，后天精气已经无用。伏龙寺僧人欲同上西天，行者“拔毫毛变作斑斓猛虎，拦住前路，哮吼踊跌，众僧方惧，不敢前进”，祭赛国金光寺安放圣胎就是伏龙，后面就要降虎，而众僧只知伏龙之法，没有降虎之能，故惧怕不敢前进道：“我等无缘，不肯度我们也”，非不度，是不知自度，不知理法也。修持之事还有因缘、传承、命理、根性、时节等多种因素汇聚而成。修持者命胎安放之后，行持温养之功，胎神渐渐觉醒，生发智慧，于是会出现千经万典无所不通、谈玄论道无所不契的证境，此“慧发”

之状为胎神归位得到滋养的旺盛之象。于是修持者便以为得道，避世求静，执着一己灵明之性，反而落入阴幽之境，故有荆棘岭和木仙庵之难。荆者经也，棘者集也，岭者领悟，“荆棘岭”即经集领，喻千经万典集合之诣无不领悟之意。修持者神慧初发，理悟融通，以为得道，殊不知此境反倒阻碍修持。修持者沉迷于各种理论学说，故言“虽是有道路的痕迹，左右却都是荆刺棘针”，言受到各种理论学说的影响，修持者反倒无所适从，无法专笃前行。对治此境的方法是以元精之能破除对理论学说的执着，实修实证，故八戒道：“不打紧，等我使出钯柴手来，把钉钯分开荆棘，莫说乘马，就是抬轿也包你过去。”沙僧要“放上一把火烧绝了荆棘过去”，喻以神识之能代替修持理论。八戒道：“烧荒的须在十来月，草衰木枯，方好引火。”言理论解决不了实际问题时，才能以神识之能代替。“如今正是蕃盛之时，怎么烧得！”现在修持者神慧初发，正是执着理论、理解、理悟阶段，真正的智慧之火，还是无法烧起，对治之法还是要依靠元精之能，故八戒道：“要得度，还依我”，喻精为神之本，精足则神旺，神旺则慧发。精力充足则八戒争先道：“师父莫住，趁此天色晴朗，我等有兴，连夜搂开路，走他娘。”养精蓄精保精为修持第一要务，元精充沛自然会抑制对各种后天理论的执着和妄想，修持者自然会渐渐悟其空性，故师徒来到“一段空地”是喻修持者消除了对后天理论的执着后所产生的空境，很多修持者以为此空境就是佛之空境，故“中间乃是一座古庙”，殊不知此空为假空、幻空、顽空，故行者看了道：“此地少吉多凶，不宜久坐。”随后唐僧便被一阵阴风摄将去。“飘飘荡荡，不知摄去何所”，喻落入顽空之境。“三藏正自点看，渐觉月明星朗”，此空境之中生起一份觉照，但此觉照不足，只是月明之象，非日照之大光明境，依然还处在阴幽之境当中，仍然是自家神识的一轮圆明觉照而已，以月明星朗喻之。

深山四操：松柏桧竹，是修持品质的象征。柏树言“远尘俗”，故称孤直公。桧树言“盘根已得长生诀”，故称凌空子。竹竿言“天然情性与仙游”，故称拂云叟。松树言“借得乾坤造化机”故称劲节十八公。四操即“离尘、筑基、自然、借机”四个修持者应具备的品质，故称四操。四操自言均已千岁，是明示修持者要恒久保持这四种品质。唐僧自述出身，四老称道：“圣僧自出娘胎即从佛教，果然是从小修行，真中正有道之上僧。”是言修持者的根性也非常重要。三藏所论禅法一段，概述了禅修的方法、证境、火候，极为重要，详细参研解读留在《西游道论》中分享。四操之言点出了禅法修持的关键。“圣僧乃禅机之悟本也”，悟是方法方式，所悟者“本心”也。拂云叟指出了禅修的基础，“禅虽静，法虽度，须要性定心诚”，同时也指出不足之处。“纵为大觉真仙，终坐无生之道”，大觉真仙是宋徽宗时对佛的称号。“终坐无生之道”，喻只守本心空明而不知生生不息之妙道，故言：“我等之玄，又大不同也。”拂云叟所言之道指出许多禅修者的错误，“道也者，本安中国反来求证西方”，明示修持者不可离开自心而外求，不可离开实际而求虚幻，如此便是“忘本参禅，妄求佛果”。是无法成就的，故言：“此般君子，怎生接引，这等规模，如何印授？”要见到自家真面目，在静中下手行持。故言“必须要检点见前面目，静中自有生涯”。“没有竹篮汲水，无根铁树生花”达到真空生妙有，妙有示真空之境，才能“归来雅会上龙华”。这段三藏谈禅，四操论道提示理悟多者，不可执着于此，以为得道而不实修，故凌空子道：“圣僧请起，不可尽信。”喻要从理悟的境界中起身超越，不可沉迷其中，故邀“且入小庵一茶”，即小安一察，喻安定身心，将理解理悟放下，仔细体察。“木仙庵”即慕仙庵，四操将：“一盘茯苓膏，将五盏香汤奉上”，喻一气周流，灵觉潜伏其中，逐渐化作五行之气，由先天落入后天之象，故“三藏惊疑，不敢便吃”。“只见那里玲珑光影，全无半点尘埃”，这是见境也是禅境，故“忍不住念了一句道：禅心似月迥无尘”，喻见此境者所呈现出的悟境。三藏与四操联诗展现出各自人生状态，三藏诗是言此刻的修持者要心怀大愿，十八公诗言期望健康延寿，孤直公诗言喜好清静，凌空子诗言避世，拂云叟诗言喜好诗文，这样的修持者已经落入幽僻之境，口说修持实际无关修持，故唐僧道：“三个小徒，不知在何处等我”言真正的修持者是对元神、元精、元气的抟炼，修持者不可落入此境，故言：“弟子不能久留，敢此告回寻访。”此禅境最为迷人，清幽致雅，谈玄论道，出口成章，许多修持者特别是文人易迷此境，称作文人禅、文字禅。此境之象如“虽夜深，却月明如昼”。喻虽是明月当空，但本质仍是黑夜。代表阴柔之性的“杏仙”自然出现，与代表阳刚之性的三藏，阴阳交媾也成为必然。修持者灵明不昧便可分辨正邪，修持者若执着理悟而生文慧，以延寿清静避世的人生境界自喻得道，就如同明月当空，虽灵明朗然，但终是暗夜阴幽之境，故三藏“跳起高叫道，汝等皆是一类邪物，这般诱我”。修持者必须分辨不可落此境界。真正的成就是烈日当空，无一丝阴邪之气之境存在，这样的阴幽境界最终还是会渐渐消耗转化修持者的灵性之明，其象则是：“以美人局来骗害贫僧”。赤身鬼说：“若是我们发起村野之性，还把你摄了去，教你和尚不得做，老婆不得娶，却不枉为人一世也”。喻此阴幽之境，其势难缠，故“被那些人扯扯拽拽，嚷到天明”。解脱之法还是要靠元神、元精、元气的扶持保护，故唐僧喊道：“悟空，我在这里。”言要悟空其境。故“那四老与鬼使，那女子与女童，幌一幌都不见了”。三徒为正法护持，自然能消除阴幽之境。

行者道：“就是这几株树木在此成精。”这是文人禅文字禅的境界，这是修持过程中特别是修持到上丹田炼神阶段时最容易出现的状态。所居之处“木仙庵”，喻许多文人好道，其实只是慕仙而已，叶公好龙而无实证。若以此为悟道了道，则“成了大怪，害人不浅”。以避世隐居著书立说，语言文字中求成，是于言无功，于行有亏。此境必以元精充沛来对治，故“那呆子索性一顿钯，将松柏桧竹一齐皆筑倒，却才请师父上马，顺大路一齐西行”，喻根除此境才能继续修持。

第六十五回

妖邪假设小雷音　四众皆遭大厄难

丹旨：上一回，荆棘岭木仙庵之难的解除，喻修持者解除了对理悟的执着，破除了文字禅的荆棘，从阴幽之境中解脱出来，故言：“一念生，神明照鉴，任他为作，拙蠢乖能君怎学，两般还是无心药。”修持者丹凝胎结之后，使得对胎神的运炼就成为最重要的内容。紫阳真人援禅入道，以禅的境界见地引导传统的丹道完善，升华了内丹术，成就了金丹大道。所以参究禅法就成为后世丹道修持者的必然，但是任何修持方法都有局限性，在实践中更是会异化出许多偏邪与谬误，因此本回作者慈悲，将修持过程中应当避免的错误逐一揭示，警示后学。这一回，师徒来到小雷音寺，喻修持者在丹凝胎结的基础上罢脱了对理悟的执着，便心生禅意胜境，于是就把此等证境当作是终极的证境，魔难由此而生，故唐僧将此境认作是佛住之境，即小雷音寺，喻修持者心中对胜境的执着。只有先天灵觉才能破此执着，故孙悟空识破魔相。黄眉即黄梅，多代指禅宗。妖怪自称是黄眉老佛，喻禅法的异化之魔相。妖怪所用金铙，喻破禅关所用参话头的禅修之法，因后人不解真意，便受困其中，不得而出，为此空耗一生之害。孙悟空被困在金铙之中，喻先天灵觉无法发挥作用，幸有亢金龙用角钻入，喻钻杳冥之功，故孙悟空出来后要将金铙打碎。妖怪的兵器是短软狼牙棒，即口中之舌之牙，喻以斗机锋口头三昧为能的禅修者。许多禅修者因理悟而发干慧，便以口舌争辩，言语争胜为能，此作者警示修持者参话头与斗机锋之法不可取，为妖魔所用之器。黄眉老怪的白布搭包，喻以顽空之境灭除一切妙有之法之能，故能将孙悟空与众神都装进去，可见危害之大。参话头、斗机锋、执顽空三者为禅修当中的常见错误。故本回丹旨为：禅病。

释意：“四众西进，正是那三春之日，物华交泰，斗柄回寅”，是言命功修持暂告一段落，后面将进入以性功修持为主的阶段。文中之词写尽了春意盎然，实是喻此刻修持者心神之态。三藏扬鞭道：“悟空，那座山也不知道有多少高，可便似接着青天，透冲碧汉。”言修持者执着理法，以为此便是道体本心。山喻理法，天喻本心。山再高不可与天齐，理再透也非本心，故行者答道：“只有天在上，更无山与齐。……自古天不满西北，昆仑山在西北乾位上，故有顶天塞空之意，遂名天柱。”道体本心是周流不息，圆满觉明的，但后天现实之境是天然具有局限性，即天不满西北，但是天道补之，故以天柱顶天塞空而喻之。沙僧笑道：“他听了去，又降别人。”言世间学舌者多。“等上了那山，就知高下”，言实证为重。

行者观看，寺院景象描写暗喻禅修胜境，故以诗赞道：“红尘不到真仙境，静土菩提好道场。”行者道：“却不知禅光瑞蔼之中又有些凶气，何也？”喻禅境虽胜，但也有危乱潜伏。“观此景象也似雷音，却又路道差池”，喻修持者在丹凝胎结的基础上又摆脱了对理悟的执着，此刻的证境似乎与终极的雷音证境相似，但修持的理法却与经典之路不同。行者道：“我们到那厢，决不可擅入，恐遭毒手。”言修持禅法要知道潜在的危险，理法探明之后才可下手，不然会被潜伏的危险所害。沙僧道：“不必多疑，此条路未免从那门首过，是不是一见可知”，言这样的禅境是必然要经历的，其内在危险只有消除了才能西行。《西游记》中沙僧话不多，但都是关键，皆是玄机，故行者道：“悟净说得有理。”可见此回磨难又是澄净心神之功。三藏“见‘雷音寺’三个大字，慌得滚下马来”，心中有执念，便只能见到所执之象，因为心神慌乱，自然以假为真，后面三藏真正到达灵山胜境时却是浑然不觉，自然而然，所以行者提醒是“小雷音寺”。神识灵明不仅可以分辨现象真假，也可以感知吉凶，故行者道：“不可进去，此处少吉多凶”但因执念、错认、错行、错入，魔难自来。“小雷音”喻修持者至此已是小有雷音之象但终非真境，其中必然潜伏危机磨难，这也应了沙僧之言，此关必须经历无法躲避。修持者也是在消除磨难的过程中成长、转化的。

进入寺中见到妖怪，行者喝道：“怎么假倚佛名，败坏如来清德！”世间假借名号哄骗世人的妖魔太多了，“只听得半空中叮当一声，撇下一副金铙，把行者连头带足合在金铙之内”，禅法修持发展至后期已经异化出“参话头、斗机锋”之法，已经脱离了直指人心见性成佛的本旨。参话头与斗机锋为口头三昧，其事虚，最易误人。将行者合在金铙之内，喻参话头之法，金喻神识，“铙”喻阻挠之意，“金铙”即将神识灵觉阻挠封闭其中无法出来。禅关别无妙意，或提一字，或参一语，资数十年死功夫，偶或一悟，便以为了却大事，甚至终身不破而空耗一生，古今多少修持者受困其中不得而出。修持者若不谨慎，误认话头为真实，黑洞洞左思右想，自谓大疑大悟，殊不知由心自造，大小是疑，全失光明，不过一个话头而已，钻出个什么道理？行者在金铙里，“黑洞洞的，躁得满身流汗，左拱右撞，不能得出。……莫想得动分毫，……全无一些瑕缝光明，更没些孔窍，……再不钻动一些。”修持者若始终抱个话头不肯解脱，固执不通，性躁行偏，身受闷气。禅修祖师设此一法是欲以一念代万念，渐至念止无念，开启灵觉而已，但后学却误会祖师真意，以为那个话头有什么玄妙，迷入其中，闷杀其中，则灵觉难出，误了平生，故妖怪“把行者合在金铙之中永不开放，只搁在宝台之上，限三昼夜化为脓血。化后才将铁笼蒸他三个受用”。只知入法不知出法，自生魔难。行者捻诀：“拘得那五方揭谛、六丁六甲、十八位护教伽蓝，围在金铙之外。”是明示修持者此刻要凝神定意来对治，方能解脱。行者道：“不听我劝，就弄死他也不亏”，不以元神为主，趋死是必然的。“放我出来，再作处治”先救元神再救识神。

玉帝派遣“二十八星宿，快去释厄降妖”，是以后天之识之能钻破杳冥，解救灵觉元神。“亢金龙”喻后天神识之极度专注之意。“等我使角尖拱进来，你可变化了顺松处脱身。”“这星宿又不知费了多少力，方才拔出，使得力尽筋柔，倒在地下”，丹道修持中的钻杳冥之法便是如此，将注意力专注于一点达到极至，后天神识则被完全抑制住不再起用，元神自然而出。行者出来后“照铙钹当的一声打去，就如崩倒铜山，炸开金铙，可惜把个佛门之器，打做个千百块散碎之金”，元神既出，此法即破，无须再参什么话头，入得出得，才不受其害，而所余者皆是散乱破碎之意。

妖王与行者争斗使用的兵器是“短软狼牙棒”，即口中牙、口中舌。禅修中的另一种方法即“斗机锋”，为口头三昧。许多禅修者因理悟而发干慧，呈言语之能，狼牙利齿，口舌争辩，辩论胜者自以为悟了。因“参话头、斗机锋”都是禅修之法的异化与错行，其魔相就是“黄眉老佛”。黄眉即黄梅，禅宗四相道信祖师在黄梅建寺，是禅宗第一处道场，故后人也以黄梅喻禅宗，而此黄眉则是喻异化错行禅宗之旨的魔相。禅法是金丹大道非常重要的心性修持，是证悟圆觉，迥超三界，究竟解脱的方法，所以修持者不仅要知正法，也要知其险，其实所有的修持方法都是如此，消除邪见错行带来的危险的过程就是在修正法，修持正法就可以消除其害，故妖王道：“设此像显能，诱你师父进来，要和你打个赌赛。如若斗得过我，饶你师徒让汝等成个正果；如若不能，将汝等打死，等我去见如来取经，果正中华。”言此验证之效。“看他两个斗经五十回合，不见输赢”，喻口头三昧与元神灵觉相斗。老魔“一只手去腰间解下一条白布搭包儿，将行者与众神装入其中，提到洞里”。“搭包”之空喻后天顽空之境，行者为先天元神，二十八星宿喻后天之识，被包入其中，是以顽空灭神识之能，顽空之境是修持中最大的危害。三藏忆念悟空，是后天识神觉醒而不再做主，自然先天元神解脱了束缚，救出三藏八戒沙僧和众天神。唐僧道：“向后事，但凭你处，再不强了。”识神退位，元神主导，事有转机。

“通关文牒”即修持次第；“锦斓袈裟”是皈依之理法；“紫金钵盂”是承载真精，故言“俱是佛门至宝，如何不要！”所以行者要去寻找行李，即寻找修行之理法。行者变“仙鼠蝙蝠”，鼠为子，喻一阳复生之意。有此阳生即是有福，故能见“包袱放光”，喻修持理法为修持者带来的希望之光。真理现则真相显，故行者“见了衣钵，心中一喜就现了本相，拿将过来”。性命双修是修持之理，现在只有心性元神少了道体之元精，故“不期脱了一头，朴的落在楼板上”而妖王正是此魔相，所以“可可的老妖精在楼下睡觉”，自然就惊醒妖魔。八戒问：“行李如何”，行者道：“老孙的性命几乎难免，却便说甚么行李！”言元神是修持的核心根本。妖王用搭包将众等又装在里面，喻再次落入后天之境，只有元神灵明不落后天，“跳在九霄，全了性命。”行者欲请北方真武荡魔天尊搭救师父。八戒曾说过：“九天荡魔祖师我也曾与他做过相识。”可见荡魔天尊代表着炼化精炁的法象。行者请他救师父，是欲以炼精之法破除禅病，复归先天。

第六十六回

诸神遭毒手　弥勒缚妖魔

丹旨：上一回，师徒在小雷音寺遇难，是由修持者心执禅意胜境所致。黄眉大王即禅修异化之魔相。妖怪所用金铙、狼牙棒、搭包，喻参话头、斗机锋、执顽空。这些是禅修当中常见的错误及危害。这一回，孙悟空请荡魔天尊的龟蛇、五龙和小张太子解救唐僧，喻以后天炼化精气之法对治禅病，但执守顽空为禅修之大害，许多禅修者以悟心空为一切，故妖怪依然用搭包将神将收走。黄眉老怪的本质是心神之难，故还应在起心动念处下手参悟，只要对胜境不产生执着之心，便可见到未来成就佛果之因，故弥勒佛在“大圣正当凄惨之时”出现。黄眉童儿是为弥勒佛司磬的童子，喻禅法承担着阐述展现佛性觉慧的值责，故负责司磬。因尚未究竟，故为童儿。所以要跟随弥勤佛，喻刚刚开启成佛之路，是未来佛种。行者钻入妖怪腹中，喻禅病的产生是不知实腹命功修持。弥勒佛收伏黄眉童子回转极乐世界，是喻治愈禅病后方可复归本心佛性。故本回丹旨为：佛种。

释意：大圣参请荡魔天尊是以命功之法对治禅修中的口头禅和执守顽空的错行魔境。“上帝祖师，乃净乐国王与善胜皇后梦吞日光，觉而有孕”。净乐喻本心之清净与极乐之境，“善胜”即善生，喻生生不息之道体，为至善。“梦吞日光”，喻因入后天幻境而丧失了本性之光，落入后天之境即有孕。从后天之境开始修持，以命功修持为主，故名“武”，返本还元谓之“真”，合为“真武”。“玉皇敕号”，喻后天神识主导修持过程。“荡魔天尊”就是这修持证境的法象。

大圣“却至太和宫外，忽见那祥光瑞气之间，簇拥着五百灵官”。“太和宫”喻后天神识因修持而达到的泰然祥和之态。“五百灵官”即人之五官，因为是后天感官，当然不认识先天元神孙悟空，故问道：“那来的是谁？”祖师道：“我当年威镇北方，统摄真武之位，剪伐天下妖邪，乃奉玉帝敕旨。”“威镇北方”是言意守下丹田，北方在人身为腹，故言“统摄真武之位”。“奉玉帝敕旨”，喻后天神识主导，这些是真武修持之法的总原则和策略。“踏腾蛇神龟，领五雷神将”是言具体的修持之法。“龟蛇盘结”是修持法象，蛇喻脊督之灵觉元神，而人的腹部及外肾合之若龟象。下丹田为化生精气之处，“盘结”于方法是神意安守下丹田，于内容是元神元精合化。“五雷神将”即五龙捧圣之法象，喻五行、五脏合聚之意，也就是五行攒簇之功，这是后天返先天的命功修持法要。所以是奉代表先天一气之灵能的元始天尊符召。“我今着龟、蛇二将并五大神龙与你助力”，是以后天的坎离交媾和五行攒簇的有为法破除禅病。

行者引龙蛇龟相，与妖王叫战，许多禅修者看不起后天有为之法，故“那怪闻言心中大怒道，‘这畜生有何法力，敢出大言！不要走！吃吾一棒！’”“畜生”即初生，言龟蛇盘结，五龙捧圣之法为下手初法，是生精之法，其作用的产生是由微至盛，谓之初生。此修持方法留在《西游法诀》中详细讲解。“不要走，吃吾一棒”，是以口头三昧，言语机锋为能打压有为之法的命功修持。彼此争执不下，又抛出顽空寂灭之境将一切修持之法收摄，即用搭包将“龙神龟蛇一搭包子又装将去了，抬在地窖子里盖住不题”喻不见天日，不为人知，难被人用。修持者保持灵明，不入顽空，故孙悟空“跳在九霄逃脱”。神龙龟蛇之法为养精生气之法，现在被顽空所压，先天元神得不到精气的滋养自然精神疲惫，故行者“不觉的合着眼，似睡一般”。日值功曹为时刻保持专注觉察的灵明之意，故叫醒大圣，自然也知道：“你师父师弟都吊在宝殿廊下，星辰等众都，收在地窖之间受罪。”

功曹推荐大圣国师王菩萨和小张太子降妖。国师王菩萨代表着修持者元神，小张太子代表修持之意，因与元神行者同类，故国师王菩萨“早已知之，即与小张太子出门迎迓”。行者对菩萨道：“将那收水母之神通，拯生民之妙用，同弟子去救师父一难。”生水之母为金，金喻神，即调神、凝神之功。菩萨收伏的“水猿大圣”，即水之源头为金，为神，为大圣。“那厮遇水即兴”，喻神得到精水滋养就兴盛，但是如只知炼化精气，不知调神凝神则神识猖狂，故言："恐我去后，他乘空生顽，无神可治。""今着小徒领着四将和你去助力，炼魔收伏"，是以真意运化代替调神、凝神之功。"领四将"即合和四相之意。妖王见到小张太子笑道："你这孩儿有甚武艺，擅敢到此轻薄？"意为神之子，妖王为神之魔相，故称其为"孩儿"。太子道："祖居西土流沙国，我父原为沙国王。"土为意，沙土喻散乱流动张扬之意，故太子姓张。小张太子从师修行，喻定意运行之法，意由神主，故为"从师"。"修的甚么长生不老之术？只好收捕淮河水怪"，言定意真气运行有驻颜之效，但还达不到长生不老，非修持了手之法。所以又被顽空之境所出收摄，故"太子四将被搭包装进去"。龙蛇龟相为炼化精气之法，为东求，即命功；小张太子为真意运行之法，为西告，即性功，都无法对治禅修中的魔境，故言"东求西告枉劳心"。

黄眉老怪为禅修之魔相，欲破此魔相，还须从根本处解决，即从心神动处入手，体察观照起心动念，参禅悟本，故"大圣正当凄惨之时"，喻在起心动忽处觉照，"忽见那西南上一朵彩云坠地"，喻本心显象。"满山头大雨缤纷"，一炁周流之象。"悟空，认得我么？"提醒修持者要悟真空而非顽空。道本无象，心本无形，但修持者要认得其投射于后天之境时所呈现出的景象，透过表象参悟其背后的道体本心。因为修持者于起心动念处参见的还是后天之象，故见到的是东来佛。东代表生发初生之意，故为未来佛，即弥勒佛。所见后天之象是"彩云坠地，大雨缤纷"。行者道："烦老爷指示。"见此本心才能参透魔相本质。佛祖道："他是我面前司磬的一个黄眉童儿。""磬"打击乐器，喻道体无声，叩之有声。"司磬"是言系统阐述展现道体本心的职责。"黄眉童儿"，喻禅法承担着这样的工作和作用，但尚不成熟，远未究竟，故为童儿。于佛法修持而言，喻初登殿堂。跟随弥勒佛，是喻刚刚开启成佛之路，是未来佛种。于修持者而言，至此才真正开启佛法修持，也是金丹大道的性功修持。"那条狼牙棒是个敲磬的槌"，喻以口舌言语之能传达道体本心的真相真理。"那搭包是我后天袋子，俗名唤做人种袋"，喻虚寂真空之境落入后天则成顽空之境。落入其中则为后天人种，若见真空逆返本源则为仙种、佛种。弥勒笑道："我在这山坡下设一草庵，种一田瓜果"，喻还是要从丹田炼丹之法入手才能破除禅修之魔相。"吃下肚中，任你怎么在内摆布他"，空中生起妙有灵觉，自然破除魔障。"等我取了他的搭包装他回去”，喻破除顽空复归先天真空。弥勒要行者伸出手“行者即舒左手递将过去”，左为东，代表生发妙有。“弥勒右手将食指”，右为西，代表虚寂真空。“食指”，即真实所指。“蘸着口中神水”，一炁周流之水。“在行者手掌上写了一个‘禁’字”，妙有被禁，便是顽空魔境。“见妖精当面放手，他就跟来。”明示在所错之处转化，故妖魔自然跟来。行者高叫道：“妖魔，你孙爷爷又来了。”以爷爷自称说明行者与妖魔、弥勒佛本质相同，都是心神之象。“弥勒上前，一把揪住，解了他的后天袋，夺了他的敲磬槌儿”，喻本心显现，自然破除顽空之境、口舌灵牙之能。“孙悟空，看我面上，饶他命罢”，言本心现，魔境除，禅法可行。“那怪虽是肚腹绞痛，还未伤心”，喻魔境禅病产生的原因是不知实腹之命功修持，而禅修的悟心之法是根本。“佛祖将金收攒一处”，喻凝神守一。“吹口仙气”，喻一气运化。“即时返本还原”，即逆返之功复归本源。“驾祥云径转极乐世界”，喻复归道体本心。

只修心性不修身命而生魔障，故“那呆子吊了几日，饿得慌了。且不谢大圣，就蝦着腰，跑到厨房寻饭吃”，喻培补精气，性命两全，才能与行者同力解脱众神将，后天有为之法才有了价值和真实的作用。“临行时，放上一把火，将那些珍楼宝座，高阁讲堂，俱尽烧为灰烬”，是言将禅修中的玄妙之境尽皆灭除，不执一象一境，才能“无挂无牵逃难去，消灾消障脱身行。”

第六十七回

拯救驼罗禅性稳　脱离秽污道心清

丹旨：上一回，弥勒佛收伏黄眉怪，喻破除了禅关机锋之困，消除了执守顽空之害后，修持者才能定意凝神开启真正的禅修，踏上成佛之路。这一回，明示了禅修的真实内涵，即“禅性稳、道心清”。所谓禅性稳就是本心的凝定平稳，所谓道心清即道体的品质纯净无染。这将是一个漫长的调心过程，而许多修持者对这样的漫长过程没有正确的认识，更无心理准备，又不明理法，于是生出急躁之心，故这一回，师徒来到驼罗庄，唐僧欲投宿而心生急躁，因此庄上便生出红鳞大蟒之妖，蟒即忙，喻此心忙急躁之魔象，故要稳禅性。行者八戒打死大蟒，喻除此急躁忙乱之心。八戒拱开稀屎衕，喻元精的充盈是出离浊世的根本保障，才能道心清。故本回丹旨为：戒躁。

释意：“三藏四众躲离了小西天”，小西天言禅修境界方面小有成就，但若心生执着便是魔境，故有了黄眉怪之魔相。破除之后才能真正开启禅修，故言“欣然上路”三藏问宿道：“天色晚矣，往那条路上求宿去。”喻修持者以为破除魔境魔相之后就是修持结束了，急于进入下一段功程。这表明修持者，其一不明功程之理，其二心生急躁冒进。这为修持埋下了隐患，故行者道：“就在这路上搭个蓬庵，好道也住得年把。你忙怎的！”明示修持者此段禅修功程需要很长时间，不要急躁冒进。心“忙”必然产生后面的“红鳞大蟒”之魔相。三藏师徒来到一座山庄，此庄就是禅修者急迫之心所造之境，庄上出现的妖怪自然就是其魔相。老庄主道：“此处乃小西天。”可见依然还处在禅修之魔境，只是错误产生的原因发生了变化，而魔相不同。“若到大西天，路途甚远”，警示那些若有所悟的禅修者，此刻距离修证到本体虚空之境还甚远，要放下妄想，安心参禅。“稀柿衕”即希世同，即希望与尘世和同之意。修持者视红尘为浊世，若心不能出离尘世，就如同身陷污浊之中，故俗称“稀屎衕”。“七绝”即气绝，喻落入后天之境后导致先天之炁周流断绝。“柿树有七绝”，言世间之术从七个方面断绝先天之炁的周流。“一益寿”，即执着后天人身。“二多阴”，即后天思虑贪念过多。“三无鸟巢”，喻不知元神的存在。“四无虫”，喻我执坚固而难破。“五霜叶可玩”，喻沉迷感官刺激所带来的感受。“六嘉实”，即假识，喻只借助后天根识的作用认知世界。“七枝叶肥大”，后天身识的发展旺盛而不知有先天神识。这七个方面积重难返如大山，故称“七绝山”。“我这敝处地阔人稀，那深山亘古无人走到”，是言能修持到此境界并对七绝山有清楚认识而且可以通过的修持者极少。“但刮西风，有一股秽气，就是淘东圊，也不似这般恶臭”，西风喻由先天本体之境向后天转化，因此后天浊世之臭就越发恶臭。“今正值春深，东南风大作，所以还不闻见”，东南风喻后天返先天，阳气生发则远离浊世，故不闻其臭。“这里唤做驼罗庄”，驼罗即梵语“陀罗净土”之意，是暗喻此庄的本质正是罗汉所居之处，故“共有五百多人家居住”。佛家称阿罗汉是言灭除烦恼、堪总供养、不受界所生、远离诸愿、清净受用的证境，故本回名称“拯救驼罗禅性稳”。“庄上惟我姓李”，李为木子为火，喻心神，所以由李老施主提出除妖之事，除去心神之魔。行者道：“只是你这方人家不齐心，所以难拿。”言心神散乱是产生魔怪的根本原因，不解决这个问题所以妖精难拿。而心神散乱的本质是自我的封闭性而导致出的局限性，各种魔障则是个体的局限性与本体的无限性之间的势差的具象表达。其在认知、体性、模式、状态等方面的表现就是各色妖魔精怪的本质。修持者不仅要对其现象了解，更要参透其产生的根源与本质。这部分讨论属于《论》的内容，以后在《西游道论》中再作详细深入的展开。知源明本才能根除魔障，如果只以念经、作法这些有为法对治则必被其害。老者道：“我请几个本庄长者与你写个文书。”喻心神凝定，不再散乱，降魔才有了根本保障，故行者道：“快请长者去。”言此事重大，要及早下手。“我等乃积德的和尚，决不要钱”，道是体，道之用为德，合道之行就是有德。道在人就是生命本身，德就是生命的运化，也就是心神的状态。修持者从认知、运行、状态入手，最终达到调整心神的结果，合之即心行，必然主导外在行为，这样的过程合于道就是修德。此为心神内在转化的过程，外人难知。修持者更是于心地处用功，不求人知，故古圣都教导修持者要“积阴德”就是这个道理，故“决不要钱”。行者道：“我出家人，但只是一茶一饭，便是谢了。”喻不受世间事物牵累，“若论呼风驾雾的妖精，我把他当孙子罢了。”修德是修行中至关重要的，深入讨论，将在《西游道论》中展开。妖怪是本心的异化、变种之象，故为悟空的孙子。

妖精到来，八戒、沙僧躲避，行者扯住两个道：“出家人怎么不分内外？”妖精为内心之魔象。修持者要时刻觉察，失察则为不分内外，故言：“站住，不要走，跟我去天井里，看看是个甚么妖精”。妖精是“红鳞大蟒”，蟒即忙之象，修持者心态急躁是大忌，此大蟒就是其魔象。“红鳞”喻心火旺盛躁动之象。修持者心神不凝，故大蟒“还未归人道，阴气还重”，喻只有通过命功修持随着先天炁的增加，魔象魔境自会隐藏，故言：“只怕天明时阳气胜，他必要走，但走时一定赶上不可放他”言必须根除。

行者钻入大蟒腹中，是言急躁忙乱只是魔象，要从内在根本处入手灭除。八戒道：“哥啊，你不知我老猪一生好打死蛇。”死蛇为心神魔象暂息之象，若要根除必须以元精充盈之力才能使其不再复生。急躁忙乱之心已除，接下来将要对治的是修持者的红尘浊心。佛家讲要修出离心，所以师徒来到“稀屎衕”，众人道：“我们各办虔心，另开一条好路，送老爷过去。”以避世离尘为另一条路，虽然能躲过红尘浊世的干挠污染，但也同时表明修持者并没有真正经历过红尘浊世的历炼，是缺这关键一课的，故行者道：“俱言之欠当。”红尘历炼是必修课。行者要八戒变大猪开路，修持者心神凝定对红尘自然不再执着，精气充盈则定力持久，不被红尘所损，浊世所染，故八戒言：“看老猪干这场臭功。”“再吃些饭食壮神”，后天食补有壮神之效，元精的充盈是出离浊世的根本保障，才能“六欲尘情皆剪绝，平安无阻拜莲台”。至此从祭赛国安胎上丹田开始，修持者消除了文字禅之荆棘，打破了以避世隐居，著书立说为禅修成就之境的错误，解除了小西天参话头、口头禅、斗机锋、执顽空这些禅修之中的修持错误，凝神定意，安放身心，稳住了禅性，以元精的充盈之力破除了尘境浊心，为后面调和心神、扶弱显真打下了基础。

第六十八回

朱紫国唐僧论前世　孙行者施为三折肱

丹旨： 上一回，师徒来到驼罗庄，喻心神转动忙乱之境，由此生出红鳞大蟒。行者、八戒打死大蟒，喻禅修不可心急忙乱，要稳禅性。八戒拱开稀柿衕，喻元精充盈自然道心清净，而脱离了凡尘的污秽。禅性稳、道心清，久久行持，自然能够见到本心之子，此为涵养命胎之效，故这一回，师徒来到朱紫国。朱即红，喻心。紫即子，朱紫即心之子。佛家称佛子，故朱紫国国王，喻修持者本心之子，明示经过涵养，命胎已经有了胎儿之形，丹道称为元婴，以神言之，为阳神命体。元婴虽已显象，但因初显，极其微弱，故国王为病态。因修持者前面功程，此神显现，故师徒至，国王便上朝。国王发榜求医，是求调养之法，故行者带上八戒上街买调和，喻先要在红尘之中历炼，不受侵扰之后行者才揭皇榜，再由八戒引导至会同馆，喻再以精气引导见到元神，寻到主导者。行者来到皇宫以悬丝诊脉为国王诊病，即“玄思真脉”。玄思为至虚极之境而生起的觉察之慧，以此慧才能见到真实的生命之脉，发现导致阳神命体衰微的原因。故本回丹旨为：元婴。

释意： 修持者要稳禅性、清道心，达到这样的境界为正境，世缘才能了断，故本回开篇词道：“善正万缘收。”其证境便是“打破人间蝴蝶梦，休休，涤净尘氛不惹愁”，开篇词将此证境娓娓道来。《西游记》中很多诗词文美意幽，大多数读者不读不看，但是欲参研《西游记》者必须细读深参，因为修持中的大部分理法术诀都隐于其中。参悟书中诗词不仅可以提高修持者的理论水平，也可以提高文学修养、文字境界，这也是修证境界的一种体现。故“三藏师徒，洗污秽之衚衕”，此为离尘之修。“上逍遥之道路”，为证果。

师徒观远处城旗，只有行者能看见旗上“朱紫国”三个字，暗含着禅宗六祖风幡之争的公案，暗示了朱紫国一难的修持本质。三藏虽稳了禅性，但心神尚未大定，虽见城池，但仍有细微风使城旗飘动，故三藏道：“那旗被风吹得乱摆，纵有字也看不明白。”此风为心动之象。心动则神昏，故看不明白，喻指心神散乱为昏昧之因，由此生出本回赛太岁之难。行者道：“老孙偏怎看见。”喻本心灵明是心定之象，故元神能见。八戒、沙僧道：“师父，莫听师兄捣鬼，这般遥望，城池尚不明白，如何就见是甚字号？”明示修持者不要以神识灵明为究竟，距离实证还很远，还要实修。行者道：“却不是朱紫国三字？”喻心神直见其本。“朱紫国”，朱即红，喻心，紫为子。朱紫即心之子，佛家言佛子，道家称元婴。修持者在祭赛国安胎于上丹田，经过稳禅性和清道心的涵养功程，心神凝定，圣胎渐成元婴之体，但是导致其散乱昏昧的根本原因还未找到并消除，所以朱紫国国王虽位尊九五，但仍是病君，喻元婴初成之微弱之象。这才有唐僧论前世，回顾病情之事，喻回视圣胎元婴衰微的原因。行者施为三折肱，买调和，诊病因，喻调养胎神，寻找发现先天落入后天的根本原因，消除错误的运行模式。这段功程极为重要，故三藏道：“朱紫国必是西邦王位，故要倒换关文。”言此关必须实证通过。对朱紫国景象的描写是赞喻此刻胎神成就是连接先天、后天的枢纽，作用非凡，故赞道：“真个好个皇州。”可见其在修持过程中的重要性。

师徒街市上行走，三藏只叫：“不要撞祸，低着头走！”是明示修持者此刻要和光同尘、涵养心神，“莫要生事”即不生心、不动心，守心养心便不会生事，直至纯熟自然。这是心诀，依此修持就能与本心子相会。三藏师徒来到“会同馆”。“会同馆”为见此胎婴之前兆，朱紫国国王为胎婴之病象。行者与朱紫国国王为同质同体，元神为修持主导应该为上，故行者恨道：“怎么不让老孙在正厅？”这也正是朱紫国王之病因。“这等说我偏要他相待”，纠正错误的认知、状态和运行模式，由元神主导修持、修正，其病可除。管事道：“我万岁爷爷久不上朝。”万岁爷爷即道体本心之象，曰佛子、称元婴。此神常隐难显，故言：“久不上朝”。“今日乃黄道良辰，正与文武百官议出黄榜”，丹道中将中脉称为黄道，而元婴的呈现就是在此中脉贯通虚空法界，心神凝定之后显现，故为“黄道良辰”。“趁此急去还赶上，到明日就不能够了”，此心神显现初期极不稳定，修持者要把握机会，见机下手，不要迟疑。

国王听闻唐僧师徒到来，喜道："寡人久病，不曾登基。"是言修持者所结圣胎为生命真主，但因落入后天之境，致使此真主久病不能主导生命。"今上殿出榜招医，就有高僧来国！"修持者经过命功修持，使得真主复还上殿，但因旧习使得真主的状态及运行模式都还是病态，因此还要从性功入手，加以调整纠正，故由高僧来医，可见朱紫国国王之病为心性之病。三藏见国王讲华夏历史，是明示先天落入后天的趋势，谈取经之因是讲述逆返还元之法，可有复生之效。长老见"那皇帝面黄肌瘦，形脱神衰"，喻真主衰弱，还需调养，故国王传旨："在披香殿，连朕之膳摆下，与法师同享。"喻以佛家见地方法调养胎神，故此刻国王称三藏为法师。

既然要调养心神，自然行者要带八戒去市上买调和，是明示修持者要先从世间调养心神入手。沙僧道："茶饭易煮，蔬菜不好安排。"言命功易成，性功难调。茶饭喻元神元精。"油盐酱醋"喻元气，没有元气的运化调和之效。"油、盐、酱、醋俱无"，喻没有调和之性功，不能成就完整功果。调和之功是元神之能，故行者有能力，行者道："我这里有几文衬钱。"但先要从戒行入手，故"教八戒上街买去"。调和之法即戒行戒律，世人都不愿意遵行，故八戒道："你才不曾见獐智？在这门前扯出嘴来，把人唬倒了十来个。"言于红尘浊世提出戒行戒律之法是没有什么人愿意听从的，故言："若到闹市丛中，也不知唬杀多少人。"行者说起闹市各种吃食，是言世间各种各样的诱惑，乱人心神，故八戒经不起诱惑，"那呆子闻言说，口内流涎"。是笑世人之呆象，故称其为呆子。"这条街往西去"，西南为坤位，喻虚空本心之境。"转过拐角鼓楼"，鼓楼为震，为一阳复来之意。"那郑家杂货店"，郑家即正是此处调养心神。"凭你买多少"，所用理法随机应变，应有尽有。"他二人携手相搀，径上街西而去"，喻元神、元精协同，性命同修。"那行者原是要耍他"，喻以境炼心，"那里肯买"，喻不着尘境。行者让八戒"你在壁根下站定"，暗喻修持者守定会阴穴，"与你买素面烧饼吃罢"，等待真阳之火生起。因此八戒"将碗盏递与行者"，喻元神主导调动能量生发。"把嘴拄着墙根背着脸，死也不动"，守静笃也。行者见皇榜中写道："稍得病愈，愿将社稷平分，决不虚示。"社为土神，喻命功。稷为谷神，喻性功。是明示修持之功要性命均平，才能病愈，修成正果。此理至真故言决不虚示，因此行者"满心欢喜"。"行动有三分财气"，言真修实证便会有收益。“早是不在馆中呆坐，即此不必买甚么调和”，专笃静坐，红尘调神之法告一段落。“且把取经事宁耐一日”，弘法大愿暂时也不能施行，因为心神之病未愈，还需元神调养，故言“等老孙做个医生耍耍”。行者将皇榜揣在八戒怀里，是明示调养心神要由持戒养精做起，但此法是入手之法，非养神之法，而世人不知，故众人道：“你既揭在怀中，必有医国之手，快同我去”，所以八戒道：“汝等不知高低，再扯一会，扯得我呆性子发了，你却休怪。”八戒将众人引到会同馆见了行者，是明示持戒守精之功完成后要寻求自家本心元神，才是根本解决之法，故八戒道：“他却是个猛烈认真之士，汝等见了须要行个大礼，叫他声孙老爷，他就招架了，不然他就变了嘴脸，这事却弄不成也。”

行者道：“这招医榜，委是我揭的，故遣我师弟引见。”喻元神主导元精接引。“那国王正与三藏膳毕清谈”，清谈喻穷理之功，但只知理法而无实修，仍不能治病救生，故有太监奏报行者揭榜，国王大喜，吩咐“汝等见他切不可轻慢，称他做神僧孙行者，皆以君臣之礼见”，可见行者与国王本质相同，皆心神之象。众臣领旨排班参拜，“那大圣，看他坐在当中，端然不动”，本心元神如如不动之象。行者问道：“你王如何不来？”喻胎神尚未修证到如如不动之境，这是表法之象。行者对八戒、沙僧道：“只要你两个与我收药”，喻元神调配元精，运行元气。以此为药，故由八戒、沙僧收药。

那国王见行者道：“唬杀寡人也！”是不识不知自家本心元神。行者道：“若像这等慢人，你国王之病，就是一千年也不得好。”喻没有自家元神的医治，生命真主之病不得好，“他如今是个病君，死了是个病鬼，再转世也还是个病人”，言生命轮转变换的是存在形式，病因不除都是病态。行者欲以望闻问切之理诊病，国王道：“叫他去罢，寡人见不得生人面了。”喻胎神微弱难见真容。行者道：“我会悬丝诊脉。”即“玄思真脉”。“玄思”为至虚极、通法界后而生起的觉察之慧，由此玄思觉慧就可以见到真实的生命之脉乃至传承法脉，只有达到此境界才能医治胎神之病，消除病因。三藏见到行者骂道：“你这泼猴，害了我也。”后天之识不知先天灵识之能，只知《素问》《难经》《本草》《脉诀》这些后天理法，故言“是甚般章句，怎生注解”，喻只看重章句注解，不知何为“玄思真脉”。行者：“伸手下去，尾巴上拔了三根毫毛，捻一把，叫声变，即变做三条丝线，每条各长二丈四尺，按二十四气，托于手内”。“尾”即微，言修持者要于精微之处下手。“三根”即乾之爻之象。“毫毛”即阳气生发之初的细微之态。“三条丝线各长二丈四尺，托于手内”，喻一气周流皆了然于心，尽在掌控之中。只有如此，修持者才能建立起真正的自信，拥有真正的能力，解决修持中的问题，医治生命之病患。正是那“心有秘方能医国，内藏妙诀注长生。”

第六十九回

心主夜间修药物　君王筵上论妖邪

丹旨： 上一回，师徒来到朱紫国，喻胎神显形之境，其本质是丹凝渐灵之象，但其神微弱，因此要加以调治，故出榜寻医。行者八戒上街买调和，行者揭榜，八戒带宫廷侍卫见行者，喻调治之法要从红尘历练开始，再由精气引见元神，元神再以虚极之境生起的觉慧察明因果，故行者言会悬丝诊脉。这一回，行者以玄思诊断出国王为“双鸟失群”之症，是言由于先天灵性灵能不合导致胎神衰危，故行者八戒沙僧合力为国王制药。制成的乌金丹，喻以精气神的抟炼完成先天灵能的凝定。行者言药中有马兜铃，喻真意运化之功，故国王病根行下来，喻运化通畅不再淤滞，此一炁运化通畅之象，故此国王才说出金圣宫娘娘被妖精摄走之事。金圣宫娘娘喻先天圆满灵明之性。妖精住獬豸洞，即懈滞，喻妖精的本质是因一炁运化不畅导致先天灵性向后天转化的松懈淤滞之魔象。可见阴阳运化不和谐导致灵性昏昧，是胎神衰危之因。故本回丹旨为：失调。

释意： 孙大圣悬丝诊脉，喻修持者于虚极玄妙之境觉察观照、探寻导致心神衰危的原因。大圣诊断的结果是“是一个惊恐忧思”之症，喻神识表现出的心神不宁的状态，其根本原因是元神、元精不合所导致的，故：“号为‘双鸟失群’之症”。既然找到了原因，自然“国王在内闻言，满心欢喜，打起精神，高声应到，指下明白”。下一步便是提出对治方案，故国王道：“请出外面，用药来也。”太医官问：“但不知用何药治之”，喻后天之境的医官不知如何对治先天心神之病，后天医法也不能对治。行者道：“不必执方，见药就要。”言不执着于方法，万象皆可用来调心，能产生大药先天一炁就行。

修持的火候也最难把握，要求修持者审时度势，依据情况变化随机应变，“故此全征药品，而随便加减也”。国王留下三藏，三藏大惊道：“若医得好，欢喜起送，若医不好，我命休矣”心神之病根除，自然大愿能成，若胎神病亡，则大愿休矣。

八戒说行者欲开药铺作生涯，是警示修持者不可将教化世人调养心神为目的，反误了修持正事，故行者：“医好国王，得意处辞朝走路，开甚么药铺。”调养心神是手段，修证虚空本体，恢复圆满觉慧才是终极目标，修持者时刻不能忘怀。“他那太医院官都是些愚盲之辈，所以取这许多药，教他没处捉摸，不知我用的那几味，难识我神妙之方也”，凡药不可用，真药不可轻示于人，非有缘者不可知，一部《西游记》就是修真证道的神妙之方，能有几人知之？行者道：“我等到夜静时，方制药。”喻静极而药生。兄弟三人制药，喻以精气神的抟炼为制药之法。第一味用大黄：“此药利痰顺气，荡肚中凝滞之寒热。”是喻先以消除执着心为要，故为将军。第二味是巴豆：“此药破结宣肠，能理心膨水胀。”是喻运化周流才能不生淤结，故为斩关奔门之将。第三味是百草霜，即锅底灰，是喻修持者对世间繁华要心若草灰，不再起心动念，达到对境无心之境，故“能调百病”。第四味“马尿”，龙马喻修持者专注而持久的修持品质，有此品质无事不办。尿为此品质之象，八戒称之为“金汁”，故言：“若得他肯去便溺，凭你何疾，服之即愈。”此品质是经过长期磨炼而成，故言“但急不可得耳”。这样的品质对于修持者而言极为重要，故龙马言：“怎肯在尘俗之处轻抛却也？”不能因世俗之事丧失此珍贵品质，而此等品质只有先天元神才能调配展现，故八戒取不来，只有行者能说服龙马，收取龙马之尿。“三人回至厅上，把前项药饵搅和一处”明示修持者要心无所住而周流运化达到对境无心之境时，并将这样的状态专注而持久地保持下去，这就是行者的对治胎神衰危的药丸。通过这样抟炼的结果就是“乌金丹”，乌金喻心神，丹为心神凝定之象。行者所言药引为：“老鸦屁、鲤鱼尿、王母粉、炼丹灰、玉皇巾，困龙须。”此六样为坤卦六阴虚空之象，是明示修持者于虚极之处用功下手。用“无根水”服下，即虚无所生一炁。行者求雨，即“元神见元气生”，东海龙王降雨，即真阳之炁产生之象。

国王吃下三丸乌金丹，为乾卦三爻之象，喻胎神壮盛再无淤滞，因此国王的“病根都行下来了，淤滞尽泄，渐觉心脑宽泰，气血调和，就精神抖擞，脚力强健”，此为修持实证真境界。国王下帖宴请兄弟三人，沙僧道：“我们在此合药，俱是有功之人。”精气神三家合炼而成乌金丹，胎神才能壮盛。行者谈药里有“马兜铃”即“马动灵”，是言意马之动为灵，喻修持最讲究真意运化。国王道：“寡人有数载忧疑病，被神僧一帖灵丹打通，所以就好了。”灵丹为凝神定意之法象，自然心神安宁，不会再生忧疑，但这只是消除病象，而造成病象的根本原因还未察明，更未消除，日后还将复生，故国王说出金圣宫娘娘之事。金圣宫喻先天圆满永恒之性，故为正宫。落入后天之后转化为后天神识之性，为欲望。此欲随时生发，故居东宫，此欲旺盛，故名玉圣。欲为消耗。终至消亡，故居西宫。而后天之欲中以淫欲最盛，纵此欲导致生命快速消耗，所剩无几，故言淫盛，即银圣。金圣、玉圣、银圣是喻先天落入后天的运行趋势，因由盛而衰，故“三年前端阳节时”，三年为乾之三爻之象，端阳节也是阳盛之际，由此阴生之时，故“半空中现出一个妖精”，一阴来垢之象。“赛太岁”，太岁为君王之象，统率诸神是本命神。“赛太岁”则是朱紫国即胎神不稳定性导致的一炁错乱之妖象，其本质是胎神向后天转化的趋势，而这种可能性潜伏于修持者的分别心、执着心当中，故此妖怪居住在麒麟山獬豸洞中。麒麟为先天神兽喻其潜伏的凶象。獬豸即懈滞，“懈”即松懈，喻其向后天转化而生的散乱之势，先天神识也因此消耗昏昧。“滞”即淤滞，喻在后天之境心神产生了分别心、执着心，而产生的淤滞之象，对应着国王腹中淤滞之症。此状将先天永恒圆满之性破坏落入后天，即摄走金圣宫娘娘。行者道：“今遇老孙，幸而获愈，但不知可要金圣宫回国？”元神主导逆返先天复归本心之功，而此段功夫的作用在于彻底消除胎神向后天转化的可能性，所以后面观音菩萨说金毛犼是为国王消灾而来。八戒大笑道：“这皇帝失了体统，怎么为了老婆就不要江山、跪着和尚？”救回金圣宫娘娘是复归圆明本心之性，而“体统、江山”是喻道体。这里八戒是在提醒修持者不要因此放弃对道体一炁的修持，要性命双修。

妖怪降临，国王挖地洞避妖洞，是喻落入后天之境。避妖洞中有四口大缸，喻后天四大。缸中点油灯，喻后天神识之明，其明有限，且终有油尽之时。“上盖石板”，喻以后天之识自我欺骗，以为这样就可以躲避对先天灵性的伤害，这是昏昧之象，故行者道：“那妖精还是不害你，若要害你，这里如何躲得？”可见此妖的本质是由先天向后天转化的一种潜在的可能性，还未产生实质的伤害，就修持而言是指修持者胎神凝定之后依然潜伏着妄动的可能性。妖风一起，国王、唐僧即钻入地穴，喻先天本心之象的胎神与大愿都向后天之境转化，随即元精、元气也要顺势转化，故“八戒沙僧也都要躲”。只有行者道：“兄弟们，不要怕，我和你们认他一认，看是个甚么妖精。”只有保持元神的灵明不昧才能阻止这样的运行趋势而完成逆转，消除魔障，故行者道：“你两个护持在此，等老孙去问他个名号，好与国王救取金圣宫来朝。”问名号即察明原因，才能复归圆明之性。“安邦先却君王病”，先以有为之法消除病象。“守道须除爱恶心”，根本的解决之道是消除分别之心的产生。

第七十回

妖魔宝放烟沙火　悟空计盗紫金铃

丹旨：上一回，孙悟空悬丝诊脉为朱紫国国王诊病，国王言自己生病是因为獬豸洞妖精抢走金圣宫娘娘而受到惊吓，吃的粽子积于腹内导致疾病，喻因胎神运行之意的松懈和淤滞，即运化不畅导致灵性灵能分离而生的衰危之症。行者、八戒、沙僧制乌金丹，喻以精气神的抟炼之法固其本。行者又言药中有马兜铃，喻真意运化的贯通顺畅可治此疾。故这一回，孙悟空先打败了妖精的先锋，喻先断除后天之欲。又以酒水灭城中之火，喻再引先天灵能入身化作甘露，熄灭后天心神妄动之火。打死小妖“有来有去”，喻断除后天运行模式。行者与金圣宫娘娘相认，是经过前面的返本还元之功，元神见到先天灵性。妖精用紫金铃放出的“火、烟、沙”，喻神、精、气三者妄动之象，故妖精叮嘱：“切不可摇幌他。”因此行者盗铃，又因妄动失铃。故本回丹旨为：失灵。

释意：修持者通过调养心神，凝定神意，暂时消除了由于心神妄动而产生的忧疑病象，并查清了病症产生的根本原因，即由分别心产生的爱恶心。下面两回将从根本处消除病因。麒麟山獬豸洞赛太岁是修持者胎神不稳，导致一炁错乱而生的妖相。其先锋则是落入后天的分别心、执着心、占有心，故派遣其来抢夺宫女。后天神识以占有来实现和证明生命存在的价值和意义，故妖精先锋用长枪，枪即抢。长枪即常抢，故言“枪乃人间转炼铁”，是喻后天之状。后天之欲自然敌不过先天元神，行者将其打败，后天之欲的妖态暂时压制住，自然“那唐僧才扶着君王，同出穴外”，后天返先天，其状态即“见满天清朗，更无妖邪之气”。

酒席上报："西门上火起了"，行者闻说"将金杯连酒望空一撇，当的一声响亮，那个金杯落地。"这段借用了栾巴噀酒的典故。行者撇酒救火，是明示修持者因分别心而生的妖态虽然暂时消除，但其产生的根本原因，即心神不稳而生的妄动心火还在，西门起火就是喻此心火之象。扑灭此心火的办法就是以神意于虚空之中而引出的先天能量之水将其浇灭，此以水制火之法。此法还借用了酒的功效。后面行者盗铃时也让金圣宫娘娘使用了此法，这是借酒助道之法，后面评解。此法也是道门特有之法，故行者道："那妖败走西方，我不曾赶他，他就放起火来。这一杯酒，却是我灭了妖火，救了西城里外人家，岂有他意！"

国王道："妖精坐落南方，约有三千余里。"南方喻后天心神。《西游记》中常有"三千、八百"之数，"三千"是喻性功，言修持所需要的漫长细致的功程。"八百"喻命功修持所需的功程。既然是心神之患，自然由行者去解决，故行者道："八戒、沙僧护持在此，老孙去来。"行者对国王自述身世与本领是对丹道修持的概述，药物、功程，火候、理法、口诀都有了。这段详细解读留在《西游法诀》中展开。

行者来到"妖仙隐逸处"，此妖本质是修持者胎神不稳，妄动导致一气错乱异化之象，故称为妖仙。妖精所用金铃，喻胎神结成之后所具有的灵性，此灵性被妄心所用则成其妖相。金铃放出的"火烟沙"，喻心神不稳而导致元神、元精、元气所呈现的魔相。元神妄动为"火光"，元精妄动为"飞沙"，元气妄动为"恶烟"。行者："变做一个攒火的鹞子，飞入烟火中间，蓦了几蓦，却就没了沙灰，烟火也息了。"攒火即凝神定意，精气神的妄动之象自然平息，行者也就"急现本相下来"。修持者只有在神意凝定的状态下才能明察修持过程中出现的各种现象，之后才能理解其背后的含义，在这样的基础上寻找对策，纠正错误，复归道体本心。自然行者见到下战书的小妖"有来有去"，是言后天之境是有生有灭，一刻也不曾停留，故行者将他打死，喻先天之境不再向后天转化，故行者道："这一棍子，打得有去无来。"行者"将棍子举起，着小妖胸前捣了一下，挑在空中径回本国"，喻阻止其向后天转化的趋势，复归先天之境。

"八戒跑上去，就筑了一钯，道：此是老猪之功"，言要斩除向后天转化的趋势，还要凭借元精充盈之力。赛太岁是胎神不稳之魔象，故胎神之象的国王自然认得，对行者道：“是便是个妖尸，却不是赛太岁。赛太岁寡人亲见他两次。”金圣宫喻胎神稳定永恒之性，故金圣宫娘娘心爱之物是“黄金宝串”。黄金喻其永不褪色之性，串喻其圆融圆满之性。“只因那日端午，要缚五色彩线”，喻阳极阴生，由先天向后天五行转化，“故此褪下”，宝串喻圆满永恒之性丧失，落入妖精洞中。“国王遂命玉圣宫取出”，喻将此先天永恒圆满之性从后天欲望之性中解救出来。“取出即递与国王”后天返先天。“行者接了，套在胳膊上”，元神主导以有为法实践完成这一过程。

行者变小妖“有来有去”入洞察看，是修持的基本策略，即从现象深入到本质，这是由表及里的过程，故妖王“正在剥皮亭上等你回话”，喻剥去表象之皮才能见到本质本心。“忽抬头见一座八窗明亮的亭子”，喻已落入后天八卦之境。“亭子中间有一张戗金的交椅”，戗金即戕伐本心永恒金性。“椅子上端坐着一个魔王”，是此境界与状态的具体形象。“行者见了，公然傲慢那妖精，更不循一些礼法”，修持者发现问题出现的根本原因，第一步就要“修止”，即使其运行停止，不再随其运化、转化、变化。行者向妖王描述朱紫国兵马之状是喻后天有为之法。但这些理法面对修持者妄动心火时很难有效，故妖王道：“似这般兵器，一火皆空。”行者见娘娘报信，是看破现象之幻进入本来真性，而此真性与本心灵觉同质，故行者十分欢喜，“正中老孙之意”。本是同质同性，自然“他偏是路熟，转过角门，穿过厅堂”。行者见娘娘，娘娘“喝退两班狐鹿”，狐即狐疑之意，鹿即妄心跳动之象。“行者掩上宫门”，复归本心。“把脸一抹，现了本相”，其性现显。娘娘见黄金宝串与行者相认，是本心真性与灵觉相合。娘娘为本心真性，所以知道妖精的宝贝是“三个金铃”，即由精、气、神合聚之灵。“火光烧人”，喻元神妄动之火烧人。“烟火熏人”，喻元气混杂而熏人。“黄沙迷人”，喻元精变浊气而迷人，故“黄沙最毒，若钻入人鼻孔，就伤了性命”，喻元精运化落入后天之境，而生昏昧最伤性命。行者让娘娘骗宝贝收藏，即收伏精、气、神魔相。“待我取便偷了”，偷即盗，是言修持之法为倒行逆施之法，自然“降了这妖怪，好带你回去重谐鸾凤，共享安宁”，言复归先天道体本心之境。娘娘骗得宝贝，妖王道：“物虽微贱”，言元神元精元气为先天至宝，精微难见，世人不知不识，不以其贵，反以为贱。“却要用心收藏”，修持者要依本心灵觉发现认识保护收藏。“切不可摇幌着他”，此句为朱紫国一难的题眼，明示修持者心神要凝定，不可妄动。若妄动则为妖器，若凝定则为金灵。行者盗铃后“他不知厉害，就把绵花拉了，只闻得当的声响亮，骨嘟嘟的迸出烟火黄沙，急收不住，满亭中烘烘火起。”喻此心神妄动之果，修持者若起有为之心亦是妄动。行者变“痴苍蝇”，痴即不起心动念之态。“苍”即“藏”，“蝇”即应对反应。“痴苍蝇”即收藏却对外界的反应之能，静静地等待之意，故言：“钉在那无火处石壁上”，无火即无妄动之心的状态。“石”即时，为火候。“壁上”喻必须在这样的火候状态下才能不生妄动之心。

“弄巧反成拙，作要却为真”，是警示修持者要把握好心神，虽是修持之意，若把握不好状态、火候，依然会适得其反，反受其害。

第七十一回

行者假名降怪犼　观音现象伏妖王

丹旨：上一回，孙悟空打败妖精先锋，撇酒灭城火，打死小妖“有来有去”，与金圣娘娘相见，是逆返还元功程，即断欲、息心、扭转运行模式，复见先天灵性。此灵不可动，更不可借灵生妄，故行者盗铃又失铃。这一回，孙悟空以借酒助道之法抑制后天神识，激发先天灵性，故再盗紫金铃，并被元神所用，震慑妄心妄动。观音前来收伏金毛犼，说出因果，喻心神在静观密察之下才能驾驭道体一炁而炼化大丹凝定，调养胎神，成熟要三年功程。紫阳真人将旧棕衣变新霞裳，给皇后穿上即生毒刺，妖精不能近身，喻紫阳真人援禅入道将传统内丹术升华为金丹大道，独此金丹大道可以抵御妖魔，守护本心真性。这是对紫阳真人的最高评价和致敬。故本回丹旨：大丹。

释意：篇首谈色空之词，明示了以悟彻色空禅为修持策略，以修德为手段，不同于传统丹法由后天返先天的有为之法的另一条修持路径，是无为之法。也表明修持者功夫至此，将开启以性功修持为主的功程。这也是紫阳真人开创的先命后性的修持格局，所以作者在此处大谈色空禅的用意。紫阳真人援禅入道，完善了传统丹法，形成了先命后性的丹道修持路径、原则、策略，以及终极归宿，将传统的内丹术升华为金丹大道。在术法、见地、证境上都达到了圆觉的境界，通过朱紫国之关喻示着修持者正式进入性功修持阶段。前面祭赛国、荆棘岭、小雷音、驼罗庄都是准备阶段，本回结尾处紫阳真人现身是《西游记》作者对紫阳真人的致礼致敬。

行者“见前面防备甚紧，他即抖开翅，飞入后宫”，此明示修持火候，当心神妄动猖狂之时，修持者不可心急与之对抗，要静心而待。妄动之心有生有灭，修持者要学会变痴苍蝇，静待癸生，能做的只有一件事，就是静调心神复归清净本心，故行者见金圣宫娘娘道："只因自家性急，……把金铃丢了。"只能从头再来，渐次导之，是修持中非常重要的策略，故言"你可再以夫妻之礼哄他进来安寝，我好脱身行事，别作区处，救你也"，妄动之心逐渐平静下来，灵觉元神才能解脱，才能设法复归本心。行者要娘娘用酒再请妖王。以酒为辅助手段是丹道修持中特有的方法，这源于酒的两个功效，一可以抑制后天意识，二可以激发生命先天本能兴奋，在此两者之间把握好度，便可以成为善法。若用酒过度则"断送一生惟有酒"，若能善用酒则"破除万事无过酒"，故言"酒之为用多端，你只以饮酒为上"。修持者可以依据此原则逐渐摸索饮酒助道之法。行者用瞌睡虫将玉面狐狸困倒，喻后天狐疑多思之心被压制。瞌睡虫即观呼吸之法，修持者静观鼻中气息出入，渐渐地后天思虑之心就能安静平息下来，故"原来瞌睡虫到了人脸上，往鼻孔里爬，爬进孔中，即瞌睡了"，喻后天思虑之心平息后心神妄动的根本之象就会再次显露。修持者可以借酒助道，酒力发挥导致全身麻痒为佳，即行者变出的虱子臭虫蛇蚤使得"妖王浑身燥痒难禁"的含义。行者盗走铃儿，喻此刻修持者先天灵觉觉醒，可以主导修持了。娘娘"把那假铃收了，用黄金锁锁了"，喻先天灵觉不被妄动之心所用，以先天真性将其锁住。"娘娘要与大王同寝"，是要此妄心复归本心真性。妖王道："没福，不敢奉陪"，妖王是妄心导致一炁错乱的魔相，自然不能与本心真性相合，只能依据自身特性做出选择，故言："我还带个宫女往西宫里睡去"，喻延续向后天转化的趋势。

行者洞外叫战，自称外公，妖王为修持者内在胎神妄动而导致一炁混乱的魔相，行者为本心灵觉，自然是其外在的主人公，灭此魔相，全靠本心灵觉，故妖王道："定是定是。"妖王"手持一柄宣花钺斧"，宣花即喧哗，喻心之妄动自然呈现出一片喧哗之境。行者自述身世是引导妄心明理的功程。落入后天喧哗之境的修持者首先要转变的就是认知即明理。妖王道："怎么罗织管事，替那朱紫国为奴，却到我这要寻死！"朱紫国国王为修持者胎神之象，传统内丹术都是围绕着这个核心展开，故言"为奴"。紫阳真人援禅入道之后，这个格局被打破，金丹大道在元婴修成之后便进一步开启了性功修持，以参禅彻悟本心，获得圆明觉慧为归宿，即不再将修炼胎神元婴为核心、为终报目标，而是将此胎神元婴视为道体本心的一种法象，之后还需要证悟空性，以佛性的圆满觉慧为归宿。这也是唐三藏和孙悟空最终成佛的修持含义所在。孙悟空是本心的法象，故行者道："我老孙比那王位还高千倍，他敬之如父母，事之如神明，你怎么说出'为奴'二字！"所以最终孙悟空成佛。妄心斗不过真心，妖王便取铃儿，是以向后天转化的趋势取胜，但修持者先天灵觉真心已显，则不会再向后天之境转化了，故妖王手中铃儿为假。妖王道："铃儿乃金丹之宝"，铃儿即灵儿，为精气神凝聚之胎，故为金丹之宝。金丹为道体一炁之象，不可分，故言："如何辨得雌雄？"行者"一把揝了三个铃儿，一齐摇起"，喻精气神合聚一体，为真心所用，不再分散，妄心所致的混乱之气自然清除，故"那赛太岁唬得魄散魂飞，走投无路，在那火当中，怎逃性命"。

观音菩萨赶来，"左手托着净瓶，右手拿着杨柳，洒下甘露救火"，真火煅炼即本心灵觉起用，但还需要真水相济，即道体一炁灵能的滋养。菩萨道："他是我跨的个金毛犼。"是言心神在静观密察之下所驾驭的道体一炁。"因牧童盹睡"，喻修持者昏昧，"失于防守"，喻无法管理驾驭一炁。"这孽畜咬断铁索走来"，一炁错乱而妄动。"却与朱紫国王消灾也"，功行至此胎神凝定安稳，故言消灾。菩萨道："这个王还做东宫太子未曾登基时"，喻修持者尚未丹凝胎成之时，"他年幼间极好射猎"，喻还是后天消耗生命的运行模式。"有西方佛母孔雀大明王菩萨，所生二子乃雌雄两个雀雏停翅在山坡之下"，大明王喻本心圆明之象，落入后天即落凤坡前，故有雌雄二子，即阴阳二仪之象。"被此王弓开处"，即心动之处，"射伤了雄孔雀，那雌孔雀也带箭归西"，喻阴阳两分。"佛母忏悔以后"，即忏悔向后天之境转化之错。"吩咐教他拆凤三年，身耽啾疾"，是言复还本来一体要经过炼化大丹凝定、调养胎神成熟的三年功程。"我跨着这犼，同听此言，不期这孽畜留心，故来骗了皇后与王消灾"，金毛犼是道体一炁之魔相，国王为胎神之病相，皇后是本心圆明永恒之性，故金毛犼骗走皇后是必然。本心离不开道体，故金毛犼是来与王消灾。"至今三年冤愆满足，幸你来救治王患"，修持者经过前期的努力，功行即将完成，故由行者相救。菩萨道："我特来收妖邪也。"修持者静观密察达到心神凝定之境，自然妄心清除，引导一炁归正，故观音跨金毛犼回归先天之境。孙悟空不还金铃，是执着有形有象之灵，故菩萨道：

“悟空，还我铃来。”明示修持者要悟空，胎神之灵依然是本心之象，不可执着，行者悟其空性，自然就交回铃儿。这也是紫阳真人对传统内丹术的发展完善升华的重大意义所在。

娘娘回宫喻复归心神圆满永恒之性。修持至此，修持者正式开启心性修持。这样的丹道格局是由紫阳真人援禅入道开启的，完善了丹道的功程，升华了丹道的境界，将传统内丹术以元婴修持为核心的理法，升华为以修持道体一炁、佛性觉慧的性命同修，终达本心圆明为最终归宿的金丹大道。故在此修持的关键时节，本为宋人的张紫阳真人出现在唐朝取经的故事中，这是《西游记》作者对紫阳真人的致敬顶礼，也喻示了后面修持的性质、内容、走向。紫阳真人对悟空道：“我将一件旧棕衣，变做一领新霞裳，光生五彩进与妖王，教皇后穿了妆新”，“旧棕衣”，即传统内丹术，“变做一领新霞裳”，喻升华为金丹大道，“教皇后穿了”，喻金丹大道护持了本心圆满永恒之性。“那皇后穿身上，即生一身毒刺。”毒刺即独此，喻独此金丹大道可以拒妖魔，而保护本心真性。“有缘洗尽忧疑病，绝念无思心自宁。”这是心性修持的心法口诀，修持者自悟。

第七十二回

盘丝洞七情迷本　濯垢泉八戒忘行

丹旨：上一回，收伏金毛犼喻消除了因妄心而炁乱的魔境后，胎神凝定安稳，依照紫阳真人开启的金丹大道的格局，修持者进入对胎神的心性调伏阶段，即对胎神体性和体质的调伏与涵养，因此有了盘丝洞、狮驼岭两难。故师徒西行“不觉秋去冬残，又值春光明媚”，喻示着开启了新一段功程。心性修持的本质，是对生命灵性的存在状态、运化发展、运行模式等多重关系，即表里、主客、个体与本体、形而下与形而上关系的调整，使其合于道，古人将此范畴的修持称为修德。所以修德的归宿是参悟本心的圆明觉慧，而修道的范畴是对生命灵性的本体、体性、体质的转化与升华。道为体，一炁是象，是体质，周流是体性，所以修道的归宿是对道体周流一炁的契合。修持者修德不离后天之境，虽然此刻修持者丹凝胎结，命体初成，但其原来在后天之境中形成的状态、趋势、模式、关系等都还存在，即余习未除，从现在开始要逐渐转化、消除乃至合于本心。修持者最先要解决的问题就是“思、情”二事。故这一回，设“盘丝洞”魔难，即盘算思谋之意。洞中有七只蜘蛛精，即佛家所言“喜怒忧惧爱恶欲”之七情，儒家曰：“喜怒哀惧爱恶欲”，医家言：“喜怒忧思悲恐惊”，大致是指人的情绪、情感、情志、情欲、情理和价值观、生命观等。情思之困是修持者后天境界中的个体局限性导致的必然结果，若修持者的生命体质体性一直处于后天境界之中，想要改变“情思”之困是不可能的。“情思”二事最易使修持者迷失本心，究其本质而言，处于后天之境的修持者，本心就已经迷失，导致“情思”顿起，而此二事为后天神识之性，是必然之性，因此修持者愈发沉迷其中无从得出，则愈发迷失本心，就陷入恶性循环之中，但此刻的修持者命胎已结、道体初成，本心重现，已经在生命存在的体质体性上达到后天返先天之境了，因此就具有了扭转“情思”之困的基础，摆脱恶性循环也就有了可能性，这就是命功修持的真正价值所在。许多修持者不明此中之理，上手便以心性调伏开始，参禅悟道，几乎是没有成功的可能，这也正是紫阳真人构建先命后性的修持格局最大价值所在。详细的论述留在《西游道论》中展开。故本回丹旨为：情思。

释意：三藏下马道：“我看那里是个人家，意欲自去化些斋吃。”喻后天神识又开始起用。行者、八戒欲替化斋，三藏不同意，理由是：“平日间一望无边无际，你们没远没近的去化斋，今日人家逼近，可以叫应，也让我去化一个来。……今日天气晴朗，与那风雨之时不同，那时节，汝等必定远去，此个人家，等我去，有斋无斋，可以就回走路。”唐僧经过对远近、难易、阴晴的内心盘算思谋之后，才决定自主化斋，写尽了修持者“盘算思谋”之态，自然由此生出盘思洞之妖。故沙僧笑道：“师父的心性如此。”此后天神识之性，“不必违拗”，言对待盘思之性要顺其所欲，渐次导之。三藏在庄前观看四女丝线绣花，喻心思缜密之状，故三藏自家思虑道：“我若没本事化顿斋饭，也惹那徒弟笑我，敢道为师的化不出斋来，为徒的怎能去拜佛”，思前想后、患得患失之忧疑之情就此发出。又观“亭子下又有三个女子在那里踢气球哩”，喻心思变化流转不定之态，谓之盘。故“做针线、踢气球”，喻后天神识的盘算思谋，即盘丝洞。三藏思谋已久向女妖化斋，是以后天思虑谋求维护生存。女妖将唐僧带入房间，唐僧所见石门、石案、石凳，石即识，喻唐僧已落入后天神识之境，故各种石器“冷气阴阴”。长老暗自思忖：“这去处，少吉多凶，断然不善。”喻虽有见识，但已落其境则很难脱身了，此为“忧情”之态。“众女子喜笑吟吟”，为“喜情”。女妖送上人肉之食，“长者见那腥膻不敢开口”，是“惧”情。长老道：“一路西来，微生不损，见苦就救”，是“爱”情。“实是不敢吃，恐破了戒”，为“憎”情。女妖把唐僧“将绳子捆了”，是“怒”情。唐僧暗自道：“这一脱衣服是要打我的情了”，是“欲”情。因盘思而生的“喜怒忧惧爱憎欲”七情皆发，唐僧被围被捆无法脱身，故“女子们只解了上身罗衫，露出肚腹，各显神通。一个个腰眼中冒出丝绳有鸭蛋粗细，骨都都的迸玉飞银，时下把庄门瞒了”，喻大愿被情思遮蔽而迷失不见。行者“忽回头，只见一片光亮”，思谋情缠最迷人心神，故只见一片光亮，看不到其他。故行者道：“师父造化低了。”言若修持者沉迷进思谋情缠之中，便落入到造化顺行的后天之境当中。八戒道：“我们快去救他也”，喻当以炼精为先。行者“用手按了一按，有些粘软沾人”，喻情思为后天神识之性，沾人、粘软喻其态。“行者更不知是甚么东西”，先天元神的特性与此不同，故行者不知。“若是硬的便可打断，这个软的只好打扁罢了。假如惊了他，缠住老孙，反不为美”，言对治思谋情缠不可硬破，若直接对抗，则思情更盛。修持者要先对其有清醒的认知，故行者道：“等我且问他一问再打。”于是行者拘问土地神。《西游记》中土地神山神，喻指修持者当下的意识和觉知，因为行者是先天元神，所以他可以随时拘唤，即调动当下的觉知状态。而此刻的土地代表了修持者思谋情缠状态下的觉知意识，故此刻的土地惧怕行者，又因其状态处于思来想去、患得患失之中，所以土地“在庙里似推磨的一般乱转”。土地道：“他一生好吃没钱酒。”没钱喻虚无之性，“酒”喻一炁，故言虚无生一炁之意。“偏打老年人”，“老年人”即趋死之态，是言专行阻止扭转趋死之势，而司逆返复生之职责。土地道：“那岭叫做盘丝岭，岭下有洞，叫做盘丝洞，洞里有七个妖精。”可见盘算思谋是祸发之源，七情之妖是由此而生。“只知那正南上，离此有三里之遥，有一座濯垢泉，乃天生的热水”，喻指后天人身心脏涌出的热血。古人认为思出于心，故有心思、心想之说。“原是上方七仙姑的浴池”，七仙姑为织女，在此喻后天思谋细密如织。“浴池”即欲驰之境。“自妖精到此居住，占了他的濯垢泉，仙姑更不曾与他争竞，平白的就让与他了”，喻多思则七情自生，故不争竞。“一日三遭，出来洗澡”，喻多思则欲盛，欲盛则七情频发。

行者变“麻苍蝇儿”，喻静待而察，情自渐息，故“只好有半盏茶时，丝绳皆尽，依然现出庄村，还像当初模样”。女妖要蒸吃唐僧，“蒸”即争，喻情多因为争夺而起。“太阳星原贞有十”，喻先天一炁圆满之象，“被后羿善开弓”，羿即欲，喻被后天之欲所破，由先天落入后天。“止存金乌一星，乃太阳之真火”，言先天一炁即真火。濯垢泉是后羿射下众乌所化的一眼泉，是言众乌为先天能量，为先天一炁。被射落下，即先天落后天，泉为后天人身中的气血。女妖来濯垢泉洗浴是气血对后天七情的洗涤之效。

“底下水一似滚珠泛玉，骨都都冒将上来”，喻后天气血不断生发。“四面有六七个孔窍通流。流去二三里之遥，淌到田里，还是温水”，气血从心脏流出，流经周身。“池上又有洞亭子”，亭为中空喻坤卦之象。“亭子中近后壁，放着一张八只脚的板凳”，喻转化为后天八卦之境。“两山头放着两个描金彩漆的衣架”，衣架为放置衣服之物，喻一炁向后天顺行造化到此停止，故行者“暗中喜嘤嘤的一翅飞在那衣架头上钉住”，喻先修止，再逆返转化，这是修持的基本原则。“那女子都跳下水去，一个个跃浪翻波，负水顽耍”，喻修持者肆意纵情之态。行者道：“打便打死她，只是低了老孙的名头”，言若只以断情为悟空之法，便是错看了悟空之真谛，故言低了名头。“只送他一个绝后计，教他动不得身，出不得水，多少是好”，喻使情思不再生起之计，潜而不出即可。行者变老鹰“把他那衣架上搭的七套衣服尽情叼去”，喻除去七情的外在妆饰，使修持者认清其本来面目。修持者看清七情本相，也就能追溯到思谋这个源头，故行者“径转岭头”，再向前追溯就可以见到元神、元精、元气，故行者“现了本相，来见八戒、沙僧”。此逆返还元之程。八戒道：“师父原来是典当铺里拿了去的”，言生命被七情思谋抵押典当了。八戒道：“他如今纵然藏着不出，到晚间必定出来”，言神识昏昧时七情还要复发。“先打杀了妖精，再去解放师父，此乃斩草除根之计。”七情不除便留后患。

八戒来到泉边，女妖在水里骂道：“把我们衣服都叼去了，教我们怎的动手。”七情若失去了伪装，难以迷惑世人。八戒为元精，最易受情所惑，故八戒跳入水中变作一个鲇鱼精，只在那腿裆里乱钻。“原来那水有挽胸之深，水上盘一会儿，又盘在水底，都盘倒了，喘嘘嘘的，精神倦怠”，八戒为元精，外发为色欲，色欲盘七情，是喻色欲见七情后最易发动。还有修持者以三峰采战之术为能，沉迷其中以致精神倦怠，反倒被七情缠绕，故女妖：“作出法来，脐孔中骨都都冒出丝绳，瞒天搭了个大丝篷，把八戒罩在当中”。七情之害在于对修持者的缠绕牵绊，故言“原来放了绊脚索，满地都是丝绳，……把个呆子跌得身麻脚软”。“那怪物却将他困住，也不打他，也不伤他，一个个跳出门来，将丝篷遮住天光，各回本洞”，喻情为元精妄动所生，故不伤八戒，只是将其困住。

七个女妖收的七样虫儿为干儿子，喻指七魄，即“尸狗、伏矢、雀阴、吞贼、非毒、除秽、臭肺”七魄为人体脏腑气血阴气杂浊之象。七情发动便调动支配七魄运行，故七情之妖“幔天结网，掳住这七般虫蛭，却要吃他”。七魄为情提供生命能量支持，故七虫对七女妖：“愿拜为母，遂此春采百花供怪物，夏寻诸卉孝妖精。”七魄代表后天生命趋死之势，消耗生命，故七情派他们阻挡行者、八戒。七魄的运行没有固定之象，故“个个都变得无穷之数”。行者用毫毛变出七鹰消灭七魄之虫害，喻指修持者要随机应变，随时随处扭转消耗生命的趋势。

第七十三回

情因旧恨生灾毒　心主遭魔幸破光

丹旨：上一回，因唐僧盘算思谋化斋的远近、难易、情面，于是生出了盘丝洞的蜘蛛精，即七情之怪。行者变鹰叼走衣服是要修持者看破七情的表象，明鉴其本质，不使其生起。但元精最易受七情所惑，甚至以采战之术为能，反被所伤，故八戒水下盘桓反被女妖捆了。蜘蛛精的七个干儿子喻受七情支配的七魄，喻后天气血杂乱之害，故行者将其灭尽。烧了盘丝洞，喻断除了多思之境。但其根未断，七情尚存，故蜘蛛精跑到黄花观中躲藏，待机而发。这一回，师徒来到黄花观，见到炼外丹的道士。自古外丹术必然与采战术相配合，故七个女妖藏于观中，此两法皆是阴毒害命之法，故道士将毒药放入茶中，修持者必须对此明察，故悟空识破，而唐僧等被害。此二法皆为邪见邪法，其本质是心神散乱与妄想所致，故道士是多目怪蜈蚣精。悟空是灵明之性最怕心神散乱，故斗不过，于是请来毗蓝菩萨，以昴日星官眼中炼出的绣花针破除多目怪的金光，喻对治心神之机在于治眼。回光返照就是收摄心神，神不散，思谋断，七情绝。故本回丹旨为：机在目。

释意：师徒来到黄花观，见门上对联："黄芽白雪神仙府，瑶草琪花羽士家。"皆是外丹术用语。在宋代紫阳真人完成《悟真篇》之前，外丹术一直是丹道修持的主流。早期以铅汞等矿物为原料炼制丹药，即黄芽、白雪所指。后期又发展出以植物为原料炼制的丹药，即瑶草琪花所指，故行者笑道："这个是烧茅炼药、弄炉火、提罐子的道士。"长期的实践证明外丹术行不通，宋之后逐渐被修持者放弃。内丹术经过吕祖的发扬，紫阳真人的完善，升华形成了金丹大道，故行者之笑有嘲笑和否定外丹术之意。但是外丹术自古相传，其理法功效也许并不为人所知，此法与金丹大道的修持理法完全不同，故三藏道："我们不与他相识，又不认亲。"作为一种丹道修持的存在，我们在并不真正知情的情况下，可以将其暂时存放在那里，不加评论。故三藏道："左右暂时一会，管他怎的？"各行其道吧。进入观中，三藏问讯，"那道士猛抬头，一见心惊，丢了手中之药"，明示修持者见到金丹正法之后应当丢掉此外丹之术，故那道士"降阶而迎。"喻应当接受并遵循而修。

道士急唤仙童看茶，即勘察，提示修持者仔细观察明辨。自古炼制外丹之术必然配合采战之术，服食外丹者多以性兴奋为验证，然后再转为采战之术为内炼，故"早惊动那几个冤家"，喻七情顿起，特别是色欲之情，故言："原来那盘丝洞七个女怪与这道士同堂学艺"，喻七情之怪受炉火外炼，服用外丹的影响而兴起，故称道士为"师兄"。七情之怪投奔道士即要完成内外合炼之功，故道士言："可可的今日丸药"，丸即完成，喻内外合炼之意。"这枝药忌见阴人，所以不曾答你"喻此刻情发但不可执着，道士代表着外丹术之理，七情之妖代表情欲发动，此二者正是三藏与八戒之魔相，故女妖认得"白面胖的和尚，长嘴大耳的和尚"。女妖言八戒"欲行奸骗之事"，是警示修持者世间许多人打着修持名，以采战之术行淫邪之事。女妖道："师兄若动手，等我们都来相帮打他"，是喻内恃采战，外凭炉火，内外兼修，妄想延年。外丹术最看重所炼丹药功效，采战之法为辅助，故言"一打三分低。"道士取一包毒药，欲以此毒害师徒，是作者强烈警示修持者外丹剧毒不可服食。道士敬茶是喻示修持者要对此术明察，故行者道："先生我与你穿换一杯。"红枣红心为赤子之心，故给三藏师徒。黑枣黑心喻阴毒之心，故留给道士。先天灵觉可以觉察，但后天神识不知真假，被虚情假意所蒙蔽，故三藏道："悟空，这仙长实乃爱客之意，你吃了罢，换怎的？"却不知红枣中包藏祸心。三藏八戒沙僧被毒，道士持剑与行者相斗，是喻外丹邪见邪术与先天灵觉相争。七情之妖助战，以蛛丝结网盖住行者，喻以情缠神，遮蔽先天灵觉，行者"扑的撞破天篷走了"，先天元神不受其害。

行者再拘问土地，土地道："小神自三年前检点之后，方见他的本相。"三年前为命功开始修持之时，随着命功的修持才能逐渐认清七情的本质，即"乃是七个蜘蛛精，他那些丝绳，乃是蛛丝。""蜘蛛"，言知其本相才能诛灭其害，故行者十分欢喜道："却是小可，等我作法降他"，言元神灵明，后天七情必灭。行者“将尾上毛捋下七十根”，喻于微末之处留神注意。“金箍棒变做七十个双角叉儿棒”，“双角叉儿棒”即阴阳交叉运行之态，喻修持者于微末处专注觉察阴阳交叉运行变化之态，就可以从“里面拖出七个蜘蛛精”，现出本相。“尽情打烂”，喻除情怪还要元神出手，多思引发的多情和邪见，反映在修持层面就演化出采战与外丹之术。现在俱已灭除，因此导致多思的原因也就呈现出来了，故道士“剥了衣裳，把手一齐抬起，只见那两胁下有一千只眼，眼中迸放金光”，喻多思源于多目。多目的本质含义是神识散乱外驰，目迸金光即神识之光外驰之象，故妖怪千眼放金光。元神为凝定觉慧之体，最忌此种状态，故“行者慌了手脚，只在那金光影里乱转”。若顺神识散乱外驰之势而冲出，则元神必然受损，故行者上冲“把顶梁皮都撞软了”。只有潜心沉意才能摆脱这种模式，故行者“变做个穿山甲，往地下一钻，就钻了有二十余里，方才出头”。此状态是后天神识的特性，因此“原来那金光只罩得十余里”，十即识，喻指后天神识的局限性。

行者遇黎山老姆，老姆从龙华会上回来，路上点化行者。黎山老姆即离山，代表后天人身中的先天灵觉。龙华会为弥勒佛生日之会，喻修持者未来将要成就的智慧觉性。当修持者破除多思之患之后，此觉性便会生起。看透多思因多目而生的本质，才能明了对治的手段，故老姆知道：“他本是个百眼魔君，又唤做多目怪。”也知行者“近不得那斯”，更知“毗蓝婆，她能降得此怪”。多目的本质为神识散乱而外驰，故导致先天灵能，身内元精随之不断外流丧失，故言：“我丈夫因与黄花观观主买竹竿争讲，被他将毒药茶药死。”“竹竿”即逐渐干涸，喻发天灵能身内元精逐渐流失枯竭之意。

行者来到紫云山、千花洞拜见毗蓝婆菩萨。道家有紫气东来之说，故紫云山即指先天一炁，千花洞喻此一炁有千变万化之态。毗蓝即避难，是言只此先天一炁可破多目怪，故毗蓝婆认得大圣。毗蓝菩萨道：“我自赴了盂兰会，到今三百余年不曾出门，更无一人得知”，盂兰会为超度亡人之会，此喻先天一炁虽能救人得生，但却被世人所忘，无人知晓，各自奔盂兰会。行者道：“我是个地里鬼，不管那里，自家都会访着”喻元神见元气生。菩萨道：“我有个绣花针，能破那厮，乃我小儿目眼里炼成的。”眼为心窗，其中藏着先天真灵，一点真阳，所以能破后天多目邪见。毗蓝菩萨道：“小儿乃昴日星官”星官为大公鸡，它目中所炼之针正合《阴符》“机在目”之言，因道出了天机，故行者“惊骇不已”。毗蓝菩萨“于衣领里取上一个绣花针”，“衣领”即修持者要依从的修持要领之意。此先天真灵一点真阳是解决多目邪见的关键枢机。菩萨将针“拈在手中，望空抛去”，喻于虚空处见此真阳一炁。“那道士合了眼，不能举步”，喻多目自闭，邪见不生。行者见三藏师徒“三人都睡在地上吐痰吐沫，垂泪道，却怎么好”，是问如何对治因多思邪见而导致的困境，毗蓝菩萨道：“索性积个阴德，我这里有解毒丹药送你三丸。”言内积阴德就是对治之方。积德为丹道修持极为重要的部分，对此论述留在《西游道论》中展开。“那菩萨袖中取出一个破纸包儿，内将三粒红丸子递与行者。”此为“心”字之象，是明示修德全凭心意用功夫。八戒醒来要筑死道士，毗蓝菩萨道：“大圣知我洞里无人，待我收他去，看守门户也。”千花洞为一炁万化之态，则万象各生其灵而多目，修持者必须守住门户，不因多目而多思再生邪见。“道士扑倒在尘埃，现了原身，乃是一条七尺长短的大蜈蚣精”，多目怪为神识散乱外驰所生邪见，蜈蚣精以其多足喻因邪见而生妄行。行者道：“这老妈妈子必定是个老母鸡。”言一炁为万物之基。“鸡最能降蜈蚣，所以能收伏也”，言遵循一炁周流的规律就可以避免邪见妄行的产生。

“唐僧得命感毗蓝”，炁者命也。“了性消除多目怪”，心性凝定的关键在制目。“心生于物，死于物，机在目”是《阴符经》之言，本回就是围绕这个主题展开。深入探讨留在《西游法诀》中展开。神散则驰，驰则多目，多目而多思，多思生多情，多情则生邪见，邪见必导致妄行，杜绝这个趋势的产生和发展，关键在管控自己的眼睛。回光返照则心神内存而凝定，故言“机在目”。

第七十四回

长庚传报魔头狠　行者施为变化能

丹旨：上一回，孙悟空打死蜘蛛精，毗蓝菩萨收伏了蜈蚣精，喻破除了采战术、外丹术的毒害，而其害源于心神妄动所产生的邪见，对治的枢机在于对眼目的管控。目不乱视则神不外驰，回光返照则神安气回，故毗蓝菩萨是用昴日星官目中所炼出的绣花针破除了多目怪的金光，即机在目。但这样的调整还只是状态境界中事，而心神散乱的根本原因是精气神向后天转化的可能性依然存在，修持者若不从根本处下手解决，只要条件具备，问题依然会再次发生。故这一回，师徒来到狮驼岭，后面四回阐述了对精气神三者的体性转化，即彻底扭转消除了其后天属性，狮驼岭之难的丹道含义，即坚固圣胎之功，故遇到青狮、白象、大鹏三个大魔头，即元神、元精、元气的魔性。狮象鹏三魔与唐僧刚出长安城时遇到的虎熊牛三个妖精性质相同，只是境界不同。虎熊牛喻精气神在后天境界的魔相故魔性不大，只要保持灵明之性就可以摆脱，故太白金星前来解救。狮象鹏喻精气神在先天境界的魔象，故能力巨大，只能寻其根本才能降伏，故由文殊普贤如来将其收伏。因性质相同故前来报信的还是太白金星。唐僧听太白金星前来报信后大惊落马，喻修持者遇到问题心神慌乱，既没有解决问题的办法，更无解决的能力，故精气神随之转化出魔象。行者上山打探消息，喻修持者要先静观，觉察精气神产生原因才好下手对治。故本回丹旨为：对境。

释意：消除了多目怪表明修持者神识凝定，因为神识散乱导致的多目、多思、多情、多邪见这些连锁反应，也自然得到阻断，但此心神凝定之功不应只出现在功态当中，修持者要训练自己将此状态养成生命灵性的常态，成为一种自然态，故本回开篇词便明示了修持者的内容与火候，故言："断欲忘情即是禅。"言修持内容，"须着意，要心坚，一尘不染月当天"，是言火候。"欲"的本质是我们后天生命的特性所导致出的生命现象，更是一种生存模式，所言："打开欲网"，即破除此模式和状态。"情"的本质是后天生命呈现的状态，"跳出情牢"即破除此状态。关于对"欲、情、性、神"等一系列的最基本概念的解读留在《西游道论》中展开。

"三藏师徒走多时，又是夏尽秋初"，言此段功程需要半年时间。"新凉透体"，喻身心清净之证。"一尘不染月当天"，是言心境。"新凉透体"，是身证，如此证境虽好但依然是现象层面之事，若不能从根本层面彻底改变生命的后天属性、趋势、模式、状态，则这些证境都靠不住，都存在着向后天转化的必然性，故从本回开始共四回，讲述了狮驼国之难，就是对此根本症结提供了解决方案。狮驼岭有三个魔王：大王青狮，二王白象，三王大鹏，分别是元神、元精、元气之魔相，也对应着行者、八戒、沙僧三兄弟。元神元精是生命构成的最基本要素，因落入后天之境则为青狮、白象之魔象，所以二魔居住在狮驼岭而不出。元气是生命运行运化的状态、模式、趋势，落入后天之境则为大鹏之魔象，所以大鹏占领狮驼国为王。一气运化，全凭阴阳二气相推而现，故大鹏有阴阳二气瓶。总之三魔代表着生命的物质、精神、运动属性的后天魔象，这是修持者最根本的魔障，最难消除，乃至如来现身，喻修持达到如来之境后才能根除。

老者报信，"山上有伙妖魔，吃尽了阎浮世上人"，言世人都被此后天之境吞噬，受其局限。"不可前进"，言修持者不可落入此境。"三藏闻言、大惊失色"，神识慌乱必生灾祸，则落入后天之境。"一是马的足下不平"，喻修持不得力，无法解决各种问题"二是坐个雕鞍不稳"，喻驾驭力不足，故"扑的跌下马来挣挫不动，睡在草里哼哩"，喻落入后天之境无力挣脱，故而生出狮驼岭之难。只有元神之力可以帮助修持者解脱，故"行者近前搀起道，莫怕，莫怕，有我哩"。行者变干净的小和尚向老者问询，是明示修持者对于修持当中出现的各种信号、状态、现象要清心净意去觉察，才能见到真相，故三藏道："你的相貌丑陋，言语粗俗，怕冲撞了他，问不出个实信。"前来报信的是太白金星，代表着后天神识中存留的先天灵意，多以灵感直觉的形式出现，所以太白金星在代表后天神识的玉帝的朝堂任职。因与孙悟空性质相同，故负责招安悟空，故而也认得代表落入后天之境的精气神的魔相。故行者道："据你之言，似有护他之意，必定与他有亲，或是紧邻契友。"金星道妖精赴灵山、上天宫，与四海龙、八洞仙、十地阎君、社令城隍以宾朋相爱，是言精气神三者之能，既可逆返还远复归先天上灵山，也可顺行造化落入后天之境成就后天神识，即上天宫。四海龙喻精气运化之态，八洞仙喻后天八卦造化之境，十地阎君喻赴死之趋势，社令城隍喻沉迷后天当下觉受。行者道："那妖精与我后生小厮为兄弟、朋友，也不见十分高作。"金星所言的是精气神的机能，以其发展趋势而言复归先天的是行者，落入后天的是妖魔，故行者言兄弟、朋友，自然行者现出本相。而代表后天神识中的先天灵意，因受后天熏染并不认得先天元神，故"那老儿战战兢兢口不能言，又推耳聋，一句不应"。行者回复唐僧："西天有便有个把妖精，只是这里人胆小把他放在心上，没事，没事，有我哩。"言心有执着便生妖精，正所谓"世上本无事，庸人自扰之"。行者为灵明觉性，所以可以打探妖精之能，而妖精的具体显现之象如"甚么山、甚么洞，有多少妖怪，那条路通得雷音"，还是由元精的异化程度决定，故八戒上前询问，八戒道："我生平不敢有一毫虚的。"言无精为修持之基不可有一丝虚假。"狮驼岭"即"思头领"，是喻后天神识是以思维之能为牵头统领。因为以后天之思为头领，则精、气、神便落入后天之境，成为三魔，故八戒道："我师兄一棍就打死一个，我一钯就筑死一个，我还有个师弟他一降妖杖又打死一个。"三兄弟降三魔。公公道："共计算有四万八千个妖精"，是言因思而生的变化无穷无尽之态，是元精散乱尽泄之态。故八戒跑回去，"放下钯在那里出恭"，更叫"各自顾命散伙去罢"，如此散乱失泄的趋势和状态，必然导致灵性昏昧，故行者骂八戒道："这个呆根"，可见散乱昏昧就是成呆之根。行者为灵明觉慧，故为"灵根"。沙僧在旁笑道："师父，有大师兄恁样神通，怕他怎的！请上马走啊。"言气之运化的状态、趋势、模式全凭元神主导。精气神三者经过问询觉察是已明理，而见其机，故而后天灵意隐，先天灵觉现，故"不见了那报信的老者"。行者跳上云端见到代表复归先天灵意的太白金星。太白金星早晨出现在东方称"启明星"，傍晚出现在西方称"长庚星"，故行者称金星小名"李长康"，是喻示向后天转化的趋势和力量都是非常强大的，故金星道："这魔头果是神通广大，势要峥嵘，只看你挪移变化，乖巧机谋，可便过去，如若怠慢些儿其实难去。”是言因落入后天之境导致精气神异化为魔相，代表着顺行造化的趋势与返本还元的趋势正好相反，力量相当，故称“势要峥嵘”。对治的方式就要看元神的灵明觉慧随机应变、扭转乾坤之能。行者道：“果然此处难行，望老星上界与玉帝说声，借些天兵帮助老孙。”此刻元神与识神已成合力，不再是对立关系。金星道：“有，你只口信带去，就是十万天兵，也是有的。”喻识神辅助元神已是自觉行为，双方合力要消除的是旧境旧习，即生命以往所养成的存在状态和向后天发展的惯性趋势和运行模式，以及存在的后天属性。行者道：“等老孙先上岭打听打听，一一查明，不许阻路，……却请师父静静悄悄的过去，方显得老孙手段。”喻修持者要对自己过往人生的身体、心理、情感、观念、为人、处事等方面都进行仔细的审视、查检，厘清问题所在之处，使其不再发挥作用，对已经发生过的错误忏悔过失。这一段作者借行者之口将对治的方法手段一一道明，读者要留意在心，故沙僧道：“仔细”是提醒修持者认真对待。若能遵行，“就是东洋大海也荡开路，就是铁裹银山也撞透门”，喻无论多大的困难都能克服解决。

行者“平山观看，那山里静悄无人”，是言去路平坦无魔。“只听得山背后叮叮当当，辟辟剥剥，梆铃之声，急回头看处，原来是小妖儿从北向南而走”，可见是来时旧路之妖，明示此段功程要解决的是旧习、旧境之困。行者变苍蝇落在小妖帽子上，侧耳听之，喻开启觉察检省之功。行者变成小钻风模样，是借假修真的方法，其策略是先顺其发展，不强行阻断，在顺其所欲的过程中发现问题逐渐转化，故小钻风说行者嘴尖，行者随即“揉一揉就不尖了”，也是明示修持者不可执着言语口头之能。行者为心相，故言是烧火的，即炼心。“大王见我火烧得好，就升我来巡山”，心性修持即烧火，必须配合气血运行，即巡山。小妖名叫“小钻风”，他腰牌为金牌，金者神的永恒之性也，故牌为“威镇诸魔”，喻示小钻风的内在本质为神意，但因落入后天之境，呈现为“小钻风”之妖象，即后天之意所呈现的微小、执着、钻营之态。而行者自称“总钻风”，则是言先天神意为参悟道体本心所呈现出的专笃返本之态。“不数里，忽见一座笔峰”，喻后天人身脊骨为笔，头颅为峰。行者“把尾巴掬一掬，跳上去，坐在峰尖上”，喻延脊督由尾入脑，说明元神灵明开始主导统领后天之意，故行者叫道：“钻风，都过来”。行者向小妖打探魔王的本领，是明示修持者可以通过对后天之意的了解而知道后天之境中精气神的状态。小妖夸赞青狮大王道：“意欲争天，一口曾吞了十万天兵”，喻先天元神向后天识神的转化之态，与行者五百年前所做相同，故狮王为元神行者的魔相，故行者暗笑道：“老孙也曾干过。”二大王白象“若与人争斗，只消一鼻子卷去，就是铁背铜身也就魂亡魄丧。”象鼻喻外肾，言修持者执着性事则消耗元精，必魂亡魄丧，故二大王为元精八戒之魔相。元神主导元精故行者道：“鼻子卷人的妖精也好拿。”三大王大鹏：“不是凡间之物，名号云程万里鹏。”喻先天一炁运行之象，是沙僧之魔相，此元炁落入后天化为阴阳二气，二气相推运化世间万物，故三大王有“阴阳二气瓶，假若是把人装在瓶中，一时三刻化为浆水。”“一时三刻”，即凝化合一之炁分解散为精气神三者。散乱便昏昧。“浆水”即江水，喻生命落入后天江水洪流之中上下沉浮不能自主，可悲可怜，故行者道：“妖魔倒也不怕，只是仔细防他瓶儿”是明示修持者要将精气神抟炼一处成为一体，不可分化，若是分化则落入后天之境，灾难即生。行者问：“是那个大王要吃唐僧哩？”喻查明魔难的根本原因。三大王“原住在狮驼国，五百年前吃了这城国王及文武官僚，满城大小男女也尽被他吃了干净，因此夺了他江山，如今尽是些妖怪”，三大王代表着顺行造化由先天向后天转化、运化的趋势和状态，故称为魔。“夺了江山”即已完全落入后天运化之境，后天运行以思为主，故三大王夺取的是“思头国”的江山。三藏取经就是要返本还元，自然与代表顺行造化的大鹏相反，所以大鹏必然要吃唐僧肉，也必然带动精神二物连动，故“径来此处与我这两个大王结为兄弟，合意同心，打伙儿捉那个唐僧也”。行者打死小钻风是除去后天之意，不使其再干扰影响后天气血运行，转为返本还元的模式。“变作小钻风，找寻洞府去打探那三个老妖魔的虚实”，喻化后天假意为先天真意才能觉察根本原因。“千般变化美猴王，万样腾挪真本事”，言变化是心的特性，认识到并能驾驭这个特性，将其运用到实修处就是本事。

行者自揣自度道：“要拿洞里妖王，必先除了门前众怪。”门前众妖即初修者最常遇到的纷纷杂念，故言：“原来此辈都是些狼虫虎豹，走兽飞禽。”行者讲孙悟空磨金箍棒之事吓散了众妖，明示修持者消除杂念要靠磨炼先天一炁。“存心来古洞，仗胆入深门”言修持者至此将深入到最原始状态，从根本处解决精气神的后天魔态，彻底扭转顺行造化的趋势，转向返本还元的模式。

第七十五回

心猿钻透阴阳窍　魔王还归大道真

丹旨：上一回，唐僧听闻有妖精，顿时心慌意乱而落马，喻修持者面对外境困难时，因不能保持如如不动之心，导致精气神妄动而落入后天之境，便生出了青狮白象大鹏三个魔头，故丹经云：对境无心是大还。若要恢复清净本心，修持者必须静观明察因果，故行者变小钻风进山打探情况。这一回，孙悟空进洞被大鹏魔王发现，捉住装入阴阳瓶中，喻后天之境运化的动力是阴阳相推，修持者一旦落入这样的运化模式，先天灵性就会被其消耗而亡，故孙悟空用观音所赐的毫毛变作金钢钻，钻破阴阳瓶逃出，明示修持者钻杳冥之法可以脱离顺行造化的运行模式，即修持者持久而专注于一点，觉察于精微之境，功夫至纯就可以复见光明，回归一体灵明之性。行者与狮魔争斗是先天灵觉与后天思谋相争。悟空进入狮魔腹中，喻元神入主于内，即下丹田处安炉立鼎便可降伏思谋，故狮魔疼痛难忍倒在地下。故本回丹旨为：钻杳冥。

释意：孙大圣进入洞中，“只见骷髅若岭，骸骨如林，……真个是尸山血海，果然腥臭难闻”，这一段写出了后天人身被三魔戕害之状，只有元神灵明的修持者才能见到此景，认识到戕害之深，故言：“若非美猴王如此英雄胆，第二个凡夫也进不得他门。”凡夫昏昧，如何能见此状、知此害？修持者远离戕害，保命养生，生命的境界自然不同，正如行者在二层门看时：“这里却比外面不同，清奇幽雅，秀丽宽平。”大门喻害生之景，二门喻养生之境。但都是表象，其决定因素是精气神三者的属性，故行者在三层门内见到青毛狮子、黄牙老象、大鹏雕三个魔头，是喻“一气化三清”之相。三清即精气神三者，只不过这是三清之后天魔相。而行者、八戒、沙僧则是由后天返先失过程中的修持之相。修持者要见其象，知其本，才好见机下手修持，故“行者见了，心中欢喜，一些儿不怕”。行者变小钻风向三魔讲述行者磨杠子之态，是言磨炼先天一炁才能消除魔相。大王青狮为元神之魔象，自然最先开始变化，故“那老魔闻此言浑身是汗，唬得战呵呵道：兄弟，我说莫惹唐僧，……教小的们，把洞外大小俱叫进来，关了门”，是言后天神识以利害得失之心做出决策，并以收摄心念，持戒慎行之法为修持，故“众妖乒乓把前后门尽皆牢拴紧闭”，喻妄想以此可以返本还元求取真经，即“让他过去罢”。行者心惊道：“这一关门，他再问我家长里短的事，我对不来，却不弄走了风，被他拿住”言摄心戒行之法虽可止恶，但同时也限制了灵明之性的发挥。行者道：“他说拿大王剥皮。”元神为灵明之性，为主导，故要剥去魔性之皮。“二大王剐骨”，元精为生发之本，为骨，故要剐净骨之魔性。“三大王抽筋”，元气为运用之能，为筋，故要抽去魔性之筋。行者变金苍蝇，“飞去望老魔劈脸撞了一头”，金喻灵明觉性的永恒之性。“苍蝇”即潜藏而应，故金苍蝇撞老魔，即以此永恒觉性觉察应对后天神识之魔性。此觉性本性如如不动，若动，即落后天，便着魔相，故言：“干净他不宜笑，这一笑，笑出原嘴脸来，却被那第三个妖魔，跳上前，一把扯住。”三魔大鹏为元气之魔相，而行者笑是心动之相，心之一动即入顺行造化之中，故行者被大鹏扯住。三魔道：“他笑了一声，我见他就露出个雷公嘴来”，笑即心动之象，雷公喻阳气生发，是言心动则阳气随动，即落入顺行造化的模式，行者便被擒。“既拿倒了孙行者，唐僧坐定是我们口里食也”，元神受难则性命难保，大愿难成。《西游记》中孙悟空是第一主角，是喻元神在修持过程中有着决定性的作用，修持者不可不知。抓住这个关键才能有所成就，其他皆是辅助。魔王将行者投入阴阳二气瓶中，喻将元神投入到阴阳相推而造化万物，趋向后天之境的运化模式当中，故魔王道：“猴儿今番入我宝瓶之中，再莫想那西方之路。”言趋势改变自然无法再西行了。“大圣原来不知那宝贝根由，假若装人，一年不语，一年荫凉。但闻得人言，就有火来烧”，人言为后天神意之动，即呈现火烧之象。大圣“坐在中间捻着避火诀，全然不惧”。避火诀即借持咒之法而定意。但心神已动才是根本动因，故“耐到半个时辰，四周围钻出四十条蛇来咬”，喻强行定意最终会导致更强烈的对抗之意产生。“少时间，又有三条火龙出来”，最后导致心神妄动愈发强烈，则更难处理，故行者慌张无措道：“这三条火龙难为，再过一会儿不出，弄得火气攻心，怎了？”在后天境界以有为之力对抗则反作用力越大，使修持者产生行持无力之感，故行者担心：“孤拐烧软了，弄做个残疾之人了。”行者用观音所赐三根毫毛变金钢钻，钻破阴阳瓶而逃出，是明示修持者若要脱离顺行造化的模式，不受其束缚，就要行持钻杳冥之法。修持者持久而专注于一点，觉察于精微之境，功夫至纯就可复见光明，故：“钻成一个眼孔透进光亮，喜道：造化，却好出去也。”喻摆脱造化束缚，不再被阴阳运化所拘。阴阳瓶中向后天发展的趋势被打破了，而代表后天意识的唐僧自然也就开始为代表先天灵觉的行者祈祷：“那长老合掌朝天道：愿保贤徒孙行者，神通广大法无边”。神气一体，任何一方发生变化自然导致另一面改变，即后天意识主动服从听从先天元神主导施为的状态就会出现。

长老问行者道：“不曾与他见个胜负，只这般含糊，我怎敢前进！”是明示修持者若只是不再随顺造化运行，摆脱了旧有的模式，但产生旧习的根本原因还未消除，依然不能前进。“八戒、沙僧也都有本事，教他们都去，与你协同心，扫净山路，保我过去罢”，言精气神合一是根本保障，故行者沉吟道：“师言最当。”精气神三者同心协力，但各自责任不同，元气即真意之运行，它不可妄动，才能保证朝着既定目标前进，故“着沙僧保护你”，元神、元精不可分，它们是基本元素，故“着八戒跟我去罢”。行者对八戒道：“你也可壮我些胆气”喻元精为物质基础，为元神提供能量支持。八戒道：“望你带挈带挈”，言元神是元精的引导者、引领者，即携带。

行者八戒合力去斗魔，是喻只有元神、元精相合才能转化后天魔性。行者与狮魔大战，狮魔即思谋，为后天识神之魔相，而行者为先天元神，二者是各自境界中的主导者，不能彼此替代。在修持路上识神为辅，不可为敌，故行者对狮魔自称为“是你孙老爷齐天大圣也”。《西游记》中孙悟空面对不同妖魔时报出的名号各不相同，而名号喻示着元神与妖魔之间的关系，八戒也是如此，细心的读者由此可以领悟其中的秘意。自报是“孙老爷”，是言其在修持路上的主导作用。“齐天大圣”是言与后天识神的平等关系。魔王道：“我不惹你，你却为何在此叫战？”是问后天识神与先天元神产生冲突的原因是什么？行者道：“算计吃我师父，所以来此施为”，后天神识干扰，甚至要败坏修持之事则成魔相，自然要消除。魔王要砍行者三刀，行者为乾卦三根阳爻之象。第一刀行者铜头铁脑盖未被砍破，第二刀将行者砍为两个，第三刀未砍，此象是喻由乾卦变离卦之象。乾为先天，离为后天，是喻修持者若以思谋为能，则先天灵性受损，先天灵性元神则由先天乾卦转化为后天智能识神，以离卦象之。行者将两个身子复合为一个，即阴爻变阳爻，喻由后天离卦复归先天乾卦，修持含义是元神主导后天返先天，返本还元之道。狮魔砍第一刀后，行者夸自家铜头铁脑盖一段是言：乾之阳爻即先天神意。诗文向修持者简述了先天神意的产生与保护，详解留在《西游法诀》中展开。狮王所用之刀，喻示后天思谋如刀砍之害。行者赞颂金箍棒的长诗是明示了中脉中的先天炁机在修持过程中的重要作用，详解留在《西游法诀》中展开。识神、元神的本质都是灵明觉性，只是在不同层面的展现，而识神更加表层，故狮魔与行者相斗难分输赢。八戒上前助力行者，喻元精给予元神更多的能量支持，后天狮魔自然败逃。可见虽然元神有挪移变化之能，但还要靠元精相助，修持者当以养精炼气为命基，不可只重神识灵慧妙用。

行者主动钻入狮魔腹中，是喻元神入主于内便可降伏思谋之魔性。而八戒只见到魔吞行者的表象，则回去便要散伙分行李，也是警示修持者若被后天思谋之境所吞没，修持之事则不成，故“长老闻得此言，叫皇天，放声大哭”。“那大圣在肚里生了根，动也不动”，这便是主内之法，生根之法。行者为灵根，而灵根的孕育全凭此法。行者道：“三叉骨上好支锅”，三叉骨指盆骨的结构，喻下丹田处，就是安炉立鼎之处。“等老孙把金箍棒往顶门里一搠，搠个窟窿，一则当天窗，二来当烟洞”，喻指以炁机开通中脉。行者接吃狮王饮下的药酒，喻先天一炁化作身内甘露滋养元神。修持至此，后天神识思谋不再妄动，自然就不能干扰修持，其魔性渐除，故“那怪物疼痛难禁，倒在地下”。

第七十六回

心神居舍魔归性　木母同降怪体真

丹旨：上一回，孙悟空用观音赐的毫毛变成金钢钻，钻破阴阳瓶逃出，喻修持者要打破阴阳运化的束缚，恢复灵明本性，才可以对治后天神识思谋，故出来后就与狮魔相斗。但真正能够震慑后天思谋的方法就是下丹田处的安炉立鼎之法，故孙悟空钻入狮魔腹中，狮魔倒在地下，喻元神之魔性，后天思谋之能暂时被抑制住了。这一回，行者回去见到八戒、沙僧分行李，唐僧痛哭，是言修持之事若无元神主导，便只能散伙和痛哭，如今孙悟空回归自然可以继续。八戒与白象相斗，行者并不相助，喻元神、元精不合，必然导致元精向后天转化，故八戒被代表后天性欲的白象捉入洞中。行者进洞变勾司人诈取八戒所藏银子，喻只有元精滋养元神，元神才有能力救助元精获得生机，故行者救下八戒。降伏了白象，喻元精的后天魔相暂时被抑制住，浊精性欲潜伏。元神、元精为修道的两个基本元素，其魔性暂时被抑制住后，修持便有了基础，但若不能扭转顺行造化的趋势和模式，两者仍然会恢复魔性，故鹏魔说服狮、象二魔，再度设计捉拿唐僧。在狮驼城将师徒捉获，喻元气魔性之害最甚。故本回丹旨为：造化。

释意：倒在地上的狮魔叫一声："大慈大悲齐天大圣菩萨。"喻示修持者经过此难，其证境将达到菩萨果位。行者道："儿子，莫废工夫，省几个字儿，只叫孙外公罢。"后天思谋是先天元神在后天之境的展现，故称其为"儿子"。而先天元神的灵明觉性是本心之性，相对于封闭局限的个体为外，思谋之智为内，更是其主导，故称"外公"。三魔大鹏代表着后天顺行造化的运行状态，他教狮魔乘大圣出口时咬碎行者，可见旧有的运行模式很难转变，并且影响力还很大。三魔道："好汉千里客，万里去传名，你出来，我与你赌斗，才是好汉，怎么在人肚里做勾当。"提醒修持者下丹田涵养灵性只是入手之法，不可只修此一法。待功程圆满后要及时进入下一个阶段，若不知进步升华则为小根器之人，故言："非小辈而何？"行者暗想道："是，但真是坏了我的名头。"喻执着此法是对丹道修持的误解。行者将毫毛变作一条绳，"把一头拴着妖怪的心肝系上，打做个活扣儿，却拿着一头"，喻修持者灵性经过涵养变得灵通，同时也存在着向后天思维转化的风险，所以要求修持者时刻不离本心，若妄动则牵扯本心之痛。行者："从他那上腭子往前爬，爬到他鼻孔里，那老魔鼻子发痒，打个喷嚏，却迸出行者。"喻修持观呼吸之法而不离本心，必然可以见到元神显现。行者："一只手扯着绳儿，一只手拿着铁棒。"喻不离本心持守一炁之象。修持者只要守住本心，后天思魔便被降伏，故老魔"似纺车一般跌落尘埃"，行者笑道："你要性命，只消拿刀把绳子割断罢了"，老魔道："爷爷呀，割断外边的，这里边的拴在心上，喉咙里又恭恭的恶心，怎生是好？"这段对话明示修持者守心，不可只守己之心，而断绝了与本体之心的联系，要以己心应天心，最终要以天心收己心，故"大圣审得是实，即便将身一抖，收了毫毛，那怪的心就不疼了"。

行者回去，"见唐僧睡在地上打滚痛哭，猪八戒与沙僧解了包袱，将行李搭分儿，在那里分哩"，元神隐，则修持之事散，元神复，方可上路西行，故行者教训了八戒后，"收拾行李，扣背马匹，都在途中等候"。二魔老象叫战，行者道："我道兄弟，这妖精有弟兄三个，这般义气。我弟兄也是三个，就没些义气。"正因如此不团结，才生出了这三个魔头弟兄之难。八戒出战与二魔老象相斗，要行者把绳"扣在腰间，做个救命索"，喻元精必须由元神主导、引领、驾驭方可保全。元精为命基，故言"救命索"。但行者八戒弟兄不合，行者存心捉弄，则八戒必败，元精必失，被代表元精魔相的白象所捉。八戒自称是妖精的猪祖宗，可见八戒白象都是元精之象，元精落入后天化为浊精，象鼻即是泻出浊精之处，故称祖宗。三藏又恼行者道："悟空，怪不得悟能咒你死哩，原来你兄弟全无相亲相爱之意，专怀相嫉相妒之心，如今教他被害，却如之何？"三藏对行者的批评就是明示修持者要神气相合，不可分离，分离必落后天而生魔难。

行者变作个"蟭蟟虫，飞将去，钉在八戒朵根上，同那妖精到了洞里"，肾开窍于耳，故钉在八戒耳根处。进洞即进入后天之境，喻开启转化元精之程。八戒被捉即元精落入后天之境，“那呆子四肢朝上，掘着嘴，半浮半沉，倒像八九月经霜落了子儿的一个大黑莲蓬”。八戒先天为天蓬元帅，天即先天，蓬即莲蓬。莲蓬之态是一根直茎上顶着莲蓬而结出莲子，那根直茎喻脊柱，莲蓬喻头颅，莲子就是能够复返先天本心的元神，故莲蓬喻指脊颅内潜藏的元精，为元神提供了能量支持，是物质基础。天蓬元帅就是这个机能的神格化与名号。现在天蓬落入后天，元精凋敝，自然就呈现为“落了子儿的大黑莲蓬”的生命之态。八戒藏私房钱，是明示修持者积攒元精，不可一味固守，要将此元精用于对元神的支持，元神获得元精的能量支持，才能从后天之境解脱出来，故才有行者诈取八戒私藏的银钱，救出八戒两段。行者变勾司人叫声；“猪悟能”是提醒修持者要早悟元精之能，若不能悟此元精，必然顺行造化而趋死，故行者变勾司人。现在八戒身处后天之境，世间罕有悟能之人，故八戒道：“此间怎么有人知道我叫做悟能？”修持者更要反观自省，故八戒忆起：“我这悟能是观世音菩萨起的。”观世音为修持方法，悟能为修证之果。“自跟了唐僧，又呼做八戒”，言入手却要从戒行开始。行者收取了八戒的银钱，不再显示现为勾司人，是喻元精滋养元神而获得了生机，不再被勾司而赴死。八戒道：“都是牙齿上刮下来的，我不舍得，买了嘴吃，留了买匹布儿做衣服。”喻元精不向内用于养生，即“嘴吃”，便会向外驰耗散，即做衣服。八戒道：“还分些儿与我”，喻还存留向后天转化的可能。行者道：“半分也没得与你”，喻要彻底转化。八戒骂道：“买命钱让与你罢，好道也救我出去是。”只有彻底转化才能返本还元而救性命，故“行者将银子藏了，即现原身掣铁棍，把呆子划拢，用手提着脚，扯上来，解了绳。”元精获得解脱重新踏上返本还元之路。八戒要“开后门走了罢”，喻还留有向后天转化之心。行者必然阻止，故道：“后门里走，可是个长进的，还打前门上去。”返本还元为向前，才是长进。“那呆子忍着麻，只得跟定他。”行者与白象争斗。象魔用鼻子卷住行者腰胯，喻后天肾精将元神困于后天生殖之能，呈现为性欲。八戒出主意，孙悟空“他那两只手拿着棒，只消往鼻里一捌，那孔子里害疼流涕，怎能卷得他住”。白象之鼻是喻人身之外肾阳具，用棒捌鼻，是明示修持者要以先天炁机来转化后天肾精，元精的后天魔相自然被降伏。“呆子举着钯柄，走一步，打一下，行者牵着鼻子，就似两个象奴，牵至城下。”狮魔象魔被行者八戒降伏，即元神、元精的魔性得以转化，故二魔愿送唐僧过山。元神元精为修道的两个基本元素，两者转化完成后，修持便有了基础，但是若不转变顺行造化的运行趋势和模式，两者仍然可以复其魔性，故三魔大鹏雕依然不服还要捉拿唐僧，即后天运行模式还未转化，导致狮魔、象魔受其影响，又同意合力捉唐僧，喻复其魔性。“那三藏肉眼凡胎，不知是计，孙大圣又是太乙金仙，忠正之性，只以先擒纵之功，降了妖怪，亦岂期他都有异谋，却不曾详察，尽着师父之意”，喻修持者不明此理，则魔难不息，前功尽弃。

行者见狮驼城“把他吓了一跌，挣挫不起，……望见那城中有许多恶气”，狮驼城尽被妖魔所占，是喻后天人身、神识、人生完全处于后天运化之境，故此刻“三魔大鹏双手举一柄画杆方天戟”，后天人身脊柱与两个肩胛骨形似方天戟，故代表后天运化的三魔所用兵器为画杆方天戟，脊柱为后天人身之主干，以此喻后天运化之主。鹏魔举戟“往大圣头上打来”，喻以后天运化消除先天灵觉。“老魔头传号令，举钢刀便砍八戒”，喻后天之识妄念思谋伤害先天元精。“二魔缠长枪，望沙僧刺来”，喻后天浊精性欲破坏返本还元的运行趋势和模式。“那十六个小妖却遵号令，各各效能，抢了白马行囊，把三藏一拥，抬着轿子径至城边”，小妖代表着后天纷纷杂念，将唐僧拥至城边，喻杂念乱意代替了修持者的大愿理想。“大王原有令在前，不许吓了唐僧，唐僧禁不得恐吓，一吓，就肉酸了，不中吃了。”修持者的大愿理想都是在后天欲望、贪婪、执着、杂念、思谋、乱意之中不知不觉地消弭了，沉迷而不觉。受惊吓表明修持者灵明觉察此困境而有所警觉，自然要挣脱其困，即“不中吃了”。现在元神、元精、元气受损，大愿沉沦，故所呈现出的状态就是:“那长老昏昏沉沉，举眼无亲”，喻再度落入后天之境可。

第七十七回

群魔欺本性　一体拜真如

丹旨：上一回，孙悟空制伏狮魔，回去见师父，喻元神复归。修持有了主导，故阻止了八戒沙僧散伙，解除了唐僧的痛苦，继续修持。八戒、行者共同降妖，但孙悟空不帮助八戒，喻元神、元精不合，故导致八戒被白象捉入洞中，喻元精向后天转化。孙悟空进洞诈取八戒私藏的银子，喻以元精之精华灵能培补元神之后，元神才能救出元精，才能降伏代表后天性欲浊精的象魔。鹏魔说服狮象二魔，再度设计捉获唐僧师徒，喻顺行造化的趋势模式惯性极大很难扭转，元神、元精魔性再生。故这一回行者赴灵山请如来降伏鹏魔，喻修持者只有达到如来的空寂之境，以佛性觉慧洞彻造化之机，才能彻底解决运化问题，将顺行造化扭转为返本还元，为进入下一个阶段做好前期准备。故本回丹旨为：运化。

释意：三兄弟与三魔头争斗，“六般体相六般兵，六样形骸六样情。六恶六根缘六欲，六门六道赌输赢。三十六宫春自在，六六形色恨有名。”生命的后天运化表现为六欲六根，而此刻与魔争斗的实质就是对后天运行趋势、运化模式的转化，在卦象中经常用六代表坤阴之象，以此喻后天运化之境。“他六个斗罢多时，渐渐天晚，却又是风雾漫漫，霎时间就黑暗了”，后天之境的运化趋势非常强大，以后天中的先天元神、元精、元气无法阻挡扭转，故八戒沙僧很快被擒。行者的筋斗云是心神返本还元之象，而大鹏展翅是顺行造化之象，心神还元是逆造化之动，单凭心神灵明之性不足以逆转造化之势，故“三怪见行者驾筋斗云时即抖抖身，现了本相，搧开两翅赶上大圣”。行者“欲思要走，莫能逃脱”，喻元神受此局限束缚不能解脱。唐僧、八戒、沙僧一齐放声痛哭，行者道：“师父放心，兄弟莫哭，凭他怎的决然无伤。”言本体清净无染，后天之净垢、顺逆都与本体无关，故言“无伤”。“等那老魔安静了，我们走路”，是言欲以调伏心神安静为解脱之法，期望绕过此难，但实则是放弃对元神元精元气的根本转化，故八戒道：“哥啊，又来捣鬼了，麻绳捆住，如何脱身？”是提醒修持者此法为捣鬼之法，后天之境如麻绳捆身，只以一静是不能真解脱的，此为妄想。妖精要蒸吃师徒，行者道：“大凡蒸东西都要从上边起，不好蒸的，安在上头一格，多烧把火，圆了气就好了。若安在底下，一住了气，就烧半年也是不得气上的。”行者这段对是雏儿还是把式的论述非常重要，实质是在明示修持策略。“大凡蒸东西，都从上边起”，言修持之事必须从先天入手。“不好蒸的，安的在上头一格”，修持中先天元精即真铅、一炁最为难得，要在先天之境中才能获得。“多烧把火”，言要重点调伏元神使之灵明觉照。“圆了气”，喻建立并巩固返本还元的运行模式。“就好了”，先天元精真铅便自然而出。“若安底下，一住了气，就烧半年也不得气上”，元神若于后天之境上下手用功则很难快速形成逆返先天的趋势和模式。“八戒不好蒸，安在底下，不是雏儿是甚的？”雏儿喻初修不明理法之人。八戒道：“他打紧见不上气，抬开了，把我翻转过来，再烧起火，弄得我两边俱熟，中间不夹生了。”言逆返先天的模式还未形成，只在后天之境作意炼精，但后天元精并未彻底转化为先天真精、真铅、先天灵能，表面上似有所转化但实质未变，故言“夹生”，明示修持者功程次第、火候、药物、运炼皆为先天中事。后天消耗如同妖魔蒸吃师徒，众妖“将八戒抬在底下一格”，喻先耗其精。“沙僧抬在二格”，喻形成后天运化模式。“把个假行者抬在上三格”，喻再耗其神，使其变为后天神识，故为假，而真神已离此后天之身，故行者“拔下一根毫毛变做行者，将真身出神，跳在半空里低头看着”。“才将唐僧揪翻倒捆住，抬上第四格”，喻最后大愿消退。师徒四人在蒸笼中所处顺序就是后天生命消耗的顺序。“干柴架起烈火，气焰腾腾”，喻后天欲火旺盛是消耗的根本原因。“大圣在云端里嗟叹道：我那师父，只消一滚就烂，若不用法救他，顷刻丧矣”，后天欲望一起，修持者便落入后天，必死无疑。修持者必须以先天之意代替后天欲望，故行者“拘唤得北海龙王早至”。北海龙王喻下丹田精气生发之机，即以此机撤掉后天欲火蒸烧，代之以精气自然运化的清凉之意，故“龙王随即将身变作一阵冷风，吹入锅下，盘旋围护，更没火气烧锅，他三人方不损命”，喻真意默默运行，无一毫后天之欲参与，故再“没火气烧锅”。既然真意已经起用，自然后天神识随即渐息，故“三个魔头却各转寝宫而去”。八戒道：“造化，今夜还不得死，这是出气蒸了”。“出气蒸，不盖”，喻虽然因后天之欲消耗生命，但是生命还与先天有所连接，还能得到先天之炁的供给，故言：“今夜不得死”。行者把盖盖上是言这样的趋势最终会与先天隔绝，八戒道：“罢了，这个是闷气蒸，今夜必是死了。”言得不到先天之炁的补给，死亡会很快到来。行者用瞌睡虫困倒众妖，“瞌睡虫是从北天门护国天王处赢的”，北天门护国天王，喻人身背后脊督之中的元精能量，具有抑制后天意识欲望之能，即丹道所言以水制火，故以瞌睡虫喻之。行者对此法赞道：“这法儿，真是妙，而且灵。”行者救出师徒，八戒提醒道：“救便要脱根救，莫又要复笼蒸。”然而行者的方案实质是逃避之法，身处后天之境的修持者如何能逃得脱？正如唐僧“只为唐僧未超三界外，见在五行中，一身都是父母浊骨，所以不得升驾，难逃”必然再次被擒，喻落入后天的必然性。故八戒抱怨行者道：“天杀的，我说要救便脱根救，如今却又复笼蒸了。”言后天之境之魔必须要彻底转化才能继续前行，不能绕过。三魔捉住师徒后，“惟老魔把唐僧抱住不放”，喻后天神识思谋常常抱持着修持理想不肯放手，却无实修实证，这是许多修持者的状态，只把修持当作把玩之物，炫耀之事，成为填补内心空虚，自卑我执的工具乃至人前显示自我清高脱俗之态，故三魔道：“此物比不得那愚夫俗子，拿了可以当饭，此是上邦稀奇之物，必须待天阴闲暇之时拿出来，整制精洁，猜枚行令，细吹细打的吃方可。”形象地描绘了此等修持者的状态。这类修持者仅仅是欣赏修持之事，非实修实证者，故魔王把唐僧藏在“锦香亭的铁柜之中”。“锦香亭”，即仅仅是欣赏，便停止于此之意。“铁拒”，喻将此修持大愿困锁于欣赏、把玩、炫耀层面，不得而出，只是欣赏装样子，徒有其表而无实修实证，故言：“唐僧已被我们夹生吃啊。”修持者若是如此状态，则元神必然无所作为，故言：“那行者必然来探听消息，若听见这话，他必死心塌地而去”，喻如此伪修持者就可假借修持之名，于内孤芳自赏，实则固化我执，于外以示清高脱俗，炫耀自我，依然是固化我执，由此可以自欺欺人而一生，故言：“待三五日不来搅扰，却拿出来慢慢受用如何？”真是唯有名相误此生。行者为此者痛心而放声大哭，书到此处望读者回观于己是否正困于锦香亭铁柜之内。修持者困于此境当回心自问：发心者何？

行者以心问心道：“如来若肯把经与我送上东土，一则传扬善果。”喻将修持真理广布人间救助众生，“二则退下这个箍子，交还与他，老孙还归本洞，称王道寡，耍子儿去罢”。回归到原始状态，喻以先天灵觉代替后天神识对修持真理的传播之功。“好大圣，急翻身驾起筋斗云径投天竺。”行者驾云至灵山，是喻修持着将心神调伏至虚灵之境，自然见到本心觉慧，即如来佛祖。佛祖讲述认得大鹏，行者笑道：“不与你有亲，如何认得？”如来道：“我慧眼观之，故此认得。”喻本心如如不动自可应照万象，即慧眼。修持者不达此境就难以从现象层面的束缚中解脱出来，不可能获得佛性觉慧。文殊菩萨代表先天智慧，故坐骑为青狮，喻先天智慧灵觉对后天思维智力的驾驭。普贤菩萨代表愿行，故坐骑为白象，喻先天灵能的乘载大力，故如来宣文殊普贤来见，收伏青狮白象，是言以先天灵觉灵能，消除元神元精之魔性。如来道：“我在雪山顶上修成丈六金身”是言修持的第一个阶段是先要达成元神成就，“他也把我吸下肚去，我欲从他便门而出，恐污真身”，喻不能再落入后天。此身虽是后天但却是成就阳神的道器，故“剖开他孔雀脊背，跨上灵山”，言再借人身完成阳神成就，故“封他做佛母，孔雀大明王菩萨”。大鹏是后天人身的运行趋势和运化模式，而佛性觉慧是超越此趋势模式而生的，故行者道：“你还是妖精的外甥哩。”如来为本心觉慧，所以知道大鹏的根源，更不会受后天运行造化的影响，故可以收伏大鹏。

如来和孙悟空来到狮驼国。如来对行者道：“你先下去，到那城中与妖精交战，许败不许胜，败上来，我自收他。”喻由后天返先天，修持者只有将后天中的先天灵觉修证到先天觉慧状态，才能降伏后天魔性。行者将三个魔王引到佛前，“行者将身一闪，藏在佛爷爷金光影里，全然不见”。文殊菩萨普贤菩萨收伏了狮象两个魔王，即消除了元神元精之魔性。“只有那第三个妖魔不伏，腾开翅，丢了方天戟，扶摇直上，轮利爪要叼捉猴王”，喻后天生命运行状态，也就是我们人生的习性惯性极大，只有修持者的本心觉慧才能彻底降伏他，故如来：“把那鹊巢贯顶之头迎风一幌，变做鲜红一块血肉”。头乃藏神之府，在后天即是一块血肉。后天生命的运化全凭此血肉，故“妖精轮利爪叼他一下”，是顺其欲渐次导之。“被佛爷把手往上一指，那妖精翅膊上就了筋，飞不去，只在佛顶上不能远遁。”“往上一指”，喻引导其向先天运行不再向后天转化，故大鹏只能在佛顶上盘旋。“现了本相，乃是一个大鹏金翅雕。”金翅喻其先天永恒之性，大鹏展翅喻一炁运化。如来道：“我管四大部洲，无数众生瞻仰，凡做好事，我教他先祭汝口。”先天一炁的运化、运行是本源，修持后天返先天即是好事，自然要归此一炁，故言“先祭汝口”。金丹大道先要修持此炁，故为“先祭”。“佛祖不敢松放了大鹏，也只教他在光焰上做个护法。”佛祖为本心觉慧，大鹏喻道体一炁，二者合一，即“引众回云”，喻万象归于寂灭之境。“径归宝刹”，喻虚空本境不留一物，即“宝刹”。因此“那城里一个小妖儿也没有了”，喻魔境尽消。大鹏被伏是旧习已除，故由“沙僧使降妖杖打开铁锁，揭开柜盖，救出三藏”。

修持至此，修持者后天之境中的元神、元精、元气的魔性已除，特别是元气之魔性，即后天运行运化的趋势模式被彻底扭转过来，这样才是基本合格的修持者。经过盘丝洞、狮驼岭两难，表明胎神的体性、体质的后天属性都已消除，胎神已经逐渐成长成形，有了独立之象，丹道以婴儿喻之。达此境者道家称之为“真人”，故篇尾词言：“真经必得真人取，意嚷心劳总是虚”言有此修持基础，丹道修持将由涵养圣胎阶段，进入到下一个阶段，即胎儿显形之关。故三藏师徒下一站将要到达“比丘国”，又称“小子国”。

第七十八回

比丘怜子遣阴神　金殿识魔谈道德

丹旨：上一回，孙悟空请如来降伏了鹏魔，喻修持者只有达到如来的空寂之境才能生起佛性觉慧，以此觉慧洞彻并驾驭运化之机，由顺行造化转变为返本还元。狮驼岭一难喻示着修持者完成了对精气神三者的转化，消除了其后天属性，不再散乱和昏昧，复归如如不动的空寂之性。修持将由涵养圣胎阶段进入到胎儿培育显形阶段，因此这一回，师徒来比丘国，喻修持经过丹凝胎结的命功修持和对圣胎的性质状态的调整涵养之后，自家真主人圣胎将呈现出独立形象，即胎儿之象之境。因其刚刚复生成形，其势微小，故又称小子国。因根基尚不坚固，故国王呈现出羸弱之象。比丘是对初入佛门者的称呼，喻通向成佛的种子身的初成之象，也称佛子，丹道称为元婴。此身为永恒之身，是道体一炁，佛性觉慧初成之象，是本心之象，故国王欲求长生。此身代表着如如不动，净定圆满，但阴阳两分，转向后天的趋势尚存，故国王贪恋美色，喻阴阳运化之势对圆满之境的伤害，故国王羸弱。国师是寿星的脚力白鹿，代表着修持的专注而持久的品质，但此修持之力若用于向后天转化则为妖怪，自然会生出各种邪见，故国师要国王吃小儿心肝，以求长生，喻以涵养后天人身之心求取长生。小儿是人人具有的先天灵性真主，但被后天之境所束缚，故小儿都被囚禁在笼中，只有元神能救，故孙悟空命土地神祇将小儿隐藏。故本回丹旨为：元婴。

释意：开篇诗道："一念才生动百魔。"念动便有象，其本质是心神妄动、散乱之象，故言魔象。这个问题是所有修持者最难解决的问题，故言"修持最苦奈他何"。作者为修持者提供了两个解决方案："但凭洗涤无尘垢，也用收拴有琢磨。”即洗涤与收拴。“洗涤”是言修持者转化后天精气，达到纯净无垢的先天一炁，是命功修持。“收拴”是言对心神的觉察、调控、引导，最后达到寂静凝定的状态，这样后天现象层面的万象便“扫退万缘归寂灭”。在心性方面的修持如果松懈了，即使有前面命功修持的基础，依然会前功尽弃，故言“荡除千怪莫蹉跎”。只有性命同修，坚持不懈，才能得到真正的解脱，故言“管教跳出樊笼套，行满飞升上大罗”。这首诗是对前段修持功程的总结，明示修持者若要开启阳神阶段的修持，必须以此为基础，阳神为先天之神，与之对应的是后天之神，称阴神。比丘喻指以性功修持为主的修持者。“遣阴神”，是言修持者要将后天之神彻底转化为先天之神，此阳神就是丹道中的元婴、赤子。修持者要明此心，修此身，就是“怜子”，故回目为“比丘怜子遣阴神”。金殿喻先天之境，即养胎之处。修持者只有达此境才能识魔，才能分辨真假，谈论道体本心，才能修持一炁，彻悟觉慧，故为“金殿识魔谈道德”

“孙大圣用尽心机，请如来收了众怪，解脱三藏师徒之难”，喻心至寂灭之境，以本心觉慧认识、转化、驾驭后天运行趋势与运化模式，由后天返先天。“又经数月，早值冬天”，文中描写寒冬景色之诗：“岭梅将破玉，池水渐成冰。”就是对修持者此刻保持的“万象归寂灭”心境的描写。师徒“进了月城”，丹道中常以月象喻指心性状态，月城是言此处为心性修持阶段。师徒进城，“见一个老军，在向阳墙下，偎风而睡”，老军即老君，在墙下晒太阳，喻道体修持涵养阳气。行者叫醒老军，是提醒修持者不可只知炼炁而忘记炼神，故老军将行者认作代表阳气生发的雷公，而不识代表灵明觉性的孙悟空。前段命功修持已经完成，现阶段是以性功修持为主，故行者道：“吾乃东土去西天取经的僧人，不知地名，问你一声。”道体是根本，老君自然知道：“此处地方，原唤比丘国，今改作小子城。”比丘为受具足戒的出家人，即持守二百五十六条戒律的修持者。“原唤比丘国”，喻通过戒律的修持完成心性的调伏，完成由后天返先天的功程，可以进入到元婴、佛子修持的阶段，故“今改作小子城”。小子即道家所言：元婴、阳神。佛家称佛子。八戒道：“想是比丘王崩了，新立王位的是个小子，故名小子城”，喻废除通过戒律对心性进行转化的功夫，不修性功，只修命功，直接修持阳神、元婴的路子。唐僧道：“无此理。”言这样的理法路径不成立，性命必须同修。

师徒在街市“但只见家家门口一个鹅笼”，鹅笼即我笼，言世间每个人都有一个真我，但却都被妄念困锁笼中，也只有元神能知此救此真我，故“行者变蜜蜂儿钻进幔里观看”。蜜蜂儿即元神，喻于秘密微细之处才能见此真我。“却是男身，更无女子”，男身喻真阳之气所养成的阳神赤子。“大者不满七岁，小者只有五岁”，纯阳过半但尚未圆满，是言此刻修持的总体状态以及功程进度。到驿馆，长老道：“一则问他地方”，喻要修持者明确修持进程与境界。“二则撒和马匹”，言此处修持火候要缓缓而行，不可急进。“三则天晚投宿”，言修持功夫时节已至，就此用功。长老问驿丞：“贵处养孩儿不知怎生看待”，丹道中对元婴的培养是先天境界中事，是极其罕见之事，故言“贵处”。此问也是问培养婴儿赤子的理法如何修持。驿丞道：“天无二日，人无二理，养育孩童，父母精血，怀胎十月，待时而生，生下乳哺三年，渐成体相，岂有不知之理！”是言凡胎、圣胎的养成，其理一致，只是先天后天的境界不同，但其果却是天壤之别。三藏问鹅笼小儿之事，驿丞道：“长老莫管他、莫问他、也莫理他，说他。”这是言此刻修持的总原则，一切顺其自然，心无所往。婴儿赤子的养成，在丹道修持过程中是极为重要的阶段，是必然出现的环节，许多修持者终其一生孜孜以求，若略有所成便以为成就了，但是若以总体而言，这也只是一个环节，也只是一重展现，依然还是象，还非本质，不可以为是终极道果，更不可执着于此。“三藏一发不放，执死定要问个详细”，喻修持者必须知道理解其理法。但此法又非常人能知能行，只能说与有缘人，故驿丞“屏去一应在官人等”，喻非有缘者不能得知。“独在烛光下悄悄而言”，喻性光展现之时才能口耳相传。“适所问鹅笼之事，乃是当今国主无道之事。”喻真我被困皆因世人失道忘本所致，沉迷于红尘而不觉，断绝了与道体一炁，佛性觉慧的联接，更不知返本还元之法，故言“无道”。三藏道：“何为无道？必见教明白，我方得放心。”修持者若不知何为无道？如何自省？如何发心？如何明理？如何修持？如何获得道助？故要“必见教明白”。驿丞讲述国王因贪恋美色而命在须臾。比丘国王喻指修持者所修持的元婴佛子，即真我。此真我是道体一炁、佛性觉慧之体相，是凝聚之相，不再散乱分裂。此处所言贪恋美色已不是指后天性欲男女交欢，而是喻指元婴虽是凝聚之态，但依然存在阴阳两分的内在趋势。阴阳交媾也就成为必然，以贪恋美色喻之，若分阴阳，则“命在须臾”。“国丈有海外秘方，甚能延寿”，言虚无生一炁之效。“前者去十洲三岛，采将药来，俱已完备”，喻丹道命功修持的成果即命胎完结。“但只是药引子利害”，药引子是在中药复合方剂中起到引发药效的特殊药剂，此喻指丹道修持中引导命胎灵慧生发的因素“单用着一千一百一十一个小儿的心肝，煎汤服药，服后有千年不老之功。”“千百十个”，虽表面是一但实质是多，此喻妄图以后天虚假一心，实则散乱多心来修持，期望获得永恒，但最终是将每个人所具有的真心惑乱，真命丧失，故长老失声叫道：“昏君，为你贪欢爱美，弄出病来，怎么屈伤这许多小儿性命！苦哉！痛杀我也！”喻作者大慈悯见世人之苦，痛心不已。此悲惨之状是运行运化之错，故沙僧能感应到问题出在哪里，道：“恐那国丈是个妖精，欲吃人的心肝，故设此法，未可知也”这是对此难性质的明示。故行者道：“悟净说得有理。”进而对问题作出判断和提出解决方案，“如若是人，只恐他走了傍门，不知正道，徒以采药为真，待老孙将先天要旨化他皈正。”许多修持者只知在后天人身上采炼精气，而不知先天虚无一炁之理和返本还元之功，即走了傍门。金丹大道要旨全在“先天”二字，修持者要走这样的修持正路，即“化他皈正”。这是帮助修持者揪正理法路径之错。“若是妖邪”妖邪即自身元神元精两个生命基本因素和其运行运化模式即元气，所出现的不合于道的状态。“我把他拿住”，即管控与纠正其错行。“与这国王看看”，复还生命本来面目，“教他宽欲养身，断不教他伤了那些孩童性命。”宽欲即弱化消减后天欲望，培补先天一炁，自然生命的真主人得以保全。这是帮助修持者明白保养性命之功。行者所言俱是真言，故“三藏闻言，急躬身反对行者施礼道，徒弟啊，此论极妙！”望读者细参。

行者救助笼中小儿，喻修持者养护圣胎，渐成体相，即婴儿赤子，不可能一蹴而就，需要一个温养的过程，但先要消除隐患，故行者“先将鹅笼小儿摄离此城，教他明日无物取心”，喻不让妄念邪心伤此真心，故大圣念动真言，“唵净法界”，唵净即安净，安然而纯净之境界，若达此境就要从当下觉知入手，故“拘得城隍土地社令真官”，还要在空间、时间、状态等全方位调整，故“并五方揭谛、四值功曹、六丁六甲与护教伽蓝”，喻达到虚极之境，即法界，故“都到空中，对大圣施礼。”大圣命众等“连笼都摄出城外”，暂时脱离险境消除向后天发展的趋势。“山凹中”，即守身中一处而存神，“或树林深处”，树即术，喻以术法护持，比如持咒法。故三藏八戒沙僧“他三人一齐俱念南无救生药师佛”，术法有定意存神之功，更有感应加持之效，其法玄妙难以言述，需真心获真传方有真效。行者道：“待我除了邪，治了国，劝正君王临行时送来还我。”言修持之功完结后真我自显，赤子复来，佛子重生，此等救护之功皆心念之事，心念一转境界全变，故言：“此夜纵孤栖，天明尽又悦。”心性调伏为佛家所长，故金丹大道的心性修持吸纳了佛家精华，打破门派，提倡佛道同修，故以诗赞颂：“释门慈悯古来多，正善成功说摩诃。万圣千真皆积德，三皈五戒要从和。”内在心性的调伏就是积阴德，使之合于道就是救生，故“行者按下祥光，只听得他三人还念南无救生药师佛，他也心中暗喜”。

天明三藏上朝，“看这长老打扮起来，比昨又甚不同”，诗文赞颂：“行似阿罗降世间，诚如活佛真容貌。”真是气度非凡，表明修持至此，已有佛相。三藏见那国王，“相貌尫羸、精神倦怠、声音断续、眼目昏朦”，是喻婴儿赤子刚刚复显所呈现出的羸弱之态，虽是弱态但也是极为珍贵，故国王打开通关文牒：“看了又看，方才取宝印用了花押”，喻元婴虽弱但也是修持成果。随即导致羸弱之因也就出现了，“国丈爷爷来矣”。国丈即国之障，小子国为修持元婴功程之境，在此转化过程中产生的魔障，以国丈喻之。

金殿上三藏讲述为僧之道，涉及境界、因果、法诀、方法、原则、证果，都是了性真旨，留在《西游道论》中详解。但是三藏阐述的了性之旨还是后天境界之功，还是比丘国之境，还未通达本心觉慧。修持者达此境后自觉神识灵明，可脱离后天人身而出，实则真体未成，非真出。所出者只是神识觉知范围的扩展之象，未脱凡身，此状态丹道称之为“出阴神”，与“出阳神”相对，故国丈指责为“盲修瞎炼，寂灭阴神”。以心性修持入手的修持者当知此理，更要进一步由比丘国之境进入到小子国之境，故国丈开讲修仙之道，所涉及内容，也将留在《西游道论》中详解。但是国丈所言只知炼化，不修觉慧，虽可脱凡身，但缺乏智慧终为愚夫，虽是小子城之境，却被自身所困不能解脱。“惟道独称尊”，独修道妙不修觉慧，非金丹大道之旨，故行者道：“这国丈是个妖邪，国王受了妖气。”三藏所言为僧之论，脱化于三于真人的《心地赋》。国丈所讲修仙之论脱化于宋仁宗的《尊道赋》。有兴趣的读者可找来原文参研。国丈欲以三藏为药引子，是明示修持者要以真心大愿为引发、引导、引领才能开启转化。

国王听从国丈之言，派兵到驿站抓三藏，行者道：“若要全命，师作徒，徒作师，方可保全。”言后天大愿要接受先天灵觉的主导，方可完成修持使命，这是明示修持原则。八戒“筑土撒溺和了一团臊泥”，八戒之尿喻肾水，“和泥”喻涵养元精，元精充盈自然见到元神，故行者“把泥扑作一片，往自家脸上一安，做下个猴像的脸子”，再以此元神本心转化后天之心，“贴在唐僧脸上，念动真差，吹口仙气叫变，那长老即变做个行者模样”，这是筑基。羽林卫官领三千兵把馆驿围了，锦衣官扯住假唐僧。“羽林”，即欲临。锦衣即紧依，修持者首先是感到被各种后天欲望紧紧地包围着，将修持者向后天转化，这正是“妖诬胜慈善，慈善反招凶。”慈善即复返先天，复还道体本心及真相，妖诬即顺行造化转向后天。修持为逆行则慈善必招凶。只有克服所有的妖邪才能回到本来，见得本心。

第七十九回

寻洞擒妖逢老寿　当朝正主救婴儿

丹旨：上一回，师徒来到更名为小子国的比丘国，喻示着修持者进入到培养元婴阶段，小子国喻阳神成体，初显微小之态，尚受后天邪见束缚，故城中小儿都被困笼中。国王因贪恋美色而羸弱，喻此婴儿赤子受后天阴阳运化的伤害之态。国丈是寿星脚力白鹿，喻专注持久的修持力。修持者若将此力用于后天运化则为妖，故其要国王吃小儿心肝，喻在后天人身之心的涵养上用功，以期长生，是为邪见。这一回，又要以唐僧之心为药引，喻以大愿为引领，此愿的本质是返本还元的灵明觉性，故孙悟空变唐僧上朝。行者剖心，滚出多心让众人观看，喻要先行观心之法，再由多心回归一心，乃至无心，若执着后天人身求取长生即是黑心，故行者说破国丈为妖。行者与八戒寻妖洞，喻中脉中寻找先天真意的运行之力。寿星降临收伏了白鹿，喻将此力用于逆返先天则可长生。寿星送国王三颗枣，即涵养培补坚固元婴之法，故国王吞之病退。元婴强壮，不再受困，故笼中小儿得救。故本回丹旨为：育婴。

释意：“锦衣官把假唐僧扯出馆驿”，“馆”即观，“驿”为临时停下之处，故“馆驿”喻当修持者到达一定关口时要提前停下，仔细观察，做出正确的判断，选择正确的对治方案。“扯出馆驿”，即修持过程中的问题迫使修持者应对，故“与羽林军围围绕绕直到朝门外”。昏君“特求长老的心肝”做药引，喻以后天神识境界求长生。后天之心为散乱多心之态，故行者道：“心便有几个儿，不知要的甚么色样。”心若散乱必然昏昧不明，故“国丈在旁指定道：那和尚，要你的黑心”，心黑不明便落后天。行者：“把腹皮剖开，那里头就骨都都的滚出一堆心来。”凡夫病根就是多心，修持者要将多心收摄至一心，终至无心。“一个个捡开与众观看”，喻时刻觉察检省。自心的状态是专注还是散乱，是持续还是断续，是善念还是恶念，是灵明还是昏昧，这就是观心之法，直至专笃灵明。这个过程在丹道中又称为炼己纯熟，直至所有后天多心之态不再产生，故国王道：“收了去。”多心既收，灵明自显，故行者“现出本相。”对国王道：“我和尚家都是一片好心”，调伏心性复归先天灵觉为好心。“惟你这国丈是个黑心。”言执着后天人身求取长生，即是昏昧黑心。国丈先天本相是寿星脚力，为白鹿，本质是修持的持久耐力，其实质是白龙马的魔相。修持者将专笃持久的修持品质运用于逆返先天则是白龙马，运用于后天顺行造化就是白鹿之魔相国丈。因寿星与东华帝君下棋而走失落入后天之境，成为国丈。东华帝君是王玄甫，为丹道少阳派之祖，钟吕、紫阳、重阳皆源于东华所传，后期圆融为金丹大道。丹道另有一脉，源于关尹子，称文始派，陈抟、三丰皆此脉传承者，两脉修法不同，其理法比较留在《西游道论》中展开。东华帝君是代表着丹道修持，而寿星代表着生命的持续状态，两者对弈，喻修持者在两者之间的选择。早期修道，以肉体的长生久视为目标，这在金丹大道的理念中已成为一个副产品，不再是终极目标，如果修持者不明此理，依然执着后天人身的永生，则落入后天而生邪见，即白鹿走失，喻将修持的持久耐力错用其功，用于后天人身的长生，此为国丈为妖的丹道含义，因此国丈才会要后天人身之心肝和后天神识之心求取长生，此为邪见邪术，故行者称此导致心神散乱昏昧执着之心为黑心。这样的持续力用于丹道修持就可以返本还元，故国丈：“认得当年孙大圣，五百年前旧有名，却抽身，腾云就起。”喻开始后天返先天。

妖精使蟠龙拐与行者争斗，“蟠龙拐”喻后天运化之力，自然斗不过先天灵觉。妖精“将身化作一道寒光，落入皇宫内院，把进贡的妖后带出宫门，并化寒光，不知去向”，后天运行的持续力消失，故为寒光。皇宫内院喻修持者的心神之境。“妖后”即后天阴阳两分的趋势。这份趋势自然也随着修持力的消散而离开，不再干扰破坏修持者的元婴成长，故行者命众官寻找国王：“快寻，莫被美后拐去。”喻恢复元婴之灵明。三藏、八戒、沙僧同去朝堂，太宰见了害怕道：“爷爷呀，这都相似妖头怪脑之类”，喻世人不知不识先天真相，反以为怪。三藏、行者、八戒、沙僧皆是后天返先天过程中的转化之相，也是本体异化之象。故沙僧道："我等乃是生成的遗体"，即为丑。"若我师父，来见了我师兄，他就俊了"，后天神识得到先天灵觉的扶持走上返本还元之路就成俊相，到达灵山后，一行五众也就都各成本相。行者"把师父的泥脸子抓下，吹口仙气叫正，那唐僧即时复了原身"，妖精被打跑，错误的运行模式被纠正过来，落入后天之境的唐僧自然就恢复了逆返先天的三藏之身。按此趋势发展下去必成正果，故国王口称："法师老佛。""师徒们将马拴住"，拴马即拴鹿，不使其走失再生错行！"都上殿来相见"，重归一体，可降魔了，故行者向国王寻问妖精来历。国王含羞告道："三年前他到时，朕曾问他。"在明理、得法、专修、精进、因缘、时节具备的前提下命功修持三年有成。"他说离城不远只在向南去七十里路，有一座柳林坡清华庄上"，向南喻后天心神，七十里，言一阳复生。"柳林坡"，以柳随风而动之象，喻心随境转之态。"林坡"即灵破，是言心神随境而动，先天灵觉之性破损。"清华府"即清清一炁精华往来之处，从后面对清华洞的描写可知为人身中脉之象，故又称清华洞。中脉为后天人身中与先天之炁往来沟通之处，也是结胎养胎之处。妖精回归清华洞是后天返先天之象，但魔性尚存。妖精道："神僧十世修真，元阳未泄。得其心，比小儿心更加万倍。"吃小儿心以期长生是喻修持者以后天小儿无知无识之心为心性修持之要，此为邪见。吃神僧之心以期长生是喻修持者以后天大愿、真心为心性修之要，此见不彻，二者皆不知先天本心才是心性修持之要，故为妖邪之法。

行者要带八戒擒妖，八戒道："谨依兄命，但只是腹中空虚，不好着力。"喻心性的调伏转化，还是要以元精充盈为物质基础。抛开命功修持，只以心性调伏为修持之全功是错误的，并且是无法达成的，故八戒"尽饱一餐，抖擞精神，随行者驾云而起"，喻只有性命同修才能成就，故文武百官朝空礼拜："是真仙真佛降临凡也。"

行者八戒寻到山前，念一声唵字真言，"唵"即安，为安静安定当下意念，神观而觉察。故行者"拘出一个当坊土地"，修持者当下真意能够觉察修持状态的本质，故言："此间有个清华洞"。行者道："只见林坡"，即只见灵破。世人先天灵觉破损自然见不到中脉之象，故"不见清华庄"。土地道："只去那南岸九叉头，一根杨树根下，左转三转，右转三转，用两手齐扑树上，连叫三声'开门'，即现清华洞府。"言持久的运行之力源于先天一炁周流运行，永不停息的永恒之性，故老妖复归先天回到此洞。这段讲授了开通会阴之法，中脉开通由此处启，具体讲解留在《西游法诀》中揭示。只有先天灵觉可以打开此穴进入中脉，故行者叫八戒“远远的站定，行者趁威，撞将进去，但见那里好个去处”。中脉为后天人身中清清一炁，精华往来之处，故称“清华仙府”。行者“他忍不住，跳过石屏看处”，石屏即后天神识所导致的认知屏障。“跳过看处”即由后天返先天。八戒“掣钉钯，把一棵九叉杨树刨倒”，九叉杨树喻人身之脊柱。“使钯筑了几下，筑得那鲜血直冒，嘤嘤的似乎有声”，喻破除后天人身之障。八戒“赶上前，举钯就筑”元神、元精相合，后天运化运行的基础已不存在，故“老怪化道寒光，径投东走”。《西游记》的设定中胸为东，头为南，腹为北，背为西。“东走”即回归心神为主导，即返本还元，复归本心，即永恒之性，故南极老人星降临。长生久视是早期丹道修持的目标，这也是命功修持的效果，而且与心性的状态是同步对等的，故行者称其为“寿星兄弟”。欲求长生需要依靠修持的持久之力，故寿星道：“望二公饶他命罢。”“他是我的一副脚力，不意走将来”，不意即不专注而散乱，必然落入后天。“走将来成此妖怪，那怪打个转身，原来是只白鹿”，转身即扭转向后天运行的趋势和运化模式。“白鹿”即“白路”，喻将此修持的专注持久的品质用于返本还元之上，便是通往光明之路，故诗言：“年深学得飞腾法，日久修成变化颜。”持久而专注的修持品质是成功的保证，但不可错用，故寿星骂道：“孽畜，连我的棒也偷来也！”是警示修持者此为辅佐之功，若执着此功即不明理，则为“孽畜”。八戒打死狐狸精，喻元精充盈，元神灵明即可消除阴阳分化的趋势。行者叫土地“寻些枯柴，点起烈火，与你这方消除妖患，以免欺凌。”会阴穴为顺逆两分之处，于此处将后天人身中的元精向先天灵能转化，即烈火焚烧。不再向后天转化即除妖患，复返一炁周流运行的本质。功夫至此元婴健壮可得长生之果，故寿星来见国王。国王求祛病延年之法，寿星道：“我因寻鹿，未带丹药。”言专注而持久的修持品质不是丹道修持的药物及基本元素。“欲传你修养之方，你又筋衰神败，不能还丹”，筋衰即生命的生发机能衰退之象，神败即生命灵性昏昧散乱之象，这样的基础是不能修持丹道的。“我这衣袖中只有三个枣儿，是与东华帝君献茶的，我未曾吃，今送你罢”，八戒称此枣为火枣。火喻心神，言对心神调伏。枣即早，是告诫修持者要及早下手，由心神调伏入手。三枣即行者所言，一枣：色欲少贪。二枣：阴功多积。三枣：凡百事将长补短。吃此三枣，“自足以祛病延年，就是教也”，故“国王吞之，渐觉身轻病退，后得长生者，皆原于此”。

众神将一千一百一十一个小儿送回，众人欢喜得子，喻人人有此赤子元婴，作者盼个个修成真身。众人将师徒“一拥回城，……如此盘桓，将有个月，才得离城”，言此段功夫要温养。“又传下影神，立起牌位，顶礼焚香供养”，喻圣胎坚固，元婴体壮，修持者对修持之事已然确信无疑，由此可以继续修持。修持之事最重实证，无须依靠信仰维持，有了实证基础，自然确信无疑，必然精进实修，即“顶礼焚香供养”。

第八十回

姹女育阳求配偶　心猿护主识妖邪

丹旨：上一回，孙悟空变作唐僧在金殿上剖出多心示众，再收回，喻修持要将多心归为一心乃至无心。若执着后天人心则心神昏昧为黑心，因此行者识破国丈为妖。行者、八戒来到清华洞捉妖，喻于中脉虚空之境寻找修持之力，方可获得长生，故寿星出现，降伏了白鹿。寿星送国王三颗枣，喻涵养、培补、坚固元婴之法，故国王吞之病退。困在笼中的小儿也由此获救，喻修持者的灵性摆脱了后天的局限获得自由，命胎坚固，元婴健壮，阳神逐渐恢复灵明。专注持久的修持品质会促使修持者进入虚极空寂的状态，此刻神识的状态即为姹女，本质为空性。修持者将专注而持久的修持品质运用于返本还元的修持，才能通过比丘国，将元婴转化为先天赤子，而圣胎才能获得真正的安定。丹道修持中婴儿、姹女是对先天阴阳的形象表述。婴儿代表真铅，即先天灵能为物质属性，其凝聚为命胎，成形为元婴。姹女代表真汞，即先天灵觉，为精神属性，其机能为灵识。小子国元婴之难已解，姹女之困随之而来。小子国之难解决的是元婴命体持久坚固的问题，明示修持者要于先天虚无处用功，不可在后天人身上着力，才能培补元婴。命体问题解决后，其结果是："阴功高垒恩山重，救活千千万万人。"故这一回，金鼻白毛老鼠精之难解决的就是修证空性问题，修持者要于先天之境保持净定，不可有一丝后天神识干扰，故魔难解除后篇尾诗言："割断丝罗于金海，打开玉锁出樊笼"，丝即思，玉即欲。修持者命胎完结之后，通过专注而持久的涵养则元婴健壮，之后则是脱胎之功，早期丹法至此便认为功成，后续的修持便无从知晓，故三藏发出"有路无路"的疑惑，继而生出懈怠之情，三藏便开始思乡，其本质就是退转，故而妖魔便生，于是唐僧救下姹女。修持者若以后天之识去修持空性，即成解空，而姹女则为金鼻白毛老鼠精。由此引出了丹道修持的重大问题，即命胎坚固后是否还要继续修持？继续修持的内容是什么？应当如何修持？回目中“姹女”一词便是回答。姹女的本质是神识的虚无空寂之性。修证空性就是后续最重要的课题，故师徒路遇姹女，来到镇海禅林寺，喻要修证空性。寺内破败之象，喻顽空之境。修持者更不可以后天之识去修证空性，否则将要落入解空之境，即落入陷空山无底洞。故本回丹旨为：空性。

释意：师徒继续西行，三藏见高山峻岭心惊道：“前面高山，有路无路？是必小心。”“心惊”是后天七情发作之象，后天应对之心生起，此非修持者应当具有的心境，故行者道：“不像个走长路的，却似个公子王孙，坐井观天之类。”是告诫修持者不可坐而论道，要在实践中摸索前进。故言：“山不碍路，路自通山。”山喻修持过程中出现的问题，路喻问题的解决方案，办法总比问题多。八戒道：“放心，这里来相近极乐不远，管取太平无事！”提示修持者放下后天思谋、焦虑之心就离极乐不远了。师徒三人这段对话明示了涵养命胎元婴应当具有的心态和策略。

行者叫道：“师父此间转山的路儿，忒好步，快来！”长老只得放怀策马。“转山”，喻修持进入到下一个阶段，故代表修持运行的沙僧，“将担子交给八戒挑上，沙僧拢着缰绳，老师父稳坐雕鞍”。三藏见山景又起思乡之念，此刻的修持者处于涵养元婴阶段，已初步脱离了后天神识境界，但对前途未知，内心充满了疑惑而生起忧虑故，三藏产生了“有路无路”之惑和“不知西天路还在那里”之忧。面对未知的不确定性，退回原来的舒适区是人性使然，故三藏思乡。而真正的修持者要勇往直前，不可心生忧虑，故行者批评道：“师父，你常以思乡为念，全不似个出家人，放心且走，莫要多忧。”心生忧疑便生乱想，故八戒道：“我佛如来舍不得那三藏经，知我们要取去，想是搬了，不然如何只管不到？”而代表运化的沙僧则即时警示“莫胡谈”，并提出修持的基本原则“只管跟着大哥走，只把工夫捱他，终须有个到之日”，言元神主导，坚持不懈是最基本的两条修持原则，能做到必然成就。这一段，对三藏进行了大量的心理疏导与建设，尽是心法、心诀，读者自参。

师徒见到一片黑松林，唐僧害怕。此刻三藏心生忧虑而思退转，进而胡思乱想，后天机谋之心便生，故言要："是必在意。"可见修持者心性状态已落入到后天之境，故文中又称其为唐僧了。行者道："怕他怎的！"修持之人要有这样的胆气豪气，但这是先天元神的境界，而后天识神则是忧疑、退缩、胡思、计谋的状态，若落此境，魔怪自然而生。文中对黑松林景象的描写就是对此种心境状态的形象描绘，故结尾道："就是托塔天王到此，纵会降妖也失魂！"落入后天之境后唐僧又回到原有的舒适区，故言："幸得此间清雅，一路太平，这林中奇花异卉，其实可人情意。"托塔天王来了都要失魂之地，唐僧却觉清雅可人情意，可见已是心生懈怠，于是"我要在此坐坐，一则歇马"。后天之欲也随之而起，故"二则腹中饥了，你却那里化些斋来我吃？""三藏端坐松阴之下"，喻松懈之境，必生阴魔。"八戒沙僧却寻花觅果闲耍"，师徒原本一体，现已呈散乱之象。行者"伫定云光，回头观看，只见松林中祥云缭缈，瑞霭氤氲。"修持者至此确有此境界，有眼通者可见，但是以丹道修持角度看，此为神光外泄，也是散乱之象，故行者也心生欲求："老孙也必定得个正果。"而真正的状态应该是神光返照而回聚。欲求一起，即生妖魔，故"正自家这等夸念中间，忽然见林南下有一股黑气骨都都的冒将上来"。先天灵觉灵明，念起即觉，故"行者大惊道：那黑气里必定有邪了"，但因后天欲求已生，故真假相伴导致"那大圣在半空中，详察不定"。此刻修持者应回光返照，觉察自心，故"三藏坐在林中，明心见性，讽念那《摩诃般若波罗密多心经》"，只有观心明察才能阻止向后天发展的趋势，故听到叫声："救人。"返本还元即是救人。"只见那大树上绑着一个女子，上半截使葛腾绑在树上，下半截埋在土里"，"女子"喻此难的本质为心性之魔。"上半截"喻心性，故被后天欲望缠绕捆绑在树上。树为木，代表生命的生机，喻此生命力也受到束缚。"下半截"喻命，故被后天运行运化之意土所埋没。可见此妖的本质是修持者的后天之识，即旧识对修持者的先天命胎所造成的干扰，但此旧识的本质是佛性觉慧在后天之境的展现。因所处境界不同，所呈现出的象也不相同，故哪吒道此妖有三个名字，就如同师徒四人在不同境界也有不同的名字。小说中所用之名都代表修持的不同境界，对于名字的解读留在《西游道论》中详解。"他本身出处，唤做金鼻白毛老鼠精"，金鼻白毛是言安那般那修持法，即观鼻端，通过观呼吸将心性调伏至虚室生白的状态，即白毛，至虚极而生一炁故为老鼠精，故其本质为空寂之性。此炁为先天一炁，故由灵山而来。“因偷香花宝烛”，喻只修持心性不修命炁，功程只做了一半，故“名唤做半截观音”。“如今饶他下界”，喻从后天之身开始补上命功修持部分，故“唤作地涌夫人是也”。但此老鼠精落入后天之后其先天灵觉也转化为后天之识，以后天之识主导修持与先天元婴相合则为妖精。所以修持者要将此后天之识收回，故妖精为代表后天之意的天王义女，由代表后天识神的玉帝下令收回，不可灭除。修持者明白了此妖的内涵就可以成为修持的助缘，善加利用，故“长老立定脚，问他一句道：女菩萨，你有甚事绑在此间”，立定脚，喻心中明了，不受迷惑。女菩萨是言将其视为修持善缘，这是作者的提醒，但此刻唐僧师徒已经散乱无法明察，故作者叹道“咦！分明这厮是个妖怪，长老肉眼凡胎，却不能认得”，不能明察必受其害，先天虚无空寂之性，可以生出真阳一炁，但落入后天则为幻空，则死寂无生。妖精道：“家住贫婆国”，此为坤卦之象，喻孤阴不生，故一家人去“拜扫先茔，遭强人劫掠”，强人喻后天欲望。劫掠是对先天灵觉的消耗，即借灵生妄。“七八十家一齐争吵，大家都不忿气”，喻各种后天之欲纷纷涌现互相争斗，却将一灵真性置之不顾，故“把奴奴绑在林间，众强人散盘而去”此喻为世人之境凄惨不堪。作者发悲悯之情借姹女之口道：“今日遇着老师父到此，千万发大慈悲，救我一命，九泉之下，决不忘恩”。世人不知修行，是不见自身已处火宅，沉迷红尘，以苦为乐而不自知，难以生起修持大愿，故佛陀教人先见轮回之苦，以苦入道，就是叫世人先睁慧眼看清身处险境，要及早下手。“说罢泪如雨下”，只有真切认识并体会到的人，才知此凄惨，心生解脱之渴望，发之于情，能不“泪如雨下”？望读者回望人生，慧眼明察，必生大愿，而及早下手。唐僧叫：“八戒解下那女菩萨来，救他一命。”唐僧已落入后天之境不能明察，此刻女菩萨也落入后天之境成为女妖，故八戒也就成为“呆子”。呆子“不分好歹，就去动手”，先天元精也随之向后天转化，故名为呆子。向后天转化的趁势显现，故“又见那黑气浓厚，把祥光尽情盖了”，行者上前，“一把揪住耳朵，扑的摔了一跌”，喻元神驾驭元精，阻止其向后天转化。先天元神的灵明之处就在于能够随时觉察自家身心的状态、境界、发展趋势、运化模式，促使生命即时调整到返本还元的状态中，不要落入造化顺行的后天之境。行者道："师父原来不知，这都是老孙干过的买卖，想人肉吃的法儿。"向后天转化即为妖，消耗生命即吃人肉。三藏道："你师兄常时也看得不差，既这等说，不要管他，我们去罢。"识神听从元神主导，不加干扰，不自主，自然无事，魔从何来？故行者大喜道："好了，师父是有命的了"。那怪恨道："那唐僧乃童身修行，一点元阳未泄，正欲拿他去配合，成太乙金仙。"修持者此刻已是元婴成体，如果配合空性修持，则成太乙金仙，但此刻后天之识依然很强，若以此后天之识配合先天元婴而生成仙做佛想，实为妄想，修持者不可不察，不可不防。先天元婴与空性觉慧相合，其成就即太乙金仙，这也是金丹大道的终极理想，如同佛家成就佛果。若以后天神识与先天元婴相合则为魔障，可见性功修持的核心是佛性觉慧的呈现。妖怪道："你放着活人的性命还不救，昧心拜佛取何经？"言取经之真义在于使后天生命得以解脱。前者唐僧思乡是旧识未断，当下识神兴起，便受其控，故唐僧叫行者"快去救他下来，强似取经拜佛"，修持真正的价值就在救人性命，但此性命非后天人身之性命，是在对本心的顺应里和展现里，更不在文字义理里，但要明理才能救性命，不辨真假，不明理法，只以善念为主，则难成正果，故行者道："师父要善将起来，就没药医。"唐僧叫八戒救下妖怪，喻后天之识与后天元精造就了后面寺中以色欲勾引僧人、吃人的女妖的出现。行者道："我笑你，时来逢好友，运去遇佳人。"时来即返本还元之机，自有元神相助，为好友。顺行造化为运去，落入后天自然阴阳两分之境，才会有佳人相遇。三藏下马前走，喻愿力理想失去了专注持久的品质，走不了多远。"沙僧挑担"，担子原本由八戒挑，现由沙僧挑，运行变得负重难行。"八戒牵着空马"，意马本应由大愿驾驭，现在却由元精本能支配。"行者拿着棒，引着女子"，喻元神只能引导识神。这样的修持状态持续下去必生魔难，故"不上二三十里，天色将晚，又见一座楼台殿阁"。喻修持空性之境，但能达此境的修持者极少。许多禅修者误入顽空之境，故唐僧进院见到一幅凋零倾颓之象。早期丹道修持修成元婴脱离人身就算功成，不重心性觉慧的开发，此寺前院破败之象就是对此以象喻之。后期紫阳真人援禅入道，完成了性命双修的建构，经过历代祖师的实践，圆融成就了金丹大道，故此寺后院齐整，喻将佛法、禅法引入，完成弥补性功修持的不足，此以象喻之。后天人身的存在状态更加苦楚，故三藏在二层门内见到“止有一口铜钟，扎在地下”，铜钟喻后天人身，言此身为道器，修道、弘道皆赖此身。“上边被雨淋白”，上边喻心神。“雨”即语，是言先无灵觉被后天的观念知识之语浸染变色。“下边是土气上的铜青”。“下边”喻命体。“土气”喻后天运化，是言先天灵能被后天运化运行所锈蚀。三藏对钟感叹道：“不知化铜的道人归何处，铸铜的匠作那边存。”“铜”即同，古有《参同契》，同喻之道。“化铜的道人”，喻寻道之人。“铸铜匠作”，喻修道之人。“想他二命归阴府，他无踪迹你无声”，言寻道、修道之人都消亡了，空留此人身。“无声”没有什么价值。“有一个侍奉香火的道人，他听见人语，扒起来”，喻所幸天地之间道脉不绝，总有奉道之人。若知世间有人愿意修道，必来接引，故道人“拾一块断砖，照钟上打将去”，砖即传，是言将重新拾起截断的道脉，使之接续传承下去，还是由此人身修起。《西游记》作者便是那侍奉香火的道人，《西游记》便是那块撞钟的断砖。不知能唤醒几位读者。“那钟当的响了一声，把个长老唬了一跌”，若执着后天人身的反应，必然生错而跌倒。“又绊着树根，扑的又是一跌”，若执着术法，即是法执也是错行，故而跌倒。长老道：“想是西天路上无人到，日久多年变做精”，言不明理盲修瞎炼，反成精怪。道人领三藏进入三层门，三藏问道：“你这前边十分狼狈，后边这等齐整何也？”“把前边这破房都舍与强人安歇，从新另化了些施主，盖得一所寺院”，前院喻不明空性之境，后院喻真空之境。佛家修持重视出世之法，与道家重视命身之修有所不同。“舍与强人”，喻远离幻有之境。“另盖寺院”，喻修持出世真空之法。但佛家修持也离不开现世红尘，故言“清混各一，这是西方的事情”。这也预示着修持者后天境界的修持将要完成而进入先天境界的修持。当下之境只是其先兆和魔境，过得此关才能进入法界修持，故三藏见山门上名：“镇海禅林寺”。镇即真金，喻本心永恒之性。直指人心，见性成佛，故修持之法非禅法不可，故为禅林寺，即禅临寺。禅法以修持空性为本，三藏见寺中为喇嘛僧，是言此时的修法不同于往前。喇嘛僧见三藏，“满面笑唏唏的与他捻手，捻脚，摸他鼻子，揪他耳朵，以示亲近之意”，喻禅法修持是接引上等根器之人，此刻三藏命胎已结，元婴健壮，自然是上根之人，自然可以修持禅法，故喇嘛僧见了欢喜。住持道：“像你这个单身，生得娇嫩，那里像个取经的”，是明示仅凭修持大愿是不能完成修持的，更无缘修持禅法，故而三藏随即说出还有三个徒弟。此三者对于修持禅法也非常重要，故喇嘛僧叫：“快去请将进来。”小僧见兄弟三人害怕是因为修持禅法与丹道修持不同，故不知不识此三者。行者叫八戒“把那丑且略收拾收拾”，喻水火济既之法可以暂放。

“积功须在慈悲念”，功德的积累在于心念的转换，凡事以慈悲为怀即是积德。“佛法兴时僧赞僧”，修持的不同阶段就会有不同的方法，但都是为了最终的成功，各见其善，故为“僧赞僧”。

第八十一回

镇海寺心猿知怪　黑松林三众寻师

丹旨：上一回，唐僧因不知涵养元婴的后续功程，故而生出有路无路之惑，进而生出思乡之情，实为退转之意，进退忧疑，实乃懈怠之状，但究其本质，是不知修持空性所致。修持者若以后天之识修持空性，必生磨难，故在黑松林救下代表空性魔相的金鼻白毛老鼠精。于是师徒便进入镇海禅林寺，喻以禅修之法修持空性之境。这一回，寺中喇嘛不知如何安排唐僧带来的女施主，喻以后天之识修持的空性为假，非禅法所修证的空性。孙悟空讲述了金蝉子因不听佛法被贬下界成为唐僧的因缘，表明此刻修持者已经具备了觉察和知晓先天落入后天的根本原因，这是道体命胎本具的觉察之能，但不知道返还理法则仍处于后天之境，必生磨难，故此难实质是不知如何修证空性之难。孙悟空言唐僧该有这三日之病，虽知病因，但还要从生发之处下手解决，故三众又回到黑松林寻妖。故本回丹旨为：顽空。

释意：师徒进入镇海禅林寺，喻以禅法修持空性。众僧围观师徒，“一则是问唐僧取经来历”，喻空性修持以无为而修，但还是要以有为之法为基础，以命胎坚固为根基“二则是贪看那女子”，姹女喻空性，但此刻已落入后天为顽空枯禅之魔相，故为妖精。禅僧以修空性为本，自然要看，但不辨真假便为贪看。院主不知如何安排女子，喻以后天之识修证的所谓空性为假为幻，非禅法所修证的空性，自然在禅堂无处安放。三藏道：“是我发菩提心，将他救了。”喻为那些命胎修持完结者指出继续的方向，即以心性修持完成佛性觉慧的开发，将修持者从有为的炼丹之法中解脱出来，开启心性修持的无为之法，也不可以后天之识修证空性。院主道：“请他到天王殿里，就在天王爷身后安排个草铺，教他睡罢。”天王爷喻后天之意，“睡在身后草铺上”喻先天空性落入后天意识之象，即昏沉之象，故第二天三藏便“头悬眼胀，浑身皮骨皆疼”，元婴受损，清净之体随之而动，故“身上有些发热”。八戒说是伤食了，言是运化不调为命体之事，行者喝道：“胡说”否定了此因。三藏道：“不曾戴帽子”，喻不知守护心神凝定，“想是风吹了”，喻心神随外境而动，是心性妄动之事，故行者道：“这还说得是。”唐僧病了三日，女妖三日内吃了六个人，为坤卦之象，喻心神妄动之极，若不能阻止，必害命胎而前功尽毁，故三藏修书与唐王道：“有经无命空劳碌，启奏当今别遣人”，明示心性的修持必须以命功为基础。世间许多禅修者不修命功只修空性，空耗一生，即“有经无命空劳碌”，还是要换另一种修持方式，即“别遣人”。金丹大道认为空性的修持是元婴层面之事，以后天身心为基础是无法修证先天空寂之性的。能够阻止这个趋势发展的唯有修持者的元神灵觉，故行者道：“你若是病重，要死要活，只消问我，我老孙自有个本事，问道：那个阎王敢起心？”言元神主生，修持者只要守持住元神而修就是根本保证。“师父是我佛如来第二个徒弟，原叫做金禅长老，只因他轻慢佛法，该有这场大难”，喻由先天乾坤变后天坎离的过程。西天佛祖以坤卦象之。“金蝉”，金喻本心，蝉即禅，禅言其境，故以坤卦中间阴爻象之，喻虚极空寂之性，故为二徒弟。“轻慢佛法”，即不重视空性之修则本心昏昧落入后天，此为大难。“贬回东土”，坤卦中间的阴爻即金蝉长老进入代表东方生机的道炁的乾卦之中，乾卦的第二根阳爻被置换为阴爻，于是先天乾卦就变为后天离卦。佛祖造经，即乾卦中的阳爻进入坤卦第二爻，成为坎卦。至此先天乾坤变为后天坎离，修持就是要将这个运行趋势翻转过来，即由后天返先天，由坎离复归乾坤，这个逆返的过程丹道称为“抽坎填离”，也就是唐僧取经的过程。所以坎离中间的阴阳二爻要回归到乾坤中，坎卦中的阳爻代表真经要流传东土，即三藏将佛经取回大唐，复归乾卦。离卦中的阴爻代表三藏变成的金蝉，所以必须回归西天，复归坤卦。俗语有“金蝉脱壳”，就是喻此破除局限获得新生的过程，故称金蝉长老。因不修空性就没有佛性觉慧，致使落入后天之境而生昏昧，故言：“该有这场大难。”行者道：“老师父不曾听佛讲法，打了一盹，往下一失，左脚下躧了一粒米，下界来，该有这三日病。”佛所讲之法，即以智慧觉照真精一炁的生化之法。因为不遵佛法而昏昧落入后天，左为阳“左脚下躧”喻真阳之气失落。“一粒米”即一粒黍米，丹道中将虚空之中的晶莹光点称为一粒黍米，此为先天一炁之初象。“下界来”，即先天落入后天，先天灵能转化为后天元精。“三日病”，三日即乾卦之象，言乾卦破损，以病象喻之。随即八戒惊道：“像老猪吃东西，泼泼撒撒的也不知害多少年代病是！”是喻元精再度向后天精血转化之象。行者道：“佛不与你众生为念”，言佛为先天觉慧，不会受后天神识影响。这一段将修持的本质含义，内在因果关系以及基本策略，借三藏生病之事，喻之详细。涉及许多根本问题与核心理念，话题非常多，对此更深入全面的讨论留在《西游道论》中展开。

行者一番明察与讲述，是明理之功，故三藏理悟，欲以言说却无实证，故“咽喉里十分作渴”，喻理悟还需命水周流滋养，故要凉水吃。有此基础，有了修证才能言之凿凿，故行者道：“师父要水吃，便是好了。”此水乃天一之水，为先天一炁，故必由先天元神获取，故行者道：“等我取水去。”行者取水时听说妖精吃了六个人，“又惊又喜”，修持过程中出现的各种问题正是我们转化的契机。惊者，惊讶自己竟有如此错误而浑然不觉。喜者，今日有悟，便是良机。故言：“必定是妖魔在此伤人也，等我与你剿除。”

众僧自述修持道：“愿悟顽空与色空”，“入定蒲团上，牢关月下门”，“也不会伏虎，也不会降龙，也不识的怪，也不识的精”，皆是枯禅之境。若以此修持必然导致“一则堕落我众生轮回，二则灭抹了这禅林古迹，三则如来会上全没半点儿光辉”，后果很严重，故行者闻听后“怒从心上起，恶向胆边生，高叫一声，你这众和尚好呆”。这是作者大骂独守枯禅与顽空之境的修持者“好呆”。此为禅修之弊，非真禅境，不可错修。禅修者要保持灵明觉性，故行者说出自家的行止，是言元神的妙用。这才是真空之境。三藏吃了凉水：“渴时一滴如甘露，药到真方病即除。”此凉水为先天元神将虚无空寂之中生出的先天一炁引入后天人身成为甘露，是为大药，故三藏道：“这凉水就是灵丹一般，这病儿减了一半，有汤饭也吃得些。”此为养命之水，补胎之药，故此言减了一半。身病已治，心病未除，故行者要去捉妖。

行者见“那殿里暗暗的”，喻幻空枯禅之象。“他就吹出真火点起琉璃”，喻以神意之明破除顽空暗境。妖精到时一阵风响“黑雾遮天暗，愁云照地昏，四方如泼黑，一派靛妆浑。”这是对幻空之境的形象描写。“那风才过处，猛闻得，兰麝香熏，环佩声响，却是一个美貌佳人，径上佛殿”，许多修持者分不清幻空与真空的区别，常常陷入幻空之境中，误认幻空为真空，将妖精视作美貌佳人。妖精要引诱行者交欢，喻将元神引入幻空之境。行者与妖精争斗，喻以灵明觉性破除幻空之境。妖精“将左脚上花鞋脱下来，吹口仙气，念个咒语，叫一声变就变做本身模样，使两口剑舞将来”。左为阳，花即转化，鞋即邪，是言将阳气消耗转化为邪魔之象，至顽空之境，而生邪见，故将唐僧摄到陷空山无底洞，喻陷入顽空之山，坠入无底深渊，难有出期。沙僧道：“待天明和你同心戮力寻师也。”喻先要坚固命胎才能脱离幻空之境。行者要回到黑松林处去寻妖。黑松林喻唐僧心生迷茫、懈怠而思退转之处。虽然此处无妖，但当下之意的土地、山神却知妖精住处，言迷茫之意、懈怠之情、退转之心会导致修持者陷入顽空之境，故言：“妖精不在小神山上，不伏小神管辖，……那妖精摄你师父去在那正南下，离此有千里之遥，那厢有座山，唤做陷空山。山中有个洞，叫做无底洞。那山里妖精到此变化摄去也。”正南下即后天神识之境，喻以后天神识修证空性所造成的幻空之境。文中描写陷空山景色险峻而令人悚惧是喻此幻空之险象。行者道：“沙僧，我和你且在此，着八戒先下山凹里打听打听”，喻修持者元精充盈自然容易觉察到顽空状态的发生，故八戒道：“不要嚷，等我去。”修持者若能保持灵明觉性，自然可破除枯禅幻空之境，这便是行者镇海禅林寺祛除女妖之喻。而顽空之境产生的原因则是修持者的迷茫之意、懈怠之情和退转之心，根除的办法就是消除这些消极因素，故行者要到黑松林寻妖。

第八十二回

姹女求阳　元神护道

丹旨：上一回，唐僧在镇海禅林寺生病三日，孙悟空讲述了金蝉子不听佛法被贬的因果，明示修持者若不修持空性，虽有命胎凝结，阳神复生，元婴道体的基础，依然会因为觉慧不足而再度落入后天之境，所以阳神初显、元婴体成之时不能懈怠，要立刻进入空性修持，反之则魔性必生，除魔也要由此下手，故三兄弟到黑松林寻妖。镇海寺喻以后天之识修持空性之境。寺内破败之象，喻落入顽空之境，黑松林喻昏昧之境。这一回，只弟三个来到陷空山无底洞，喻解空之境。当真空之性落入到后天认知层面，通过理解、认知将空性讲得头头是道、似是而非的状态即为解空。元婴与真空之性相合是必然，而解空是真空之性的魔象，但也受此趋势支配，喻以后天解空之性配合元婴道体，故女妖欲在洞中与唐僧成亲，必伤命胎，使之再度落入后天之境，故唐僧道："永世不得翻身。"而元神灵明觉察知此解空非真空之性，故与唐僧设计破此亲事。故本回丹旨为：解空。

释意：姹女即修持者于虚极空寂之境而生出的灵明空性，是心神凝定之象，与一炁凝定而成的命胎婴儿为一对阴阳，为体用关系。两者相合是必然，融合为一体为阳神成就之初基，故言"姹女求阳"。这是由返本还元的运行趋势所决定的。但姹女易变，呈现出不同的异象，为妖象，这就需要灵明觉性即元神的分辨、清理、调和与融合，故为"元神护道"。

在禅寺中破除了顽空，但空性的另一重魔相还未消除，故妖怪摄走了唐僧。所以行者、八戒、沙僧离了禅寺来到陷空山无底洞。陷空山，喻空性落入到后天认知层面，表现为解空状态，即修持者通过理解和认知理解空性，讲得头头是道，似是而非，但无实证，实为幻空，为解悟之怪。小说中将此怪称为色空，此解空似真实假，是导致顽空之境产生的根本原因，故女怪住在陷空山无底洞。而三兄弟也寻到这本源之处。八戒“见二个女怪，在那井上打水”，井喻坎卦，两个女怪为上下之阴爻，井中水为中间阳爻。“打水”为将中间之水抽出，即抽坎之象，其丹道含义是通过培养充盈后天精气，发现驾驭后天精气中蕴含的先天灵觉之性。许多将修持者不知从后天精气的涵养过程中逐步觉察先天灵性，将后天精气视为杂质为妖怪而摒弃，故“呆子，走近前叫声妖怪”，不明此理则为呆子。“那怪闻言大怒，抡起抬水的杠子劈头就打”，抬水的扛子，喻抽坎的方法。抽坎之功宜缓不宜急，故行者教育八戒道：“温柔天下去得，刚强寸步难移”，喻渐修渐证，灵性渐明，昏昧顽空渐除渐息。行者道：“杨木性格甚软，易雕圣像，受了多少无量之福。檀木性格刚强，使铁箍箍了头，又使铁锤往下打，只因刚强，所以受此苦楚。”明示修持者应持有的心态策略，勿急躁，不用强，顺势而为。八戒：“把钉钯撒在腰里，变做个黑胖和尚，走近怪前”带上钉钯喻元精的涵养充盈有了保障，便可觉察到灵性，故而八戒再去打探觉察灵性的存在与状态。八戒与妖精说顺口话儿，是顺其所欲、渐次导之的修持策略，自然能打探出底细。妖怪道：“我家老夫人今夜里摄了一个唐僧在洞内，要管待他。我洞中水不干净，差我两个来此打这阴阳交媾的好水，与唐僧吃了，晚间要成亲哩。”八戒得知成亲之事，喻先天命胎元婴在后天解空之性的引导下将会向后天转化，凝结之象将向散乱之象发展，故八戒回来便要散伙分行李。两个抬水女怪代表后天精气，修持者通过对后天精气的涵养和炼化可以逐渐发现其内在主导即先无灵性，故行者道：“我们跟着那两个女怪，做个引子，引到那门前，一齐下手。”两个女妖忽然不见了，八戒惊道：“师父是日里鬼拿去了”，此为离卦之象，上下两爻为阳爻，为日，中间的一阴爻为鬼，故称“日里鬼”。金蝉子为一根阳爻，被抽出填入上下两个阴爻中间，成为后天离卦之象，为唐僧，故行者道：“好眼力。”陷空山无底洞之名已经说明了此难的性质，真正的空性是先天、圆满、净明、灵慧之境。许多修持者从后天认知的角度去理解先天空性，首先是不可能的，其次是必然陷入假空、幻空、顽空、解空之境，以为一念不起，一片死寂为空性，若陷此境则永无出期。

三兄弟见到“有一座玲珑剔透的细妆花、堆五采、三檐四簇的牌楼”，喻后天繁华之境，此境生成后天之识，故见“山脚下有一块大石，约有十余里方圆。正中间有缸口大的一个洞儿，爬得光溜溜的”。“大石”即后天之识，以此修证空性，所呈现出的后天之象，为假为幻，故为妖洞，即识洞。行者见洞道：“深啊，周围有三百余里深。”是以元神之灵明分辨觉察其象。在此幻空、顽空之境，元精无法生发，故八戒要退回。于是行者道：“莫生懒惰意，休起怠荒心。”可见此境是由懈怠之心而起。“且将行李卸下，把马拴在牌楼柱上”，喻破除顽空，先行修止之功。把马拴柱上，即修持止法，喻将注意力集中在一处，常见之法有守窍、抱一、守中等，使此境不再继续发展，如此后天元精元气就不再随之发展，而成为守护之力，故“你使钉钯，沙僧使杖，拦住洞门”。最终还是要依靠修持者的灵明觉性破除魔相，故行者道：“让我进去打听打听。”行者入洞，“那里边明明朗朗，一般的有日色，有风声又有花草果木”喻此幻空之境的幻象。女怪为空性在后天之境所呈现的魔相，故女怪居住于此。行者喜道：“好去处啊！想老孙出世，天赐与水帘洞，这里也是个洞天福地！”行者赞其虚空本质是修持之地，故为洞天福地。行者见女怪“比在松林里救他，寺里拿他，便是不同，越发打扮得俊了。”松林里喻空性完全落入后天之境，成为迷茫、懈怠、退转之态，为状态之空，故要救她。镇海禅寺喻空性落入顽空，为境界之空，伤生害命，故要拿他。陷空山内喻此空性落入后天认知层面，表现为解空。许多修持者通过理解、认知将空性讲得头头是道，似是而非，故言“越发打扮得俊了”。但并无实证，实为幻空、为解空之怪，故依然是妖。将此解空之性配合命胎元婴，故妖怪言：“我与唐僧哥哥吃了成亲。”行者对唐僧道：“那怪精安排筵宴，与你吃了成亲哩，或生下一男半女，也是你和尚之后代。”解空虽为幻空，但是对处于后天境界的修持者也还是有价值的，毕竟还要通过语言文字宣讲，使修持者明其理再证其真，故言为“和尚之后代”。但是真实的修证若如此便是退转，故唐僧道：“我若把真阳丧了。”喻命胎散乱向后天转化，则再度沉沦，故言：“我就身堕轮回，打在那阴山背后永世不得翻身！”行者道：“他这洞，是打上头往下钻。”喻先天落入后天。“如今救了你，要打底下往上钻”，喻后天返先天，“若是造化低了，钻不着，还是个闷杀的日子了”，喻返本还元之难。行者与唐僧定计，是元神识神协同。妖怪叫唐僧，喻以此解空合命胎。解空是对外而言，其本质是虚空本寂之性，此两者必须明辨，故言："不知此时正是危急存亡之秋，万分出于无奈，虽是外有所答，其实内无所欲。"这便是大火候。女怪请唐僧喝交欢酒，酒即就，为完成结就之意。素酒喻返本还元之功结就。荤酒喻顺行造化之势完成。故三藏心中暗祝"此酒果是素酒，弟子勉强吃了，还得见佛成功；若是荤酒，破了弟子之戒，永堕轮回之苦！"行者"他知师父平时好吃葡萄做的素酒"，怪为后天认知层面的解空之怪，自然知道素酒的含义，故所备之酒为素酒。女怪将素酒中行者变的小虫弹出，喻解空者不识真性，非真慧，无法转化只以后天解空为真，故行者"见事不谐，料难入他腹"。行者变做恶老鹰掀翻一桌素席，"椒姜辛辣般般美，咸淡调和色色平"，喻解空者还是以各色名相而解空。行者将其掀翻是明示修持者不可执着名相，更不可以名相解空，名相依旧是后天之境，故言："想必是我把唐僧困住，天地不容，故降此物。"元婴必须与先天真空之性相合，非后天之境的天地所能容纳的。行者与唐僧再次定计引女怪吃桃，行者入其腹。行者道："等我捣破她的皮袋，扯断她的肝肠，弄死她，你就脱身了。"吃桃喻养心炼心之功，不再执着外相。外相即"捣破皮袋，扯断肝肠"，自然解脱。女怪喊三藏为"妙人哥哥"，喻元婴之妙。女怪与唐僧共游花园，花园景色繁华，依然是喻各自名相纷纷之态。"忽抬头到了桃树林也"，喻不留恋名相外景而以炼心为上，故"行者把师父头上一掐，那长老就知"。行者"变作个红桃儿"，喻元神即此本心灵觉。三藏问女怪："怎么这桃树上果子青红不一，何也？"是言心本为一，却为何生出分别之象。女怪道："此阴阳之道理也"，言先天本心是一，落入后天之境而生阴阳，而成人心，分别心自生。三藏道："谢娘子指教，其实贫僧不知。"元婴为先天之体，故与之对应的是先天一体本心，自然不知后天分别之心。"请吃这个红桃"，红桃喻本心纯熟，是明示要参修本心才是根本，故行者立刻钻入女怪之腹，喻心神主导才能降伏解空之怪。

正是："心猿里应降邪怪"，言内修本心灵觉空性，能破除各种妄动凡心。"土木司门接圣僧"，言外炼精气接引，护持灵性。

第八十三回

心猿识得丹头　姹女还归本性

丹旨：上一回，兄弟三个来到陷空山无底洞，喻解空之假对修持者所造成的伤害。若以此解空假性与元婴相合，即女妖要在洞中与唐僧成亲，伤害命胎，使之再度落入后天，故唐僧言将永世不得翻身，所以行者与唐僧设计破此趋势。这一回，行者与女妖争斗，喻以先天灵觉驾驭炁机之真破除解空之假。八戒沙僧助战忘记保护唐僧，是命体松动散乱之象，故女妖再度摄走唐僧。行者入洞见到天王的牌位，喻此解空之性的根源是后天意识，故行者上天宫告状。此刻修持者的元神与识神相互配合默契，故玉帝准天王和哪吒协助大圣降妖。此解空之性对于修持者的后天认知还是有价值的，故天王不同意打死女妖，将其带回天宫"听候发落"，喻为后天神识所用。故本回丹旨为：意根。

释意：行者从女怪口中跳出与他争斗，"举起棒来就打"，喻以炁机之真破解空之假。"那妖精也随手取出两口宝剑，叮当架住"，两口宝剑喻后天知见。"一个是天生猴属心猿体"，心猿体即本心原本之体，为先天灵觉。"要战纯阴结圣胎"，纯阴即后天知见，圣胎是由丹炁凝结的命胎和先天本心的空性觉慧共同构成，而妖精则代表了后天之性，必须消除才能结圣胎。"一个是地产精灵姹女骸"，是言先天空性落入后天之境中产生的魔相。"要取元阳成配偶"，以后天解空之性配合先天命胎。八戒见他俩赌斗道："才子在他肚里轮起拳来，送他个满肚红，扒开肚皮钻出来却不了帐。"后天知见还是有存在价值的，毕竟处于后天之境的修持者还需要后天知见的理解和认知才能明理，走上修持之路，不能随意了帐，只可降伏，故言："怎么又从他口里出来，却与他争战，让他这等猖狂！”佛性觉慧还需要借助后天之口进行宣讲传播，但口中所言与佛性觉慧是有着差异的，因为后天的局限性，后天的理解讲述无法完整传递全部真理、真相，还需要觉慧的灵明之性对其校正，即与他争战。八戒、沙僧上前助战是命体松动之象，故言“他两个不顾师父”，喻修持者不可执着理念分辨，由此将引发心神外驰命体散乱，要时刻保持凝定泰然的状态，反之，必受其害，故妖精再度摄走唐僧，故行者骂道：“你这两个呆子，看着师父罢了，谁要你来帮甚么功。”行者吩咐道：“你两个没了行李、马匹耽心，却好生把守洞口。”行李即修行之理，马匹为修持的意志品质，是叫修持者放下有为之法，无为而修。所以行者也是“转身跳入里面，不施变化，就将本身法相”，喻以无为之心才能是真空之性，故妖洞之中“那里边静悄悄，全无人迹”，喻心息则妖伏，心静方能明察，故行者见到被妖精供奉的李天王和哪吒的牌位。李天王代表后天之意，哪吒代表六根六识之能。妖怪为李天王的恩女，是喻先天空性觉慧落入后天，借助后天意识而生出的各种解空知见与顽空之境，故言为结拜之恩女。

行者出洞指着牌位道：“不问他要人，却问谁要人？”言后天意识是问题出现的根本，解决问题自然要从此处下手，故行者要上天宫告御状。行者状言：“闺门不谨，走出亲女，在下方陷空山无底洞变化妖邪，迷害人命无数。”明示了问题的出现是因为从后天知见的角度去理解认知空性，在境界修证的管理方面表现出的无知和放纵，故言“纵女氏成精害众”。解决办法是：“行拘至案，收邪救师。”故八戒、沙僧闻其言十分欢喜道：“哥啊，告的有理，必得上风”言终于抓到了问题的根本。

行者来到天庭，“将牌位香炉放下，朝上礼毕，将状子呈上”，此刻已不是大闹天宫的样子。玉帝即欲帝，代表人的后天识神，行者为先天元神，喻修持事要元神、识神和谐共修才能完成。玉帝“宣太白金星领旨到云楼宫，宣托塔天王见驾”，太白金星为后天生命中的一点先天灵明之意，故他可以在代表后天之意的天王与代表先元神的行者之中调和沟通。后天识神配合先天元神，即玉帝准了状子。接下来就是要协调后天意识，故玉帝又吩咐道：“原告也去。”天王想将行者捆了，喻后天意识顽固，执念重，不愿服从先天元神的支配，后天意识也是扼杀先天元神的主导者，故天王怒捆了行者，还要用刀砍。行者道：“老孙的买卖，原是这等做的，一定先输后赢。”在后天为输，返先天为赢，后天返先天即一定先输后赢。妖精借助后天意识化身为妖，但其做乱还是依靠后天六根六识之能，故哪吒记得女妖的存在，于是能出面阻止天王，并讲述了妖精的身世。妖精的三个名字代表着它的本质及异化的因果，前面已解，不再重复。金星两方调和，是以灵明之性沟通神意，先天元神与后天意识达成共识，自然天王和哪吒协力相助行者捉妖。

"那些神将，风滚滚，雾腾腾，接住大圣，一齐坠下云头，早到了陷空山上"，八戒为后天元精，是后天意识之体，但却受其支配，故"呆子迎着天王施礼"，"孙大圣和太子同领着兵将下去"，喻元神引导六根六识觉察发现问题，即寻找妖精。天王道："我们三人站在口上把守"，喻后天意识、元精和元气守持住运行趋势、运化模式，"教他上天无路，入地无门，才显些些手段"，言如此修持才是真手段。妖精当然无处可逃而被捉。沙僧、八戒要碎剐那老妖，是言要彻底消除解空之妖对元精、元气的影响，但此妖对于处在后天之境的修持者了解、理解空性还是有一定作用的，故天王道："他是奉玉旨拿的，轻易不得，我们还要去回旨哩！"喻后天识神还需要通过他做理论宣传普及的工作，只要善加管理即可，即"听候发落"。

第八十四回

难灭伽持圆大觉　法王成正体天然

丹旨： 上一回，孙悟空从天宫请来托塔天王和哪吒降伏了陷空山无底洞的姹女之魔相金鼻白毛老鼠精，喻修持者消除了状态之幻空、境界之顽空、知见之解空。随后开始修持法空，此刻心性修持当以无为之法为主，许多修持者将无为法视为不为、放弃、否定一切方法，故这一回，灭法国国王要杀一万个和尚。师徒穿俗衣入店，是喻和光混俗，在红尘中历练。行者用金箍棒化作剃刀，将一国人剃成光头，是喻万法皆空，明示无为法的本质是一炁运用。三藏将灭法国改名钦法国，是告诫修持者对修法应持有的态度，有为无为，皆是应机而为。故本回丹旨为：法空。

释意：“三藏固住元阳”，喻命胎坚固。“出离了烟花苦套”，喻指脱离了后天之境的局限。“不觉夏时，正值那熏风初动，梅雨丝丝”，对夏日风景的赞诗是对命胎元婴涵养、生机旺盛之象的描述。这一切自然天成，无须着力，暗喻无为之法的作用。“师徒四众，耽炎受热”，对此自然而然之境不是主动相合而是被动承受，于是就将无为异化为不为之心，即将一切修持之法视为无用，加以否定和摒弃，这是对无为之法的邪见，修持者当静观觉察，故观音菩萨变化而来提醒师徒。“柳阴下走出一个老母，右手下挽着一个小孩儿”，老母即此刻修持者静观无为空性，“小孩儿”喻命胎元婴，故由善财童子所变。此象明示修持者无为空性对元婴命胎的守护引领作用，若只有老阴则不能化育，便是将无为错认为不为，故高叫道：“那里去有五六里远，乃是灭法国。”灭法国就是修持者生起的不为之心境。“二年前许下一个罗天大愿，要杀一万个和尚，只要等四个有名的和尚，凑成一万，好做圆满哩。”

杀一万喻灭万法而不为。“做圆满”，即把不为当作无为，以此为圆满。对此警示修持者应当“深感盛情，感谢不尽”故三藏感谢后又道：“我贫僧转过去罢”，喻回避此问题。老母笑道：“转不过去，只除是会飞的，就过去了也”，喻渐修者必须经过此关，除非顿修而成。八戒道：“我们都会飞哩”，是言具有顿修的基础，但转化报身还是要渐修。行者认得是观音菩萨，倒身下拜，是言灵明觉性还要以静观密察为引导。有为法多以元精、元气的修持为主，故八戒、沙僧忧虑道：“要杀和尚，我等怎生奈何？”行者道：“此间乃是一国凡人，有何惧哉？”凡人世界颠倒迷乱，最易使修持者迷失，此便是杀和尚，但对于坚定的修持者反而可以成为炼心的道场，何惧之有。“待老孙变化了，去那城中看看，寻一条僻路，连夜去也”，灵明觉察随机应变，是修持者应该具有的品质。三藏叮嘱：“莫当小可，王法不容。”言心性修持事关重大要认真对待。行者跳在空中，“上面无绳扯，下头没棍撑，一般同父母，他便骨头轻”，此喻无为之法象，喻没有任何牵挂，不凭一物。

“只见那城中喜气冲融，祥光荡漾”，灭法国的本质是无为之境，因为偏见国王要灭法，但终是空性的展现，故有喜气祥光。对街景的描写由“十字街灯光灿烂……一轮明月上东方”，由十至一，喻万法归一之象。性灵炯炯、独映万象，此为真空之境，为修持者所修之境，故行者变“扑灯蛾儿，飞向六市三街”。“扑灯蛾”喻修持者舍生忘死而奔赴光明。行者见店家灯笼上写着“安歇往来商贾”，喻修持有为之法者，达此境当暂时安歇放下。有为之法，即水火抟炼之法，故此店为“王小二店”，喻阴阳之境。行者“要偷他的衣服、头巾，装做俗人进城”，明示了修持策略是和光混俗。命功修持要专修精进，需要一定的安静封闭的环境，减少外界的干扰，以期在较短的时间内完成命胎的凝结，这个时间大约是三年，但是性功的修持则与之相反，要在红尘中历练，一切外境都将成为调伏心性的考验。红尘中历练就要混同于其中，不要标榜，不要脱俗，这既是修持者特性所决定的，也是对修持者的一种保护，故古人云：全凭心意用功夫，只于自家心头默默而为。对境炼心，不执一时一事一法，真常应物，应物而不迷，这就是无为心了。店小二吩咐道：“列位官人，仔细些。我这里君子小人不同，各人的衣物、行李都要小心着。”明示修持者红尘炼心时要觉察体会世间一切。“衣物”喻世人所依靠凭借之物。“行李”即世人行为规范、世间礼法，对人情事物都要“小心着”，既要明察也不受其影响，更能借此炼心。“那王小二真个把些衣物之类，尽情都搬进他屋里去了”，喻修持就是要先将万物万事万象逆返还元收归回到阴阳之境。“那王小二有个婆子”，喻阴阳相推而生的灵明之性，故“带了两个孩子，哇哇聒噪，急忙不睡”，喻阴阳相推永不停息，故言不睡。“那婆子又拿了一件破衣，补补纳纳，也不见睡”，喻借此后天灵明弥补后天之残破。故行者暗想：“若等这婆子睡了下手，却不误了师父？”行者将灯扑灭，是以先天灵明灭后天之识明。“他又摇身一变，变作个老鼠”，喻后天之识明既灭，先天真阳便生，老鼠喻一阳复生。“叫了两声，跳下来，拿着衣服、头巾，往外就走”，喻先天一炁的生发将带动后天的事物理法向先天转化。世人不识此真义，以为是精怪，故称“夜耗子成精”。为警醒世人，行者厉声高叫道：“明人不做暗事，吾乃齐天大圣临凡。”知此理法而运用于修持，就是大圣临凡，以先天救后天。

行者对三藏道：“眼下就都要做俗人哩。”明示修持者功行至此要和光混俗。行者道：“虽是国王无道杀僧”，喻要废除和否定修持方法的作用，但其本质是要修持者以无为而修，只是落入后天之识，成为灭法邪见，故行者言：“却倒是个真天子，城头上有祥光喜气。”行者为本心灵明，修心自然无为，故言：“城中的街道，我也认得，这里的乡谈我也省得，会说。”无为之法没有固定的形式，是借境炼心，随机应变，但本心不变不动，故“却才在店内借了这几件衣服、头巾，我们且扮作俗人，进城借宿，至四更天就起来，教店家安排了斋吃，捱到五更时候，挨城门而去，奔大路西行”。喻借红尘炼心性，功完后不恋红尘，继续前行。故言：“上邦钦差的，灭法王不敢阻滞，放我们来的。”行者道：“师父徒弟四个字儿且收起”，喻不执着修持名相。红尘炼心最为重要的是对修持者意志品质的考验，而龙马就代表着修持的品质，故言：“只说是贩马的客人，把这白马做一个样子。”是言以专注而持久的品质为标准。“临行时，等我拾块瓦碴儿，变块银子谢他，却就走路”，如此修持后天瓦碴就能变成先天银子，化腐朽为神奇。

师徒走进店里，“映月光齐齐坐下”，月光喻心性之光明，故“有人点上灯来，行者拦门，一口吹息道：这般月亮不用灯”，灯喻后天神识有限之明，明示修持者要以本心之光明来觉察，无须后天神识之明来分辨。行者道：“正是异姓同居”异姓即异性，修持之事便是将不同的因素抟炼在一处，聚而不散。妇人道："我唤做赵寡妇店。"妇人即后天之心性，赵即觉照，寡妇店喻独修心性之处。"我这里是上、中、下三样"，喻上、中、下三乘之法。"上样者，五果五菜的筵席，狮仙斗糖桌面，二位一张，请小娘儿来陪唱陪歇"，上样者喻上乘之法，"五果五菜"喻先天真意与后天意识贯通，即丹道所言"二土成圭"之意。"小娘儿"，喻后天神识，喻以神意相合为煅炼之法，为上乘之法。五为合和之数，故"每位该银五钱，连房钱在内"。"中样者，合盘桌儿，只是水果热酒，筛来凭自家猜枚行令，不用小娘儿，每位只该二钱银子"，水生之果为木，热酒暖心为金，是言中乘之法为金木交并之法。自行调控即自家猜枚行令，所以不需要后天神识辅助，故"不用小娘儿"，元神、元精二者，即二钱银子。"下样儿者，没有人伏侍，锅里有方便的饭，凭他怎么吃，吃饱了，拿个草儿，打个地铺，方便处睡觉，天光时凭赐几文饭钱，决不争竞"，喻下乘之法只以培补精气为重，只修命功，不修性功，故没人服侍。元精充盈复归先天一炁即天光时，经过返本还元的自然升华，还存留多少无法转化的后天精气即饭钱，便顺其自然，故"决不争竞"。八戒道："造化，老猪的买卖到了，等我看着锅吃饱了饭，灶门前睡他娘！"老猪吃饱即元精充盈。"灶门前睡"，喻凭神意之火自然炼化精气。行者为先天灵觉，自然要"把上样的安排将来"，喻要修上乘之法。此法是于杀机中求生机，故店家要杀鸡鸭。三藏欲求生机，当然不允，故行者道："今朝乃是庚申日当斋"，庚申为阳金，纯阳之金，代表心性的刚健肃杀、争强好胜的状态，故要斋戒。辛酉为阴金，纯阴之金，代表心性达到刚柔并济之境，故可以开斋，此为火候把握。行者不让请小娘儿陪，"一则斋戒日期，二则兄弟们未到，索性明日进来"，喻心性的调伏还未达到圆满之境，就不要让后天神识干扰，故赵寡妇道："好人，又不失了和气，又养了精神。"心性尚未调伏纯熟，不能完全和光混俗，易被人发现，故三藏担心被人认出。行者道："朱三官儿有些寒湿气"，喻元精不足。"沙四官儿有些漏肩风"，喻元气运化不稳。"唐大哥只要在黑处睡，我也有些羞明"，喻后天之识处于昏昧之中，先天灵觉还未彰显。店主道："止有一张大柜，不透风，又不透亮，住柜里睡去如何？"柜即圭，喻先天后天神意相合，谨慎守护，不可有一丝泄露分离，故行者叫："还替我们看看，那里透亮，使些纸糊糊。"寡妇道："忒小心了！"言修持者必当如此谨慎行持。

行者柜中算账："也有一本一利。"本喻命体，利喻觉慧，两者相全，故言："够了。""岂知他这店里走堂的、挑水的、烧火的，素与强盗一伙"，走堂、挑水、烧火，喻后天气、精、神。强盗喻戕害生命的后天运化状态。修持者红尘炼心就是在这样的状态中煅炼，故找来强盗将大柜抬走。唐僧道："是甚人抬着我们哩"，喻借此后天杀机而炼化生机，故行者道："莫嚷，等他抬，抬到西天，也省得走路"，喻借境炼心。

东城兵马司将贼赶走，喻生机已生之象。总兵灯下看马、赞马，是赞和光同尘的修持过程中真意之大用。行者将左臂毫毛变小行者，是明示修持者于毫末之处而保持觉察，右臂毫毛变瞌睡虫叫土地投放，喻抑制后天神识之动。再将金箍棒变千百个剃头刀，喻先天一炁的周流运化而除万法之象，万法皆空，是"得一万毕"之法，故言："将剃头刀总捻成真，依然认了本性，还是条金箍棒。"这才是真正的法王，灭掉一切法而进入无为法。无为才是道之本象，所以灭法是因为万法之本原是一体，法由心生，灭掉万法，真心自然显露，修持者就是要修到了无分别，故一国君臣皆是无发光头，喻万法尽灭。国王悔过，是言无为非不为，悟其本，得其一，而万法灭。

第八十五回

心猿妒木母　魔主计吞禅

丹旨： 上一回，师徒来到灭法国，喻破除法执而修无为之法。师徒穿俗衣进城，喻和光混俗，红尘历炼是无为之法的修持形式。行者用金箍棒变剃刀将一国之众剃成光头，喻万法皆空，其本质为一炁运化之机。这一回，师徒从柜中走出，走上金殿，喻静守规中是破除法执之法。孙悟空将灭法国改名钦法国，喻以灵明之性觉察妙有真空，要生敬心，不生灭心。心神心性的调伏最根本的障碍是后天报身的存在，故称为魔主。本回以豹子精之难喻此报身之患。食欲是报身最大之欲，对元精的影响最大，故行者以有人家蒸米饭引诱八戒进山与妖精见一仗，明示修持者不可因后天食欲落入后天之境，故还是二兄弟合力打败妖精。铁背苍狼向艾叶豹子精献分瓣梅花计，将唐僧擒入洞中，喻后天报身对修持，对生命造成的危害是逐渐产生的，故先是八戒中计，继而行者上当，沙僧被骗，唐僧被擒，这个顺序就是修持者落入后天之境的顺序，故本回丹旨为：报身。

释意： 早朝君臣相见，一夜都没了头发，此喻万法皆空之象。国王道："再不敢杀戮和尚也。"和尚喻以无为修持空性之法，不杀即改过，将"不为"改为"无为"。

总兵将大柜抬至殿前，八戒柜中道："但只免杀，就是无量之福。"言无为真空蕴含妙有，便是免杀。妙有为生生不息之大德，故言无量之福。国王命打开大柜，于是"八戒跳出，行者搀过唐僧，沙和尚搬出行李"。师徒走出的顺序便是真身逐渐呈现的次序。国王寻问为何藏身柜中，三藏道："因怕人识破原身。"喻世间之人以后天之识打破先天真身，落入后天，故言：

“怕”。柜中即规中，为玄牝，玄关一窍为真身涵养之处，也是炼化、脱化之处故言：“在柜中安歇。”修持者若能打开此窍，便现真身，故国王打开大柜，即打开玄关之窍。国王请三藏赐改国名，无为之法是心神修持之法，由元神主导，故行者代替三藏道：“陛下，法国之名甚好，但只灭字不通，自我经过，可改号：钦法国。”法字非指方法，为事物之象的总称，实言妙有之象，故“名甚好”。妙有万象不可灭，灭即顽空死寂非实象，故言灭字不通。“自我经过”，通过先天灵明觉察妙有而生敬心，不生灭心，这样的修持态度自然使修持者“管教你海晏河清、千代胜，风调雨顺万方安”，喻妙有生化，自然安泰。“君臣们秉善归真”秉持这样正确的认知即为秉善，自然见到真象即归真，故三藏道：“悟空，此一法甚善”是言若要悟得真空，必须认识驾驭先天一炁，一炁周流运化，生生不息，剔除一切表象，总归为一炁之用，这是最佳的方法，故言“大有功也”。行者把那“施变化、弄种通的事说了一遍，师徒们都笑不合口”，喻妙有为真空之相，真空为妙有之体，两者一体相互而成。师徒悟得万法皆空后，便是对境炼心，心不随境而生，不逐境而动，才是和光混俗的方式对于修持的价值所在。国王对三藏道：“愿为门下。”言更要奉行无为的修持法则。

师徒前行，唐僧见“山势崔巍，渐觉惊惶，满身麻木，神思不安”，已是心被境转，心动之象，故行者提醒道：“你把那乌巢禅师的《多心经》早已忘了。”唐僧道：“我记得。”将心经只停留在记诵阶段是不行的，故行者说出四句颂子：“佛在灵山莫远求，灵山只在汝心头。人人有个灵山塔，好向灵山塔下修。”这四句指明了修持的基础。三藏道：“千经万典，也只是修心。”说出了修持的本质。行者道：“心净孤明独照，心存万境皆清”，此言修持的境界，“差错些儿成惰懈，千年万载不成功。但要一片志诚，雷音只在眼下。”明言心性修持的火候。“似你这般恐惧惊惶，神思不安，大道远矣，雷音亦远矣”明言错行之后果。“且莫胡疑，随我去”，此为修持的原则。这一段禅机，全是红尘炼心的理法术诀，极为重要。详细解读留在《西游道论》中展开，修持者若能参透机理而实修实证，便是正修，故“那长老闻言，心神顿爽，万虑皆休”。灭法国之难讲述了心性修持的方式：和光混俗。方法：密守规中。手段：一炁运化。证境：万法归空。态度：钦法而为。本质：参修本心。心性修持理法既明便要实修，而心性修持的最大障碍就是后天人身的存在，故有豹子精之难。豹子精即报身，明示空性的参悟必须打破报身的局限，即对报身之魔性的消除。三藏见风起是喻外境内景的变化，行者道："四时皆有风"，是言境界随时转变，是自然之象，但不可随境变而生心，这是修持者应当具备的基本心态，更是证境和功夫，故言："风起怕怎的？"修持必须在红尘中检验，故言："不见山头树，那逢采药人"然而外境易拒，内景难防，故三藏道："悟空，风还未定，如何又这般雾起？"风喻外境，雾喻内景，故行者见妖精"暖雾喷风运智谋"，可见此妖为后天之识作怪。面对外界的干扰修持者多有戒心，借此炼心还算容易，即所谓天风。但修持者内心妄动而生起的内景、智谋，即风雾，则不易祛除，故言"我师父也有些儿先兆，他说不是天风，果然不是，却是个妖精在这弄喧儿哩"。行者先不出手直接打死妖精是不以先天灵觉灭除后天神识，故言："只是坏了老孙的名头。"修持之事元神与识神的关系是相辅相成，而不是彼此灭除，若以元神灭识神则是破坏了这样的关系，即坏了名头。行者："我且回去，照顾八戒照顾，教他来先与这妖精见一仗。"元精为后天之识的能量基础，若元精被后天之识所主导，即妖精打败八戒，元精便顺行造化向后天精气转化。若八戒打败妖精，则说明元精不受后天神识支配，不再向后天报身转化，逆返还元向先天转化。如此方向性的转变就是"与这妖精见一仗"的含义，但是元精不易生发，故言："八戒有些躲懒，不肯出头。"所以要从食补入手培补元精，故行者引诱八戒道："村上人家好善，蒸的白米干饭，白面馍馍斋僧哩，这些雾，想是那些人家蒸笼之气，也是积善之应。"听到此言，八戒自然要去吃，但食补只是起培补之用，实是满足后天食欲，非修持之本，若以此为真，便是邪见，着了魔相，必遇妖精。

八戒一心想着去吃斋，群妖道："你想这里斋僧，不知我这里专要吃僧"群妖便是此食欲之魔相。修持者若急早醒悟，此妖易除，故"呆子被他扯急了，即便现出原身，腰间掣钉钯，一顿乱筑，筑退那些小妖"。八戒又与老妖争斗的本质含义，是元精是否向后天报身转化，故八戒道："我的儿，你是也不认得你猪祖宗哩！"后天报身皆由先天元精转化而成，故为祖宗。元精受后天习性所染，才会向后天转化，故八戒称妖精为"染博士"。八戒为元精返本还元的先天净相，妖精为顺行造化的后天报身垢相，两者相持不下，需要灵明觉性的引领与主导，故行者前来相助。行者道："八戒不要忙，老孙来了。那呆子听得行者声音，杖着势愈长威风，一顿钯向前乱筑。那妖精委敌不住，……领群妖败阵去了。"食欲是个体生命的最根本欲望，其本质是个体存在的最基本属性，因其局限性与本体的分离，导致其需要从外界获取支持，而维护个体属性。从生命存在之境而言，就表现为食欲。通过食欲维持报身的存在，故豹身为群妖之主。修持者红尘炼心，无为而修，还仅仅是心性的调整，要看到所谓心理的问题其本质还是由命体异化所导致的，所以调心就是炼气，性命一体不可分开，故行者叫八戒："你做个开路将军，在前剖路。"

铁背苍狼向艾叶豹子精献"分瓣梅花计"，苍狼本是狮驼洞中之妖，狮、象、鹏为元神、元精、元气之魔相，修持者虽然经过狮驼国之难，解除了魔性，但是其后天之体仍在。"铁背"喻后天人身之脊背，"苍狼"喻其魔性隐藏在后天人身之中，故苍狼投奔豹子精，喻精气之体性寄居于后天报身之中，由此可知此难的本质，明示了报身的存在对返本还元所造成的危害。此危害是逐步显现，以分瓣梅花计喻之。危害产生的顺序就是三兄弟中计的顺序。先是元精散失，即八戒中计，必然导致元神昏昧，于是行者上当，由此运行的状态也必然错乱，所以沙僧再被骗，最终修持大愿无法实现，三藏被擒也就成为必然。豹子精急于吃唐僧肉，喻后天报身只关注当下欲望，对长远的理想愿望并不在意。苍狼为精、气、神之体的魔性，自然了解三者特性。元精、元气没有自主性，都是随境而转，故言"猪八戒、沙和尚做得人情"，而元神是本心灵觉，具有自主自觉性，他的存在就是本心的表现，返本还元是其必然属性，即道性，故言："但恐孙行者那主子刮毒，他若晓得是我们吃了，他也不来和我们厮打，他只把那金箍棒往山腰里一搠，……我们安身之处也无之矣"。只有三者都完全落入后天之境，不再生起修持之愿，没有了理想大愿的凝聚与引领，向后天转化，消耗生命的运化就会发生，故言："等他三人不来门前寻找，打听得他们回去了，我们却把他拿出来，自自在在的受用，却不是好？"可见理想大愿在修持中的作用极其重要，它起到了凝聚作用，指明了修持方向，所以三藏为师。妖精将唐僧"拿入后园，一条绳绑在树上"喻处在后天之境的修持者将修持理解为木，将神奇异能之术认定为修持，即"绑在树上"，此为妖境。唐僧在洞中遇到樵子也被绑在树上，樵夫以砍伐朽术为生，是喻对生机的清理与重构，在后天生命中表现为性欲。若只重性事之术，即樵夫绑在树上，喻消耗生命，后天人身即老母无人奉养。若此个体生命将无法解脱，大愿若亡，则普度众生之愿将无法实现。修持对于个人的价值即所谓亲恩，而对于社会的义意所为君恩。若亡，则“一场功果，尽化作风尘”。

第八十六回

木母助威征怪物　金公施法灭妖邪

丹旨：上一回，师徒通过钦法国，喻悟彻了万法皆空。而修持者最大的执着就是对人身即报身的执着，报身是一切执着之根，故师徒遇到了豹子精。身执对修持的伤害是逐渐产生的，故妖精以分瓣梅花计擒了唐僧。修持者必须破此身执，才能真正超越后天人身的束缚，进入先天境界的修持。故这一回，兄弟三个来到隐雾山，即隐悟山，喻后天人身将修持者的悟性隐藏了起来。折岳洞即遮月洞，喻遮蔽了灵明之性。豹子精喻后天报身给修持者带来的障碍，故行者八戒打死了艾叶花皮豹子精。艾叶即爱业，喻因爱欲之业转化而成的后天报身。打死豹子精，喻示着修持者摆脱了后天报身的束缚。唐僧出大唐至五庄观为筑基功程，随即开启转化后天人身的功程，便从白骨精之难开始，至本回打死豹子精，由身而起，以身而终，共计六十回，系统详细，前后呼应，阐述了转化报身的理法术诀。由白骨精到豹子精为后天之境的修持功程，在此基础上修持者将进入先天境界的修持功程，故从下回开始师徒便进入到代表先天修持之境的天竺国。故本回丹旨为：后天。

释意：兄弟三个相见却丢了师父，行者道："中他计了！"修持者保持灵明觉察，不仅体现在对微观状态的体察，即所谓妙观，更要在宏观层面对生命整体运化的趋势、模式、状态的变化也要具备觉察力，即所谓大观。分瓣梅花计就是生命向后天转化的总体模式，行者有此大观觉察便知中了计。"把我弟兄们调开"，此言转化的原因，是精气神的分散。"他劈心里捞了师父去了"，喻转化之果，逆返还元变成了顺行造化，大愿沉沦，解脱无望，故行者"止不住腮边泪滴"。八戒道："不要哭！一哭就脓包了！"元精为后天报身的之本，故八戒心中笃定。哭即丧失了斗志，喻示着将会向后天转化，而后天报身不过是一团血肉脓包。

三兄弟寻到悬崖下一座洞府，此洞府即喻后天人身。对其景色的描写："方塘积水，隐穷鳞未变的蛟龙；深穴依山，住多年吃人的老怪。"蛟龙、老怪喻后天人身所生发的后天之识与后天之精。"果然不亚神仙境，真是藏风聚气巢"，此身虽然是后天人身之境，但其却是修持的基础，炼神炼气皆赖此身。修持者要摆脱报身对自己的束缚，破此身执，此即豹子精一难的本质含义。"隐雾山"即隐悟山。因为后天人身的局限性导致生命本有的悟性被隐藏。"折岳连环洞"，折岳即遮月，月喻本心，遮月喻本心之灵明之性被遮蔽。后天生命的悟性被后天人身的局限性所隐藏，导致本心灵明之性被遮蔽，自然神识昏昧，昏昧就更导致对后天人身的执着，由此形成恶性循环，难有出期，此即连环洞之含义。若要打破这样的循环，就要从元精入手，故行者道："八戒，动手啊，此间乃妖精住处，师父必在他家也。"八戒使钉钯将"把他那石头门筑了一个大窟窿"，连环洞破喻此恶性循环被打破。石头门即后天之识，因元精之力产生了改变，即后天的认知从结构到内容都会发生变化，由此可见，真正认知的转变是由道体精气的转化引起的，这也是丹道修持以丹炁为基的根本原因与最底层逻辑。妖怪"把柳树根砍做个人头模样，喷上些人血，糊糊涂涂的"，送出欺骗三兄弟。"柳树根"即菩提祖师所言："流字门中之道"。为看经念佛朝真降圣之类。"八戒见了就哭"喻认此术为真，所以行者道："呆子，你且认认是真是假，就哭！"，流字门中之道以理论、观念、知识的建构为主，空有其理并无实证，故行者道："真人头抛出来，扑搭不响；假人抛得像梆子声。"许多修持者以理悟为真，而非实证，故八戒骂道："拿个柳树根哄你猪祖宗，莫不成我师父是柳树精变的"。后天的理悟无法真正认识和主导元精的生化。而修持大愿的本质是先天本心对后天个体的感召力。个体是本体的局部展现，回归本体是个体的必然趋势，这个趋势在后天意识中展现为修持大愿，非后天理解而生，故言"不是柳树精变的"。"众妖即至亭内拣了个新鲜的头，教啃净头皮，滑嗒嗒的，还使盘儿拿出"。"啃净头皮"即肯定静字门中之道，为清静无为、参禅打坐、戒语持斋、入定坐关之类。故言："我大王留了镇宅子"。修持此法者众多，供养者亦多，故"八戒筑起坟冢，寻些供养"。"流、静"二法都非解脱之法，不能将修持者从报身的束缚中解救出来，故行者道："我和你打破他的洞府，拿住妖魔，碎尸万段，与师父报仇去来。"喻只有彻底摆脱报身的束缚才能获得解脱，而此功是由元精与元神共同完成的。

妖怪自称："我乃南山大王，数百年放荡于此。"南山指终南山。自古就是修持圣地，借此喻指修持之事。人生只有区区百年，许多修持者只以修持空寂为要务，实为自性放荡，看似旷达洒脱而超然，如陶渊明的悠然见南山的境界，但却仍受困于报身，将百年人生放荡于此境界，何来解脱，而真正的修持大愿则因此泯灭，故言："你唐僧是我拿吃了，你敢如何？"老妖持铁杵，是言若要铁杵成针是极难之事。此处作者暗讽魏晋以来的玄学之风，对陶渊明"悠然见南山"的文人式修持做出了否定，并以三教圣人对比。"李老君乃开天辟地之祖，尚坐于太清之右"，明示修持者要懂得"一炁化三清"的道理。"佛如来是治世之尊，还坐于大鹏之下"，直言佛性觉慧来自一炁运化。"孔圣人是儒教之尊，亦仅呼为夫子"，提示修持者要对自己有一个客观准确的认知。"你这个孽畜敢称甚么南山大王，数百年之放荡"，言不知道体，不识本心，不知身困，只一味放任以为旷达，以随波逐流为超然运任，不知返本还元，如何解脱？修持者若以此为修真之最，自称大王，则真就是放荡了，故行者骂道："不要走，吃你外公老爷一棒。"明示修持者不要走此路，要见本心灵觉，要得先天一炁。行者自报身世是要修持者从南山大王百年放荡的状态中解脱出来，见到自家本心灵觉才能归入正途！本心灵觉随机应变，故行者用毫毛变出无数行者，将众妖打败。代表后天体性的铁背苍狼自然就显出本相，在先天灵觉面前无法变化，自然被行者打死。八戒问："哥哥的法相都去了！"行者道："我已收来"，喻一炁应万变，万象归一体。八戒道："妙啊！"是赞本心灵明之性的妙有之象。"老怪逃了命回洞，吩咐小妖搬石块，挑土，把前门堵了"，石块，喻后天之识，挑土喻后天之意，堵前门喻后天意识因灵性觉醒不再外驰。行者道："这妖精把前门堵了，一定有个后门出入。"后门喻后天精气泄漏之处，修持者要认得此门，更要知道此门为返本还元的下手之门。"回头看处"，喻心神不外驰反观自身。"原来是涧水响，上溜头冲泄下来"，喻脊内的精气下泄。"又见涧那边有座门儿"，喻身后命门。"门左边有一个生水的暗沟，沟里流出红水来"，即肾间为命门，左边为虎水，右边为龙火，左门流出红水喻元精以后天生殖精血形式外泄。“变水蛇恐师父阴灵儿知道，怪我出家人变蛇缠长”，修持者圣胎之灵困于报身不能解脱，故称阴灵儿。“缠长”，即禅长，只以禅法修一己之灵，费时久长，不能变，即不可行。“变作个小螃蟹儿过去罢，恐师父怪我出家人脚多。”螃蟹即旁门之解，旁门之法众多且非直达之径，故言怪我脚多。“即变作一个水老鼠，飕的一声撺过去”，鼠为阳，水老鼠为水中金，喻一阳复生之意。“飕、撺”喻此一炁生发转瞬即逝，言其态。“从那出水的沟中，钻至里面天井中”，由后天命门返还至中脉。天井喻后天人身中的中脉，此脉直通虚空法界，是先天虚空法界之性在后天人身中的投射，是后天中的先天，是先天一炁在身中往来之处，故为天井。“小妖拿些人肉巴子，一块块的理着晒哩”，喻先天元炁滋养后天人身之象。“我要现本相，赶上前，一棍子打杀”，喻先天之境元神自然要现出本相。中脉是命功修持的最重要场所，若只修命功即“上前一棍子打杀”，不修心性觉慧，即“显得我有勇无谋”。修持者还是要对后天生命的整体状态有所觉察并整体转化才是正途，故言：“且再变化进去，弄那老怪，看是如何？”喻再回到后天人身状态，觉察报身对于修持所造成的危害，并着手解决，故“跳出沟，摇身又一变，变做个有翅的蚂蚁儿”。蚂蚁本于地上爬行，因有翅便可飞升，此处暗喻修持者解除了报身之患后，便可以脱胎飞升。后天修持完成进入先天境界的修持，以蚂蚁生翅喻之，故以诗赞道：“力微身小号玄驹，日久藏修有翅飞。”行者进洞：“只见那老怪烦烦恼恼正坐。”后天报身即是束缚，自然烦恼。行者听到小妖通报，得知“师父还藏在那里，未曾吃哩，等我再去寻寻，看死活如何，再与他说话”，喻因本心觉慧所生发的返本还元之愿，藏于后天报身之中，要靠修持者自身的先天灵觉去发现去保护。行者见唐僧被绑在树上，对唐僧道：“你既有命，我可救得你。”有返本还元大愿在，便是有命，就可救。“等我把那妖精弄倒，方好来解救”，言消除报身之患后才能真正解脱。行者将毫毛变做瞌睡虫将众妖睡倒，喻抑制后天识神不让其为妖作怪，元神才能觉醒进而解脱。对后天神识的抑制有功态下的恍惚之境，更重要的是日常状态下的“对境无心莫问禅”“对境无心是大还”。若能保持这样的状态便能解脱报身的束缚，故行者救下师父。三藏叫行者同时救下樵夫，是要将生命本具的繁衍之性从后天性欲中解救出来。

行者将三藏救出妖洞，讲述过程，八戒闻听行者所言：“忍不住举起钯，把那坟冢一顿筑倒，掘出那人头，一顿筑得稀烂。”明示修持者不可只修释门之道，参禅打坐。清净无为之法虽不能解脱，但尚有延缓、保存性命之功，故长老道：“亏他救了我命哩，你兄弟打上他门，嚷着要我，想是拿他来搪塞，不然啊，就杀了我也。还是把他埋一埋，见我们出家人之意”。行者进洞“老妖还睡着，即将他四马攒蹄捆倒，使金箍棒掬起来，握在肩上，径出后门”，喻后天报身无法再发挥作用，反被先天灵觉所控制，但彻底消除其危害还是以元精还元来实现，故由八戒将豹子精打死，并将洞中小妖烧死，皆是元精升华之象。老妖“现出本相，原来是艾叶花皮豹子精”，喻由爱欲之业转化而成的后天报身。“这顿打死，才绝了后患也”，此后天报身为修持最大之患，消除其害，自然“长老谢之不尽”。

报身魔性要除，但后天人身不可灭，故樵子请师徒“到舍见见家母，叩谢老爷活命之恩”。人身是修持之道基，故言：“送老爷上路。”樵夫老母喻后天人身，但此身不足以满足修持所需，故八戒道：“樵哥，我见你府上也寒薄，只可将就一饭，切莫费心大摆布。”这是提示修持者不可在人身上过多用功着力，真正的修持是在虚空法界完成，故长老道：“樵哥，烦先引路，到大路上相别。”樵哥是生命繁衍之性，是道性的体现，所以认得大路，即通往虚空法界的大路，即中脉，故樵子道：“老爷切莫忧思，这条大路向西不满千里，就是天竺国，极乐之乡也。”三藏谢道：“贫僧无甚相谢，只是早晚诵经，保佑你母子平安，百年长寿。”这是后天人身最好的修证之果。

至此丹道修持的后天之境的功程基本完成，结胎、安胎、固胎、养胎、育婴在后天人身之中已经纯熟，下一步便是脱胎进入虚空法界，完成先天之境的修持功程。起点就是中脉，天竺国即天柱国，通天之柱就是中脉，是通向虚空法界极乐之乡的大路。

第八十七回

凤仙郡冒天止雨　孙大圣劝善施霖

丹旨：上一回，师徒在隐雾山折岳洞，打死了艾叶豹子精，至此修持者于后天境界的修持功程基本完成，喻破除了对后天报身的执着，摆脱了束缚，即将进入到先天境界的修持功程。故从87–92回先后经历了凤仙郡、玉华州、金平府三个天竺国外郡，明示经过九转丹成之后，还不能直接进入先天虚空法界，还要完成积修阴德、传法弘道、净化八识的准备，才能逆返先天，即师徒进入天竺国。这一回，师徒便进入到天竺国的外郡凤仙郡。天竺即天柱，喻人身中脉之境，是后天中的先天。凤仙郡即逢先郡，喻即将进入先天之境的状态。此刻修持者还不能直接进入先天法界修持，还需要继续调整、转化后天生命所延续的运行状态，因此主要的修持内容为修德。先天之境在人身上的投射呈现为中脉，此为先天中的后天。修持者由中脉修持起步，逐步返本还元进入虚空法界。修持者因久困于后天之境，执着人身致使中脉闭塞，其实中脉是不会闭塞的，只是因为后天神识的局限性，使得修持者认知不到中脉的存在，影响了先天与后天之间的融通。后天人身得不到先天之炁的充分润养而趋向枯竭，而修德的本质就是调整生命旧有的运行状态和模式，使先天融通后天，生命得以滋养。凤仙郡大旱，喻后天生命的状态，因此需要无量的先天之炁润泽。郡侯求雨而不得，喻后天神识的错行无法贯通先天，无法招摄一炁入身。行者为先天元神，求雨本应该易如反掌，但是因为郡守德行有亏，喻后天生命错误的运行状态，导致玉帝立三誓不准下雨，即“冒天止雨”，喻因执着后天人身，生命生活违背了天道的运行规律，即失德，导致中脉闭塞与先天隔离，愈发受困于后天之境，无法获得先天一炁的润养，导致生命枯竭。解决之道就是放弃对后天人身和智识的执着，发愿忏悔，行善积德，特别是积修阴德而皈依本心，即孙大圣劝善。郡守与城中百姓誓愿皈依，即尊道修德与道炁相合，自降甘霖，故普降施霖，喻中脉贯通，润泽于身。故本回丹旨为：修德。

释意："师徒四众别樵子，下了隐雾山，奔上大路"，喻脱离了后天人身的束缚，开始进入身中先天之境，即中脉修持的大路。三藏问道："你看那前面城池，可是天竺国么？"是问先天之境中脉是否是一个具象，而可以认知。行者摇手道："不是，如来处虽称极乐，却没有城池，乃是一座大山，山中有楼台殿阁，唤做灵山大雷音寺。"言虚空法界无形无象，无边无际，故言没有城池。此虚空之境为灵性汇聚之处，故为灵山。修持者开通中脉进入虚空法界时会有雷音之声出现，喻示着修持者将见到本心觉慧，故为大雷音寺。"就到了天竺国，还不知离灵山有多少路哩。"言由中脉进入虚空法界还有很远的功程。"那城想是天竺之外郡"，喻进入先天虚空法界之前的修持境界，故言外郡，所以有城池之象，为局限之象。"郡侯上官"即上观，明示修持者上观于虚空，一炁由生，才能普降甘霖，入中脉，润周身，救性命，故上官："祷雨救民，决不虚言。"此法妙密少有人知，故行者笑道："此姓却少。"八戒道："哥哥不曾读书"是劝修持者先要读书明理，此法为最根本之法，故言："百家姓后有一句，上官欧阳"。上观虚空法界自然真阳生起，此喻修持之法。修持者通过读书可明此理，但最重要的还是实证，故三藏道："且休闲讲，那个会求雨，与他求一场甘雨，以济民瘼，此乃万善之事。"此处所言求雨乃是修持境界中所求先天一炁周流一身的法雨！现实世界中求雨确有其事，方式方法很多，只是其中的机理用现代科学还不能解释，但依据现代科学技术的人造气候，人工降雨也都实现了。灵明觉性本自虚空，元神见元气出，本是一体，故行者道："祈雨有甚难事！"

郡侯请师徒入衙摆斋，"那八戒放量舌餐，如同饿虎"，喻先培补后天元精，故"直吃得饱满方休"。待元精充盈，郡侯道："若施寸雨济黎民，愿奉千金酬厚德！"修德若存机谋之心、名利之心则不能心住虚空法界，道炁不生，故行者笑道："若说千金为谢，半点甘雨全无，但论积功累德，老孙送你一场大雨。"积功累德是修持者契入法界虚空的功行。修德要修阴德，所谓阴德是不为人知、只有己知的德行。德的本质含义是将天道运行规则完全内化为修持者的自觉性，德是道的显化与存在形式。修德是修持者调整、转化生命的运化、人生的运行，使之完全合乎德性，就是合道，使生命、人生逐渐成为道的展现过程，就是积功累德，就是修德，就是能够获得道炁法雨的机理所在。修德是丹道修持中极为重大的课题，对此全面深入的探讨，留在《西游道论》中展开。

行者叫八戒、沙僧做个羽翼，喻元神为主导，但没有元精、元气的辅助是不行的。“行者念动真言，诵动咒语”，是以元神真意，调动身中气血运行，故东海龙王敖广前来，但此气属后天之气，受后天神识支配，无法进入中脉，故龙王言：“烦大圣到天宫奏准，请一道降雨的圣旨，请水官放出龙来，我却好照旨意数目下雨。”

行者上天宫祈雨，喻以后天意识求取先天一炁，必然不成。行者“径到西天门外早见护国天王迎接”。“护国天王”喻维护后天人身存在的局限性。天王问：“大圣，取经之事完乎？”完成中脉修持后便可复归先天，成道可期，故行者道：“也差不远矣。”《西游记》中每到修持的关键节点都会有如此的提示，使读者对丹道修持的进程有个基本的把握，体现了作者的细心引导。天王说起凤仙郡下雨之事道：“那壁厢是不该下雨哩，我向时闻得说，那郡侯撒泼，冒犯天地，上帝见罪，立有米山、面山、黄金大锁，直等此三事倒断，才该下雨。”这段话点明修持者因后天生命的运行状态、生活习惯、认知观念，若不合乎天道，必然导致中脉闭塞，生命枯竭。“郡侯撒泼”，言后天生命的运行散乱，昏昧而妄行。“冒犯天地”即违背了天道而失德。“上帝见罪”，导致后天神识顺其运行而生立三事，实为作茧自缚，此为后天局限之象，故言：“不该下雨”。“鸡嗛了米尽”，喻机谋贪婪之心消除之后方可。“狗舔得面尽”，喻能够消除对个人颜面的执着即除去我执方可。“灯焰燎断锁梃”，灯焰喻后天神识之智，此智火之明不足以打破后天的局限，即锁梃，是要修持者破除后天之智，回归先天觉慧。只有当修持者消除了机谋之心，自我执着，后天智识三者的局限才能复归先天，获得先天一炁的润养。故言：“那方才该下雨哩。”言破除三者对修持者带来的局限性才行，但仅靠先天灵觉是无法完成的，故“行者闻言，大惊失色，再不敢启奏”，此三者本质就是佛家所言贪、嗔、痴三事，世人无不被其所困。此回之前重点阐述的是修道理法，修道是对体的转化，涵养命胎是其证果，从本回开始讲述修德理法。“米、面、锁”三事的解除就是修德的内容，其本质就是彻底转化个体生命的运行方式和状态，实质是对“体之用”的转化。修德是丹道修持中极为重要的课题，对此全而深入的讨论留在《西游道论》中展开。

天师道：“这事只宜作善可解，若有一念善慈，惊动上天，那米面山即时就倒，锁梃即时就断，你去劝他归善，福自来矣。”此明示了修德之法，即“归善”二字。归善先从世间人伦之善开始，要发起善念而做善行，谓之阳德，其本质是以外在的行为规范反塑于修持者内心，逐渐使其心行合于天德。运行规则内化，成为自觉，即铸成善心，即修阴德，再以此心合天心，即归于至善。“福自来矣”，三事自消，本心呈现，道炁周流，法雨必降。修持之事不过“积功累德”四字。积功是命体之事，于修持确指炼丹。以有为法完成，实质为体质的转化，归为道体一炁。“累德”是心性之事，于修持确指炼心，实为体性的转化，以无为法完成，归为佛性觉慧。

行者回来后说明因果，郡侯道：“因妻不贤，恶言相斗，一时怒发无知，推倒供桌，泼了素馔，果是唤狗来吃了。”郡侯为中脉闭塞之境所呈现出的灵觉之象，其妻为先天灵能，但妻不贤，喻为后天之精，故两者不匹配，自然不合，即“恶言相斗”。素馔喻身中先天元精，狗属土，喻后天之意，“唤狗来吃”，喻身中元精不能升华进入中脉而向后天转化，被后天之意所用，因此落入后天之境。“这两年忆念在心，神思恍惚，无处可解释，不知上天见罪，遗害黎民”，导致的后果就是神识昏昧，作茧自缚，生命枯竭，趋向死亡。行者劝善道：“你若回心向善，趁早儿念佛看经，我还替你作为。”言修持者必须转变旧有的运行模式及状态。于修持而言即从顺行造化转向返本还元，此为“回心向善”。“念佛”，即心生大愿。“看经”即明理奉行。“我还替你作为”，元神主导修持。有此三者，即为善解，三事倒断。“汝若仍前不改，我亦不能解释，不久天即诛之，性命不能保矣”，言若不改变，依旧是趋死模式，虽然命胎已结，但依然性命不保。“那郡便磕头礼拜，誓愿皈依”，此言要心生大愿。“领众拈香瞻拜，答天谢地，引罪自责”，此忏悔之功。发愿的本质在于先在认知、观念层面终止过往的运行模式，而因旧习而造成心性的污染，要通过忏悔检省己过，自净己心。发愿、忏悔、行善就是修德。德行圆满元神自然复生，故行者道：“我这去再奏玉帝，求些雨来。”大圣再至西天门：“见直符使者，捧定了道家文书，僧家关牒，到天门外传递”，道家文书喻命功修持，僧家关牒喻性功修持。积功累德圆满后，后天神识也将随之调整，故“将直送至通明殿上，与天师传递到玉皇大天尊前”，喻后天生命的态度认知行为的改变，后天识神随之改变。中脉开通非后天神识所能，是由元神主导，故天王道：“大圣，不消见玉帝了。你只往九天应元府下，借点雷神，径自声雷掣电，还他就有雨下。”九天喻中脉顶部，大致在百会穴。应元即接应元始一炁，中脉此处打开可以接通虚空法界，先天一炁由此进入中脉，周流一身即为法雨。在修持过程中开顶之时，头顶处会有雷鸣炸裂之声，如吕祖《百字碑》言：“普化一声雷。”故有雷神在府。修持者眼前电光之景频出，故以闪电娘子象之。玉帝得知凤仙郡归善，米、面、锁三事已绝，是喻由机心而生的贪，我执而生的嗔，智识而成的痴，所导致的束缚患难已经消除，自然先天接通后天。后天识神便可引导真炁周天运行，润养人身，故有“风云际会，甘雨滂沱”之象。“风雷云雨”四部喻真气运化之象，修持者必须明察见证，故行者叫：“且暂停云从，待老孙去叫郡侯谢列位，列位各显真身，与这凡夫亲眼看看，他才信心供奉。”此法、此境、此证是修持过程中质变的节点，意义重大。打通了先天与后天的分隔，故言：“今此一场，乃无量无边之恩德。”但这只是转换的阶段，不是终极之地，故三藏道：“不敢久住，一二日间，定走无疑。”

郡侯建寺，喻修证之果，故三藏命名为“甘霖普济寺”。正是“硕德神僧留普济”，言积修功德，于内调心，于外化行，如此才能带来身心性命的全面转化，故称普济。“齐天大圣广施恩”，言转化还是依靠元神主导，先天后天才能得以融通。

第八十八回

禅到玉华施法会　心猿木母授门人

丹旨：上一回，凤仙郡大旱，喻修持者不遵天道，生命得不到先天一炁的滋养致使周身气脉枯竭，即大旱之象。对治之法仅靠功夫修持是不够的，修持者必须先发愿、忏悔、行善积德奉天而行，才能使生命的运化完成整体的转化，故此修持者要内修阴德，其实质是调整心行，即促使生命的存在状态与运行模式得到转化。先天融通后天，使先天一炁润泽于身，即道炁法雨普降。实现真正的转化后，欲望不再生起，就是此一炁充盈所致，故这一回，师徒便来到了玉华县，玉华即欲望化解之境。修德不能仅修于己身，还要修德于世。广施恩泽，称为广德。传道弘法不使道脉断绝，是修持者的责任，为法脉延续而授徒，谓之功德。故在玉华州行者、八戒、沙僧收三个小王子为徒。此处也是提示，修持至此境者才有资格弘道传法授徒。弘道传法绝非小事，修持者传道时若起师心，甚至炫耀自负，此便落入了后天之境，必起魔障，故兄弟三人炫耀本领和兵器，喻修持者师心自用。警示修持者修德传法授徒还是为了弘道，不可起师心，更不可炫耀。故本回丹旨为：师心。

释意：师徒上马西行，三藏道："贤徒，这场善果，真胜似比丘国搭救儿童。"比丘国喻丹道修持阳神体健，故言搭救。凤仙郡普降甘霖，喻示着阳神得到先天一炁的滋养而得以成长，故言胜似。所以沙僧赞叹道："比丘国只救得一千一百一十一个小儿，怎似这场大雨，滂沱浸润，活够千千万万个性命！"喻此法是挽救众生之法。三藏将两者对比揭示了其内在的关联，元神的主导在丹道修持的过程中是决定因素，是丹道修持的核心，故对孙悟空言:“皆尔之功也。”八戒道:“今在凤仙郡施了恩惠与万万之人，就该住上半年，带携我吃几顿自在饱饭，却只管催趱行路！”修持者融通先后天，便处于周身安泰之境，易生惰性，故长老闻言喝道:“这个呆子，怎么只思量捞嘴，快走路，再莫斗口。”此骂心生惰性的修持者为呆子，不可受后天人身的束缚限制，沉迷于佳境，要努力前行。在西行的途中这是三藏第一次责骂八戒，说明此刻后天之识的转化已经达到了自觉，不再受后天元精的支配，后天欲望渐息之象，故师徒来到了“玉华县”，即欲望已经转化之境。玉华县为天竺国下郡，喻其为后天欲望转化熄灭，先天觉慧即将复生之境。郡主“就是天竺皇帝之宗室”，喻先天觉慧之初态，故“封为玉华王，此王甚贤，专敬僧道，重爱黎民”。专敬僧道，喻性命双修。重爱黎民，喻救助众生之愿。玉华王喻修持者后天欲望不再生起，先天觉慧初显的王者之态。为唐僧指路的老者，喻修持者将要修成的法身之象。因此他认得玉华县，知道玉华王，故唐僧见到“慌得滚鞍下马，上前道个问讯”。在修持过程中遇有奇人奇事指点确有其境，有可能是玄师点化，也有可能是自心灵觉的预兆自助，此境不可多言，知者自知。

进入玉华县，三藏吩咐:“徒弟们谨慎，切不可放肆。”此言火候。“我这里只有降龙伏虎的高僧。”中脉修持已属先天境界，故言龙虎，喻精神二物。能降伏者为高僧。“不曾见降猪、伏猴的和尚”喻在后天境界中，以猪猴喻精神二者，能降伏猪、猴者只能是和尚。八戒道:“你们可曾看见降猪王的和尚。”猪喻先天元精，和尚喻心性，提示修持者要性命同修。但世人不知，故“唬得满街上人跌跌爬爬都往两边闪过”。中脉修持多是由下而上，即从阴跷开始，故行者要八戒“仔细脚下过桥”，即下鹊桥。“过了吊桥，入城门内。”吊桥即阴跷，大致身底会阴区。上回百会开通，本回阴跷贯通，上下贯通即为中脉，但这只是修持者所感知的象，中脉的本质是修持者在后天人身中呈现出的先天之境。师徒入城即进入中脉之境，实为初入先天之境。文中对玉华城的赞诗实质就是对中脉的赞颂。“锦城铁瓮万年坚”，喻中脉对于生命的重要及很难被开通。“临水依山色色鲜”，喻中脉尚处于后天人身当中，润养此身之境。“细观此景与我大唐何异！”言道在世间，非有一个独立存在的道境，逃避现实而追求虚空盛境是错误的认识。故“所为极乐世界，诚此之谓也”。玉华王府左右有“长史府”，喻中脉为长胎之地。“审理厅”，是审察调理火候之地。“典善所”，喻点化归善之处。“待客馆”，招待婴儿之地。“白米四钱一石，麻油八厘一斤”，喻先天一炁的清虚之性。“真是五谷丰登之处”，喻中脉为身中五行汇聚之处，不再散乱分离。

三藏向玉华王汇报行程，玉华王道：“十四遍寒暑，即十四年了，想是途中有甚耽搁。”十四年既是实数也是虚指。修持者由明理起步，要经过漫长的转化过程，若能修持十四年，便进入到中脉修持，也算是大法缘了，多少修持者三生三世都尚未真正上路。修持的艰难远超想象，故三藏道：“一言难尽，万蛰千魔，也不知受了多少苦楚才到得宝方！”玉华王：“即着典膳官，备素斋管待。”典膳即点善，是言点化归善之意，喻将元神、元精、元气的后天属性消除后方能进入中脉之境，故当殿官称八戒为“猪魈”，即消除了后天属性的元精。行者为“猴精”，喻消除了后天属性的元神。沙僧为“灶君”，喻消除了后天属性的元气之君。“千岁放心，顽徒虽是貌丑，却都心良”，貌丑喻源于后天，心良喻后天返先天的趋势。玉华王叫师徒在暴纱亭吃斋，暴纱亭即不杀停，修持者进入到中脉修持阶段就是真正地扭转了生命的运行趋势，由顺行造化的杀生趋死模式彻底停止，转化为返本还元不杀复生模式。吃素斋喻先天一炁滋养命体。行者、八戒、沙僧为精气神的返本还元之象，还是后天属性，进入中脉修持阶段必须去除后天属性，恢复先天之性，于是三位小王子便出现了，喻三者的先天性象，故要拜师。三兄弟传神力，打造兵器，喻先天之性还有先天之能。

小王子来到暴纱亭道：“那三个丑的，断然是怪。”指出精、气、神的后天属性即为怪。三兄弟在空中施展一番，“真禅景象不凡同，大道缘由满太空”，喻真禅非顽空死寂一片，而是虚空法界当中一番妙有之象。“金木施威盈法界，刀圭展转合圆通”金木即精神，即性命，即阴阳。此二者为构成万事万物的基本要素，刀圭即运行运化的状态，通过运化二物，即运转达到圆通之境。“天竺虽高还戒性，玉华王子总归中”，言进入到中脉修持虽然已经是非常高妙的境界了，但还是要戒除炫耀之心，好为人师之心，将先天心性收摄规中，戒骄戒躁，这是对修持者的警示。行者、八戒、沙僧三兄弟“到唐僧面前问讯，谢了师恩”，此师既是指修持过程中的指导者，也喻修证中大愿的引领。修持者因师得以归正，才有施展。尊师就是重道，是修持者应有的品行。修持者于虚空之境见到妙有之性，而代表着精、气、神先天之性的三个小王子自然要与之相合，故要拜师。行者道："我等出家人，巴不得要传几个徒弟"，接续法脉是所有得道之人的责任，此以后天之境而言，于修持而言精气神要继续还元，由后天返先天而达圆通之境。行者道："你令郎既有从善之心，切不可说起分毫之利，但只以情相处，足为爱也"师徒之间的授受是以心相应，以情融通，若以名利心相处则落后天，必生魔障，然而世间以弘道传法为名，实为敛财骗色、沽名钓誉者甚多，求道者以私欲而拜师，以各种机谋妄想之心如何求道？修持者当明察自省。丹道中师徒更为特殊，非同世间之师生关系，此中妙密留在《西游道论》中展开。这段将师徒关系的核心明示出来，传道者、求道者可以此为鉴。"于暴纱亭铺设床帏，请师安宿"，喻涵养此先天之性。

第二天三个王子拜师，问及神兵即兵器。八戒、沙僧的钉钯、宝杖都是五千零四十八斤，是十四年加上八之数。十四年是女子初经的岁数，丹道借此比喻后天人身元精初次生发的关键时期是先天向后天转化的重要节点，丹家称知道并认识此时的重要性为知时。修持者必须于此时把握住，将后天元精逆返还元，成为先天元精，此八戒钉钯的含义。沙僧的宝杖代表此先天与后天相互转化的运化之机也是在此五千零四十之时。所余八斤喻逆返还元，七日来复，一阳复生之数，代表着复生之机。明白五千四十之数的含义，说明是"知时"，明白八之数的含义表明是"知机"。三藏取回的经藏就是讲述此理法，故也是此数。经一藏，钯一藏，杖一藏，合起来便是三藏，总和正好是佛经一万五千一百四十四卷之数。代表了后天精、气、神三者的总数。而行者金箍棒为先天一炁之炁机，为先天之机，在身中呈现为中脉之象，故言："不是凡间等闲可有者"。棒重一万三千五百斤，喻一气化三清，再生五行，即先天一炁化生精、气、神三者，精气神运化构成五行，五行化育万物，此顺行造化，一炁运化的过程。行者为先天灵觉，只有此先天灵觉才能驾驭此炁机，若无此一炁的辅助，即没棒弄了，孙悟空便没什么大法力了。行者道："汝等既有诚心，可去焚香来，拜了天地，我先传你些神力，然后可授武艺。"喻修持者心诚必可"愿透法界"，继而调神明心，方可依法修持，这是修持的基本路径，哪个环节都不能少。行者对唐僧行礼道："谨禀过我师，庶好传授。"八戒、沙僧道："也让我们两个招个徒弟耍耍，也是西方路上之忆念。"授徒涉及法脉延续之事，道法传承之事，故必须经过己师同意方可。当修持者有能力有法缘时，才有资格传道授徒传法，故“三藏俱欣然允之”。传道授徒，弘道世间，即是积修功德。修持者内修心行为修阴德，外施恩泽为修广德，弘道世间为修功德，我称为修三德。因时代变迁修德的形式各有不同，古时讲究铺路架桥、赈灾济困、作善人善事。我小时候全社会都学雷锋，做好事不留名，这就是修阴德。还有一句话：“把有限的生命投入到无限的为人民服务中去”这是修玄德，这就是菩萨行。当今社会有志愿者、有义工、有慈善活动，这些都是修德的时代风貌，总之，修德极为重要，会留在《西游道论》重点论述。丹道修持中炼丹结胎与佛家罗汉成就大致相同，而金丹大道提倡的修德便是菩萨境界、菩萨行。

行者教三个王子：“静室之间，画了罡斗，教三人都俯伏在内，一个个瞑目宁神。”罡斗喻天心不动，是要修持者万缘放下，心神宁定。“暗暗念动真言，诵动咒语，将仙气吹入他三人心腹之中，把元神收归本舍，传与口诀，各授得万千之膂力，运添火候，却像个脱胎换骨之法”，喻炼气收神，周流运转，这是丹道修持的基本程序。以安静收摄旧习，以宁神为基础，以真意为运用，以炼气转化后天身心，以元神为主导，此即口诀。修持依此口诀而修自然返本还元，故言：“那三个小王子，方才苏醒”。向三兄弟传法力，打造兵器，喻先天之性还要有先天之能。口诀必须师授，而修持过程中对具体情况的处理还要个人随机应对，故兵器还要自造，因此三个小王子：“意欲命工匠依师神器式样，减消斤两，打造一般。”八戒道：“正该另造。”俗语道：“师父领进门修行在个人。”精、气、神三者不可放纵，兵器为三者之运用之能，故修持者必须打造自家的神兵。“将金箍棒、九齿钉钯、降妖杖都取出，放在篷厂之间，看样造作，遂此昼夜不收”，此放纵之象，必生魔障，故招来豹头山、虎口洞的妖精黄狮精盗走三般兵器。

第八十九回

黄狮精虚设钉钯宴　金木土计闹豹头山

丹旨：上一回，行者、八戒、沙僧跳到空中炫耀各自本领，生起好为人师的后天之心，故收三个小王子为徒。将兵器放在铁匠篷中，喻对精、气神三者之能疏于守护，随即失落于后天之境，故豹头山虎口洞的黄狮精将三件兵器盗走。修持者的心识即八识，便也向后天转化而成魔相，故引出了八只狮子的魔难。豹头山即报身之源头，喻人之脊为报身之源头。报身依赖精气的供养，后天精气在丹道中以虎喻之，故妖精住在虎口洞。黄狮精，黄即土，为后天之意，喻第七识末那识，为意根。狮即识，喻后天之意之识。九齿钉钯是元精之能，故黄狮精极其重视，要开钉钯宴，喻意根之基为身根元精。金、木、土即元神、元精、元气三者。计即聚，凝聚之意，精、气、神三者凝聚返本还元自然可以摆脱报身之困，故为计闹豹头山。这是对丹道修持原则的根本总结。故本回丹旨为：意根

释意：铁匠照样打造兵器，喻返本还元的炼化之功。修持者失于守护，精气神三者再次向后天转化，自然被后天报身所生之意盗走，被后天之意所用，故行者暗恨道："还是我们的不是，既然看了样式，就该收在身边，怎么却丢放在此，那宝贝霞彩光生，想是惊动了什么歹人，今夜窃去也。"喻进入中脉修持者元神灵明，精、气、神三者大显，同时后天神意也能见得此真，必生贪心，以后天八识之心认知调动先天精气神，此为盗宝。八戒认为是"铁匠欺心，偷了出去"，喻认为炼化之功能够将精气神三者转化消失，此为错误认识。炼化之功在于使三者更加凝聚、纯净。玉华王道："孤也颇有个贤名在外，这城中军民匠作人等也颇惧孤之法度，断是不敢欺心。"喻真

正进入中脉修持便不会再退转。“孤这州城之北，有一座豹头山，山中有一座虎口洞，往往人言洞内有仙，又言有虎狼，又言有妖怪。”中脉在人正中，城北即身之背脊，为报身，以山喻之。脊中空言之为洞，内藏后天精髓，丹道以虎喻之，故为虎口洞。修持者由后天返先天，从炼精入手，故言洞内有仙。但此精髓又生发后天欲望，故言有虎狼。后天报身干扰阻碍返本还元，故言有妖怪。“孤未曾访得端的，不知果是何物”，言修持者要知此脊山的本质以及作用，即后天七识的特性。若不知必受其害，故后面引出一窝狮子精之难。行者笑道：“不消讲了，定是那方歹人，知道俱是宝贝，一夜偷将去了。”虽然精气神运化的趋势发生转变，但现在已经查明，故其本质为八识之患。修持者知其因便可对治，心识的转变，依然不可以脱离炼化之功，故行者叫道：“铁匠们不可住了炉火，一一炼造。”

行者来到豹头山观看，喻元神进入到后天之境，即后天人身，即花果山，故称其为“好猴王。”故言：“果然有些妖气。”文中对豹头山以诗赞道：“埂头相接玉华州”，埂头为脊之尾闾，玉华州为中脉下端，是言两者相通。“万古千秋兴胜处”，万古千秋喻对道体本心，“兴胜处”，即进入中脉修持的下手之处。行者遇到两个狼头妖怪，两个妖怪喻后天之意所生的贪婪与机谋之心，故两个狼怪算计：“拿这二十两银子买猪羊去，如今到了前方集上，先吃几壶酒，把东西开个花账儿，落他二三两银子，买件绵衣过寒，却不是好？”喻心识一动，贪婪机谋之心便起，先天精气也随之向后天转化，即银两变绵衣了。两只狼怪叫：“刁钻古怪”。“古怪”即机谋之心，为心象，故行者变古怪刁钻。“刁钻”即贪婪之性象，故八戒变刁钻古怪。贪婪之性与机谋之心是为体用，故其名都是合称。沙僧变为“贩猪羊的客人”喻元气运化元精元神。三兄弟“一起赶着猪羊，上大路，经奔山来”，喻开启逆返还元功程。路上遇送请柬小妖，“青脸泡浮，左胁下着一个彩漆的请书匣儿”，此为“情”字之象。丹道中情喻神，性喻心，此情为后天人身所生之意所派生出的意念，故为小妖。请柬送至九灵元圣祖翁处。“九灵”即积久以成灵性，佛家言第八识阿赖耶识为根本识，故称“元”。转八识为白净识，即转识成智，就可成圣，故为“圣”。因其本源性，故为祖翁。所以九灵元圣为第八识阿赖耶识。黄狮精为第七识是末那识。另外六只狮子即：眼、耳、鼻、舌、身、意六识。“狮”即识也，可见此难的本质是对八识的转化之功。心识妄动落入后天之境则为妖象，故称金毛狮子。金喻本心觉慧的永恒之性，而金毛则说明本心觉慧落入后天，呈现为后天之智之思，这仅仅是本心觉慧的毫末之毛。狮本质为识，其象为思。竹节山喻人身脊柱。九曲盘桓洞，九即头部九窍，如同花果山山顶孕育出石猴的九窍之石，曲喻思维的运行间接性，盘桓喻思维的分辨和权衡之态。可见第八识在先天为九灵元圣，在后天为金毛狮子，故八戒道："癞母猪专赶金毛狮子。"癞母猪喻后天元精，金毛狮子喻后天之识之思，言后天元精是后天之识的物质基础，故八戒道："故知是老猪之货物也。"兄弟三人来到虎口洞，诗赞："不亚桃源洞，堪宜避世情。"虎口洞为脊中精髓生发之处，故赞其为世外桃源，修持者要于此涵养不使外驰、外泄、外耗，不被红尘外境所牵而炼化元精，即"堪宜避世情"。

行者向黄狮精报账，"买了猪八口，羊七口合起来为十五。猪银七六两，羊银九两合起来十五两，再给沙僧五两，合计二十五两"，此为河图之数，言二土成圭之象，是以数言返本还元之功。详细讨论涉及对河图洛书的解读，留在《西游道论》中展开。元精为后天人身提供了物质能量基础，而丹道修持也是从炼精入手，所以元精极其重要，故"正中间桌上，高高的供养着一柄九齿钉钯，真个是光彩映目"。金箍棒为身中中脉的先天一炁之象，故靠在代表阳气生发方位的东山头，降妖杖为运化之象，故靠在代表运化归宿的虚空之处，即西山头。兄弟三人拿了兵器，"现了本相"，喻返本还元之象。妖精"取一柄四明铲"，黄狮精为后天报身所生运行之意，为佛家所言第七识末那识，为意根。此意似明实暗，故所用四明铲即似明禅。妖精"赶到天井中"，与兄弟三人相斗而败走，是言于身中中脉之境可破此后天之意，使之不再生起，故行者道："且只来断他归路。""大圣使个手法，将他那洞里细软物件并打死的杂项兽身与赶来的猪羊通皆带出"，此为洗髓炼精之功。"沙僧就取出干柴放起火来，八戒使两个耳朵扇风，把一个巢穴霎时烧得干净"，此为炼精化气之功。"却将带出的诸物，即转州城"，回归中脉之境。第七识意根暂退但未消除，是归入第八识，所以黄狮精逃往金毛狮子处，喻机缘成熟时还会复来，故玉华王"喜的是得胜而回，忧的是那妖日后报仇"。返还则喜，顺行则忧，故行者道："一定与你扫除尽绝，方才起行，决不至贻害于后。"这是修持的态度和原则，八识的转化必须彻底才能继续修持。

黄狮精逃到竹节山九曲盘桓洞见金毛狮子，喻意根末那识退还到阿赖耶识的后天之象，即后天心识之境中，可见心性修持返还到了根本之处。行者为元神，修持果位是斗战胜佛，以识言之为白净识，是八识转识成智之果，故代表第八识的九灵元圣认得行者，九灵元圣笑道："原来是他，我贤孙，你错惹了他也！"金毛狮子与洞中六狮再加上黄狮共八只狮子，正对应八识之象，此八识顺行造化向后天转化，故言："等我和你去把那斯连玉华王子都擒来，替你出气。"心识的转化难以捉摸，丹道的应对之策还是要靠精、气、神三者凝聚合力而为，故"行者三人，却半云半雾，出城迎敌"。

"失却慧兵缘不谨"真正的慧兵就是精气神三件，若不能凝聚谨守必然导致八识混乱妄动，故言"顿教魔起众邪凶"。

第九十回

师狮授受同归一　盗道缠禅静九灵

丹旨：上一回，行者、八戒、沙僧好为人师之心与炫耀之心生起，便引出了八识妄动的魔相，先是代表第七识的末那识黄狮精盗走三件神兵，喻精、气、神的运化之机向后天转化。黄狮精向九头狮子精求救，招出一窝狮子，喻最终导致出八识妄动之魔相，警示修持者要谨守精气神三宝不可放纵。传道与学道都是对道体一炁的修持，故言“师狮授受同归一”。盗取道机而参禅悟道，无非是清净八识，使其净化转为九灵白净识，故言“盗道缠禅静九灵”。这一回，三兄弟与群狮争斗，喻以精、气、神的抟炼之法对治八识妄动之害，但难以克服，故孙悟空到东极妙岩宫请太乙救苦天尊降伏九灵元圣，喻逆返至先天之境，以真气入顶转化泥丸宫。泥丸宫为八识在后天人身的投射，为体，为主，为天尊，故能够驾驭九灵元圣，成为坐骑。只有回归先天之境才能将八识落入后天的妄动之象制伏，故九头金毛狮子精变回九灵元圣。天尊驾驭回归东极妙岩宫，喻八识清净由阿赖耶识转为白净识。性功修持至此有了基础，其证境便是：“无虑无忧来佛界，诚心诚意上雷音。”故本回丹旨为：八识。

释意：八只狮子精来到玉华州城前，“见那伙妖精都是些杂毛狮子”，喻八识妄动杂乱之象。“黄狮精在前引领”，第七识末那识为意根，所以先动。“狻猊狮、抟象狮在左、白泽狮、伏狸狮在右，猱狮、雪狮在后”，这六只狮子分别代表耳、鼻、眼、舌、意、身后天六识。“中间却是一个九头狮子”，即第八识阿赖耶识居中。“那青脸儿怪执一面锦绣团花宝幢”，喻情动而生花团锦绣之象，最易惑动人心。“古怪、刁钻打两面红旗”，喻贪婪之欲与机谋之心为后天血肉之心特性，故打红旗。“齐齐的都布在坎宫之地”，坎宫为后天化精之处，喻八识妄动落入后天之境。精气也随之向后天转化，此阵势是八识妄动之象，故代表元精返本还元之象的八戒骂道：“偷宝贝的贼怪。”

八戒与黄狮精大战是喻元精的先天之性与意根的后天之性相搏。“那七个狮子精，这三个狠和尚，好杀”，喻以精、气、神的凝聚来抑制转化后天七识之妄动。“八戒口吐粘涎”，喻先天元精开始向后天津液转化之象。“呆子躲闪不及，被他照脊梁上打了一简，睡在地下”，藏精之处为脊，故被打在脊梁上。元精向后天转化以睡在地下喻之。雪狮、猱狮代表身意二识，此二者最易动摇元精，故此二狮捉住八戒。元精受损则元气元神必衰，故“说不了，沙僧、行者也都战败”。行者嚼碎毫毛，“变做百十个小行者”。围住代表耳眼鼻舌的白泽、狻猊、抟象、伏狸这后天四识和九头金毛狮怪即意根，喻以元神应变限制后天之识的妄动。“拿住狻猊、白泽”，即制伏了耳根、眼根之识，即目不视，耳不闻。“走了伏狸抟象”即为舌、鼻二识，喻还未达到止食止息之境。老妖吩咐道：“把猪八戒捆了，不可伤他性命。”言元精不可伤损。“他若无知，坏了我二狮，即将八戒杀了对命”。眼、耳为灵性的自主性最大的体现，若是消除，则元精之能也无法体现，故言“对命”。

“孙大圣把两个狮子精抬近城边，老王见了，即传令开门，差二三十个校尉，拿绳出门，绑了狮精，扛入城里”，喻收视返听之功以入中脉。三藏担心八戒，行者道：“我们把这两个妖精拿了，他那里断不敢伤。”言收视返听便是保精养精，即断不敢伤，故言：“且将二精牢拴紧缚，待明早抵换八戒也。”牢守视听则精不耗，即可抵换八戒。小王子道：“师父先前赌斗，只见一身，却怎么就有百十位师身？及至拿住妖精进城来还是一身，此是甚么法力？”前七回孙大圣的修持为法身修持阶段，丹道称元神。唐三藏取经为转化报身阶段，丹道称阳神。再由东土回灵山受封为化身修持阶段，丹道称大觉金仙。现在三藏进入中脉修持是转化报身的最后阶段，所以元神逐渐显现出化身境界。此为“阴先动阳相随”之象，故行者笑道：“皆是身外身之法也。”

老怪与黄狮精定计，“汝等今日用心拿那行者、沙僧，等我暗自飞空上城，拿他那师父并那老王父子，先转九曲盘桓洞，待你得胜回报。”喻以后天之识困住先天元神、元气，而阿赖耶识也自然向后天转化，因此代表返本还元之愿的三藏与灵觉初象的王子也必然受损被擒。老怪“六口噙着六人”，此坤阴之象，喻八识已完全落入后天之境。行者捉住猱狮、雪狮、抟象狮、伏狸狮是元神制伏了意、身、鼻、舌后天四识。“将黄狮打死”，即将意根妄动消除。“倒转走脱了青脸儿与刁钻古怪、古怪刁钻二怪”，喻后天积习、言妄情与贪婪之欲、机谋之心还未消除。“将绳把五个狮精又捆了，再加上狻猊、白泽二狮”即眼耳鼻舌身意和第七识意根末那识六识皆被治伏，不再进妄动。

行者、沙僧来到“万灵竹节山、九曲盘桓洞”，竹节山喻人身脊柱，盘桓洞为颅中脑府，八识落入后天之境以此人身为承载之体，脊中精髓为后天之识提供了物质和能量基础，故言生万灵。大脑运转依靠思维推理，故以九曲盘桓喻其运行之象。老怪低头寻思道：“苦啊，我黄狮孙死了，猱狮孙等又尽被和尚捉进城去。”六识被制伏，七识消除，第八识的后天之象无法再兴，故言：“此恨怎生报得。”所以九头狮子“身无披挂，手不拈兵，大踏步走到前边”，喻八识本相显现。“只闻得孙行者吆喝哩”，喻元神见八识之性本为先天含藏之性，落入后天之境便藏于脑府之中。头颅有九窍，由此所生外驰内乱，故有九头，喻其后天之魔相。若能返本还元，八识转识成智为白净识，则为九灵元圣，所以“那老妖把头摇一摇，左右八个头，一齐张开口，把行者、沙僧轻轻地又衔于洞内。”九头狮子吩咐道：“今日打行者，明日打沙僧，后日打八戒”，此为八识向后天转化的顺序，喻先破其灵慧，再扭转运行模式，最后消耗精气。行者脱身，用棍“把三个小妖轻轻一揌，就揌做三个肉饼”，元神运用先天一炁很容易消除妄动之情与贪婪之欲和机谋之心。“解放沙僧”，再转化生命的运行模式。八戒叫道：“我的手脚都捆肿了，倒不先来解放我。”若是解脱的顺序不对，没有灵慧的觉醒、运行的转变而先行炼精必然引发魔障，故“这呆子喊了一声，却早惊动老妖”，喻灵觉即失，故行者“顾不得沙僧等众，使铁棒，打破几重门走了”。

行者回到玉华州，“又见金头揭谛、六甲六丁神将，押着一尊土地，跪在面前”，是要修持者觉察当下之意，返观己心，才能明辨，故言：“却将竹节山土地押解至此，他知那妖精的根由”。土地道：“那老妖前年下降竹节山。”前年为丹凝胎结之时，此后要开始性功修持，故老妖显现。“那九曲盘桓洞，原是六狮之窝”，即后天头脑的六识。“那六个狮子自得老妖至此，就都拜为祖翁”，喻六识之根皆源于八识阿赖耶识，故拜为祖翁。“若得灭他，须去到东极妙岩宫，请他主人公来，方可收伏”，言若要八识不再向后天转化，而转为第九识白净识，必须回到心识生发之极处。东极妙岩为脑府之泥丸宫，后天心识演化皆源于此处，为根本之处，为体，故为九头狮的主人公。妙岩即妙言，喻后天心识善于展现表达的特性。丹道修持的上丹田即指此处，修持之功便是对其净化，不使其落入后天之境。泥丸为太极之境，故以太乙救苦天尊象之。先天灵觉既已回归到太极之境，自然可以解脱苦难。

行者从玉华州来到东天门外是由中脉先天之境回到后天人身，东天门即百会穴、顶门。东极即脑府泥丸宫即妙岩宫，此为丹道修持中真气入顶之象。天王道：“那厢因你欲为人师，所以惹出这一窝狮子来。”弘法传道是修持者的责任，但不可因此而生好为人师的私心，此心的本质就是后天我执的体现，故而引发心识妄动，即惹出一窝狮子。这是根本原因，故行者道：“正为此！”天尊问行者功行。修持上丹田之功以转化和净化八识为主。转识成智后便是圣胎的赤子之心，此性命双熟矣，故行者道：“功行未完，却也将近。”

天尊叫来狮奴查问，狮奴道：“我前日在大千甘露殿中见一瓶酒，不知偷去吃了，不觉沉醉睡着，失于拴锁，是以走了。”喻修持者于大千世界中沉迷昏昧，对于心识之变不能觉察谨收而落入后天之境。天尊道：“那酒是太上老君送的，唤做轮回琼液。”酒使人心识昏昧则无从自主，只能随境展转轮回。天尊与大圣、狮奴来到竹节山道：“我那元圣儿也是一个久修得道的真灵。”元圣儿即是九头狮的先天本质，为白净识，故为真灵。因此：“他喊一声，上通三圣，下彻九泉，等闲也便不伤生。”是喻此识既可以逆返先天，也可落入后天。天尊收伏元圣儿，“纵身架起彩云，径转妙岩宫去”，喻后天返先天，返本还元也。

行者“入洞中先解玉华王，次解唐三藏，次又解了八戒、沙僧并三王子”，这是以先天化后天的次第。“把那六个活狮子杀了，共那黄狮子都剥了皮，将肉安排将来受用”，喻除去后天六识之害，意根不再起用。“三藏又教大圣等快传武艺，莫误了行程”，提醒修持者传道虽重但不可因此耽误修持，后面还有很多路要走。

王子“取青锦、红锦、褐锦各数匹，与三位各做了一件。三人欣然领受。各穿了锦布直裰，收拾了行装起程”，三兄弟不再是粗布直裰，喻精气神三者皆复归先天属性，故“城里城外，若大若小，无一人不称是罗汉临凡，活佛下界”。修持者已是达到了后天中的先天境界，故言临凡、下界。后天心识得到了净化，故言“顿脱群思”。复归先天之心，故能“潜心正果”。有了如此心性基础才能够：“无虑无忧来佛界，诚心诚意上雷音。”真正复归先天，达到虚空之境，才有资格见到如如本来之真相。

第九十一回

金平府元夜观灯　玄英洞唐僧供状

丹旨：上一回，三兄弟与群狮争斗，喻以精气神的抟炼对治八识妄动之害，但难以克服，故孙悟空到东极妙岩宫请太乙天尊，喻以真炁入顶转化泥丸宫，复归先天，故金毛狮子被降伏，转变为九灵元圣，喻八识归伏，不再妄动。修持者完成了对八识的净化，心性清净平稳，故这一回，来到了金平府。金喻心性的永恒之性，平言其平静祥和之态。此境是修持者首次真正复归见到先天本心，故时至元宵节。但此证境本质还是先天本心在后天之境中的投射之景，以夜喻其后天之境的暗昧，故为元夜，本质还是后天中的先天之象。修持者对此境的觉察即为观灯，灯即后天灵明之性象。月即先天本心的投射之景象。若修持者执着于此境，闲养人间，表现出辟尘、辟寒、辟暑的超然清高之相，并自认悟道，外显佛象以惑人心，但实则是内耗精气，故为妖邪，而以三只犀牛精假扮佛像，实则偷油喻之。实质是松懈之象，修持者当警醒，是必除之。故本回丹旨为：宽禅。

释意：开篇的七言诗将修禅的对象、内容、手段、效果等都已指明。详细解读留在《西游法诀》中展开。开篇直述禅修之旨，提示修持者功程至此，这是应当主要完成的修持内容。“四众离了玉华城”，喻后天欲望俱已消除，不再生起，故“一路平稳，诚所谓极乐之乡”，此言后天欲望转化消弭之后的证境，故师徒来到了金平府。

师徒见到“街衢中有几个无事闲游的浪子”，喻许多禅修者后天欲望化解了之后，于人世间了无挂碍，故言无事，但不知下一步功程，于世间所呈现出的状态，便以“闲游的浪子”喻之，略显贬义。“见猪八戒嘴长，沙和尚脸黑，孙行者眼红，都拥拥簇簇的争看，只是不敢近前而问”，描摹出那些只知心性调伏不知命气抟炼者的状态，虽是心无挂碍逍遥人间，也能见到上药三品，但并不识宝，更不知取宝炼宝，故“唐僧捏着一把汗，唯恐他们惹祸”，这是作者在替这些禅修者担心。修持者八识净化，了无挂碍，与世人的心态形成了强烈的反差，因此很容易生起慈悲之心，希望世人脱离苦海，故师徒来到慈云寺，以此喻指此刻修持者的心境。

慈云寺院主礼拜唐僧道：“我这里向善的人，看经念佛，都指望修到你中华地托生。”以往唐僧都自称来自东土大唐，是以方位言生发之态。在后天人身为心胸，喻人心为凡心，在识为愿。而本回所言中华是喻中脉之精华。看经念佛者欲托生中华，是喻修性者还要进入中脉清静之境，而贯通虚空法界。唐僧道：“若院主在此闲养自在，才是享福。”言修持者若停留此境只图闲养自在，也只是享此清福，若福尽之时又当如何？此非真修者所为，更非积功累德之举。而闲散必生妖邪，故唐僧招呼三个徒弟与院主相见，就是提醒修持者不可放弃命功修持，更是直接给出了解决方案。但是往往只知修性者不识上药三品，故言其丑。但唐僧道：“丑则虽丑，倒颇有些法力。我一路甚亏他们保护。”直言金丹大道是性命双修，离不开精、气、神三宝之功。众僧问道：“老师，中华大国到此何为？”喻只知中脉修持的殊胜却不知下一步如何进阶，故唐僧道：“我奉唐王圣旨，向灵山拜佛求经。”言中脉修持过后要进入虚空法界，开发佛性觉慧才是最终成就。修持者八识净化，了无挂碍之境仍是后天心境，还不是先天虚空法境，故此境依然是“天竺国外郡”。唐僧问众僧到灵山还有多远，众僧道：“此间到都下有二千里，这是我等走过的。”“都下”即天竺国都，喻虚空法界。八识平静了，入无挂碍之境，与中脉的虚空法境两者相通，故言“走过”。“西去到灵山，我们未走，不知还有多少路，不敢妄对”，言八识清净之心不知虚空本心，还未生起佛性觉慧，所以没有资格谈论，这是对修持者的警示。院主留唐僧过元宵佳节，是喻修持者此刻已达心性圆明之境。正月之象即喻此初象，其本质是虚空本心在修持者生命中的视觉呈现，谓之天心之象。此证境实有，功态中会有圆明月象出现，日常中会有明亮圆月之象长存于心，可实证验之。院主带三藏在金灯桥观灯。“金灯桥”金灯喻修持者八识净化后天身心所呈现出的光明之象，其明弱，故以灯火喻之，谓之自心之象。因其本质本源是先天本心在后天心神的反映，故言："乃上古传留，至今丰盛。"院主与唐僧后院闲耍，院内观灯，街上观灯，即是观己之心性，观世人心性。观元宵之月即观天心。唐僧道："弟子原有扫塔之愿。那塔上层层有佛，处处开窗，扫一层，赏玩赞美一层。"明示修持者修行要步步行来，层层用功，每段功夫皆有佛意，处处俱可旁通，不可妄想一步登天。这也是金丹大道的修持原则。

"却才到金灯桥上，……原来三盏金灯，那灯有缸来大"，三盏灯喻原本一体的自心分散为精、气、神三者。"其光幌月，其油喷香"，以己心应天心，谓之幌月，为性功。灯有光因油之故，油即修持者的命气，先天一炁，后天气。丹道入手有添油续命之法，没有此生命之油即能量的支持，何来生命之光？故言"其油喷香"。金灯产自"旻天县"，即悲天悯人之意。旻天县"每年审造差徭"，制造酥合油，喻世人被欲望所奴役。差徭没有间断，谓之旻，即悯人。消耗生命精髓能量点亮了后天心识之光，但精、气、神三盏灯也分散、消耗，落入后天之境，谓之悲天。此顺行造化，后天之识虽然可以理解佛理、略见佛影，但当灯油耗尽之时，后天神识之明也就昏昧了，故言："见佛爷现了身，明夜油也没了，灯就昏了。……人俱说是佛祖收了灯，自然五谷丰登；若有一年不干，却就年成荒旱，风雨不调。"喻以后天之识理解、认知佛理还是在后天之境，先天能量向后天转化，自然后天生命状态就"五谷丰登"。若不依佛理，又不知返还之道，自然身衰命损，即年成荒旱、风雨不调。"风来了，是佛爷降祥"，风来了为心动之象，而佛是如如不动者，可见是妄心借佛显象，故行者急忙扯起道："不是好人，必定是妖邪。"而唐僧被妖摄走的原因是修持者八识净化后所生起的清净心，进而心生欢喜并执着，更要假佛炫耀自己性功成就，故行者道："师父乐极生悲。"不知涵养本源，暗中消耗能量，便是妖邪的本质，受困此境，不知不觉，即"已被妖精摄去了"。

大圣进山寻找唐僧，见"四个人赶着三只羊"，即泰卦之象，此喻修持者八识净化之证境。"从西坡下，齐喝开泰"，三阳开泰本是天地交泰、亨通安泰复返先天之境，若不知向上之道，就只能物极必反，故只能"从西坡下"。功曹道："你师父宽了禅性，在金平府慈云寺贪欢，所以泰极生否，乐盛成悲，今被妖邪捕获。"是提示修持者不可图享闲养自在之福，执着此境便是宽了禅性，必然生出魔难。现在唐僧被妖精所摄是否卦之象，解决之道为颠倒为泰卦，故功曹道："设此三羊以应开泰之言，唤做'三阳开泰'，破解你师父之否塞也。"颠倒之法便是请四木禽星，即伺木勤心。木为生机，四木即伺木，喻培养生机。禽星即勤心，喻勤勉之心。行者来到"青龙山玄英洞"，青龙山属喻后天一己之性，玄英洞即炫耀英华之意，喻修持者炫耀自己心性修持之境，假扮佛象而不知涵养命宝，终是消耗灯油，所以为妖。落入后天成为辟寒、辟暑、辟尘三个妖精。此时修持者虽然能见得本性圆明之月象，但终是可望不可及，如犀牛望月之景，故妖精以犀牛喻之。辟寒为元神的后天魔相，故使钺斧，喻戗伐生命之心。辟暑为元精后天魔相，故使大刀，喻不知戒忍而恣意妄为之称。辟尘为元气后天魔相，故使扢挞藤，喻其牵缠杂乱之态。所以"辟寒、辟暑、辟尘认得齐天大圣"。行者与三妖争斗，喻仅凭先天灵觉是无法扭转精、气、神三者的后天之性，故行者败走。

行者回慈云寺讲述事情经过，八戒道："想是酆都城鬼王弄喧。"是言这是生命的趋死模式所导致的问题。行者道："不是，若论老孙看那怪是三只犀牛成的精。"是言此妖的本质是执着八识清净所导致的境界之难。《西游记》中的魔难大致分为心神妄动的境界之难，元精杂浊所导致的体质之难，元气运行趋势之难，运化模式之难。沙僧道："那妖精倘或今晚不睡，把师父害了，却如之何？不若如今就去，嚷得他措手不及，方才好救师父。少迟，恐有失也。"喻境界之难如不及时解决而拖延就会演变为运行趋势和运化模式之难，则更难解决。故八戒、行者闻言，急奔青龙山救师。

第九十二回

三僧大战青龙山　四星挟捉犀牛怪

丹旨：上一回，修持者净化了八识，达到了心清性净之境，故师徒来到金平府，喻此证境。达此境的修持者虽然对后天之境已是心无挂碍，但仍处在后天之境当中，若不知超越而闲散人间，便如师徒在城中见到的闲游浪子。更有甚者自认悟道，为炫一己之慧，外显佛像以惑人心，实则内耗精气，故三只犀牛精变做佛像偷食香油，摄走唐僧。故这一回，孙悟空上天宫请来四木禽星协助捉怪，喻以“合和四象”之功消除闲游与假佛之害。至此后天境界的修持功程完结，逆返之功完成，即将开启还元之功，进入到先天境界的修持。故本回丹旨为：后天。

释意：三只犀牛怪假佛显像，喻修持者为炫一己之慧所呈现的魔相，但这需要能量支持，故三只犀牛怪喜好喝酥合香油，警示修持者不可耗损生命能量，要培补更要凝炼，故兄弟三人“驾着云，向东北艮地上，顷刻至青龙山玄英洞口，按落云头”，此还精补脑之象，故“八戒就欲筑门”。行者变“火焰虫儿”入洞察看，是要修持者以灵明之性先行觉察，但其初始微弱，故以火焰虫儿的微弱之明喻之。洞中妖精“尽皆睡熟”，喻修持者若执着八识清净，实则已是昏昧之态，故唐僧哭道：“喜到金平遇上元。”八识清净即是上元之象，但若执着，自认成佛便是邪见，妖精必生，皆因不知其中的原因，故言：“不识灯中假佛像”。至此已明魔难产生之因，故“行者闻言满心欢喜”上前解救唐僧。“行者使个解锁法，用手一抹，那锁早自开了”，喻愿力的束缚是靠先天灵明解决的，而且轻而易举。修持者要发大愿，要愿通法界，如果没有先天灵觉的支持，大愿很难生起，更难持续。妖精发现师徒二人逃脱，是喻虽然大愿生起，但后天境界之困依然在发挥作用，还是无法真正解脱，故妖王笑道："早是惊觉，未曾走了。"八戒在洞外"那呆子卖弄神通，举钯尽力筑去，把那石门筑得粉碎"，石门喻后天之识之门，八戒筑门即还精补脑，此精在修持初期为后天髓精，中期为督中精气，此刻为先天元精，只有此先天元精才可以破除后天之识，才不会使心识向后天转化，能量也不会随之转化，故又骂道："偷油的贼怪，快送吾师出来。"三个妖王出战，此时正是："半天中月明如昼"。喻天心复现之时，正是破除对此境的执着之时。行者与辟寒同质，故"行者抵住钺斧"。八戒与辟暑同质，故"八戒敌住大刀"。沙僧与辟尘同质，故"沙僧迎住大棍"。辟寒为后天之识，其最能调动元精向后天转化，故辟寒大喊："小的们上来。"众妖精"各执兵刃齐来，早把个八戒绊倒在地，被几个水牛精揪揪扯扯，拖入洞里"，喻元精被后天神识牵引，开始向后天转化，因此生命运行的状态也随之发生变化，故沙僧也被捉住，导致元神灵明之性自然暗昧，故"行者觉道难为，纵筋斗云，脱身而去"。唐僧道："他既走了，必然那里去求救。但我等不知何日方得脱网。"言只要保此灵明觉性就有解脱之法。

行者回到慈云寺对众僧道："我师父自有伽蓝、揭谛、丁甲等神暗中护佑。"这些护法都喻指修持者保持绵绵不断的运行状态所具备的各种因素。"却也曾吃过草还丹"草还丹为后天五行攒簇之果，是修持的基础，吃了草还丹说明修持者不会轻易再度五行散乱落入后天，故言："料不伤命。"行者欲上天求援，众僧胆怯道："爷爷又能上天？"此批只知独修一己之性者，既不知天宫为何，更不知元神何所生。行者道："天宫原是我的旧家。"天宫在《西游记》中喻指脑府，其机能称为后天识神，其相为玉皇大帝，但行者不是此神，而是先天心神，为元神，其相为孙悟空，其后天载体就是脑府中的泥丸宫，即齐天大圣府。它的机能总是呈现为返本还元的趋势，表现为灵明觉性。当其达到虚空法界之境时，展现出的道体一炁，终成仙体，成就佛性觉慧，便是成佛之时，故言天宫为旧家，而虚空本心为归宿。行者道："我师父该有此难。"言在修持过程中每个阶段的转化必然带来各种困难，是不可避免的，也是有价值有意义的，故行者多次说过"该有此难"。这也是对修持过程中出现的问题心中有数的表现，这也是明理，修持者不仅要明修持原理、方法、手段、程序、证境，更要明白危难之境的内在含义以及丹道修持价值和应对之策，但大多数修持者不知，故作者借行者之口感叹道：“汝等却不知也。”

大圣来到天宫，金星道：“那是三个犀牛精，他因有天文之像”，天文之像指古人观测天空的星宿之像，此喻指精、气、神三者，虽属后天，但依然隐含着先天属性，遵循着天道运行规律。“早年修悟成真，亦能飞云步雾”喻指先天之性。“其怪极爱干净”，喻指三者具有复归先天的本能本原，故“常嫌自己影身，每欲下水洗浴”，喻解脱后天人身之困，欲以炼气净化，但炼气只能清洁其表无法转化本质，故仍为妖精。“似那辟寒辟暑辟尘，都是角有贵气，故以此为名，而称大王也。”犀牛角的药用价值是清热、解毒、安神，便以辟寒、辟暑、辟尘称之，此以药性而言，以丹道言之“犀牛角”，喻精、气、神三宝之极，为先天一炁，故言：“有贵气”。“若要拿他，只是四木禽星见面就伏”，四木禽星即伺木勤心，喻培护生机，用心以勤。四星合力便是合和四象之功，故精、气、神的后天属性自然消除。行者问：“是哪四木禽星？”金星笑道：“此星在斗牛宫外，罗布乾坤。”能罗布乾坤者虚空法界，“道自虚无生一炁”，此气便是真生机。四象合和便能致虚极而培护此先天一炁。“角木蛟”，代表东方，“斗木獬”，代表北方，“奎木狼”，代表西方，“井木犴”，代表南方。此四木合力代表着四象和合，故行者道：“须得四位同去才好。”

大圣与四木禽星出天宫，合力降伏三只犀牛怪，喻在元神的主导下合和四象致虚极消除因八识清净却不知前进而生出的徘徊之魔相。“这大圣帅井木犴、角木蛟紧追急赶，略不放松”，井木犴为南为眼，喻止念。角木蛟为东为鼻，喻止息。行者率二星喻以止念止息之功消除精气神的心识魔性。“惟有斗木獬、奎木狼在东山凹里，把些牛精打死的，活捉的，尽皆收净”，斗木獬为北为耳，喻止闻。奎木狼为面为舌，喻止言。是借此精气之能消除后天运行状态，故“玄英洞里解了唐僧、八戒、沙僧”。后天之境破除后表明后天的运行模式得到了扭转，故“沙僧认得是二星，随同拜谢”。八戒挽起唐僧道：“师父，礼多必诈，不须只管拜了，四星官一则是玉帝圣旨，二则是师兄人情。”言合和四象之功是后天修止之法，非解脱之法，故无须多拜。后天心识与先天心神互通达成一致，才是重点，奎木狼道：“待吾等还去艮方迎敌。”艮方即脊督之处。

唐僧、八戒、沙僧回到慈云寺，喻回到正确的修持证境，即金平府所代表的是八识清净之境，这也是后天修持境界之极，修持者此刻必须把持住自己，不可心生欢喜，以为功成而生懈怠，再落后天魔境，故以诗提示道："爱赏花灯禅性乱，喜游美景道心漓。大丹自古宜长守，一失原来到底亏。"三只犀牛精逃到西海中，喻继续向后天转化，向后天浊精转化，故言："极能分水。"水晶宫即身下二丸，为藏精处，故龙王命摩昂助力行者擒妖，是阻止三宝转化为后天浊精。"早把个辟尘儿被老龙王领兵围住"喻后天运化的趋势被阻止。"只见井木犴现原身，按住辟寒儿，大口小口的啃着吃哩"井宿为南为眼，啃辟寒儿，是以眼制后天之妄神之动，为止念之功。行者道："锯下他的两只角，剥了皮带去。犀牛肉还留与龙王贤父子享用。"喻止念至极便复归先天属性。

行者回归金平府道："以后你府县再不可供献金灯，劳民伤财也。"言保养精气神，不可耗散。元精自然调伏不再向后天转化，故四星道："天蓬元帅近来知理明律，却好啊"。八戒道："因做了这几年和尚，也略学得些儿。"八戒"发起性来，掣出戒刀，将辟尘、辟暑头砍下。"喻元精归复先天本性，自然后天神气也随之消除。大圣道："四位星官将此四只犀角拿上界去，进贡玉帝，回缴圣旨。"喻后天识神要牢守眼耳鼻舌四根。"留一只在府堂镇库，以作向后免征灯油之证"，喻三宝凝聚致极，不再消耗，以为验证。"我们带一只去献灵山佛祖"，喻将三宝凝聚之功做到极致，也就完成后天之境的修持，才能进入先天之境的修持见到灵山佛祖。

金平府"起建四星降妖之庙，又为唐僧四众建立生祠，个个树牌刻文，用传千古，以为报谢"，喻后天修持功程至此完成。为四星建庙喻合和四象之法。为师徒建生祠，喻五行攒簇之功。立庙、建祠、刻文，是喻有为之法可以言说流传，但修持者切不可执着贪恋，故长老吩咐："恐只管贪乐，误了取经，惹佛祖见罪，又生灾厄。"八戒贪食不肯西行，唐僧骂道："莫胡说，快早起来，再若强嘴，教悟空拿金箍棒打牙！"喻后天识神完全觉醒，不再受元精的支配，知道以元神制元精，这也是后天修持完结的证境。而代表运行状态的沙僧自然也随之起身西行。修持将进入先天阶段，是无为之法，故长者道："寂寂悄悄的，不要惊动寺僧。"

"暗放玉笼飞彩凤，私开金锁走蛟龙"喻由后天返先天的成果。玉笼即欲笼，言后天欲望消除后，元精而复归先天属性即彩凤。私开金锁，喻后天识神的局限性被打开，元神复归先天属性即蛟龙。此言后天修持的成果。

第九十三回

给孤园问古谈因　天竺国朝王遇偶

丹旨：上一回，孙悟空请来四木禽星捉杀了三只犀牛精，喻修持者破除了因执着八识清净之境，却不知还元而生出的闲散之态，由此导致精气神松懈所呈现出的魔性。至此后天境界的修持功程完成，故从本回开始至第一百回共八回，阐述了先天境界的修持功程。故这一回，师徒进入到天竺国，即中脉之境。中脉为先天本心的后天之象，因此三藏与行者相互探讨《心经》，喻对先天本心的参悟。师徒来到给孤独园寺，三藏忆起往事，喻修持者初入中脉先天之境，本心渐显，佛性觉慧渐生之态。老院主将公主困锁在寺院房之中，喻觉照之法只能持守中脉灵性，但还不能使其返还先天，故要请行者进城分辨真假。唐僧进城，假公主要招其为驸马，喻以后天之欲调动支配修持者的命胎丹炁自然为假为妖，故本回丹旨为：中脉。

释意：本回开篇诗点明了起心动念之害，但这也正是修持者下手用功之处，后天境界的修持以有为法为主，进入先天境界的修持则是以无为法为主，不拘泥于形式，随时随处应机而修，要破除一切外象，在一切假象中见真相，故诗言："起念断然有爱，留情必定生灾。不论成仙成佛，须从个里安排"这是对此阶段的修持提出的原则要求与策略。念的本质是识根起用的后天之象，所以修持者要随时观照念起情生，但关键是由此觉悟到心识之根，这才是修持下手和成就之地，故言"须从个里安排"。当心性调伏纯熟之后，自然可以进入先天境界。于修身而言为中脉修持，即进入天竺国。金平府慈云寺众僧发现三藏师徒离开，懊悔不已，但实是作者替那些只修八识清净而不知向上之法的修持者感到惋惜。由此便要进入先天境界的修持，故言"今夜都驾云去了”，批评那些不知后面功程还需步步行来的修持者，只是臆想“驾云去了”，实为妄心，修持者要自醒。

师徒继续西行，唐僧又心生悚惧，此为起心动念，故行者立刻提醒道：“你好是又把乌巢禅师《心经》忘记了也。”金丹大道不同于早期的内丹术，区别就在于修心，即佛性觉慧的明彻，所以《心经》是心性修持的宗旨，故三藏道：“《般若心经》是我随身衣钵。”行者言《心经》是讲心体，三藏言《般若心经》是言觉慧。一言体，一言用，更要知得、证得，故行者道：“师父只是念得，不曾求那师父解得。”行者道：“我解得”，行者便是心体，无须多说。心本形而上是无法用形而下的言语表述，即不可以有限解无限，故“自此三藏，行者再不作声”。虽然心本无相，但道体可知，故八戒道：“弄虚头，找架子，说甚么解得、晓得，怎么就不作声？听讲！请解！”这也是警示那些禅和子们不可弄虚头，故沙僧道：“他晓得弄棒罢了，他那里晓得讲经。”棒即道体一炁，弄棒即对炁机生化规律的了解和驾驭能力的培养，故修持以《易经》为祖。讲经即对现象背后的空性本质的阐述，彻底的觉悟而不着一象，修持以《心经》为宗，故三藏道：“悟空解得，是无言语文字，乃是真解。”

修持者保持这样的状态便可渐入先天之境，故师徒来到“布金禅寺”。金喻先天一炁，布金喻先天一炁在中脉之中流布。禅寺喻禅心空寂之境。“布金禅寺”为中脉修持的初境之象，此象源于先天法界本体虚空，故言是“上古遗迹”。三藏沉思道：“这莫不是舍卫国界了么？”舍卫即舍去有为之法，进入无为法修持。此刻修持者先天本心渐显，故八戒道：“师父今日也识得路了。”布金禅寺原名是“给孤独园寺”，给即己，孤独喻中脉，故喻指修持者己身中脉之境，此处为炼神养胎之处，故又名祇园。祇即神祇，修持者若达此境便是进入到先天之境，便可生发佛性觉慧，故可以“请佛讲经”。中脉不仅是虚空之境，更是先天一炁流布之地，故给孤独长者：“以黄金为砖布满园地，才买得太子神祇园，才请得世尊说法”，喻示修持者要先修道体一炁，佛性觉慧才能得以展现。八戒笑道：“造化，若是就是这个故事，我们也去摸他块把砖儿送人。”八戒为元精，若依造化顺行则先天一炁必然转化为后天之精，终为后天人身所用，故只能由八戒摸得送人。“这时节，却也大家收敛”，言凝炼为一体，此为火候。

寺中走出的禅僧威仪不俗"面如满月光，身似菩提树"，是言心性圆明，身命静定之态。"拥锡袖飘风，芒鞋石头路"，石头路喻指禅宗石头希迁的修持法门，此法门以"即事而真，一切现成"为宗旨，这是提示修持者以识为路是此刻的修持策略，以此修持，于万事万境中炼化真心，极其重要，故言："长老东土神僧，但得供养，幸甚。"身中中脉为后天中的先天，世人因后天之欲消耗先天一炁，故以往来行商借宿喻之。"我这山唤做百脚山，先年且是太平，近因天气循环，不知怎的，生几个蜈蚣精，常在路下伤人，虽不致于伤命，其实人不敢走。"百脚山即百交山，喻先天气、后天气相互转化之态，先天落入后天则前功尽废，故为蜈蚣精，即无功。实修实证者不敢走此顺行造化之路，而要行返本还元之途，只有明白了其中的机理才能冲破层层关锁，才能见到大光明，故"山下有一座关，唤做鸡鸣关，但到鸡鸣之时，才敢过去"。鸡鸣为预报天亮之兆，此喻修持者将进入先天虚空法界，见到大光明境界。所以此关是由暗转明，由后天返先天之关，极为重要。老院主问唐僧年龄，唐僧道："虚度四十五年。"是以数言四相合和归于中脉。院主道："比老师痴长一花甲也。"六十年为一花甲，为一个循环周期，明示修持者还要行持运化周流之功乃至纯熟。行者问："你看我有多少年纪"，是问如何认得本心，院主道："师家貌古神清，况月夜眼花，急看不出来。"说明此刻觉慧未生，本心还未展现，故看不出来。

三藏随院主来到后院祇园基址观看，赋诗赞叹。此中脉之境为佛性觉慧生发之地，可以救助落入后天之境的苦难，诗中意韵读者自悟。"他都玩着月，缓缓而行"，修持中常以月象喻心性，玩月即自观、自觉，心性明朗之态，缓行是言修持的火候。三藏"忽闻得有啼哭之声，哭的是爷娘不知苦痛之言"，啼哭声喻指对落入后天之境的悲声。后面出现的太阴星君为先天本心觉相，素娥为身中中脉之灵相，故投胎天竺国为公主。玉兔即欲兔，为后天欲相，故将素峨抛于荒野，是喻世人对自己的先无灵性不知不觉，如弃于荒野不管不顾。觉慧转化为先天灵觉，再转化为后天欲望，本心就这样层层向后天转化。此啼哭之声也是作者哭世人之声，也正是老僧所言"悲切之事"。老僧"即命众僧先回去煎茶，见无人"，煎茶即鉴察，是要修持者先要觉察明鉴，直至众缘放下才能见到自家沦落的灵觉真相，才能行持逆返之功，故"方才对唐僧、行者下拜"，此为修持的次第、火候。老僧道："弟子年岁百余，略通人事”，言修持者勤勉修证不再执着红尘。“每于禅静之间，也曾见过几番景象。若老爷师徒，弟子聊知一二”，言已达明心见性之境，有大愿知元神。“若言悲切之事，非这位师家明辨不得”言扭转向后天转化的趋势，必须依靠先天灵觉行持逆返之功，只靠一己觉照是无法返本还元的。院主道：“弟子正明性月之时，忽闻一阵风响，就有悲怨之声”，喻修持者因心性灵明，觉察到了心性向后天转化的趋势，以及运化模式，即以风喻之。女子道：“我是天竺国国王的公主”，即中脉的灵觉之象。“因为月下观花，被风刮来的”，喻以灵明之觉观后天万象生化之花，心识外驰而动，必然向后天转化，此风即转化之象。“我将他锁在一间敝空房里，将那房砌作个监房模样，门上止留一小孔，仅递得碗过”，喻修持者后天八识清净之后虽然能见到先天灵性，但不知其本源，只能做到谨守鉴察此灵明之性，不使其受害，更不知还元之功，故只能“对众僧传道，是个妖邪，被我捆了”，此为无奈之举，也有误人之嫌。先天灵性与后天八识清净之性彼此相通，只是境界不同，故“那女子也聪明，即解吾意，恐为众僧点污，就装风作怪”，喻维持现状不再向后天之境转化。“我几番家也进城乞化打探公主之事，全然无损”，喻以觉照之法观中脉之境，观法无法解决当下困境，故只能“坚收紧锁，更不放出”，喻只能以持守之法保持现状。“今幸老师来国，万望到国中广施法力，辨明辨明”，广施之法即逆炼之法，其要在逆，其机在凝。师徒一路西行便是逆法的体现，一路斩妖除魔，本质就是凝炼一体，最后一体拜真如，这就是金丹大道的核心。如此修持就可以救世人出离苦海，展现实效，坚定世人信心，故言：“一则救拔良善，二则昭显神通。”

八戒道：“睡了罢，这等夜深，还看甚么景致。”提醒修持者不可贪看心性圆明之境所生出的各种景象，要一门深入，进入甚深的禅定当中，故以诗言此禅定深沉之境。“当夜睡未久，即听鸡鸣”，喻只有在深沉的禅定中才能彻悟机理，进入到先天光明之境。临别时老僧向行者道：“悲切之事在心”，这也是叮咛修持者。行者道：“谨领，我到城中，自能聆音而察理，见貌而辨色。”喻元神主导先行觉察之功。

师徒进入到天竺国，喻示正式进入到中脉修持阶段，故来到“会同馆驿”，会同即汇聚同一之境，即中脉。“驿丞听说有马，就知道是官差”，马喻意志力，官差即观察，是言修持者此刻要专注觉察。中脉为身中先天之境自然不知后天之境，故驿丞问："国师，唐朝在于何方？"三藏告知历程，驿丞道："神僧！"喻此功理实质为心神转化之程。"大天竺国，自太祖太宗传到今，已五百余年"，太祖喻无极之境，太宗喻太极之境，五百为中和之数，喻中脉之境。"现在位的爷爷，爱山水花卉，号做怡宗皇帝"，中脉为生命的根本，为后天生命的生化提供根本支持，故言爱山水花卉。而这个过程为潜移默化，故为怡宗。"改元靖宴"落入后天之境为"改元"。其状态则延续了静净之态故言靖宴，即静延。驿丞道："近因国王的公主娘娘，年登二十青春，正在十字街头高结彩楼，抛打绣球，撞天婚，招驸马"，二十青春，喻中脉之性原本清净，但因造化顺行而生二仪之相，故公主要招驸马。假公主为玉兔，即欲兔，代表后天之欲。此境为返本还元和顺行造化的二分之处，故在"十字街头"。绣球为太极之象，抛之则喻向二仪之象转化，阴阳相合，顺则落入后天，逆则返本远元。顺逆之法皆是自然之法，故言"撞天婚"。顺逆取决于修持者的选择，即"招驸马"。三藏街头见到抛绣球想道："我想着我俗家父母也是抛打绣球遇旧姻缘，结了夫妇"喻阴阳交媾向后天转化的趋势，故言："俗家旧姻缘"。为了不再顺行造化就先要以元神明察，故行者前去察看。"一则去看彩楼，二则去辨真假"，看彩楼即观境，辨真假即观运化趋势。返本还元即为真，顺行造化即为假。

"天竺国王，因爱山水花卉"，喻贪爱后天万化之境，则心动欲生，故"公主在御花园，月夜赏玩，惹动一个妖邪，把真公主摄去，他却变做一个假公主"，喻元神隐，识神生。"欲招唐僧为偶，采取元阳真气"，喻以后天之欲调动支配修持者炼化的命胎丹炁。"以成太乙上仙"，从妄心欲望的角度出发去理解主导修持，此为邪见邪行，故成魔难。故"公主将绣球取过来，亲手抛在唐僧头上，唐僧着了一惊"，喻阴阳交媾。"把个毗卢帽子打歪"，毗卢为法身佛通称。唐僧此刻戴毗卢帽则喻示着将要完成法身修持，命胎将由中脉冲出进入虚空法界，但被打歪则表明因妄心而生欲，将这个进程打断。"双手忙扶着那球"，喻修持者要护持住圆明一体的太极之境，不可使其散乱向后天转化。"那些客商人等，挤挤哄哄，都来奔抢绣球"，此为后天欲起纷乱之象，这时就需要元神护持，故行者"使个神威，弄出个丑脸，唬得些人跟跌跌爬爬，不敢相近"喻元神所驱者为修持的妄心贪欲。"若公主不招你便罢，倒换了关文就行"言如果不受后天欲望影响，不向后天转化自然继续返本还元之路。“如必欲招你，那时召我三个人入朝，我其间自能辨别真假”，言若是顺行造化向后天转化，还必须依靠精气神的凝炼之法扭转。

公主向国王道：“今日打着圣僧，即是前世之缘，遂得今生之遇，岂敢更移！愿招他为驸马。”修持之事即脱红尘归法界。红尘人事即是前世，对此报身的转化必然要克服转化后天报身所带来的障碍、束缚，故言前世之缘无法跨越，故公主必招他为驸马。国王命：“差官召圣僧徒弟领关文西去，留圣僧在此为驸马。”师徒若就此分别则已结命胎金丹必然散乱，再度向后天转化，正如文中诗言：“大丹不漏要三全。”明示了保持心性圆明的要诀，非常重要。诗文的详细解读留在《西游法诀》中展开。八戒听说招亲道：“那公主招了我，却不美哉，大家造化耍子儿，何等有趣！”喻后天欲望一起元精必动，所以八戒无比向往，喻元精之动象。故八戒道：“他那样一把子年纪岂不知被窝里之事，要你去扶撍。”喻元精一动淫欲即生，故行者骂道：“你这个淫心不断的夯货，说那甚胡话。”此元神随时觉察制伏元精之机。差官来请三位神僧入宫，即大丹不漏要三全。

第九十四回

四僧宴乐御花园　一怪空怀情欲喜

丹旨：上一回，师徒来到给孤园布金寺，院主告知困锁公主于石房之事，喻修持者于中脉虚空之境见到先天真意，但不知返还之功，故只能持守于心识之境，使其不受到伤害，若欲返还仍需要元神相助，故老院主请行者入城打探，分辨真假。这一回，师徒上殿面见君王，喻三宝凝聚，进入中脉之境。玉兔假扮公主，喻先天真意妄动，落入后天转化为后天之欲，故要招唐僧为驸马，喻以后天之欲驾驭支配修持者命胎丹炁，故为妖邪。故本回丹旨为：意动。

释意：“大丹不漏要三全”，故兄弟三人同上朝堂，喻精气神凝聚一体进入中脉之境，只有进入中脉修持阶段所炼之丹才可称为大丹。中脉是密宗的说法，现在被广泛运用都知其义，而在丹道中称为中黄，丹法中有“中黄直透”之法，就是通中脉之法，故代表中黄的“黄门官即时传奏宣进，他三个齐齐站定，更不下拜”，此为凝聚泰定之象。行者道：“我们出家人，得一步就进一步。”喻丹道的修持策略是循序渐进，故“随后八戒、沙僧亦俱近前”，但也不可妄为冒进，故“长老恐他村鲁惊驾”，让行者“你即奏上”。行者道：“陛下轻人重己。”轻人是因为重己，重己必然轻人，其实质是我执。直接点明了修持的最大障碍，也是最重要的命题即消除我执。而三藏的修持就是要解决这个根本问题，故为贵人。故言：“岂有贵人不坐之理。”此坐即做，喻消除我执要实修实证，故国王请三藏坐下。行者、八戒、沙僧各述身世和修持经历，是将精气神三宝的炼化精要全盘托出，极为重要，修持者必须明彻。其详细解读留在《西游法诀》中深入讨论。精、气、神为上药三品，故国王称兄弟三个“实乃妖神”，妖神即药神。三家相见相凝后便由三返二，故由阴阳官奏道：“婚期已定本年本月十二日。壬子良辰，周堂通利，宜配婚姻。”本年本月之本即虚空本体。“十二”为一周天，“壬子”在干支为水，喻先天一炁，是言本体虚空所生发的先天一炁周流不息，即周堂通利，故于此境即刻下手，阴阳融合，返本还元，命胎解脱进入虚空法界。“今日初八，乃戊申之日。猿猴献果，正宜进贤纳事”，初八为月象之上弦，半斤喻性功修持之半已经完成。戊为土，申为金，戊申之日，即炼神之时，必能有所果证，即还元之果，故有猿猴献果。阴阳官所言皆是中脉修持阶段以阴阳化合为内容，其状态、火候、证境，修持者若能明此理法便可下手，故言“正宜进贤纳事”。三藏责备行者，行者道：“师父说，‘先母也是抛打绣球遇旧缘，成其夫妇’。师父似有慕古之意。”唐僧父母抛打绣球成其夫妇，是阴阳交媾向后天转化的运行法象。三藏有“慕古之意”，喻此刻的修持者也处在这样的关口，需要元神辅助，完成阴阳交媾，使其不向后天转化而逆修返本，故“老孙才引你去”。“又想着那个给孤布金寺长老之言，就此检视真假”，识假除假方能显真，才能返本还元。沙僧、八戒问：“哥哥近日又学得会相面了。”行者道：“相面之士当我孙子罢了。”行者之观为神观，观其本质。相面只观其象，推究于本，故言当孙子。明示修持者要神观其本，故行者道：“老孙的火眼金睛，但见面，就认得真假善恶。”三藏道：“我们十节儿已上了九节七八分了。”此处再一次明示修持功程进度即将完成。

国王光禄寺安排佳筵。光禄寺即光明显露之境，达成此境离不开三宝之功，故八戒道：“陛下，我师徒自相会，更无一刻相离。今日即在御花园饮宴，带我们去耍两日，好教师父替你家做驸马，不然，这个买卖生意弄不成。”国王吩咐道：“在永镇华夷阁里安排二席，我与驸马同坐。”华夷即向后天潜移默化的趋势，故要永镇不使其发生。这要靠修持者后天坚定的信念和先天灵性共同完成，故国王与三藏同坐。“留春亭上安排三席，请三位别坐”，留春即保留生机，而生机由精气神三宝生发，故三位别坐。“国王排驾请唐僧都到御花园内观看”，御花即欲化，修持者完成中脉修持后，后天欲望会转化消亡不再生起，当面对后天万象万境之时，如入花园观花，观而不驰，赏而不迷，故言：“更喜东风回暖日，满园娇媚逞光辉。”观御花园即喻修持境界之态。但此境之内还存在着向后天转化的趋势，故三藏："诚是外喜而内忧也。"唐僧作观春夏秋冬四景之诗，是喻修持者于此超然神观的境界，自然可以觉察到先天一炁的生化周流运行之态，故以诗赞道："周天一气转鸿钧，大地熙熙万象新"，由此一炁的作用，后天的局限性才从根本上消除，故言："日暖冰消大地钧。"唐僧所作四季诗，是明示修持者当体悟见证到一炁的存在和运化时，应当具有的心态，故诗言："袖手高歌倚翠栏。"喻凭栏俯视一切的态度，不执着，不动心。先天一炁使得元精从质到量都得到了提升和充盈，故八戒叫道："好快活！好自在！今日也受用这一下了！"以往元精都是依靠后天水谷之精培补，固其质为后天，则很难真正充盈元精，故八戒一路上总是饥肠辘辘，只有进入中脉修持才真正受用了一次，所以感到快活自在，到后面则食量开始减少。"却该趁饱儿睡觉去也"，喻涵养转化之功其作用是自然转化，无须后天有为，故以睡觉喻其无为之态。唐僧道："只管大呼小叫！倘或恼着国王，却不被他伤害性命？"言先天一炁在转化后天元精的过程中要行无为之法，但若元精因能量充盈而生躁动则必须对治，故长老叱道："拿过呆子来打他二十禅杖！"行者"果一把揪翻，长老举杖就打"，这是西行路上唯一一次唐僧亲手打八戒，代表着后天之意的彻底觉醒。不再被后天元精支配调动，可以反制了。这是后天之意的逆返还元之象，故呆子喊道："驸马爷爷饶罪！亲还未成，就行起王法来了！"言返本还元之法就是王法。

国王走进昭阳宫，见到花团锦簇之象，喻先天一炁对于修持者的重要意义，故以"喜会佳姻"四首新诗赞之，佳姻即进入虚空法界、返本还元的殊胜佳美之因，于此中脉之境相会。"昭阳"，即招摄真阳一炁，修持者招摄先天一炁之时就要即刻下手，不要延迟，故言："今日正是佳期，可早赴合卺之宴，不要错过时辰。"公主道："唐圣僧有三个徒弟，他生得十分丑恶，小女不敢见他，恐见时心生恐惧。"假公主为后天欲望，代表着顺行造化的趋势，当然与代表着返本还元趋势的三徒不敢相见。欲望使人之三宝与真意相分离，进而向后天转化，故言："万望父王将他发放出城方好。"国王喻修持者潜在的先天灵性，还未生出大愿，属于天然自发状态，故受代表后天欲望的假公主的支配"发放出城"，即离开中脉的虚空之境，由先天落入后天，故国王用印花押要三兄弟离城。

行者回到驿馆中变成蜜蜂回到宫中，喻示修持者还要于中脉虚空之境行持静观密察之功，才能成就法身，故“径飞至他毗卢帽上”。行者道：“师父我来了，切莫忧虑。”唐僧听见“始觉心宽”，神意相通这是修持基础。

“邪主爱花花作祸，禅心动念念生愁”，中脉所呈现的先天灵性不经煅炼，仍然具有向后天转化的可能性，即顺行造化的趋势依然在发挥作用并运行。不经转化的禅心在这样的运化状态中必然动摇，心动必生魔障。

第九十五回

假合真形擒玉兔　真阴归正会灵元

丹旨：上一回，师徒上殿面见君王，喻三宝凝聚进入中脉之境。玉兔为先天真意之动象，因妄动落入后天，因为先天灵性贪执后天万化之境，故月宫姮娥下凡投胎至代表中脉之境的天竺国做了公主。真意也随之妄动变作假公主，将真公主抛在荒野，喻后天之欲对先天灵性的压制。假公主要招唐僧为附马，喻妄动之意调动支配命胎。这一回，唐僧随国王来到后宫，面对繁华景象全不动念，此心性纯熟之象。由此孙悟空才能分辨真假，妖怪自然脱去假相，显出真身，与行者争斗。玉兔所用兵器若用于返本还元，则为捣药杵，喻真意之作用。玉兔躲进毛颖山洞中，喻后天聪慧之性坚固如山。两块大石挡住大门，喻左右大脑为后天神识之基。对其转化须用先天一炁，故行者用金箍棒撬开。转化的结果便是太阴星君带领姮娥仙子降临，喻虚空本心之觉与先天灵性的显现。修持者要明察灵性真意是如何向后天转化的，故太阴星君讲述了前后因果。玉兔归伏，喻真意静定；真公主回宫，喻灵性显现。孙悟空请星君与天竺国君民相见，喻修持者中脉修持的证境是见此本心之觉和先天灵性。故本回丹旨为：归觉。

释意："唐僧随国王至后宫，只听得鼓乐喧天，随闻得异香扑鼻，低着头，不敢仰视"，喻修持者在中脉修持的禅定中会有许多景象产生，面对这些景象要收心敛神，笃意静定。"行者暗里欣然，丁在那毗卢帽顶上，运神光，睁火眼金睛观看"，喻保持静定才能进入虚空之境而神观。"行者见师父全不动念"，即"致虚极，守静笃"之态，故夸道："好和尚！身居锦绣心无爱，足步琼瑶意不迷。"对境无心是大还，此心性纯熟之象。玉兔为先天真意之动象，落入后天转化为欲望意识，故行者“见那公主顶上微露之一点妖氛，却也不十分凶恶”，喻真意一动便呈现出向后天转化的趋势，转化为后天之意，这种趋势隐藏在先天虚空之境中，因还未完全转化为后天欲望，故言“不十分凶恶”，而只是微露，即言此趋势的产生。消除这样的趋势也要在虚空法界之境完成，故行者道：“使出法身，就此拿他也。”是言此时之功为法身上事。行者揪住公主骂道：“你在这里弄假成真”，言将这样的趋势转化为后天之境，“还要骗我师父，破他的真阳，遂你的淫性”，真阳即修持者所结命胎金丹，后天欲望调动真阳导致向后天转化，即为淫性。“那妖精挣脱了手，解剥了衣裳，捽捽头，摇落了钗环首饰，即跑到御花园土地庙里，取出一条碓嘴样的短棍，急转身来乱打行者”，土地庙喻当下神意所处之境。山神、土地在《西游记》中喻指修持者的当下之意，短棍为捣药杵，喻真意运炼的作用，用在返本还元即为捣药杵，用在顺行造化为妖精兵器。玉兔为先天真意之动象，落入后天为意识为假意，进而转化为欲望，故行者与妖精在天上争打，是喻元神与后天意识相斗。妖精欲入天宫，喻向后天神识之境转化，故行者命天门守将不许其进入。妖精讲述捣药杵的来历和作用，以诗言：“一体金光和四相，五行瑞气合三元。”是言真意的作用。“这般器械名头大，在你金箍棒子前”，喻炼化先天一炁必须由真意完成。行者冷笑道：“你既住在蟾宫之内。”蟾宫即禅宫，喻禅定之境。而玉兔的本质就是禅定中真意之动象，此真意为元神之作用，故行者道：“就不知老孙的手段？”真意归伏元神，即返本还元，故言：“你还敢在此支吾？快早现相降伏，饶你性命。”若顺行造化向后天转化则性命不保，若返本还元，即现相降伏，则性命保全。那怪道：“我认得你是五百年前大闹天宫的弼马温。”弼马温就是涵养真意之功，闹天宫是喻先天元神向后天识神转化，与此刻妖精的状态一样，故言：“理当让你。”然而此刻元神为返本还元的趋势，必然要破除顺行造化的趋势，故妖精言：“破人亲事，如杀父母之仇，故此情理不甘，要打你欺天罔上的弼马温。”许多修持者知道真意在修持中的重要，但只知涵养，停留此境而知足不前，极不可取，故行者：“听得此言，心中大怒，举铁棒劈面就打。”喻打醒此类弼马温式的修持者。“金箍棒，捣药杵，两般仙器真堪比”，喻炁机与真意两者是修持中最重要的内容。妖精“将身一幌，金光万道，径奔正南上败走”，正南喻脑府，表明妄意开始向后天神识之境转化。妖精

“钻入山洞，寂然不见”妄意隐入后天神识，不易被发现之态。行者回到宫中，喻回归到中脉虚空之境。只有制伏了妄意，真意才会逐渐显露，故行者道：“待我拿住假公主，你那真公主自然来也。”真正的降伏妄意要以元精充盈、元气运化净定为基础，故行者道：“召我师弟八戒、沙僧来保护师父，我却好去降妖。”二则元神因真意凝定而灵活自由其意更真，内定则外息，神安则意真，故言：“一则分了内外，二则免我悬心。”

妖精“到此山，钻入窝中，将门儿使石块挡塞，虚怯怯藏隐不出”，石块喻后天意识，假意藏身于此。“毛颖山”，颖言后天神识的聪颖之态，后天之意最初生发，极为细微，故以毛喻之，但积累之久便形成了后天聪慧，如山坚固。“山中只有三处兔穴”，三处是言三生万物之机，喻因后天聪颖的生发，形成了世间万象。五行之气循环往复，无始无终，故土地言：“亘古至今，没甚妖精，乃五环之福地也。”后天神识聪颖之颖之性的物质载体即大脑，而大脑又分为左右两半，故行者“寻到绝顶上窟中看时，只见两块大石头将窟门挡住”绝顶上即大脑。两块大石头，即左右大脑。此石也是后天之识。修持者受困于后天之识的根本就是大脑对人的束缚，后天的假意欲望都藏身于此，解除它的困扰就要靠先天一炁与先天灵觉的作用打通障碍，故“行者即使铁棒，捎开石块”，喻先天一炁对脑部的转化。“那妖邪果藏在里面，呼的一声，就跳将上来”，而解困之法起于对当下之意的觉察，故行者问土地、山神，妖精也骂山神、土地，“谁教你引着他往这里来寻！”

“太阴星君后带着姮娥仙子，降彩云到于当面”，太阴星君喻虚空本心之觉性，姮娥为先天真意，故“慌得行者收了铁棒，躬身施礼”。行者为先天灵觉，为本心之觉所生的灵动之象，故行者见到太阴星君则是“慌得”之态。二者皆是心性之象，故行者“收了铁棒”。本心显则灵觉归，故行者道：“老孙失回避了。”太阴道：“与你对敌的这个妖邪，是我广寒宫捣玄霜仙药之玉兔也。”广寒宫喻虚空法界所呈现出的圆明虚静的心性之境。姮娥为由此而生的先天真意，玉兔为真意之动象。捣药杵喻真意之用，玄霜仙药即先天一炁。捣药即以先天真意煅炼先天一炁之功。“他私自偷开玉关金锁，走出宫来”，玉关即欲关，金锁即精锁，言开放欲望，泄漏精气，必然由先天落入后天。因真意之用在丹道修持中极为重要，必然要救他，故太阴星君道：“特来救他性命，望大圣看老身饶他罢。”太阴星君道：“那国王之公主，也不是凡人，原是蟾宫中之素娥。”喻禅境中的先天真意。“十八年前他曾把玉兔儿打了一掌，却就思凡下界”，打玉兔为意动之象，意动便落入后天为中脉之灵觉，即思凡下界。“这玉兔怀那一掌之仇，故于旧年走出广寒，抛素娥于荒野”，走出广寒宫，喻也落入后天之境转化为后天假意，进而成为后天欲望。欲望主导着后天神识，因此先天灵觉自然被压制废弃，以抛于荒野喻之。行者请太阴星君到天竺国显化，是明示中脉修持的重点是见此先天真意。“一则显老孙的手段”，真意的显现皆赖元神之功，“二来说那素娥下降之因由”，喻明理知机。“然后着那国王取素娥公主之身，以见显报之意”，显报者真意也。太阴星君领众来到天竺国，“猪八戒动了欲心，忍不住，跳在空中，把霓裳仙子抱住道：‘姐姐我与你是旧相识，我和你耍子儿去也。”先天元精之动将引发先天真意向后天转化这是必然，因此就要依靠元神制伏元精，故行者上前揪着八戒打了两掌骂道：“你这个村泼呆子！此是甚么去处，敢动淫心！”元精被制伏，先天本心之觉与先天真意自然复归虚空本性，故“那太阴君令转仙幢，与众姮娥收回玉兔，径上月宫而去”。

国王前去布金寺接回公主，是言中脉修持的结果是真意的回归与显现。行者对国王道：“我思蜈蚣惟鸡可以降伏。”鸡者，机也，修持者明理知机，见机行事，返本还元自然可以消除。百脚山蜈蚣精，即消除先天向后天转化之危，见机是修持的要诀。中脉中的先天一炁不再与后天交融转化，所以精气神三宝精华便汇聚于此，故敕封为宝华山。师徒继续西行，行者见送者不肯回去，“无已，捻诀，往巽地上吹口仙气，一阵暗风，把送的人都迷了眼目，方才得脱身而去”，喻世人的本性是愿意修持的，只是遇事便迷，行者所吹的那口仙气就是世事变化运行之象，世间有几人不迷了眼目，沉迷其中，忘了初心，无法返本还元。

第九十六回

寇员外喜待高僧　唐长老不贪富贵

丹旨：经过天竺国真假公主之难，修持者妄意息，先天真意显，灵觉归，达到了无念、无心、无为之境，这是破假显真之功，但若是执着此境，以心闲气爽为最终证境，以此外修功德为修持圆满，实为招致内寇外贼之因，此段功程为心性修持的最后阶段，为后面脱透法身、元婴进入虚空法界做最后的准备，故这一回，师徒来到叫作“万僧不阻”的寇员外家，喻修持者欲以外修事功而成就圆满，实为内寇，反而延误了修持功程，故寇员外为求事功圆满，一再延误师徒取经的行程，而真正的修持是自心之事，那些以通过花钱所做的事功，实质是显露自家珍宝，与修道无关，只能招致祸乱，故唐长老不贪富贵，潜藏圭角，一意西行。故本回丹旨为：事功。

释意：本回开篇《西江月》之词，引用的是紫阳真人的《法法法元无法》词句，只是首句略作修改，少了色空两个字。《西游记》中多处引用了紫阳真人的诗词，甚至在朱紫国一回紫阳真人直接进入小说，可见作者受紫阳真人的影响极深。《西游记》所倡导的金丹大道正是由紫阳真人开创和建构而成的，因此参研《西游记》必须深入研究紫阳真人开创的南宗丹法，自然能够发现《西游记》与《悟真篇》无比契合，对两者的比照讨论留在《西游道论》中展开。开篇词向修持者明示了经过中脉修持复归本心觉性之后，对无念、无心、无为之境的保持和养成之功的基本原则。“色与空、静与喧、有用与无用、无功与施功”这些相对的概念与存在都是二分之境，是在修持过程中为了方便修持者摆脱后天之境的各种束缚对机而生的，所设立的概念和理法都是方便之法，非真心实相，故言：“静喧语默本来同，梦里何劳说梦。”真修持就要突破并超越这些对立两分的境界，进入合一自然的先天之境，达到无心、无为之境，故言：“还如果熟自然红，莫问如何修种。”顺其自然、自然而然是此阶段的修持原则。这首诗非常重要，详细解读留在《西游法诀》中深入展开。遵循这个原则，修证就会大成，故“师徒们西行，正是春尽夏初时节”，喻进入阳盛时节，文中对初夏之景的描写就是喻指此境。“斗南当日永”，斗南喻指无为、无心的修持原则永不改变，并为修持者提供指引。“万物显光明”是修持的证境真实之境。

师徒前行“前边又见一城垣相近”，喻指此境。三藏问路，行者道：“不知。”喻此心，无识、无念、无为。八戒说行者到过灵山，应该认识路，只是不愿意说，行者解释道：“这呆子全不察理！”警示修持者要觉察此刻之理。“这路虽是走过几遍，那时只在九霄空里驾云而来，驾云而去，何曾落在此地？”言行者到灵山是修持状态中所呈现的景象，为神修，是心象。“事不关心，查他做甚”，修持只为修心一事，不关修心之事一概不理。“此所以不知，却有甚跷蹊，又捉弄你也？”既是无心，故无任何机心，于是无为，何谈捉弄。这是警示修持者世间有许多打着修持名号的事情，其实都与修心无关，修持者皆不可为。这也点明了这次磨难的本质。

师徒进入城中，见到“二老正在那里闲讲闲论，说甚么兴衰得失，谁圣谁贤，当时的英雄事业而今安在”，喻此刻修持者的心境对世间的兴衰事业、圣贤英雄俱已淡然，对红尘翻滚早已超然，面对这一切只是“可谓大叹息”，不如安心修持。三藏上前问寻，二老告之此处是“铜台府，地灵县”。铜台即童子之台，地灵即灵性之地，喻此境是元婴成长为童子，灵性升华出觉慧之处，是由后天向先天转化的最后一步功程。但是由府至县，即由上至下，代表着顺行造化，而修持是要逆返还元，要由下至上，故逆行则言，灵台之境，是心性返本还元之地。“南北街”喻中脉。“坐西向东”喻由先天向后天转化的趋势，一旦转化发生，必然以精气转化为标志，故有“虎坐门楼”，虎喻后天凡精之象，其流布后天，先天丧失的状态为流寇，故员外姓寇。“寇员外”即“寇缘外”，喻流寇之态的形成缘于外驰所致，因此姓寇名洪，喻向后天运化如滚滚洪流，难以阻挡。当年劫持唐僧生母的水贼名刘洪，即是此境之象。寇员外字大宽，喻其生发之态。寇员外许愿做“万僧不阻”以求圆满。僧为逆返还元修心之人，而寇员外则代表的是顺行造化造业之人。不阻就是不阻断向后天转化的趋势任其发展，表面只是供养，实则是牵绊，故寇员外再三挽留师徒，实是延误行程。寇员外遇劫匪丧性命是显露自家珍宝致使流失，实则是向后天转化的必然之象。沙僧道："西方乃佛家之地，真个有斋僧的。"修持至此境，善念由生，但只停留在供养善行方面，以此为功德则说明还是处在后天境界。此境非转化的关口，不可滞留，要无念、无心、无执快速通过，故言："此间既是府县，不必照验关文，我们去化些斋吃了，就好走路。"师徒来到院前，行者不让八戒进去，道："呆子且住，待有人出来问及何如，方好进去。"言修持者先要静观以待，对向后天转化的趋势觉察明白后才好下手对治，故代表运化运行的沙僧道："大哥说得有理，恐一时不分内外，惹施主烦恼。"若不明内外变化之机，贸然下手，反受其影响，为修持者带来烦恼。"有个苍头出来，提着一把秤，一只篮儿"，秤和篮构成北斗之象，喻指修持心性定境者。"猛然看见，慌得丢了，倒跑进去"，喻定境修持深入者必然能见到三宝凝聚，五行攒簇之象，但只修性不修命者见此景必然不识，故言："主公！外面有四个异样僧家来也！"见此性命同修必称异样僧家。因只修心性静定缺少命功修持相辅，故"那员外拄着拐，正在天井中闲走，口里还不住的念佛"，喻心性静定但无力解脱，只能在虚静状态下闲走，只能口里念佛而无实证佛果。希望那些只修心性静定者能知此理见其机，即刻接纳奉行性命双修理法，故员外"一闻报道，就丢了拐，出来相迎"。修持者若能如此，自然登堂入室，故三藏"随取袈裟穿了拜佛，举步登堂观看"。对佛堂有诗赞道："真个是红尘不到赛珍楼，家奉佛堂欺上刹"，喻修持心性静定者的心境之象，此景虽好，但不入红尘但终非佛境，不过是一己清净之境象，修持者执着此境以为真境，故言"欺上刹"。文中对经堂的赞诗也喻修持者气爽心闲之态，故言："清气令人神气爽，斋心自觉道心闲。"有多少修持者迷入此闲境而不出，以为内修已成而外修功德，期望获得圆满，故言："许斋万僧，才做圆满。"先修性还是先修命因人而异，殊途同归，故寇员外道："已斋过九千九百九十六员，止少四众，不得圆满"。性功修持达到虚寂静定之境后还要补上命功修持部分，才能圆满，故言："此间到灵山只有八百里路，苦不远也。"八百言命功功行，若不明此理只守静定，虽只有八百功行之路，也见不到真佛，证不到佛果，实在惋惜。家童整治斋供，惊动员外妈妈，老妪道："汝等不知，但形容丑陋，古怪清奇，必是天人下界。”言超越后天常规，其象必奇，能超越后天者只有先天，故言“天人下界”。进入后天之境就需要有所作为，即栋梁之材，故寇洪的两个儿子名寇梁寇栋，为秀才。二位秀才问三藏行程，三藏道：“贫僧在路上耽搁的日子多，行的日子少。”这是修持者的通病，因旧识旧习导致修持者不能持续精进，本来是专修三年的功程，却走了十四年，而绝大多数修持者都是累世而修。吃完斋师徒欲继续西行，员外拦道：“起头容易结梢难，只等我做过了圆满，方敢送程。”经过天竺国修持者意定神安而导致心闲气爽欺上刹之境，这是修持者心性修持的最后一程，但此境殊胜，修持者不易超越，故言“结梢难”。只有破除此境才算圆满，方可继续前行。八戒贪图供养不肯前行，长老喝道：“你这夯货，只知要吃，更不管回向之因。”随着修持者证境的进步，会逐渐出现有人供养之事，而很多修持者不能自养，客观上也需要他人供养，若修持者贪图供养，甚至假借修持谋求供养，是不知回向之理，故言：“汝等既要贪此嗔痴，明日等我自家去罢。”谋求供养即为贪，求之不足便生嗔，不知其害则为痴。紫阳真人开创的金丹大道主张居家修行，于红尘中安身立命，人世间历练超凡，修持者不再为生机而愁，自然也不会以道术谋生，这样更符合时代环境。老妪和栋梁兄弟欲再次供养，言道：“公修公得，婆修婆得，不修不得。”修行之事是自修自证，他人代替不了，修行乃是心地上事，终是一无所得，但寇家将修行事只理解为供养，还要有所得，他们所理解的修还是从个人利益出发，最多是想通过供养换取更多的福报而已，与真正的修行毫不相干，故一旦不能满足，“便生起恼来”，嗔恨既生，为后来之祸埋下了种子。寇员外所有供养仪式虽然热闹讲究，实际是显示自己的修证水平，与修道毫无关系，故言：“各项俱完，也只是有钱不过。”三藏将通关文牒的引袋儿挂在胸前，明示修持者所谓通关不过是通此心关，与钱财无关。“有愿斋僧归妙觉，无缘得见佛如来”，不修心，无论做多少供养都无缘见佛，若要见如来，必实修实证，于心地下功夫方可。八戒抱怨，三藏骂道：“泼孽畜，又来报怨。”修持者此刻已对以食欲为代表的各种后天欲望有了明确的认知并加以主动管制，表明心性已脱离了后天之境的束缚，是心性纯熟之象。

师徒来到华光行院，喻指修持者超越了心闲之境后达成的光明之境，即华光境中行。能达此境的修持者甚少，故“但见廊房俱倒，墙壁皆倾，更不见人之踪迹”。“华光菩萨是火焰五光佛的徒弟”，火焰五光即五行攒簇还元之象，故为佛。华光菩萨，喻成佛前之证境，故为徒弟。“因剿除毒火鬼王，降了职，化做五显灵官”，毒火鬼王喻后天之境，进入后天即降职。五显灵官，即五脏机能。丹道最初的基础就是由五脏的调整入手，故称灵官。“不期天上黑云盖顶，大雨淋漓”，此反复之象，喻根本原因尚未消除所致。

第九十七回

金酬外护遭魔蛰　圣显幽魂救本原

丹旨：上一回，寇员外接待师徒四人，完成了“万僧不阻”的心愿，又花扑扑的花钱大造声势，以示功德圆满，喻修持者忘却对本心的持守，而追求外在的形式，实则是显示自家的修证，消耗自家精气，故员外姓寇，喻为内盗之寇。唐僧不肯久留，要继续西行，是提示修持者不可执着此事功，还要以修心为重，故三藏将通关文牒的引袋挂在胸前，继续西行。修持者执着事功，显己之能，必遭魔难，实是顺行造化所生难象，故这一回，强盗打劫寇员外家并将员外打死，喻命炁流失、灵性消亡的顺行造化之果。孙悟空赶走强盗，欲将财物送回庄上，喻逆返还元才能收回生命的财宝。师徒被诬告坐牢，喻修持之事就是要打破后天的牢笼即局限性，但必须由元神主导完成，故夜间孙悟空处理好了一切事务，白天师徒获得自由。孙悟空地府救回寇员外使其复生，喻修持者的灵性因元神的作用才能重生。至此后天境界的命功和性功修持皆已完成，命体成熟，心性圆明，为元婴脱离人身的束缚，进入虚空法界做好了准备，修持将进入化身修持阶段，寇员外一难是对逆返之功的全面概述与总结。故本回丹旨为：逆返。

释意：员外花扑扑的斋供三藏，以图功德圆满，但其实质却是炫耀自己的修持证境，耗散生命精华，将内在三宝转化为外在的繁华，修持者所结金丹必然向后天转化流失，其势如同强盗入室抢劫，故言：“金酬外护遭魔蛰。”“那员外割舍不得家中金银珍宝”喻生命的精华能量，是维持着生命灵性的存在，自然舍不得。看似是外贼入室，实则内寇外流。寇员外今年六十四岁，即六十四卦象，喻其向后天转化已尽，故强盗“把寇员外撩阴一脚，踢翻在地，可怜三魂渺渺归阴府，七魄悠悠别世人”，撩阴即了结归阴，喻向后天转化，趋死是必然。“主人公已打死”，寇员外是修持者灵明之性，即主人公，只不过是心闲之象。虽然修持证境已是殊胜，但是不明机理，不察变化，依然可能再落后天而亡，前功尽弃，故“众皆伏尸而哭”。“那妈妈想恨唐僧等不受他的斋供，因为花扑扑的送他，惹出这场灾祸，便生妒害之心，欲陷他四众”，寇员外之死，即灵性向后天转化，以进入地府喻之，故此代表中脉中的先天灵能，寇员外之妻也要向后天转化，故心生妒害四众之心。“点火的是唐僧”，生起修持大愿，即点火，故为唐僧。“持刀的是猪八戒”，持戒用忍以保精，即持刀，故为猪八戒。“搬金银的是沙和尚”，运化周流即搬金银，故为沙僧。“打死你老子的是孙行者”，消除灵性心闲之境，即打死你老子，故为孙行者。点火、持刀、搬金银、打死人皆是四众各自特性的体现。

铜台府即童胎府，喻元婴成长为童子之处。刺史正堂大人，喻指童子之性，故赞其“平生正直、素性贤良。少年向雪案攻书，早岁在金銮对策。常怀忠义之心，每切仁慈之念”童子为先天法身之基，自然具备后天全部美德。因其先天之性，故赞道：“名扬青史播千年，声振黄堂传万古”。寇梁兄弟将师徒告到铜台府，喻示着修持者的先天灵性也要开始向后天转化了，故“刺史闻言，即点起马步快手，出西门一直来赶唐僧四众”。

师徒路遇强盗抢劫，行者道：“我是个管账的”，喻元神的作用，就是明察进出变化之象。“那个骑马的虽是我师父，他却只会念经，不管闲事，财色俱忘，一毫没有”，喻后天意识摆脱了后天属性，将财色俱忘。“那个黑脸的，是我半路上收的后生，只会养马”，马喻修持意力与品质，沙僧代表运化，养马喻在运行中训练意力。“那个长嘴的，是我雇的长工，只会挑担”，言元精负责提供能支持，即挑担，因受元神支配，故言：“我雇的长工。”若能解放这三者便可修持，故言：“你把三个放过去，我将盘缠衣钵尽情送你。”三藏八戒沙僧过去后，意味可以修持了，于是行者使定身法定住强盗“直直的站定，莫能言语，不得动身”，强盗为向后天转化和消耗先天能量之象，修持者若要改变这样的运行趋势，就要先行明察之功，故行者问：“列位是做甚么的？”后要阻止其继续运行，定身法即修止之功。三藏道：“我们扰他半月，感激厚恩，无以为报，不如将此财物护送他家，却不是一件好事”此为逆返还元之功。行者欲将这些强盗“一棒尽情打死”，是返本还元之功，“又恐唐僧怪他伤人性命”，是延续顺行造的之势，两者皆是天道的展现。还元不灭造化，各人修持还要返本，大道运行便是造化，故行者“收上毫毛放了强盗”。

官兵将师徒抓捕回府，行者悄悄向沙僧道：“师父的灾星又到了。”此元神之明察。逆返必然要克服原有的运行模式，所产生的困难，便是灾星。“孙行者笑嘻嘻要施手段”，喻修持者要看清机理，坦然应对，这是修持者应该具有的心态。刺史叫手下“拿脑箍来，把这秃贼的光头箍他一箍，然后再打”，这与孙悟空头上的紧箍含义相同，明示修持者在修止，返还之后，要紧守心神不可妄动，故行者代三藏受此箍刑。师徒被关进牢房，禁子们乱打要钱，行者道：“若没钱，衣服也是，把那袈裟与了他罢。”袈裟为僧衣，代表着修持者所归依的修持理法，这是要修持者明理奉行。禁子向狱官道：“见有此物，无可处置，若众人扯破分之其实可惜。若独归一人，众人无利。”言佛之理法为至宝，凡众不识。若扯破分之，喻佛法分裂不全，不能全面指导修持，实为可惜。若只传一人独享，则众生无法受益。狱官即管理欲望之官，因此识宝知人，故言：“这和尚不是强盗，切莫动他衣物，待明日太爷再审，方知端的。”此喻在明理的基础上管束后天欲望，而达返还之境。修持者必须经过此过程，故行者想道：“师父该有这一夜牢狱之灾，老孙不开口折辩，不使法力者，盖为此耳。”只有完成这些基础准备才能开始，以元神为主导的修持功程，故言：“如今四更将尽，灾将满矣，我须去打点打点，天明好出牢门。”

行者变蠓虫儿，即梦中重生，喻从后天局限的牢狱中解脱，故“从房檐瓦缝里飞出，见那星光月皎，正是清和夜静之天”。修持者先天灵性得到解脱，不再受后天束缚，自然能见到先天清和之境，能见到此先天之境，便知道了努力的方向，故言：“他认了方向，径飞向寇家门首。”喻回到需要解决的困境当中。见一家“原来是个做豆腐的”，豆腐即斗府，为神仙之境，喻示修持金丹大道之功。“见一个老头烧火”，喻运神。“妈妈儿挤浆”，喻炼精。老头叫道：“寇大官且是有子有财，只是没寿。”寇员外代表着向后天转化，故有子有财，同时也是趋死的模式，故没寿。以卦象言之，至六十四卦，就是相对极致，故寇员外六十四岁便亡。“员外娶的妻，是那张旺之女”，张旺即扩张兴旺之意，为造化之态。“小名叫做穿针儿”，即传真，传递真情，喻将先天真精向后天传递转化，故言“却倒旺夫”，喻有先天能量的转化支持，自然后天之境扩张兴旺，故言：“被他如今挣了有十万家私”。这一段是明示了由先天向后天转化的内在原因，此为明理知机之功。行者来到员外家，学那员外声音道：“我是阎王差鬼使押将家来与你讲话的，那张氏穿针儿枉口诳舌。”指出问题产生的根源，即错误的认知导致了错误的结果，即“陷害无辜”，故栋梁兄弟磕头哀告道：“待天明就去本府投递，解状愿认招回”，喻改变认知。行者飞到刺史家见“挂着一轴画儿，是一个官儿骑着一匹点子马，有几个从人打着青伞，搴着一张交床”。官骑马，喻驾驭意马，此官为弼马温。打青伞即情散，喻遣散七情之欲。交床即阴阳相交谓之道，故行者冒充姜乾一，为真阳，与代表真阴的姜坤三对话，喻阴阳相合，复归先天之境，故刺史道：“大爷请回，小侄升堂，当就释放。”行者飞到地灵县，“他就半空中，改了个大法身，从空里伸下一只脚来，把个县堂躧满”。地灵县为灵性展现之地，故行者改了个法身，法身为虚空本性的体象，自然超越后天灵性，故一只脚便躧满县堂。行者道：“吾乃玉帝差来的浪荡游神”，言先天本性进入到后天神识之性，变得浪荡不定，与后天神识融通，故言由玉帝差来，喻先天后天神意相通，才能明辨因果，弃恶从善。由后天返先天，故行者命官吏放人，众人听令。第二天刺史“即叫刑房吏，火速写牌提出师徒”，喻明理、知法、见机、得诀后要即刻下手修持，不可懈怠。行者狱中笑道：“老孙俱已干办停当。”言修持皆是元神暗中运作，修持者修不出元神，没有元神主导，修持之事无从谈起。

众人来到寇员外家对质，经过前面的功程，生命的运行开始逆转，即起死回生，故行者道：“等老孙把那死的叫起来，看是那个打他。”“大圣跳出门，望空就起”，是喻进入虚空之境。“只见那遍地彩霞笼住宅，一天瑞气护元神”，既已返还，“道自虚无生一气炁”，此炁护持元神，此还元之象。能达此境者便是“腾云驾雾之仙，起死回生之圣”。众等方才认得大圣。正如紫阳真人道：“始于有做人难见，及至无为众始知。”“直至幽冥地界，径撞入森罗殿上”，喻修持者进入杳冥之境方能见到主人公，恢复本来面目。地藏菩萨道：“寇洪阳寿，止该卦数，命终，不染床席，弃世已来。”天道运化自有其数，故“我因他斋僧，是个善士，收他做个掌善缘簿子的案长”，言业力即灵性的内容，灵性是业力的特性，如同善缘簿子与案长不可分。“既大圣来取，我再延他阳寿一纪”，言只有修持可以改变现有命运。行者将寇员外的魂魄“将他吹化为气，掉绰于衣袖之间”，喻此灵的本质即先天一炁，袖里乾坤即逆造化，返本还元，故：“同去幽府，复返阳间，……把他魂灵儿推付本身，须臾间，透出气来活了。”喻只有结就圣胎，养成赤子，脱透法身后才是真活了。金丹大道之功程，便是救命之法，再造之功，故员外道：“蒙师父至阴司救活，乃再造之恩。”

寇员外一回简明扼要地将丹道报身修持的功程做了一个简述，其作用如同附录一回，讲述唐僧身世，都是对报身修持的概述，区别在于唐僧身世，重点讲造化之机，寇洪复生，重点讲还元之法。至此金丹大道的报身修持阶段完成，命体坚固，心性纯熟，为脱离人身的束缚，进入虚空法界做好准备，修持将进入化身阶段。

第九十八回

猿熟马驯方脱壳　功成行满见真如

丹旨：从第九回开始至九十七回，加上附录，共计九十回，阐述了转化报身，由后天返先天的功程，将原理、策略、路径、方法、火候、下手、证境、重点、难点、应对、效果等全部、系统、详实、深入地阐述清楚，是《西游记》的主要内容，更是对金丹大道的艺术化展现。报身阶段的修持内容和过程基本完结，即逆返之功完成。因此从本回开始将展现修持的成果，即猿熟马驯，喻神意圆融，已合本心。修持功程便可以摆脱后天人身的束缚，进入到先天虚空法界，修持达到还元之境，即“功成行满”。故三藏坐上无底船渡过了凌云渡，见到唐僧尸首顺流而下，喻法身脱透的成就。故金顶大仙迎接三藏，即“方脱壳”。由此便可以展现出本心所本具的佛性觉慧，于是师徒上灵山参拜如来佛祖，故言“见真如”。二位尊者要师徒以人事换佛经，是要修持者明白一炁与觉慧的体用关系，若不知一炁炼化，便只得空慧，故师徒第一次取到的是无字真经。第二次，三藏以紫金钵盂换得有字真经，即一炁换觉慧，喻体用互现，真空妙有俱成。故本回丹旨为：脱胎。

释意：修持者经过系统、深刻、全面、彻底的性命转化，完成了由后天返先天的逆返功程复归先天，即九转丹成。在丹道修持过程中的修证成果就是“脱壳”，即脱离后天人身的束缚。修持证境中会有一个独立的灵体出现，他存在的广度、自由度、灵明度是对后天人身的彻底超越，是无限性的、本质性的展现。但是修持者若执着此灵体则依然是执象，这是金丹大道所反对的。修持者不要从象的角度去认知，成就者必然是形而上、本体、本源、本性的全然呈现，故此等大成就非灵体、非认知、非境界、非状态，不是修持者努力创造出的结果，修持是回归的过程，是由现象到本质，由有限到无限，由形而下到形而上的过程，终其本质是本心的展现。我们无法从后天境界的角度去揣测认知，有限是无法理解和解释无限的，只有成就者可知、可言、可传。我不是成就者，注释《西游记》首先是个人的大愿使然，依据后天积累的知识对文本做出的一些分析，同时也有先天灵性的启发与展现，这在写作的过程中极其重要。希望以此为修持者提供些许参考与帮助。脱壳之功在心性方面的条件是猿熟马驯，修持的核心是对神意的转化，将后天心识神意回复到先天本心，呈现出佛性觉慧，达到此状态便会有脱壳的证境。其本质是本心的展现，自然“见真如”。先天的设定是为了方便修持者对后天之境的认知与解脱而建立的，真正达到本心展现见到真如，也就不存在先天与后天的二分之境了，一切皆为一体，一切本无先后，圆融无碍，无形无相，不可言说。而我只是依据《西游记》文本的内在逻辑和丹道理法进行梳理，所言证境也只是后天理解层面的论述。丹道最贵实修实证，实践出真知。学问再好，不能以生命验之，证之，终是无益于性命。

“寇员外既得回生”，回生既指修持证境，更是回生之机的展现，即返本还元，复归先天的运化模式的重现，故员外：“复整理了幢幡鼓乐，僧道亲友，依旧送行”，即继续修持。经过丹凝结胎，悟空了性之功，进而将达到“方脱壳，见真如”的证境。

三藏见远处风景，有诗赞道：“灵宫宝阙，琳馆珠庭。真堂谈道，宇宙传经”是对先天胜境的赞叹。修持者命固性坚必证此境，故三藏道：“悟空，好去处耶！”此处悟空二字是明示修持者悟得真空即可证得此境。但见得未必识得，故行者提醒道：“今日到了真境界，真佛处，倒还不下马，是怎的说？”提醒修持者必须时刻保持灵觉，孙悟空是本心觉慧的展现，故认得。即使到了真境界也离不开灵觉的作用。真境界便有真人现故：“只见一个道童，斜立山门之前”此道童与修持者内在孕养的命胎童子相对而生，内在的纯熟觉醒必然有外在的道童而立。以丹言之，命胎为内丹，道童为外丹。本质上道童是命胎的先天法象，因其初生，故为道童。因其为命功修持成果，故言：“炼就长生居胜境，修成永寿脱尘埃。”只修性者不知其重要性，故言：“圣僧不识灵山客，当年金顶大仙来。”金顶即头顶百会穴，也称天门，命体由此而出，脱离后天人身，进入先天虚空，独自往来，自由自在，为丹道炼神还虚之处。炼化纯熟，复归虚空法界者为大仙，为阳神成就之象，丹家称此成就为成仙，故见到金顶大仙。大仙住在“玉真观”，玉真观即遇真观，是发现真相、探索真理、学做真人的真正起点，修持者于此静观才能“遇真”。大仙笑道：“我被观音菩萨哄了，原说二三年就到我处，我年年等候，渺无消息，不意今年才相逢也。”言因缘俱足修持精进者二三年确实可以到达，但绝大多数修持者都如三藏所言：“耽搁的多，行的少。”非菩萨妄言而是修持者懈怠。修持者阳神成就要行持温养之功，故大仙：“叫小童儿烧香汤与圣僧沐浴了。”喻以先天无量元炁涵养阳神，故言：“功满行完宜沐浴，炼驯本性合天真。”成就全真之体，“洗尘涤垢全无染，返本还原不坏身”。师徒“就于玉真观安歇”，喻以无为之法安住无为之境，涵养阳神。

“次日，唐僧换了衣服，披上锦襕袈裟，戴了毗卢帽，手持锡杖，登堂拜辞大仙。”功行圆满，自然是焕然一新，故大仙言：“昨日褴褛，今日鲜明，观此相，真佛子也。”大仙要送行，行者道：“不必你送，老孙认得路。”行者为本心灵明觉性，灵山雷音寺为本心本境，故行者认得路，然而悟空的修证是直修本心的顿悟之法，是神修之法，虽然可以直达本心但并不适合绝大多数的修持者，故大仙道：“你认得的是云路，圣僧还未登云路，当从本路而行。”喻还要脚踏实地渐修而成。“原来这条路不出山门，就自观宇中堂穿出后门便是”，喻完成中脉修持后即可进入虚空法界，得见如来，即如如不动之本来实相。这是先命后性的路径，命之至性之始也，故大仙指道：“你看那半天中有祥光五色，瑞蔼千重的就是灵鹫高峰，佛祖之圣境也。”至此命功修持功程完成，故大仙道：“望见灵山，我回去也。”

唐僧登上灵山“见了一道活水，滚浪飞流，得有八九里宽阔，四无人迹”，此喻中脉运化之态，此先天之境已无后天之象，故言“四无人迹”。修持者心性纯熟，渐渐地可以觉察到中脉的存在，这也表明将要超越中脉之境，故三藏心惊道：“悟空，这路来得差了，敢莫大仙错指了？”警示修持者对待中脉之境也要悟空，不可执着，若以此境为真便是“路差了”，不可能解脱，故言：“如何可渡？”可见凌云渡是超越中脉运化之象，其证境最接近先天。由此便可以返还进入虚空法界，故名“凌云”。只有超越此境便可解脱，故称为：渡。凌云渡上有“一根独木桥”，喻指中脉中运行的先天一炁以及生发之机，故为独木。凭借此炁修持者才能超越解脱，故为桥。此法为金丹大道的核心精华，故言："十分细滑浑难渡，除是神仙步彩霞。"言只有先天灵觉可以驾驭一炁，故只有大圣可以自由来回。行者道："必须从此桥上过，方可成佛"，一炁是道体，佛性是觉慧，互为体用，不可分。没有一炁为体的觉慧是干慧，非圆觉，为假慧。行者之言是明示了一炁与觉慧的根本关系，但此法是道家上乘之法，非常人所能，故唐僧道："这桥不是人走的，我们寻别路径去来。"因此佛家为修持者提供了另一条路径，帮助修持者解脱，故有接引佛前来接引。"南无宝幢光王佛"，南无喻本心，光王佛喻觉慧。可见接引佛是以本心觉慧，接众生解脱。"无底船"，喻无为之法，悟其空性，故有诗赞："六尘不染能归一,万劫安然自在行。无底船儿难过海，今来古往渡群生。"走独木桥，喻从道体一炁上用功，直达彼岸。乘无底船，喻从心性悟空上用功解脱。行者即悟空，自然"火眼金睛早已认得是接引佛"。所以能认者唯"悟空"二字。本心空寂如如不动，故接引佛道："虽是无底却稳，纵有风浪也不得翻。"言悟得空性者，不会被运化之浪之境裹挟打翻。行者架唐僧跳上船，喻后天之识不悟空性，还需要自家先天灵觉辅助才能乘上此船。在修持证境当中确有纵身一跃脱去凡胎之法，但因修持者各自的因缘所呈现出的境界不同，修持者自己也很难分辨，更难抉择，因此此刻必须由元神帮助决策，纵身一跃方可脱去凡胎，故由行者"架唐僧跳上船"。修持空性，脱去执着，然而修持者最大的执着便是我执，其根本之因还是对肉身的执着。乘上无底船就是要修持者悟此空性才能解脱，故"佛祖轻轻用力撑开，只见上溜头，泱下一个死尸"，喻脱离肉身，生命的灵性获得了超越后天生命的觉察能力，真正脱离了对它的执着，不会再受它的束缚，喻后天生命的局限性被彻底消除了。"师父莫怕，那个原来是你。"后天之身已死，先天法身脱透，获得了大自在，此为修持大成就，也是报身修持的成果，至此修持者报身转化完成，不再受后天人身的束缚，先天法身，丹家也称此成就为成仙，可以自由来往于天地之间，故众人道："可贺！"此一段明示了脱壳之法，而解脱之妙义在于心神的解脱，其机惟悟空二字，故有诗赞道："脱却胞胎骨肉身，相亲相爱是元神，今朝行满方成佛，洗净当年六六尘。"此解脱之法是"广大智慧登彼岸"的无极之法，故唐僧登彼岸感谢三位徒弟，行者道："两不相谢，彼此皆扶持也，我等亏师父解脱，借门路修功，幸成了正果。师父也赖我等保护秉教伽持，喜脱了凡胎。"一行五众是个整体，各有其用，各自有功，所以修持是全面、深刻、彻底的转化，非一法、一理、一境、一家、一功、一时所能完成。唐僧脱去凡身，证得法身进入到虚空法界，到达彼岸见到雷音古刹。修持者脱透法身多是由头顶百会穴而出进入虚空，故言“顶摩霄汉中，根接须弥脉”。须弥即虚空弥漫之境，为先天之境，是本心呈现的全真之境，故言“红尘不到诸缘尽，万劫无亏大法堂”。言只有在此虚空之境，修持者的佛性觉慧才能完全展出来，故言：“念念在心求正果，今朝始得见如来”。

师徒来到大雄宝殿，三藏将通关文牒交给佛祖。如来佛祖讲述取经之因果，佛祖所言南赡部洲是喻后天之境的局限性所导致的各种恶果，“虽有孔氏在彼立下仁义礼智之教，帝王相继，治有徒流，绞斩之刑，其如愚昧不明，放纵无忌之辈何耶！”言虽然有社会规范和道德礼仪教化众生，但是凡夫智慧不开，对无自控、自省能力的人依然无效，可见最根本的解决方案是教化人心，打开智慧，故如来道：“我今有经三藏，可以超脱苦恼，解释灾愆。”一切苦恼灾愆的本质都是因为后天的封闭性所展现出的局限性的体现。苦恼灾愆不过是其具象。佛祖道：“《法》一藏，谈天。”《法》言真理和真相属于先天真理，故为：谈天。“《论》一藏，说地。”《论》讲述身心性命属于后天，故为：说地。“《经》一藏，度鬼。”《经》即径，言后天返先天之径，故可以度鬼，即度归，喻渡化回归先天之径。“共计三十五部”，三即精气神三家，为修持的基本要素。“五”即五行，为三家运化所生成的五种形态、特性的类别。“+”即相合之意，是对三家五行相合为一的论述。“该一万五千一百四十四卷”，即 15+144。一万五千喻由先天一炁到后天五行生化，而一百四十四则是每斤十六两乘九之数，是喻功程火候圆满之数。所以三藏所取的真经为“修真之径，正善之门”。

在藏经阁阿傩、伽叶向三藏索要人事，喻真经是至理真言，是佛性觉慧的展现，若要传承，必须由与之相对应的道体一炁置换，故尊者道：“有些甚么人事送我们？快拿出来，好传经与你去。”人事无非是金钱，在丹道中金钱喻先天一炁，若无此炁的滋养，觉慧难现，真经难传，故二位尊者道：“白手传经继世，后人当饿死矣！”唐僧没有人事，白手求经，是喻以空性而求，而尊者自然传他无字真经，喻以无为之法修此空性。燃灯古佛笑道：“东土众僧愚迷，不识无字之经，却不枉费了圣僧这场跋涉？”燃灯古佛喻为暗昧之中的众生点明照亮之灯，故知众生不识无字之经，无为之法不适合众生根器，众生需要引导渐修，故命“把那无字真经夺了，教他再来求取有字真经”，即以有为之法修持无为之道，以道全形。上智者顿悟圆成，即证佛果，无人事而自得。有为之道以术延命，下智者真履实践，配合丹成，依衣钵可以修真。有字无字皆是真经，无字之意赖有字而传，有字真经赖无字而化，一有一无，为天地造化之心，道脉传承皆备于此。

师徒回到雷音寺告状，佛祖笑道：“经不可轻传，亦不可空取。”至理真言的获得与传承，不会轻而易举，不经过艰难的转化是无法获得真知和正见的，更不能以空性代替正见、真知、至理。尊者再度传经，唐僧取出紫金钵盂奉上，钵盂为乞食之器，喻真精汇聚凝炼之处，而真精的炼化必须以有为之法修持，故三藏道：“以有字真经赐下，庶不辜钦差之意，远涉之劳。”尊者“传了五千零四十八卷，乃一藏之数”，取经的日子也是五千零四十八天，也是八戒的钉钯和沙僧的宝杖的斤数，是十四年加八之数，十四年是女子初经之时，丹家借此时刻比喻先天与后天相互转化的关键时刻，这是修持逆返还元功程的关键时期和状态，即火候，知此便是“知时”。八喻逆返还元，一阳来复之数，代表着逆返之机，知此便是“知机”。“时”与“机”，自古丹家隐秘而不轻传，故为一藏。如来嘱托唐僧：“虽为我门之龟鉴，实乃三教之源流。”言三教融合的成果就是金丹大道。“宝之！重之！”则是对修持者的叮嘱。“盖此内有成仙了道之奥妙，有发明万化之奇方也。”佛言成仙了道，可见三藏所取之经乃金丹大道。三藏所取真经者何？实乃《西游记》也！书中奥妙奇方，尽皆泄露，望读者宝之！重之！

观音菩萨向佛祖道：“今已成功，共计一十四年，乃五千零四十日，还少八日，不合藏数，望我世尊早赐圣僧回东转西，须在八日内庶完藏数，准弟子缴还金旨。”八日之内，即天地以七日而来复，喻金丹下手之机要。言修持既要知时更要知机。“回东转西”，喻至理真言需要真修实证，才能归于一体，故由代表先天八卦之象的八大金刚驾云送唐僧回东土。

第九十九回

九九数完魔灭尽　三三行满道归根

丹旨：上一回，唐僧在凌云渡脱了凡壳，此法身脱透之果，也称脱离苦海，为报身成就，由此才可上灵山参拜如来佛祖，即见真如，此为佛性觉慧的展现之象。三藏以紫金钵盂换取到了真经，喻没有一炁，觉慧不生，二者为体用关系。修持者自身修持完成后还要担负弘法传道的责任，勿使道脉断绝，故师徒东归，喻功程未完，修持者还要将真理流布人间。这一回，观音菩萨称唐僧还差一难，故又将师徒投入通天河中，喻由先天再入后天人身中脉之境。河中老鼋问前时托付之事，三藏无言，喻解脱之事以“无”字而成。老鼋觉悟，闻法即修，故随即潜入水中。唐僧师徒从通天河水中上岸，正应对了当年江流儿被抛入江水洪流之境，喻修持者的灵性得以真正的解救。师徒石上晒佛经遭到阴魔抢夺，阴魔即顺行造化之势，喻金丹大道是逆返还元之功，必遭魔难，只要依法坚守，从容应对，一定会成功，见到光明，故天色渐明，阴魔便退。经文就是先天至理，代表圆满圆融的智慧，于世间传播，因受到后天局限性的限制，导致真理难以完整展现，故晒经石上经文被粘，而破损不全。师徒悄悄离开陈家庄，明示修持者悟本得道功成之后不可张扬，要潜踪密行，这都是修持的原则，修持者不可不知。故本回丹旨为：脱难。

释意：五方揭谛、四值功曹、六丁六甲、护教伽蓝向观音菩萨缴付法旨，这些神祇是唐僧西行路上暗中护佑的护法，分别代表着修持者在空间、时间、阴神与阳神的配合、修持状态四个方面的表现，故他们记录着唐僧一路西行的苦难，也就是返本还元的修持所要解决的所有问题，而这一切都依靠修持者的觉察之功，故要向观音菩萨缴旨。而对一切现象的变化和转化的觉察都是为了煅炼心神复归本心，故菩萨问道：“一路上心行如何？”可见修持的本质就是修心。诸神道：“委实心虔志诚”言修持过程中无比艰辛，能够冲破一切阻力，克服一切困难的核心就是“心虔志诚。”这就是唐僧的品行和在修持过程中最大的价值。没有心志虔诚，各方因素无法凝聚，团队无法同心协力，更不可能勇往直前，所以唐僧虽无法力，只凭心虔志诚便成为师。行者、八戒、沙僧、龙马才能辅助，才能将散入后天的精、气、神意凝炼为一体，成就金丹，复归本心，展现觉慧，终得解脱。这一切都离不开觉察之功，故言：“料不能逃菩萨洞察”。菩萨道：“佛门中九九归真，圣僧受过八十难，还少一难，不得完成此数。”九九喻修持者要克服的无尽的困难，由后天返先天是彻底的转化，若有一点不能转化都无法成功，故言：“古来妙合参同契，毫发差殊不结丹。”参同契被称为万古丹经王，是丹道修持者必须参研的经典。在实践中若有不符合《参同契》之处，必然无法结丹，可见《参同契》对丹道修持的实践指导，意义是极其重要的。

八大金刚领菩萨旨意将师徒坠落地下，“三藏脚踏了凡地”，喻由先天再度回到后天之境。修持者若只知先天之境的美好而心生执着，不知打通先天与后天是最后一段功程，此段丹道修持功程称为：“粉碎虚空。”佛家言：“再入轮回做众生。”故三藏“自觉心惊”。八戒笑道；“好，这正是要快得迟”，明示若要彻底解脱必须做好这段功夫。丹道修持前半程是由后天返先天，极其艰难，但返还之后还要再以先天融通后天，即以道全形。八戒代表后天元精，故由八戒说出此言。这段修持在性理上是粉碎虚空，在命体上是彻底转化肉身，气化肉身，达到丹道命功修持的最高境界：“白日飞升。”在事功上则为众生传播真知正见，即弘法传道。由先天进入到后天自然先回到中脉之境，故师徒落在了通天河西岸。行者八戒疑是流沙河，是喻担心进入后天之境后，再度落入散乱混杂的后天生命状态。八戒想驾云将三藏送过河，行者不肯，“若肯使出神通，说破飞升之奥妙，师徒们就一千个河也过去了”，言气化肉身，白日飞升，散则为气，聚则成形的修持成果今人不信，但古籍中确有记载，极其罕见，此实证之事，争也无益，待修持者实证吧！毕竟这是金丹大道为修持者树立的终极目标。而此段的功夫还必须由中脉修起，不能跨越必须完成，故行者言：“驾不去。”“只因心里明白，知道唐僧九九数未完，还该有一难，故羁留于此。”

通天河老鼋再驮师徒过河，此一体凝聚之象，喻修持者神气凝定，不被境转，故言：“本来面目今方见，一体原因始得全。秉证三乘随出入，丹成九转任周旋。”老鼋问道：“见我佛如来，与我问声归着之事，还有多少年寿，果曾问否？”老鼋为中脉中的先无灵能，所问年寿脱壳获得人身之事，其实质是问如何修成法身之问。有此问便是以有心求法，而法身之事则是以无心而证，故唐僧“意念只在取经，他事一毫不理”。看似三藏无法回答，故言：“无言可答。”实是以“无”字回答了此问。其理如《无字天》书相同，老鼋当下醒悟，知道无需替问，闻法即修，化有入无，故“老鼋即知不曾替问，他就将身一幌，唿喇的淬下水去”。喻师徒由中脉之境随即进入到后天运行的洪流当中，故“把他四众连马并经，通皆落水”。只要修持者保持觉慧，不随其境，便不受其害，故师徒登上东岸，喻进入后天人身之境，此刻要求修持者身在红尘不落凡境。“一阵狂风，天色昏暗，雷闪俱作，走石飞沙”，喻向后天转化的趋势骤起，这是进入顺行造化之境的必然之象。面对如此的运化之境，修持者要秉持修真之理，故“三藏按住了经包”，如如不动，故“沙僧压住了经担”，牢锁真精，神意自然不会妄动，故“八戒牵住了白马”，依靠先天一炁保持灵明觉性，故“行者却双手轮起铁棒，左右护持”。修持者只要做到这些便不会被造化之势所裹挟，即以“原来那风雾雷闪乃是些阴魔作号”欲夺真经象之，进而扭转其势，才能彻底完成气化肉身之功。三藏问原因，行者道：“我等保护你取获此经，乃是夺天地造化之功，可与乾坤并久，日月同明，寿享长春，法身不朽，此所以为天地不容，鬼神所忌，欲来暗夺之耳。”取经是返本还元之功，与顺行造化完全相反，故言夺天地造化之功。天地鬼神皆喻后天之境和后天之识，若要保持顺行造化之势，必然要破坏返本还元之势，故言暗夺。“一则这经是水湿透了”，佛经为佛性觉慧，水喻道体一炁，“湿透了”，言体用圆融。“二则是你的正法身压住”，正法身喻修持成果坚固，故“雷不能轰，电不能照，雾不能迷”，喻不被后天之境所影响所改变。“又是老孙抡着铁棒，使纯阳之性护持住了”，喻灵明觉性时刻觉察不受其害。“及至天明阳气又盛，所以不能夺去”，返本还元之势完全成为主导，后天之境自然开始向先天转化。这一段景象向修持者明示了由先天化后天的状态，以及修持者应该应对的基本原则与策略，依此气化后天人身的功程便自然开启。师徒晾晒经书，喻示此段功程修持纯熟，故言：“一体纯阳喜向阳，阴魔不敢逞强梁。自此清平归正觉，从今安泰到仙乡。”“不期石上把《佛本行经》沾住了几卷，遂将经尾沾破了，所以至今《本行经》不全，晒经石上犹有字迹。”喻形而上的道体觉慧圆满无限自在，但投射在形而下之境便成为局限与残缺，因此世间经典所言虽是形而上的道体觉慧，但因后天文字语言的局限，不可能说尽一切，必有遗缺，三藏不知其理，懊悔道：“是我们怠慢了，不曾看顾得！”言试图以人力保全，以示后人，此至人慈心，但天道如此，如之奈何，但敬守之心还要有，故行者道：“不在此，盖天地不全，这经原是全的，今沾破了，乃是应不全之奥妙也，岂人力所能与耶！”师徒晒经之象就是作者将《西游记》详细阐述的金丹大道的原理、策略、路径、方法、重点、难点、解决方案、证境、证果，真是尽皆备细开载，全部展示之象。此回三藏脱离水中之难与江流儿随波漂流之难是首尾呼应的，喻示着修持者脱离苦海的全部过程。唐僧生母以血书写下身世将江流儿抛入江中，是期待天下生灵得以拯救。血书即此《西游记》，可见作者悲悯之情。今日三藏上岸，喻解脱之法已全部书于《西游记》中，将全部奥秘昭然于世，故晒经于石上，照鉴作者慈爱之心，不知有几人能领受作者真心，读之入心者，必将受益。

师徒在陈家庄皆不思凡间之食，喻修持者已摆脱了后天食欲的控制，是气化肉身之效。陈家创建“救生寺”，喻返本还元之功效，更是气化肉身的果证。夜晚三藏对悟空道：“这里人家，识得我们道成事完了，自古道：‘真人不露相，露相不真人’。恐为久淹，失了大事。”这里警示修持者功成之后，不可惊动世人，不可显露，要和光同尘，速速归隐，功成身退，此道家宗风，故师徒悄然离开陈家庄。复归先天之境，故八大金刚叫道：“逃走的，跟我来！”“那长老闻得香风荡荡，起在空中”。

第一百回

经回东土　五圣成真

丹旨：个体修证完成后还要修德于天下，若只为一己解脱而修，其德不广，本质上还未合于天道，故修持者要有普度众生之心，这也是唐僧西行取经的初心，也应该是每一位修持者之愿，故师徒径回东土大唐，将正知正见流布世间。这一回，师徒回到大唐，唐王李世民请三藏讲经，讲经台上师徒腾空而起，此喻命功修持的最高证境，即白日飞升之象，表明修持者的后天人身已完全转化，完全不受后天之境的束缚。这是丹道修持者追求的最高成就，是否存在？这里存而不论。师徒回到灵山，喻复归虚空本体，成就佛性觉慧。如来敕封时逐一对五众进行了评价，这是对五众的本质、特性、产生、演化、作用、证果的明示。五众一同西行取经，喻逆返还元一体本心之象，故书中常用一行五众称之。唐三藏喻逆返还元的运行趋势，为大愿，为心象，故能成佛。孙悟空喻本心的精神属性，是对逆返还元的灵明觉察之性，为元神，也是心象，故能成佛。猪悟能喻本心的物质属性，是逆返还元为一炁之象，为元精，故为净坛使者。沙悟净喻逆返还元的运化属性，是逆返还元的状态之象，为元气，故为金身罗汉。白龙马喻逆返还元所需要的持久和专注的运行品质，为脚力，故不是徒弟，故为八部天龙。五众的运化有两种模式，即顺行造化和逆返还元，因此五众也表现出不同的状态，每个状态也都有特定的名字，有本相，有先天相，有后天相，有成就相，有魔相，有还元相。《西游记》是讲五行还元的过程，故元神、元精、元气三宝之元，是言还元之意。还元为道体一炁，喻命功修持最高成就即五圣成真。最后大众合掌依念众佛菩萨名号，喻化身成就，即证得佛菩萨的无上觉慧，是性功修持最高证境：亿万化身。

《西游记》一书正如佛祖叮嘱取得真经的师徒时所言："盖此内有成仙了道之奥妙，有发明万化之奇方。""成仙了道"言命功，"发明万化"言性功。"奥妙"喻道体一炁之妙有，"奇方"喻佛性觉慧之真空。性命同修，归于一体本心之旨明矣！

师徒一行五众，一路西行，千辛万苦，斩妖除魔，所取真经即此《西游记》。

望读者：宝之！重之！行之！证之！

释意：师徒离开陈家庄，众人叫苦连天道："清清把个活佛放去了。"世人以为佛在外面，以供养求取护佑，是不知佛在自心，知此理则佛永住心间，不知此理佛自远离，非佛远离，实为众生自远。这也是作者在替世人惋惜而感叹，但佛理道法从未离开世间，法脉传承，香火不断，永传后世。真理真相一直都在那里，故言："真个是金炉不断千年火，玉盏常明万载灯。"只待世人觉醒回头。

唐王李世民在"太宗贞观十三年，九月望前三日，送唐僧出城，至十六年即差工部官在西安关外起建了望经楼接经"。喻修持功程专修三年即可。《西游记》中孙悟空的修持明示了法身修持的功程和成果，于丹道为元神成就。三藏凌云渡脱壳，上灵山取得真经，喻报身成就，于丹道为阳神成就。由陈家庄到长安，再回灵山，喻化身成就，至此修持者法、报、化三身成就，完成了由元神觉醒、识神愿生、阳神煅炼、真人成就、心神圆明的丹道修持过程。但修持者不应该局限在个人成就境界中，要有大乘气象，仍需弘法传道于世间，启发、接引、度化众生，故三藏要将真经送回东土大唐。八大金刚喻先天八卦之境，长安代表后天八卦之境，故金刚道："我们不好下去"，言不使先天向后天转化。"这里人伶俐，恐泄漏吾像"伶俐喻后天之识，泄漏即先天破损。金刚代表佛家永恒之体，而佛家是以智慧流传于世，教化世人，故金刚只要三藏独自下去传经，故言："汝自去传了经与汝主，即便回来。"喻金丹大道以性命同修为宗旨，命功修持少不得精气神三宝，故大圣道："尊者之言虽当，但吾师如何挑得经担？如何牵得这马？须得我等同去一送。"点明了只修心性觉慧所带来的问题。金刚道："只怕八戒贪图富贵，误了期限"，八戒为元精，进入后天之境最易随之向后天转化，即贪图富贵，是要修持者牢锁金精，勿使妄动，故八戒笑道："师父成佛，我也望成佛，岂有贪图之理！"喻复归先天之境的元精也具有了灵性，具有了佛性。

师徒"按下云头，落于望经楼边"，望经楼喻世人对修持的期待之心，故太宗道："御弟来也。"即欲帝来也，喻此求道修佛之欲，虽为后天欲求，但是极其宝贵。"唐僧即倒身下拜，太宗紧挽起"，喻道法的传播还要得到社会管理者的支持。太宗问道："此三者何人？"喻教化世人就要先认三宝，知此三者方可修行，故"太宗大喜"。"大圣抡金箍棒紧随"，喻进入后天之境后修持者必须时刻保持灵明觉性和对先天一炁的把握，要时刻警醒，才能做到身在红尘不受其染。

长安城内洪福寺"几株松树一棵棵头俱向东"，松树即松静术，向东喻生机生发之象，明示修持者保持松静，内在的生机便会生发，如此便有洪福。有此基础修持者就要了解认识精气神三宝的特性和作用，故三藏向太宗介绍三位徒弟及龙马。此处介绍是于后天之境，从返本还元的角度看待其作用，后面如来佛加封五众之时也介绍了各自的身世及功德，这是于先天之境言之。通关文牒记录的是修持过程中所必须经过的重要的九个关口，必须实修和实证，即印证方可通关。对于修持者而言，要心中有数，见象知机，应对有法，验之有证，而三藏通过九国之关对应丹道九还之数，故三藏将通关文牒向太宗缴纳，"太宗览毕，收了"。各国关口的修道含义前面已经详述，此九关是所有修持者必然要经历实践之关，要牢记于心，故言"览毕收了"。"宴散太宗回宫，众官回宅，唐僧等归于洪福寺"，喻佛法、世法互不相扰，各安其位。修持者于世间弘道传法首先要尊重现世的社会秩序，安然于世，随缘接引，故言："只因道果完成，自然安静。"太宗深夜口占《圣教序》是作者借此明示丹道修持的缘起和意义。太宗要三藏演诵真经，长老道："若演真经，须寻佛地，宝殿非可诵之处。"宝殿为治世之处，政治与宗教，还是要分开，这是中国历朝历代的规则，也是修持者的智慧，因此中国历史上从未出现过政教合一的国家和朝代，这也是佛道两家宗风所致，故"太宗甚喜"。

长老欲登台诵经，半空中八大金刚现身叫道："诵经的，放下经卷，跟我回西去也。"言修持者功德圆满，不可再执着经卷，留恋红尘，以实证为重，既已证实处，经可丢世可离，故"这底下行者三人，连白马，平地而起，长老亦将经卷丢下，也从台上起于九霄，相随腾空而去”，此为丹道修持气化肉身后的飞升之象，也称“拔宅”。丹道所言化身成就，即指白日飞升，散则为气，聚则成形的功果，而佛家化身成就则更为宏阔，以亿万化身、无穷法相为功果，故最后念诵众佛菩萨名号，即喻此证果。

师徒回转灵山接受如来敕封。“圣僧，汝前世原是我之二徒，名唤金蝉子，因为汝不听说法，轻慢我之大教，故贬汝之真灵，转生东土。今喜皈依，秉我迦持，又乘吾教，取去真经，其有功果，加升大职正果，汝为旃檀功德佛。”如来为一体本心之觉慧，一体分为二仪，故言为二徒。其永恒之性如蝉蜕一般蜕化，故名金蝉子。在返本还元的过程中如金蝉脱壳，也称金蝉子。圆明本性既失，自然不听佛法，不遵教化，一灵真性随即落入后天之境，即转生东土。今喜皈依，即修持归一之法，故喜。唐僧代表修持的意志和意愿，而旃檀佛即檀香木雕刻的佛像，檀木其性质坚硬，喻修持者意志坚定不移，故唐僧一路向西从不回头，于丹道修持为返本还元的趋势，其功就在此德，故为“功德佛”。唐僧为后天心识之象，后天神识成就之后负有传播佛法正见之责，旃檀即善谈，喻善于运用语言文字传播真理之能，故为旃檀功德佛。

“孙悟空，汝因大闹天宫，吾以甚深法力，压在五行山下，幸天灾满足，归于释教，且喜汝隐恶扬善，在途中炼魔降怪有功，全终全始，加升大职正果，汝为斗战胜佛。”孙悟空为修持者的先天灵明觉性，闹天宫是喻此先天灵性向后天神识转化。如来为佛性觉慧，以此觉慧不使灵性生妄，潜于生命生发之机当中，待修持者道心开发，发愿修证则可解放此灵性，并以其为主导。孙悟空的本质是灵明石猴，即灵明识候，喻修持者以此灵性明察修持过程中的时机和火候，应对与转化，自始至终都离不开此灵性的作用，而这也是本心觉慧在修证过程中的体现，所以孙悟空最终成佛，归于佛教。其功在于返本还元的过程中发现问题，解决问题，透过现象看清本质，其根本在于“悟空”二字。空性是万法万象的本质，返本还元的过程是破除一切后天束缚的过程，是破除有限回归无限的过程，这个过程需要觉察和斗争才能完成转化，故为斗战胜佛。唐三藏与孙悟空都是本心在不同层面的展现，故二者与如来皆为心相，因此只有二者可以成佛。

“猪悟能，汝本天河水神，天蓬元帅，为汝蟠桃会上酗酒戏了仙娥，贬汝下界投胎，身如畜类。幸汝记爱人身，在福陵山云栈洞造孽，喜归大教，入吾沙门，保圣僧在路，却又有顽心、色情未泯。因汝挑担有功，加升汝职正果，做净坛使者。”八戒代表元精，天河水神是言人身中脉中的先天灵能，天蓬元帅喻人身精脉中的元精对人身的统领地位。下界投胎喻转化为后天生殖凡精，故为畜类。这是明示了元精由先天向后天转化的过程，福陵山为人身脊柱，云栈洞为命门藏精之处，是为后天生命提供能量支持之处，后天生命因此可以造做一切，即为造孽。在返本还元的过程中表现出的后天局限性，即顽心，食色为后天生命的特性，故言“色情未泯”。因其是能量的提供者，故言挑担有功，净坛使者喻收摄能量之意。能量的根本为道体一炁，其作用无穷，故要悟其能。因其不属于佛性觉慧，故不能成佛。在佛家以及金丹大道的体系中最重视佛性觉慧的作用，故佛的地位最高，喻觉慧是引导和驾驭一炁，故净坛使者为菩萨果位。

“沙悟净，汝本是卷帘大将，先因蟠桃会上打碎玻璃盏，贬汝下界。汝落于流沙河，伤生吃人造孽，幸皈吾教，诚敬迦持，保护圣僧，登山牵马有功，加升大职正果，为金身罗汉。”沙僧代表运行运化的状态。卷帘代表着消除遮蔽，而能清明觉察。打碎玻璃盏，盏为点灯照明之器，打碎喻由明转暗，清明之性被破坏，落入昏沉而迷昧，浑浊杂垢的后天之境，即流沙河。这样的存续状态就是对生命的戕害，故言“伤生吃人造孽”，故要悟净。复归清净的运行状态，因在返本还元的过程中引导专注持久的意志力，以清净的状态归一，故言沙僧牵马有功。金身罗汉喻此清净之性永不退祛，永不杂染，故为菩萨果位。

“白马，汝本是西洋大海广晋龙王之子。因汝违逆父命，犯了不孝之罪。幸得皈身皈法，皈我沙门，每日家亏你驮负圣僧来西，亏你驮负圣经去东，亦有功者，加升汝职正果为，八部天龙马”，白龙马代表修持的意志力体现出的专注、持久、坚韧的品质，这也是修持者必须具有的品质。西洋大海喻脊中精髓之海，西海龙王喻此精髓的机能，此精髓机能是意志力的根本，故白龙马为其子。“不孝之罪”喻此意志力不遵循此先天机能之性而妄动，生妄意。修持的过程漫长而艰辛，没坚韧专注、持久的意志力是寸步难行的。白马驮负圣僧和经卷西来东去，全靠此意志力完成，故有功。八部喻先天卦之象。天龙喻先天神意之性，故化身金龙“盘绕在山门里擎天华表柱上”。

古建筑中“华表柱”，喻示着警示提醒宫殿内主人时刻觉察的意思，喻修持者要时刻觉醒留意，保持先天之性，故也是菩萨果位。

行者请三藏念《松箍儿咒》，是言复归本心后无需刻意束缚心神。真心的本然状态是自由洒脱的，只是在未返本还元之前需有为对治，而所对治之心是后天顽劣、造作、愚迷、昏昧之心，故唐僧道：“当时只为你难管，故以此法制之，今已成佛，自然去矣。”

“一体真如转落尘，合和四相复修身。”是言先天转后天、后天返先天之程。“五行论色空还寂，百怪虚名总莫论。”五行本质终是空寂，一切现象皆为虚，不可执着。“正果旃檀皈大觉，完成品职脱沉沦。”修持的大愿最终实现，不再沉沦于红尘。“经传天下恩光阔”，真理智慧流布天下，所言者“五圣高居不二门”。修持者若能参破“五圣高居不二门”，一句便得修持真旨也。最后，大众合掌皈依念众佛若萨名号：“如是等一切世界诸佛，愿以此功德，庄严佛净土。上报四重恩，下济三途苦。若有见闻者，悉发菩提心。同生极乐国，尽报此一身。”这是作者对所有修持者乃至众生最深沉的祝福！也是我最真诚的祝福！

最后用书中如来一句话结束：“盖此内有成仙了道之奥妙，有发明万化之奇方。”“成仙了道”言命功，“发明万化”言性功。“奥妙”喻道体一炁之妙有，“奇方”喻佛性觉慧之真空。性命同修，归于一体本心之旨明矣！

师徒一行五众，一路西行，千辛万苦，斩妖除魔，所取真经者，即此《西游记》。

望读者：宝之！重之！行之！证之！

十方三世一切佛，诸尊菩萨摩诃萨，摩诃般若波罗密。

《西游丹旨》完

跋

一入眼根　永为道种

《西游记》在中国，人人皆知且喜闻乐见，后世各种演绎也层出不穷，这不仅是完美的艺术呈现，更是伟大的文化成就。但在我看来，其最珍贵的价值却在于作者通过《西游记》，为每一位华夏儿女播下了道种。

中华文明延绵五千余年，其文化底层是以道文化为根基，而丹道文化则是道文化在生命领域实践性的精华。《西游记》就是以文学艺术的形式将这颗道种根植于每一位华夏子孙的根识之中。这是作者最深远的祝福，是对所有华夏儿女灵根的孕育，是作者玄德的体现。我们既是受益者，也是传承者。也许此生这颗道种并未生根发芽，但我们的灵性在漫长的旅途中，在因缘时节相宜之时就会萌发。由此我们的灵性终将得到解放。

《西游丹旨》帮助读者透过《西游记》华美的文学形式，完美的艺术形象，将其内在的丹道意旨揭示出来，使每一位读者明确知晓，《西游记》播下的是一颗生生不息的道种，愿此道种早日生发，我们的灵性终将升华。

祝愿每一位读者：一入眼根，永为道种。

徐丹明　北京

2022年8月15日